清华大学地区研究丛书·编著 IIAS

Area Studies Book Series, Tsinghua University-Edited Collections

南部理论

人文社科思想的他者建树

景军　高良敏 / 主编

Southern Theory:

Alteric Contributions to
Humanities and Social Sciences

中国社会科学出版社

图书在版编目（CIP）数据

南部理论：人文社科思想的他者建树 / 景军，高良敏主编. -- 北京：中国社会科学出版社，2024. 10.
ISBN 978-7-5227-4234-2

Ⅰ. D091

中国国家版本馆 CIP 数据核字第 20240RH395 号

出 版 人	赵剑英	
责任编辑	侯聪睿	马婷婷
责任校对	冯英爽	
责任印制	张雪娇	

出　　版	中国社会科学出版社	
社　　址	北京鼓楼西大街甲 158 号	
邮　　编	100720	
网　　址	http://www.csspw.cn	
发 行 部	010-84083685	
门 市 部	010-84029450	
经　　销	新华书店及其他书店	

印　　刷	北京明恒达印务有限公司	
装　　订	廊坊市广阳区广增装订厂	
版　　次	2024 年 10 月第 1 版	
印　　次	2024 年 10 月第 1 次印刷	

开　　本	710×1000　1/16
印　　张	34.75
插　　页	2
字　　数	501 千字
定　　价	178.00 元

凡购买中国社会科学出版社图书，如有质量问题请与本社营销中心联系调换
电话：010-84083683

目录 contents

什么是南部理论？

（代序）

景 军

（清华大学社会学系教授）

过去十多年，几百个学术期刊先后发表的文章使用了"全球南部"一说。仅以 Scopus 学术文献数据库检索为例，此说出现的频次从 2010 年 200 多次上升到 2020 年 1600 多次，其要义之一是发展中国家的社会经济特征和势态。大多数发展中国家位于北半球的南部和南半球。

"全球南部"一说开始偶尔出现于 20 世纪 50—60 年代，在当时的国际政治经济舞台上，"南南合作"才是一个更为常见的关键词。1955 年，万隆会议的召开是南南合作的先声，周恩来率领的中国代表团出席了那次会议。1961 年，不结盟运动诞生，将万隆会议达成的南南合作原则转变为组织机制。1964 年，七十七国集团建立，标志着整体性南南合作的开始。1969 年，反对越战的美国左翼学生领袖使用"全球南部"之说，特指反抗美帝国主义的亚非拉国家。1973 年，不结盟国家开始正式使用"第三世界"这个概念。1974 年，毛泽东在与赞比亚共和国总统卡翁达谈话时指出：美国、苏联是第一世界。中间派日本、欧洲、澳大利亚、加拿大是第二世界。亚洲除了日本都是第三世界。非洲除了南非都是第三世界，拉丁美洲也是第三世界。

冷战结束，"全球南部"一说重返国际舞台，主要是指发展中国家，也就是在近现代摆脱了殖民政权或半殖民政体的国家和地区。至于过去十多年内出现的全球南部崛起之说，它一方面是指南南合作规模的扩大，另一方面是指新兴经济国家对全球政治经济局势的影响力。

万隆会议的精神、不结盟运动的原则、南南合作的阵营，以及三个世界的划分，无不渗透着独立自主的反霸权主义思想。几乎所有参与南南合作的国家和几乎所有属于所谓第三世界的国家，在近现代都经历过殖民政权和帝国主义的欺压。在这些国家中出现的一系列社会理论近年来被称为"南部理论"。这主要是因为南部理论的对抗性直指"北部理论"。

南部理论的历史源头是亚非拉民族解放运动和国家独立运动的兴起。南部社会理论的发展以第三世界国家的学者作为主力，并得到不少西方知识分子的积极呼应。尽管南部理论一说经由澳大利亚社会学家蕾温·康娜尔（Raewyn Connell）创用至今只有十多年时间（Connell，2007），但它其实早见于本土社会科学、马克思主义本土化、非西方社会理论、第三世界国家发展理论、本土认识论、社会学去中心化以及去殖民性理论的论述中。

2018 年，法国学者劳伦斯·罗勒伯格（Laurence Roulleau-Berger）与中国社会学家李培林联合 11 名西方学界人物和 10 名中国本土社会学家一起出版了文集《后西方社会学：从中国到欧洲》（*Post Western Sociology：From China to Europe*）。在其中，李培林、刘能、罗家德、何祎金、渠敬东、沈原、仝亚莉、尉建文、谢立中、杨宜音、周晓虹分别讨论了中国社会学本土思想作为建构后西方社会学的潜在能量。在强调后西方社会学对社会学多元认识论的主体性给予承认，以及多元认识论对后西方社会学理论建构的意义之后，罗勒伯格将这种"后社会学"的基本特征描述为"打开一隅依托于理论范式多样性的认识论空间"（2018：5）。这种社会学承认，东西方社会学在理论方面存在差异，中国社会学思想与西方社会思想是可以取长补短且糅合兼用的。澳大利亚社会学家康娜尔在 2010 年发表的《相互学习：世界规模的社会学》一文中也表示，防止全球社会学分裂的出路，以糅合兼用为妥（Connell，2010）。

但是严格而言，南部理论是对峙北部理论的，也是复数的、多学科的、多国家的、主要来自发展中国家的。尽管彼此之间存有差异甚至严重的分歧，南部理论仍具备以下五种共性。

第一，批判性。南部理论对广义的欧洲中心主义和学术化的种族主义都是坚决抵制的，对南北政治经济关系的不平等和南北知识生产关系的不平等也是坚决抵制的。

第二，延续性。南部理论并非空穴来风，而是人文社会科学界南部理论家对反殖民主义理论、反帝国主义学说以及马克思主义本土化学说的继往开来。

第三，兼容性。南部理论家分散在世界各地，包括发展中国家的很多学者，也包括不少西方学界的少数族裔和西方主流社会理论的反叛者，还包括文学家、艺术家、社会活动家。

第四，本土性。南部理论涵盖的解放神学、囚徒心智论、非洲女性主义、穆斯林社会学理论、双胎公众论、部落主义批判以及聚合文化论等一系列学说是以本土研究作为基础的。

第五，流动性。南部理论倡导的替代社会学、人类学复数化、语义正义论、多元认识论以及去殖民性学术观的南南走向正在形成一种趋势，也是丰富全球社会理论的驱动力。

祭　　拜

南部理论与北部理论的主要张力之一体现在如何认识社会理论的来源。这个问题讨论的是，哪些社会理论思想家应该得以公认。因而这个问题与明辨社会理论的始祖和承上启下的世祖极为相关。对于这种或许听起来有调侃意味的祭祖之说，可先用一则人类学轶事以证严肃。

在甘肃省永靖县大川村，有一个自16世纪初开始在那里扎根繁衍的孔氏家族。大川村内有一座大成殿，摆在大殿中间供台上面正中央的牌位上书"大成至圣文宣王先师孔子"。右侧是四圣牌位，左侧是七十二先贤牌位。大成殿内两边侧墙前面，一张平桌上的牌位用于祭奠一位从广东迁到兰州的孔氏祖先，另一张平桌上的牌位用于祭奠四位从兰州迁到大川的祖先。

显然，在这个大成殿供奉的先人分为两类，一类是圣贤，另一类是祖先。前者是师门祭拜的对象，后者是家族祭奠的先人。孔门圣贤从孔子算起，排到"四圣"，然后排到"七十二先贤"。孔氏祖先也从孔子算起，再排到子思，然后排到一位"来甘始祖"以及四个"来川始祖"。

大川村还有四座庙，建在村落后山上。在其中，真鲁寺主供观世音，配供欢喜佛和俗称骡子天王的一位梵神；菩萨殿供奉着兰州至大川一带有名的逃婚女神金花娘娘，配供王灵官和马灵官；百子宫供奉的是云霄娘娘、琼霄娘娘、碧霄娘娘，配供催生娘娘、送生娘娘、豆儿娘娘以及眼光娘娘；方神庙，亦称为福神庙，主供九天圣母，配供二郎神。算下来，大川人供奉的祖先、先师、哲人以及神祇将近百位。这是人类学家在大川村做田野调查时无论如何都不能忽视的信仰现象，尤其是几个在正史中见不到踪影的孔氏祖先和金花娘娘是需要了解的关键。

对近乎神祇的先人的崇拜其实也是社会科学界持续至今的一种风尚。譬如，每当中国社会学家参加年会时，费孝通的名字总是挂在发言人嘴边。但是如果把社会科学教科书放在一起，稍微阅览一下中文书籍有关中外社会学、人类学、经济学、政治学的学科历史沿革章节，我们就会发现这几个学科的"奠基之父"（founding fathers）都是留着长胡子的西方学者。

如果我们以祖祠作为喻证空间，社会学文献中的祖先牌位当以孔德居中，因为孔德在1838年创制"社会学"一词故而被"史家推为社会学的始祖"（吴文藻，1932：1）。孔德的左侧一般是斯宾塞及涂尔干的牌位，右侧通常是马克思及韦伯的牌位。人类学祖先牌位有些复杂，除了"人类学"一词之外，还有民族学一说，有人说中间牌位应该上书康德。如果这样，左侧即是弗雷泽和泰勒的牌位，右侧应该是博厄斯、马林诺夫斯基、拉德克利夫－布朗、莫斯等人的牌位。

且不多说经济学家常说的始祖往往首推亚当·斯密，也不细论现政治学的祖师爷要追溯到亚里士多德或是从马基雅维利算起，在社会科学教科书以及许多超越教科书广度和深度的学术著作里，用以描述学科来龙去脉的核心人物都是从西天降临的"至圣先师"。

说来也巧，中国自古以来就有颠覆祭拜牌位的传统。当一个祖先或圣贤的原有身份由于政治原因不符合当下需要时，或当一个神祇不再灵验之后，新的牌位就会出现。若从长时段历史角度看问题，改换牌位的庙堂之事在中国社会上实为一种秘而不宣的惯习。

在中国社会科学的近现代发展历程中，这种勇于厘革先师牌位的较早行动之一要算是民国早期经济学家陈焕章于 1911 年在美国哥伦比亚大学出版的博士学位论文《孔子及其学派的经济原则》（Chen，1911）。这本著作的中译本名称是《孔门理财学》（2007）。其实这个中译本的书名是错误的翻译。作为哥伦比亚大学经济学博士，陈氏《孔子及其学派的经济原则》一书实实在在讲的就是经济学，而不是狭隘的理财之道。该书出版 100 多年后仍然在亚马逊等网络和书店销售，说明其生命力非同一般。

当年，在被《孔子及其学派的经济原则》引发浓厚兴趣的读者之中，或许有两个人在此需要略作勾描。第一个人是后来成为美国副总统的亨利·华莱士（Henry Wallace）；第二个人是前西方经济学一代天骄约翰·凯恩斯（John Keynes）。

华莱士，1910 年大学毕业，子承父业，在爱俄华州帮助父亲经营《华莱士农民报》（Wallace's Farmer）。美国 1929—1933 年"大萧条"（Great Depression）让华莱士看到了美国农民面临经济危机的脆弱。他投笔从政，在 1932 年至 1940 年任美国农业部部长，1941 年至 1945 年任美国副总统。他一生感到最为骄傲的一件事莫过于制订了美国农业部缓冲仓储计划。其经济学原理是在大丰收之年的粮食产生过剩之时，为保证农民收入，政府以高于市场价格的方式收购粮食储存起来，在歉收、低产以及灾荒之年，政府以低于市场价格的方式把国家储存的粮食卖给农民。一来一去，其道理在于政府总是得到新粮存仓，农民在危难之时总是能从政府购买到低价的粮食。在他担任农业部长时，美国农区沙尘暴灾难大致每隔一年来一次，华莱士的存储计划在这场危难之中扮演了赈灾天使的角色。第二次世界大战期间，战争使得全世界缺粮，美国对英国的粮食援助就是得益于缓冲仓储计划。

一名美国汉学家（Bodde，1948）看到华莱士在文章中提到制订缓冲仓储计划的理念来自中国古代经济学家，于是好奇写信问华莱士，他是不是受到了王安石的青苗法启发。华莱士回信说不是的，尽管他非常佩服王安石的经世之道，但是缓冲仓储计划是受到陈氏《孔子及其学派的经济原则》一书启发，该书让他了解到中国"常平仓"历史及其经济学原理，美国农业部缓冲仓储计划的另一名称就是常平仓（Ever-Normal Granary）。陈焕章在书中将常平仓译为 Constantly Normal Granary，华莱士办报时写过三篇文章介绍古代中国设置储备粮仓的功能和思想，但是觉得将其译为 Ever-Normal Granary 更为合适，毕竟华莱士做过报人，讲求言简意赅。

值得指出的是，美国的常平仓计划后来附加上了其他内容，比如政府出钱购买粮食，鼓励农民减少土地种植面积，以便保护土壤质量。华莱士曾在第二次世界大战之后希望把常平仓计划变为全球粮食调配计划，想让富裕的国家接受早在战国时期魏国李悝就已经提出的平粜政策，在一些国家生产过剩时，以高于国际市场的价格购粮存仓，在穷国发生饥荒时，以低于国际市场的价格卖给受难国家，以此建构一种新型的、人道的、讲求经济学原理的且旨在均衡富有的国际援助模式。由于华莱士在美国副总统的位置上发表了一次好似维护苏联利益的讲话，他被迫辞职下台。其意在均衡富有的全球平粜政策建议因此"泡汤"。

下面要说的是凯恩斯。1912 年，凯恩斯写了一篇书评，说自己在陈氏《孔子及其学派的经济原则》一书中领略到了中国古代哲人对经济规律的精彩阐释。他在书评中提道："格雷欣法则及其货币量化理论，对中国士人而言，了然甚久。公元前 175 年，贾谊说：上挟铜积以御轻重，钱轻则以术敛之，重则以术散之，货物必平。公元 1378 年，叶子奇从立法角度说：欲立钞法，须是钱货为本，如盐之有引、茶之有引，引至而茶盐立得……引至钱出，以钱为母，以引为子，子母相权，以制天下百货，出之于货轻之时，入之于货重之日。公元 1223 年，袁燮站在铜钱少不可用铁钱补的立场指出：往时楮币多，故铜钱少，而又益以铁钱，不愈少乎。往时楮币多，故物价贵。今又益以铁钱，不愈贵乎。"（Keynes，1912：586）

这段话提到的格雷欣法则是指劣币挤兑良币的定律。譬如，含有不同价值的金属硬币与法定货币具有相同的价值时，由较贵金属制成的硬币将被囤积，因而从流动货币之中消失。凯恩斯提到的货币量化理论是指商品和服务的价格水平与货币的流通量成正比。譬如，货币量若是大幅度增加，商品和服务的价格就会大幅度上涨。纵观中国历史，秦汉之后，货币以铜钱为主，一直持续到民国之初。

凯恩斯的书评先后提到了贾谊、叶子奇、袁燮三人的货币论。汉代名士贾谊认为，国家管控货币之道在于以足够的铜储备控制货币价值。南宋学者袁燮认为，铜钱不足时不能用额外发行金属价值较次的铁币补救，有过发行过多的纸币而导致物价上涨的历史教训，就能想象以铁币弥补铜钱之缺也会产生同样的问题。元末明初学者叶子奇支持纸币流通，但是认为官府须设兑钱凭证制度，同时在各地开设县府钱库，以国家贮备之钱作为母钱，用以调节在市场流通的子钱的价值。

凯恩斯的书评说明，陈氏一书让他对中国古代哲人的经济学思想产生了浓厚的兴趣。他认为，在陈焕章博士这本博学而令人愉悦的书中，还有大量的其他内容将会被人们引述。陈焕章在书的序言部分一方面谦虚地说，他是用西方作者的写作惯例组织材料，对古代文献的理解亦受到西方思想家的极大启发。另一方面，他明确表示不会把现代西方经济学思想生硬地套用于对中国古代文献的解读。儒家文献如同蕴含丰富宝藏的大青山，他是一名小小的采矿者，所寄的希望是写出第一部儒家经济学专著为世界和平造福。这不是变相地说对经济问题做出过精辟论述的孔子及其门人当属经济学的开路先锋吗？

时隔百年，陈氏之灵回光返照。中国民族史研究者王文光与李丽双在《司马迁与民族研究》（2013）一文提出，司马迁是第一个为中国少数民族立传的史家，以朝鲜列传、匈奴列传、大宛列传、西南夷列传、南越列传以及东越列传，记述了中国东南西北四方的少数民族。这六部民族列传既有文献考据的含金量，也有一些实地见闻作为依托。太史公自序用一百来字说明，司马迁亲临过河南、山东、湖南、湖北、四川、云南等地。他对西南民族的记述尤见一些实地考察的痕迹，毕竟他曾经奉朝廷之命出使西征巴蜀以南，到过昆明等地。王文光与李丽双认为，如果将司马迁留下的民族传记作为一个整体来看待，可以认为这是在当时历史条件下一部简略的秦汉边疆民族史和民族志。

一名北京大学的人类学家读过《司马迁与民族研究》一文之后，在南京大学召开的一次学术会议感慨地断言：王文光教授与他徒弟李丽双女士将司马迁放在了民族学祖先牌位的正中间。这不是在说人类学的祖先牌位也换了吗？

群　　学

几年之后，一批大胆变更社会学祖先牌位的中国学者在景天魁率领下明确提出，许多中国社会学家犯了一个带有普遍性的错误，因为他们总是习惯性地将严复译作《群学肄言》视为本国社会学之开端。毋庸赘述，《群学肄言》译自斯宾塞《社会学研究》（*The Study of Sociology*）。景天魁等人在《中国社会学：起源与绵延》（2017）一书中特别提出，严复将社会学译为"群学"是有文化自觉意识的做法。他之所以选择"群学"一词而不用社会学之说是为了提醒读者，西方社会学固然很有价值，然而中国也是有社会学思想传统的，其源头就是荀子的群学思想。

荀子群学之言，浩浩荡荡，不宜在此详述，仅以其有关人类与其他物种的比较举例说明。荀子认为，人类是最善于合作的物种，关于人之群如何组成合作之群的原因，荀子提出了一个精辟的社会学理论解释，用于回答社会存在如何形成的问题："水火有气而无生，草木有生而无知，禽兽有知而无义，人有气、有生、有知，亦且有义，故最为天下贵。力不若牛，走不若马，而牛马为用，何也？曰：人能群，彼不能群也。人何以能群？曰：分。分何以能行？曰：义。故义以分则和，和则一，一则多力，多力则强，强则胜物，故宫室可得而居也。故序四时，裁万物，兼利天下，无它故焉，得之分义也。故人生不能无群，群而无分则争，争则乱，乱则离，离则弱，弱则不能胜物，故宫室不可得而居也，不可少顷舍礼义之谓也。能以事亲谓之孝，能以事兄谓之弟，能以事上谓之顺，能以事下谓之君。君者，善群也。群道当则万物皆得其宜，六畜皆得其长，群生皆得其命。故养长时则六畜育，杀生时则草木殖，政令时则百姓一，贤良服。"这大致是说，在体格上，人类弱于许多动物，要想自己强大，就必须合作，要想合作就必须讲究礼义、仁爱、孝敬，懂得君臣父子之道，方可安身立命。

上面这段话出自《荀子·王制》，其中相对难懂之处或许可能是"分"。《荀子·正名》曰："故知者为之分别制名以指实。"在荀子的群学思想体系中，这里所说的"分"大概就是指"名分"。社会身份的正名即是名分，在其中嵌入的是存有差异的个人权利和义务。有关明辨权利和义务的重要性，《商君书·定分》讲得一个透彻："故夫名分定，势之治道也，名分不定，势乱之道也。"分与义是极为相关的。义的基本意涵是道义，也就是符合正义的行为和事情。在君子及其家庭以及普通人家之外，古代中国的基本社会人群构成不外乎四民。士、农、工、商，组成四民，受到共同的道义约束，也受到名分有别的道德尺度之影响。譬如官府之人以权谋私是不对的，士人唯利是图是不对的，然而其他人乐其乐而利其利则属于正常。

社会学思想是需要社会调查和调查方法作为支撑的。在这一点上，景天魁等人的论点有所失衡，他们没有顾及群学的方法论或经验性研究基础。不过这一失衡很快就被水延凯等人摆平了。在《中国社会调查简史》（2017）一书中，水延凯等人系统梳理了从先秦到清末民初的官吏做过的各种各样的社会调查。

中国历史上延绵不断的社会调查主要针对的是为了征兵的人口调查、保证赋税的田亩调查、治理社会的户籍调查、弄清资源分布的物产调查，以及防控水灾、旱灾、疫病、饥荒、犯罪、流民等问题的社会隐患和灾难的调查。但是私人从事的社会调查也不在少数。仅以数量庞大的谱牒为例。有关地方氏族或望族的文字记录大概率不出三类。一是地方宗族在谱学盛世合编的郡谱。二是元明以来单行的族谱。三是明代以来方志中的族望表。编写族谱依据社会调查。宗族的由来、世代蝉联、血缘关系、族际婚姻，均需调查方可纳入谱牒（潘光旦，2017：245—249）。有些望族的分支，作为流寓户散于不同的地方甚至散于全国各地。譬如孔子世家在全国各省都有支派，在藏区也有。在西北地区，孔氏家族的支派包括皈依了伊斯兰教的一部分家族，也是维系中国回儒思想体系的地方社会组织。

　　水延凯等人对景天魁等人的及时援助在于澄清了中国社会调查历史的源流和细节，从事社会调查的关键人物的身份、经历、调查方法以及调查目的。尽管无心插柳，这不仍然等于是在利用中国史料帮助景天魁等人证明社会学源头不能从孔德或斯宾塞算起吗？至少中国社会学的源头可以考虑从荀子算起。

　　以上陈词，听似戏言，其实不然。变更学界的祖先牌位，也不仅限于中国。譬如在西方社会学界，社会学历史之所以要追溯到孔德是因为孔德以实证主义方法论定义了社会学。孔德认为社会规律与自然规律是雷同的，社会学的使命是使用科学方法探究社会现象。他先后使用过几种有关科学社会学的说法，其中包括实证政治学、实证哲学、社会静力学以及社会动力学。在实证主义社会学思想的影响下，道德统计学、犯罪社会学、优生学以及人种学极大地影响了社会学和人类学的发展。道德统计学是为了收集能够反映社会病态的数据。犯罪社会学旨在用科学方法识别罪犯。优生学的立意是研究如何改良人的遗传因素并产生优秀的后代。人种学是用肤色将人类分为优良或劣等种族。

　　涂尔干在 1897 年出版的《自杀论》即是道德统计学的成果之一。该书将自杀视为反社会行为。这是一个到目前已过时的术语，其不能再用的原因是它将反抗社会压迫的行为视为与社会规范过意不去的越轨行为。在意大利社会学界，实证主义犯罪学用遗传学原理假定罪犯的身心状态是先天的，认为可以将肢体缺陷和面容特征作为识别罪犯的科学方法。在英国，优生学当年流行甚广，与时髦的人种科学并联在一起，成为种族主义的帮凶，后来还变为了德国纳粹分子利用所谓科学的人种识别原理和人体测量方法迫害犹太人的工具。

　　依据科学主义摆设的社会学祖先牌位，或许让美国社会学家詹姆斯·怀特觉得特别不舒服。他于是在 2009 年发表了一篇文章指出，苏格兰的弗朗西斯·高尔顿（Francis Galton）、比利时的阿道夫·凯特莱（Adolf Quetelet）、英国的查尔斯·布斯（Charles Booth），这三个人才是社会学的奠基之父，其原因是社会学的雏形源于应用社会学，也就是与社会改革密切相关的行动社会学研究。高尔顿、凯特莱、布斯既是科学家，也是社会学家，还是推动社会变革的活跃分子。所以，旨在建立美好的现代社会的实践和理念才是社会学之源（White，2009）。

怀特炮制的新牌位供奉的还是几个欧洲人。有的学者大概对此相当不满，于是抬出了伊斯兰历史名著《历史绪论》一书的作者伊本·赫勒敦（1332—1406）。该书大约在1377年封笔，主要阐述阿拉伯世界的国运沉浮规律。赫勒敦认为这种规律的实质是所谓野蛮人的德道伦理要比所谓文明人更有凝聚力，因而生活在沙漠的部落总是不断征服农民和市民。最近几十年来，不少学者先后拥戴赫勒敦作为社会学鼻祖，认为如果将他的著作与孔德和涂尔干对比琢磨可以发现，这位突尼斯人的社会学想象力颇为超前（Soyer & Gilbert，2012）。

在社会学祖先牌位供台正中间终于出现的这个北非人仍然是一个胡子很多的男人。有学者决定制作一套阴阳组合的祭拜牌位。根据现为新加坡国立大学社会学系镇山之宝的阿拉塔斯教授和他的女同事馨娜在《超越经典的社会学理论》（Alatas & Sinha，2017）一书中勾画的社会学先师肖像，这门学科的祖先牌位应该是这样的：正中央牌位上书赫勒敦；右侧牌位供奉马克思、马丁诺、韦伯、黎刹；左侧牌位祭拜涂尔干、努尔西、拉玛拜、南丁格尔、塞卡尔。

我们在上面已经与赫勒敦打过照面，对马克思、韦伯、涂尔干早已熟悉，也知道南丁格尔是何许人也。马丁诺、黎刹、努尔西、拉玛拜、塞卡尔又是哪路神仙呢？查书得到的谜底原来如此：马丁诺（Harriet Martineau，1858—1922）是一位英国女性作者，翻译过孔德著作，撰写过思想前卫的社会评论；黎刹（Jose Rizal，1861—1896）是一名菲律宾诗人、反殖民主义的爱国者及社会思想家；努尔西（Said Nursî，1878—960）是一位库尔德逊尼派神学家，撰写过6000多页的古兰经注释；拉玛拜（Pandita Ramabai，1858—1922）是一名捍卫妇幼权利的印度女学者和社会思想家；塞卡尔（Binoy Kumar Sarkar，1887—1949）是一个印度社会科学家，在他相当多产的著作中有一部是从印度教视角阐释中国宗教思想的作品。

依据可靠的证据推断，阿拉塔斯首选的社会学始祖应该是穆斯林历史学家赫勒敦，承上启下的世祖应当是穆斯林神学家努尔西和菲律宾思想家黎刹，其中穿插着马克思、涂尔干、韦伯。馨娜的首选很可能是英国女性作者马丁诺，英国女性社会改革家南丁格尔，印度女学者拉玛拜以及那个钻研过中国宗教思想的印度人塞卡尔。总之，按照这两位亚洲学者制作的社会学祖先牌位，孔德和斯宾塞被请下台，马克思、韦伯、涂尔干居然成为突尼斯人赫勒敦的从祀。有的学者或许要说，此乃大逆不道。有的学者则可能想说，这是很有道理的。

或许要再说一遍：以上陈词，绝非戏言。但是我们不是在讨论何为南部理论吗？是的，社会科学的祖先牌位与我们的讨论极为相关。如同家族制定的祭祖规矩，读书人对学科历史沿革的论述无不强调的是确认某某人是开创某一学科的始祖或承上启下的世祖。这种确认是为了论及某某学者在知识生产关系之中地位大小的一种常见套路，是否公平，另当别论。

按照阿拉塔斯与馨娜两人的说法，社会学祭祖的规矩即是不公正的。这种不公正至少包括全球南北学术关系的不平等以及学界的两性关系不平等。他们之所以选择突尼斯人赫勒敦、菲律宾人黎刹、库尔德人努尔西以及印度人塞卡尔制作社会学奠基之父的新牌位，其靶向是南北学术关系的不平等。他们之所以站在反叛的立场上将马丁诺、拉玛拜、南丁格尔这三位女性视为社会学理论思想的奠基之母，其矛头所指是学界的两性关系不平等。

毫无疑问，上述靶向也是中国学者景天魁等人的靶向。至于那个矛头则是景天魁等人在父爱主义泛滥的学界或许会感到有必要采用的克制男权主义的利器。

枭　雄

社会科学人士的共同愿望是尊重事实并追求真理。但是在什么是事实、如何求真以及对谁而言的真理等问题上，不同的见解形成说法各异的流派。如同中国历史上的战国时代，尽管流传百家争鸣一说，唯我独尊，大有人在。分久必合，合久必分，天下大乱，又见枭雄。

近现代社会科学的枭雄时代，对清末民初的中国学者而言即是"西学东渐"时代，对沦为殖民地的世界各地学者而言可谓为"北学南渐"时代。向西学、向北学，都是要从欧美获得知识养分，由此形成一种膜拜欧美学者为师的长久局面，也培养出一些白皮肤的师傅轻视有色人种徒弟的傲慢心态，而且这种傲慢心态持续了很久。这种师徒关系之间的不平等在华人社会学家林南看来是几乎难免的，就好似一个紧箍咒。

2009 年 5 月，香港中文大学中国研究中心网站刊登了林南先生的一篇文章——《中国研究如何为社会学理论做贡献》。该文以孙悟空和唐僧比喻东方徒弟与西方师父的那种学术关系。不用多说的是任凭美猴王有多大本事，他头上总戴着一个紧箍咒，只要唐僧认定孙猴子行为不轨，就念咒将之调教，令其归顺。师傅咒语抑扬顿挫，徒弟头上金箍越勒越紧，悟空在剧痛中不得不循规蹈矩。

在林南看来，铐住那个紧箍咒的两把锁头就是："（1）由于历史经验，在社会科学，尤其是社会学领域里，公认理论绝大部分源自西方；（2）由于科学实践的规范性和制度化的酬赏体系，使得巩固、维护公认理论形成一种很强的趋势"（林南，2009）。在《西游记》中，孙悟空本身尽管变幻莫测，却从未能挣脱紧箍咒的束缚。林南问道："如果猴王挣脱了金箍，故事会发展成什么样子？或者，我们是否能写个后传，在后传里，猴王成为唐僧？"对社会学公理坚信不疑的林南随即指出："要从东方社会独特的经验现象中探求出理论意义只有那些浸染在东西方传统和经验中的学者才有额外的优势。探求出理论意义需要我们对东方社会结构和行为模式保持敏感，失去了这种敏感就终结了理论反思，也重蹈了规范实践。无论怎样，对这些东方模式的认知，不仅给了我们希望，也给了我们线索去建构或再建构理论"（林南，2009）。这句话的意义至少有三层值得琢磨。一是说纯粹的本土学者就别多想什么了，您的紧箍咒是难以去掉的。二是说浸染在东西方传统和经验中的东方或南部学者或许能够去掉紧箍咒变为师父。三是说从东方经验出发还是有一些被西方学界承认的希望，靠中西贯通之实力或许可以将一些洞见变为社会学公理。林南做过美国社会学学会副会长，其言大概不至于轻率。

倘若许烺光还活着，他或许要找林南大肆理论一番。许烺光，辽宁人，1933 年从上海沪江大学社会系毕业，1937 年赴英国伦敦经济学院师从马林诺夫斯基攻读人类学。抗战期间，许烺光在云南从事研究，与费孝通、陶云逵、张之毅、谷苞、田汝康、胡庆钧等人以昆明市外的呈贡县魁星阁为书斋，一起留下了一系列不凡的学术著作。1973 年，时任美国人类学学会会长的许烺光在一篇字字如刀的论文中指出，西方人类学对有色人种学者的贡献基本上是视而不见的（Hsu，1973）。

为了证明这个问题的真实性，许先生首先问道：大多数或者说所有美国人类学家对北京猿人是有所知晓的，然而有多少人听说过或在有关这项史前发现的研究出版物中见到过裴文中博士的名字呢？美国人类学家所熟悉的名字还不是步达生、魏登赖希、柯尼希斯瓦尔德等人吗？在许烺光提到的这三位西方学者中，步达生（Davison Black）根据北京人遗址中发现的一枚下臼齿将"北京猿人"命名为"中国猿人北京种"；魏登赖希（Franz Weidenreich）拟合了一个北京猿人的头颅和面貌；柯尼希斯瓦尔德（Gustav Von Kongigswald）做过爪哇人与北京人的比较研究。裴文中则是北京猿人研究的扛鼎人物，自 1929 年起主持周口店发掘和研究，是第一个北京猿人头盖骨的发现者。他当年就以唯一作者的身份将这一发现用英文发表，1932 年还以唯一作者的身份用英文发表了他对周口店遗址石器的研究。1933 年，裴文中与步达生、杨钟健等人联名出版了《中国原人史要》中英双语版。裴文中于 1934 年还出版了《周口店洞穴采掘记》。直到 1949年前，裴文中另外陆续推出了《周口店山顶洞之文化》以及《中国史前时期之研究》两部力作。

许先生认为，大多数美国人类学家对裴文中有关北京猿人研究的扛鼎之作是不知的，其因是潜意识之中的种族主义。许先生之后的措辞越发尖锐，还挑出了三部人类学名著当成抨击对象。其一是阿尔弗雷德·克鲁伯1953 年主编的《今日人类学》；其二是克洛德·列维·斯特劳斯 1963 年撰写的《结构人类学》；其三是马文·哈里斯 1968 年出版的《人类学理论的崛起》。许先生用犀利的笔锋写道，这三部名著都带有西方人类学白人至上的思想倾向。《今日人类学》（Anthropology Today）共 900 多页，提到的有色人种学者仅仅包括一名加纳人类学家和费孝通等三名中国学者。《结构人类学》（*Structural Anthropology*）近 400 页，全书引用的非西方论著只有中国人类学家凌纯声先生的一项研究。放在《人类学理论的崛起》（*The Rise of Anthropological Theory*）后面的参考文献达 1000 多种，其中只有一名黑人学者、一名日本学者以及中国学者许烺光和李安宅的著作被列入其中。

令许先生更为不满的是关于极少数的有色人种学者完成的人类学研究，包括许先生本人的研究，上述三本著作的相关引用一律限于资料价值，对其思想性和理论贡献没有给予任何承认。许先生接着说道，上述事实说明的问题分为四类。第一，白人学者不能把有色人种学者视为平等的同行。第二，有色人种的学者被白人学者仅仅视为原始资料的收集者，而不是理论家。第三，白人学者对其他学者的期待是他们只能研究本乡本土的社会和非西方的文化。第四，白人学者不能容忍其他学者研究白人社会文化，尤其是当这样的研究提出的观点或阐释有违白人学者珍惜的理论之时。此类言辞，极为尖刻，而非杜撰，许文可查，恕不详引。

有人会问，许先生的心眼是不是太小了点？他是不是有些沽名钓誉，而其实他自己的学术功底反而是不值一提的？事实并非如此。暂且以他对马林诺夫斯基的批判和他对人类学的医学多元主义论的贡献为例。这里所说的批判和贡献见于许烺光的诸多著作中的三本书。

第一本书《滇西魔法与科学》（Hsu，1943）记录许先生 1942 年在云南田野调查期间遭遇的一场霍乱大流行。第二本书《宗教、科学与人类危机》（Hsu，1952）属于对滇西霍乱的深度分析。第三本书《驱逐捣蛋者：魔法、科学与文化》（许烺光，1997）是把 1942 年滇西霍乱与 1973 年香港沙田鼠疫流行连接在一起的分析之作。若温故知新，《驱逐捣蛋者：魔法、科学与文化》可以说是美国人类学的医学多元主义理论之雏形。

许先生对马氏的批判最早见于《滇西魔法与科学》一书的六处，每一处的用词比较客气，属于商榷。他用相当不客气的方式批判马氏的文字见于多年后出版的《驱逐捣蛋者：魔法、科学与文化》一开头提出的"两个不以为然"。第一种不以为然针对的是西方人类学将巫术与宗教截然分开的做法。第二种不以为然针对的是西方人类学将巫术和宗教与科学截然分开的做法。在许先生批判的这两种对立观之中，巫术被归于迷信范畴，宗教被归于信仰范畴，科学的属性被归于理性的化身。巫术代表的迷信被视为原始人的特质之一；宗教代表的信仰被视为文明人的特质之一；科学代表的理性被视为现代文明人的特质之一。

如此割裂的分类法在早期人类学著作之中比比皆是，其原因是社会进化论在作怪。巫术被认为是原始人的，宗教被认为是文明人的，科学被认为是现代人的。许先生对滇西霍乱和香港鼠疫的分析却说明，云南喜洲人和香港沙田人的反应是把巫术、宗教、科学思想和方法统统集于一身，而不是采用视其为彼此对立或相互分割的态度。许先生的分析，其重中之重是人们同时以民间符咒、道家禳除、佛家驱魔、家传中医方、古今医学手段及西药与中草药抗疫的混合努力。

许先生批判马林诺夫斯基的具体说法如下：在进一步发展了巫术与宗教分属不同范畴的主张并通过一系列的对比之后，马林诺夫斯基将自己的观点归纳为：巫术是以功利性作为导向，只是雕虫小技，充其量是给人们一些现成的祭拜方法和不可靠的信念。相比之下，宗教涉及所有超自然的信仰世界，宗教可以帮助人们系统地建立且确定以及加强一切有价值的精神观念，诸如尊重传统，与环境保持和谐，或在与困难拼搏和在死亡面前充满勇气和信心。

许先生用讥讽的口气说道，如果仔细审视以上观点，我们会发现所谓的巫术与宗教的巨大差异其实是马林诺夫斯基自己的臆断，其推断实属闭门造车，而并非来自对事实的观察。作为徒弟的许烺光真的是把自己的师父马林诺夫斯基修理了一番。按照某些保守的规矩，徒弟揭师父的短处，这种做法有点不正常，然而许先生所论的是学科发展的道理。他与林南不一样。林南把孙悟空摘下紧箍咒的可能性仅仅作为假设，许烺光是将这种假设变为了行动。

在我们这本《南部理论：人文社科思想的他者建树》文集之中，读者将会结识一些很像许先生的学者和一些与他相当不一样且也是很有底气的知识分子。在他们中间，有非洲人、亚洲人、拉美人，生活在非洲的白人作家、在西方学界奋斗的少数族裔、西方社会科学传统的反叛者、提出伊斯兰国家论的神学家、试图用太阳语言理论建构民族主义意识形态的土耳其人类学家，以及把马克思主义与本土学术有机结合的思想家。这些学者的论著让我们确信，南部理论是对峙北部理论的，也是复数的、多学科的、多国的，有时还是有分歧的，甚至有些或是过于激进的或是逆民主思想的。尽管它们彼此存有差异，甚至分歧严重，南部理论的五种共性可以概括为批判性、延续性、兼容性、本土性、流动性。

开　放

一位颇有名气的中国人类学家最近在一次线上讲座陈言，中国人类学界对西方中心主义进行反思，但忽视了中国知识界认识世界的一切社会科学概念几乎都是来自西方的。另一位同样颇有名气的中国社会学家大约在同一时间段经由社交媒体指出，东西方之间的差异根本不存在，人类的差异在于文明与不文明，而不在于东西方，如果不说文明与不文明的分野，而仅强调东西方的差异，偷梁换柱也，欲盖弥彰也。以上言辞，绝非癫狂之语，有过激之处，却是有感而发。前者的过激在于认为中国社会科学研究无非是对西方学术概念的复制，基本上没有自己的独立思想，其有感而发的是担心中国人类学对西方中心论的反思会变为对西方社会科学理论思想的全盘否定。后者的过激是不承认人类的文化差异和社会差异，而仅仅承认以文明界定的人类差异，其有感而发的是狭隘的民族主义思潮。

恰恰在同一时段，南京大学社会学系周晓虹教授电邮过来一篇时过几年的旧作与我们分享（2014）。这篇文章即是《开放：中国人社会心态的现代表征》。其中，周晓虹借鲁迅之言指出，中国历史上的鼎盛时期，莫过于汉唐。汉唐之人，自信满满，面临边患，魄力究竟雄大，凡取外来之物，自由驱使，绝不介怀。周晓虹继而指出，当代中国人的社会心态要比历史上任何时期变得更为开放，具体表现在面对不同民族、不同群体、不同个体及其价值观、生活态度和行为方式，比任何历史时代都具有宽容之心和赞赏之心。周晓虹还认为，当代中国人的开放社会心态与20世纪70年代末发生的解放思想运动极为相关。当年那场"真理标准大辩论"催生了一场意义深远的思想变革，开启了中国社会改革开放的进程。

尽管周文讨论了"真理标准大辩论"对工农业生产力的解放，却没有论及那次大辩论对知识生产力的解放。作为一名亲历者，周晓虹当然深知政治经济学意义上的思想解放对知识生产和创新的巨大作用，其中包括对西方社会科学理论思想的再次开放。但是这里所谓的再次开放并非对应汉唐时代的开放，也不是对应"文化大革命"之后的社会历史变迁，而是指"中国之中国""亚洲之中国""世界之中国"一说的开放。源于梁启超的此说可以帮助我们将对开放的理解放在长时段历史里加以思考。

1901 年，梁启超在《中国史绪论》一文指出，上世史"中国之中国"标志的是先秦诸侯国的纷争时代，中世史"亚洲之中国"代指的是自秦始皇统一中国后中华民族的发展时代，近世史"世界之中国"表示的是近代以来中华民族与亚洲其他国家以及欧美国家的竞争时代（梁启超，2015：1—12）。以上三个阶段的历史发展演变，其实何尝不是中国由封闭逐步走向越来越广泛的对外交往的过程。梁氏所言的竞争首先是指中国人面临西方国家强势时不能亡国亡种。但是梁启超同时还认为，世界之中国应是坦荡开放的中国，对西方思想应以兼容并蓄的精神对待。作为维新派的代表人物，梁启超及时地举起了翻译救国的大旗，于 1897 年在《论译书》一文宣称："苟其处今日之天下，则必以译书为强国第一要义，昭昭然也。"（梁启超，1984：10）

梁启超对西方社会的关注和希望从西方国家引入中国的思想涉及诸多方面，包括西方社会学和社会理论。他认为以翻译手段引入西方思想，须慎之又慎。他于 1920 年完成且于 1921 年出版的《清代学术概论》一书指出："戊戌政变，继庚子拳祸，清室衰微益暴露。青年学子，相率留学海外；而日本以接境故，赴者尤众。壬寅癸卯间，译述之业特盛；定期出版之杂志，不下数十种，日本每一新书出，译者动数家；新思想之输入，如火如荼矣。然皆所谓梁启超式的输入，无组织，无选择，本末不具，派别不明，惟以多为贵。而社会亦欢迎之；盖如久处灾区之民，草根木皮，冻雀腐鼠，罔不甘之，朵颐大嚼；其能消化与否不问，能无召病与否更不问也。"（梁启超，1921：161—162）在以自责方式批评了 19 世纪、20 世纪之交从日本引进西方思想的盲目性之后，梁启超以赞许的口吻说道："独有候官严复，先后译赫胥黎《天演论》、斯密亚当《原富》、穆勒约翰《名学》《群己权界论》、孟德斯鸠《法意》、斯宾塞《群学肄言》等数种，皆名著也。虽半属旧籍，去时势颇远，然西洋留学生与本国思想界发生关系者，复其首也。"（梁启超，1921：162）

晚年的梁启超对一些舶来的社会理论表现出更多的担忧，他认为的生搬硬套尤其让他看不过去。若试举一例，阶级斗争学说在五四运动期间开始席卷整个中国知识界，梁启超却不以为然。1925 年，他在一份报刊文章中指出，无产阶级对峙有产阶级的认识论不能解释当时中国的社会现实和阶级矛盾，取而代之的应该是无业阶级对峙有业阶级认识论。有业阶级即是各种自食其力的劳动者。无业阶级包括军阀、贪官、政党领袖、拿外国人津贴的学生、穿长袍马褂的富人、高高在上的知识分子，以及土棍、流氓、强盗、乞丐和一切贪吃懒做之人。有业阶级若得胜，便天下太平。如果无业阶级战胜有业阶级，则亡国亡种（梁启超，1925）。

梁启超其实并不否认中国有过社会等级明显和阶级压迫严重的历史。在同一年，他在《中国奴隶制度研究》一文中指出，奴隶过去是一个阶级，底下层还包括贱籍，然而清康熙之治期间屡次放免贱籍，而且由于奴仆阶层的抗争不断，再加上雍正对贱籍进一步豁除，奴仆和贱籍制度到清中叶基本寿终正寝，另因地少人多、难存大户，余下的"蓄奴户无所利，固不禁自绝也"（梁启超，1925：555）。

参照梁启超的这两篇文章，对他而言那个当下的阶级之分只有两类。一是不劳动的无业阶级，二是辛苦劳动的有业阶级。1927 年，梁启超再次对阶级斗争论发出质疑，在燕京大学《社会学界》创刊号指出："研究社会学的目的，就在解决现代民族的问题；对某些问题，采取何种主张，采取何种态度，应该自己决定。然不能以他国作标准；因为各有历史关系，欧美所认为好的，我们要重新估价，如不估价，我们亦没有研究的必要了"（梁启超，1927：5）。他接着说道："许多人说人类进化的历史，即由阶级斗争而出。这个话，在欧洲说得通，西洋历史始终如此；在中国说不通，中国历史与阶级没有多大关系。到底要有阶级彼此天天拼命才能进步？还是没有阶级，不须拼命亦可进步？"（梁启超，1927：9—10）。

另一位梁氏则认为中国社会历来根本就没有阶级，对中国而言，阶级是社会学及史学的伪命题。这位梁氏就是后来在政治运动中屡受大批判的梁漱溟。他在《村治月刊》1933 年第 3 卷发表《乡村建设理论提纲》一文指出，与西方社会不同，传统中国社会是伦理本位，人们有职业的不同，但是没有阶级垄断，也没有资本垄断，有统治者，但无统治阶级，统治者借武力得天下之后用礼俗教化维持社会秩序。梁漱溟还于 1949 年在《中国文化要义》一书中更为明确地指出："中国社会是伦理本位，与西洋之往复于个人本位社会本位者，都无所似。但伦理本位只说了中国社会结构之一面，还有其另一面。此即在西洋社会，中古则贵族地主与农奴两阶级对立，近代则资本家与劳工两阶级对立。中国于此又一无所似。假如西洋可以称为阶级对立社会，那么，中国则是职业分途的社会"（1949：154）。

以上两位了不起的梁氏之观点，与陈焕章在 1911 年发表的经济学博士论文之中表明的如下立场是一致的："在孔子思想影响下，中国不存在社会阶级与种姓制度。但是，根据劳动分工，中国曾经有、现在也有四民"（陈焕章，2015：288；Chen，1911：365）。陈焕章还援引先人之言指出："古者有四民，一曰德能居位曰士，二曰辟土植谷曰农，三曰巧心劳手以成器物曰工，四曰财鬻货曰商。四民不相兼，然后财用足"（陈焕章，2015：288；Chen，1911：365）。这是说，四民之分并非阶级之分，而是古人的劳动分类体系。此说是对梁启超所言的有业者之区分，也属于梁漱溟所说的职业分途范畴。

若换一种方式表述，对陈焕章、梁启超、梁漱溟来说，一些舶来的社会理论和概念需要受到质疑和否定，不能机械套用，更不能复制。这一立场其实贯穿于中国近现代和当代社会科学的发展历程。且不说陈翰生和其他本土学者在新中国成立之前对亚细亚生产方式学说的否定，也不说费孝通和林耀华在新中国成立之后对斯大林民族识别思想方法的质疑，中国学者向外人学习的过程始终伴随着批判精神指导的兼容并蓄。摆在读者面前的文集《南部理论：人文社科思想的他者建树》即是这种精神的延续。其中的一小部分论文是中国学者依据本土研究经验撰写的，其他的论文是中国学者对南部理论的解读。这些作者大多数年方二三十岁，涉足南部理论可谓初生牛犊不怕虎。《南部理论：人文社科思想的他者建树》各章作者的身份及撰写的内容简略如下。

简　略

新加坡国立大学马来研究系高级讲师阿兹哈尔与新加坡国立大学马来研究系博士生廖博闻在《建立全球南部社会科学的自主性》一文中指出，出现在第三世界的囚徒心智和学术依赖现象导致本土的知识生产反而受到西方知识水平发展的限制，学术时尚主义仍然大行其道。由法瑞德·阿拉塔斯及其父亲和同行所描绘和追求的自主社会科学是值得关注、接受和扩展的尝试；他们在破除和批判殖民主义对马来世界及本地区知识体系造成的迷思和不良影响外，从更广阔的视角对第三世界学界的知识依赖现象进行了尖锐的批判，发出了建立自主社会科学的呼吁。

清华大学国际与地区研究院助理研究员刘岚雨在《伊朗学者沙里亚蒂论古典社会学三大家》一文中指出，作为社会学家的沙里亚蒂对马克思唯物主义、韦伯《新教伦理与资本主义精神》和涂尔干《宗教生活的基本形式》的解读与批判并非旨在发展和修正西方社会学理论，而是通过选择性地借鉴和否定当时被认为是最先进、最科学的社会思想，来更有力地证明宗教的超自然起源和"伊斯兰意识形态"对穆斯林社会走出中世纪"社会时间"的决定性作用。沙里亚蒂之所以这样做，一方面是受到其根深蒂固的苏菲主义人生观的影响，另一方面则是为了吸引越来越多的西化知识分子重回伊斯兰的思路。

上海大学社会学院副教授和文臻在《大洋洲学者浩鸥法的文化托命实践》一文中指出，大洋洲是人类学传统理论生产的摇篮，本土学者浩鸥法通过多种形式的艺术创作将人类学研究落脚于大洋洲文化的承继创新，批判西方学者将大洋洲的民族国家视为孤立岛国的殖民主义遗留，以自身"文化托命实践"为大洋洲文化研究和本土认知提供新的认识路径，跳出了工业化的知识生产模式。本文通过对浩鸥法的学术研究、艺术创作评介，阐释浩鸥法的"文化托命实践"并以此为人类学本土研究提供反思角度，丰富本土人类学研究视角。

清华大学国际与地区研究院人类学博士生吴嘉昊在《巴基斯坦学者哈桑的史学思想》一文中指出，希伯特·哈桑在将马克思主义带到巴基斯坦时进行了一定程度的本土化，这种"本土化了的"马克思主义是他撰写历史的指导思想。哈桑著书撰述历史的主要动力是探析巴基斯坦的发展道路，从历史中寻找依据，强调巴基斯坦成为世俗、民主、多元的现代国家的合理性。因此在记述历史时，哈桑着重强调巴基斯坦文明的世俗性，把普通百姓当作社会主体，并从文明发展的角度评析社会变迁。

清华大学国际与地区研究院助理研究员李宇晴在《佛使比丘与泰国达摩社会》一文中呈现了一个立体丰富的佛使比丘形象。佛使比丘往往被看作泰国佛教现代化的关键性人物，在某些场合又被看作违背现代精神的佛教传统主义者，同时也被看作佛教社会主义者。这些时而相互矛盾的标签或判断源于佛使比丘跳脱二元对立思想的"达摩"观。佛使比丘从宗教道德出发对理想政体和社会环境形成的一套政治哲学理念影响了泰国社会的方方面面。

清华大学国际与地区研究院的世界史博士生朱珈熠在《土耳其太阳语言理论与国族身份构建》一文中指出，太阳语言理论作为一种人为生产的语言理论，既是源于奥斯曼帝国末期知识分子拯救帝国的身份建设尝试，也是凯末尔主义在"语言工程"上的重要表现形式。太阳语言理论与突厥史观一同构成了土耳其共和国初期国家身份构建的重要语言和文化手段。太阳语言理论从生产到实行，体现出土耳其精英阶级东西摇摆的心态。这种心态在随后的现代化建设过程中得到进一步强化，至今仍影响着土耳其国家身份建设的基调。

清华大学国际与地区研究院新闻传播学博士生刘北在《加米迪的政治思想》一文中指出，巴基斯坦的宗教学者加米迪通过文学与语言学的解释方法重读宗教经典，试图寻找宗教思想与民主政治相融合的文本依据。加米迪的政治思想点明了宗教经典中的民主思想元素，但尚未构建完整的制度化定义，其解释性观点并未超越西方世俗化民主治理的话语框架。他以宗教促共识，以协商话民主的主张过于理想化，在实践层面缺乏对巴基斯坦民主化路径行之有效的具体探索。但总体而言，加米迪的政治思想在一定程度上解释了宗教对于伊斯兰国家政治治理的必要性和特殊性，试图平衡传统主义与现代主义的主张。他的解释或许会为不同历史文化背景下的政治治理提供启示。

清华大学国际与地区研究院博士生王雪辰在《法农：有关暴力、精神疾病与第三世界的命运》一文中指出，学界对法农的研究缺乏对其著作《全世界受苦的人》提供的殖民地精神病案例的详细解读。这些案例揭示了殖民暴力通过引发被殖民者的模仿行为，以及对殖民地社会的系统性暴力，分别造成了个人的精神疾病和社会发展迟滞的病症。而社会发展迟滞的这一病症，正是法农暴力观中暗含的对独立后的第三世界国家走何种发展道路的隐忧所在。

上海外国语大学斯瓦希里语专业教师马骏在《肯尼亚作家恩古吉论心灵的去殖民化》一文中指出，风起云涌的非洲民族独立运动虽然已经成为20世纪的记忆，然而民族国家的建立并不完全意味着思想的自由与解放。围绕着"我应该是谁"这一问题，选择了不同语言的非洲人群体有不同的答案。了解非洲民族主义知识分子们如何与这种由语言选择带来的权力不平等进行对抗，能够帮助外界还原一个更加真实、立体的非洲。肯尼亚著名作家恩古吉·瓦·提安哥在其著作《心灵的去殖民化》一书中对非洲文学语言选择与非洲知识权力斗争进行了深入讨论。以恩古吉为例，非洲民族主义知识分子们对非洲知识体系流动方向的思考与设想值得外界参考。"母语—斯瓦希里语—世界通用语"模型的提出表明，由内而外的知识流动体系符合思想独立的前提，以本土语言和本土知识为基准，是非洲在全球化浪潮中保证自身主体性的核心。恩古吉数十年如一日坚持以基库尤语创作，宣传语言选择对非洲的重要性。非洲各国、国际组织机构近年来也在逐步加强本土语言在国内、国际事务中的权重。在实现政治的去殖民化以后，非洲人心灵的去殖民化正当时。

清华大学社会学教授景军在《非洲本土人类学思想的他者建树》一文

中，以几位非洲老一代人类学家的生平和影响为例，拟阐释的主要观点之一即是中国社会科学界亟须关注南部理论，并以此扩展中国社会科学研究的全球视野以及南南知识合作的空间。本文的主要观点之二是说对南部理论之了解当属中国海外民族志研究之必须，从中汲取的理论思想养分也是中国人类学参与发展世界人类学整体性的关键。另需说明，本文所说的中国人类学是指我国社会学包括的社会人类学和我国民族学包括的文化人类学。

清华大学建筑学院建筑学博士候选人刘可在《以生物符号学解读米亚·科托小说〈母狮的忏悔〉的众生意象》一文中指出，以生物符号学为视角，莫桑比克作家米亚·科托通过黑人女孩儿马里阿玛和黑白混血儿男猎人阿尔坎如两个第一视角下与母狮的互动、对母狮及现实的理解和行动，展示了从现实到文本、从生物到人的连贯的写作实践，呈现出一种可能的后殖民时代本地叙事，有力地控诉了人类纪、资本纪下弥漫在莫桑比克大地上的殖民主义、战争、传统父权制以及生态不公，在经济、政治、社会等领域之外，为南部理论提供了一种来自生物领域的新视角和新动力。

清华大学国际与地区研究院助理研究员高良敏和清华大学社会学系博士张仁烨在《乌干达人类学家庇泰克有关非洲宗教研究希腊化的批判》一文中，介绍了庇泰克的学术生涯。作为一名人类学家和诗人，庇泰克认为西方学界对非洲本土宗教研究受到文化进化论文明与原始、西方形而上学的二元哲学观和历史观的影响，对非洲宗教存在严重曲解。更糟糕的是，一些非洲学者不能用自己的术语和概念阐释非洲本土宗教信仰的灵性，而是通过欧洲人的眼光和范畴看待非洲人的宗教意识和仪式，将非洲人的灵性生活思想希腊化。

清华大学国际与地区研究院助理研究员熊星翰在《对南非人类学家玛费杰部落主义批判的解读与反思》一文中，系统介绍了南非人类学家玛费杰关于"部落主义"的讨论，展现了他如何从概念、学理、观点和实证四个维度全方位对部落主义现象进行反思和批评。同时，本文还尝试探讨了中国历史语境中对部落主义的理解以及新时代下部落主义在全球范围内如何以新的形态出现并产生影响。文章凸显了玛费杰"部落主义"批判跨时代和跨地域的价值，展现出"部落主义"问题不只存在于非洲，也不只存在于过去，而是在全球范围内不断涌现的、建立在标签化认知方式上的身份区隔策略，通常与社会发展阶段论的历史认识模式紧密相关。

中国传媒大学斯瓦希里语专业副教授敖缦云和中山大学社会学与人类学学院硕士研究生阎自仪在《桑给巴尔两代塔拉布女性音乐人的社会思想分析》一文中指出，桑给巴尔塔拉布音乐在从宫廷音乐到东非沿海流行音乐的转变过程中，两位代际女性音乐人及其赋予塔拉布的思想意涵起到关键作用。"塔拉布之母"西蒂和"塔拉布之后"吉杜黛在音乐实践中分别形成的生存与抗争、合作与发展思想嵌入塔拉布在桑给巴尔的存续，前者引领塔拉布从宫廷走向平民，后者引领女性将塔拉布推向世界。吉杜黛在继承西蒂抗争特质的同时，将抗争领域从制度层面拓展到社会层面。总之，两位女性音乐人彰显的思想空间使得该音乐之存与续更具张力。

深圳大学社会学系助理教授齐腾飞在《加纳国父恩克鲁玛与良知主义》一文中，介绍了恩克鲁玛去殖民化理论"良知主义"的来龙去脉。良知主义指出西方认识论中的普遍主义观点并不具备普遍性。资本主义并非放之四海皆准的真理，其与非洲强调平等主义和人道主义的社会本质格格不入，只会带来剥削和压迫；而社会主义与传统非洲公有制和平等主义的原则相承接，应该成为非洲社会的意识形态。然而，由于非洲社会实践的局限，良知主义视社会主义为手段，以复兴非洲传统价值为目的，最终导致了革命的挫折和理论的沉寂。

清华大学社会学系研究生戎渐歆的《阿基沃沃与阿苏瓦达原则》一文通过对尼日利亚社会学家阿金索拉·阿基沃沃提出的"阿苏瓦达原则"的具体分析，探讨了一种将社会交往作为人的天性并以社会共同的善为价值倡导以进行日常互动的本土化理论。阿基沃沃回归本土民俗学材料，从约鲁巴人的口头诗歌和占卜文学中提炼社会学概念，在后殖民主义时期全球知识生产不平等的格局下，他的理论尝试破除社会学理论的西方中心主义，打造一个全球理论相互融合并彼此补充的知识体系作出贡献。

中央民族大学民族学与社会学学院教授张青仁与中央民族大学民族学与社会学学院人类学硕士研究生王越在《墨西哥人类学家加米奥的〈锻造

祖国〉》一文中指出，在墨西哥大革命后的 20 世纪初，墨西哥人类学之父加米奥认为，导致墨西哥民族国家建设困境的根源在于种族区隔，主张应当以混血种族为主体民族，以种族与文化融合完成墨西哥民族国家的建设。虽然这一主张具有一定意义上的同化倾向，却集中体现了 20 世纪初墨西哥知识分子对墨西哥和拉美文明独立性的思考。学科肇始的墨西哥人类学研究参与到种族混血与融合的进程中，对大革命后印第安问题的解决与墨西哥社会的稳定起到了重要的作用。

清华大学国际与地区研究院社会学博士生唐永艳在《古巴人类学家奥尔蒂斯的融文化理论》一文中，通过介绍和评述古巴人类学家奥尔蒂斯提出的融文化理论，试图揭示全球知识生产体系内部张力以及拉丁美洲人类学理论思想的魅力。奥尔蒂斯的融文化研究并不拘泥于狭隘的国家民族主义，而是站在认知人类文明多样性角度试图对文明间的和谐发展做出贡献。在超越同时代以静态学术视角禁锢中，他超前地指出应将文化生成放入特定历史脉络中进行动态的情景化研究，成为彼时强调线性和普世性学术思想的一股清流。在全球化背景下，奥尔蒂斯主张的融文化观点为普遍发生的文明冲突提供了来自古巴的独特智慧和经验。

清华大学人文学院研究生王舒畅与蓝天蒙在《迈向去殖民性的酷儿理论》一文中介绍了拉丁美洲多元性别群体 travesti 的生存现状、文化实践与理论建构，并从南部理论的批判性立场出发来讨论酷儿理论去殖民化的可能性。travesti 是一种跨越二元性别框架的地缘性身份认同，对于 travesti 的研究有助于我们反思全球北方性别理论中的西方中心主义和殖民主义倾向，从而具象化一种去殖民性的"南方酷儿理论"愿景。

清华大学新闻与传播学院研究生罗弋翔和李雨函在《许仕廉与中国社会学运动》一文中指出，许仕廉作为中国社会学史中的重要人物，不仅较早提出了"社会学中国化"的学科命题，以"本土社会学"为宗旨明确了燕大社会学的学科基点，而且通过自己的学术实践开拓了本土化的学术路径，还以燕大社会学为平台从学科制度层面推进了社会学本土化。在许仕廉和同时代学者的努力下，这场有前途和希望的社会学运动旨在推动社会进步和社会问题的解决，同样促进了社会学本土思想诞生，其目的和意义在于重塑一个现代中国。

清华大学社会学教授景军与清华大学地区研究院公共管理学博士生张水北在《涂尔干的缺席》一文中指出，民国初期一部分中国知识分子依据一系列自杀案判断，中国城市女性自杀问题的严重性不亚于甚至超过男性。这一判断的穿透力后来在民国社会学家有关自杀的数据分析中得到了证实。民国学者提出的有关自杀的社会事件论，否定了法国社会学家埃米尔·涂尔干对女性自杀免疫力的解释，而且揭示了涂氏自杀学说的认识论和方法论错误。

清华大学社会学系博士生卢鑫欣在《许烺光的医学多元主义思想》一文中指出，20世纪世界著名的华裔人类学家许烺光对医学人类学的形成和发展作出了贡献，但其学术思想在中国大陆却并没有得到应有的重视。许烺光先生1943年出版的《滇西法术与科学》一书是医学人类学民族志开山之作。这部民族志专著比较透彻地诠释了医学多元主义思想的精髓，将"混合实践"与"信仰合并"作为两个核心概念，一方面阐释了1942年云南大理喜洲民众多样化的防治霍乱行动、知识和信念；另一方面质疑了马林诺夫斯基等人有关法术与宗教以及科学与宗教截然不同的判断，同时还从趋吉避凶的社会心理视角提出了有关集体应对天灾人祸的情感寄托之见解。

清华大学新闻与传播学院博士生旺姆和次仁群宗的《藏族僧人根敦群培的学术思想》一文介绍了20世纪西藏社会标志性人物之一。根敦群培作为一名僧人、学者、旅行家和艺术家的多重复杂的身份使他在世时备受争议和误解，直至去世三十多年之后他的学术思想才开始被学界关注和讨论。作为在两次世界大战之间成长起来的一代西藏人中的关键人物，根敦群培本着对民族生死存亡的深切关怀，大力呼吁尚在沉睡中的族人赶快觉醒。在南亚旅行期间他反思传统西藏根深蒂固的宗教偏见和教派斗争之危害，大力倡导宗教宽容精神；他批判西藏传统史学充满宗派偏向和神话色彩，主张"摆脱神学的枷锁，写人的历史"，推进了西藏史学从神学史观转到人文史观；他在一个长期被封建思想禁锢的极端保守的社会里提倡男女平等，尊重女性主体地位，也是首位从人性和人文主义视角研究性学与情爱艺术的藏族人。

清华大学国际与地区研究院理论经济学博士生秦北辰与政治学博士生胡舒蕾在《去工业化早产学说》一文中指出，众多南部国家在高附加值服务业尚未发展、劳动力成本尚未上升时就经历了制造业份额的降低。与西方国家的去工业化经历不同，这种去工业化的早产表现为制造业的相对衰落与经济增长的停滞，带来了一系列政治、经济与社会问题。土耳其裔经济学家丹尼·罗德里克首次在当代主流经济学的框架内提出了去工业化早产的问题。他们在罗德里克有关研究的基础上，回顾对去工业化早产的理论与实证研究，进而对当代西方主流经济学提出反思。通过对经济学结构主义思潮、比较政治经济学和区域国别学有关研究的回顾，他们特别提出了主流经济学关注全球南部经济体的问题、特征、理论与实践的重要性。

密歇根大学安娜堡分校国际研究中心硕士研究生李蕤伶在《具身苦难和宏大蓝图的食物主权》一文中指出，我们当前处于世界食物体系的第三阶段，其中各国都被更加紧密地卷入欧美大食物企业为主导的食物产业链中，而各地的小农则是其受害者。在这一体系下，食物主权以拉美农民共同的困境为开端，发展成了有较为完整的理论体系和有全球影响力的运动，并在多国落实为因地制宜的方案。这一食物主权运动的发展史为草根声音理论化和南部思想的落实提供了借鉴。

把以上文章编为一集，只能说是对南部理论给予挑选的"先容"之举。容谓雕饰，意在展现，在此引申为有关他者的陈说。我们希望这部文集能够引发中国学界对南部理论的更多关注。有关南部理论研究，质疑必定不少。有人会说，梳理南部理论不就是要否定北部理论吗？还有人会说，这样做会破坏人文社会科学的一致性。有人或许要问，对一些西方社会理论的质疑要放在历史情境之中展开，否则不是搞历史虚无主义吗？另有人会认为，理论知识，无问东西，南营北阵，无比愚蠢，中庸之道，自古有之。对这些看法的最佳回应或许应该借用宋人禅诗一首：一去禅关忽五春，异乡惊见眼终清。问师参学今何解，云在青天水在瓶。

参考文献：

陈焕章：《孔门理财学》，中华书局 2015 年版。

景天魁主编：《中国社会学：起源于绵延》，社会科学文献出版社 2017 年版。

李剑华：《社会学史纲》，世界书局 1930 年版。

梁漱溟：《乡村建设理论提纲》，《村治月刊》1933 年第 5 期。

梁漱溟：《中国文化要义》，上海书店 1949 年版。

梁启超：《无产阶级与无业阶级》，《晨报副镌》1925 年第 96 期。

梁启超：《中国奴隶制度》，《清华学报》1925 年第 2 期。

梁启超：《社会学在中国方面几个重要问题研究举例》，《社会学界》1937 年第 1 期。

梁启超：《论译书》，载中国翻译工作者协会翻译通讯编辑部《翻译研究论文集》（1894—1948），外语教学与研究出版社 1984 年版，第 8—20 页。

梁启超：《中国史叙论》，载《饮冰室合集（第三册）》，中华书局 2015 年版。

林南：《中国研究如何为社会学理论做贡献》，香港中文大学中国研究中心网站（https：//www. ccs. cuhk. edu. hk/tc/）。

水延凯主编：《中国社会调查简史》，中国人民大学出版社 2017 年版。

孙本文主编：《社会学大纲（下集）》，世界书局 1931 年版。

王文光、李丽双：《司马迁与中国民族研究（上）》，《西南边疆民族研究》2013 年第 1 期。

王文光、李丽双：《司马迁与中国民族研究（下）》，《西南边疆民族研究》2013 年第 2 期。

[突尼斯] 伊本·赫勒敦：《历史绪论》，李振中译，宁夏人民出版社 2015 年版。

许烺光：《驱逐捣蛋者：魔法、科学与文化》，南天书局 1997 年版。

周晓虹：《开放：中国人社会心态的现代表征》，《江苏行政学院学报》2014 年第 5 期。

Chen Huan-Chang, *Economic Principles of Confucius and His School*, New York, NY：Longmans, 1911.

Francis L. K. Hsu，*Exorcising the Trouble Makers：Magic，Science，and Culture*，Westport，Connecticut：Greenwood Press，1983.

Francis L. K. Hsu，*Magic and Science in Western Yunnan，The Problem of Introducing Scientific Medicine in a Rustic Community*，New York，NY：Institute of Pacific Affairs，1943.

Francis L. K. Hsu，Religion，*Science and Human Crises*，New York，NY：Routledge & Kegan Paul，1952.

Laurence Roulleau-Berger，Peilin Li，eds.，*Post-Western Sociology：From China to Europe*，Abingdon，UK：Routledge，2018.

Raewyn Connell，"Learning from Each Other：Sociology on a World Scale"，in Sujata Patel ed.，*The ISA Handbook of Diverse Sociological Traditions*，London，UK：Sage，2010.

Raewyn Connell，*Southern Theory：The Global Dynamics of Knowledge in Social Science*，Sydney，Australia：Allen & Unwin，2007.

Syed Farid Alatas，Vineeta Sinha，*Sociological Theory beyond the Canon*，New York，NY：Springer，2017.

Derk Dobbe，"Henry A. Wallace and the Ever-Normal Granary"，*The Far Eastern Quarterly*，Vol. 5，No. 4，Aug. 1946.

Francis L. K. Hsu，"Prejudice and Its Intellectual Effect in American Anthropology"，*American Anthropologist*，Vol. 75，No. 1，Feb. 1973.

James Wright，"The Founding Fathers of Sociology"，*Journal of Applied Social Science*，Vol. 3，No. 2，2009.

John Maynard Keynes，"Economic Principles of Confucius and His School（book review）"，*The Economic Journal*，Vol. 22，No. 88，Dec. 1912.

Mehmet Soyer，Gilbert Paul，"Debating the Origins of Sociology"，*International Journal of Sociological Research*，Vol. 5，No. 1 − 2，2012.

建立全球南部社会科学的自主性

阿兹哈尔·易卜拉欣

（新加坡国立大学马来研究系高级讲师）

廖博闻

（新加坡国立大学马来研究系博士研究生）

导　　言

冷战后，亚洲、非洲、拉丁美洲和中东地区建立起大量高等学府，培养了一批本土学者。其中，一部分学者以批判性立场反对在知识生产领域产生新殖民主义。虽然西方理论和方法是社会科学和人文发展的必要因素，但随着不同地区环境和需求的差异，越来越多的学者意识到对西方知识和模式的"全盘输入"问题重重。近几十年间，我们看到了许多源自全球南部或第三世界批判性理论和观点的倡议与构想，以回应在社会知识生产中持续占有统治地位的欧美思想。这些倡议和构想认可西方社会科学的部分贡献，同时质疑西方理论的普适性。

萨义德·法瑞德·阿拉塔斯（Syed Farid Alatas）是最积极呼吁建立全球南部社会科学自主性的学者之一，他认为出现在第三世界的囚徒心智和学术依赖现象导致本土的知识生产反而受到西方知识水平发展的限制，而源于本土传统知识、拥有自主性的社会科学应作为长期处于统治地位的西方理论的替代话语来展现或解释第三世界的社会现象。

法瑞德·阿拉塔斯的思想深受其父、马来西亚社会学家萨义德·侯赛因·阿拉塔斯（Syed Hussein Alatas）的影响，并进行了发展与延伸。阿拉塔斯在马来以及印度尼西亚研究的知识话语挑战了殖民思想的统治地位，包括延续于殖民者框架的民族主义话语。其对马来世界的社会学研究使他质疑部分西方学者和作家提出的一些有问题的假设、简化的和带有偏见的结论。他的著作《懒惰土著的迷思》（*The Myth of the Lazy Native*，1977）探讨了殖民意识形态及其对人民和发展的影响，对马来研究产生了深厚的影响，迄今仍是关注本地区事务的学者必读的书目之一。侯赛因·阿拉塔斯在1967年新加坡国立大学马来研究系的创办中扮演了关键的角色，见证了从对现代化理论前提的质疑到编撰历史的方法等一系列重建主义作品的诞生和演变。侯赛因·阿拉塔斯很早注意到知识囚禁（intellectual captivity）不仅影响思维领域和社会发展实践，还会损害学术和教育领域；尽管它主要源于内生动态，但是影响这种囚禁的另一个问题便是来自外部的学术帝国主义。阿拉塔斯对知识囚禁与学术帝国主义的关切推动他发出自主社会科学的呼吁。

受侯赛因·阿拉塔斯影响的一批学者意识到了一个不被欧洲中心主义、东方主义和实证主义思维模式统治的学术知识的重要性，然而这些思想已经广泛存在于学界的方方面面，包括大学教授的课程、研究的重心、期刊和书籍的出版，等等。法瑞德·阿拉塔斯正是追寻了这条道路，本文将探讨他对实现自主社会科学的追求以及相关倡导。

一　笔耕不辍的社会学家

法瑞德·阿拉塔斯是马来西亚社会学家，目前在新加坡国立大学社会学系任教。在俄勒冈大学获得经济学学士学位后，法瑞德·阿拉塔斯在约翰斯·霍普金斯大学完成社会学的硕士和博士学位，后来在马来亚大学东南亚研究系执教，继而进入新加坡国立大学社会学系，2007—2013年在新加坡国立大学担任马来研究系主任。

法瑞德·阿拉塔斯的早期作品关注国家领导人和精英在东南亚发展中的作用，以研究在何种条件下能够实现"成功管控的经济发展"以及"民主制度"这两个国内安全（internal security）的重要组成部分。他首先以领袖精英能带动国家经济发展到何种程度来判断他们在发展中的作用，指出国家在经济发展中扩大了自身角色（Alatas，1993：368—95），随着本土统治精英意识到民族国家在意识形态依附、政治渗透和行政控制方面的脆弱性，东南亚国家越发关切内部安全胜过地区安全（Ruth，1984：19），最后作出结论认为发展是内部安全的重要组成部分，领导力的本质对发展的成功管理与否至关重要，高人均收入、平等分配和经济实力雄厚资产阶级的存在等构成的一定水平的发展是民主制度建立和维持的关键，良政善治的发展和民主是内部安全的重要组成。

随着对国家权力和领袖的长期关注，法瑞德·阿拉塔斯很快意识到囚徒心智（captive mind）和类似于政治与经济帝国主义、导致本土学者和精英无法应用或生产有关本地社会的知识的学术帝国主义等发展中社会殖民主义问题，转而关注作为解决方案的社会科学本土化话语。本土化要求回归本土哲学、认识论、历史、艺术和其他模式的知识，以此作为社会科学理论和概念的潜在资源，降低对北大西洋核心社会科学势力的知识依赖（Alatas，2005：227—243），也就是说，本土化在内部指在语义上阐述、编纂、系统化然后应用关键的本土概念、方法和理论的过程，在外部是指对输入材料的修改和翻译，最终在理论和文化上将其吸收（Enriquez，1994：22）。

提倡知识本土化并不是要摒弃西方社会科学，而是希望开放本土的哲学、认识论和历史成为知识基础的可能性，法瑞德·阿拉塔斯由此发出根植于第三世界背景的自主社会科学传统的呼吁；对自主路径的呼吁不应与仅仅强调用合适路径解决本土问题的倡议混淆，而是要构建一个社会科学传统，该传统涉及提高对原始问题和新研究问题的处理（Alatas，1979：265），以及新概念的产生和对实证主义社会科学的批判，认识到建立在物理科学基础上的认识论社会模型妨碍了对本土情况的解释性理解。

法瑞德·阿拉塔斯是一位学术兴趣广泛的学者，他关注的领域涵盖社会学理论、发展问题、社会—政治话语以及人物和文本研究，他兼具西方与非西方知识传统的良好基础，在作品中广泛地引用和讨论正是他知识关切和涉猎领域的体现；凭借对社会学理论和方法论问题的兴趣，法瑞德·

阿拉塔斯积极参与国际上有关理论及相关性问题、如何解决源自东方主义的巨大挑战及其必要性、学术实证主义、狭隘的本土主义以及经常标榜自身在学界"最具批判性"的相对后现代主义等话题的辩论。

二　关于自主社会科学的论述

像许多社会学家一样，法瑞德·阿拉塔斯注意到量化修辞（quantification rhetoric）的成功和实证主义（positivism）的强大影响力，数字和其他形式的量化方式在社会科学中无处不在，研究者把社会现实套入数学公式，根据不同的数字和比例进行比较、得出结论。随着实证主义的盛行，第三世界的学者全盘"进口"了这种研究模式，他们的研究更注重修辞技巧（rhetorical technique）或者可被称为"发展的技术化"（technicization of development），过度依赖技术与理论而忽视研究的目的。第三世界的社会和学界还出现去政治化（depoliticization）的现象，具体表现为对社会或某一具体问题的研究不允许讨论政治问题（如新加坡的殖民主义、马来西亚的封建主义等）。法瑞德·阿拉塔斯的理论正是希望回应和解决上述问题，应对建立自主社会科学过程中的挑战。

首先，第三世界的知识生产面临现有学术秩序的统治，即北美和欧洲学界对世界其他地区的知识统治，第三世界的学者普遍被边缘化并依赖西方学界开展研究和提供经费，学术期刊主要由西方国家的机构控制，使得第三世界的学者更难在国际层面发表观点。其次，全球南部思想的发展面临殖民主义和帝国主义的阻力，或者借用萨义德·侯赛因·阿拉塔斯的话说是"外部的学术帝国主义"和"内部的囚徒心智"（Alatas，1969；1972：9—25；1974：691—9；2000：23—45），前者迄今仍与西方对社会科学知识流通的控制和影响力息息相关，这种霸权被前殖民地国家，甚至一些当时维持独立国家的学者和政策制定者欣然接受（Alatas，2000：23—45），导致第三世界出现囚徒心智和学术依赖，本土的知识生产反而受到西方知识水平发展的限制。

一般而言，可以认为社会科学的自主性体现在两个层面。一个是相对于社会、经济、政治以及学术团体的"制度层面"的自主性，即拥有自主的社科制度而不必受制于西方主导的学术体系；另一个是相对于欧美学术思想的自主性，即拥有源于本土传统的知识体系而非套用西方理论解释非西方的社会。法瑞德的论述主要着眼于后者，但两者实际上相互交织、缺一不可，都是建立自主社会科学的过程中必不可少的重要部分。

近年来，法瑞德·阿拉塔斯更加积极地通过公共论坛和社交媒体发表有关马来西亚政治的批判观点，强调衰弱的盗贼政治、宗教极端主义和种族主义正荼毒马来西亚政治和社会生活，最值得关注的当属他定期围绕自主社会科学的在线讲座，包括新加坡国立大学马来研究系与社会学系组织的系列讲座和学术论坛。他展现出的激情和越发加快的脚步说明，法瑞德·阿拉塔斯似乎将为建立自主社会科学打下坚实基础视为自身的使命，并将其带入东南亚学界的视野。

法瑞德·阿拉塔斯希望指出的是，其父侯赛因·阿拉塔斯的成果及其之后的思想应当被认可为一种属于自主社会科学路径的思想流派，这个观点最早由侯赛因·阿拉塔斯在 2006 年发表的文章中提出。法瑞德·阿拉塔斯在题为"本土主义或自主社会科学：一场方向之争"的章节中表明了他的立场：

> 自主社会科学既不是反西方的，也不是亲国家的。相反，它独立于西方社会科学机构及其思想，也独立于国家，同时对来自它们的思想持开放态度，或与它们合作。自主社会科学的主要特征是在问题的概念化和优先度、研究议程的发展、原始理论的建立以及实证研究的进行方面具有自主性（autonomy）。自主性导致了对西方知识的建设性批判，以及对非西方知识来源的认真思考。（Alatas，2006：114）

在学术研究中，自主性体现在能够自主决定研究议程，这个议程是以本土背景和特定群体或某个地点的需求为基础。法瑞德·阿拉塔斯认为，自主社会科学或者说知识生产能够以多种形式体现在多个方面，而不必如侯赛因·阿拉塔斯所说必须与研究议程挂钩，任何拥有自主性特征和精神的、严肃的知识作品都属于这个分类（例如使用西方语料库的自主性），但这个自主性并非完全拒绝源自西方的材料，法瑞德·阿拉塔斯解释称：

> 西方社会科学并非被舍弃，而是选择性地被吸收。因此，打造一个自主的社会科学传统是一个涉及整个社会科学社群的创造性过程……一个自主的社会科学传统将借鉴各种各样非西方的历史经验和文化实践用于概念和理论，这要求学者回归本土哲学、认识论和历史经验。（Alatas，2006：118）

法瑞德·阿拉塔斯的批判和理论视角使他的作品对学科知识与地区研究的学者和学生都大有裨益，他的许多作品是其研究兴趣与关切的例证。需要说明的是，法瑞德·阿拉塔斯在提出替代社会科学（Alternative Social Sciences）时并非提倡对西方社会科学和人文的全盘拒绝而拥抱非西方的理论，亦不涉及西方与东方或南方的对立，而是探讨用于理解某个社会或某种现象的更好的理论和方法途径，同时又不会被一种范式对另一种范式的简化、还原主义和带有优越性的观点所裹挟。

整体来说，法瑞德·阿拉塔斯认为的社会科学"自主性"即进行有机结合（而非完全独立存在）的能力，它是一种思维方式、方法，指导我们如何定位研究的目的。自主性的倡议体现在五个层面。第一，对从事社会科学和人文科学研究的本土学者产生影响，使其不局限于西方的理论和方法范式，必须抵制学术囚禁，特别是在当前全球学术标准化、一味将西方学术产出视为优秀标准的大背景下。第二，身处亚洲或全球南部的我们不应仅仅追求成为西方理论和方法的消费者、像打包好的包裹一样使用或展示它们，甚至为熟练掌握它们而感到骄傲。第三，本土学者应该发展自身的概念工具和理论构成，以此解决自身背景下的挑战，并做出能在其他文化背景或学术环境使用的相关且有用的理论和概念贡献。第四，推动形成由其他地区学界组成的一种学术团结，这些地区都面临相似的问题和挑战，并且西方强加的占统治地位的理论与内生的知识囚禁在当地具有等同的危害性。第五，理论研究和形成不单单是为了理论本身，也是为了解决特定社会中的严峻问题和挑战，或者说，这些问题和挑战需要知识和道德责任来解决。

尽管有人认为法瑞德·阿拉塔斯的作品与其父侯赛因·阿拉塔斯的作品相似或仅仅是后者的延续，但从法瑞德·阿拉塔斯发表的成果来看，这种评价对他似乎并不公平，他也发展出了更为系统的讨论。其中，法瑞德·阿拉塔斯在四个领域的关切值得探讨，体现了他为展示自主社会科学重要性做出的努力和尝试，即挑战欧洲中心主义和东方主义、对知识相关性的反思、对学术本土化的批判以及应用赫勒敦的社会学视角。

（一）挑战欧洲中心主义和东方主义

东方主义是一种带着欧洲的偏见去思考所谓"东方"的方式，出现在欧洲意识到自己是一个独特的文明实体之后，现今的东方主义是欧洲中心主义或欧美中心主义的代名词。除了在作品中引述东方学者对东方主义的反思，法瑞德·阿拉塔斯对广泛存在于第三世界（尤其是马来研究）的东方主义进行尖锐的批判，他认为东方的马来研究自成立之初就一直依赖领域内的一些东方主义思想。首先，马来研究具有二分法的特点，意即马来人通常被视为研究的对象，而不是马来研究理论基础的思想和概念的来源，无论在古代还是现代的马来思想家中都是如此；二分法的另一方面在于马来文化、历史和传统不被视作思想和概念的源泉，反而是西方学者能够"通晓一切"。

其次，东方主义在马来研究中的第二个特点便是通过欧洲视角建构马来世界，它在逻辑上是二分法的延伸；例如，常见于分析马来世界历史政治经济的陆地中心主义（terracentrism），这种以陆地为中心、城市—乡村的二分法是欧洲地理的体现，并将这种人类生态学强加到马来世界；实际上，海洋在马来世界里不仅是各大陆交通和联系的方式，更是一种生产模式，东方主义将它等同于以陆地为基础的生产模式，导致了对马来世界政治经济的错误概念化。

再次，东方主义的另一个特点是将欧洲看作现代文明所有表现形式的唯一起源。以资本主义的起源问题为例，尽管存在完全相反的证据，人们普遍认为殖民地的原始积累过程是由欧洲殖民者开始的。法瑞德·阿拉塔斯认为，由于东方主义范式的主导地位，西方传统中关于西方的普适性问题并没有在马来世界的背景下被提出。马来研究中也存在欧洲的道德偏见，人们很容易忽视殖民者文明的辉煌成就与其在殖民时期野蛮行径的不一致性。

最后，东方主义另一个有趣的特征是沉默（silencing），即受东方主义影响的学者倾向于对某些主题或话题保持沉默（即使是在经验上更加相关的内容），他们往往更倾向于选择符合马来人在东方主义形象中的主题和话题，法瑞德·阿拉塔斯（Alatas，2021：199）将其称为"作为方法的沉默"。

因此，有必要呼吁自主社会科学来挑战欧洲中心主义和东方主义，以提醒世界各地的社会学家集中注意力，关注社会学发展的这一极其重要的需求，从而抵制它们的影响。

（二）对知识相关性的反思

第三世界的人文科学普遍缺乏本土的理论、概念和方法，西方教育体系和哲学在殖民地国家被大规模采用导致当地创造力和原创性的普遍缺失，西方社会科学自19世纪以来在没有足够认识这些社会的不同历史背景和社会环境的情况下被植入。随后，起源于西方社会科学机构的学科和研究议程在发展中国家被采用，这引起了第三世界学者的反应，他们质疑这些社会科学与发展中国家的相关性（Myrdal，1957；Singh Uberoi，1968：119—123）。

实际上，学界对知识相关性（relevance）问题的关切始于20世纪50年代并持续至今。如果说殖民主义是出现知识依赖的背景，那么去殖民化和正式的政治独立就是看待相关性问题的背景；也就是说，政治去殖民化伴随着世界地理学多中心主义的传播，再加上许多发展中国家重新发掘或重新构建国家民族历史的努力，西方或英美知识的相关性受到质疑（Hooson，1994：5—6），这些动态的根源在于第三世界国家对民族认同的追寻（Alatas，1996：123—140）。

法瑞德·阿拉塔斯认为，有关社会科学对非西方社会的相关性和效用问题的反思，是主要面向西方的社会科学传统与国家/区域社会政治问题之间相遇碰撞的结果。第三世界的学者为解决相关性问题，针对发展中社会里社会科学的生产和使用提出了各自的理论观点，包括东方主义理论、欧洲中心主义理论、精神囚徒理论和学术依赖理论，这些观点试图从社会科学解释和理解社会与历史过程的能力这一角度来解决社会科学与发展中社会的相关性问题。

（三）对学术本土化的批判

如何将上文提到的相关性、模仿和学术依赖性等问题理论化始终没有成为发展中国家社会科学的核心关切，尽管如此，整个发展中世界社会科学界提出了诸多尝试，来理解"不相关"问题的起源、性质和功能，由此提出并呼吁发展本土社会科学传统。根据法瑞德·阿拉塔斯的说法，本土化是一个无定形的术语，既不是指理论视角，也不是思想运动（Alatas，1996：123—140）。相反，它是一个松散的类别，包括来自人文科学中各种学科作者的作品，所有这些内容都涉及"不相关"问题和替代科学传统（alternative scientific traditions）的产生。它也是一个描述性的类别，指的是那些努力解决"不相关"问题、模仿、学术依赖等问题并呼吁替代传统的学者，而不必一定使用本土化（indigenization）一词。

事实上，学界中已经有诸多解决西方话语形式的不相关性问题的尝试可以归入本土化的描述性类别，[①] 并产生替代品，因此，更具全球化的理论可以统称为对本土化的呼吁。本土化"诚实地暗示了外部接触，强调需要将外源要素本土化以适应当地要求；这将由'当地人'还是'局外人'完成则是一个更复杂的细节"（Atal，1981：183）。显然，阿拉塔斯和其他学者对本土化的呼唤并不单单提倡通过修改西方环境中已经发展起来的东西来解决本土问题；相反，他们认为本土的理论、概念和方法可以从各种非西方文明的历史经验和文化实践中得出。从这个意义上说，西方社会科

---

① 例如对内生知识创造性的呼吁、社会科学的去殖民化、知识的神圣化，等等。

学是本土的（尽管它们被应用到了发源地或以外的地方），去殖民化者、全球化者、内生化者、神圣化知识的支持者和替代性寻求者都进行了某种程度的本土化，他们有意识地努力发展源自本土、地方和区域历史经验及文化习俗的理论和概念。

在西方，社会的有机和机械形象分别可以追溯到柏拉图和亚里士多德，并深深植根于西方意识。正如它们在西方发展的那样，人文科学也受到文本和戏剧的影响，知识的本土化者通常不希望抛弃西方社会科学，而是希望为本土哲学、认识论和历史开辟成为知识基础的可能性。

为了更系统地呈现本土化的范围和意义，阿拉塔斯从五个层面进行了讨论。在元分析（meta-analysis level），即世界观的揭开以及艺术和人文科学作品背后的哲学基础的层面，本土化考察了前理论的领域，例如对传统—现代二分法的批判性审视。因此，在这个层面上的本土化作品将包括关于第三世界社会科学状况的各种理论观点，例如东方主义、欧洲中心主义、学术依赖和囚徒思想，以解决社会科学与第三世界的相关性问题，即相关性和不相关性的讨论。

在理论层面上，本土化是指对所接受的理论和概念的批判性研究，以及从本土历史经验和文化习俗中产生的概念和理论。在已知的少数本土理论的例子中，有本书中戎渐歆讨论的非洲社会学家阿基沃沃关于阿苏瓦达原则（asuwada）的作品（Akiwowo，1990：103—17），与非洲知识社会学的发展息息相关，以及新赫勒敦国家理论（neo-Khaldunian theory of state），墨西哥社会科学家巴勃罗·冈萨雷斯·卡萨诺巴（Pablo Gonzales Casanoba）提出的边际概念，等等（Gonzales，1965）。

在经验层面上，本土化是指把重点放在与第三世界更相关的、迄今一直被忽视的问题上，例如把重点放在亚洲的人力资源开发和利用上，这涉及研究亚洲路径的核心组成部分，比如强调本土价值的传承和引进外国技术、在中等和高等教育阶段优先考虑工程和科学、国家在人力规划和就业安置以及科学技术协调方面的突出作用（Cummings，1995：67—68）。

在应用社会科学层面，本土化意味着具体规定补救措施、计划和政策，与志愿组织和其他非政府组织合作，并在执行过程中与政府合作。这个问题可以看作两个层面，首先是将理论转化为实践的问题，其次是社会科学界与决策者接触的问题。社会科学的成功应用在很大程度上不仅取决于将本土和传统知识吸收到现代规划和政策执行中的能力（Clarke，1990：233—53；Dei，1993：28—41），还取决于社会科学家工作所承受的政治约束。

相比于"本地取向"（Going Native）那样宣扬东西方文化之间的绝对对立，并且经常导致对西方思想的全盘拒绝，本土化希望在努力实现社会科学全球化的同时不创造镜像般的对立面（Moghadam，1989：82）。本土化意味着通过将各种非西方哲学、文化和历史经验视为社会科学的灵感、见解、概念和理论的来源，来填补一个世界性的社会科学所需的许多文化空白。西方社会科学确实是本土的，因为它们是在欧洲社会和政治革命的环境下应运而生，并且至少部分植根于中世纪对阿拉伯—伊斯兰哲学的吸收。真理具有多元性和修辞性，因此，真理建构的源头不应局限于一个文明（Alatas，1996：123—140）。

（四）应用赫勒敦的社会学视角

法瑞德·阿拉塔斯在埃及、约旦、也门、孟加拉国、印度尼西亚和马来西亚几所大学的经历使他意识到，主流社会科学与穆斯林学术传统的疏远是一个长期持久的主题；这些国家在社会学理论的教学方面明显缺乏多样性，相应的是对 19 世纪和 20 世纪初的欧洲和北美男性理论家，如马克思、韦伯和涂尔干等人压倒性的强调和追捧，因此缺乏对同一时期尝试将社会情况理论化的欧洲和美国的女性或亚洲、非洲和拉丁美洲的男性和女性学者的关注。法瑞德·阿拉塔斯将目光投向第三世界的穆斯林思想家和知识分子，希望把他们的思想发展为可用于第三世界社会的理论，有"社会学与历史学奠基人"之称的伊本·赫勒敦是法瑞德·阿拉塔斯论述的重点。

赫勒敦是阿拉伯历史哲学家和穆斯林思想家，他对北非社会进行了细致的观察，在有关历史、文化、社会、文明和执政方面产出了大量优秀的作品，但其理论尚未发展为思想体系。法瑞德·阿拉塔斯认为现有的大量文献仅限于对赫勒敦的生平细节的研究和写作、对他的国家形成理论的描述性重述、对他作品中包含具体概念的讨论，或是将他的理论与现代西方社会科学奠基人的理论进行比较、引用他对北非的历史叙述作为该地区历史数据和信息的来源并分析了其著作的方法论基础，而能够将他的国家形成理论在经验历史情境中进行理论应用的研究仍然很少。这在法瑞德·阿拉塔斯看来，部分原因在于长期存在社会科学中的欧洲中心主义阻碍了对非欧洲理论和概念来源的思考，并导致伊本·赫勒敦的思想在现代社会科学中被边缘化——即使他的名字众所周知并且经常在相关研究领域的文献中被提及。在许多关于伊本·赫勒敦的研究中，他似乎更像历史数据的提供者，而非与当代研究相关的思想的起源，几乎都是欧洲思想家处于舞台前方，被描述为社会学的先驱（Alatas & Sinha，2017：41—42）。此外，赫勒敦社会学理论在几个世纪以来一直没有得到发展，亦没有学者努力使赫勒敦的作品和社会学理论变得更易理解并适用于现代社会的研究。

法瑞德·阿拉塔斯认为，有必要超越仅仅宣称伊本·赫勒敦为现代社会科学先驱，或者只是将他视为东方主义者为殖民统治辩护的工具的局限，因为赫勒敦的观察与思考对当今社会仍具有普遍的意义。除了证明社会学并非西方思想的产物，法瑞德亦希望赫勒敦理论作为穆斯林的传统知识得到国际学界的认可与承认；更为重要的是，法瑞德·阿拉塔斯认为伊本·赫勒敦这样全球南部社会科学的先驱应当替代斯宾塞等西方学者成为全球南部社会科学的"祖先"，如果没有历史的积淀，学科的自主性便无从谈起。显然，社会学有一些领域需要进一步发展，而伊本·赫勒敦的思想经过认真思考后能够应用于历史和当代的经验案例，例如，伊本·赫勒敦关于部落国家形成动态的理论可以应用于他所涉及的地理区域和时代之外的无数其他历史案例，如萨法维伊朗和奥斯曼帝国。

对法瑞德·阿拉塔斯来说，赫勒敦社会学是关于国家形成的历史社会学，它适用于包括北非、西亚和中亚、印度北部、中国和美国西部的广泛社会，即以亲属为基础的、团结的某个团体在国家形成中扮演重要作用的社会（Alatas，2014：146）。在这个赫勒敦式生产框架中阐述的国家形成和衰落的动态，也可以用图尔钦（Turchin）称为伊本·赫勒敦周期（Ibn Khaldun cycle）的历史时间框架来重述，并应用于中国和中亚的历史，包括经历了大约一百年典型赫勒敦周期的中国元朝（Turchin，2003；Turchin & Hall，2003：34—46）。

更重要的是，赫勒敦路径必须吸收现代社会学和其他社会科学的概念和理论。例如，伊本·赫勒敦关于国家兴衰的理论化是具有社会学属性的，因为他谈到了部落、国家和统治阶级等群体的社会特征，伊本·赫勒敦的理论围绕的"asabiyyah"的概念也是社会学的，因为它指的是一种建立在共同亲属关系知识基础上的社会凝聚力。但是，伊本·赫勒敦对"asabiyyah"衰落的环境和性质的解释没有提到经济生活的模式或组织，因此考虑将生产模式框架纳入伊本·赫勒敦关于以部落为基础的国家的兴衰理论将会"很有意思"。

法瑞德·阿拉塔斯希望伊本·赫勒敦理论的应用能够为社会现象提供替代的解释，因为它提出了组织已知数据的新方法以及质询历史和社会事实的新问题；另外，它也可能对进一步发展和完善该理论产生影响。法瑞德·阿拉塔斯的尝试被描述为必须"对一位完全在欧洲经典之外的强大社会思想家进行更深入的分析，以展现伊本·赫勒敦的思想如何能够揭示伊本·赫勒敦自己时代以外的国家和政治经济变革"（Connell，2018）。

显然，法瑞德·阿拉塔斯并不浪漫地认为过去可以为现今的人文科学提供理论资源。从赫勒敦作品中挑选合适概念的尝试显然旨在创造性地使用非西方来源的知识来阅读当代社会。在他的整个学术项目中，法瑞德·阿拉塔斯呼吁承认地方概念，这些概念可以在理论上被挪用和制定来描述一种现象或问题，而不是过度依赖外生概念。法瑞德·阿拉塔斯在他的许多著作中质疑了一些持续存在的概念和术语，这些概念和术语因为在西方学术中变得"合法"而经常被认为是理所当然的。例如，他质疑对诸如"伊斯兰主义"和"现代主义"等概念不假思索地使用或应用。

三 自主社会科学面临的挑战

尽管探讨了建立自主社会科学的诸多可能性和方法，法瑞德·阿拉塔斯及其父侯赛因·阿拉塔斯还有不少志同道合的学者都对第三世界知识依赖现象的未来持悲观态度，他们似乎无法得到制度上的支持而为此感到灰心，将希望转至学者和学生等个人层面和知识层面，在学术研究和教育教学中传播将学术依赖问题化的思想和意识，继而在实际研究中生产替代性话语（alternative discourse）；建立自主社会科学的过程中不仅面临所谓"作为方法的沉默"（silencing as method）的挑战，还需要全球南部知识的团结。

（一）沉默和排斥话语

由于学术界主要由欧美模式主导，非西方贡献若想得到认可困难重重。学术时尚主义以及长期存在的东方主义与欧洲中心主义成为挑战，其中学术帝国主义从外源发挥作用，而从内部而言，知识囚禁、本土主义者和胜利主义的民族主义学术话语占据中心。

建立自主社会科学的又一个挑战是缺乏机构或团体支持。法瑞德·阿拉塔斯认为，非西方或马来世界对东方主义和欧洲中心主义本身的反应也受到沉默和边缘化过程的影响，他将"作为方法的沉默"（silencing as method）的想法纳入了"作为方法的亚洲"项目。尽管第三世界的许多学者努力创造东方主义的替代话语以及对知识帝国主义展开批判，他们却因为不被引用或转引其他人的作品而被"沉默"和边缘化，这是通过省略、忽视、遗漏和无视的方式"沉默"了。

另一种形式的沉默不是遗漏，而是对某些类型的话语的驳回或否定。学术界存在一种用来边缘化某些话语的解雇政治，它与批评完全不同，批评可以被视为与对立话语的严肃和创造性的接触，替代话语遭到制度化的边缘化和沉默与缺乏制度或群体的支持有很大关系，这成为建立自主社会科学的主要挑战。

当法瑞德·阿拉塔斯强调沉默和排斥话语的问题时，批判性学术的存在和贡献频繁被驳回、降级或未被认可，这也说明了自主社会科学理念的必要性。虽然西方主流社会学中的一些人会认为这是离经叛道的社会学焦点和研究，但将这种由于意识形态差异而将其等同于拒绝西方知识传统的本土主义倾向也是不正确的。总的来说，自主的社会科学，如果能够创造性地和批判性地进行，将是一种前景充满希望的方法，一种使社会科学和人文科学成为我们试图理解人类社会和人类自身的更好的工具和途径。

学术界虽然是一个知识严谨和精致的场所，但也可能在其中培养保守的知识分子的学术团体，被占主导地位的理论范式所俘获，对将他们的工作与社会的需求和问题联系起来的兴趣较小。借用爱德华·赛义德（Edward Said）的话说，这种"超凡脱俗"的学术界，除了模仿那些对人民生活不感兴趣的"中心"之外，除了作为一种能够为他们带来声望、资源和权力的学术冒险之外，肯定没有兴趣发展本土的专业知识。当学术集团控制期刊的出版和研究议程时，这也意味着几乎没有空间来表达和培养批判性的想法。

总而言之，培育和建立具有批判性、判断能力和重建主义的社会科学类型的挑战层出不穷。

第一，普遍的学术保守主义持续产生影响。学术专家的训练和考察总是通过对他或她应用和引用主流知识的情况展现，而这些知识总是起源于欧美。

第二，学术声望和地位很大程度上取决于一个人是否有能力融入主流国际舞台。

第三，反对主流范式的批判思想的表达和推进，意味着与当前的主流背道而驰。

因此，自主社会科学的重要性不容低估，特别是在发展中社会。一方面，侯赛因·阿拉塔斯提出的自主社会科学，能够有效减少西方理论在非西方语境和需求中过度和未经思考地直接使用；另一方面，它可以为认真培育和发展学术话语提供方向，为解决当今社会正在发生的复杂现象的各种挑战、问题和解释提供更好的方案。

法瑞德·阿拉塔斯恰如其分地指出了认真参与（conscientious engagement）的必要性，学者和学生意识到那些质疑主流意识形态和叙事的批判性作品遭受的沉默、排斥或直接拒绝的问题，当这些遭遇普遍存在时，即使在他们家乡的大学里，自主社会科学也几乎没有机会发展甚至获得认可。"在我们的社会中创造社会科学传统的一个因素无疑是与认真参与相关的价值观，如诚实、谦逊和对好想法的热爱，这应该灌输到我们的教育体系中。"（Alatas，2018：30）

（二）全球南部的知识团结

如今，我们比过去更需要严肃了解和认识到统治、霸权控制或微妙教导可能在政治、文化、经济和教育领域存在的形态。在这方面，对于亚洲社会来说，需要认识和承认全球南部思想家（包括全球北方批判圈子的支持者），需要向学生介绍并作为他们理论阅读的核心。

没有全球南方的知识团结，就不可能实现自主的社会科学。但是，这种团结并不意味着是知识分子狭隘和孤立的聚集地，第三世界学者对西方社会科学的制度和理论依赖导致了所谓的囚徒心智，这种思想在对待西方思想和概念的方法上是不加批判、直接模仿的。囚徒心智存在于学术依赖的背景下，表现在元理论和认识论层面，以及理论和实质性工作层面。外围学者依靠核心学者获得研究经费，学术期刊主要由核心国家的学术机构控制，这使得第三世界知识分子很难在国际上发表意见。

法瑞德·阿拉塔斯作品中的引文和出版物反映了对第三世界知识团结的呼吁。人们可以很容易地看到，法瑞德·阿拉塔斯引用的许多学者来自全球南部，并且都对他们的社会或社会科学持非常批判的态度。他著作中的大多数理论和例子都来自南部或与南部有关，并解决南部的问题。同时，他也愿意为不被西方学术界高度认可或不被现行学术体系重视的南方期刊和杂志撰稿，他在印度、马来西亚、中国台湾等南方国家和地区发表了多篇文章和评论。他还用马来语/印度尼西亚语（英语除外）写作和出版，向南部的读者传播自主社会科学的思想。

四 结论：自主社会科学的前景

如今，越来越多的亚洲和第三世界的声音在知识生产领域产生影响，与之相对的，我们同样也可以看到学术时尚主义仍然大行其道。这些话语固然有其相关性和贡献，但主要因为短期诱惑而实施的学术努力，从来都不是旨在解开人类和社会复杂性和困境的严肃的智力追求。因此，由法瑞德·阿拉塔斯及其父亲和同行所描绘和追求的自主社会科学是值得关注、接受和扩展的尝试；他们在破除和批判殖民主义对马来世界及本地区知识体系造成的迷思和不良影响外，从更广阔的视角对第三世界学界的知识依赖现象进行了尖锐的批判，发出了建立自主社会科学的呼吁。

在许多方面谈论批判性的学术愿景需要智慧和道德勇气，反对东方主义和欧洲中心主义的第三世界学者往往遭到沉默和排斥话语的边缘化。既定的知识体系与全球化的排名和等级制度相适应，将质疑既定范式的尝试仅仅视为偶尔出现的话语噪声或某种旨在引起一些关注甚至破坏主流社会科学的特质，这是第三世界迟迟未能实现智识觉醒的重要原因。

我们非常需要建立更大的公众意识和空间，让亚洲对世界学术的概念和理论贡献，特别是当学术机构越来越忙于由欧美模式来衡量的全球排名和国际标准化的时候，在这种情况下，我们就很难指望学界会在质询和问题化知识依赖及囚徒困境上做出努力了。

事实上，自主社会科学便是一个可行的替代方案，这是非西方社会科学发展并为人类科学发展做出进一步贡献的前景，尽管面临诸多艰巨挑战，但并非不可能。自主的社会科学有赖于全球南部的知识团结，越来越多诸如法瑞德·阿拉塔斯等来自马来西亚、菲律宾、印度尼西亚等全球南部的学者正发出越发响亮的建立全球南部知识联盟的呼声。作为全球南部重要一员的中国就学术"本土化"问题也进行了不少讨论，理应加入甚至引领全球南部知识团结的浪潮。自主社会科学的替代方案是有希望的，值得进一步追求和发展，因为其中心目标是加深思想的参与，加深对西方、东方、北方和南方知识分子传统的理解，实现更美好未来的自主方法。

参考文献：

Akiwowo, A. A., "Contributions to the sociology of knowledge from an African oral poetry", in M. Albrow & E. King eds. , *Globalization*, *Knowledge and Society*：*Readings from International Sociology*, London：Sage Publications, 1990.

Alatas, Syed Farid, "Indigenization：Features and Problems", *Asian Anthropology*, Jan Van Bremen, Eyal Ben-Ari and Syed Farid Alatas eds. , London：Routledge, 2005.

Alatas, Syed Farid, "Nativist or Autonomous Social Science：A Clash of Orientations", *Alternative Discourses in Asian Social Science*：*Responses to Eurocentrism*, New Delhi：Sage Publications, 2006.

Alatas, Syed Farid & Sinha, Vineeta, "Ibn Khaldun（1332 – 1406）", *Sociological Theory Beyond the Canon*, London：Palgrave Macmillan, 2017.

Alatas, Syed Farid, "Towards a Khaldunian Sociology of the State", *Applying Ibn Khaldūn*：*The Recovery of a Lost Tradition in Sociology*, London：Routledge, 2014.

Alatas, Syed Farid, *Silencing as Method*：*Leaving the Malay Studies Out*, Working Papers, Department of Malay Studies, NUS 2018/19, 2018.

Alatas, Syed Farid, "Silencing as Method：The Case of Malay Studies", in Jeremy Jammes and Victor King eds. , *Fieldwork and the Self*：*Changing Research Styles in Southeast Asia*, Springer, 2021.

Alatas, Syed Hussein, "Towards an Asian Social Science Tradition", *New Quest*, 17, 1979.

Alatas, Syed Hussein, "Academic Imperialism", lecture delivered to the History Society, University of Singapore, 26 September, 1969.

Enriquez, Virgilio G. , "Towards cross-cultural knowledge through cross-indigenous methods and perspective", in Teresita B. Obusan and Angelina R. Enriquez eds. , *Pamamaraan*：*Indigenous Knowledge and Evolving Research*

Paradigms, Quezon City: Asian Center, University of the Philippines, 1994.

Gonzales Casanova, P., *la Democracia en Mexico*, Mexico City: Singlo XXL, 1965.

Hooson, D., "Introduction", D. Hooson ed., *Geography and National Identity*, Oxford: Blackwell, 1994.

McVey, Ruth, "Separatism and the Paradoxes of the Nation-state in Perspective", *Armed Separatism in Southeast Asia*, Singapore: Institute of Southeast Asian Studies, 2012.

Myrdal, G., *Economic Theory and Underdeveloped Regions*, New York: Harper and Row, 1957.

Turchin, Peter, *Complex Population Dynamics: A Theoretical/Empirical Synthesis*, Princeton: Princeton University Press, 2003, chap. 7.

Alatas, Syed Farid, "Theoretical Perspectives on the Role of State Élites in Southeast Asian Development", *Contemporary Southeast Asia*, Vol. 14, No. 4, Institute of Southeast Asian Studies (ISEAS), 1993.

Alatas, Syed Farid, "The Theme of 'Relevance' in Third World Human Sciences", *Singapore Journal of Tropical Geography*, Vol. 16, No. 2, 1996.

Alatas, Syed Hussein, "The Captive Mind in Development Studies", *International Social Science Journal*, Vol. 34, No. 1, 1972.

Alatas, Syed Hussein, "The Captive Mind and Creative Development", *International Social Science Journal*, Vol. 36, No. 4, 1974.

Alatas, Syed Hussein, "Intellectual Imperialism: Definition, Traits, and Problems", *Southeast Asian Journal of Social Science*, Vol. 28, No. 1, 2000.

Atal, Y., "The call for indigenization", *International Social Science Journal*, Vol. 33, No. 1, 1981.

Clarke, W. C., "Learning from the Past: Traditional Knowledge and Sustainable Development", *The Contemporary Pacific*, Vol. 2, No. 2, 1990.

Connell, Raewyn, "Decolonizing Sociology", *Contemporary sociology* (Washington), Vol. 47, No. 4, 2018.

Cummings, W. K. , "The Asian Human Resource Approach in Global Perspective", *Oxford Review of Education*, Vol. 21, No. 1, 1995.

Dei, G. J. S. , "Indigenous African Knowledge Systems: Local Traditions of Sustainable Forestry", *Singapore Journal of Tropical Geography*, Vol. 14, No. 1, 1993.

Moghadam, V. , "Against Eurocentrism and Nativism", *Socialism and Democracy*, Vol. 9, 1989.

Singh Uberoi, J. P. , "Science and Swaraj", *Contributions to Indian Sociology*, Vol. 2, 1968.

Turchin, Peter & Hall, Thomas D. , "Spatial Synchrony Among and within World-Systems: Insights from Theoretical Ecology", *Journal of World-Systems Research*, Vol. 9, No. 1, 2003.

伊朗学者沙里亚蒂论古典社会学三大家

刘岚雨

（清华大学国际与地区研究院助理研究员）

阿里·沙里亚蒂（Ali Shariati）是当代伊朗最具影响力的思想家，被认为是 1979 年伊朗伊斯兰革命的"设计师"和"意识形态理论家"。他利用西方社会科学的概念对伊斯兰教历史进行了再解读，将先知描绘为全世界受压迫群众的领袖，把伊斯兰教义改造成为积极认识和改造社会政治生活的"伊斯兰意识形态"，塑造了数百万伊朗知识青年的意识形态观，促使他们走上革命的道路。沙里亚蒂提出的"烈士是历史跳动的心脏"是当时最著名的革命口号之一（王泽壮，2013：3），他和阿亚图拉·霍梅尼的照片被革命游行群众并排高举。

在 20 世纪 70 年代后期伊朗知识界的思想论战中，伊斯兰主义力量和马克思主义力量（左翼力量）是伊斯兰革命中最为激进和最有作为的两股力量（Bayat，1990：30），他们都推崇沙里亚蒂的革命学说。正因如此，伊斯兰革命胜利后，时任伊斯兰共和党总书记穆罕默德·贝赫什提（Mohammad Beheshti）将沙里亚蒂列为伊斯兰革命胜利的三根支柱之一，另外两根支柱分别是伊玛目·霍梅尼和伊斯兰主义激进武装组织"人民圣战者"组织，而后者也将沙里亚蒂奉为自己的"精神导师"（王泽壮，2013：181）。

除了革命家的标签外，沙里亚蒂也经常被贴上社会学家、虔诚的伊斯兰什叶派信徒、苏菲主义者、演说家、伊斯兰现代主义者、诗人、文学家、第三世界主义者等标签。伊朗现代史权威埃尔万德·阿布拉哈米扬认为沙里亚蒂有三个独立面向，其中排在第一位的是作为社会学家的沙里亚蒂，另外两个面向分别是作为虔诚的宗教信徒的沙里亚蒂和作为公共演说家的沙里亚蒂（Abrahamian，1982：102）。作为社会学家，沙里亚蒂关注理论与实践、观念与社会力量、意识与存在之间的辩证关系；作为虔诚宗教信徒，他坚信革命的什叶派意识形态不同于其他激进的意识形态，不会屈服于官僚腐朽的铁律；作为一个公共演说家，他不仅要提防迫切想控诉他为伊斯兰马克思主义者的秘密警察，也要面对传统高级神职人员（乌里玛）对他这样一个世俗知识分子重新解读伊斯兰教义的质疑。此外，伊朗国内对于沙里亚蒂的思想评价呈两极化，有人将沙里亚蒂的思想视为神言律令加以赞颂；有人将沙里亚蒂的思想视为意识形态加以批判（Tehrani，2022：222）。

抛开上述对沙里亚蒂本质属性的争论，沙里亚蒂仍是伊朗社会学界公认的伊朗最著名的社会学家之一。沙里亚蒂获得这一声誉的最主要原因是其对西方古典社会学三大家，即卡尔·马克思、马克斯·韦伯和埃米尔·涂尔干的批判性解读或"沙里亚蒂式"解读。"沙里亚蒂式"解读的关注点与西方学者对古典社会学三大家的关注点有着显著差异，而这些差异导致伊朗社会学界对沙里亚蒂社会学论点做出了截然不同的评价。一些伊朗国内社会学者认为，沙里亚蒂的作品制约了伊朗社会学和社会学想象力的发展，是伊朗社会科学发展的最大阻碍之一（Miri，2019：115）。与此同时，也有学者认为，沙里亚蒂的社会学论点给主流的西方社会学传统提供了看待世界的不同视角，而这种独特视角是在伊朗社会学传统背后独特的历史、文化和政治背景基础上形成的（Miri，2017：97）。

笔者并不想对上述两极评价孰是孰非进行讨论，而是试图完整呈现沙里亚蒂对古典社会学三大家思想进行的批判性解读，并在结论部分对导致"沙里亚蒂式"解读产生背后的原因进行浅析。在介绍古典社会学三大家的"沙里亚蒂式"解读前，本文将先对沙里亚蒂的生平进行介绍，这对读者了解沙里亚蒂思想形成的家庭、文化和时代背景颇有裨益。

一　沙里亚蒂生平（1933 年 11 月至 1977 年 5 月）

阿里·沙里亚蒂的全名为阿里·沙里亚蒂·马兹纳尼，在伊朗国内以

"沙里亚蒂博士"闻名。1933 年 11 月 24 日，沙里亚蒂出生于号称伊朗"英雄史诗"和"苏菲思想"之都的呼罗珊地区的文化和宗教重镇萨卜泽瓦尔县马兹瑙村（Mazinan）的一个宗教世家，是家中的独子。阿里·沙里亚蒂的曾祖父毛拉古尔邦－阿里·沙里亚蒂（Qorban-Ali Shariati）是当地备受尊重的阿訇，被称为有智慧的、哲学家和圣人之称的哈基姆毛拉，是著名什叶派教法学家、哲学家和苏菲主义学家哈基姆哈吉毛拉哈迪·萨卜泽瓦里（Hadi Sabzavari）的杰出门生。沙里亚蒂的祖父谢赫马哈茂德·沙里亚蒂（Mahmud Shariati）是村中教法事务的负责人，也是一名苏菲主义者。出生在这样一个具有浓厚苏菲主义家学传统的家庭中，也就不难理解为什么沙里亚蒂自少年时期便着迷于苏菲神秘主义哲学，从波斯苏菲神秘主义诗人鲁米的《马斯纳维》中获取精神慰藉和人生意义（王泽壮，2013：23）。

家中对沙里亚蒂思想影响最为深远的是其父穆罕默德－塔基·沙里亚蒂（Mohammad-Taqi Shariati），被赞誉为"呼罗珊的苏格拉底"，是近代伊朗著名的伊斯兰现代主义[①]思想家。沙里亚蒂的父亲在 23 岁时离开经学院，穿上西装成为国民中学的一名专职宗教课程教师。他希望通过"新式装扮"来捍卫伊斯兰，通过教育年轻一代来推动伊斯兰现代化运动，以应对当时正在伊朗崛起的共产主义运动和卡斯拉维主义对传统宗教的质疑，[②]最终达到伊斯兰复兴的目的。

沙里亚蒂的父亲还参与过组建"有神论者社会主义组织"，该组织在1953 年"8·19"政变前后坚定支持带有民族主义和排外情绪的总理摩萨台，但与此同时对信仰共产主义的人民党持警惕态度。作为该组织成员的沙里亚蒂接受了伊斯兰现代主义思想的洗礼，认为介于唯物主义与唯心主义、社会主义与资本主义、东方与西方之间的以伊斯兰教为根基的"第三条道路"，是拯救和复兴伊斯兰社会和文明的正确道路（王泽壮，2013：40）。也正是从这时起，沙里亚蒂开始参与反对巴列维国王统治的政治活

---

① 伊斯兰现代主义是伊斯兰教内部为应对西方现代性挑战、顺应现代社会发展而兴起的改良主义倾向思潮。该思潮认为伊斯兰教义与西方的民族主义、民主、人权、理性、平等、进步等概念存在相容性，主张与时俱进地对伊斯兰教义进行再诠释。

② 卡斯拉维主义旨在建构一个基于世俗主义的伊朗认同。

动，甚至有次与自己的父亲一起入狱（Connell，2007：126）。受到其父亲的影响，沙里亚蒂在没有接受过宗教学校宗教教育的情况下仍能熟练掌握宗教经典，也使其思想倾向始终带有强烈的宗教复兴色彩。

进入马什哈德师范学院后沙里亚蒂学习阿拉伯语，并在1956年将埃及作家阿卜杜勒·哈米德·古达·萨哈尔书写的《阿布·扎·贾法里：一个有神论社会主义者》翻译成波斯语（Bayat，1990：20）。阿布·扎是最早皈依伊斯兰的信徒之一，也是先知和伊玛目阿里的追随者，对哈里发统治持批判态度，因而受到什叶派信众的尊崇。沙里亚蒂在译著序言中用西方概念对这一宗教人物进行了重新构建，将他定义为一个纯粹的社会主义者，遵从各尽其能和按劳取酬的社会主义信条，甚至称其为"法国大革命后所有平等思想流派的鼻祖"（王泽壮，2013：40）。

在沙里亚蒂眼中阿布·扎是一个"完人"，他不仅信仰真主和纯正的伊斯兰教，而且为实现正义而与强权作斗争，捍卫穷人和被压迫者，是伊斯兰和西方自由、社会主义、平等、无阶级社会等价值的理想象征。沙里亚蒂重新构建阿布·扎的过程也是对伊斯兰教教义进行意识形态化改造的过程，其结果是伊斯兰教教义被简化为对自由、正义和虔诚等抽象现代价值的追求。

从师范学院毕业后，沙里亚蒂在进入当地学校工作的同时还考入了马什哈德大学，主修阿拉伯语和法语。当时正值巴列维政府大力推动国家现代化改造，其中推动世俗高等教育发展是非常重要的一项日程。在这一时代背景下，沙里亚蒂大学毕业后获得了出国攻读更高学位的奖学金，并于1959年至1964年间前往法国巴黎的索邦大学攻读博士学位。

在巴黎学习和生活的五年，沙里亚蒂的思想受到马克思主义、东方学家马西格农的宗教观、辩证社会学派创始人古尔维奇的批判马克思主义、伊斯兰研究专家雅克斯·柏克的意义等级理论、法农对殖民主义和帝国主义的文化批判和萨特存在主义的影响，他学习了西方哲学和社会学，并翻译了一些马克思主义和东方主义的作品。此外，在法国学习期间他仍继续从事政治活动，编辑了两本反对巴列维国王统治的波斯语杂志，还积极参与阿尔及利亚、刚果和巴勒斯坦的民族解放运动。1964年，沙里亚蒂以及格的分数获得中世纪伊斯兰历史研究的博士学位，而不是流传中的社会学

博士学位。（Rahnama，1994）

1964 年，沙里亚蒂一入境伊朗便以反政府的罪名被逮捕，之后被监禁 6 个月。尽管最终获释，但因被捕的经历，沙里亚蒂只能先在一所中学任教。之后，他在马什哈德大学谋到一份教职，教授伊斯兰历史和社会学。沙里亚蒂的授课深受学生们的喜爱，全国各地的学校都纷纷邀请他去做演讲。1971 年巴列维政府开始对沙里亚蒂在年轻知识分子中日益增长的影响力感到担忧，安全警察迫使马什哈德大学解聘了沙里亚蒂。之后的日子里沙里亚蒂在位于德黑兰北城的伊斯兰现代主义宗教机构厄尔沙德侯赛尼耶（Hosseiniyeh Ershad）定期进行讲学，对伊斯兰教进行重新阐释，其演讲被誊写成小册子或被制作成磁带，躲过政府的审查制度，在社会中广泛流传，鼓舞着革命力量。

随着马克思主义者和伊斯兰主义游击队武装活动的展开，巴列维政府将厄尔沙德侯赛尼耶认定为游击队的招募中心，将其关闭。随后，沙里亚蒂因"鼓吹伊斯兰马克思主义"的罪名入狱。1975 年，在巴黎知识分子和阿尔及利亚官员的请愿下，伊朗当局被迫释放沙里亚蒂。1977 年 5 月 16 日，沙里亚蒂设法从伊朗出逃到英国南汉普顿。同年 6 月 19 日，英国当局宣称他因心脏病发作去世，而伊朗的左翼群体和伊斯兰主义群体都认为他的死亡跟伊朗秘密警察有关（Bayat，1990：22），这进一步增加了革命群众对国王统治的仇恨。之后，沙里亚蒂的尸体被运送到了叙利亚，葬在什叶派第一任伊玛目阿里女儿墓地所在的清真寺旁。

二 沙里亚蒂论马克思、韦伯和涂尔干

（一）沙里亚蒂论马克思

沙里亚蒂在构建自己关于社会和宗教的解释时深受马克思主义的影响，在其著述中可以明显看到对辩证法、历史分析法、阶级分析法、经济分析法、剥削理论、帝国主义理论等马克思主义理论的使用。正因如此，沙里亚蒂被认为是"伊斯兰马克思主义者"。举几个例子。在对宗教进行定义时，沙里亚蒂用辩证法将人定义为由"神之灵"和用来制作人的"臭泥”构成的矛盾统一体，而两个矛盾之间的斗争产生了从“臭泥”到“神之灵”的辩证运动，而这个辩证运动过程就是宗教。（Rahnema，1998：291—292）在解释原始共产主义社会终结和阶级社会的形成时，沙里亚蒂用经济分析法重新建构了《古兰经》中该隐和亚伯的故事。沙里亚蒂首先指出，该隐和亚伯同为亚当和夏娃的儿子，他们生活的社会环境相同，文化和教育背景也相同，他们理应成为同样的人，但最终结果是该隐成为压迫者，而亚伯成为被压迫者。之后，沙里亚蒂认为导致这一结果差异的原因是他们背后的经济基础及在生产关系中的地位差异。其中亚伯代表的是狩猎经济，是私有制之前的原始社会主义，而该隐代表的是农业经济，是私人所有权的阶级社会。沙里亚蒂将该隐杀害亚伯视为人类历史进程中的重要转折点，自此之后人类社会初期的平等和注重兄弟情谊的原始共产主义体系消失，被私有制的农业生产所取代，人类第一个存在歧视和剥削的阶级社会开始出现。（Shariati，2001）

　　沙里亚蒂还将阶级分析法用于解读伊斯兰教历史，构建了以阶级对抗为核心的伊斯兰教历史叙事。在沙里亚蒂的解读中，亚伯死后的人类社会被划分为两个对立且相互敌视的阵营，一方是被剥削者，另一方是狂妄的压迫者。在建构了这一阶级冲突的历史框架后，沙里亚蒂解读了什叶派第三任伊玛目侯赛因（最受什叶派信众喜爱的精神楷模）反对伍麦叶王朝统治的起义。在他的描述中，随着伊斯兰国家成为世界强国，伍麦叶部族逐渐控制了政权，并建立了君主制，先知的“伊斯兰革命”逐渐被官僚体制腐蚀。虽然当时作为原始伊斯兰（革命伊斯兰）运动仅存的代表的侯赛因失去了权力也不受到承认，但是他并没有接受这一现实，像传统宗教人士那样选择逆来顺受，而是以积极的姿态反抗伍麦叶统治，在死亡面前践行了伊斯兰教固有的本义，即对压迫和不公正的反抗。（Shariati，2001）此外，沙里亚蒂还仿效马克思主义对人类历史发展规律进行了总结，认为人类历史的开端是公有制和平等的社会，之后进入不平等的阶级社会，私有制产生，人类社会由此分裂成两部分；而在人类历史终结时是共产主义社会，只有这样人类才能摆脱财产和阶级制度的祸害。（Motahari，2011）

　　尽管沙里亚蒂在社会和宗教分析中大量借鉴了马克思主义，但是他也对马克思主义进行了批判。沙里亚蒂对马克思的批判集中在历史唯物论，认为该理论的缺陷在于忽视了"人的意志"在历史上的地位和作用，尤其忽视了宗教因素对历史的巨大反作用。（王泽壮，2013：121）沙里亚蒂对马克思历史唯物论批判的逻辑起点始于对西方哲学人观的解读和批判。在他眼中，西方的人观在本质上是物质主义的。沙里亚蒂在《马克思主义及其他西方谬论：一种伊斯兰的批判》一书中指出，西方的人观牢固地建立在古希腊神话的视角上，即人和神之间处于永恒的斗争之中。神总是设法使人陷在黑暗和无知之中，而人则总是想方设法地想要突破神的压迫与束缚。古希腊人选择在众神面前赞颂人，赋予人很高的价值。沙里亚蒂认为，正是因为建立在古希腊神话视角上的西方的人观强调神人的分离与对立，所以西方的人本主义者，从狄德罗、伏尔泰到费尔巴哈、马克思，才会错误地将东方宗教中崇拜的阿胡拉（琐罗亚斯德教的神）、喇嘛、道、耶稣和安拉等同于希腊的神，视他们为压迫者和暴君。（Shariati，1980）

在沙里亚蒂之后的推导中，西方人神对立且褒人贬神的人观导致了唯物主义在西方的盛行。他指出，由于像马克思这样的西方哲学家持有的错误人观，他们才会将人与上帝置于对立面，因此他们的人观是地上的，而非天上的，是唯物主义的人观。在唯物主义人观下，西方共产主义和资本主义在对人的认识上并无显著差异，它们都忽视了人作为存在的精神维度，而是用人造的道德价值取代了神。这导致马克思主义虽然承诺将人类从非人的魔爪中解放出来，但其解决方案却是人人共享的资本主义；宗教机构抛弃了解放思想的理想，沦为教会神职人员满足权力欲望的工具；文艺复兴的精神被以自我中心、机会主义和消费主义为特征的资本主义、科学主义和自由主义所取代，忽视了对存在、意义、爱和思想的思考。沙里亚蒂还犀利地指出，尽管在实践层面马克思对资本主义进行了无情的批判，但西方的唯物人观导致资本主义和社会主义两种制度都追求劳动和生产的集中化和机械化、先进的技术和官僚体制、产量最大化等以物质主义为特征的目标，而两种制度的区别只是在资本主义社会中是统治阶级（资产阶级）拥有或控制着生产资料，而在共产主义社会是国家掌握生产资料。（Bayat，1990：24—25）

在批判西方的物质主义人观后，沙里亚蒂分析了他眼中的伊斯兰教人观。他指出，根据伊斯兰教的"唯一论"（tawhid），人是上帝创造的，且只与上帝有联系，因而人与生俱来便有一系列神圣价值（自由、正义、伊尔凡①）、道德和宗教文化底蕴。与此同时，人是具有双重性质的矛盾体，同时具有尘世与天堂、泥土和神圣的维度。但是，人具有从对立维度中择弃的意志和权利，因此人有责任从尘土中振作起来，走向与神的统一。

沙里亚蒂通过对西方唯物主义人观的批判和对伊斯兰教人观的肯定，一方面强调了人（穆斯林）是具有主观能动性和发挥主观能动性的能力的；另一方面试图说明人的主观意志选择是决定历史朝上（精神的）还是朝下（物质的）发展的决定性因素，也就是主观意志是历史发展的决定性因素，由此完成了对马克思唯物主义的沙里亚蒂式批判。

（二）沙里亚蒂论韦伯

沙里亚蒂并没有像对马克思那样对韦伯进行过单独的评述，而是在建构自己的"伊斯兰新教"（Islamic Protestanism）论点时对《新教伦理与资本主义精神》中的观点进行过评述。尽管如此，沙里亚蒂仍被广泛认为是一位"韦伯式"的学者，因为和韦伯一样，沙里亚蒂强调主观意志、文化和宗教在社会和历史发展中所起的作用。（Miri，2019：115）沙里亚蒂本人对韦伯也有很高的评价，他曾说："如果有机会，我将在未来的日程中论述对我们具有无穷指导意义的（韦伯的）观点。"（Shariati，2009：52）沙里亚蒂认为，在对资本主义的分析中，韦伯比其他任何社会学家都更为精准地把握了"资产阶级""进步"和"新教"之间深刻而有意义的关系。

在沙里亚蒂的解读中，韦伯在《新教伦理与资本主义精神》中所要传达的核心思想是：摧毁西方中世纪社会，开创资本主义新世纪，社会进步是通过宗教思想的变革实现的，即从旧天主教的保守宗教思想向新教的理

---

① 伊尔凡又被称为神秘主义，作为一种思潮广泛存在于各大宗教之中。伊尔凡探求宗教的本质，不拘泥于宗教的表面形式和教法，追求天人合一和开悟。伊尔凡在沙里亚蒂的思想中指的是"宗教情感"，是一种成为更好，甚至完美自我的热情，只有伊尔凡才能解决自由和正义之间的矛盾。

性的和世俗的宗教思想的转变，而不是通过对宗教的否定实现的。借助这一解读，沙里亚蒂驳斥了当时普遍认为的宗教是阻碍社会进步的观点，而且提出了通过对伊斯兰教进行"新教式改革"来实现伊朗社会进步的方案。为证明自己的观点，沙里亚蒂首先用辩证法区分了"社会时间"和"历法时间"两个概念。他认为伊朗在历法时间上处于当代世界，但是在"社会时间"上却仍处于 14 世纪，也就是说，伊朗的社会和社会关系现实还停留在中世纪。（Miri，2019：117）因此，沙里亚蒂认为伊朗社会要想实现进步不能从先进西方社会的社会理论中寻找指导，而是必须通过社会自身信仰和价值观体系的改革，尤其是宗教改革来实现社会进步。

沙里亚蒂眼中伊朗宗教改革的正确方向是从萨法维什叶派向阿拉维什叶派的转变。沙里亚蒂认为，萨法维什叶派、黑色什叶派或神职人员的什叶派是一种与现实无关的宗教玄学或繁杂的宗教知识，对社会现实不公被动妥协。沙里亚蒂认为，萨法维什叶派是统治阶级中的一部分，所起的作用是美化君主统治。而阿拉维什叶派或红色什叶派的核心教义对于沙里亚蒂而言是对社会正义的不懈追求和对压迫性权力的坚决抵抗，他认为该教派有助于激励受压迫群众积极通过革命实现以"自由、正义和伊尔凡"为核心目标的伊斯兰意识形态。

此外，沙里亚蒂指出推动宗教思想实现变革的主要力量是开明知识分子。（Kanaaneh，2021）用沙里亚蒂自己的话说，"我们今天的知识分子，必须学会像 13 世纪的西方自由知识分子那样，用宗教复兴宗教"（王泽壮，2013：97）。在沙里亚蒂眼中，开明知识分子所具有的不仅仅是技术知识，而是积极思考社会问题并能为社会发展指明正确方向的人；他们全面了解自己社会的具体情况，深谙社会表象背后的内在原理，并需求将其理解传播给他人；他们与群众接触，能够取得群众的信任。在沙里亚蒂的论述中，开明知识分子的使命只是启蒙社会，即在社会中传播并让群众接受伊斯兰意识形态，但不主动寻求政治领导地位。（Connell，2007：136）

尽管沙里亚蒂基本认同韦伯对社会发展背后观念力量的强调，但是他也从马克思理论的视角对韦伯的论点提出了批判。沙里亚蒂将韦伯定性为一个"意识决定论"者，他说："卡尔·马克思认为经济或社会因素是因，而我作为人、思想、个体是无用的。它（社会）造就了我，我对它不再有影响；相反，马克斯·韦伯认为，我的思想、思维方式和意志将建构社会，改变社会和经济制度。我不相信卡尔·马克思，也不相信马克斯·韦伯。"（Shariati，2009：232—233）沙里亚蒂认为物质与意识的关系是"马克思—韦伯式的"，即个人与社会、环境与人之间、客观性与主观性之间的关系是连续的因果关系。其中社会和外部环境是因，造就了个人，也改变着个人；但是，人的改变是社会和外部环境改变的因，之后循环往复，呈现一种永恒的互为因果。

（三）沙里亚蒂论涂尔干

尽管沙里亚蒂评价涂尔干是当代最重要的社会学家之一，但是他却对涂尔干的宗教社会学理论持批判态度，因为他认为涂尔干在宗教社会学的框架下提出了最为复杂的反宗教理论，其中涂尔干提出的图腾是宗教的基本形式的论点是现代社会学中最为反宗教的论点。（Shariati，2009：64）沙里亚蒂认为涂尔干宗教社会学理论中没有对"集体灵魂"（collective soul）和"宗教感情"（religious emotion）这两个在本质上截然不同的概念进行区分，而是将它们等同，这导致涂尔干作出了宗教的基本形式是"集体灵魂"（图腾）的错误理解（Miri，2017：87），而事实上"宗教感情"才是宗教的基本形式。

为指出涂尔干图腾理论的错误，沙里亚蒂首先对其进行了解读。沙里亚蒂的眼中涂尔干的图腾理论可以概括如下：

> 作为原住民部落象征物的图腾（例如特定的鸟类、动物或神灵）是对部落伟大祖先灵魂的象征，保佑着部落并为部落带来幸福。因为祖先灵魂是部落民的共有灵魂，存在于每个部落成员身上，所以图腾代表的是整个部落的灵魂。部落民崇拜自己的图腾实际上是变相崇拜自己的祖先和自己社会的集体灵魂。图腾是对自己的祖先、集体、社会及其象征物的圣化，崇拜图腾的本质是对集体灵魂的赞颂（Miri，2017：87）。因此，宗教基本形式背后的本质是对社会所有成员共同

维度的崇拜，而宗教信仰中的神在本质上是集体灵魂在个体灵魂中的表现。

沙里亚蒂在此基础上指出了涂尔干的图腾理论的自相矛盾之处。根据涂尔干所述，宗教崇拜包括部落崇拜和社会崇拜，而神灵多样性的出现一方面是因为每个部族或部落同时都需要其集体灵魂的表现形式；另一方面是因为每个部族都想要区别于和独立于其他部族，图腾恰好满足了这两个需求。沙里亚蒂据此认为在涂尔干眼中，以图腾为基本形式的宗教关键功能是赋予一个社会与其他社会相区别的独立性。但沙里亚蒂又指出，涂尔干承认并证实了一个部落的宗教信仰是可以通过文化交流和接触而为另一个部落所接受的。由此沙里亚蒂指出了涂尔干图腾宗教理论自相矛盾之处，即如果宗教的基本形式具有为一个特定社会或集体灵魂赋予独立性的功能，那一个社会怎么又会接受另一个社会的集体灵魂呢？沙里亚蒂形象地类比说：

> 这个观点看起来就像我们通过我们的国旗（它本身就是一种图腾）感觉自己是伊朗人，它将我们与其他社会分开，其他社会也通过他们自己的国旗这样做。因此，国旗是我们与他人区分的原因，也是我们赢得独立的原因。换句话说，别人通过我们的国旗认识我们，我们通过他们各自的国旗认识他们。但是，想象一下，在这一机制中间出现了（这样一种现象），比如说法国人看到我们的国旗后，开始喜欢我们国旗的颜色，从而选择我们的国旗；而我们呢，看到法国的旗帜后，由于它美丽的颜色，放弃了我们自己的国旗，而选择他们的国旗。这里的关键问题是，国旗履行了一种功能，那就是区别的功能，即把我们与他们区分开来，把他们与我们区分开来。如果一个特定的社会没有融入我们，而我们也没有融入他们，那么接受彼此的国旗是不可能的（Miri, 2017: 91）。

那么该如何解释宗教会在不同社会间相互传播的现实呢？沙里亚蒂在这里引入了"宗教情感"这一概念。沙里亚蒂认为，根据涂尔干的观点，宗教崇拜就是对集体灵魂的崇拜，因而一个人是不可能在自己的社会中改变宗教信仰的，而出现一个社会中的人接受另一个社会的宗教只能说明在"集体灵魂之外"还存在另一种信仰情感，即宗教情感。虽然个人与自己祖先和集体灵魂之间的关系可能是一种崇拜，甚至是伟大的崇拜，但是这和人们对上帝、神灵和宗教信仰基于宗教感情的崇拜是不同的（Miri，2017：95），宗教感情才是宗教的基本形式。图腾崇拜不仅不是宗教的唯一形式，甚至不是主要形式。沙里亚蒂认为宗教情感是人类共有的且与生俱来的，其发生与个人与所属社会之间的关系无关，是人对世界、自然和世间现象，以及它们与人类之间关系分析和解释的本能和古老形式。

通过上述分析，沙里亚蒂做出了对集体灵魂的崇拜不属于宗教范畴的判断。但是，沙里亚蒂不想也没有提出支持宗教超自然起源的论据，他表示自己只是想说明对宗教神灵的崇拜与对社会符号的崇拜在本质上并不一样。由此可见，沙里亚蒂是从神学的视角对涂尔干进行解读与批判，其动机和目标并不是重新建立宗教社会学理论体系，而是希望通过否定被认为是最科学的宗教理论，即涂尔干的宗教社会学理论来证明神的存在，最终实现对有神论宗教思想的捍卫。

三　余论

通过回顾沙里亚蒂对古典社会学三大家的解读和批判，我们可以发现作为社会学家的沙里亚蒂并非寻求在客观阐述和批判马克思、韦伯和涂尔干的思想体系的基础上建构自己的社会科学思想体系，而是通过建构对他们思想的"沙里亚蒂式"解读与批判来建构自己的"伊斯兰意识形态"，即给人应该是什么、伊斯兰应该是什么、伊斯兰理想价值应该是什么及应该如何实现伊斯兰理想价值，到达理想社会给出确切的答案。通过将马克思主义描绘为无视人的意志对历史的巨大反作用的理论，沙里亚蒂提出了伊斯兰教的人观，即人是土地与神圣的矛盾统一体，人有能力和权利在两者之间作出选择，而其选择必须是走向人与神的统一，即追求神的价值，主要包括自由、正义与伊尔凡。但与此同时，他用马克思主义的辩证法、阶级分析法、经济分析法等理论来否定作为文化、知识、哲学和宗教学说的伊斯兰，将其建构成与作为意识形态伊斯兰相对立的、关于来世的、隶属于统治阶级的"萨法维什叶派"。

沙里亚蒂将韦伯在《新教伦理与资本主义精神》的核心观点解读为实现社会进步是通过宗教思想的变革实现的，即从旧的天主教保守的宗教思想向新教的理性的和世俗的宗教思想的转变，而不是通过对宗教的否定实现的，也是为了支持其"伊斯兰意识形态"。他将传统宗教等同于保守的天主教，将"伊斯兰意识形态"等同于新教，他又将伊朗的"社会时间"设置在了中世纪，就是为了说明当下解决伊朗社会发展的问题只能通过"伊斯兰意识形态"对传统伊斯兰的取代来实现。沙里亚蒂对涂尔干图腾主义宗教理论的解读及逻辑批判，是为了科学地证明人与生俱来就具有宗教情感，也就是神性的维度，这一维度独立于社会、社会道德和价值独立存在。通过证明宗教情感在人中的普遍存在，沙里亚蒂提出了通过开明知识分子的启蒙，可以激活社会中每个人的"伊斯兰意识形态"，使他们为实现伊斯兰理想价值和理想社会而斗争。

为什么沙里亚蒂要通过重新解读西方社会学思想的方式来建构有关伊斯兰的意识形态呢？这与沙里亚蒂的人生经历有着密切的关系。沙里亚蒂出生在一个苏菲世家，在个人层面从小就缔结了苏菲主义的人生观，即人生的目的就是通过个人的修行实现天人合一，因此沙里亚蒂反对西方社会学思想对神的否定。但是，在父亲的影响下，沙里亚蒂的社会思想深受伊斯兰现代主义的影响，这导致他一方面继承了将社会问题的根源归结于正统伊斯兰被伪伊斯兰所取代的伊斯兰现代主义传统思路；另一方面接受了通过使用西方社会科学的话语证明伊斯兰的先进性来吸引西化的知识分子回归伊斯兰的思路，以实现包括其父亲在内的伊斯兰现代主义者的理想。

不可否认的是，沙里亚蒂对西方古典社会学三大家的批判及提出的概念对于我们未来反思西方主流的社会学理论，甚至建构不同于西方主流社会学的理论提供了一些启迪。例如，沙里亚蒂提出的"物质主义人观"和"人神合一的人观"，启发我们在理解为什么社会间个体行为差异的形成时可以从"人观"比较的角度进行观察；沙里亚蒂对"宗教情感"和"集体灵魂"的区分，启示我们或许需要对宗教产生的最初形式是什么重新进行思考，也有助于我们理解为什么在同一时期、同一社会情境下的人会对同一宗教教义产生不同的理解。

参考文献：

王泽壮：《阿里·沙里亚蒂思想研究》，宁夏人民出版社 2013 年版。

Abrahamian Ervand，"Ali Shariati：Ideologue of Iranian Revolution"，*Middle East Report*，January/February 1982.

Connell Raewyn，*Southern Theory：The Global Dynamics of Knowledge in Social Science*，Sydney，Australia：Allen & Unwin，2007.

Kanaaneh Abed，"Ali Shariati：Islamizing Socialism and Socializing Islam"，*Left History*，Spring/Summer 2021.

Miri Seyed Javad，"Ali Shariati's Critique of Durkheim's Sociology of Religion"，in Dustin J. Byrd and Miri Seyed Javad eds. ，*Ali Shariati and Future of Social Theory*，Leiden：Brill，2017.

Motahari Mortazavi，*Majmu'e Asar*（j 17），Tehran：Sadra，2011.

Rahnema Ali，*Pioneers of Islamic Revival*，London：Palgrave Macmillan，1994.

Rahnema Ali，*An Islamic Utopian：A Political Biography of Ali Shari'ati*，London：I. B. Tauris，1998.

Shariati Ali，*Marxism and Other Western Fallacies：An Islamic Critique*，Mizan Press，1980.

Shariati Ali，*Hossein Varese Adam*（*Hossein is Heir to Adam*），Tehran：Sherkate Enteshare Qalam，2001.

Shariati Ali，*History and Study of World Religions*，Tehran：Sherkate Sahami Enteshar，2009.

Shariati-Razavi Pouran，*Tarhi az yek zendegi*，Tehran：Nashre Chapakhsh，1995.

Bayat Assef，"Shari'ati and Marx：A Critique of an 'Islamic' Critique of

Marxism", *Alif*: *Journal of Comparative Poetics*, Vol. 10, 1990.

Miri Seyed Javad, "Non-Eurocentric View on Classical Sociologists: Examining Shariati's Reading of Weber", *Iranian Journal of Sociology*, Vol. 20, No. 2, 2019.

Tehrani Taslimi Reza, "Shariati and Founders of Sociological Thought", *Journal of Culture-Communication Studies*, Vol. 23, No. 57, 2022.

大洋洲学者浩鸥法的文化托命实践

和文臻

（上海大学社会学院副教授）

> 兄弟，请举起卡瓦酒杯
>
> 饮下这杯灵魂的琼浆与人民辛劳的汗水
>
> 就着三朵穆鲁罗瓦的菌菇
>
> 滋长于英格兰和法兰西国王的库克船长
>
> 带来的牛粪之上
>
> ——《卡瓦酒里的血》

人类学作为一门现代学科在20世纪经历了几场理论翻转的冲刷之后颇有丢盔卸甲之势，翔实却冗长的民族志写作似乎已经不能在信息爆炸的时代留住我们日益短暂的注意力。"反思"似乎成为人类学学界这个"空想出来的共同体"共同的话题，反思田野作业（Rabinow，1977）、反思人类学本体（Ingold，2017）、反思民族志写作（Clifford，1986）、反思表现手法（庄孔韶，2017），在跨学科的反思中找寻"人类的黎明"（Graeber，2021）。大洋洲的土地孕育了塞利格曼（Charles Seligman）、马林诺夫斯基、米德、萨林斯、斯特拉亨（Marilyn Strathern）等人类学巨擘的名声，然而，在大洋洲本土的人类学家看来，他们铸就的人类学"里程碑"却是让"海浪之声"湮没的屏障。艾培立·浩鸥法（Epeli Hau'ofa）是大洋洲本土人类学者中的佼佼者，他将人类学研究与艺术创作熔冶于一炉，从大洋洲本土的视角将人类学反思直接扎根于人类学"经典田野点"，通过学术研究与艺术创作相结合的方式，唤起大洋洲海洋文化新的生机，褪去现代人类学矫饰的迷雾。

本文论及的艾培立·浩鸥法所从事的大洋洲研究，不羁于学科知识生产模式或者研究方式，不在"文化之外"去撰写学术论文或专著，而是饱含情感地在"文化之内"反思文化、激活文化、丰富文化——他的研究工作是一种"文化托命实践"，在他的学术生命延展过程中，浩鸥法成为"大洋洲文化的托命之人"。"文化托命"这个概念对于中国学界并不陌生，有学者甚至将历史学视作文化托命之本（葛志毅，2007）。要成为"托命之人"，在陈寅恪（2001）看来需满足两个条件，一是"承续先哲将坠之业"，二是开拓创新，引领学脉发展，"其著作可以转移一时之风气而示来者以轨则也"。对于着重口头传承的大洋洲文化而言，它们不具有丰富的"学术资源"来通过"学术"继承托命。相反，被人类学圈内人认识的现代大洋洲文化，深受早期传教士带来的基督教文化和殖民统治者的影响，在西方现代理性的认识框架下被记录，并为大洋洲文化的他者所阐释。浩鸥法在接受人类学学术训练阶段，就已经深刻地意识到了仅仅通过西方人类学的知识生产方式，并不能为大洋洲本土的文化发展作出切实而有益的贡献，甚至带来更多的误读与曲解，扼杀大洋洲文化的活力。因此，他另辟蹊径，通过艺术创作将自己的研究落脚于大洋洲文化的承继创新，依托自身"文化托命实践"为大洋洲文化研究提供新的可能。本文将通过对浩鸥法的学术研究、艺术创作进行评介来具体阐释浩鸥法的"文化托命实践"，并以此为人类学的本土研究提供新的反思角度。

一 大洋洲文化托命人：艾培立·浩鸥法

1939 年，艾培立·浩鸥法出生于巴布亚新几内亚，其时人类学田野调研方法的奠基之作《西太平洋上的航海者》已经出版 17 年，马林诺夫斯基也在美国耶鲁大学开始了他新的教学生涯。浩鸥法的父母是在 1937 年从汤加移民到巴布亚新几内亚的传教士，浩鸥法一家与来自其他国家的约 40户传教士一起生活在传教士基地，小艾培立一直长到七八岁，才知道自己是汤加人，因为他的父母从不用汤加语交谈，也不与他谈论关于汤加的经历。直到 1947 年，小艾培立跟着父母离开了巴布亚新几内亚，在回家乡途中因战争和时局的动荡不得不开启了一场大洋洲巡游，周转经过巴布亚新几内亚首都马当，澳大利亚的汤斯维尔、悉尼再到斐济和新喀里多尼亚，直到 1949 年 1 月终于来到了父母的故乡汤加，这一路上的经历成为小艾培立学习语言的好机会。

刚到汤加的浩鸥法感觉到一切都非常陌生，尤其是在他的父母返回巴布亚新几内亚之后，他就越发想家。在汤加念小学时，浩鸥法逐步形成了汤加认同，虽然当地的汤加人都叫他巴布亚人。在汤加的七年时光，他一直在寄宿学校，并没有在汤加的社区生活过。1955 年，浩鸥法辗转到斐济的勒林纪念学校（Lelean Memorial School），那是一所卫斯理教会学校，四年的学习经历又逐步培养了浩鸥法的斐济认同。1960 年，浩鸥法在巴布亚政府的奖学金资助下来到了澳大利亚新南威尔士的新英格兰大学学习历史，在 25 岁时获得了历史学本科学位。完成在澳大利亚的学业之后，他顺利地得到了加拿大麦吉尔大学的奖学金，开始学习社会学，因而接触了人类学，并被这门学科所吸引。浩鸥法在特立尼达拉岛（Trinidad）做了为期五个月的田野调查，在此期间，他接触到奈保尔（Naipaul）的书并为此着迷，对他后期由艺术创作来深入开展"文化托命实践"产生了深远的影响。取得硕士学位后，浩鸥法加入巴布亚新几内亚大学人类学系做助教，在该系工作了两年半。其后，他又成功申请了澳大利亚国立大学的博士项目，回到巴布亚新几内亚开展美吉约人（Mekeo）的田野调研工作，开展关于美吉约人村庄中的不平等和矛盾的研究，揭示了美吉约人传统社会结构中不平等的复杂性和模糊性，并以此获得人类学博士学位，该文于 1981 年出版。浩鸥法读博士期间，太平洋国家纷纷成为独立的民族国家，即斐济 1970 年独立，巴布亚新几内亚 1975 年独立，所罗门群岛 1978 年独立，瓦努阿图 1980 年独立。此后，大洋洲各国都在不同层面上进行着反殖民、开展独立发展新道路的艰难探索，这让浩鸥法感到自己身上的重任，埋下了投身于"文化托命"的种子。

博士毕业之后，浩鸥法计划随父母去汤加生活一段时间，再返回巴布亚新几内亚，他通过澳大利亚国立大学和南太平洋大学的合作项目取得了在汤加工作的机会——成为南太平洋大学新农村发展中心主任。在这一时长两年的项目中，浩鸥法主要的研究工作是记录汤加当地村落从外进口和本镇村落家户内部生产销售的食物情况，以此来分析当地食物分配体系并撰写研究报告。在项目中，他开始反思"发展"这一流行概念，他认为"发展"本身可能再次囚禁当地人，成为普通人的桎梏而非助力。也正是在此期间，他开始意识到自己作为"所谓专家"的身份，于后殖民时代的阶级区分与结构不平等之间可能起到的消极作用——"穷人在传统文化中谋求生存，优待之人却只用谈论而已"（Hau'ofa，2008a）。在他眼中，"发展"的流行，催生出了当地的贫穷、衰败和依赖，而原本这些地区其实过着自足、富足的生活。

1978—1981年，他被受命担任汤加国王的副私人秘书，主管维护汤加的王宫记录，这使他接触到大量汤加王国王宫运作的第一手资料，拓展了他对大洋洲"国家"制度体系的认识。浩鸥法出版自己的博士学位论文后，开始了小说创作生涯，并且痴迷于此。通过小说的创作，他感觉到受限于学术规范的写作对他来说是一种障碍，他必须挣脱学术规范为文化理解所打造的囚笼，真正地进入他所热爱的大洋洲文化。因此，难得高产的浩鸥法撰写了大量诗歌、三本著作，通过艺术创作表达海洋文化的重要经验。

在汤加生活了七年之后，浩鸥法搬到斐济首都苏瓦定居。时值知天命之年的浩鸥法已在世界多个国家之间辗转，在巴新就已经在三个不同区域生活过，甚至还在第二次世界大战时在日本三岛生活过，会说七种大洋洲语言。丰富的大洋洲旅居经历和对后殖民、全球化问题的思索，让他对大洋洲的未来有了更为清晰的图景，这在《群岛之洋》一文中已得到充分的体现，而他的大洋洲区域主义理想终于在他牵头建设的大洋洲艺术中心落地与生根。

在我国，浩鸥法并非声名显赫的学者，他的创作研究随着他的生命归流于他所热爱的群岛之洋，因为他的学术个性与创作旨趣，很容易让众多学院派研究者所忽略，以下可用我对浩鸥法的研究历程作为这个现象的补白。我首次与浩鸥法的"相遇"是在2012年，已把博士论文选题锚定在斐济的我当时正在对南太平洋区域的人类学著作进行搜索和梳理。最初，我被他作为本土学者对于南太平洋的情感所打动，但是并未留下太多理论创建的浩鸥法并没有成为我的对话学者。与浩鸥法重逢是在 2020 年，相关文献的阅读和思考重新唤醒了我对浩鸥法的阅读印象，再次阅读到他写的文字时内心产生真正的激动和感动，一方面被他的远见卓识所打动，即他反对把南太平洋国家作为相互隔离的小国来看待，号召超越殖民主义历史的奴役和思想再殖民，重新唤起海洋作为殖民前历史和传统上连接各个岛国的图景；另一方面我也被浩鸥法字里行间所洋溢的对大洋洲人民和文化的深厚情感所触动，更感到他的思想是振聋发聩的。当我与景军教授谈及浩鸥法的思想与洞见，景教授深以为然，他认为浩鸥法的见识足以与费孝通提出"文化自觉"相比肩。下文我将通过浩鸥法人类学研究和艺术创作两个方面来阐释他的"文化托命实践"。

二　浩鸥法的文化托命实践

极富创造力的浩鸥法，一生的作品从数量来说，绝难用著作等身来形容，但都是有分量、有影响力的精品。浩鸥法的创作生涯按照时间来分，大致可以划分为三个阶段，第一阶段为 20 世纪 70 年代以前，这是浩鸥法作为人类学者接受训练和书写的阶段，他的博士论文就是其这一阶段的代表作；第二阶段是 20 世纪 80 年代，这是浩鸥法作为作家和诗人的文艺创作阶段，他的两本小说集正是那段时期所结的果子，他扬弃了学术写作的艰深和费解，探索用对话和故事的形式来阐释文化，通过注入大量的"大洋洲式"的幽默和反讽，与民众平视与言说；第三阶段是 20 世纪 90 年代，他的创作不再固守于个人的孤独战斗，他不再满足于纸上谈兵，或是直言"犯禁"，而是试图通过构建艺术创作的共同体来推动文化托命实践，南太平洋大学大洋洲艺术中心也在他这样的诉求下被创建。浩鸥法迎来了大洋洲各个岛国的艺术家，推动大洋洲不同民族国家民众的艺术表达和文化交流，从"写文化"到"创文化"。

（一）大洋洲人类学研究

本文通过评介浩鸥法的三篇重要学术文章来展示浩鸥法的学术观点。1971 年，浩鸥法在《波利尼西亚社会杂志》上发表了《美吉约人酋邦》一文。该文对生活在距离巴布亚新几内亚首都莫尔兹比港 100 千米的美吉约人的政治制度进行深入的检视，从行文的风格和底层逻辑来看，浩鸥法的论述有着深受功能主义影响的人类学训练的痕迹。他阐释了美拉尼西亚文化中的酋长政治权力的分类、获得与运用特点，并以之驳斥当时人类学学界盛行的将美拉尼西亚的头人制度与波利尼西亚酋邦制度相并立的观点（Sahlins，1963）。浩鸥法指出，美吉约人的酋长亦是世袭的父子继承，并且西美拉尼西亚社会绝非平等主义，酋长在当地社会中拥有领导特权和影响力。最为可贵的是，浩鸥法在文末用富有同情和欣赏的口吻，在人性光辉的层面上称赞了好酋长，认为他们具有爱、好客、机敏、策略、高贵、无私、慷慨等品质，并且大多数的村民对酋长有着深厚和真诚的情感，把美拉尼西亚酋长的形象多层次、多面向地展现了出来，一改学界对于美拉尼西亚酋长的刻板印象。《美吉约人酋邦》的发表充分展现了浩鸥法的治学勇气，在尚未拿到博士学位这一现代学术世界竞技场入场券时，就用自己的敏锐、坚毅以及对大洋洲文化的热爱，向西方人类学学者为大洋洲构建的形象发出了檄文。

《人类学与太平洋岛国人》一文发表于 1975 年，严格地说，它只是浩鸥法作为一名博士候选人，在博士毕业前夕参加澳大利亚与新西兰高级科学联盟会议的发言稿。通过谷歌学术搜索，目前已有 105 次的引用量。这也是浩鸥法公开发表的第一篇有影响力的文章，在 20 世纪 70 年代就开始了人类学本体论的反思。年轻的浩鸥法毫不客气地用犀利、直接的发言，批评当时被奉为学术大神的马林诺夫斯基和萨林斯，他指出马氏《野蛮人的性生活》此作的标题，对大洋洲人民而言，极其冒犯且毫无尊重；萨林斯（Sahlins，1963）在对波利尼西亚和美拉尼西亚的政治类型进行分析的时候将美拉尼西亚的酋长描绘成为表面代表公共利益、事实上却是典型的西方资本家式的个人利益的诡诈和算计，这些研究成果更多的是西方人来自其本文化的偏见和自身携带文化模式的投射，鲜有对当地大洋洲人民真情实感的呈现和记录。他这么写道："在数十年对美拉尼西亚的人类学田野调查之后，我们看到的是当地人好斗、竞争、交易、交付彩礼、参与仪式、发明船货崇拜、交配和互相施以巫术，但却几乎看不到这些人有任何有关爱护、仁慈、关心、互惠或是其他的情感。我们也无法从这些民族志作品中辨别出当地人是不是有幽默感……在对美拉尼西亚进行片面和扭曲的展示的同时我们也背叛了我们的学科，文本中否认了当地人重要的人性面向，而那些曾经与他们生活在一起的无知外来者对其夸张的刻板印象，在不知不觉中却被固定了下来。"（Hau'ofa，1975）在对当时知名人类学家的大洋洲地区研究批评之后，他说道："我们（人类学家）没有把大洋洲人当人看。"该文随后也被大量学者引用，其中不乏20世纪80年代倡导民族志反思的克利福德和马库斯（1986）和后来渐渐为越来越多学者所运用的自我民族志（Hayano，1979）、本土人类学（Morauta，1979；E. J.，1980），他对大洋洲的区域的想象共同体也越来越多地成为对抗西方民族国家视角的另一套思路。不难推测，浩鸥法对萨林斯的尖锐批评，对萨林斯在数年之后直至晚年都一直在践行西方资本主义社会和西方社会科学认识论的批判多有助力。

从文章的题目来看，在发表该文时，浩鸥法的立场尚是一名人类学者。他所思考的问题是要吸纳本土学者进入人类学专业的学习和调研，并在学术研究中兼顾大洋洲人民的情感和内心，认为这些将对民族志的书写和人类学学科的建设大有裨益。细读过他对人类学学科表述主体的批判一定会给年轻的人类学从业者带来震撼，他的文章中生发和着意情感，让我们认识到容纳而非抑制不论是研究者还是研究对象的"情感"，使得大洋洲有关人的研究更富教化意义（humanise），更有感触。

《群岛之洋》和《海洋连接起了我们》（The Ocean in Us）是浩鸥法另外两篇重量级作品。这两篇文章创作偶然，创作时间也相近，本文主要评介《群岛之洋》。首先叙述一下浩鸥法的成文缘由。1993年3月，浩鸥法奔赴夏威夷的科纳和希罗参会，科纳会议的论文已经完成，但希罗的会议还未完全成型。他在科纳的大洋洲社会人类学协会年会结束之后，有人载着他开往希罗，浩鸥法在路途中经过了基拉韦厄火山，并看到了流动的火山。被流动的火山中新的大地的原始形成过程深深打动，浩鸥法的创作思路一下子被打开。他抵达希罗当晚开始写作，一直写到第二天清晨临近开会才完稿，完全沉浸在写作的美妙当中，完成了这两篇对大洋洲认同发展有着重要贡献的文章。

浩鸥法作为一名堂吉诃德式的作家和学者（Tewaiwa，1996），他在学界最有影响力的作品就是这篇名为《群岛之洋》的文章，批驳了受殖民主义和后殖民主义影响之后的太平洋岛国对于外援大国的依附和自我轻视的心态。针对将太平洋众岛国看作分散在海洋之上互相隔离的弹丸小国的固化认识，浩鸥法追溯了太平洋的历史，并进一步提出太平洋岛国人绝非孤岛的集合体（Pacific Islanders），而是大洋之上互通有无的跨民族跨国家的海上大洋洲民族（Ocean People），太平洋应被看作是群岛之洋（sea of islands），而非海洋中的岛国（islands in a far sea）。学界对浩鸥法的作品，最常出现的两个评价就是其"广阔性"（expansiveness）和"包含性"（inclusiveness），在论述中，浩鸥法从未用过"后殖民"这个词，但他强调民众的创造能动性，而非外来影响宿命论（Lansdown，2006）；他拥护文化中断和混溶性，而非急于进行文化的凝固存续；他反对非黑即白的对立式的二分，寻找更加灵活和富有生机的并接状态（Burnett，2009）。

通过谷歌学术搜索，可见《群岛之洋》已被引用过 1968 次。我们今天熟知的学术大家，如克利福德（Clifford，1986）和萨义德（Said，1978）的东方主义批判、伽马洛夫（Comaroff，2012）来自南方的理论，都提出不论是东方还是南方，这些被殖民地区在资本主义向全世界扩张的时候，更多地作为知识生产的原产地甚至是西方想象的投射存在，当地人却无法作为主体性的存在参与学术理论的生产。作为一名具有前瞻性眼光的后殖民主义学者，浩鸥法（Hau'ofa，1975）虽然从未自诩为斗士，但他的主张、他的作为、他文章的批判对于第三世界人民独立和自主的追求，却是领先于他所处的学术时代潮流的。

（二）作为文化制作的艺术创作

在发表《群岛之洋》之前，虽然接受了完整的学术训练，但浩鸥法仍然希冀挣脱学术规训的桎梏，去做真正有趣的研究，对于学术写作，他称为"艰辛甚至是摧毁灵魂的活动"（Hau'ofa，2008c），并把自己写作低产的状态与哈雷彗星造访地球的频率相提并论。于是，浩鸥法进入了艺术创作的领域，通过自己的文化制作，来开展"文化托命实践"。

浩鸥法的《提贡人的故事》小说集出版于1983年，他把故事发生的场景设置在大洋洲一个叫作提贡岛的虚拟岛屿上，谙熟大洋洲文化的读者很容易就能辨识提贡岛与他的家乡汤加的文化、社会和政治都很相似。浩鸥法在小说的背景情节铺叙中，彰显了南太平洋里祖先的重要地位，揭露了殖民主义对古代传统造成的危害。民族志的写作，作为人类学家而言引以为豪的就是"真实"，所谓长期的田野调查，与当地人近距离的相处与讨论，都是为了接近我们写作对象的生活与他们对于生活的理解和思索，从马林诺夫斯基开始就是如此，甚至在他之前的深受科学主义和自然科学研究方法影响的现代人类学学科的孕育和诞生的初始就如此。然则这一切在20世纪80年代的后现代主义思潮的反思与批判中渐渐悬置为一个可以协商和需要具体放置的疑问。在民族志表现手法的讨论中，近年在中国学界逐渐兴起了人类学绘画的研究，作为视觉民族志文本的人类学绘画给我们的特别启示却在于，人类学家或说有着人类学训练和人类学思索的画家，可以"想象"和"创作"出原本并不存在的画像，却让当地人看了之后觉得这就是来自本文化（哈格米勒，2016），这是学者在长期浸濡于当地文化之后对文化符号能够得心应手加以运作的"创作性真实"（和文臻、范晓君，2022）。从这个意义来说，浩鸥法的短篇小说正是用如此的方式来呈现当地文化的真实肌理，他也曾表述过他虽然是写小说，却保留了民族志的视角，而非像魔术师一般简单地变换角色。同时，摆脱了板起面孔来大讲特讲道理的窠臼，让阅读他文字的读者快速领会到那些荒谬故事里专属于自己文化群体的"特性"，在被揭穿和被逗笑双重情绪引导的害羞一笑之后，毫无尴尬地让人接受他的文化批评，引领读者陷入更富建设性的反思，摆脱"批判"在关系中所固有的对抗性和生硬。浩鸥法在小说中深思熟虑地创作了充满智识的文本，运用了多元文化的自我重新定义（Watts，1992），因为他注意到，孤立的地方性文化早已是神话，后殖民时代里西方文化与当地文化相混融，早已创造出并在持续创造着一个多元文化的范式。

在一篇名为《值得称道的太平洋的方式》的短篇讽刺小说中，浩鸥法塑造了一个原本自给自足、乐于自己收集传统文化并自得其乐的学者，在诸多援助项目的诱惑和规训下，最后变成一个依附于别人，习惯于讨要而完全没有自尊的"堕落者"；而另一个连自己收集的资料也保不住的"传统文化爱好者"，却讽刺地变成了一位有名望的人。浩鸥法透过那些虚构的人物来诉说他对于地方社会改良的倡导。他抨击在面对外来文化影响时容易陷入钟摆两极的极端化反应——同化主义者和新传统主义者。他的书讽刺的是当时的学术生产规则以及其催生的社会认识，呼吁基于事实基础的理解，以求生发更具解放性的社会多元主义。（Watts，1992）

与浩鸥法同时代的大洋洲知名文学家艾伯特·文德（Albert Wendt）严肃甚至略带悲观的语调和文风不同，浩鸥法的作品常常会让读者捧腹大笑，就像把读者带到南太平洋村庄里时常充满爽朗笑声的村庄（和文臻，2021），换言之，浩鸥法的作品是有听觉效应的，笑声是他的资源和武器（Edmond，1990）。另外，这一与《提贡人故事》相比"还未烹饪的"作品中屡次出现作为主要关注点的词汇"屁眼"，与巴赫金评论文艺复兴时期的法国人文主义作家拉伯雷时归类的怪诞现实主义相契合（Edmond，1990）。

《尼德仁之吻》是浩鸥法于1987年出版的中长篇小说，全文不过153页。这本小说的创意源于浩鸥法自身饱受痔疮折磨的亲身经历。故事设定发生在一个名叫狄波塔（Tipota）的虚构太平洋岛屿上，主人公是一位即将在政府担任要职的前拳击运动员欧磊（Oilei），故事围绕他深受痔疮折磨并四处寻医求药展开，他的疾病被家人、朋友、村里的巫医、牧师、知名的地方治疗师、中医医师、西方精神科医师和西医逐一医治，甚至还申请海外医治到新西兰医院进行肛门移植，在这一次次的尝试中欧磊备受折磨甚至侮辱，但不仅无效甚至病情恶化还加重了他的折磨。讽刺的是，最后他的痊愈却是仰赖曾被他视作为"变态"并关进精神病院的瑜伽治疗师巴布，其精髓是把肛门当作是一个平等的身体的部分，对其不中断地亲吻，而不再将其看作是肮脏不可亲近的部分。这位瑜伽导师巴布在亲力亲为地亲吻欧磊肛门两天两夜之后，呼唤其他的信徒加入进来，在数周内轮流亲吻欧磊的肛门，并且一天两次地进行歌舞仪式，六七个礼拜之后，欧磊才慢慢从昏迷之中苏醒。这位瑜伽导师从曾被逮捕进入精神病院的精神病人，在故事的结尾处最后化身为一位英雄般的导师，他通过四处筹资建起一个世界性组织"第三千年基金会"，每年召开国际会议，促进西医和传统医学的合作，并借此发展越来越多的会员（信徒），扩大组织影响力，真正在太平洋诸多国家中发展了共同体，并豪言称21世纪是太平洋岛国的世界。整个故事夸张、滑稽、讽刺，但贯穿了大量大洋洲风土人情的元素，在魔幻和荒诞之余却又尽显真实。自第二次世界大战以来，大洋洲就成为西方国家原子弹、核弹试验的基地，在1946—1958年，马绍尔群岛上就进行过67次核爆炸实验。在浩鸥法的隐喻当中，太平洋岛国在整个世界的位置，就如同肛门之于身躯，成为世界军备战争中废物排放的区域，边缘、肮脏、污秽，进而成为禁区，如同肛门成为禁语。故事的设定所在的太平洋岛屿就是对于我们身上而言最为"污秽"的部分，浩鸥法此作着力探讨的就是对于我们身上而言最为"污秽"的部分，应该如何去看待？在浩鸥法的故事中最终的答案是不论身居中心，还是身居边缘，都应该被一视同仁，边缘自有边缘的用处，甚至应该甘居边缘、甘居人后，但不失自信。

从学科归属来说，从事艺术创作的浩鸥法，并不把自己当作一名人类学家，他更认同于自己是一位民族志写作者（ethnographer），他优秀的小说笔法，无疑也来自民族志写作的训练。他试验和实践了自我民族志（autoethnography），在文类的选择上走出了革命性的一步。另外，不论是他的论文还是小说，都引领了80年代人类学学界自我民族志、家乡民族志①的推崇和讨论。浩鸥法的小说，被文学评论家与拉伯雷（Rigby，1994）、马克·吐温（Watts，1992）、狄更斯（Knowlton，1985）放置在一起进行讨

---

① 具体可以参见 Peirano，G. S. Mariza，"When Anthropology is at Home：The Different Contexts of a Single Discipline"，*Annual Review of Anthropology*，Vol. 27，1988，pp. 105 – 128.

论，其文学功底可见一斑。

在 21 世纪的今天，人类学家与其他学科的跨学科合作已经谈得很多，但是不同区域，或者是同一区域的不同背景的人类学学者之间的合作却仍然容易让人忽视。因为人类学者一般都被视为单独地进入田野的独行侠，人类学者之间也更多的是相互批评，而非共同合作。这在太平洋岛国的人类学家也是如此，巴布亚新几内亚人类学家也往往容易陷入一种学术追求中的隔离主义（Scientific isolationism）（Morauta，1980）。浩鸥法的文化托命实践，对此也展开了破题。

1997 年，浩鸥法在南太平洋大学创办大洋洲艺术与文化中心，并成为中心主任，在浩鸥法的心里，该中心的建立更多地基于（"文化托命实践"）的愿景和想象，而非获得物理建筑或是大学的经济资源。大洋洲艺术中心最初是基于波利尼西亚文化中心开展研究，但浩鸥法打算尝试一些新的路线，他将其用来发展大洋洲的认同，可以说这与之前的《群岛之洋》写作是一以贯之的。有人担心大洋洲认同会取代其他的认同，但浩鸥法认为这会"在之前已有的认同之上再加上一些不一样的成分"。浩鸥法创办这一中心，除了饱含建构基于海洋的连接的颇具世界主义的大洋洲认同之外，更切实的目标就是为在大洋洲各个国家的艺术家提供一片可以尽情地表达自己、创新创作、实验实践的场所。浩鸥法从未把传统视作僵死的过去，而是理解为在当地人手中可以创造和革新的文化未来。他邀请大批的本土学者和艺人来大学里进行音乐、绘画、雕刻、舞蹈等多种艺术形式的创作，艺术与文化中心很快也成为太平洋艺术表达和智识活动的中心。

虽然艺术中心并没有很多资源，因为"艺术"与"文化"在大学议程中的位置相似，都是边缘的存在，但这对于浩鸥法而言并无大碍，因为这让中心远离外来资助所带来的压力和政治（White，2008）。中心的成立在于从那些与我们对话或者表达出我们身处世界和时代的图像、声音和动作之中找到灵感，并在对本土（indigenous）和当代（contemporary）的强调中，击碎那种以为本土艺术总是"传统"地被锁在过去的观点。大洋洲艺术中心的精髓就在于重新创造有关艺术和本土的假设，使得当代艺术生产得以从大洋洲的生活经验中激发出来。他的观点一被接纳，对整个中心的生活都有着全方位的影响，召唤着可用于评估艺术生产的当地审美的创造，而非总要援引西方艺术的教规。

在浩鸥法看来，艺术作品最为重要的是它们能够克服大洋洲人民对于自身文化的轻视心理（belittlement）及其造成的无助感。通过艺术重新激发文化活力的梦想和愿景不仅是一种自我治疗，它们还促成了一种与当代变革力量接触的新政治，避免大洋洲人民伴随着自我贬低的心理来看待自己的文化，也尽力减轻西方对大洋洲带来的冲击和压力，避免本土人民从精神层面上重复遭受殖民的"第二次传教"。

（三）文化托命实践特征

1. 以情感共鸣为研究创作底色

浩鸥法曾经有这样一段自白：

> 在任何特定时刻，无论我身在何处，在我脑海中存储的知识中都会感到安慰，即大洋洲的某个地方是我所属的一块土地。在生活的动荡中，它是我的锚。没有人能把它从我身边夺走。我可能永远不会回到它，即使是凡人的遗骸，但它永远是故乡。我们都拥有或应该拥有家园：家庭、社区、民族家园。否认人类的家园感就是否认他们在地球上的一个深处扎根……每隔一段时间，在苏瓦的山丘上，当月亮和红酒在我衰老的头脑中耍花招时，我扫视着劳卡拉湾、雷瓦平原和努库劳岛附近的珊瑚礁的地平线，寻找瓦伊希、哈瓦基、家园。它就在那里，遥远的过去，通向其他记忆、其他现实、其他家园。（Hau'ofa，2008b：77）

浩鸥法的学术研究是基于自己对于家园的热爱，他儿时的求学经历以及成年后在大洋洲诸国的工作经历，都让他对大洋洲形成了深深的羁绊。人类学的学术训练让他拥有了更为敏锐的眼睛，帮助他从学术著作的"真实记录"中辨识出西方学者认识的陷阱，跳出了西方知识传统、认识框架，避免这些传统抑制对自己社区的主观见解表达的可能。又因为他对于大洋洲的热爱，对于大洋洲"家"的认同，推动了他的人类学研究是一种创作型的研究，也是一种斗争型的研究，他不再如他的同行一样去验证理论或者构建模型，而是通过自己的田野研究来指出谬误，号召大洋洲人民拒绝再用别人的标准来衡量自己，文化比较虽然重要，但不能以别人之长比自身之短。因之，在寻求现实的应用、参与之道方面，他从当地民众的文化心理出发，通过自己的艺术创作来重铸大洋洲人民的文化自信，通过共同协作激活本土文化活力。

2. 以箴言讲道为文化实践方式

浩鸥法的父母是传教士，自小的家庭熏陶让他的文本有一种说教性（preachiness），或说号召的范式内含于其中。《拥挤的岛屿》一文的阅读对象，正是广大的大洋洲民众（Juniper & Hau'ofa，2001）。浩鸥法的作品时而还会假借独白的方式进行写作，"太平洋的方式（the Pacific Way）仅仅属于区域的精英、专家，有车的人，而当地人却还就是当地人"。

其至在学术文章的发表方面，也多是他的参会发言，譬如前文提及的《人类学与太平洋岛国人》《群岛之洋》《海洋连接起了我们》，他的作品多是有着明确的对象的表述和对话。从传播自己的观点方面，他可能还是一位表演艺术家，我们能看出他文字表达的优美和力量，他的文章当中，或者演讲当中随处可以见金句，正如同我们现世流行的脱口秀表演者，他的文字总是能够触发我们的情感，引发我们的认同，在极其富有洞见和穿透力的智慧的同时亦带给我们以美的感受。同时，他的文章或者演讲稿读起来简直就是战斗檄文，能够清晰地感受到作者浩鸥法的大洋洲认同和地域主义情感，或者说作为本土人的责任感和号召力。受到浩鸥法鼓舞的学者们认为他的讲道"让我们意识到自我取乐是一种以更为愉快地表达更为严肃的思想和经验的方式"，并激励着本土学者"以一种更为自信的目标感来宣传大洋洲的本土知识和理解方式"，并且"他的洞察力从他轻松的幽默中体现出来"（Wesley-Smith，2010）。浩鸥法坚持用大洋洲（Oceania）一词代替太平洋岛国（Pacific Islanders）对南太平洋上岛国进行代称和表述，绝非简单、较真的咬文嚼字，实际上是一种语义正义（semantic justice）的伸张，因为岛国的表述和想象对于大洋洲人民来说是非正义的，与落后和匮乏联系在一起，他通过诗人的想象倡导更有主体性、更有主权性和历史性维度的大洋洲这一表述。从海洋之中孕育大陆的灵感触发浩鸥法写就了影响广泛的檄文，他批评西方学者视域中整齐划一的单个民族国家的孤立和局限，在箴言论道的对话当中唤起当地民众基于自身历史文化传统的文化自觉与文化自豪，召唤大洋洲民众的文化自信。正如《群岛之洋》（Our Ocean of Islands）一文的结尾所展示的：

> 大洋洲何其辽阔，大洋洲还在扩张，大洋洲热情好客，从海水深处和更深的火域中崛起，大洋洲就是我们。我们就是大海，我们就是大洋，我们必要唤醒这一古老的真理，并一起来推翻所有霸权主义观点，这些在身体和心理上限制我们、把我们局限在狭小的唯一指定的空间中的观点。我们已经从那里解放了自己。我们决不能让任何人再次贬低我们，夺走我们的自由。（Hau'ofa，1994：161）

3. 但开风气不为师的推动风格

浩鸥法通过构建大洋洲艺术与文化中心，会聚了大洋洲诸国的艺术家，通过各类艺术的表现形式，为大洋洲文化的复兴提供个人的展演。他是具有理想主义情怀的文化托命人，希望"把自己的故事告诉所有的人，我们可以一起来做事情，我们与亚洲，与美洲都连在一起"。

同时，他对于学术研究和艺术创作的态度是包容和开放的，他并不为自己追求学术名望或者经济收入，他甚至自嘲自己不管愿意不愿意已经成为一个学术领域冒牌货。对于他的同事伙伴，他半开玩笑般地建议："凡是平庸或更差，但想成为伟大和知名的人，都应该立即摆脱当下晦涩的生活，重生为土生土长的南海岛民，或者加入学术或行政人员的行列。在南太平洋大学，除非你有头脑或理智，否则不可能出错"（Hau'ofa，2008c）。浩鸥法更在乎自己的文字是不是能够带给阅读的人快乐，而不是用专业术语围困住人们的想象力。

有着研究太平洋文化悠久历史的英文杂志《当代太平洋》（Contemporary Pacific）召集浩鸥法的学生和同事在次年专门出了一期缅怀浩鸥法的

文章。其中，现已离世的玛德莱微微（Ratu Joni Madraiwiwi，2010）是这么评价浩鸥法的："他是一位高贵的人（larger-than-life figure）。他的络腮胡和亲切的面容被他眼里一直闪烁的光芒强化，他有着无穷的幽默感，以及朴素的半开玩笑的态度，他从不把自己当回事。"比起他的同代人，他积极地概念化太平洋发展和认同，强调海洋在这些国与国之间、岛与岛之间的连接，而非分隔的太平洋人民。浩鸥法被他们亲切地称为"我们这个时代最杰出的大洋洲人"（Wesley-Smith，2010）。

三 实践回响：浩鸥法的学术遗产

被大洋洲人民爱戴的浩鸥法，他的学术思想并非从未引起过争议。诚然，"众岛之洋"（Our sea of islands）作为改变和革新一代大洋洲人对自身所处位置的知识有着广泛的传播性和号召力，从触发和培养文化自觉的高度引领着太平洋岛国民众走出自我矮化和依附的思维定式。但同时，也有学者批评浩鸥法过于乐观、肤浅与不切实际，把马克思虚无的国际阶级意识替换成为太平洋文化意识，在迎合他的学生的同时浪漫化了大洋洲的历史和理想化了大洋洲的未来[1]，在号召所有大洋洲岛国人民团结起来的同时却忽略了各民族文化之间的差异性和历史延续至今的矛盾与摩擦。

尽管如此，他的作品仍因其广博而深邃的思想被广泛关注，还进一步引发了南太平洋大学内的各个专业和学科的学者参与对话、批评和讨论，浩鸥法的文化托命实践已被推到了大洋洲思想家的高度。学者对他学术观点的回应后集结为一本名为《新大洋洲：重新发现众岛之洋》的论文集，这也在事实上促成了南太平洋大学内部跨学科的合作与对话。不论是赞许或是批评，鉴于大洋洲内部竞争的多样性和外部压力的严峻性，可以达成共识的是，大洋洲的确需要新的视野，浩鸥法所提供的是其中必要的一种

---

① 这一观点来自 Douglas Borer's 名为 "Truth or Dare" 一文和 Joeli Veitayaki's 的 "Balancing the Book：How the Other Half Lives"，转引自 Tewaiwa Teresia K., "Review of A New Oceania: Rediscovering Our Sea of Islands", *The Contemporary Pacific*, Vol. 8, No. 1, 1996, pp. 214–217。

视角。(Tewaiwa，1996)

怀特在为浩鸥法的文集写序的时候，论及他是"一位运用多种学科的实践，从民族志者的眼睛到讽刺作家的笔端，惊扰了大洋洲甚至整个世界的陈旧认识，并阐明了其中真正重要的部分"(White，2008)。

从学科建构的角度来说，如果说人类学这门学科的研究者本是研究对象社会的局外人(outsider)，那浩鸥法虽然接受了完整的人类学训练，但同时是一位人类学学科的局外人，因为他对自己的训练和所处的学科及职业保持反省和警惕。但在学术官僚化、工业化的今天，这却负负得正，戏剧化地让他真正跟他所研究和关注的群体站在了一起。在学界以学术成果的量化为强势指标的今天，如果我们用这一标尺来衡量浩鸥法，他的作品并不算多，但他真正带给大洋洲人民以及整个世界的启发和思索，正如他品阅和推动的艺术品的价值一般，是远非数字可以衡量的。

2009年1月11日，浩鸥法在斐济的首都苏瓦去世，这让大量受惠于他的文化托命实践的人们悲恸哀伤。人们回顾浩鸥法的一生，他的身份有很多，不仅是一名人类学家，更可以被称为一位民族志书写者、一位讽刺作家、一位大学教授、一位艺术家、一位农民……这一切称谓都是他文化托命实践的一部分，他通过将自己的生命浸润于学问，进而浸濡其生命情感和社会生活中的人，他的生命情感与他的在地文化不断产生共鸣与共振，用文化去改变当地民众认识，从不同层次参与重新定义和更新重建后殖民时代下大洋洲民众的地方认同、文化认同和地域认同。

在学术工业化的趋势之下，他并非仅仅在学术流水线求生存，而是跳出了工业化的知识生产模式，将自己的生命情感与知识实践浇灌在一起，将公民责任、政治理想、文化兴趣、道德追求、道义担当融于一体来进行"文化托命实践"。与中国历史学家阐述的文化托命之人不同，浩鸥法的文化托命实践是人类学家人人可为、人人当为的研究行动，可以是身处于生活世界的人类学家参与社会生活的行动指南。

参考文献：

陈寅恪：《王静安先生遗书序》，载陈美延编《金明馆丛稿二编》，生活·读书·新知三联书店 2001 年版。

［奥地利］戈茨·哈格米勒：《真实与虚构：跨越文献记录的客观性极限》，载［德］米歇尔·欧匹茨主编《沿着喜马拉雅：罗伯特·鲍威尔绘画》，吴秀杰译，中国藏学出版社 2016 年版。

葛志毅：《史学为中国文化托命之本》，《湖南科技学院学报》2007 年第 10 期。

和文臻：《共生之道：斐济村庄社会生活的民族志》，北京大学出版社 2021 年版。

和文臻、范晓君：《作为视觉民族志文本的人类学绘画——以"人类学绘画的多学科表达"展参展作品为例》，《广西民族大学学报》（哲学社会科学版）2022 年第 2 期。

庄孔韶：《绘画人类学的学理、解读与实践——一个研究团队的行动实验（1999～2017 年）》，《思想战线》2017 年第 3 期。

Burnett Greg, Hau'ofa Epeli, "Resisting the Deadly Discourses that Bind", Closing Remarks at: An Oceanic Imagination: A Tribute to the Life and Mind of Epeli Hau'ofa; *Symposium*, Wednesday 21 October, 2009.

Clifford James, Marcus George E. eds., *Writing Culture: The Poetics and Politics of Ethnography*, Berkeley: University of California Press, 1986.

Comaroff, Jean & Comaroff, John, *Theory from the south or, how Euro-America is Evolving toward Africa*, London and New York: Routledge, 2012.

Graeber David, Wengrow David, *The Dawn of Everything: A New History of Humanity*, New York: Farrar, Straus and Giroux, 2021.

Hau'ofa Epeli, "The New South Pacific Society", in *We Are the Ocean: Selected Works*, Honolulu: University of Hawaii Press, 2008a.

Hau'ofa Epeli, "Past to Remember", in *We Are the Ocean: Selected Works*, Honolulu: University of Hawaii Press, 2008b.

Hau'ofa, Epeli, "The Writer as an Outsider", in *We Are the Ocean: Selected Works*, Honolulu: University of Hawaii Press, 2008c.

Ingold Tim, *Anthropology and/as Education*, London: Routledge, 2017.

Lansdown, Richard, eds., *Strangers in the South Seas: The Idea of the Pacific in Western Thought*, Honolulu: University of Hawai'i Press, 2006.

Rabinow Paul, *Reflections on Fieldwork in Morocco*, Berkeley: University of California Press, 1977.

White Geoffrey, "Forward", in *We Are the Ocean: Selected Works*, Honolulu: University of Hawaii Press, 2008.

E. J. Alagoa, "On Indigenous Anthropology in Papua New Guinea", *Current Anthropology*, Apr., Vol. 21, No. 2, 1980.

Edmond Rod, "Kiss MyArse! 'Epeli Hau'ofa' and the Politics of Laughter", *The Journal of Commonwealth Literature*, Vol. 25, No. 1, 1990.

Hau'ofa Epeli, "Anthropology and Pacific Islanders", *Oceania*, Vol. 45, No. 4, 1975.

Hau'ofa, Epeli, "Our sea of islands", *The Contemporary Pacific*, Vol. 6, No. 1, 1994.

Hayano David, "Auto-Ethnography: Paradigms, Problems, and Prospects", *Human Organization*, Vol. 38, 1979.

Hussein Fahim, Katherine Helmer, "Indigenous anthropology in Non-Western Countries: A Further Elaboration", *Current Anthropology*, Oct., Vol. 21, No. 5, 1980.

Juniper Ellis, Hau'ofa Epeli, "A New Oceania: An Interview with Epeli Hau'ofa", *Antipodes*, Vol. 15, No. 1, 2001.

Knowlton Edgar, "Papua New Guinea", *World Literature Today*, Vol. 59, No. 1, 1985.

Morauta Louise, "Indigenous Anthropology in Papua New Guinea", *Current Anthropology*, Vol. 20, No. 3, 1979.

Rigby Nigel, "Tall Tales, Short Stories: The Fiction ofEpeli Hau'ofa", *World Literature Today*, Vol. 68, No. 1, 1994.

Sahlins Marshall, "Poor Man, Rich Man, Big-man, Chief: Political Types in Melanesia and Polynesia", *Comparative Studies in Society and History*,

Vol. 5, 1963.

Tewaiwa Teresia K., "Review of A New Oceania: Rediscovering Our Sea of Islands", *The Contemporary Pacific*, Vol. 8, No. 1, 1996.

Watts Edward, "The only teller of big truths: Epeli Hau'ofa's Tales of the Tikongs and the Biblical contexts of Post-colonialism", *Literature & Theology*, Vol. 6, No. 4, 1992.

Wesley-Smith Terence, "Epeli's Quest: Essays in Honor of Epeli Hau'ofa", *The Contemporary Pacific*, Vol. 22, No. 1, 2010.

巴基斯坦学者哈桑的史学思想

吴嘉昊

（清华大学国际与地区研究院博士研究生）

1947 年，印度斯坦（Hindustan）[①] 分裂为印度和巴基斯坦两个国家，巴基斯坦成立不久后国父真纳去世，十年（1947—1958）中五易总督、七易总理、省政府频繁更迭（杨柏翠、刘成琼，2005：78），地方运动频发，巴基斯坦社会陷入一片混乱。有识之士尝试探索巴基斯坦文明的发展道路，但对"究竟什么是巴基斯坦文明"的回答众说纷纭。一些人强调文明的宗教属性，将巴基斯坦文明等同于伊斯兰文明，认为巴基斯坦文明在发展中应当革除不属于伊斯兰教的要素；而有些人则强调巴基斯坦文明是世俗的，在发展过程中应鼓励不同的宗教文化共同发展。一些人关注文明的政治属性，认为巴基斯坦文明是在"两个民族"理论之上建国的，因此巴基斯坦应不断摒弃与印度文明相似的要素并刻意强化与印度文明的不同；而另一些人则认为与印度文明相似的部分也是巴基斯坦文明重要且不可分割的部分。还有一些人从文化的角度讨论巴基斯坦文明，认为巴基斯坦是统一的民族国家，人们应当信仰同一个宗教、说同一种语言，巴基斯坦文明应当是文化高度统一的文明；而有些人则反对强求各地方文明的一致性，主张把巴基斯坦文明看作各地方文明的总和。这些对巴基斯坦文明的解读指向了完全不同的民族国家发展道路，新生的巴基斯坦宛若湍急河流

[①] "印度斯坦"是指分治前的印度，是包括今印度、巴基斯坦、尼泊尔、斯里兰卡、孟加拉国、不丹、马尔代夫等在内的南亚次大陆。

中的一叶扁舟，对行将何处充满迷茫。

希伯特·哈桑（Sibte Hassan）是这一时代奔走疾呼求索巴基斯坦文明发展道路的重要学者，他是一位马克思主义政治运动家、记者，曾担任《新文学》（*Naya Adab*）和《昼夜》（*Lail-o Nahar*）等杂志的编辑。哈桑极力主张巴基斯坦发展成为世俗、民主且多元的国家，他坚定地信仰马克思主义，把马克思主义思想带到了巴基斯坦，并重新思考、撰写巴基斯坦文明历史，他在撰史过程中探析巴基斯坦文明历史传承中的世俗、民主和多元的渊源，进而明晰国家的发展道路。很多巴基斯坦学者都强调了哈桑对于后世年轻人的重大影响力。伽玛伊尔·玛尔古兹（Jamil Marghuz）于 2021 年 4 月 25 日在巴基斯坦新闻快报网站（Express News）发表《希伯特·哈桑：伟大的革命知识分子》（Sibte Hassan ek Azim Ingalabi Danishvar），将哈桑称为"黑暗时代中的一盏明灯"，一盏"把马克思主义之光带到巴基斯坦"的明灯。学者拉扎·纳伊姆（Raza Naeem）于 2016 年 7 月 31 日在《卡拉奇新闻报》（*The News International*）发表《希伯特·哈桑诞辰一百周年》（100 Years with Sibte Hassan），认为哈桑教导年轻人成为世俗化、有进步思想的巴基斯坦人，去对抗强权军管政府统治下漫长的黑暗时光。塔希尔·卡尔曼（Tahir Kamran）将哈桑的文化影响力概括为三点：第一，文化的推广，即哈桑通过自己的文学作品对巴基斯坦青年一代普及了基础知识；第二，文化的再造，即哈桑在特定的理论框架和文化视角下对历史知识进行整合与阐释，形成自己的观点；第三，对群众自发创造知识的训练，即激励青年一代自主思考，创造属于巴基斯坦本土的文化。哈桑的作品在巴基斯坦尤其是信德省和开普省广为流传，并推动当地民族主义运动蓬勃发展。然而可惜的是，哈桑的所有乌尔都语作品均没有其他语言译本，且哈桑本人及其作品迄今为止并没有得到政府或学界的广泛关注，甚至很多巴基斯坦左翼学者、作家都没有充分意识到哈桑的作品和思想之于巴基斯坦文明的重要意义。

哈桑一生都致力于将马克思主义带到巴基斯坦并将其本土化，在此思想影响下，哈桑认为巴基斯坦应发展成为世俗、民主且多元的国家。这种对于民族国家发展命运的思考与担忧促使哈桑重新审视并撰写巴基斯坦历史。本文聚焦哈桑在撰写巴基斯坦文明历史时体现出的史学思想，着重分析其史学思想的来源与形成过程，通过关注哈桑对于文明本质、历史主体和历史趋势的论述来讨论其史学思想特点。本文认为，哈桑的史学思想源于对马克思主义的物质观、宗教观、群众观和发展观的批判继承，这种思想指导着哈桑看待巴基斯坦历史。在撰史过程中，哈桑着重强调巴基斯坦文明的物质性和世俗性，认为巴基斯坦的历史是人民的历史，而非任何王侯将相的历史，并以进步和发展的目光来评析次大陆的经济与社会变迁，认为巴基斯坦的历史起源于吠陀时期，源远流长发展至今。他在撰史时突出了巴基斯坦历史中的世俗性、民主性和进步性，由此强调巴基斯坦发展为一个世俗、民主且多元的现代国家的可能性与合理性。

一　希伯特·哈桑（Sibte Hassan）

希伯特·哈桑（1916—1986）生于印度北方邦（Uttar Pradesh）的一个富裕柴明达尔家庭，即属于印度大地主阶级。其自小在父母长辈的教导和影响下严格遵守上层精英的生活传统，并接受宗教教育。他在自己的回忆录《记忆的城池》（*Shehr-e-Nigaraan*，1966）中回忆了自己如何在诸多良师益友的影响下转变为马克思主义学者。中学时，哈桑读到老师尼亚兹·法特哈普里（Niaz Fatehpuri）的期刊《尼加尔》（*Nigar*）。尼亚兹在短故事中细致地描写了巴基斯坦的下层百姓们努力讨生活却过着食不果腹、饱受压迫与剥削的凄惨生活，这些都与宗教学者所不断鼓吹的"今生努力，来世享福"的转世论相悖。哈桑对巴基斯坦的下层百姓产生了莫大的同情，开始批判一部分宗教学者的观点，这为哈桑向马克思主义靠拢埋下了伏笔。随后哈桑进入阿拉哈巴德大学（University of Allahabad）学习经济，遇到老师阿什勒夫（K. M. Ashraf）。在《从穆萨到马克思》（*Mosa se Marx tak*）一书的前言中，哈桑直言"在那段英文书籍占领图书馆、社会主义图书完全被禁的时代里，革命家阿什勒夫老师带领我接触到了社会主义的概念"（Hassan，1977：5）。很快，哈桑加入大学的印度共产党（Communist Party of India）和全印进步作家协会（IPWA），并受萨贾德·扎希尔（Sajjad Zaheer）邀请担任进步文学运动的重要刊物《印度国家报》（*Daily National Herald India*）的助理编辑。1942 年，哈桑前往阿里格尔穆斯林大学攻读法学硕士，接触到了很多进步文学运动时期的作家，学习到了例如"资产阶级""无产阶级""辩证法"等新概念。在报社老师卡兹·阿卜杜拉·卡菲尔（Qazi Abdul Ghaffar）和阿卜杜拉·哈克（Abdul Haq）等人的影响下，哈桑开始以无产阶级人民的生活和命运为中心撰写文章，成为进步文学运动的重要人物。1946 年，哈桑前往哥伦比亚大学攻读政治学硕士，对于西方政治理论有了更为深刻和全面的了解。在这期间，他曾担任期刊《新时代》（*New Age*）的通讯记者，但由于无法传达自己所信奉的马克思主义思想，哈桑很快便退出了。1948 年 5 月，哈桑从美国返回印度孟买，很快便迁往巴基斯坦拉合尔，并加入巴基斯坦共产党（Communist Party of Pakistan）。

哈桑是巴基斯坦共产主义运动的中流砥柱，在重重阻碍中龃龉前行。1948 年，巴基斯坦国父真纳去世，穆斯林联盟（Pakistan Muslim League）的意识形态向美国靠拢，打击共产主义，不断向巴基斯坦共产党组织施压。1951 年，利雅卡特·阿里·汗（Liaquat Ali Khan）政府以"颠覆国家政权"罪逮捕巴基斯坦军方首领阿克巴·汗（Akbar Khan），包括哈桑在内的多位巴基斯坦共产党领袖受到牵连，并在牢狱中度过了 4 年。随后1954 年，巴基斯坦政府下令禁止各种形式的共产主义运动，并宣传"巴共产党是境外势力派来动摇巴基斯坦的民族根基的，他们密谋在巴基斯坦建立起一个由无神论引导的政权"（Hamza，2006：77—78）。马克思主义、共产主义等名词在巴基斯坦社会声名日下，很多左派学者纷纷离开巴基斯坦，但哈桑从未放弃自己的信仰。出狱后，哈桑将更多精力投入写作中，更加关注巴基斯坦社会发展，笔耕不辍。

哈桑的文学作品题材广泛，主题由社会热点问题探讨到人类学，由马克思主义的发展历史探讨到人民群众的历史，由伊斯兰教教义探讨到国家的世俗主义。哈桑主要用乌尔都语和波斯语进行文学创作，作品按照内容主要可以分为三大类：（1）探讨马克思主义的发展，如在《由穆萨至马克思》（*Mosa se Marx tak*，2012）和《马克思与东方》（*Marx aur Mashriq*，2011）中，哈桑系统地介绍了黑格尔、马克思和恩格斯等人的思想，记述马克思思想体系的内涵和发展过程，并旁征博引，在介绍马克思思想的同时引用本土学者的思想进行对比阐释；（2）探讨巴基斯坦的国家文明发展历史，如在《巴基斯坦文明发展史》（*Pakistan Main Tahzeeb ka Irtiqa*，1975）中，哈桑详细介绍了英国殖民统治开始之前的印度斯坦的历史，并在历史撰写的过程中体现了作为一位马克思主义学者的立场；（3）评析巴基斯坦社会热点问题的杂文集，如《巴基斯坦政治文明杂论》（*Pakistan ki Thzibee-o Siyasi masail*，2009）等书是后世学者对于哈桑杂文的汇总与整理，书中杂文多是哈桑发表于报刊上的时事评论。

1986 年，哈桑于卡拉奇溘然长逝。哈桑一生的学术创作都在尝试将马克思主义思想引入巴基斯坦，并在这种思想框架中反思、撰写巴基斯坦文明历史，以阐述巴基斯坦文明的本质，进而合理化自己对于"巴基斯坦文明发展方向"的回答。哈桑在将马克思主义"引进"巴基斯坦社会的过程实际上是将其本土化的过程，他在向巴基斯坦读者阐释马克思主义时下意识去适应巴基斯坦的国情，进而也形成了根植于马克思主义思想的、自我独特的思想内核。哈桑相当一部分作品都是对巴基斯坦文明历史的撰写，历史是民族发展之根基，如何撰写历史、以什么样的立场撰写历史，对于民族如何看待文明发展而言至关重要。撰写历史的尝试是哈桑带领读者们探索巴基斯坦文明本质的方式，也是哈桑探索巴基斯坦文明向何处发展的基础。下文将关注哈桑对于历史研究主体——文明的定义、历史的主角和历史的发展趋势三部分的论述，分析其史学思想特点并挖掘特点背后的思想内核和现实动机。

二　何为历史：唯物论基础上的世俗主义史观

历史撰写的基本问题是如何定义文明，即民族文明的历史是关于何种文明的历史，对此问题的回答决定着作者的撰史角度和方式。在希伯特·哈桑记述的历史中，巴基斯坦文明的本质是物质的、世俗的，他拒绝将巴基斯坦民族文明简单等同于伊斯兰文明，也并非否定伊斯兰文明的存在，而是将伊斯兰文明看作巴基斯坦文明的组成部分。

（一）思想缘起：马克思主义唯物论与宗教观的调和

哈桑认为人类社会的形成与发展是由客观物质因素决定的，这种对于文明物质性的认知是对马克思主义唯物论的直接继承。正如马克思曾经对人类社会本质进行分析，哈桑同样认为，社会文明形成的基本前提是人类的存续。为了生存，人类需要主动地在客观环境中寻找和创造食物，有时需要借助工具来改造环境以获得食物，这时客观环境和工具共同构成了人类得以生存发展的基础，即生产活动。满足了基本生存需求后，人类继而会产生繁衍生息的需求以延续文明，男女关系的形成标志着人类第一类社会关系的建立，家庭/家族逐渐出现，人类通过各类生产活动来抚养、教化下一代，进而形成更深刻的连接，这些连接构成了人类社会。哈桑指出，在社会文明形成与发展的各个阶段中，起决定性作用的都是生产活动，人类的存在方式是由客观的生产工具和特定的生产方式决定的。哈桑将人类社会的组成归纳为四个因素，即自然环境、生产工具、社会意识和社会价值体系，而以政治、法律、道德等为代表的社会意识和社会价值体系本质是由经济关系决定的，生产工具的特点直接决定经济关系的属性，进而也决定了社会的性质，因此哈桑认为社会文明本身就是物质的，语言、社会阶级、社会关系、生活习俗、建筑艺术、文学风格、法律条文等有意识地创造出来的物质和精神财富是"文明"的具体表现。

文明是物质的，但毫无疑问宗教是巴基斯坦文明中不可分割的一部分，作为一名穆斯林，哈桑从未否定宗教存在的合理性，并在阐释马克思主义思想的过程中不断"柔和化"马克思对于宗教的看法，强调宗教信仰自由。马克思在强调世界的物质本源时曾认为宗教本身没有内容，并预言随着被宗教理论所歪曲的现实的瓦解，宗教也将走向灭亡。但哈桑认为，马克思并非完全否定宗教，而仅是在批判那些"歪曲"了现实世界、束缚人类思想的宗教。哈桑强调，马克思主义哲学的终极目标是追求"人类的解放"，这种解放是一种人类本身的解放，而非仅仅是政治学意义上的"解放"。比如不同国家的基督教徒、穆斯林、印度教徒等作为公民本身的确拥有一定程度的自由，但是在社会生活中，他们显然又受到来自宗教的种种束缚。因此马克思主张现代国家应当摆脱宗教束缚、不具有宗教属性，哈桑认为这一主张的根本目的是给予公民以人类本身的解放，而并非全盘否定宗教的存在。在哈桑的阐释中，马克思所指的那种"不具有宗教属性"的国家并非剥夺了公民拥有宗教信仰的权利，而是公民在宗教面前应当是自由且不受限制的，不将宗教上升为国家意志，即公民可以自由地选择信仰基督教、伊斯兰教或其他宗教，同样公民也能够自由地选择去信仰宗教还是不信仰宗教，只有这样，人才能获得真正的解放。马克思认为实现人类解放的最佳途径是以社会主义制度取代资本主义制度，哈桑详细辨析了社会主义与宗教的关系，认为世界上任何一个宗教得以存在的基础都是物质资料的生产，资本家可能是印度教徒、穆斯林或是基督教徒，同理无产阶级也可能信仰各种宗教，所以生产关系实际上受制于阶级属性，而非宗教属性，马克思也并非在向宗教"开火"。"马克思和恩格斯是在与资本主义作斗争，他们不是任何一个教会的牧师，也不号召对任何一个所谓'异教'进行改革。"（Hassan，2011：171—172）哈桑通过强调马克思主义思想中"谋求人类本身的解放"这一终极目标来有意识地"柔和化"马克思的宗教观，刻意忽视马克思对宗教的批判，强调宗教与马克思主义的目标互不冲突，与物质生产和阶级斗争互不干涉，人类在宗教信仰面前应当是自由的。这种对马克思主义思想"柔和化"的阐述方式是哈桑在一个穆斯林人口占绝对多数的国家进行马克思主义本土化的尝试，在这种思想影响下，哈桑在历史撰写时将巴基斯坦文明描述成为一种建立在唯物论基础上的世俗文明。

（二）世俗主义史观的历史撰写呈现与现实观照

"世俗"，即政治权威与宗教事务分离。哈桑撰写历史时将巴基斯坦文明从诞生时（哈桑认为"诞生时"是指吠陀时期）起就描述为"世俗的"，注重强调每一时代的世俗性。在他的历史记叙中，吠陀时代（前1500—前600年）所有宗教经典的本质都是世俗的，如《奥义书》（*Upanishads*）[①] 写满了

———————

① 《奥义书》，印度教经典之一，约诞生于公元前10—前5世纪，核心是探讨宇宙的终极奥秘（梵）以及人类的本质（自我），是吠陀的附录，被称为"吠檀多"，即吠陀的终篇。

关于立法、自然、物质、时间等的理性讨论，这些讨论的出发点都是更好地了解物质世界的本质，而和宗教的关联不大。佛陀时代（公元前600—公元500年）佛教徒的不杀生非暴力理念是对吠陀时期宗教献祭行为的挑战，根本原因在于宗教献祭行为本身有悖于农业和畜牧业发展。封建王朝时期（公元前6世纪孔雀王朝时期—16世纪德里苏丹国瓦解）的统治者们无论信奉印度教、伊斯兰教还是其他宗教，无一人来自牧师阶层，"尽管很多学者认为入侵者们在次大陆建立王朝的真实原因是为了传教，但是实际上绝大多数入侵者，如倭马亚王朝（Umayyad Caliphate，661—750）的将军穆罕默德·伊本·卡西木（Mohammad ibn Qasim）、加兹尼王朝（Ghaznavid dynasty，977—1186）最著名的皇帝马哈茂德（Muhmud Ghaznavi）等，都是出于争取权力、开阔疆土等世俗目的入侵次大陆"（Hassan，1986：137）。哈桑还特别记录了封建王朝的统治者们，尤其是德里、德干和斋浦尔的穆斯林统治者们清醒地意识到仅依靠穆斯林的力量无法长久保障自己的统治，因此他们寻求和非穆斯林群体的合作，包容且不干涉其宗教、文化和生活方式。哈桑在撰史的过程中强调了次大陆君主们的统治往往是世俗的，甚至会刻意忽视部分宗教之间的差异。如苏丹喀亚苏·巴尔班（Sultan Ghayasuddin Balban，1266—1287），甫一掌权就意识到了宗教在王国形成过程中的作用，反对宗教干涉自己的统治，刻意忽视毛拉对于宗教书籍的解释，认为王国事务应该由政治领袖所管理，而非受制于宗教法官。同样哈桑记叙德里苏丹国时期（Delhi Sultanates，1206—1526）卡尔吉王朝（Khalji dynasty，1290—1320）统治者苏丹阿拉乌丁·希勒吉（Sultan Alauddin Khilji，1296—1316）也曾经多次表达"毛拉完全不懂国家政治"（Hassan，1986：140）。莫卧儿时期（1526—1857），哈桑提到阿克巴（1556—1605）在自己的宫廷中会聚了一大批来自不同宗教背景的有能力的管理者和先进的知识分子，如阿卜杜尔·拉希姆（Abdur Rahim）、阿卜杜勒·法泽尔（Abdul Fazl）、诗人拉贾·都达尔·么尔（Raja Todar Mal）等，还欢迎穆斯林乌里玛、婆罗门圣人、锡克教大师、基督教传教士等在宫廷中就王朝事务进行辩论，形成一种世俗化的百家争鸣局面。哈桑刻意侧重描写阿克巴注重推广世俗化教育，在阿克巴主持建立的学校中，波斯人、印度教徒和穆斯林一起上课，学习数学、地理、逻辑和历史等世俗学科。通过在历史记叙中关注各时代的世俗性，哈桑向读者们展现了巴基斯坦不同历史阶段中世俗生活与宗教的共存与调和，论述了巴基斯坦文明是建立在物质基础之上的世俗文明。

哈桑撰写历史意在观照现实社会。既然巴基斯坦文明从诞生时起就是世俗的，那么未来巴基斯坦应该成为一个世俗且包容多元文化的国家。哈桑主张，巴基斯坦的政治应与宗教分离，国家应拥有通过民意选举产生的政府和可靠而独立的司法机构，百姓拥有思想和言论自由。哈桑希望在这样的世俗国家中，任何文明都有自己的发展空间，各种文明可以在交流中不断发展，形成独特的巴基斯坦文明。

三　历史的主角：群众史观

在厘清"历史是关于何种文明而展开"的基础上，对"历史究竟是哪些人的历史"的回答决定了撰史人对史实材料的选取与记录角度。哈桑是站在普通百姓的立场上展开对历史的观察与记述的，在他的史学作品中，巴基斯坦的普通人是民族历史的书写者，也是巴基斯坦历史的主角。

（一）思想缘起：重视阶级矛盾的马克思主义群众观

哈桑把人民视为历史主体的思想深受马克思影响。马克思曾在《神圣家族》中明确将人民群众界定为历史的主体和推动社会发展的重要力量。究其原因，人民群众需要通过物质生产活动满足自身发展，而在这一过程中，人民会不断地改进生产工具、不断提高生产力的发展水平，进而带动社会的进步发展。

哈桑认同这一观点，赞同社会的发展是普通百姓们奋斗的结果，历史是由普罗大众所谱写的。哈桑清醒地意识到在阶级社会中，处于不同阶级的人所形成的社会意识是不同的，统治阶级的思想与平民百姓思想之间存在巨大差异。正如马克思所说，任何时代中统治阶级的观点都毫无疑问代表着统治阶级的利益，也就是说，统治阶级不仅把握着社会的生产资料——土地、工厂、矿山、银行等，还统治着人们的思想。哈桑反思次大陆的历史撰写传统，认为一些历史学家实际上正是把历史变为统治阶级用来统治百姓思想的工具，他们把历史叙述成了皇帝或者宗教领袖们的个人传记。例如古代印度社会遵守着严格的种姓划分制度，没人能够跳出种姓的框架自主选择所从事的职业。很多历史学家在撰写历史的过程中认为种姓本身源于吠陀经典，是次大陆宗教体系中与生俱来的特点，在种姓制度之下印度社会的阶级特性才逐渐形成。但哈桑认为这是一种没有分清历史本质的本末倒置，是由于历史学家缺乏对阶级关系的了解才得出的结论。在他看来，种姓制度本身是丑陋罪恶的，它将社会分隔开来，但统治阶级（婆罗门）却热衷于维护这种制度，后世所认为的"种姓制度来源于吠陀经典"实际上只是来自婆罗门的一种辩护，目的在于维护这种制度，保障自己的权益。并非种姓制度造就了印度斯坦社会不同种姓之间的分隔，而是婆罗门为了巩固自身地位而不断强化种姓制度。所以，哈桑认为历史学家们在记述历史时应看到不同阶级之间的矛盾与利益冲突、压迫与反压迫，从人民而非统治者的角度来理解历史事件，进而在记述历史时能够清晰地表明历史活动的根本原因。

（二）群众史观的历史撰写呈现与现实观照

在这种思想引导下，哈桑以普通人为中心展开对巴基斯坦历史的记叙，正如赛义德·加兹达尔（Syed Ghazdar）所评，"哈桑在历史记叙中对于下层人民是满怀热忱与爱的，这种情绪在别的书中十分少见"（Hassan，1975：4）。在记述历史的过程中，哈桑认为评判一个朝代或政府好坏，最重要的标准在于这个政府是否关注普通人民的生活，以及人民的生活是否能够得到保障。在记叙波斯文明时，哈桑认为阿契美尼德王朝（Achaemenid Empire，前550—前330年）的统治可以被视作"好政府"的典范，因为统治者建立了中央—基层的管理制度，百姓生活中遇到的问题能够第一时间反映到政府，统治者也足够重视百姓生活中遇到的不便，按需修建较为完善的道路、水利设施，根据每年的情况调整课税，因此该王朝的百姓生活安居乐业。在分析莫卧儿帝国（Mughal Empire，1526—1857）

的兴衰时，哈桑认为阿克巴统治时期（1556—1605）能够成为莫卧儿王朝发展巅峰之原因在于阿克巴能够听到百姓的声音，并为了人民的福祉推行一系列措施来减少人民生活压力。而在18世纪末期，莫卧儿帝国逐渐走向衰落，哈桑认为其原因在于政府忽略了民心，君主专制独裁，人民和政治完全分离。哈桑在撰写历史的过程中不断重申，虽然统治者能够使用武力手段让人民顺从，但真正好的统治者向来都是能够统治民心的，一个不得民心的政府是无法长久的。

除了以上述两点作为评价标准外，哈桑撰写历史时还对社会运动——尤其是农民起义——予以极大的关注。在对社会运动展开分析时，哈桑的关注点常常落脚于下层百姓发动起义的合法性。如卡尔马特（Qarmatians）① 起义，哈桑反对定义其为一场宗教教派变革，而认为卡尔马特派起义的本质是出于"政治的和经济的"（Hassan，1975：160）目的，在哈桑的记述中，普通百姓在阿巴斯王朝（Abbasid Dynasty，750—1258）统治下百遭压迫，尤其是在其进攻伊朗时，人民更是苦不堪言。这场起义的本质就是下层百姓为了争取自己的政治和经济权利而发起的斗争。至于为什么要以宗教斗争的形式，哈桑认为这是时代的产物：在当时社会背景下，宗教无疑是最容易唤起大众共识的语言。尽管卡尔马特派起义失败了，哈桑仍然高度赞扬这场起义，认为它为哈里发②制度奠定了基础，是先进而有意义的。在记叙虔诚运动（bhakti movement）③ 时，哈桑肯定了其合理性并结合时代背景理出了当时印度教徒能够走的四条路：（1）起义；（2）服从穆斯林统治者；（3）接受穆斯林的统治但保持自己的印度教信仰；（4）印度教和伊斯兰教相互融合吸纳，形成一个双方都认可的新的宗教。（Hassan，1975：211—212）哈桑分析了每一条道路之于百姓们的影响，随后肯定了第三条道路（也就是虔诚派最终选择的道路），因为当时的印度

---

① 卡尔马特起义，891年，由伊斯兰教什叶派的伊斯玛仪派中的下层百姓及部分地方封建主发起，反对逊尼派哈里发及执政者，主张简化宗教规则、倡导平等和财产共有，903年失败。

② 哈里发，伊斯兰教政治制度，一些伊斯兰国家的政治、军事、宗教首领被称为哈里发，由这样的"哈里发"管理的国家被称为"哈里发国家"。

③ 虔诚运动，11世纪始于印度南部，是受到伊斯兰教文化影响后印度教内部的改革运动。虔诚运动者反对烦琐的宗教礼仪和种姓歧视，倡导只关注对神的虔诚的信仰。

教徒并没有足够的实力去变革社会结构，贸然起义只会给普通的印度教百姓带去灾难。在哈桑记述的历史中，这种对于人民的同情与关注随处可见，他站在普通人的角度去思考和看待历史事件，对于史实材料的选取和记录方式也与那些为统治阶级服务的"精英传记式"历史的作者有本质不同，他歌颂人民，爱人民，理解人民，他把自己当作各时代芸芸百姓中的一员来记述和分析历史事件。

哈桑认为巴基斯坦的普通人是民族历史的书写者，更是民族的缔造者，为了巴基斯坦民族国家的成立和发展作出了巨大的牺牲和贡献，如果没有普通人的奉献，国家的稳定和安全就无从谈起。但在独立之后的几十年中，巴基斯坦社会政治混乱，普通人的生活尤为艰难。食物、教育、住房、就业、社保等问题日渐复杂，物价不断上涨但人民的购买能力却在下降，哈桑希望巴基斯坦的政治领袖们能够尊重巴基斯坦人民的呼声和想法，肩负起自己的职责和使命并举行民主选举。在哈桑看来，巴基斯坦的政治体系是建立在和西方一样的议会制基础之上的，民主议会是国家主权的象征，而国家主权的力量是来自人民的。议会的成员是由全体公民共同选举产生的，人民信任他们，他们也应当以"为人民发声"为己任。（Hassan，1975：73）但哈桑并不认为民主选举是解决巴基斯坦社会一切问题的终极解药，在他看来，大选之后，目前的社会问题也不一定能够立刻得到解决，但大选可以激励人民的民主意识、社会责任感和自信心，而这一切将在社会上形成民主的传统，如果大选能够激起人民的民主意识，那么大选就是成功的。

四　历史的趋势：进步与发展的史观

在明确了"撰写历史对象（即文明）的本质"和"历史主体是谁"之后，对于历史发展趋势的把握直接影响着撰史者记述历史的立场与整体架构。在哈桑的史学作品中，巴基斯坦的文明历史开始于吠陀时期，是连贯的、一直发展着的，哈桑希望巴基斯坦能够保持一种开放心态，包容国内外文明共同发展并以此来推动巴基斯坦民族国家的前进。

（一）思想源起：对马克思印度斯坦研究的批判

在探讨社会关系形态的过程中，马克思对于包括印度斯坦在内的诸多东方国家的社会发展进行了论述，但哈桑对于马克思对印度斯坦的看法并未全盘接受，而是从本土学者的视角对南亚次大陆的历史发展进行解释。

哈桑首先否定了马克思对于印度斯坦历史的看法。马克思认为印度斯坦"没有历史"（Hassan，2012：420），即次大陆社会并非独立发展起来的文明，而是一波又一波来自世界各地的侵略者带来的文明，所以印度斯坦的历史就是一部帝国入侵史。但哈桑认为，印度斯坦有着自己辉煌而悠久的历史，印度斯坦的历史发源于印度河谷地区，开端可以追溯到吠陀时期（公元前1700年前后）。哈桑承认历代的侵略者们来到印度斯坦后为这里的文明带来了极深刻的改变，但是印度斯坦的历史并不是各入侵文明的累积，而是一个融合了多种文明特征、不断进化的文明，所谓的"一个个帝国的历史"在哈桑看来实际上是印度斯坦文明包容接纳一个个外来文明进而发展出本土文明的历史。马克思还曾提到，"无论印度的政治经济体系如何变革，其社会状况从最开始至19世纪初期都没有什么改变"（Hassan，2012：421），认为印度斯坦的文明是完全静止、停滞不前的，而那种自给自足、自产自销的乡村生活方式就是印度斯坦社会停滞不前的原因，它们制约了人们的思维，把人困在牢笼里，限制了人民在历史长河中本该发挥的伟大力量。因此，马克思在批判英国对印度殖民的罪恶本质、同情印度斯坦人民遭遇的同时，肯定了西方殖民打破了村社制度、推动了印度社会进步和现代化。但哈桑认为，马克思关于印度斯坦的叙述和研究是基于同时代西方历史学家的作品所形成的，而非基于对印度斯坦的田野调查或亲身经历，因此充满了偏见，尤其是那种认为"印度斯坦如今的工业发展和现代政治体系都得益于英国的殖民"（Hassan，2012：424）的思想是不可接受的。尽管哈桑认可马克思所提到的"在殖民开始前次大陆没有触及社会本质的革命"，承认印度斯坦的农民、工人和知识分子大多不曾有强烈的想要推翻封建统治的决心和行为，但他认为，印度斯坦的历史是一直温和平缓地前进而非完全停滞的，甚至如果没有英国的殖民，印度斯坦也许能够独立发展出更好、更适合本土的工业生产模式。哈桑引用厄扎兹·艾哈迈德博士（Dr. Ajaz Ahmad）的研究结论，称在殖民统治开始之前，印度斯坦并非多个农村社区的联合体，城市也不是军事基地的大本营。殖民前的三百年（16世纪）印度斯坦就已经有了交通运输体系，且相比于殖民开始后（19世纪）的交通运输体系也毫不逊色。社会生产的产品也不全是自产自销，其中很大一部分都会流入市场成为商品，因此本土商品的市场带有早期资本主义的色彩。哈桑特别提到，在殖民开始之前，印度斯坦就已经有很多城市以制造业、手工业而闻名，比如达卡、勒克瑙、奥兰加巴德，等等，这些城市中的工业和商业活动毫不逊色于当时的欧洲城市。在他看来，包括印度斯坦在内的很多东方国家并不需要遵循西方机器大生产的资本主义工业发展模式，而是走一种温和的东方式的发展道路。因此，哈桑对于马克思主义思想并非毫无主见地全盘接受，而是结合南亚本土实际对马克思的思想进行批判继承。他希望巴基斯坦人民能够从历史中挖掘出民族自豪感，反对居高临下地认为"印度斯坦的文明是由西方带来的"观点，哈桑的史学作品也在忠诚于史实的基础上展现了本民族历史的进步之处。

（二）发展史观的历史撰写呈现与现实观照

在哈桑的历史记述中，巴基斯坦文明历史整体呈现逐渐发展的趋势。他认为尽管次大陆缺少根本性、革命性的变革，但是整体仍然在缓慢地前进中，历史的整体趋势是连续且发展的，最直观的表现是社会经济水平在不同王朝治下的发展，因此在撰史过程中，哈桑对时代的经济发展给予特写。哈桑提到，在雅利安时期，社会上并未开始流通货币，但是当时已经出现了用于交易的等价物，哈桑认为这种一般等价物的出现可以促进当时的商品交换，是一种很大的进步。继而阿契美尼德王朝时期出现了用于交换的硬币，也在同一时期，纸币得以流通，这种进步甚至早于同期世界上的其他地区。公元前6世纪，用于商品交换的货币开始广为流传，各邦国和地区之间的商贸往来频繁。哈桑认为这种贸易活动不仅能够带动当地的经济发展，同时能够促进不同文明之间相互学习，增进了解。哈桑认为莫卧儿王朝后期的衰落与国内商人阶层实力不强、统治者闭塞耳目、不重视国际贸易以及国际交流有很大关联，他客观分析了莫卧儿时期商品社会的特点：社会上虽然商品活动频繁、商人的数量大增，但商人的社会地位十分低下，并且土地所有权掌握在统治阶层和大小地主手中；商人也没有任何的政治权利，因此商业活动受到了很大的限制；同时，统治者不注重对外贸易，意识不到海上安全的重要性，更加关注不到 19 世纪的西方正在发生着天翻地覆的变化。当英国人的坚船利炮从海上打开莫卧儿王朝的大门时，统治者才猛然惊醒：时代已经不再是以前那个时代了。

哈桑在叙述历史时展现了巴基斯坦对于不同文化的包容与相互调和，他指出巴基斯坦文明本身是极具包容性的，希望巴基斯坦能够保持一种开放的心态，鼓励各地方文明共同发展，他尤其强调巴基斯坦应借助西方科学技术推动工业发展，"不变革生产工具就意味着落后和衰落"（Hassan，1975：383—384）。哈桑分析了莫卧儿王朝衰落的必然性：一个不知变革生产工具的社会是僵化的。莫卧儿王朝不注重生产工具的变革和发展，没有蒸汽驱动的机器，社会经济发展水平也十分有限，而生产工具是一个社会经济发展的重要影响因素。此时此刻，恰如彼时彼刻。巴基斯坦独立之初，科学技术发展水平极低，大学中缺少相应的授课教师，没有配套的实验室，工厂中也从未有人意识到以科技带动发展的道理。因此，哈桑呼吁巴基斯坦政府承担起推动巴基斯坦社会进步的责任，凡是能够促进巴基斯坦社会进步发展的文明，都应当得到重视。他希望巴基斯坦文明可以进入一个新的时代，一个工业的时代，一个百花齐放的时代，一个传统与现代相结合的时代。

五　哈桑的史学思想：人民作为主体的历史观

巴基斯坦是在"两个民族"理论影响下建国的，即强调次大陆的印度教徒与穆斯林是不同的民族，理应生活在不同的国家。国家成立后，官方的历史撰写传统也着重围绕"国家缘何形成"而展开（Jalal，1995：78），具有浓厚的伊斯兰教色彩。这一时期，相当一部分本土历史书籍认为巴基斯坦文明之根产生于次大陆的第一个穆斯林王朝即加兹尼王朝时期（Masood，1974：184），认为巴基斯坦的历史也由此而开始，穆斯林到来以前的历史不能算作是巴基斯坦民族文明的一部分。例如伊克拉穆·拉巴尼（Ikram Rabbani）和穆纳瓦尔·阿里·赛义德（Monawwar Ali Sayyid）的《巴基斯坦研究综述》（*An Introduction to Pakistan Studies*，1992）曾是巴基斯坦历史系低年级本科生的必读历史教材，书中作者认为"巴基斯坦"这一名词诞生于真主的神圣统治中，而印度教的基础则是"不平等的"种姓制度的桎梏（Jalal，1995：78），印度与巴基斯坦生来便是两个国家，巴基斯坦的历史也随着伊斯兰教来到印度次大陆而开始。这种"将伊斯兰教来到南亚次大陆的历史等同于巴基斯坦历史"并不断强调与印度教文明不同的撰史方式得到国家统治者的推崇（Jalal，1995：77）。也有一部分历史书籍未忽略穆斯林到来前的历史，但站在民族历史中央的依然是抽象的、以统治者为代表的穆斯林身份象征，比如伊什迪亚克·胡赛因·古雷西（Ishtiaq Hussain Qureshi）在《巴基斯坦简史》（*A Short History of Pakistan*，1967）中按照统治者的宗教属性来划分巴基斯坦的历史，即穆斯林到来前的时期、穆斯林统治下的苏丹国时期、莫卧儿时期和外国政府统治时期与穆斯林民族主义觉醒时期（Sumaira，Asmat，2021：548）。诸如此类的历史撰写呈现出两个主要特点：（1）歌颂穆斯林统治者领导下的伊斯兰文明，以期待群众能够从历史记述中光辉的伊斯兰传统中获得自豪感，强化作为穆斯林的身份认同；（2）强调印度文明的"落后性"，以凸显伊斯兰文明来到南亚是在"传播福音"（Jalal，1995：79）。历史仿佛成为规化百姓思想、为政治统治服务的工具。这种具有浓厚伊斯兰色彩的历史撰写方法的根本出发点是论述巴基斯坦作为一个"穆斯林居住"的国家而独立的必然性和论证日后巴基斯坦发展成为一个伊斯兰国家、一个"专供穆斯林居住"的国家的合理性（Jalal，1995：79）。

在此背景中，使用乌尔都语记述穆斯林到来前的、世俗的、"印度的"历史寥寥无几，希伯特·哈桑的历史撰写可谓独树一帜，他的历史撰写打破了为政治服务的局限，而是力求撰写一部属于巴基斯坦人民的历史。作为马克思主义思想家和学者，哈桑在开始撰写巴基斯坦文明历史前就明确了巴基斯坦文明是一种宗教与物质基础相调和、宗教与政权相分离的世俗文明，他并不接受那种"巴基斯坦文明可追溯至穆斯林统治者进入次大陆之时"的观点，而认为巴基斯坦历史无关乎统治者信仰什么宗教，早至哈拉帕（Harappan，前3300—前1300）、摩亨佐达罗（Mohenjo Daro，前2500—前1900）等时期的文明都是巴基斯坦文明的重要组成部分，巴基斯坦历史是连贯的、由一个又一个的王朝发展至今而得以成型，因此哈桑的历史记叙是按照世俗王朝的政权变更来划分时代的。在历史记述中，哈桑着重分析印度斯坦（尤其是巴基斯坦）历朝统治者在宗教外衣下的世俗主义内核，展现出一部客观的巴基斯坦社会文明发展的历史。尽管以世俗政权更迭为划分历史朝代的依据，哈桑并没有像很多历史学家一样从皇帝、宗教领袖等大人物的生平入手，而是围绕着普罗大众展开，每一时代的封建统治下普通人的生活状况是哈桑记述历史的重点，他对于社会底层人民的苦难有着极深刻的洞察力，在叙述历史的过程中，哈桑对任何统治制度、思想好坏的评判标准都是以其对于百姓的影响为标尺的。哈桑从未将巴基斯坦百姓抽象为一种集合体式的穆斯林身份，而是把百姓真正当作活生生的人，在历史撰写时记述普通人的悲与欢、苦与乐。哈桑所撰述的史学作品中的"群众"是指与统治阶级相对的，包括工人、农民、穷人、低种姓、平民等在内的所有人，他们可以是穆斯林，也可以是印度教徒、锡克教徒、基督教徒等。纵观哈桑所有的史学作品，无一字意在挑起印穆矛盾，相反在哈桑的记述中，印度教徒与穆斯林除了具有不同的宗教信仰之外无其他差别，都是王朝的百姓，是创造巴基斯坦历史的诸多普通人中的一员，二者具有友好相处的基础。身为穆斯林，哈桑同样为伊斯兰教在南亚次大陆所创造的成就感到骄傲自豪，但他认为这些成就是由百姓们共同创造的，任何一种宗教文明的辉煌历史都是值得敬畏的，巴基斯坦文明应当是多元的，能够包容各种不同的文化共同发展的。与同时代中主流的、为统治思想服务的具有浓厚伊斯兰色彩的史学作品不同，哈桑的史学作品围绕着"本土化了的"马克思主义展开，从未刻意呼喊巴基斯坦"作为代表穆斯林利益诉求而成立的伊斯兰国家"的合理性，从未沦为政府统治的工具，而是记述了真正属于人民的巴基斯坦文明历史。

总之，哈桑撰写历史的时代正是巴基斯坦成立不久、社会动荡、政治混乱的年代。民众对巴基斯坦文明为何物、巴基斯坦要走什么样的发展道路的问题充满了迷惑，哈桑对民族的发展道路问题忧心忡忡，他希望巴基斯坦发展为一个能够包容多元文化的现代世俗主义国家、一个人民做主的民主国家、一个能够包容各种文明发展并不断追求进步的开放的国家。他的史学作品是其思想内核的集中体现，通过撰写一部真正属于人民的历史，哈桑向百姓和统治阶级论述了巴基斯坦文明中源远流长的世俗、民主和延续发展的特性。

参考文献：

杨柏翠、刘成琼：《列国志：巴基斯坦》，社会科学文献出版社 2005 年版。

Sibte Hassan, *The Battle of Ideas in Pakistan*, Karachi：Pakistan Pub. House，1986.

Sibte Hassan, *Shehre-Nigaraan*, Karachi：Kitab Publishers，1966.

Sibte Hassan, *Pakistan main Tehzib ka Irtiqa*, Karachi：Kitab Publishers，1975.

Sibte Hassan, *Pakistan kay Tehzibio Siyasi Masaail*, Karachi：Daniyal Publishers，2009.

Sibte Hassan, *Marx aur Mashriq*, Karachi：Daniyal Publishers，2011.

Sibte Hassan, *Mosa say Marx tak*, Karachi：Daniyal Publishers，2012.

Jalal Ayesha，"Conjuring Pakistan：HistoryAs Official Imaging"，*International Journal of Middle East Studies*，Vol. 27，No. 1，1995.

Masood Ghaznavi，"Recent Muslim Historiography in South Asia：The Problem of Perspective"，*The Indian Economic & Social History Review*，Vol. 11，No. 2－3，1974.

Hamza Muhammad Amir，"The Rawalpindi Conspiracy Case：Myth or Reality—An Analysis"，*Pakistan perspectives*，Vol. 11，No. 1，2006.

Hussain Mazher，Bilal Fakhar，"Evolution and Trends of Progressive Historiography in Pakistan"，*International Journal of Social Sciences*，*Humanities and Education*, Vol. 1, No. 1, 2017.

Mehboob Sumaira, Naz Asmat, "Comparison of Postmodernist Historian of Pakistan", *Harfo Sukhan*, Vol. 5, No. 4, 2022.

法农：有关暴力、精神疾病与第三世界的命运

王雪辰

（清华大学国际与地区研究院博士研究生）

一 法农的反殖民斗争思想及实践

弗朗茨·法农（Frantz Fanon，1925—1961）是出生于法国海外殖民地马提尼克的知名精神病医师、黑人反殖民斗士、政治哲学家、社会主义者。他作为法国公民代表法国参加了第二次世界大战，却仍因为殖民地的出身与黑人的身份备受歧视。这些现象引发了法农的反思，使得他对身份认同问题与殖民暴力产生了浓厚的兴趣。在法国完成精神科专业的学业后，法农选择了前往第三世界行医。在行医的过程中，他进一步感受到了欧洲殖民统治对被殖民地人民的压迫，并在被法国殖民当局驱逐出阿尔及利亚后选择了全身心地投入到反抗殖民的革命活动中去。在《全世界受苦的人》一书中，法农总结了自己的多年反思与革命经验，主张被殖民地人民通过暴力革命推翻欧洲殖民统治。但法农的暴力观引起了许多误读，学界对法农笔下案例的详细解读也是寥寥的。本文将通过细读《全世界受苦的人》中的案例，分析暴力与殖民地人民出现的精神病症状，以及部分新生民族国家在独立后出现社会动荡之间的关系，以及法农的思想对当前第三世界国家的发展问题有何启示。

1943 年，十八岁的法农同诸多种族各异的殖民地人民一样，踌躇满志地前往多米尼加并加入了自由法国军队。他们以法国人的身份参加了第二

次世界大战，并投入了反纳粹德国侵略的军事行动之中。然而法国光复后，包括法农在内的殖民地人民作出的贡献却没有得到应有的承认。战后，法农第一次遭遇了种族主义的心灵创伤——当他认为在经历了战争的严酷考验后，他和其他所有的法国人终于没有了差别时，他身边的法国"同胞"再一次简单粗暴地把他当作了"又一个黑鬼"（simply one more nègre）（Macey，2012：83）。法农意识到，这支被动员起来反对纳粹主义的部队竟然也怀着自己的种族主义意识形态。制服本应代表士兵之间的平等，但这种形式上的平等根本无法掩盖黑人和白人之间实际存在的极度不平等。（France and Fhunsu，2012：9）

在这样的遭遇之下，法农对自己身份认同的困惑、对黑人同胞的关切与对马提尼克发展问题的担忧进一步加深了。在多重忧虑的驱使下，法农再次做出了"出走"的决定，于1946年前往法国里昂攻读外科学，后转到精神病专业继续学业。（Macey，2012：124）1952年，法农发表了著作《黑皮肤，白面具》，痛陈了在殖民统治和种族主义的压迫下，已经拥有法国公民身份的有色人种承受着怎样的精神上的痛苦。1953年，法农来到了阿尔及利亚，开始在当地从事精神病治疗相关工作。法农深谙殖民统治与种族歧视对被殖民地人民造成的精神创伤，他深深同情着受到法国殖民当局压迫的阿尔及利亚人民。因此，他不仅旗帜鲜明地反对了当时极为流行的、基于种族歧视的欧洲中心主义精神病流派"阿尔及利亚学派"，还重新审视了传统精神病学中以强迫和暴力为基础的治疗方法。（France and Fhunsu，2012：9）具体而言，他在治疗阿尔及利亚患者的过程中开创性地采用了精神病学的社会疗法，即先了解患者的文化背景与疾病的社会根源，再对症下药进行心理治疗。

1954年阿尔及利亚独立战争爆发后，法农加入了阿尔及利亚民族解放阵线，投身到解放阿尔及利亚的革命运动中。1957年，法农被殖民当局驱逐出境，流亡至突尼斯。在突尼斯，他放弃了医师的工作，公开加入了阿尔及利亚民族解放阵线，并全身心地投入到抗争殖民的革命写作中。本文将重点讨论的著作《全世界受苦的人》成书于法农生命的最后时光，是法农结合自己在阿尔及利亚的行医与革命经历，对殖民压迫下人民的凄惨境况、去殖民化斗争如何能够胜利，以及后殖民时期的新生独立国家命途如何所作出的系统性思考。针对"暴力"这一核心概念的探讨贯穿于法农对殖民苦难与去殖民斗争的论述之中。法农坚定地认为，去殖民化始终是一种暴力现象（法农，2005：191），暴力革命是解放被殖民地人民必不可少的武器。在法农对暴力的探讨中，暴力始终是一种手段，是有目的性的。首先，暴力革命是推翻欧洲殖民统治的唯一途径。由于欧洲殖民者的机构是通过殖民暴力建立和维持的，所以若要完全推翻殖民者、扭转殖民统治下的权力关系，只有通过彻底的革命（法农，2005：192），且是暴力的革命。只有人民的暴力、领导人组织和教育的暴力，才有可能反击这"极其粗暴地排斥被殖民群众"的殖民世界，才有可能让大众了解被殖民者及其买办所掩盖的社会真相、让大众摆脱"化装游行和号角声"（法农，2005：196），投入到真正的反抗殖民的斗争中去。同时，也只有通过暴力革命，被殖民地人民才能够改写欧洲殖民统治对被殖民者身份的强力否认，从而修复殖民统治为他们带来的心理和情感伤害，并在新生独立国家建立富有凝聚力的身份认同。（Pallas，2016：9）

二 法农的暴力观与他的第三世界关怀

对于法农的暴力观，尤其是其"以暴制暴"思想的理解成为许多作家和学者在评述法农思想时争论的中心。法国存在主义哲学家萨特应法农本人之邀为《全世界受苦的人》一书作的序便引发了许多读者对于法农暴力观的误读。在西方学者中，萨特的观点其实并不罕见。作为为欧洲读者写作的欧洲作家，萨特看到的是第三世界人民团结在一起、使用暴力驱逐欧洲殖民者的景观。他采取了一种自我反思的视角，高度赞扬了这种去殖民的暴力革命，并认为暴力是对欧洲人"前科重罪"的武力报应。但萨特的局限性在于，他只关注到了暴力的过程与欧洲的历史罪责，却忽视了法农笔下暴力的目的性，也自然而然地忽视了暴力背后的第三世界人民的真实意愿，也忽略了暴力革命后第三世界国家应当何去何从的问题。于是暴力过程的血腥取代了第三世界人民暴力革命的必要性和目的性而成为分析的重点，法农的"以暴制暴"思想也成为一些专家学者眼中的"对暴力的鼓吹"，受到了许多莫须有的批判。相应地，暴力革命的思想与实践似乎也由第三世界解放时必经的道路成为年轻独立国家社会动荡的"祸源"。南非学者露丝·佛斯特（Ruth First）对暴力革命的批评便是一例。露丝·佛斯特是南非犹太人的后代，是一名极力反抗种族隔离的进步知识分子。然而在1970年出版的《枪杆子》（*The Barrel of a Gun*）一书中，露丝却表示非洲不断发生的军事政变并不是部落主义作怪，而是暴力革命思想的延续和变异，也是令人叹息的民族独立解放运动遗产。（First，1970）那么第三世界年轻独立国家的动荡与危机，是不是由"暴力革命思想的延续和变异"一力造成的呢？被殖民地人民的精神创伤与由此引发的暴力犯罪问题，是否该归结为暴力革命对人性的摧残，又应当如何治愈？第三世界国家的未来究竟要何去何从？要理解这些问题，首先就要求我们站在第三世界人民而不是欧洲人的立场，通过细读文本去领会法农的暴力观和"以暴制暴"思想，以及这些思想背后的、他对第三世界人民和国家命运的深刻关怀。

在20世纪去殖民成功的第三世界国家中，确实广泛存在经济衰败、政局动荡、社会不稳的现象。这些国家中的大多数都位列联合国颁布的《世界最不发达国家》名录之中。国家发展的停滞与政府的低效治理之下，尖锐的社会矛盾以频仍的冲突和极化的贫富差距的形式爆发出来，引发了第三世界国民的强烈不满。然而，向西方寻求援助、寻求民主化转型却并未向第三世界国家及其人民提供一劳永逸的解决之道。1960年从法国殖民者手中取得独立的刚果共和国便是一例。1990年12月，在民主化浪潮的冲击下，刚果劳动党召开了第四次特别代表大会，宣布放弃一党制，实行多党民主。但转型为民主政治后，刚果共和国国内社会的根本矛盾仍未得到解决，经济的疲软与频繁的内乱仍在继续。（中华人民共和国驻刚果共和国大使馆，2009）2010年末在突尼斯最先爆发的民主化浪潮"阿拉伯之春"更是广泛地打碎了北非人民对西方与西式民主的幻想。如卡扎菲、本·阿里和奥马尔·巴希尔一般的独裁者在人民的愤怒中纷纷倒台后，事情似乎并没有变得更好。"阿拉伯之春"中专制统治的崩塌似乎是"有选择"的——西式民主与援助既可以摧毁一些政权，也可以作一些政权国家—社会关系的黏合剂。放眼西亚非洲地区，某些君主制独裁政权在声势浩大的民众示威游行中固若金汤；更有许多诸如伊迪·阿明政权一般的血腥独裁政权在独立后的第三世界的历史中长期存在。

三　暴力与第三世界的精神疾病

美国知名精神病学家、医学人类学家凯博文从治疗的角度出发，在其著作《疾痛的意义》中提出了精神疾病与社会危机之间不可分割的关系。他认为精神疾病形成的一大逻辑是"通过具体的价值观，社会控制被内在化，政治形态被物化，成为肉体的感觉和生理的需要"（凯博文，2010：18）。而出于高效、经济与稳定的目的，疾病作为社会秩序问题的意义被淡化，疾病本身被限制在"狭隘的医疗技术问题范围内"（凯博文，2010：20）。早在《黑皮肤，白面具》时期，法农便已意识到了精神疾病与社会问题之间的密切相关性。在阿尔及利亚推广使用精神病学的社会疗法的法农相信，若要治愈心灵受到重创的被殖民者，除了解决个人精神治疗方面的问题外，更重要的是需要探索和解决根本的问题，即社会的症结。在《全世界受苦的人》一书中，法农早已预见了这些"社会的症结"。这症结并非暴力革命，而是殖民统治对被殖民地人民的压迫与前文所述的第三世界新生独立国家所面临的严峻的发展问题。

不可否认的是，暴力作为直接原因为被殖民地人民和殖民者双方都带来了心灵的创伤。《全世界受苦的人》的第五章"殖民战争和精神错乱"便详细探讨了法农作为精神科医师在阿尔及利亚所见的 A、B、C、D 四个系列的精神病病例。在 A 系列病例中的 2 号病患（后文简称"A2 病患"）身上，我们能够直观地看到暴力对人的精神与人性的摧毁。A2 病患是法国殖民者实行的屠村行动中全村的唯一幸存者，在亲眼见证了直接的殖民暴力之后，A2 病患身上出现了不加区分的杀人冲动，并且产生了"生活中，要不被杀就得杀人"的观念（法农，2005：185—187）。

B 系列病例中也不乏一些由战争暴力引发的精神疾病案例，例如该系列中的第一个病例涉及的两位分别为 13、14 岁的阿尔及利亚青少年患者。某一天，这两位青少年决定杀害他们的欧洲玩耍伙伴，并将这个血腥的念头付诸了实践。13 岁的青少年这样解释自己的动机："一天我们决定杀了他，因为那些欧洲人要杀死所有的阿尔及利亚人，我们不能够杀死那些大人，但由于他跟我们一般年龄，我们能够杀了他……既然他们要杀我们，那么……"而 14 岁青少年的回应则以反问的形式出现，比他的同伴的解释短促而冷酷得多："有没有一个法国人因杀了所有这些阿尔及利亚人被捕的？"（法农，2005：195—197）由不分青红皂白的酷刑引发的智力改变、精神错乱（C 系列）与身心紊乱（D 系列）更是展现出了暴力如何扭曲被殖民者的人性，又如何将无辜者扭曲为施加暴力的对象。

欧洲殖民者们也同样没能逃过暴力对他们精神的冲击。法国殖民主义的暴力性与野蛮性，对于殖民者本身也具有强大的杀伤力。在此类病例中，较为典型的有 A 系列第四号病例（A4 病患）、第五号病例（A5 病患）与 B 系列第三号病例（B3 病患）这三位患者。A4 病患是一名消沉的欧洲警察局门卫，他总是听到被拷打的囚犯的叫喊，并因此出现了心绪不宁的症状。在医院偶然见到他的一个受害者（一个患木僵的阿尔及利亚爱国者）后，他的症状开始加重。A5 病患是一个欧洲便衣警察，他"想揍所有的人，随时想揍人"。他不受控制地对妻子乃至家中仅有二十个月的最小的孩子拳脚相向。除了希望治疗能够"调停"他与家庭的纠纷外，这位暴力殖民者甚至直言不讳地要法农帮他"问心无愧地、行为不慌乱地、客观公正地拷问那些阿尔及利亚爱国分子"（法农，2005：192）。B3 病患是一个法国姑娘，她是一个法国警察头目的女儿，她的父亲中了阿尔及利亚民族军的埋伏，在执行任务的过程中被杀。她因经常听到父亲在家中地下室拷打犯人而感到恐惧不安、内疚惭愧，乃至于出现了神经官能症的症状。相较于前面两位殖民者的懵懂迷茫与执迷不悟，这位法国姑娘感知到了殖民统治压迫殖民地人民的本质，她对法农说，如果她是阿尔及利亚人，她也会加入游击队。（法农，2005：201）

由上述案例可见，暴力作为直接原因对殖民者和被殖民者都造成了持久的心灵创伤。深究殖民地病患心灵创伤的社会根源，笔者认为，首先，殖民统治时期被殖民地出现的以暴力犯罪行为为表征的精神病与社会动荡应该追溯其起因至殖民暴力，而并非持续时间相对较短的暴力革命（我们也几乎没有在法农提供的病例中见到与暴力革命直接相关的例子。唯有一个一直试图回避暴力革命的、只关心自己的职业的解放组织中的青年，最终发展出了控告妄想和伪装成"恐怖活动"的自杀行为，详见 B 系列的第二个病例）。相反，旨在反抗殖民主义暴力压迫的暴力革命的确带来了人民的解放，是第三世界被殖民地人民摆脱殖民统治和帝国主义压迫的必由之路，也是解放后年轻独立国家重建身份认同的重要助力——法农持有的观点是"民族斗争似乎疏导了所有的怒火，把所有的情感或激情的活动都民族化了"，即革命的暴力可以帮助重建被殖民地人民的民族身份认同。（法农，2005：228）如同前文援引的法农文章所述，若要推翻欧洲殖民的暴力机构与殖民统治下的身份压迫，第三世界人民唯有以同样暴力的手段才能完成这项任务。关于这一点，毛泽东在《湖南农民运动考察报告》中也作了很好的说明。他提出，革命"不是请客吃饭，不是做文章，不是绘画绣花，不能那样雅致，那样从容不迫，文质彬彬……革命是暴动，是一个阶级推翻一个阶级的暴烈的行动……农民若不用极大的力量，决不能推翻几千年根深蒂固的地主权力……所有一切所谓'过分'的举动，在第二时期（即农民拥有绝对权力的时期）内都有革命的意义"（毛泽东，1991）。此外，暴力革命以及丧失了革命策略后演变为"恐怖主义"的暴力革命行为都可以被视为对欧洲殖民与帝国主义这些根源性病症的回应与模仿。（Li：2019）

笔者将殖民暴力细化为结构性暴力与直接暴力。有关直接暴力的部分，上文已经通过法农在第五章中提供的精神病案例有所展开。在殖民地，殖民者的政治权力和军事权威为酷刑提供了物质结构和意识形态理由（Branche：2001），无论是在殖民者的眼中，还是在殖民地人民的认知里，直接暴力都成为一种简易、低成本且"行之有效"的统治手段。诸如战争、酷刑折磨等的直接暴力除了给殖民地人民带来了深重的苦难外，也为他们后来在解放运动中采取的一些暴力行为，以及在部分新生民族国家出现的独裁统治手段提供了"范本"。这种对暴力的模仿行为广泛出现在法农提供的精神病案例中。许多殖民地居民，无论是殖民者还是被殖民者，几乎都出现了不加区分的暴力伤人冲动。上文叙述中法农所记载的 A 系列第二号病患在目睹直接性殖民暴力后滥杀无辜的举动，便可以被视为是一种对暴力的病态模仿。在目击法国军队的屠村行径后，A2 病患出现了"生活中，要不被杀就得杀人"的认知，并将其付诸实践。对于 A2 病患来说，直接性的殖民暴力给他带来的不仅是精神上的痛苦，还为他提供了一种通行的、他作为一个弱小者也容易实践的模仿方案，来反击假想中的敌人。B 系列中两位杀害法国伙伴的阿尔及利亚少年采取的残忍手段也表现出了对殖民者杀戮行为的模仿。根据这两位少年的自述，他们对于死亡本身的认知并不深刻——当被问及"死亡意味着什么？"时，其中一位少年的回答是："当生命结束时，人就上天了。"在与医师的对话中，两位少年也没有表现出明显的民族主义情绪，抑或是对被害同伴的私人怨恨（"没有，他没惹我什么"）。如上所述的种种显然不足以成为一场对伙伴的恶意谋杀的动机，或者我们可以说两位少年其实并不将死亡当作是他们谋杀的根本目的。他们的谋杀更像是带了些部落仇杀特征的、对殖民者谋杀行为的天真模仿，"那为什么他们也要杀我们呢？……他说必须把我们掐死"。与 A2 病患非常相似的是，两位少年也将直接的暴力视为简单高效的行动方案来模仿，并且因为对假想敌的模糊认知以及对更庞杂的结构性殖民暴力的无能为力，而实践了不区分对象的杀人行为。

结构性的暴力首先是医疗上的。正如法农在第五章末尾对"阿尔及利亚学派"的批判所言，医师们起初对于暴力性精神疾病的分类是基于殖民统治下的种族歧视逻辑的。这种问题分类往往会对诊断标准与医疗系统产生影响，从而在医疗上形成对于被殖民地人民的结构性暴力。例如，以卡罗泰尔博士为代表的"阿尔及利亚学派"认为阿尔及利亚人天生是比欧洲人低级的、额头出了问题的人类，并将阿尔及利亚人描述为"动了脑叶切开术的欧洲人"。基于种族歧视的疾病分类使得卡罗泰尔之流坚持认为阿尔及利亚人都是天生的痴呆、暴力狂和潜在犯罪者，而阿尔及利亚的精神病患者则成为这种猜想的活生生的证明。"阿尔及利亚人无缘无故地杀人……阿尔及利亚人抗拒内心生活。北非人没有内心生活。相反，北非人通过扑向接近他的人们来摆脱自己的心事。他不作分析。"——"阿尔及利亚学派"这样总结道。（法农，2005：221—222）这种种族歧视影响疾病分类，从而生成结构性暴力，并影响医疗系统与患者治疗的例子在世界上并不少见。美国民权运动时代白人至上主义者将发出抵抗声音的黑人群体污名化为精神分裂症患者的暴论就几乎与阿尔及利亚的案例异曲同工：20 世纪 60—70 年代，美国白人对黑人群体抗议的焦虑日益增长。基于种族歧视的恐惧与焦虑使得掌握医疗话语权的白人专家们将黑人们的反抗行为写入 DSM—II 与其他诊断工具中，并将其编码为精神分裂症的新分支。精神分裂症也因此从一种以"人格分裂"与"无害个体"为特点的精神疾病摇身一变，成为标示着黑人群体的男性化敌意和暴力的疾病类别，将许多参与抗议的黑人民权斗士送入了臭名昭著的爱奥尼亚州立精神病犯罪医院（the Ionia State Hospital for the Criminally Insane）。（Metzl，2011）这种粗暴的疾病分类与诊断方法，注定了在系统性的种族歧视之下，白人殖民者与特权者眼中诸如美国黑人民权斗士与阿尔及利亚被殖民者的"低级人类"将被迫接受不合理的诊断。根据这样的逻辑，无病者将有病，而真正是病患的人也将丧失妥善的治疗机会。于是这些"病患"的病情与暴力行为越发加重，反过来又为这些种族歧视的"黑人精神分裂症专家"与"阿尔及利亚学派"逻辑添砖加瓦，提供了更加坚实的"依据"。

当然，结构性的暴力同时也是政治上的，法农在"论暴力"一章对殖民统治时期这种政治上的结构性暴力，以及被殖民者面对殖民安排时产生的好斗性与紧张状态作过详细的论述。专门研究美国印第安原住民社区的学者泰萨·伊万斯–坎普贝尔（Tessa Evans-Campbell）将法农所提及的这种政治结构性暴力下被殖民者的创伤状态称为"历史创伤"（Historical Trauma，HT）。坎普贝尔认为，"历史创伤"是种族灭绝、军事征服与殖民等情境下具有特定群体身份或隶属关系的一群人共享的集体复杂创伤，它是一个社区几代人经历的无数创伤事件的遗产，其症状主要体现在对此类事件的心理和社会反应。基于她的论述，约瑟夫·格恩（Joseph P. Gone）认为应当采取文化疗法，通过组织原被殖民者参与与本民族历史与传统文化相关的活动，治愈这种"历史创伤"（Gone，2013）。不过正如格恩在文章的结尾所述，这种疗法虽然收效良好，但目前并没有科学的评估标准来衡量它的作用。也就是说，投资这种社会—文化疗法的行为具有相当大的风险。因此，本就财政紧张、医疗资源稀缺的新生第三世界国家较少采取社会—文化类的治疗方式，而专注于推广生物—医学治疗模式也在情理之中。于是在第三世界国家中，即便是处于后殖民时期，对作为社会—生物疾病的精神疾病的治疗也是片面的、乏力的。因此，在当今世界的政治情境下，更值得被探讨的是去殖民后第三世界国家在救治这些病患时体现出乏力的背后原因，以及促使病患们病情与第三世界国家社会问题更加恶化、发展更加停滞的元凶。

四　结语：暴力与第三世界的发展问题

总结而言，第三世界人民暴力性的精神失常往往是殖民暴力的产物，独立后第三世界国家的社会动荡也与对殖民暴力的记忆与模仿行为密不可分。不同于坚信帝国主义和殖民主义已经随着独立解放运动的大潮被彻底清除、遗毒第三世界的罪魁是暴力与暴力革命思想的这一论调，法农清晰地看到刚从殖民统治下解放的新生国家周围环伺的危机，并意识到第三世界去殖民后的动荡乱局将是一个不可避免的长期问题。第三世界国家本就面临着严峻的内部发展问题。不同于经历了几个世纪的内部冲突与调和的西方社会，在政治上，第三世界国家内部很难在短时间内就基本的社会和政治问题达成共识，在经济上也绝无可能走西方世界通过殖民手段补贴工业的捷径，社会发展本就困难。又由于在基本问题上缺乏共识与可行的协调方案，统治阶级与持不同政见者的斗争往往是"生与死"的博弈，这导致他们倾向于用武力和战争解决问题。因此，强人政治、政变夺权与政府在国家安全方面表现出的粗暴态度是有其历史根源的（Ayoob，1983）。此外，第三世界国家也面临着较大的外部压力。法农认为，殖民主义虽然表面上已被驱逐干净，实际上却依然垂涎于第三世界国家的工业资源和财富。（法农，2005：54）为了实现这一掠夺目的，它暗中"抽走资本和技术人员并在年轻国家的周围安排了经济压力设置"，通过"骇人听闻的强制手段迫使年轻的国家倒退"，从而使得"无上荣光的独立转变成倒霉的独立"（法农，2005：52）。而"如果劳动条件不改变，要使这个被帝国主义武力变成的动物的世界更加文明，必须几个世纪"。法农在书中形象地模仿了殖民势力的口吻，向这些新生的独立国家发出了刺耳的警告："既然你们要独立，拿去吧并等死吧"（法农，2005：52）。在此基础上，法农结合他所看到的第三世界国家的社会现实，进一步思考了解决的方案。他犀利地指出，发展时间紧、任务重、资源少且面临着殖民主义、帝国主义与资本主义设置的重重障碍的第三世界新兴国家大多囿于两种发展模式：一种是"制定一个自给自足的制度，每个国家用其掌握的少得可怜的资财力图应付全国的大饥荒和国家的贫困"，另一种是选择去走捷径，去"接受受托国的条件来渡过难关"（法农，2005：52）。在法农看来，两种发展模式都各有各的问题。第一种模式的努力无异于"要这些萎缩的肌肉承担不相称的劳作"，其发展效率显然是低下的，也很难承受住已转为地下的帝国主义和殖民主义的合围。第二种模式则无异于"两次跨进同一条河流"，即主动投入到帝国主义、资本主义与殖民主义的圈套里去，以被剥削和奴役为代价换取欧洲势力的一杯残羹剩饭。罗莎·卢森堡曾在《资本积累理论》中指出，资本靠毁灭非资本主义环境为生，只有非资本主义组织持续不断地瓦解，资本积累才得以可能。资本主义提供的东西既不是文化也不是进步，而是以本土民族经济和文化的急剧毁灭为代价的、谋取暴利的现代生产方式的建立。（罗莎·卢森堡，2012）可见，后者名义上虽走了发展道路上的捷径，实质上则是为了眼前的蝇头小利牺牲了来之不易的发展机会。

法农认为，要解决第三世界的社会发展问题，首先需要厘清一点，即当前最重要的阻挡前途的问题是必须重新分配财富（法农，2005：54），而不是清除"暴力革命思想的延续"。为了实现重新分配财富的目的，他提倡在国内实行社会主义制度，在国际上实现第三世界团结起来与欧洲资本主义进行谈判。法农清晰地认识到，在国内，作为生活方式的资本主义不能使第三世界国家完成发展的任务，"资本主义剥削、托拉斯和垄断是不发达国家的敌人"（法农，2005：54），而"选择社会主义制度，一个完全转向全体人民的制度，建立在人是最宝贵的财富的基础上的制度，使我们能进行得更快、更协调，因此使得有些人掌握全部经济和政治权而不顾国家整体的这幅社会讽刺画变为不可能"。在国际上，第三世界国家应当联合起来，"断然拒绝"西方国家提出的资本主义的霸王条款，并要求欧洲国家的首脑收起慈善援助的虚伪面具，认识到他们"应该偿还"并对殖民历史上欧洲的罪行作出实际的赔偿。（法农，2005：54）但法农也意识到，无论是国内实行社会主义，还是国际上推行第三世界主义，都面临着重重的障碍。他写道："为了使这个制度能有效地发挥作用，为了我们能随时遵守我们借鉴的原则，除了人力的投资外，我们还需别的东西。"（法农，2005：54）首先，第三世界国家在国内建设社会主义时，就面临着重重困难。第一个困难是行政上的。殖民者在暴力革命的驱逐下仓皇逃窜回了欧洲，但留下了凋敝的国家、疲乏的人民与混乱的疆域。第三世界国家的疆域多是殖民者在撤出时草草划分的，他们并没有对疆域划分的合理性作深入的研究，因此为新生的独立国家遗留了许多民族与地理上的问题。在这样的情况下，往往只有一个强大的独裁者才能够通过强力手段整合国家，实现民族的团结与国家的统一，这也是去殖民后第三世界政治中强人政治问题频发，独裁者动辄专制统治数十年的重要原因之一。

其次，第三世界国家在国际上的团结，也面临着列宁在《怎么办？我们运动中的迫切问题》中提出的工联主义的危机。列宁指出，无产阶级的自发斗争如果没有坚强的革命家组织的领导，就只能停留在工联主义的层面，只关注自己能否与厂长"就一到两卢布的工资讨价还价"的问题，非常容易被资本主义的强大势力从内部分化、瓦解，因此也不能够转化为自觉的斗争、成为无产阶级的真正的"阶级斗争"（列宁，1965）。工人的工联主义问题尚且如此严重，强人政治主导下的第三世界国家政治面临的形势便不可谓之不严峻了。在没有一个强大的、能够同时结合"斗争精神"与"经济需求"的机制或组织来团结第三世界国家，并监督、制裁"工贼行为"的情况下，独裁者为了保持权位、索取财富被分化，从而与欧洲资本主义同流合污的情况几乎难以避免（Foster，1926）；第三世界的国家也难以意识到他们首要的共同敌人是帝国主义与资本主义，因此更加不可能暂时放下国家与个人的利益紧密地团结在一起，与欧洲进行强力的谈判。阿拉伯联合共和国仅持续三年的短暂寿命与阿拉伯诸国在面临以色列入侵时的乏力便说明了这个问题。法农提出的对于第三世界国家发展问题的思考与对第三世界国家团结起来的倡议，如今仍未能实践成功。中国作为和平、合作、负责任的社会主义大国，从 20 世纪 60 年代就开始对同为发展中国家的第三世界国家持续提供援助，现在看来，在学术意义上本文现有的论述不够支撑这个观点。对第三世界国家的发展起到了长足的促进作用，被普遍认为是第三世界谋发展的一条出路（Brautigam，2009）。第三世界国家去殖民后的命途究竟该何去何从，以及中国可以在第三世界国家发展中继续发挥什么样的角色的问题，依然值得深思。

参考文献：

［法］弗朗茨·法农：《全世界受苦的人》，译林出版社 2005 年版。

［美］凯博文：《疾痛的故事》，上海译文出版社 2018 年版。

［苏］列宁：《怎么办？我们运动中的迫切问题》，人民出版社 1965 年版。

［德］罗莎·卢森堡：《卢森堡文选》，人民出版社 2012 年版。

毛泽东：《毛泽东选集》第一卷，人民出版社 1991 年版。

景军：《南部理论：人类学思想的他者建树》，《民族研究》2022 年第 6 期。

中华人民共和国驻刚果共和国大使馆：《刚果共和国政情简史》，2009 年。

Brautigam Deborah, *The Dragon's Gift：The Real Story of China in Africa*, New York：Oxford University Press，2009.

Fanon Frantz, Richard Philcox, *Black Skin, White Masks*, London：Penguin Books，2021.

First Ruth, *The Barrel of a Gun：Political Power in Africa and the Coup D'état*, Harmondsworth：Penguin，1970.

Foster William Z. , *Strike Strategy*, Chicago：The Trade Union Educational

League, 1926.

Li, Darryl, *The Universal Enemy: Jihad, Empire, and the Challenge of Solidarity*, Stanford, California: Stanford University Press, 2019.

Macey, David, *Frantz Fanon: A Biography*, New York: Picador USA, 2001.

Metzl Jonathan, *The Protest Psychosis: How Schizophrenia Became a Black Disease*, Boston: Beacon Press, 2009.

Pallas Josh, Fanon on Violence and the Person. Critical Legal Thinking, https://criticallegalthinking. com/2016/01/20/fanon-on-violence-and-the-person/, 2016.

Branche Raphaëlle, *La torture et l'armée pendant la Guerre d'Algérie: 1954 – 1962*, Paris: Gallimard, 2001.

The Constitutional Council of Algeria, *Constitution of Algeria* 1963, 1963.

Ayoob Mohammed, "Security in the Third World: The Worm About to Turn?", *International Affairs (London)*, Vol. 60, No. 1, 1983.

Evans-Campbell Tessa, "Historical trauma in American Indian/Native Alaska Communities: A Multilevel Framework for Exploring Impacts on Individuals, Families, and Communities", *Journal of Interpersonal Violence*, Vol. 60, No. 3, 2008.

France M. Fanon-Mendès, "Donato Fhunsu, The Contribution of Frantz Fanon to the Process of the Liberation of the People", *The Black Scholar*, Vol. 42, No. 3 – 4, 2012.

Gone Joseph P. , "Redressing First Nations Historical Trauma: Theorizing Mechanisms for Indigenous Culture as Mental Health Treatment", *Transcultural Psychiatry*, Vol. 50, No. 5, 2016.

Renko, Caroline D. , " 'A New Way of Thinking': Frantz Fanon's True Opinion on Violence", *The Downtown Review*, Vol. 5, No. 1, 2018.

佛使比丘与泰国达摩社会

李宇晴

（清华大学国际与地区研究院助理研究员）

　　20 世纪 60 年代，在美苏主导的冷战大背景之下，美国为了将泰国打造为亚洲遏制共产主义扩张的桥头堡，大力扶持军人政府上台执政。彼时 1964 年 2 月 23 日，泰国公开举行了一场辩论，辩论的主角让所有泰国人为之注目，一位是创立了《泰叻报》的著名政治家和作家，后来的泰国总理克立·巴莫（Kukrit Pramoj）先生①，另一位是信众无数但在佛门颇具争议的著名僧人佛使比丘（英语：Buddhadasa Bhikkhu，泰语：พุทธทาสภิกขุ，1906—1993 年）。这场公开辩论是现代观念和传统佛教观念两种思潮在泰国的一次直接碰撞，引发了强烈反响，至今仍为人津津乐道，成为泰国思想史上的经典场面。

　　佛使比丘提出来的佛教思想，一方面来源于泰国本土的小乘佛教，和物质化的现代性有着根本的冲撞；另一方面他的学说和泰国的大众佛教传统也有所不同，他因而被奉为泰国佛教现代化的重要人物，引领泰国佛教文化与全球西方现代文化成功对接起来。

　　佛使比丘的思想是一个复杂的综合体，人们往往以二分法的方式来认识他：他是现代的，不是传统的；他是革命性的，不是顺从的；他是

---

　　① 蒙拉查翁·克立·巴莫亲王（1911—1995，泰文：คึกฤทธิ์ ปราโมช，罗马字母转写：Kukrit Pramoj），泰国政治家和作家，社会行动党主席，1975—1976 年担任泰国总理。

理性的，不是迷信或神秘化的；他是介入的，不是疏离的。佛使比丘已然成为泰国近代思想史上无法忽视的一支思想脉络的节点。[①]

一 佛使比丘生平简介

佛使比丘，本名谔·帕尼（泰语：เงื่อม พานิช）。1906 年 5 月 27 日，谔·帕尼诞生于泰国南部素叻他尼府猜耶县本里安镇（Phumriang）。他的父亲祥·帕尼（เซี้ยง พานิช）是当地的第二代华人，一名地方商人，他的小店里经营米、盐和干货，他还擅长造船，后者给他家带来殷实的收入；他的母亲古兰（Kuluan）是泰国人，是老猜亚（Chaiya）城甘查娜迪（Kanchanadit）地区的县长之女，日常除了经营家中小店，还从事小额借贷。佛使比丘是家中长子，另有一位弟弟（Yikoei，后来自称法使居士 Dhammadasa）和一位妹妹金素（Kimsoi）。佛使比丘的爷爷 Kho Yiko 是潮州人，曾在福建生活，来泰国后从事酿酒生意，五世王期间自己起了一个泰国姓"帕尼"（Phanit），意为"商业"，并与另一位当地的第三代华人颂琴（Somchin）结婚。佛使比丘的家庭在当地是体面和殷实的小康之家，他们家庭积累的财富日后很好地支持了佛使比丘和他弟弟的宗教宣传活动。他的妹妹金素嫁入了素叻他尼府非常富有的商人赫马坤（Hemakun）的家庭。

帕尼（Phanit）家族很好地融入了泰国社会。佛使比丘的父亲和叔叔都曾在寺庙短期出家，他们对佛使比丘和他弟弟早期的启蒙产生了很大影响。他叔叔出家期间曾多次往返曼谷，当时印刷术刚刚兴起，他通过购买印刷品给家人带来了泰国最新的思想动态，佛使比丘和他弟弟对知识的渴求欲在这种氛围中培养起来。作者注意到佛使比丘传记的一个细节，佛使比丘具有用泰语写诗的能力，这种能力对于他日后传道的影响力非常重

---

① 佛使比丘著述非常多，他的作品被广泛翻译为英文、中文等多种语言在网络流通且供公众阅读。他的著作列表参考解脱自在园官网：https://www. suanmokkh. org/books。他部分作品的中文版已由香光书乡编译组编译、香光书乡出版社出版，此系列译本有网络版供公众阅读：http://www. gaya. org. tw/publisher/fain/faindex. htm。国际学界关于佛使比丘其人和他的学说的研究汗牛充栋，很多学者对佛使比丘进行了较为综合和深入的研究，本文参考的重要研究者包括 Donald K. Swearer，Peter Jackson，Louis Gabaude，Santikaro Bhikkhu 和 Tomomi Ito 等。

要，强大的表达能力使得他的传道更加有人气。（Ito，2021：30）

佛使比丘 16 岁时父亲去世。他接管了父母的小店，在守店期间他经常和附近的老人探讨什么是佛法（dhamma），为了和人们辩论，年轻的他通过父亲和叔叔留下的书籍求知若渴地吸取相关知识。

佛使比丘 20 岁时在麦普里安寺庙（Wat Mai Phumriang）剃度为僧。在该寺的前两年，佛使比丘写了一份内部报纸以及自愿布道，第三年在叔叔的劝告下，他远赴曼谷求学却对曼谷僧人戒律松弛的氛围倍感失望。他留在曼谷继续学习巴利语，1930 年顺利地通过了巴利语三级的考试，次年第四级考试却未能通过。"佛使比丘仍然希望能通过第四级，然而他发现和老师以及其他学生多有分歧之处。"（Ito，2021：33）随后他就回到素叻他尼府猜耶县（Chaiya），并于 1932 年找到一座废弃的寺庙，命名其为 Suan Mokkhabalarama，也就是解脱自在的意思，作为他修行佛法的场所，即今"解脱自在园"的前身。在这个阶段，佛使比丘大量阅读国内外佛法相关著作，他最欣赏的是瓦栖拉延的思想，认为"他具有哲人的禀赋，他是将佛法阐释得与时俱进的现代先驱者"（Ito，2021：35）。可见，佛使比丘彼时将泰国佛教现代化的思想早在最开始便埋下种子。

1932 年 6 月 24 日，暹罗民主立宪革命成功地推翻了君主专制制度，代以君主立宪制，在泰国现代民族国家的建构历史中留下了浓墨重彩的一笔。而这恰好也是解脱自在园创始的年份。佛使比丘回忆起这件事评论道："所以解脱自在园的创始日期刚好可以用一句很短的话来牢记它——'与政治体系变革同一年。'我们认为这个巧合对我们搬进新的地方是个好征兆，我们希望借这个因缘尽全力修正、改进许多事情。"[①] 1933 年开始，佛使比丘开始发行三个月一期的《佛教》杂志，直到次年才有其他比丘访问解脱自在园，也就是说，佛使比丘独自在解脱自在园林修两年，从一开

---

① 佛使比丘：《远离曼谷》，香光书乡编译组译，载《解脱自在园十年》，http://www.gaya.org.tw/publisher/fain/ftysm/ftysm1-1.htm。佛使比丘《解脱自在园十年》的泰文原文首度于 1943 年在 Buddhasasana 泰文杂志中刊登，此后多次以文章或书籍的方式再版。经泰国法施基金会授权，香光书乡出版社根据法隆解行基金会（Vuddhidhamma Fund for Study and Practice of Dhamma）1990 年出版的英译本翻译为中文版小册，随即提供电子版阅读。本文引用佛使比丘的作品均来自香光书乡出版社官网电子版译本。

始周围的老百姓都把他当作"疯和尚"①，到逐渐被大众所理解和熟知，佛使比丘相信"只要真诚地行动，就会得到真诚的回报"，致力于改革、修正和改进泰国佛教，冲破了僧团内部保守势力的重重阻力。

佛使比丘创立的《佛教》杂志是他宣扬自己对于佛法的理解的最初阵地，这本杂志有以下几个特点：首先，这是一本批判性很强的杂志。他通过翻译巴利语典籍里的警句名言，对部分僧侣腐败堕落的现象大加批判，以及批评他们对达摩的理解流于表面，不事修行。其次，这本杂志非常注重实践。佛使比丘在推广练习达摩的部分，即冥想实践，他翻译了巴利语三藏中相关的记载，找到了林修僧人传统中的内观冥想实践，重新恢复了内观冥想。这在当时的泰国佛学界都是非常有创新和挑战固有权威的行为，他与泰国佛教传统大相径庭的理念引起了拉加瓦拉默尼比丘（Phra Rajavaramuni）和著名的在家哲学家素拉·希瓦拉（Sulak Sivaraksa）及玛希敦（Mahidol）大学的巴卫·瓦西（Prawase Wasi）博士等佛教界备受推崇的学术精英的重视。到 20 世纪 50 年代，通过一系列公开讲座和活动，佛使比丘已经成为泰国佛教界颇具影响力的僧人。

成名以后的佛使比丘著书立说，进一步在全国范围内传道弘法，并走出国门参与世界佛教交流活动。唐纳德·斯韦尔（Donald Swearer）对佛使比丘在佛教学说上的特点和政治哲学思想做过深入研究，他总结道："（佛使比丘）尤其反对空洞、神奇的宗教仪式，极力倡导回归真实的佛法：以认真追寻涅槃的态度代替追求功德；以体解经文取代记忆无止尽的阿毗达磨哲学；以修习禅定代替神奇的仪式；并极力要求比丘们关心包括信众和僧团在内的整个佛教社区。"②

1993 年 7 月 8 日，佛使比丘在素叻他尼府的解脱自在园溘然长逝。九世王普密蓬·阿杜德对佛使比丘晚年的健康状况尤为关心，公开尊他为所

① 佛使比丘：《疯和尚来了》，香光书乡编译组译，载《解脱自在园十年》，http://www. gaya. org. tw/publisher/fain/ftysm/ftysm1-2. htm。

② 唐纳德·斯韦尔：《导读二》，香光书乡编译组译，载《法的社会主义》，http://www. gaya. org. tw/publisher/fain/ds/preface2. htm。本书译自英文版：Buddhadasa Bhikkhu, Donald K. Swearer（chief translator and editor），*Dhammic Socialism*, Thai Inter-Religious Commisssion for Development, Bangkok, 1993（2nd edition）。

有泰国人的老师，曾在他生病期间派遣皇家空军停在解脱自在园旁边随时准备送他去曼谷的医院。（Santikaro Bhikkhu，1993）出席佛使比丘葬礼的有时任总理川·立派、占隆·西蒙，等等。这样的规格和殊荣体现了佛使比丘对泰国的贡献和重要程度。

佛使比丘一生勤勉以建立和阐释他所述的从"原始佛教"出发的理论与基本原则，成为时代性的标志人物。泰国社会大量进步人士都受到他的教导和启发，自 20 世纪 60 年代以来，教育、生态、社会福利、传统医学和农村发展等领域的活动家和思想家都借鉴了他的教学和建议；大多数参与自然保护和社区发展的僧俗大众都受到了他的启发。通过对"达摩社会主义"（Dhammic Socialism）的阐述，他将其完整的政治理想贡献给人类社会，成为东南亚佛教社会主义最著名的代表人物之一。

二 找寻佛使比丘的思想坐标

（一）佛使比丘与佛教现代化——西方学者理解佛使比丘的坐标系

佛使比丘被后人评为泰国佛教现代化的关键性人物之一。人们把佛使比丘的贡献放在泰国佛教现代化的脉络当中，认为佛使比丘重归佛陀原典教诲佛理，将泰国佛教中诸多神秘色彩破除，将来世观改变为道、果、涅槃于此世、现在、眼前就可证得，从而使得泰国佛教顺利应对了西方化的压力和挑战，并接进入了现代化和国际化的轨道，在现代泰国生存和发展下去。

在和西方殖民势力的接触和刺激下，拉玛四世蒙固王和瓦栖拉延王子时代便开启了佛教的改革进程，将泰国大众佛教中的迷信因素去除，整顿教宗。佛使比丘延续这一现代化的宗教改革脉络。查尔斯·凯斯（Charles Keyes）在分析泰国国家文化的现代化进程时指出"建制派佛教"（Establishment Buddhism）在其中起到了关键作用。（Keyes，1987）在他看来，泰国逐渐形塑成为一个现代民族国家的过程是不断融合进入一个由西方势力主导的国际秩序、用"建制派佛教"作为合法性意识形态统一不同语言和宗教传统、王权不断适应新角色的过程，与此同时，国家教育系统和

"军队精英"政治对现代化泰国的运作予以支持。泰国王权和僧团这两个机构历经沧桑变幻而一直存续，因此，泰国通常被认为是没有经历过根本性变革的国家。然而凯斯认为，在19世纪拉玛四世蒙固王和瓦栖拉延王子的开创带领下，泰国佛教发生过一次可类比于基督教世界"新教改革"的重大变革。这种改革导致越来越多的人认为自己已经充分摆脱了前世业障的约束，从而支持他们更积极地用行动去改变世界。暹罗传统佛教中的"因果业报"（Karma）观念在于："普通人的阶层由前世业报决定，他们几乎没有机会在此世改变自己的位置，他们此世积德或造孽则会在来世产生报应。"拉玛四世蒙固王创立的法宗派彻底改变了这一僵化的因果业报观，新的佛教观"将人们看世界的角度从宇宙观转向心理学，把聚焦于仪式的集体实践转变成聚焦于自我培育（self-cultivation）的个体实践"。（Keyes，1989：123）佛使比丘延续了蒙固王和瓦栖拉延王子的宗教改革思想，反对传统业报观，追寻当下涅槃。龚浩群认同佛使比丘应对了当代泰国的佛教危机，重塑了当代泰国公民—文化身份，推动佛教在泰国随着时代进行自我变革，将传统的"此世积德来世享福"的理念变革成为"人人皆可当下涅槃"的信念，后者拯救泰国中产阶级于新自由主义经济的不确定和政治局势的动荡之中。（龚浩群：2019）

之所以把佛使比丘放在佛教现代化的脉络之下，最关键的原因是佛使比丘所倡导的佛教理性化。他对泰国大众佛教中诸多迷信因素、非理性和神秘色彩极为不满，认为这些都是对佛陀原始教诲的歪曲，他坚持研读佛陀经典，以此为出发点传道。在佛使比丘弥留之际，他特意叮嘱身边人不能在葬礼上施展那些迷信的传统仪式，不能洒圣水，不能对着他的尸体诵经，不能留下舍利。他在事先录好的录音里告诫大家"不要疏于精神上的练习（spiritual practice），我曾经和坐在这火葬场前默哀的每一个人一样，而有一天每一个人都肯定会像我现在一样（化成灰）"。（Jackson，1994：105）佛使比丘生前立下此遗嘱，似乎预示到泰国人将如何对待他的葬礼，虽然他一生都在宣扬理性的佛教之道，去神秘化、去仪式化，但是他的追随者有很大一部分人最终还是把他当成了神一样的存在，以他曾经最为批判的方式追随着他。

佛使比丘的理性化佛教观念和传统的泰国大众佛教迥然有别，认同后者的人群对他并不是没有批评的声音。追随佛使比丘的人群往往被认为是城市中产阶级、知识分子和精英阶层，不包括草根和农民阶层。Gabaude 认为，与传统的宗教阐释相比，去神秘化的佛教有两个缺陷：一是不能满足很多人想要从宗教中寻求安慰的需求；二是如若将佛教中的超自然现象删去，可能将佛使比丘对宗教的阐释与大众草根群体分离。这没有问题，"但如果这些精英阶层想要把泰国大众佛教的习惯改变就会出现问题。"（Gabaude，1990）也就是说，他认为佛使比丘的信徒一般而言是精英阶层，而不是草根阶层。佛使比丘所做的努力似乎要将泰国佛教历史上复杂而模糊的乡村根基和相关神话传说一并清洁化，这毫无疑问对传统是一种贬抑。

佛使比丘和佛教现代化的相关研究汗牛充栋。佛使比丘的理想化和现代化色彩之所以被大量讨论，是因为它能够帮助西方学者迅速把握佛使比丘的思想坐标。研究佛使比丘的学者彼得·杰克逊（Peter A. Jackson）曾经反思作为西方学者，似乎对于理性化的佛教更觉亲近，也更容易接受。而泰国传统佛教中"业报"等思想则没那么容易被西方学者理解，因此常常把它当作文化上的他者。"悖论是，当很多本土泰国人认为佛使比丘的观念和著作晦涩难懂的同时，很多西方学习佛教的学生却认为佛使比丘对佛教原理的解释比传统的泰式描述更容易让人接受。"（Jackson，1994：103）可见，西方学者不自觉地以自身作为参照和比较的基准，想要把佛使比丘纳入他们所更能理解的西方现代价值体系中去，而隐含其中的则是对泰国佛教传统的"业报观念"是落后的、理性佛教观念是进步的价值判断。

（二）佛使比丘学说和资本主义的关系

因为佛使比丘佛教学说的理性化色彩和现代化观念，有学者认为佛使比丘为泰国资本主义的发展提供了意识形态支持。（Jackson，1989）泰国学者持类似观点的代表性人物是畴猜·苏塔卫（Chokechai Suttawet）。他将佛使比丘佛教理性化的论述阐释为对现代化和泰国资本主义发展的支持。

畴猜将佛使比丘和西方世界的约翰·加尔文（John Calvin）做类比，认为佛使比丘拔除了泰国佛教中不理性的因素，其意义可类比于韦伯所述西方世界的"新教伦理促进资本主义发展"。他认为理性是全球经济和文化的关键特质，同时他认为，在泰国的佛教文化内核之中，也存在这么一个能够影响经济、政治、社会和文化转型的理性（reason）特质，理性不是现代西方独有的特质，它也存在于泰国本土的特质当中，正如佛使比丘所展示出来的：佛教的核心就是理性。基于此，泰国有可能以平等的姿态和西方一起参与到全球的理性文化之中。（Suttawet，1993）换句话说，对泰国而言，因为佛教的内核是理性，从它自己的佛教文化根基向前迈进和拥抱全球理性文化的同时，保存自身的泰国特质成为可能。佛使比丘的思想一方面可用来支持泰国文化民族主义；另一方面，支持泰国融合进入国际经济和文化秩序。在这种叙述下，泰国在"全球化"冲击之下，不仅没有失去泰国自身的文化特质，还进一步回归了泰国佛教文化的理性根基。

这种论调将佛使比丘的思想拔高，使之不仅仅在佛理范畴内具有意义，还对身处全球资本主义关系中的泰国全球化具有意义。

（三）佛使比丘学说和社会主义的关系

然而，很多泰国本土学者旗帜鲜明地反对以上这种论断。素万那·苏塔－阿南（Suwanna Satha-Anand）认为佛使比丘并不支持资本主义的物质主义价值观念。山帝卡罗比丘（Santikaro Bhikkhu）曾在私人会谈中指出："佛使比丘从来没有为泰国融入全球经济发声。相反，他对物质主义、消费主义和资本主义的批判，还包括马克思主义，应该让那些深思的读者想到从国际经济之中解脱出来……他对资本主义项目及其助长的无拘束的个人主义、自私自利持高度批评态度。"（Jackson，1994：106）部分西方学者也认同，佛使比丘认为佛教天生隐含着社会主义的思想，泰勒认为佛使比丘"这种哲学向往的是一种简单而有节制的生活，与自然和谐相处。这与西方观念中的现代化、经济和社会成就以及资本主义和发展主义理论所隐含的个人和国家的进步都严重矛盾"（Taylor，1993：4）。

佛使比丘在 20 世纪 70 年代发表了一系列关于社会主义的演讲，后被收入《达摩社会主义》一书中（又作《法的社会主义》），其中内容章节包括民主的社会主义、佛法中的社会主义、利世的社会主义、道德的价值，等等。佛使比丘自身在著作中表明佛教和社会主义密不可分："我们必须记住：社会主义不是什么新潮或流行的东西，倘若时光能倒回到两千年前，我们可以在佛教僧团中发现到最好的社会主义。因此，如果我们确实地奉行佛法，就可以在自己的本性中发现社会主义的倾向。……由于僧团本身拥有一种高尚的社会主义，所以我们要深信佛陀教法，所有佛陀的教法都含有社会主义的精神。……佛教的社会主义理想在'菩萨'的观念中充分表现出来，菩萨是一个不仅会帮助别人，而且还能为他人牺牲自己生命的人，佛教推崇这种理想，是因为整个佛教思想中都含有社会主义的倾向。"①

与此同时，佛使比丘强调自己提到的社会主义是达摩社会主义（Dhammic Socialism），与世俗政治家们眼中的社会主义不同，他批判那种为了对立而存在的社会主义观念："今天人类变得非常残忍，可以丢下明知会毁灭数以万计人民的炸弹，而我们的祖先宁可投降或脱逃，也不愿对人类造成如此大的破坏。当人们乐于使用这种武器时，我们怎能称呼这种恶化的道德为社会主义呢？资本主义国家和无产阶级国家都剑拔弩张地准备使用这样的武器，两边都同样残酷。相反地，一个真正的人性社会，人们会怜悯不幸的人，在改正错误时，以其他方法代替杀害生命。"②

（四）佛使比丘个人魅力中展现的革命心性

在泰国，佛使比丘象征着革命性的姿态和心态。很多学者曾表示过，佛使比丘一直是泰国人革命心性的主要准则和激励。（Jackson，1994）佛使比丘同时被视作保守的和激进的僧人。激进和保守看似相互矛盾，却是一枚硬币的两面。佛使比丘非常坚持佛陀所述的原典，在佛教理论的修行路径上似乎是十分保守的；佛使比丘的激进也同样源于他对佛陀原典的坚

---

① 佛使比丘：《法的社会主义》，香光书乡编译组译，http://www.gaya.org.tw/publisher/fain/ds/abstract.htm。

② 佛使比丘：《法的社会主义》，香光书乡编译组译，http://www.gaya.org.tw/publisher/fain/ds/abstract.htm。

持，这使他有成为激进革命主义色彩人物的潜质。他在坚持原典的同时，对泰国大众派佛教传统持有批判的变革观念，将泰国佛教在本土漫长的发展历程中积累的神秘色彩去除。或许是这种对传统的扬弃的鲜明立场，使得佛使比丘的学说拥有西方学术所欣赏的批判精神和创新特质。

佛使比丘并不囿于佛理学界，他擅长将自身对佛典的解读与回应现代社会生活中的问题联系起来，积极面对大众分享自己对于佛典的原创性阐释，以回应迅速发展变化的泰国社会中存在的诸多时代问题，提出自己依据佛法理解的解决之道。泰国社会很多激进活动群体以佛使比丘为思想纲领指引，比如环保主义者和曾经躲进森林的共产主义者等，佛使比丘成为许多社会活动家的精神力量来源。

总体而言，佛使比丘身上集中了令人着迷的矛盾，他似乎为我们时代那些无解的对立准备好了一个答案。世界已经习惯跟随西方理性的二分法理解和认识事物，按照自我—他者、左—右、社会主义—资本主义、激进—保守标榜自我和寻找自我的身份认同，而这种认识论在佛使比丘那里已然失效，因为佛使比丘的思想不是二分对立呈现的，它是一个多种因素互相牵制、作用的综合体。

关于佛使比丘和佛教现代化的研究急于陷入二分法给他一个鲜明的标签，不免简化了佛使比丘的思想贡献。与其说佛使比丘自觉地将自己放在佛教现代化的脉络之下，不如说因为佛使比丘回应了一代知识分子和精英们满足现代化、国际化、西化的焦虑，从而被树立成一个佛教现代化的标杆性人物。将佛使比丘看作佛教现代化的决定性人物的分析思路隐含了一个观点，即佛教代表过去、代表旧时代的东西，和现代社会是二分的，因此佛教为了适应现代化的社会必然需要改变自身，而泰国佛教现在的状况告诉我们，理性严格的法宗派与神秘色彩颇多的大众派并存，没有某一个教派一家独大。事实上，佛使比丘的思想已经超溢了宗教的范畴，他思考的内容更为宏大，是更为根本的政治制度问题，是如何在急速变化的现代泰国建立一个幸福指数更高的社会的问题，而不仅仅是佛教在现代化社会存亡的问题。

三　佛使比丘的达摩社会主义（Dhammic Socialism）①

文初提到的佛使比丘和克立·巴莫的公开辩论，表面上是两位对佛理的探究，实际上暗含了现代思潮和传统佛教精神之间的直接碰撞。佛使比丘一直强调以"空心"来工作，克立·巴莫则认为空心不适用于俗世凡人，现代社会的工作安排追求绩效和效率。他们的冲突集中体现在以下对话当中：

> 克立·巴莫：不是说达摩错了，而是很对，但是普通老百姓太难达到了。问题在于，作为凡人，我们应该实践到什么地步。您说的这些，是阿罗汉、佛陀的活动，首先，用无我、心空的状态工作，我现在都想象不出来是什么状态，不认为自己是从工作中获益的，不把工作当作工作，不考虑利益，那我们为何去工作？
>
> 如果真的能够做到心空，那人们就不会去工作了。如果我真的没有任何欲望了，我会找您落发为僧，而不再浪费时间工作。
>
> 我可能心胸狭隘了些，但是真的没办法想象您指出的道路。俗人和僧人交谈，就像两个世界，还请您指教。
>
> 佛使比丘：我有一点疑惑，如果把海水倒入小小的饭碗会溢出，那么剩余在碗中的水和溢出来的水是不是一样的？
>
> 克立·巴莫：是一样的。但是结果、数量不一样。
>
> 佛使比丘：现在我能够总结中心思想了，就是大家在工作的时候，需要有心空，无私，至于其他责任大义，我们有国家、宗教，为了国家宗教工作，这些在开始工作之前就有了，可以认为这是好的欲望。大家可以有好的欲望，渐渐地越来越高，就会到达比好还要高的层次："空"。如果我们有这个意向去理解达摩的原则，就会离它更近一点。佛

---

① 现有中文译本译为《法的社会主义》，关键点在于 Dhamma 一词如何翻译，笔者认为，"法"一词在现代汉语语境中有其特定的内涵与外延，无法很好地覆盖和传达佛使比丘使用该词表达的原意，因此译为"达摩"，将在文中进一步说明其含义。

陀说，究极的空就达到了涅槃。人类追求的最高境界应该在这里，我们于是把它当作未来的一个目标，希望我们在这个意义上理解达摩，不要以为达摩就是要成为阿罗汉，就是要如何优秀，因为那样才增加了欲念。但是如果我们知道，是为了越来越轻、越来越薄，自私越来越少，我执越来越少，这就是正确的，希望往这个方向生长。

克立·巴莫：您的状态我理解，作为僧人、阿罗汉可以做到持戒227条，做到心空。我一介凡人做不到，如果工作的时候心空，我就不是我了。您说工作的时候心空，工作反而能够做得好，我不相信。工作和心空是矛盾的，俗世的幸福就是达摩的痛苦，工作的成就在俗世有意义，如果心空了可以获得达摩上的成功是对的，但是要两样都得是不行的，达摩上达到心空状态，成功了，就要失去俗世的工作业绩，不然的话人们去出家干什么？①

可见，佛使比丘和克立·巴莫的分歧点在于，克立·巴莫认为只有佛门弟子才能达到涅槃、才以涅槃为志业——这是佛教原始思想；而佛使比丘认为每个普通人都能做到空心、涅槃，双方对于人性的理解不一样。佛使比丘始终站在普遍人性的角度，表现出对每个个体的关怀；克立·巴莫站在现实主义立场表达了凡人的入世观念，关注的更多是物质层面的工作实际和成果，而不是个体的心灵解脱，且他坚信二者是矛盾的。佛使比丘对此的回应是："我需要让俗人工作的时候少一点痛苦，多一点成果……我坚持认为，尽管是凡人，但是凡人也会尽可能地努力去战胜自己工作中的痛苦。佛陀提出的解决方案是心空，排除欲念；都是根据自己的实际情况来，不是要人一下子做到出家人的程度。让大家尽量靠近'空'的状态。不管是工作、吃饭，甚至呼吸，都可以尽量用佛陀的方法靠近空。僧俗之间的差异只有一点点而已。"② 西式现代社会的特点是强调理性、工作效率和绩效，不在意人们

---

① 《克立·巴莫与佛使比丘的辩论》，笔者选译，泰语原文见：http:// www. dharma-gate-way. com/ubasok/kukrit/kukrit-09-01. htm。

② 《克立·巴莫与佛使比丘的辩论》，笔者选译，泰语原文见：http:// www. dharma-gate-way. com/ubasok/kukrit/kukrit-09-01. htm。

心灵层面的痛苦，克立·巴莫也更重视物质层面的结果。通过这场辩论我们可以看到佛使比丘坚持与物质主义思维的对抗。他坚持向泰国大众展示对于普遍人性的关怀，不限于僧众或俗众。

经历了热战、冷战以及西式新自由主义思想"入侵"泰国，佛使比丘的政治哲学思想并没有太多摇摆，没有倾向西方哲学，而是从宗教道德出发，从对普遍人性的关怀出发，对于什么是理想的政体和社会环境形成了一套自成一体的政治哲学，集中体现在《达摩社会主义（Dhammic Social-ism）》一书当中。在达摩社会主义的概念中，达摩的意义十分关键。佛使比丘在不同的章节多次直接对达摩（或法）进行定义：

> 法是道、是旅程，也是旅程目标的实现，这种种都是相同的，也都有一个共通的名字——法。虽然它因不同的语言或宗教而有上帝、佛法或道等不同的名称，但我确信它都可以用以上这三种意义来代表。所有的宗教必须有清楚的方法，告示人们正确的知识、正确的途径，最后如何正确地到达目标，不论我们用什么名字来称呼它，它们都是一体且至高无上的。①
>
> 它是自然的法则。……真正的社会主义是由"法"所建立的，而且应把它看作是自然的本质。②

佛使比丘提出的达摩社会主义思想内涵十分丰富，概括起来有以下三个突出的特点。

一是强调自然法则，万事万物相互依存。遵循事物自然运行的法则就是达摩。本质上自然是一种彼此互为因缘的平衡状况，生命是相互依存的，因此人类应该相互合作，要以合作的方式解决问题才是顺应自然的法则。"社会主义有许多不同的类型，然而我们应讨论真正的社会主义，真

---

① 佛使比丘：《最好的社会服务是使人走向正道》，香光书乡编译组译，载《法的社会主义》，http://www.gaya.org.tw/publisher/fain/ds/ds1-1.htm。

② 佛使比丘：《真正的社会主义是由"法"所建立的》，香光书乡编译组译，载《法的社会主义》，http://www.gaya.org.tw/publisher/fain/ds/ds3-3.htm。

正的社会主义在本质上是能够造福整个世界，它以佛法的真理为本质，也以自然为本质。由此可知，自然的本质是社会主义，就是没有东西可以单独存在，任何东西都互相依存。"① 总之，根据生命相互依存的自然法则，人们应该尽力去做有益于全体共存的事情，仁慈地对待他者，形成一个互助互益的人类社会，形成人与自然的和谐关系。如果不遵循自然法则，社会就会不断出现危机直至灭亡。

二是强调破除我执，拥有整体观。现代社会人们只为个人利益做事情，丧失道德观念，将为全人类带来危机。佛使比丘提醒迷恋民主政治的人，坚持主张个人自由与根本的政治意义相违背，"因为个人的自由为烦恼所惑，只会想到个人的利益，而真正的政治应考虑的是全体利益，不考虑社会整体利益的政治是不道德的政治体制。我们必须谨记在心的是，就宗教或如法的角度而言，自由最究竟的意义是解脱烦恼。自由民主政治系统只有在它的人民全部解脱烦恼时，才能称为成功的政治体制"②。对于泰国的发展，他断言"像泰国这样的小国家，应该实行如法的'独裁的'社会主义，否则将难以生存下去，假相的放任自由民主政治无法使我国发展，因为它含有太多的缺陷"③。他把全世界泛滥的各种自私暴力式的资本主义或社会主义比喻成"森林大火"，认为达摩社会主义就像防火圈，能够保护泰国免于遭受大火燃烧殆尽。他特意使用"独裁"这样一个稍显刺眼的词来形容他所推崇的达摩社会主义，因为"自由放任的民主政治无法快速、适时地采取行动"④，采取一种独裁的方法能快速采取必要的行动，有效完成工作。但这种理想的前提是独裁的社会主义领导者需要具有"十王道"⑤ 的道德精神品质。

① 佛使比丘：《社会主义的真义》，香光书乡编译组译，载《法的社会主义》，http://www.gaya.org.tw/publisher/fain/ds/ds3-1.htm。
② 佛使比丘：《民主政治的真义》，香光书乡编译组译，载《法的社会主义》，http://www.gaya.org.tw/publisher/fain/ds/ds2-3.htm。
③ 佛使比丘：《"独裁的"社会主义可以免受资本主义或共产主义的伤害》，香光书乡编译组译，载《法的社会主义》，http://www.gaya.org.tw/publisher/fain/ds/ds2-7.htm。
④ 佛使比丘：《佛法是"独裁的"社会主义的典范》，香光书乡编译组译，载《法的社会主义》，http://www.gaya.org.tw/publisher/fain/ds/ds2-5.htm。
⑤ 佛法"十王道"是指：（一）布施；（二）持戒；（三）解脱；（四）正直；（五）仁慈；（六）克己；（七）亲爱；（八）不杀生；（九）忍辱；（十）不害。

三是强调宗教道德。佛使比丘认为，道德是产生究竟安乐的原因。"如果我们沉溺于物质的价值，就会被误导而产生爱欲或瞋恨，根本无法成为具足道德的人，我们仍将受到爱恨的左右，崇拜不应该崇拜的东西，同时也会憎恨应该予以尊敬的东西。"① 同时，道德是社会科学的本质，"从根本的意义上说，政治是'与众人有关的事'，就这种意义而言，政治是一种处理事情的方法，用来处理因愈来愈多人生活在一起所产生的问题，这是政治基本的意义，因此，我们可以确定政治是道德或宗教的。"② "社会的任何层面，不论是政治、经济和宗教都无法脱离道德的范围。同时，社会科学本质上就是一种道德，因为它的目的是解决社会所有的问题，使社会和谐、平衡。"③ 达摩社会主义将宗教和社会道德联系在了一起，在佛教的基础上指出了适用所有人的具体的普遍性法则，例如他举例说明，错误的价值观主张吃得好、住得好，正确的价值观则主张吃、住只要足够就好，这两者差别很大。达摩社会主义教导所有人实践道德。

四　余韵悠长：佛使比丘对泰国社会的影响

佛使比丘非常重视实践。佛使尊者像禅师一般，在他的演说、作品和行为中扮演着激发者的角色，他希望借此激起我们的觉醒，并深刻地思考我们是谁，以及身为一个人且处在群体和国家中的我们正在做什么，佛使比丘不应被看成是一位哲学家，他应是一位实践家。

除了公开演讲，佛使比丘主要通过推行内观禅修的方式，推广自己的达摩社会主义等理论学说。佛使比丘最早在泰南成立禅坐中心，直到今天，佛使比丘的追随者成立的"佛使比丘档案馆"依然发挥着举办宗教活动、社会活动等作用，是佛使比丘思想的心灵实践之所。佛使比丘主要通

---

① 佛使比丘：《道德是产生究竟安乐的原因》，香光书乡编译组译，载《法的社会主义》，http://www.gaya.org.tw/publisher/fain/ds/ds4-4.htm。

② 佛使比丘：《如法的社会主义的内涵》，香光书乡编译组译，载《法的社会主义》，http://www.gaya.org.tw/publisher/fain/ds/ds2-4.htm。

③ 佛使比丘：《道德是社会科学的本质》，香光书乡编译组译，载《法的社会主义》，http://www.gaya.org.tw/publisher/fain/ds/ds2-2.htm。

过推行禅修的方式，推广自己的达摩社会主义及其理论学说，这和具体而微的法律法规、规章制度不一样，这种修行的方式更为柔性，影响方式广泛而深远，正如所有文化对人的形塑作用方式，随着时间的拉长，更能显现其持久的作用力。笔者在曼谷城市的中产朋友有相当一部分比例的人都在佛使比丘的禅修中心修行。

除了著书立说、建立禅坐中心等方式，一些关键人物对佛使比丘的宣传和推广起到了很大的作用。泰国著名学者素拉·西瓦拉被视为大力宣传佛使比丘思想的关键人物。"素拉·西瓦拉可以被视作将佛使比丘以更复杂和更具创造性的方式提出的佛教宗教道德世界观的主要普及者。"（Swearer，1996：224）素拉·西瓦拉吸收佛使比丘大量思想，进一步提出了再生社会（Renewing Society）等理念，创建了一批民间基金会和非政府组织，在泰国环保、教育、宗教等领域持续活动，提出了公正、民主的发展愿景，社会影响力非常之大。在素拉·西瓦拉的活跃组织下，佛使比丘的思想通过民间组织和活动渗入泰国基层社会，产生了非常具体和广泛的影响。

笔者在2018—2019年于泰国西北乌泰他尼府进行田野考察时，两位主要报告人贝叔和枸妈①均是佛使比丘虔诚的追随者，足见佛使比丘的影响力辐射范围之广之深远。除了乡间田野中的灵魂人物均以佛使比丘的教诲为行为准绳，乌泰他尼府两位报告人都是当地乡村发展建设的灵魂人物，他们坦陈现在在村子里所做的一切与乡村建设相关的活动均受到佛使比丘的影响。佛使比丘从佛法核心出发钻研，淡泊名利的品质让他十分敬佩。

> 贝叔：佛使比丘对我的影响很大。他是叛逆的和尚，但他不是出于沽名钓誉才违抗传统，和一般的和尚不一样，那些和尚一心想着当方丈，当了方丈就想着更高的地位和荣誉，一步一步往上走。那是厉

---

① 贝叔和枸妈（化名）曾在NGO基金会工作过多年，从事农村发展事业和儿童教育方面的工作。年轻的时候工作很辛苦，他们50岁以后决定停止跟随项目四处奔波，利用积累的丰富经验，选择乌泰他尼府班莱县一个农村社区，帮助当地的儿童教育，发展当地的文化产业，通过引进各种项目和举办文化活动构建曾经理想中的社区文化。本节中所有引用贝叔访谈文本来自笔者与贝叔于2018年7月进行的访谈录音转录。

害的和尚玩的游戏。佛使比丘从来不追求这些，他想的问题是，如何让佛法最容易被老百姓理解。那些厉害的和尚会说巴利语，说很难的词，但是佛使比丘努力寻找那些最核心的佛法应该如何解释。这就是我和枸妈两人的榜样，我们以他为榜样设计课程如何教小孩。和孩子们说话不能太难理解。他是我生活中真正的榜样。

可见，贝叔坚守理想主义情怀与佛使比丘的教诲分不开。他认同佛使比丘对泰国传统佛教中糟粕的批判：

> 泰国的佛教是为了自我解脱，和别人没什么关系。但是其实，这是错误的，佛陀没有这么教，只是因为政府这么教。因此泰国佛教徒很容易被人骗，被所谓的积累功德骗。寺庙的钱非常多，建一座佛殿花个一千万、一千五百万，两年之内建成。厉害吗？这种建立信仰的方式，我认为完全和佛陀的教诲、佛法南辕北辙，错得很离谱。佛陀从没教他们建立这样的佛殿。只有佛使比丘还严格遵守佛陀的教诲。老百姓曾经骂他是疯和尚，他住在穆斯林社区里，只有一小部分佛教徒。但是他树立了一个很好的榜样就是，他越工作，人们就越理解他。就像我们俩一样，别坐在那儿给别人解释，埋头干活吧，过段时间别人就理解了。如果只是坐着说，别人心里会想确定吗？真的吗？真有这种人？我才不信哩。

在农村做发展工作，贝叔从来不吃机械的经济发展观这一套，也从来不会不加思考地就执行上层官僚系统指派下来的任务，他总是习惯去探寻每一项社区建设项目背后的意义，是否对整体社区的幸福感有提升，村民在其中是否有尊严等都是他不断思考的问题。例如，他对维护泰国乡村文化价值特别重视：

> 如果你抓住"文化"这个词，在乡下，首先，文化必须可以"吃"，可以玩，必须有幸福感，有美感，有生命，这样它才有力量。

这些才是让文化延续的因素。但是国家正在做的事情是把大伙的传统拿去做秀、宣传，这就找不到任何价值了。但我也是理解他们的，因为他们在官僚系统中工作被下达任务，所以缺乏有意义的内容，缺乏美感。因此，如果我们有这样的机构，如果社区要从这种工作中获益，老百姓一定要理解，把他们的工作拿来，重新设计。

有这样的吗？没有。我们没有那样的社区。我们没有和我们想法一样的村长，没有那样的镇长、县长。每次他们拿钱来了，就做，干活干得累死累活，完事了什么也没能留下来。他们不理解自己文化的价值！这就是问题。我在工作中在想，怎么做才能让村子有尊严。文化不是拿去玩的东西，是我们的祖先设计出来的，我们每天祭拜，就像宗教文化一样，都非常有价值，但是今天我们做到了多少？早上，佛教徒给僧人施斋，这就结束了？不是这样的。这不是祖先给我们设计的，佛陀也没这么教。这是我们自己设计的，为了维护住这些文化的价值。

这样一个小小的田野案例可以看出佛使比丘的影响力一直持续到现在。这和佛使比丘自身总是努力参与和介入塑造更好的社会行为分不开，反映了他倡导的达摩社会主义理念的生命力。

佛使比丘的知信行如何影响泰国的公民社会？简而言之，一是通过著书立说宣扬佛教宗教道德思想；二是修建禅修中心，通过普及禅修唤醒人们心中的觉知和慈悲心；三是通过一些关键人物如佛教高层人士、学者和社会活动家的推广，更深地进入泰国社会的方方面面。事实上，佛使比丘的个人生命史便已经是人们不断回溯以寻求勇气和智慧的模范或样本，他面对传统展现的原创性，总是实事求是，从原创思想出发的勇气，激励着每一个普通人努力获取一个健康的公民社会所必备的素质。

总之，佛使比丘提出了超越和解决第二次世界大战和冷战以来世界二元对立态势的方案，这个方案以"佛法/达摩"为基础，以"中道"的方式灵活地穿行在西方与东方、现代与传统、左与右、民主与独裁、资本主义与共产主义等诸多依然困扰着我们的二元观念。他的政治哲学思考集中体现在他提出的"达摩社会主义"理论当中，提倡建立一个摒弃极端意识形态、重视自然规律、互相包容、重视道德的人类社会环境。在笔者看来，佛使比丘已经被人们织成了一面旗帜、一个符号。有些人把他看作是泰国佛教现代化乃至泰国社会现代化的关键人物，有些人指控他为共产主义者，有些人将他归类为佛教社会主义者。这些时而互相交织、时而相互矛盾的旗帜在告诉我们，佛使比丘俨然超越了他自身真正关注的佛理范畴，成为一个象征着现代泰国对社会公正的想象和愿景，成为一个象征着泰国公民对自由和进步向往的人物符号，成为一个比他自身更大的时代圣像。

参考文献：

龚浩群：《佛与他者：当代泰国宗教与社会研究》，社会科学文献出版社 2019 年版。

Charles F. Keyes, *Thailand: Buddhist Kingdom As Modern Nation State*, Boulder, Colo: Westview Press, 1987.

Peter A. Jackson, *Buddhism, Legitimation, and Conflict: The Political Functions of Urban Thai Buddhism*, Singapore: Institute of Southeast Asian Studies, 1989.

Tomomi Ito, *Modern Thai Buddhism and Buddhadāsa Bhikkhu: A Social History*, Singapore: National University of Singapore Press, 2012.

Donald K. Swearer, Sulak Sivaraksa's Buddhist Vision for Renewing Society, in: Queen, Christopher S., and Sallie B. King, editor, *Engaged Buddhism: Buddhist Liberation Movements in Asia*, SUNY Press, 1996.

Louis Gabaude, "Thai society and Buddhadasa", in *Radical Conservatism: Buddhism in the Contemporary World—Articles in Honour of Bhikkhu Buddhadasa's 84th Birthday Anniversary*, Bangkok, Thai Inter-Religious Commission for Development and International Network of Engaged Buddhists, 1990.

Charles F. Keyes, "Buddhist Politics And Their Revolutionary Origins In Thailand", *International Political Science Review*, Vol. 10, No. 2, 1989.

Peter A. Jackson, "Buddhadasa Bhikkhu—His Last Days and His Legacy", *Journal of the Siam Society*, Vol. 82, No. 2, 1994.

Santikaro Bhikkhu, "Bhuddhadasa Bhikku—A Rememberance", *Crossroads—An Interdisciplinary Journal of Southeast Asian Studies*, Vol. 1, No. 8, 1993.

Sutthawet Chokechai, "Phutthathat kap Kan-patirup Khwam mi het mi Phon Khorng Khonthai", *Nation Weekly (Sut-sapdaa)*, 3 – 9 September, Vol. 65, No. 2, 1993.

Taylor Jim, "Social Activism and Resistance on the Thai Frontier: The Case of Phra Prajak Khuttajitto", *Bulletin of Concerned Asian Scholars*, Vol. 25, No. 2, 1993.

土耳其太阳语言理论与国族身份构建

朱珈熠

（清华大学国际与地区研究院博士研究生）

根据土耳其安纳多卢通讯社 2022 年 6 月的报道，联合国批准土耳其的改名请求，在所有的官方文件中，将其英文国名"Turkey"写为"Türkiye"。早在 2022 年 1 月，土耳其通讯部发起浩浩荡荡的"Hello Turkiye"品牌建设活动，旨在通过使用"Turkiye"一词来替换之前在国际广泛使用的指称土耳其共和国的"Turkey"一词。土耳其总统府新闻办公室主任法赫雷丁·阿尔通（Fahrettin Altun）在采访中称土耳其将成立品牌办公室在全球品牌标识领域开展工作，因为该活动不仅有利于土耳其在全球舞台上"建立统一对话并巩固国家品牌"，同时也是土耳其"在语言和交流方面加强自我身份认同的表现"。土耳其总统雷杰普·塔伊普·埃尔多安（Recep Tayyip Erdoğan）也表示新的名字可以更好地表现土耳其的文明、价值观及文化。值得注意的是，"Hello Turkiye"活动并未完全使用土耳其语中表示"土耳其国家"的词汇"Türkiye"，而是将英语字母中没有的 ü 用 u 代替，因此该词由英文中代表突厥人的"Turk"和阿拉伯语中表示国家的词缀"iye"合成而得。这样看似非常规的操作，实际上反映了土耳其政府在强调本土文化的同时又向西方体系妥协的诉求。虽然在对待世俗和宗教上的立场不同，埃尔多安政府的国家身份政策在某种程度上与一百年前的凯末尔（Mustafa Kemal Atatürk）政府一脉相承。

埃尔多安政府最近几年大力与中亚国家之间加强联系的各项措施，也在国内不断强调着土耳其人的突厥身份源头。从国（民）族国家（nation-state）概念出现之后，国族主义及与其相关的身份认同建设就是经久不衰的全球性议题。土耳其共和国诞生于国族主义大爆发的 20 世纪，在雨后春笋般出现的中东国族国家中，土耳其的国族主义和国家身份建设在很多历史叙述中仿佛被当作历史惯性而一笔带过。然而土耳其和其他中东国家不一样，他们建立国族国家的先决条件是不同的，而且土耳其作为奥斯曼帝国（Ottoman Empire）遗留，对于脱离奥斯曼后独立的其他中东国族国家以及其意识形态背后的西方情感是复杂的。一方面，奥斯曼帝国及土耳其共和国的土地上存在多语言多宗教，与其他以单一宗教或者语言为主的地区成立的国家相比没有决定性的先决条件；另一方面，奥斯曼帝国的领土是在欧美鼓吹的国族国家概念下失去的，其吃败仗损失的领土、人口、资源和财富都源自于此，所以对这个概念其是有敌意的。土耳其初期的国家身份建设虽然受到大环境的影响，但同时也深深刻着凯末尔的个人烙印。早在奥斯曼帝国末期，知识分子阶层就出现了关于建设国家身份的讨论，包含着奥斯曼主义、（泛）伊斯兰主义和不同的（泛）突厥（土耳其）主义。泛突厥（土耳其）主义的胜出不仅和当时的时代背景有关，同时也取决于凯末尔对"土耳其应该是什么样的一个国家"（即凯末尔主义）的理解，因此土耳其国民身份的建设也在凯末尔主义指导下进行的一系列激进政策中达到第一个小高潮。太阳语言理论作为凯末尔"语言工程学"的一部分，和其他政策一同构成构建"土耳其人"这个国家身份的零部件，也是其中一个颇有争议的部分。太阳语言理论，曾带着应对消除凯末尔主义激进政策的消极影响的伟大任务出现，在报纸的高调宣传中闪亮登场，却又在凯末尔去世后急速消逝，成为存在于知识分子的笑话中的黑色幽默。但在 99 年后，土耳其现政府再一次使用其内核进行世界舞台的本国身份建设。从太阳语言理论的兴衰可以看出，国家身份的建设对于土耳其来说是持续重要的议题，但在不同阶段的不同表现是统治者施政理念的重要反映。

一 "我"是谁：由拯救帝国引发的身份认同争论

虽然在领土、政体与国民组成等方面大相径庭，但土耳其共和国仍不可否认地被认同为奥斯曼帝国的"遗孀",而土耳其国民身份认同困境产生的原因也与奥斯曼帝国末期的历史背景紧密相关。奥斯曼帝国发源于安纳托利亚(Anatolia)高原西北部的索于特(soğüt)地区,并在随后的几百年通过武力东征西扩,领土最盛时中东欧、北非、西亚地区均属于其势力范围。正因其横跨亚、欧、非三大洲的地理特征,奥斯曼帝国内部宗教、人种、语言、文化都呈现多元态势;而奥斯曼帝国治理族群的米列特(millet)制度,也相对宽容地使各个地区的群体在一定程度上延续着被征服之前的语言和宗教信仰。(昝涛,2020:189)由于皇室信仰为伊斯兰教,帝国境内最大的阶级区分为穆斯林和非穆斯林,主要体现为分封、晋升和交税的区别,然而这一等级制度也随着来自基督教的近卫军群体的整体得势而日渐模糊。

同样模糊的是奥斯曼帝国关于国民身份的认知。奥斯曼帝国的官方语言为奥斯曼语,该语言融合了突厥语、波斯语和阿拉伯语,有着极其复杂的语音语法和词源构成,奥斯曼语主要集中体现在官方场合的书面文件之中,民众中的奥斯曼语识字率普及度极低(一说不到5%)。帝国境内呈现阿拉伯语、突厥语、波斯语、斯拉夫语等多语系语种广泛存在,根据族群集聚分布的特点。和中国大一统天下观指导下的明确区分自己人和外人的历史习惯不同,奥斯曼帝国的社会环境和通过征伐获取国家收入的特征并没有给统一的国家身份意识创造历史迫切性,这一情况一直持续到18世纪。从18世纪开始,帝国的各个族群和自治区掀起要求主权独立的浪潮,帝国同时也处在局部战争不断失败的阴影中,此时的奥斯曼帝国精英开启的救国图存运动中,19世纪的坦齐玛特(Tanzimat)开启了帝国"奥体西用"的第一个宪政时期,开始在器物上向西方学习。1908年青年土耳其党人(Young Turks)发动宪政革命,奥斯曼帝国进入第二个宪政时期。此前在阿卜杜哈米德二世(Abdul Hamid II)统治时期被严格管制的媒体印刷行业在宪政时期得以解禁。而"如何拯救(奥斯曼)国家"不仅是报纸期刊的关注点,也是青年土耳其人掌权后关心的议题之一。关于如何拯救国家有多方面的探索,其中一个便是关于如何通过一个合作性的政治身份来拯救国家。在土耳其的历史叙事中,奥斯曼帝国末期至少出现过三种关于身份构建的尝试：奥斯曼主义、（泛）伊斯兰主义与（泛）突厥主义。

奥斯曼主义的理念是，帝国所有不同的种族和宗教团体可以联合成统一的一个奥斯曼公民身份，并保持对奥斯曼帝国的忠诚，穆斯林和非穆斯林在法律面前完全平等。它的支持者称这个理念为"元素的统一"（lttil-had-i Anasir）。这种想象的共同体，起源于19世纪60年代，曾是1876年奥斯曼宪法改革以及1908年恢复的宪政体制的官方意识形态，但是有多少人支持这一思想还存在争议。

伊斯兰主义以穆斯林社区为基础，并将回归伊斯兰价值观和伊斯兰法作为奥斯曼国家再生的先决条件。它也起源于19世纪60年代的精英运动。泛伊斯兰主义在苏丹阿卜杜勒哈米德二世（1876—1909）的统治时期获得国家的支持，并在奥斯曼苏丹/哈里发（caliph）的庇护下，加强伊斯兰世界社会内部的联系。被驱逐的青年土耳其人在这期间也不断地书写伊斯兰社区的文化、社会和经济发展，以实证主义和物质主义的方式诠释《古兰经》（Hanioğlu，2005：205—206），但是没能将其发展转换成伊斯兰式的政治纲领。在1908年的政治"解放"之后，伊斯兰激进主义分子主导了一场反对宪政的革命，导致联合与进步委员会（CUP）对伊斯兰主义的反感和怀疑。

泛突厥（土耳其）主义是这些潮流中最年轻的，而且包含了两个不同的运动。历史较长的是泛突厥主义，起源于伏尔加河（Volga River）上喀山（Kazan）、克里米亚（Crimea）和阿塞拜疆（Azerbaijan）的鞑靼人，1908年后由俄罗斯移民带入奥斯曼帝国。该思想强调突厥民族（包括奥斯曼人）共同的历史根源，其为帝国开出的解决方案包括这些民族文化和政治的统一。从1911年起，泛突厥主义民族主义者在"土耳其炉台"（Turkish Hearth）组织中迅速壮大，年轻的土耳其民族主义运动浪漫地将安纳托利亚农民理想化为"真正的土耳其人"，认为安纳托利亚农民的美德应该被奥斯曼人重新发现和采纳。在1913年之后，特别是1917年联合与进步委员会（CUP）发起的"人民运动"（Halka Doğru, To the People）推动了这一思潮的发展，而这一思潮对凯末尔及其思想的影响最大。

上述三种存在于奥斯曼帝国末期的国家身份意识，先后在混乱的局势中失败。脆弱的奥斯曼主义在希腊（Greece）、北马其顿（North Macedonia）、保加利亚（Bulgaria）、亚美尼亚（Armenia）的独立中失去意义，泛伊斯兰主义也在阿尔巴尼亚（Albania）和阿拉伯语地区的分离运动中失败，泛突厥（土耳其）主义似乎成为唯一的可选项。尤其是在 1917 年俄国十月革命之后，安纳托利亚与中亚世界的地理壁垒被打通，欧亚地区的泛突厥主义者将青年土耳其党人的恩维尔帕夏（Enver Paşa）当作他们的最大支持者。尽管奥斯曼帝国在第一次世界大战中失败，泛突厥主义似乎仍然是国家身份意识的最优解，直到穆斯塔法·凯末尔·阿塔图尔克的出现。凯末尔领导的土耳其解放运动不仅获得胜利，更使得扎根安纳托利亚的土耳其民族主义逐渐成为官方意识。

二 战争与改革：凯末尔与凯末尔主义

寻找适合国家身份的努力始于帝国末期，但土耳其共和国身份认同困境产生的最直接原因是 20 世纪前后的战争创伤和凯末尔激进改革政策带来的文化和社会割裂。

改革的传统早已存在。如果从 1839 年开始的坦齐麦特时期开始计算，以欧洲为模板的西化改革在奥斯曼帝国及土耳其已经有了几百年的历史。帝国上层和留学西欧归来的知识分子们对欧洲的武器、制度、教育的推崇，在国内营造了一种"外部"文化更优越的氛围。"西方"是值得学习的优秀榜样，带有正面的评价。

欧洲鼓吹的民族国家思想在奥斯曼帝国的领土上掀起一波独立浪潮，而奥斯曼帝国在从俄奥（土）战争到巴尔干战争中接连失利，国家一度接近破产，不得不靠欧洲的高利率借贷维持国家运转。第一次世界大战英法瓜分奥斯曼帝国的企图激发了国家仇恨，同时也成为战争动员的精神来源。第一次世界大战后的土耳其失去了欧洲、北非、阿拉伯半岛的大部分领土，只保留了以游牧民为主要人口构成的贫瘠的安纳托利亚高原。在应对欧洲列强的威胁时，对属于"外部"世界的西方的仇恨是数十年战争的动员机制，也是奥斯曼末期到土耳其共和国建国初期的民族情绪的助推剂。

在强烈的国族情绪中，突厥人的国家、土耳其共和国于1923年正式成立。作为被授予"国父"名号的第一任总统，凯末尔主导着土耳其共和国的各项制度。他对于现代国家的构想组成了著名的"凯末尔主义"（Kemalism），而在凯末尔主义框架内进行的各项改革政策，尤其是字母和语言改革，奠定了土耳其国民身份认同的来源。

凯末尔主义的主要思想被归纳为6个主要部分，也被形象化地表示为六支箭（Altı Ok），于1937年写入土耳其共和国宪法，现仍存在于凯末尔创立的共和人民党（CHP）的旗帜上。这6个思想分别是：共和主义、民粹主义/人民主义、国族（民族）主义、世俗主义、国家主义和改革主义/革命主义。

凯末尔的共和主义定义了一种宪法共和国，取代奥斯曼帝国的绝对君主制。在这种共和国中，人民的代表由选举产生，必须按照限制政府对公民权利的现行宪法进行治理，实行三权分立。而凯末尔民粹主义不仅要建立人民主权，而且要进行社会经济转型，以实现一个真正的民粹主义国家。凯末尔的民粹主义设想了像团结主义一样强调工作和民族团结的社会，即创造一种统一力量，带来一种土耳其国家的感觉。通过国家对宗教学校和宗教组织的监督，使伊斯兰教与现代民族国家兼容。世俗主义旨在驱逐宗教对政府事务的干涉，因为奥斯曼帝国实际的政治经济社会法律制度是围绕伊斯兰教法所形成的。土耳其在1924年废除数百年的哈里发制度，1926年废除原有的伊斯兰的沙利亚（Sharia）法律体系。国家主义的产生原因在于凯末尔认为土耳其的完全现代化在很大程度上依赖于经济和技术的发展，因此需要国家对经济进行规划管理和控制。

与创造国家身份动机更密切的是凯末尔思想中的国族主义和改革主义。国族（民族）主义旨在从多宗教多民族的奥斯曼帝国的残余中建立一个民族国家。凯末尔民族主义起源于社会契约论，尤其是卢梭（Jean-Jacques Rousseau）及其《社会契约论》所倡导的公民民族主义原则。奥斯曼帝国的解体促进了凯末尔主义者对社会契约的认识，帝国的消亡被认为是奥斯曼"米列特"（millet）制度的失败和奥斯曼主义的无效产物。凯末尔曾表示："在管理和保卫土耳其民族的问题上，我们的眼中的最高理想是民族团结、民族觉悟、民族文化。"凯末尔对"土耳其民族"的定义是：作为土耳其人民的民族，他们总是热爱并努力提升他们的家庭、国家和民族发展，他们知道自己对建立在法制和人权基础上的国家的民主、世俗和社会的责任。所有保护和促进土耳其民族的道德、精神、文化和人文价值的人，均可以被称作是土耳其人。改革主义或革命主义是一个要求国家用现代制度和观念取代传统制度和观念的原则。这一原则主张需要通过革命进行根本的社会变革，作为实现现代社会的一种战略。在凯末尔看来，改革主义是土耳其实现独立之后增强自己的实力不被侵犯的主要原则。

凯末尔的改革，在国体政体等方面是对西欧各国体制制度的照搬：使用欧洲日历，瑞士的民法典，实行欧式的世俗家庭法，废除伊斯兰组织和服饰，废除苏丹和哈里发制度，废除宗教婚姻等。① 凯末尔改革的实行手段也非常激进，通过土耳其最高权力机构大国民议会颁布秩序维护法（Law on the Maintenance of Order），严厉镇压反对改革的民众和组织，仅仅是在 1925 年就有 7500 人因不遵循新改革规定而被捕。（Zurcher Erik Jan，2017：180）在伊斯兰教义下形成的服饰和组织，不仅仅是宗教活动，也是信教国民 600 多年的生活和社会组织方式。忽视很多本土文化的激进改革和惩罚措施，几度导致人民的不满并造成起义，这背后折射出凯末尔政府对"土耳其人是谁"的认同不足。

在土耳其共和国这个新国家成立的头几年，土耳其人民的身份建设没有一个明确的官方定义或者指导，很多场合使用的还是以宗教为标准的区分方式。奥斯曼帝国失去阿拉伯行省之后留下的领土上的人口大部分是穆斯林，宗教是国家身份建构中的重要因素：在解放战争初期为了动员人们加入战争来应对基督教的时候，使用的是穆斯林土耳其人的口号；独立之后，土耳其拒绝了信仰基督教的嘎嘎乌兹（gagavuz）突厥人的移民请求，但是却同意了母语不是突厥语的波斯尼亚穆斯林的移民请求。（Bayraktar

---

① 关于详细的改革内容可以参考 Erik Jan Zürcher，*Turkey：A Modern History*，London：I. B. Tauris，2017，pp. 170 – 180。

Özlem，2012）虽然共和人民党在一党执政时期没有明确提出穆斯林的原则，但是在实践中，尤其是在财产税的征收上可以看出区别对待。（Ayhan Aktar，2004）

因此，凯末尔主义者在建国后意图创建"土耳其人"这个概念时，土耳其社会对于西方的感情是撕裂的。一方面，战争时期领导通过抵御"外部"的西方世界的话术来动员民众战斗，这种仇恨记忆在建国初期面对欧洲的威胁时仍然强烈；而另一方面，凯末尔的西式世俗化改革试图把"土耳其人"归化为西方的一部分，让民众对于土耳其和土耳其人的定位更加困惑。同时期的土耳其精英也曾表达西式世俗化改革可能会侵蚀本国民族文化的担忧，但受土耳其著名的社会学家和人类学家奇亚·果卡普（Ziya Gökalp）影响的凯末尔主义者们否认西化改革就是依赖西方文化。对于果卡普来说，"文化"和"文明"是两个不同的领域，"文明"意味着科学和对应于技术的普遍领域，而"文化"对应于民族的匿名性和独特性，"非欧洲的现代化是西方文明的优越性与东方的文化优越性与其物质特征的综合"，因此西化与土耳其民族主义之间没有绝对的不相容。当时的一些声音批评凯末尔政府把西方文明当作更优越的文明，凯末尔主义者则表示西方在文明和技术层面作为整体是全人类的文明，而且不应该将"东方"单纯地当作西方的反面。（Baskın Oran 1997）

三　语言即身份：凯末尔的语言工程学

对于凯末尔来说，土耳其共和国最急迫的任务是建立一个世俗现代的国家，因此其政府进行的所有改革和制度建设都围绕这个目的展开，而语言为现代化的国家身份创建开辟了道路。虽然共和国早期在关于"土耳其人"和"非土耳其人"的划分上，官方没有给出标准，并且在一定程度上延续了奥斯曼帝国的宗教标准，但从20世纪30年代官方表述中，可以观察到政府关于族群的主要划分依据是语言。当时社会精英和知识界普遍认为语言是创造核心凝聚力的重要手段，精英主义的凯末尔及其执政党将语言当作区分国族的基本标志之一。（Sadoğlu Hüseyin，2003）凯末尔曾在

1931 年 1 月 17 日在公开场合表示，成为土耳其人等于说土耳其语，暗中将不说土耳其语的国民排除在国家族群建设之外。为了割裂民众和奥斯曼帝国之间的文化纽带，构建土耳其人自己的身份概念，凯末尔在语言上进行了一整套的综合改革，其中包括以字母改革为代表的语言净化行动，以语言为载体寻找祖先认同的姓氏法和为弥补合理性缺失而开展的《突厥史观》及太阳语言理论的书写等。这一系列的措施被称为土耳其共和国发展建构工程师凯末尔的"语言工程学"（Bayraktar Özlem，2012）。

首先是举世闻名的字母改革，即字母简化运动。奥斯曼帝国文化上受到波斯文化和阿拉伯文化的影响较大，几百年间书面语的字母为阿拉伯语字母。1928 年 10 月，土耳其大国民议会通过对奥斯曼语字母进行改革的决议，随后成立了语言委员会（Dil Encümeni）。该机构制定了新版的以拉丁字母为参照的土耳其语字母，并于 1929 年在全国范围内进行强制推行。凯末尔曾表示，字母改革的象征意义不仅在于"消除过去的错误"（Ali Sevim，M. Akif Tural，1997：274），同时也让土耳其人"用自己的字母和心智来证明土耳其在世界文明中也有一席之地"（Karpat，Kemal H. 2004：457）。

字母改革只是第一步，凯末尔政府随后投入大量人力物力，希望从科学的角度进一步进行语言净化活动。1931 年 7 月 11 日，土耳其成立土耳其语言研究协会（Türk Dili Tetkik Cemiyeti，TDTC），该协会主要负责两个工作：一个是建立书面语和口语之间的统一性，确定土耳其语语法规则，以发展土耳其语单词的目标来收集并规范词汇表；一个是把综合的语言学知识当作工具来明确土耳其语和世界其他语言之间的关系。（Afet İnan，1984：217）该协会在凯末尔的设想下是一个对全民开放会员资格的协会，因此该协会也刻意与政府部门保持了一定的距离。凯末尔通过其政党的基层组织"人民之家"将语言活动延伸到百姓生活中。1932 年 9 月 26 日，政府通过广播和报纸邀请所有的公民"参加"TDTC 召开的第一届语言会议，那个时期的代表信息媒介——喇叭，被形容为"铁口"（demir ağız），它既是凯末尔政府进行统治和动员的重要工具，也能使官方通过循环的播报将意识形态输送到公众耳朵里和脑袋里。（Bayraktar Özlem，2012）

在凯末尔的倡议之下，土耳其政府于 1932 年设立土耳其语言学会（Türk Dili Kurumu，TDK）。TDK 不仅把当时口语中的很多来自阿拉伯语和波斯语的词都替换成源自古突厥语的新造词，同时也去掉了书面语中来自阿拉伯语和波斯语的语法现象，替换为"纯土耳其语"的形式。为此，TDK 在 1935 年专门出版了一本《奥斯曼土耳其语—纯土耳其》对照词典。（Szurek Emmanuel，Aymes，Marc，2015：94）

伴随着机构设置和科学活动的展开，20 世纪 30 年代土耳其政府在民众中大力推行被净化后的国家语言（现在所谓的土耳其语）的普及。"公民，说土耳其语！"运动是代表性事件之一。这是由土耳其政府资助的一项由大学法学院学生发起的倡议，旨在向不讲土耳其语的人施加压力，让他们在 20 世纪 30 年代公开说土耳其语，甚至在一些城市对不说土耳其语的人都处以罚款。夹杂着战时回忆的现有情感，这个运动一定程度上提高了公民对国家的认同，推动了民众"土耳其人化"的进程，但"一刀切"的政策和严厉的处罚也造成了民怨的累积。

类似于创办语言协会的动机，凯末尔为了建立民族自信，创立了土耳其历史研究会。凯末尔认为应该写一部土耳其的民族历史，而不是全盘接受西方历史观。在 1932 年 7 月 2 日至 11 日由土耳其历史研究会举办的第一届土耳其历史大会上，突厥史观第一次为公众所知。突厥（土耳其）史观的目的是针对作为奥斯曼历史学遗产中以伊斯兰为中心的历史叙事和西方以欧洲为中心的历史叙事，开发一种替代土耳其本国的历史叙事。历史大会批评了西方学者的历史叙事，声称中亚突厥人比欧洲人早 7000 年离开石器时代，然后作为第一批将文明带给人类的群体向四周散发。凯末尔的养女、土耳其历史委员会成员阿菲特·伊南（Afet İnan）则从当时盛行的体质人类学的角度出发，表示土耳其（突厥）人在种族上被称为"短头颅"，他们在位于中亚的"内海"周围建立了发达的文明，后因气候变化"内海"干涸后离开，从那里向世界其他文化传播文明，包括中国、印度、埃及和希腊。这个观点与土耳其历史研究委员会出版并被列入学校教科书的《土耳其历史主线》（*Türk Tarihinin Ana Hatları*）一书观点相辅相成。然而这个史观的科学性受到土耳其一些著名学者的质疑，但这些学者最后因自己的发言在土耳其一党独大时代失去了他们在大学的工作。

另一个重要的举措是姓氏法的颁布。和当时世界的很多国家一样，奥斯曼帝国内部对姓氏的重视度不高，奥斯曼帝国时期的姓名后缀通常是在政府或军队的官衔或者是贵族的社会身份。（Türköz Meltem，2017）为了清除奥斯曼历史遗留，土耳其议会于 1934 年 6 月 21 日通过《姓氏法》，规定所有土耳其人除了他们的专有名称外，还必须带有他们的姓氏；姓氏在手语、口语和书写时必须遵循正名；姓名不得与军衔和文官有关；也不得使用部落、外国种族或民族作为姓氏，也不能令人反感或荒谬；也禁止使用没有适当系谱证据的"历史名称"。名字是传统的文化符号，将个人置于不同的民族、性别、地位、种族群体的边界所框选的范围中，名字"表现"了身份。《姓氏法》不仅强制民众使用官方给予的姓氏或者姓氏构成方式，而且规定可以由最年长的男性户主来选择土耳其语的姓氏，不仅反映了凯末尔政府与奥斯曼时期的波斯语和阿拉伯语的姓名后缀进行割裂的诉求，也反映了凯末尔政府探索国家与其试图纳入、同化和改造的不同群体之间的界限的互动。（Türköz Meltem，2007：893—908）

四　太阳语言理论

太阳语言理论是在突厥史观建造的历史根基上发扬光大的，但是从出现到噤声的短短几年时间内，其作为一个被创造的"科学理论"所引发的争议，远远超出学科的范畴。太阳语言理论的主要内容为：世界的语言源自苏美尔人（Shumer）的语言，而苏美尔人起源于中亚突厥人，并通过持续不断的移民浪潮传播到世界各地。最原始的突厥人，深深受到太阳对生命的影响，所以他们把太阳当作创造一切的神，并由此产生了善与恶、光明与黑暗、时间和情感等表达。太阳是第一个被史前人类命名的事物，今天使用的所有单词都是从原始的"太阳"这个词（突厥语：ag）派生出来的，世界的语言就是这样产生的。

在官方表述中，土耳其于 1934 年举办第二届语言大会，会后奥地利的语言学家科维奇科博士（Dr. Phil H. F. Kvergic）的一份名为《土耳其语某些元素的心理学》（*La psychologie de quelques éléments des langues Turques*）的研究被送到凯末尔眼前，为新理论的开启打开序幕。科维奇科通过多样的人类学发现和弗洛伊德（Sigmund Freud）精神分析方法，认为土耳其语和其他语言是有亲属关系的。他在研究中认为作为人类生活的基本能量来源的太阳迫使原始人类理解周围环境并赋予意义。这些人首先面对太阳感受并试图表达爱、惊讶、恐惧和仁慈的个人情感；同时生理学研究展示人类最先发出的声音是"a"，这个声音长时间地重复之后形成的第一个单词是"ağ"，在土耳其语所属的突厥语的古老方言中这个单词象征着"创造""改变颜色""使明亮""天空""光线"等含义，因此最初有规则的语言有可能是土耳其人（突厥人）的。

"太阳语言"在 1935 年之前只是偶尔出现在报纸上的一个话题，但到了 1936 年却成为第三届语言大会的主议题。科维奇科在第三届土耳其语言大会发表的演说中，确认了"太阳是人类开发语言的原动力"。传统的史学认为科维奇科的研究是太阳语言理论的直接来源或者是最主要的精神来源，但是研究语言改革的两个学者对此持有怀疑。[①] 似乎太阳语言理论是科维奇科博士与其他欧洲学者的研究碰巧和土耳其当时的史观和需求相契合的一个偶然性的故事[②]，但科维奇科的手稿提出了一个谜题：在其一篇较短的文章中，"太阳"一词根本没有出现；而在另一篇文章中，"太阳"在大约 300 页的文稿中只出现了一次。那太阳语言理论是如何从欧洲学者的研究引入土耳其叙事的过程就更加值得思考。（Lewis Geoffrey and Jacob M. Landau，1984：207）

科维奇科毕业于维也纳大学的东方学专业，并于 1929—1933 年游历了阿富汗、伊朗和土耳其。科维奇科的学术研究受到弗洛伊德的影响，在他 1935 年交给 TDK 成员及随后递交到凯末尔手中的未出版的论文中，也强

---

① 这部分的相关研究可参考 Uriel Heyd，*Language Reform in Modern Turkey*，Jerusalem，1954，pp. 33 - 35；B. Brendemoen，"The Turkish Language Reform and Language Policy in Turkey"，in György Hazai（ed.），*Handbuch der türkischen Sprachwissenschaft*，Wiesbaden，1990，p. 462。

② 例如法国历史学家 Hilaire de Barenton 的文章，"L'Origine des Langues，des Religions et des Peuples"（译为《语言、宗教和人类起源》），表示所有的语言都来源于苏美尔语，也存在于官方叙事中。

调了他对弗洛伊德精神分析方法的重视。科维奇科曾向土耳其驻奥地利大使表示愿意继续在太阳语言理论上进行研究并且送给 TDK 出版，但是他因病没有按时完成研究。获悉这一消息的凯末尔直接命令大使对科维奇科进行协助和资金支持。大约三周后，在 1936 年 4 月初，科维奇科访问土耳其驻维也纳大使馆，感谢土耳其政府对他健康的关心，并告诉大使，他计划去赫尔辛基寻找一本包括蒙古语、满语和通古斯语的突厥语方言词典，并借此完善太阳语言理论，实际上是向 TDK 申请研究旅行的费用。然而，TDK 秘书长伊布拉辛·内基米·迪尔曼（İbrahim Necmi Dilmen）在阅读了土耳其驻奥地利大使关于最近与科维奇科会面的报告后发出了警告，因为科维奇科倾向于将土耳其语与蒙古语、满族语和通古斯语等远东语言相提并论。然而，据迪尔曼说，TDK 的观点和太阳语言理论的目标是让土耳其成为所有闪米特语和印欧语的发源地。如果科维奇科的研究不满足他们的预定路线，将不会对他进行经济支持。得知此消息的科维奇科随后再次拜访大使馆，表示自己的研究是在太阳语言理论的框架内进行的，迪尔曼很高兴。①

另一封来自 TDK 档案的信件提供了新的线索。在给土耳其在墨西哥城（Mexico City）的主管负责人（chargé d'affaires）的信中，迪尔曼表示太阳语言理论"是一个杰出的发现，是由我们崇高领袖的伟大天才基于土耳其语言协会多年的语言数据中迸发出来的。这个理论是在去年（1935 年）夏天在弗洛里亚海滨度假胜地诞生的"。蒂尔门补充说，由于凯末尔不希望他的名字作为该理论的发明者出现，报道这一故事的报纸文章称其为"由土耳其天才发现"。

第三届语言大会上科维奇科作为"太阳语言理论"的创造者为土耳其民众所知，但是凯末尔在会上的"土耳其语是其他所有世界语言的先锋"的发言则更加直接和大胆。（Ragıp Hulusi Özdem，1936：471）虽然官方极力推崇太阳语言理论，但是会议气氛却稍显尴尬，显然这个理论并不能让

---

① 这个部分可以参考İlker Aytürk，H. F. Kvergić，"The Sun-Language Theory"，*Zeitschrift der Deutschen Morgenländischen Gesellschaft*，Vol. 159，No. 1，2009。

所有参会者信服。虽然有一些被邀请的外国学者客套地表示认同，但也有学者直接站出来质疑了该理论的科学性，有的学者甚至拒绝出席大会的相关讨论。（İlker Aytürk，2009）随后相关的议程被悄悄地删除。第三次语言大会对于太阳语言理论来说，顶峰即落幕。虽然会议结束后太阳语言理论还继续在报纸上保持了一定的热度，在 1936—1938 年的官方媒体《直言》（Açıksöz）、《共和报》（Cumhuriyet）、《人民报》（Ulus）上还有相关的研究报道，但是这些理论在 1938 年凯末尔去世之后销声匿迹。（Özlem Şendeniz，2014：318）虽然对于很多学者来说，具有远大抱负的太阳语言理论完全是一种夸张的科学谬论，但是太阳语言理论的贡献并不在于提出了一种学理上的远大抱负，而在于消除了凯末尔在 20 世纪 30 年代进行土耳其国族建构中施行的语言净化政策的消极影响。

凯末尔政府进行语言净化的主要动力在于将土耳其从波斯语和阿拉伯语的文化霸权中拯救出来，同时也是将作为世俗共和国语言的土耳其语与伊斯兰文化分裂。凯末尔的所有语言改革的政策都有两个主要的目标：一个是土耳其化，另一个是世俗化。凯末尔精英希望新构建的国族语言——土耳其语既能与其他穆斯林区别开，同时与西方的世俗主义思想相协调。极端的语言净化运动进行得过于激烈和粗暴，很多外来的单词，没有办法立刻找到相关的土耳其语的替代，导致了民众生活上的不便和精神上的割裂，情感上的无所依托。太阳语言理论被发现之后土耳其政府做的并不是将来源于西方或者东方的单词土耳其语化，而是试图展示所有这些语言的根源其实都是"所有语言的祖先"——土耳其（突厥）语。太阳语言理论一定程度上动摇了"语言净化"运动的合法性，既符合希望保留土耳其语中波斯语词和阿拉伯语词的人的诉求，同时也应对了觉得寻找来源于西方的词是没有必要的那些人的抱怨。（Agah Sırrı Levend，1960：439）土耳其著名历史学家雅库普·卡德利（Yakup Kadri）将太阳语言理论称为语言规划中的"寻找中间道路的努力"（Yakup Kadri Karaosmanoğlu，1963：87），法利赫·勒夫科（Falih Rıfkı）将语言规划的新阶段归因于凯末尔对过度语言净化政策的意识。（Falih Rıfkı Atay，1998：477）在这种理论下，语言在区分"民族本质"和"他者"方面的作用似乎被削弱了，因为土耳其语和其他语言之间的边界的渗透性已经获得了一些合法性。

五　结论

　　无论是在奥斯曼帝国、凯末尔时期还是现在的埃尔多安政府，土耳其在现代化的过程中一直面临着向东或向西的摇摆选择。凯末尔时期的语言工程学，主要目的是在建立一个现代世俗的国家时创造符合西方标准的国家身份。但是激进的政策执行不仅割裂了和奥斯曼帝国的宗教遗存、历史遗存和文化遗存，还导致了民众从语言到生活的认同真空，即对于"土耳其人"应该是什么样的存在产生怀疑，甚至造成了地方的反叛和暴乱。突厥史观和太阳语言理论的生产，既填补了民众情感上的空缺，也是土耳其在面对西方的"落后感"的解决方案。突厥史观和太阳语言理论一同成为官方意识形态的基础，强调土耳其人是"多么纯粹、伟大、古老的种族"（Ne kadar asil, yüksek, eski, köklü bir ulus）。太阳语言作为凯末尔"语言科学观"的一部分，不仅仅是国族国家建设中身份制造的一个部分，也是凯末尔对于之前激进语言净化政策的反思和修正。通过将土耳其和作为突厥语的土耳其语的历史追溯到奥斯曼帝国之前，通过设想中的既带有科学性又符合国民身份建设的理论，对极端净化运动的消极影响进行弥补，同时弥补东西摇摆的国家政策可能导致的民众身份认同困境。（Lewis, Geoffrey: 2004）

参考文献：

　　昝涛：《"因俗而治"还是奥斯曼帝国的文化多元主义？——以所谓"米勒特制度"为重点》，《新史学》2020 年第 2 期。

　　Afet Inan, *Atatürk Hakkında Hatıralar ve Belgeler*, Ankara: Türkiye iş Bankası Kültür Yayınları, 1984.

　　Agah Sırrı Levend, *Türk Dilinde Gelişme ve Sadeleşme Evreleri*, Ankara: TDK Yayınları, 1960.

　　Ali Sevim, M. Akif Tural, Izzet Öztoprak, *Atatürk'ün Söylev ve Demeçleri*,

Ankara：Atatürk Araştırma Merkezi Yayınları，1997.

Atay Falih Rıfkı，*Çankaya*，İstanbul：Bateş Yayınları，1998.

Ayhan Aktar，*Varlık Vergisi ve Türkleştirme Politikaları*，İstanbul：İletişim Yayınları，2004.

Baskın Oran，*Atatürk Milliyetçiliği：Resmi İdeoloji Dışı Bir İncele*，Ankara：Bilgi Yayınevi，1997.

Erik Jan Zürcher，*Turkey：A Modern History*，London：I. B. Tauris，2017.

Hanioğlu M. Şükür，*The Young Turks in Oppositin*，Oxford University，2005.

Lewis Geoffrey，Landau Jacob M.，（ed.），*Atatürk and the Modernization of Turkey*，Leiden：Brill，1984.

Türköz Meltem，*Naming and Nation-Building in Turkey：The 1934 Surname Law*，New York：Palgrave Macmillan，2017.

Sadoğlu Hüseyin，*Türkiye'de Ulusçuluk ve Dil Politikaları*，İstanbul：Bilgi Üniversitesi Yayınları，2003.

Szurek Emmanuel，Aymes Marc，（ed.），*Order and Compromise：Government Practices in Turkey from the Late Ottoman Empire to the Early 21st Century*，Leiden：Brill，2015.

Yakup Kadri Karaosmanoğlu，*Atatütürk ve Türk Dili*，Ankara：TDK Yayınları，1963.

Bayraktar，Özlem，Güneş Dil Teorisi，"'Batı' ve 'Türk' Arasındaki Sınırı İdare Etmek"，*Spectrum：Journal of Global Studies*，Vol. 4，No. 2，2012.

Gökhan Yavuz Demir，"Türk Tarih Tezi ile Türk Dil Tezinin Kavşağında Güneş Dil Teorisi"，*U. Ü. Fen Edebiyat Fakültesi Sosyal Bilimler*，Vol. 11，No. 9，2010.

İlker Aytürk，H. F. "Kvergić and the Sun-Language Theory"，*Zeitschrift der Deutschen Morgenländischen Gesellschaft*，Vol. 159，No. 1，2009.

İlker Aytürk，"Turkish Linguists against the West：The Origins of Linguistic Nationalism in Atatürk's Turkey."*Middle Eastern Studies*，Vol. 40，2004.

Karpat, Kemal H. , "A Language in Search of a Nation: Turkish in the Nation-State", *Studies On Turkish Politics And Society: Selected Articles and Essays*, Leiden: Brill, 2004.

Lewis Geoffrey L. , "Turkish Language Reform: The Episode of the Sun-Language Theory", *Turkic Languages* Vol. 1, 1997.

Türköz Meltem. "Surname narratives and the state-society boundary: Memories of Turkey's family name law of 1934", *Middle Eastern Studies*, Vol. 43, No. 6, 2007.

Özlem Şendeniz, "Erken Cumhuriyet Dönemi Dil Politikaları: Güneş Türk Dil Teorisi'nin Türk Basınında Yansımaları", *CTAD*, Vol. 20, 2014.

Ragıp Hulusi Özdem, "Üçüncü Dil Kurultayı Açılırken", *Yeni Türk*, Vol. 4, No. 45, 1936 Eylül.

巴基斯坦学者加米迪的政治思想

刘 北

（清华大学国际与地区研究院博士研究生）

20 世纪前期，西方民主思想作为一种意识形态在世界范围内广为传播，成为民族国家体系下政治现代化的代名词。伊斯兰世界①在面对西方现代化向全球扩散时作出反应，希望在政治现代化中寻找与之弥合的方式。学术界对"伊斯兰教"与"民主"分别做出了诸多定义与解释，并试图论证这些定义之间的关系是互补还是对立。大量的研究无非得出二元式结论：伊斯兰教和民主可以兼容，或水火不容。

20 世纪末冷战结束后，西方将关注的目光投向伊斯兰世界。媒体参与到全球政治的博弈之中，把伊斯兰政治问题进行分析，将伊斯兰世界塑造为全球秩序中的新力量。一时间，伊斯兰政治成为全球热议的话题。伯纳德·刘易斯（Bernard Lewis，1916—2018）和塞缪尔·亨廷顿（Samuel Huntington，1927—2008）等研究伊斯兰问题的非穆斯林学者提出，未来世界之博弈产生在不同文化类型之间，并开始在全球政治叙事中渲染"伊斯兰威胁论"。西方媒体在宗教与政治话题中不断进行舆论造势，深刻影响了公众对冷战后全球格局的认知。爱德华·萨义德（Edward Said，1935—

---

① 学术界有诸多对"伊斯兰世界"的概念界定。萨义德根据"东方主义"（Orientalism）的解释，认为现代的"伊斯兰世界"是西方关于东方意识形态的产物，一种被构建出来的、与西方社会相对立的"他者"。本文所使用的"伊斯兰世界"取其具有明确地理空间意义的历史概念，即"统治者是穆斯林而且按照伊斯兰教法进行统治的地区，也就是传统穆斯林的统治势力能够达到的范畴"。此概念解释参见昝涛《从现代主义到伊斯兰主义——试论中东伊斯兰社会主流意识形态的演变》，《中东研究》第 1 期。

2003）在《报道伊斯兰》中回顾了西方媒体如何在新闻报道中反映出对伊斯兰世界的偏见——将其孤立为一个对西方世界产生威胁的集体。伊斯兰教逐渐与"极端""非理性"等负面词汇相关联，这让公众更难相信伊斯兰能够与民主相协调。

现代国家体系下，世俗化政教分离的政策为民主制度和宗教的弥合提供了一种解决方案，在宗教群体中分化出了支持世俗化的改革派与支持回溯宗教理念的传统派。世俗主张与保守主张在伊斯兰世界反复推拉，争议至今依然存在。巴基斯坦作为伊斯兰国家，同样需要处理信仰与世俗、宗教与民主之间的张力。在 2021 年《经济学人》所评出的世界民主指数的排名中，巴基斯坦的分数为 4.31（满分为 10），在 167 个国家和地区中排名 104 位，被定义为"混合政权"。① 民主评定的结果反映了西方民主评价对巴基斯坦民主化政治的质疑。回顾巴基斯坦坎坷的政治民主化历史，一直有伊斯兰主义的声音希望其的政治治理回归"伊斯兰教传统"，而并非追随世界民主化的潮流。在这种进退两难的境况中，一些巴基斯坦的宗教解释学者正试图从教义的诠释出发，在伊斯兰教与民主概念的调适中寻找可释的空间。

一　19—20 世纪的争论：伊斯兰无民主?

（一）外部视角：非穆斯林世界的叙事

早期从事中东研究或伊斯兰研究的东方主义学者，将伊斯兰世界塑造为一个与西方主流世界相对立的"他者"。刘易斯认为伊斯兰教的政治历史就是一部专制史，伊斯兰教的教法规定了人们对真主法律和宗教义务的服从。（Lewis，1954：318—319）从事中东研究的英国历史学家埃里·凯杜里（Elie Kedourie，1926—1992）曾经评价伊斯兰世界缺乏理性、自由的思考，从而呈现特有的、根深蒂固的混乱特质，并将导致这种状况的原

---

① 民主指数（democracy index）由《经济学人》编制。该指数主要从以下五个方面来衡量一个国家或地区的民主化程度，即选举程序与多样性、政府运作、政治参与、政治文化和公民自由。本文所使用的数据来自 2021 年民主指数报告。

因归结于伊斯兰教固有的决定论和威权性的神学特质。（Kedourie，1979）他指出，"代表权、选举、普选权、政治机构、议会制定的法律规范、法律由独立司法机构所维护的思想，以及国家世俗化的思想……所有这些都与穆斯林的政治传统格格不入"。（Kedourie，2013）他的理论否定了伊斯兰世界存在民主的可能性，代表了当时东方主义学者的思想倾向。

20世纪中后期，受到全球政治局势变化的影响，处于大众传播时代的西方媒体逐步将伊斯兰世界塑造为非理性的代名词。在"东方学三部曲"的最后一部《报道伊斯兰》中，萨义德反思了西方媒体的伊斯兰叙事。该书中提到了20世纪西方媒体对伊斯兰教所构建的刻板偏见："新闻记者的工作笼罩在一个刁钻滑溜的观念之下，也就是他们经常提及的'宗教激进主义'（Fundamentalism），虽然这个字眼与基督教、犹太教和印度教有密切而经常被略而不提的关系，但它与伊斯兰教特别如影随形。"（萨义德，2009：新版绪论第7页）这种在公共领域具有夸大性或标签化的叙事极易通过媒体渲染，促使读者将伊斯兰教与宗教激进主义一概而论。萨义德断言，这种叙事先是向公众领域输出一种倾向，"将伊斯兰教的信仰、创建者与人民简化为几项规则、刻板印象与概括化，然后对所有与伊斯兰教相关的负面事实——暴力、原始、复古、威胁——的渲染强化就永无止境"（萨义德，2009：新版绪论第7页），以此塑造出一个混乱的、非理性的、与西方秩序与文明世界相对立的伊斯兰社会形象。在西方视角中，"伊斯兰威胁论""绿祸论"被不断渲染，伊斯兰世界的形象与和平、文明背道而驰，自然也与现代国家体系之下的民主相去甚远。

2001年"9·11"事件之后，西方对伊斯兰世界的对立与恐惧情绪进一步加深。西方主流媒体的报道逐步将伊斯兰世界的形象恐怖化、妖魔化。有学者分析了"9·11"事件发生至2016年12月期间美国《华盛顿邮报》对伊斯兰国家报道的文本，并对媒体高频词汇进行了统计，其中例如"无序"（disorder）、"拒绝民主和人权"（rejected democracy and human rights）、"野蛮政权"（barbaric regime）、"压制"（repressive）、"专制"（autocratic）等负面词汇在报道非西方盟国的伊斯兰国家时高频出现，同时强调了对伊斯兰世界专制、混乱、反民主和反自由主义的表述（谢许潭，2018：28）。在伊斯兰威胁论、宗教极端主义的渲染之中，"伊斯兰无民主"成为一种与西方自由民主意识形态相对立的话术，在世界范围内被默许。

（二）内部视角：保守主义穆斯林的解读

在伊斯兰世界的几次改革运动思潮中，主张世俗主义与改革主义的穆斯林领袖试图建立政教分离的伊斯兰社会或国家，以向西方的政治现代化靠拢（昝涛，2020）。但仍有一批保守派的伊斯兰学者始终坚持伊斯兰和民主不可兼容的观点。保守派的观点主要有三：首先，伊斯兰的概念中真主拥有绝对的神圣主权，而民主制度中的人民主权与这一基础原则相矛盾；其次，在伊斯兰世界中的法律是真主来确定并颁布的"沙利亚"（shari'a，伊斯兰教法），不能由民选产生的议会而改变；最后，议会这一概念作为法律的来源，被认为是亵渎宗教的。（Voll，2007：172）这种观点从主权归属的角度试图维护伊斯兰教的传统和权威。

"在西方冲击下的伊斯兰世界，除了存在民族主义、现代化、西方化等世俗的思潮和实践之外，还产生了基于伊斯兰的意识形态，统称为伊斯兰主义（昝涛，2020）。以穆罕默德·伊本·阿卜杜勒·瓦哈比（Muhammad ibn Abdul Wahhab，1703—1792）、谢赫·瓦利乌拉（Shah Wali Ullah，1703—1762）等保守主义宗教学者为代表的伊斯兰复兴主义（Islamic Revivalism），认为伊斯兰文明的衰弱是宗教受到外国冲击、穆斯林远离伊斯兰信仰的结果。他们希望回到保守的、文本主义的信仰阐释中，主张伊斯兰净化运动，试图使社会重新回到伊斯兰教的原初教义上，以复兴伊斯兰教的精神与传统。"（昝涛，2020：31）由此催生出当代的"基地"组织、"伊斯兰国"与穆斯林兄弟会等宗教极端组织。

综上所述，当前伊斯兰与民主的讨论范式大多基于历史视角。尽管与伊斯兰和民主相关的概念都十分宏大，但最终的定义落脚在精确、特定的意义中。从西方视角来看，民主是一种具有特殊要求的、排他性的西方现象，民主化的非西方社会应该遵循西方的民主模式。但基于伊斯兰世界的历史，许多穆斯林学者认为伊斯兰教的定义与穆斯林在千年来发展出的知识体系和社会结构均密切相关（Voll，2007：174），伊斯兰世界的政治治理不能完全照搬西方的民主模式。正是如此，与二者相关的讨论至今仍然存在争议与可议空间，也是伊斯兰学者至今仍在热议的话题。贾韦德·艾哈迈德·加米迪，就是研究宗教与民主之关系的一位巴基斯坦宗教学者。

二 加米迪的学术之源

贾韦德·艾哈迈德·加米迪（Javed Ahmed Ghamidi，乌尔都语：جاوید احمد غامدی，1952—）是巴基斯坦穆斯林神学家、《古兰经》学者、释经者和教育家。他于1952年4月7日出生在巴基斯坦旁遮普邦帕克帕坦地区（Pakpattan）。父亲穆罕默德·图法伊尔·朱奈迪（Muhammad Tufayl Junaydi）是一位地主，从事医药工作，是苏菲派（tasawwuf）的忠实追随者。父亲希望加米迪能够同时接受传统与现代的教育，因此加米迪既接受了帕克帕坦的伊斯兰高中现代教育，又进行了传统的阿拉伯语和波斯语学习，以便研读《古兰经》。1967年，他来到拉合尔政府学院（Government College，Lahore）学习英语文学与哲学专业，并于1972年毕业，获得荣誉学士学位。

加米迪在学期间阅读了《古兰经》学者哈米杜丁·法拉希（Hamiduddin Farahi，1863—1930）的书籍，并通过他的学术作品了解到受到法拉希启迪的阿明·阿赫桑·伊斯拉希（Amin Ahsan Islahi，1904—1997）的思想。彼时伊斯拉希正住在拉合尔，也就是加米迪求学并定居的城市，加米迪当即寻找机会与伊斯拉希当面请教。这次会见将加米迪从哲学和文学领域引入了宗教学者的道路。1973年，伊斯拉希开始执教加米迪。

作为宗教学者，伊斯拉希将其大部分的精力放在了对《古兰经》的诠释与其深层含义的探寻之中。但在20世纪40年代，伊斯拉希加入了由毛杜迪发起的政党——伊斯兰促进会（Jamaat-i-Islami），并为该党担任重要职务十七年。他在重大问题上与伊斯兰促进会的领导层存在分歧，于是在1958年离开该政党。之后便一直专注于他所坚持的释经研究中。作为老师，伊斯拉希的宗教解释思想开拓了加米迪在宗教学方面的兴趣，为加米迪之后的释经研究提供了重要的研究视角。

20世纪70年代，加米迪加入伊斯兰促进会期间，与毛杜迪有过几年的交往，特别是在解释《古兰经》和伊斯兰教法（Shaira）方面有过交流。（Esposito，2003）这使得加米迪之后的学术思想同毛杜迪的伊斯兰主义思想也产生了对话。毛杜迪的思想涉及《古兰经》和圣训注释以及伊斯兰教法、政治和社会等多方面内容，他主张在真主主权、先知权威和代治权等十项伊斯兰国家基本原则的基础上全面实施伊斯兰教法，建立伊斯兰教的神权统治。（王旭，2011：93）他认为一个伊斯兰国家应该接受伊斯兰教法在社会、政治和宗教生活的所有方面中至高无上的地位（Maudoodi，1960）。

可以说，法拉希、伊斯拉希作为释经学者，为加米迪研习宗教经典提供了研究视角；毛杜迪作为论证伊斯兰教与国家政治关系的伊斯兰主义学者，为加米迪思考宗教与政治之关系提供了靶向。加米迪一方面继承并发展了法拉希、伊斯拉希回归宗教经典的释经方法，但同时否认了法拉希所认为的《古兰经》中的文本含义单一不变的观点（Farahi 2008；Amin 2012：179）；另一方面，加米迪对《古兰经》中真主赋予人政治主权的思想进行了解释（Maudoodi，1960：147），反驳了伊斯兰主义学者毛杜迪所认为的主权在神。

三　加米迪的政治思想

（一）加米迪的研究方法

深耕南亚政治研究的学者胡梅拉·伊克提达尔（Humeira Iqtidar）在政治思想史的研究中提出了结合方法（method）与感性（sensibility）的框架来理解伊斯兰政治思想中的"传统"概念。这为研究加米迪关于建构国家、民族和宗教的思想提供了分析工具。伊克提达尔在《重新定义"传统"》一文中曾详细解释了方法与感性作为理论框架来理解"传统"概念的具体定义。她认为方法是做事的特定方式，需提出论点、使用资源、组织思想、解释文本以及执行仪式或实践；而感性，是一种哲学方法和与该哲学相关的特定主观性。加米迪强调用一种严格的方法来解释《古兰经》，而不诉诸大量旧的解释性文献和辩论，减少了思想和实践多样性的可能。（Iqtidar，2016）在这样的理论指导下，加米迪挑战了塔格利德（Taqlid）、伊智提哈德（Ijtihad）作为伊斯兰教宗教解释经典著作的权威性和置信性，开始试图用回溯《古兰经》原文的方法对宗教传统进行理解。

受法拉希文学观的影响，加米迪对《古兰经》的研读也同样遵循文学道路。他认为解释《古兰经》必须通过它所使用的阿拉伯术语来进行。事实上，他认为古典注释经常被误解，因为一些解释者没有理解的是，《古兰经》并非一本法律书籍，而是一种文学作品（Ghamidi，2011：26—27），需要注意当时口头文化作为《古兰经》主要承载方式的复杂性。

由此，加米迪提倡从文本、语言学的特殊方法来回应伊斯兰与民主争论的核心——谁拥有政治主权。加米迪对教义中"哈里发"的词义进行了界定，并解读了它的主权属性。他指出，阿拉伯语中的哈里发（Khalīfah）一词有两个含义：（1）"通过担任权力和权威来接替某人的人"；（2）"被授予权力和权威的人"。他认为，语法原则规定，在诗句中实际作为普通名词出现的单词"Khaleefah"应该由冠词（alif laam）或确定性名词（mudhaaf 'ilaih）定义。他对哈里发进行了分析，认为人的代理地位意味着他"被授予"权力和权威而并不仅是"代表"它们，即人被赋予了自由意志，被赋予了权力（Amin，2012：186）；他被指示以协商为基础来管理他的政治事务，这是政治事务中的一项强制性义务，而不仅仅是一种道德禁令——这也与他对舒拉概念中"协商"的解读相呼应。在这种逻辑中，现代政治中的诸多形式，诸如政党、选举、议会和立法的体制安排，只要有助于协商的实现并促成其制度化，都是被伊斯兰教所接受的。

加米迪对主权在人的解读，一方面希望反驳西方对伊斯兰教坚持主权在神的认定；另一方面不同于伊斯兰主义学者所提出的真主主权高于一切的宗教理念，例如毛杜迪所认为的"真主主权高于一切且与政治主权无关"。毛杜迪的思想中也对"Hākimiyyat"（神圣主权，Divine Sovereignty）和"Khilāfat"（人类的权力代理人，Vicegenercy of man）进行了界定。他认为哈里发的代理权是一种神圣的委托：作为代理者，人行使"被授予"

的权力。这似乎表明，"人民代理权"（popular vicegerency）和西方政治思想中表述的"人民主权"（popular sovereignty）是相对立的。（Amin，2012：185）在毛杜迪的《伊斯兰政治理论》中，毛杜迪更直白地阐述了他对政治主权的看法：伊斯兰的主权属于真主，而不是西方民主中的主权属于人民，人类必须把所有"在他人之上的权利、立法权和行使权威权"交给真主。（Maudoodi，1960：147）与之相反，加米迪认为不应该对《古兰经》中的"Hākimiyyat"和"Khilāfat"这两个词汇进行政治概念化。他认为如果在经文的上下文中进行理解，《古兰经》中"Hākimiyyat"一词是指上帝作为创造者和所有者对宇宙的主权，而不是指上帝的政治或立法主权。与政治相关的权力依旧有可能被赋予人。

主权在人的解释，为伊斯兰国家进行政治事务的管理和政治机构的建设提供了合乎教法的依据，也在一定程度上回应了非伊斯兰世界对伊斯兰宗教与国家政治之间不能兼容的根本质疑。加米迪在这一前提的基础上，仍按照回溯《古兰经》原文的方法，将他对伊斯兰民主与国家政治之间的思考进一步延伸。

（二）加米迪的"伊斯兰民主"

对民主概念的界定，政治学界存在诸多争议。达尔提出的民主条件，是现代国家体系下对民主化政治体系进行衡量的主要依据。（Dahl，1971：3）20 世纪对民主概念之多样性的讨论中，有学者指出，在全球性的民主化浪潮之下，民主概念的学术研究有必要增加分析的多样性（analytic differentiation），以便解释世界上所出现的不同形式的民主（diverse forms of democracy）。（Collier，Levitsky，1997：430）这进一步说明了民主概念的复杂性，也为诸多不同类型的民主开拓了定义的空间。葛利（W. B. Gallie，1912—1998）提出，在一些关于民主的定义中，其关注点是聚焦的，它们故意将目光聚集在尽可能少的政治特质中；尽管视角微观，但这些特质仍然为民主提供了可行的标准。（Gallie，1955：184）这意味着对民主概念的界定本身会受到特定历史、社会环境及现实状况的影响。这种主张同样适用于作为一种特殊情境的伊斯兰社会。

谈到伊斯兰的民主，不可避免地会提及伊斯兰教法在国家治理之中的作用，因此需要先厘清伊斯兰教法中"沙利亚"（sharia）和"舒拉"（shura）的概念。萨卡·赛杜·马哈茂德（Sakah Saidu Mahmud）在讨论伊斯兰国家的政治治理方式时，对二者的区别进行了解释。他指出，沙利亚指的是一种"政治伊斯兰"形式，它适用于当代的政治治理，伊斯兰教对当前的统治、社会和政治问题的实施办法（Mahmud，2013：9）；而舒拉指的是"多元主义的伊斯兰教，肯定民主、自愿以及国家和社会的制衡力量"（Mahmud，2013：10）。由此可见，沙利亚相当于伊斯兰教中一个可以对标现代政治制度的存在，是用伊斯兰教的方法来解决当代的政治问题；而舒拉更强调一种多元化、平衡的统治力量，强调各方权力在政治治理中的平衡。

舒拉的概念中包含了伊斯兰教本身对公民治理多元化的包容态度，这种包容也涵盖了民主的含义。加米迪著作中的"国家系统"（The System of State）一章对《古兰经》的规定进行了解释。他认为，在《古兰经》中，舒拉（乌尔都语：شوری）是一个动名词，意为"去协商"。他指出《古兰经》鼓励穆斯林相互协商决定他们的事务。加米迪认为，即使是国家元首也要通过协商来任命；制度本身要以协商为基础；每个人在协商中都应该有平等的权利；凡是通过协商完成的，只能通过协商来撤销；作为制度一部分的每个人都应该对其事务有发言权，如果没有达成共识，就应该由多数意见来决定此事。（Ghamidi，2010：462）

在这部分的解释中，加米迪肯定了毛杜迪的部分理解，并援引了毛杜迪对协商事务所描述的五个原则：第一，与共同事务有关的人们应该有表达意见的自由，不能被强迫保持沉默。第二，真正的统治者是由人民自由选择，而不是受到任何强迫而被选出的。第三，被选中进行协商的人应该享有大多数人的信任。第四，被征求意见的人必须按照自己的知识、信仰和良知来表达自己的意见，并且应该有表达意见的完全自由。第五，通过舒拉成员的共识或由人们多数意见作出的决定，必须被接受。

毛杜迪将舒拉解释为一种政治治理中的系统性方面：例如，工会理事会的事务、国家和省级问题、社会和政治禁令、立法程序、行使或放弃权力的权利、对集体事务的宗教解释等。加米迪将其进一步解释为一种伊斯兰教中的政治前提，即统治者的提名应以协商为条件，整个政治制度以协商为基础，全体公民享有平等协商的权利。如果多数人反对，政府可能会被解散，因此每个人的意见都应成为征求意见过程的一部分，如果出现分歧，则应以多数原则起决定性作用。

加米迪曾在对阿富汗政治的一篇时评中再次阐述了他对这种协商民主的肯定。他批评了阿富汗塔利班所认为的民主与伊斯兰教格格不入的观点，尤其反对一些伊斯兰国家的极端宗教主义者所提出的"宪法、议会和选举只不过是现代的骗局"的观点。加米迪写道：

> 根据我对伊斯兰教的研究，我可以充满信心地说，这种观点和策略是《古兰经》所不能接受的。它规定民主是管理国家事务的方式。《古兰经》（42：38）记载：穆斯林的事务是根据他们的协商来管理的。欧麦尔哈里发（*Umar ibn al-Khattab*，586—644 年）说："凡在未经穆斯林集体同意的情况下宣誓效忠任何人的人，就是要被判处死刑。"的确，在穆斯林历史上，君主制和独裁制经常被接受为政府形式。有些人还认为，政府首脑应该是上帝本人的提名人。但其实《古兰经》所阐明的原则非常明确。
>
> ——贾韦德·艾哈迈德·加米迪，《伊斯兰和塔利班》

在这段评论中，加米迪说明了集体事务管理中协商机制的重要性，再次强调了伊斯兰教与民主可以结合的可能性，反驳了一些伊斯兰主义者认为现代民主机制不适用于伊斯兰世界的固有印象。加米迪将舒拉概念理解为多数协商机制，并认为这是一种民主的机制。他并没有辨析西方式民主概念的定义及其具体包含怎样的特质，而是将伊斯兰教协商的形式直接解读为民主。

加米迪在阐述他所定义的伊斯兰民主之后，针对现代国家框架下的国家治理也提出了他的看法。加米迪对国家的愿景是坚定的，他提出穆斯林"在任何情况下都完全坚持国家权威"（Ghamidi，2011：452），将国家确立为执行伊斯兰教法的最高载体。同时，他肯定法律对国家统治的根本作用和优先地位。加米迪认为穆斯林应该是遵纪守法的国家公民。无论制定什么法律，都应该遵守它，绝不能逃避法律。（Ghamidi，2011：453）他认为法律修订是缓缓为之的过程，因此在法律发生修改之前，人们需要承认并遵守它。乌里玛（Ulema）和所有公民都有权辩论和讨论法律，但他们的讨论，甚至抗议，都应该保持在法律框架内。关于国民关系，加米迪认为居住在不同地区的穆斯林之间的关系不能基于民族，而基于兄弟情谊。他曾在 2015 年 1 月《战斗报》的一篇评论文章中指出，穆斯林不需要放弃他们的民族身份而做穆斯林，而是要培养对其他穆斯林的爱。换言之，他认为伊斯兰国家宗派主义的兴起需要的不是将世俗主义强加于人，而是在不破坏他们的民族归属的情况下，利用伊斯兰的反向叙事（counter-narrative）将这些穆斯林联系在一起。伊克提达尔在对伊斯兰传统政治思想的研究中评价加米迪的这些结论将国家的自由概念与合法性、进化式变革和世俗民族主义融合在了一起。

四　神圣与世俗之间：评价加米迪的宗教与政治思想

西方世界受到启蒙运动思潮的影响，在国家建构中提出了政教分离的世俗主义路径，并在西欧的国家实践中取得了成功，这使世俗化的民主政治在之后成为被广泛应用的治理模式。但不可否认，这一方法承袭了非此即彼的二元认识观，并发展成为一种意识形态，即"非世俗的即是宗教的"。因此，世俗化政治作为宗教的对立面，被认为无法与真正的民主相融合。这种认识观逐渐也成为现代国家体系下的权威话语。或许世俗主义框架放在以民族为主体的欧洲民族国家中实践皆为有效，但在历史背景和现实条件更为复杂的伊斯兰世界应用却未必能成。伊斯兰世界有着复杂的族群关系和信仰流派，建设国家与身份认同面临多重张力，并非简单的政教分离就可解决一二。也正是如此，诸如加米迪等后伊斯兰主义学者希望能够突破宗教与世俗的二元论，试图调适伊斯兰信仰与现代国家建设之间的关系，同西方的民主产生对话，以宗教的视角为巴基斯坦提出政治民主化的解决方案。但加米迪的尝试，仍未突破巴基斯坦现有社会条件的限制。

首先，巴基斯坦的国民身份建设离不开宗教纽带，但宗教对国家治理而言是一把双刃剑。加米迪的宗教解释通过伊斯兰教促进巴基斯坦穆斯林群体的信仰共识，从而试图巩固巴基斯坦国民身份。当代巴基斯坦的领土上缺乏固有的、具有凝聚力和共同意志的族群。自建国以来，巴基斯坦以共同的伊斯兰宗教信仰来调和各地区之间的族群与文化差异。可以说，巴基斯坦由多个信仰穆斯林的民族拼合而成，其国家的建立是印度穆斯林群体追求权力平等的外延。在这样的复杂背景之中，伊斯兰教的信仰成为巴基斯坦国家身份建构的有力工具，为不同的民族提供了弥合的空间。但是，宗教信仰作为巴基斯坦国民身份构建的必要条件，在国家治理与政治实践中有无法避免的风险。事实上，以宗教作为纽带来塑造国民凝聚力也会反向催生极端宗教主义势力的崛起。尽管加米迪在对少数群体的观点论述中批评了超出法律和国家框架以外的"圣战"（Jihad）的合理性，但也未谈及如何处理教徒个人对《古兰经》原文的极端理解。他的宗教解释框架并未能逻辑自恰，因此极有可能会被误解为是在为传统主义宗教思想做辩护，甚至可能会被极端宗教主义势力作为思想工具。

其次，加米迪希望建立新的宗教解释，但也面临被质疑的风险。与传统伊斯兰主义学者不同，加米迪的宗教解释以文学和语言学为方法论，希望能打破保守主义宗教解释著作对宗教话语的垄断，为理解宗教经典提出了新的可能。自20世纪初，诸如塔格利德、伊智提哈德等对《古兰经》的独立解释让伊斯兰思想停滞不前，也正是这些传统的宗教解释在当前变化的社会环境中失去了适配新环境的能力，让伊斯兰信仰无法适应当前的国家治理体系。加米迪对此的解释方法是将《古兰经》当作文学作品进行内容分析，通过文学和语言学的方法来对文章进行解读。这种解释方法较难掌握，也在一定程度上限制了个人解释对宗教理解的影响。尽管加米迪称自己有一套严谨的语言学解释体系，并在其著作中加以施用，但加米迪的著作不外乎也是一部释经作品。即使方法再严谨、观点再客观，难保不像其他释经作品一样，会被他人质疑解读有误。

最后，加米迪始终在国家制度和法律至上的前提下讨论民主的可能性，但并未厘清教法与世俗法律之间的本质关系。加米迪对法律的阐释并不囿于强调伊斯兰教法的重要性，而是在阐述巴基斯坦的国家建构时指出国父真纳设想中的巴基斯坦是一个"民主国家"，而不是"神权"或"君主制"国家。这种构想的前提是巴基斯坦的民众绝大多数是穆斯林。事实也是如此，当前巴基斯坦有95%以上的民众信仰伊斯兰教，所以按照真纳的设想，倘若建立民主政体，巴基斯坦议会成员中的大多数会是穆斯林，他们就会遵循巴基斯坦作为一个伊斯兰国家的法制原则，即遵循伊斯兰教法。这种微妙的假设，让教法和世俗法律难以分工明晰。加米迪强调法律的重要性，也在一定程度上巩固了伊斯兰教法作为巴基斯坦法律不可或缺的一部分的重要性。

在伊斯兰民主的思想建构中，加米迪采取了与建设国民身份相似的方法。他同样以宗教为纽带，将伊斯兰信仰、国家制度和政治现代化三者进行调适。加米迪通过解释《古兰经》来说明主权在人，并强调"协商"作为穆斯林参与政治治理的根本原则。尽管这样的主张带有民主政治的元素，但并未提出一套制度化策略来指导穆斯林实践民主政治。"协商"作为加米迪论述的核心，虽带有民主政治的色彩，但从本质上是一种混沌的"多头政治"（polyarchy）；加之加米迪对世俗法律与伊斯兰教法之间的关系未能厘清，令他的伊斯兰民主思想如同空中楼阁难以实践。也正是因为他没能解决宗教与世俗法律之间的张力，反而使"宗教与民主制度不能融合"的主张得以反向佐证。

五　结语

复杂的历史与社会背景为巴基斯坦留下了难以平衡的政治与宗教问题，给学者以无尽的讨论空间。加米迪的政治思想希望在政治理论的辩论中摆脱世俗主义和现代化治理的固定框架，用更宽容和多元的宗教观来弥合国家主权与教法之间的张力。但遗憾的是，加米迪的政治思想仍限制在了政治文化的讨论范围内，虽在一定程度上解释了宗教之于政治治理的必要性和特殊性，并未形成严谨的逻辑和可操作化的实践框架，以逐一回击来自伊斯兰内部与外部世界的质疑。从政治学理性的角度来讲，加米迪的解释提出了宗教中的民主思想元素，但未能构建完整的制度化定义；从政治文化的角度来看，这些解释性观点并未超越西方世俗化民主治理话语的框架，反而在一定程度上印证了宗教与现代民主制度难以融合的本质；从现实主义的角度来看，加米迪以宗教促共识，以协商话民主的主张过于理想化，没有提出一个能够行之有效的民主化路径，也并不能真正地解决巴基斯坦长期面对的政治困境。

加米迪的政治思想确有不甚完美之处，但从政治思想史的研究角度来说，他的尝试连接了传统主义与现代主义，为如何平衡伊斯兰世界政治思想的过去与未来提供了一个可探视角。或许将加米迪的思想置于更宽阔的政治背景下能够观察到宗教作为一种关键要素在政治治理中的地位变化，从而进一步理解不同国家的政治转型和社会变迁。归根结底，作为一种思想洞见，加米迪的示例或许会为不同历史文化背景的社会治理提供更广泛的想法。

参考文献：

［美］爱德华·萨义德：《报道伊斯兰：媒体与专家如何决定我们观看世界其他地方的方式》，阎纪宇译，上海译文出版社 2009 年版。

［英］伯纳德·刘易斯：《穆斯林发现欧洲》，李忠文译，生活·读书·新知三联书店 2013 年版。

王旭：《毛杜迪的伊斯兰国家理论》，《南亚研究》2011 年第 1 期。

谢许潭：《新东方主义视角下美国主流媒体对伊斯兰世界的报道》，《阿拉伯世界研究》2018 年第 2 期。

昝涛：《从现代主义到伊斯兰主义——试论中东伊斯兰社会主流意识形态的演变》，《中东研究》2020 年第 1 期。

张来仪：《巴基斯坦的政治伊斯兰透析》，《南亚研究季刊》2008 年第 2 期。

Abul A'la al-Maududi, *The Islamic law and constitution*, Lahore: Islamic Publications, 1960.

Elie Kedourie, *Democracy and Arab political culture*, New York: Routledge, 2013.

Hamid al-Din Farahi, *Exordium to Coherence in the Qur'an*, Lahore: Al-Mawrid, 2008.

Javed Ahmad Ghamidi, *Islam: A comprehensive introduction*, Lahore: Al-Mawrid, 2010.

John L. Esposito and JohnObert Voll, *Islam and democracy*, Oxford: Oxford University Press, 1996.

John L. Esposito, *The Oxford Dictionary of Islam*, Oxford: Oxford University Press, 2003.

Robert A. Dahl, *Polyarchy: Participation and Opposition*, New Haven: Yale University, 1971.

Sakah Saidu Mahmud, *Sharia or Shura: Contending approaches to Muslim politics in Nigeria and Senegal*, Idaho: Lexington Books, 2013.

Abul A'la al-Maududi, *Khutabat: Fundamentals of Islam*, Chicago: Kazi Publications, 1977.

Bernard Lewis, "Communism and Islam", *International Affairs*, Vol. 30, No. 1, 1954.

David Collier and StevenLevitsky, "Democracy with adjectives: Conceptual innovation in comparative research", *World Politics*, Vol. 49, No. 3, 1997.

Hasan Askari Rizvi, "Democracy in Pakistan", "Panorama: Insights into Asian and European Affairs is a series of occasional papers published by the Konrad-Adenauer-Stiftung's", *Regional Programme Political Dialogue Asia/Singapore* 117, 2011.

Humeira Iqtidar, "Is Tolerance Liberal? Javed Ahmad Ghamidi and the Non-Muslim Minority", *Political Theory*, Vol. 49, No. 3, 2021.

Humeira Iqtidar, "Redefining 'tradition' in political thought", *European*

Journal of Political Theory, Vol. 15, No. 4, 2016.

Husnul Amin, "Post-Islamist intellectual trends in Pakistan: Javed Ahmad Ghamidi and his discourse on Islam and democracy", *Islamic Studies*, Vol. 51, No. 2, 2012.

John O. Voll, "Islam and Democracy: Is Modernization a Barrier?", *Religion Compass*, Vol. 1, No. 1, 2007.

Pervez Amirali Hoodbhoy and Abdul Hameed Nayyar, "Rewriting the history of Pakistan", *Islam, Politics and the State*, 1985.

Sadaf Aziz, "Making a Sovereign State: Javed Ghamidi and 'Enlightened Moderation'", *Modern Asian Studies*, Vol. 45, No. 3, 2011.

W. B. Gallie, "Essentially contested concepts", *Proceedings of the Aristotelian Society*, Vol. 56, 1955.

肯尼亚作家恩古吉论心灵的去殖民化

马　骏

（上海外国语大学东方语学院讲师）

一　前言

　　进入 21 世纪后，放眼全球，绝大多数国家已经实现民族独立，"去殖民化"一词逐渐成为一种历史遗绪。随着信息技术革命的到来，世界各国、各文化之间的距离也在不断缩短。然而与科学技术发展、资本全球性流动一同到来的不仅仅是发展机遇，更有严峻挑战。根据国际劳工大会 2021 年公布的《不平等和劳动世界》报告，非洲经济在过去 15 年的强劲增长，对减少非洲大陆的社会和经济不平等现象并无太大助益。尽管一些国家成功地减少了收入不平等现象，但拉美、加勒比地区以及非洲依然是世界上两个最不平等的区域。① 包括中国和印度在内的许多新兴经济体的收入增长虽然大大超过了高收入国家的增长，但是总体来看，全球收入不平等的形势依然在不断加剧。人们不禁要问，那个由少数先进国家剥削大多数落后国家的殖民主义时代真的远去了吗？

　　肯尼亚著名作家、文化学家恩古吉·瓦·提安哥（Ngũgĩ wa Thiong'o）数十年如一日，对至今仍盘旋在非洲大陆上空的殖民主义阴云提出警告。

---

　　① 国际劳工局主编：《不平等和劳动世界》报告四，普林斯顿大学出版社 2021 年版，第 6、13 页。

在其著作《心灵的去殖民化》（*Decolonizing the Mind*）中，他以非洲文学中的语言选择为切入点，对非洲文学、文化的发展提出了自己的殷切希望。与罗马尼亚旅法哲学家萧沆（Emil Cioran）相似，恩古吉也认为，一个人使用何种语言表达自己的心灵不仅决定了个体的身份边界，也决定了群体文化发展的上限。因此，使用非洲本土语言来传递非洲的知识和信息就成为非洲人为自己的心灵实现"去殖民化"的重要实践。恩古吉本人在书中郑重声明（Thiong'o，1986：xiii）：

This book, *Decolonising the Mind*, is my farewell to English as a vehicle for any of my writings. From now on it is Gĩkũyũ and Kiswahili all the way.

这本《心灵的去殖民化》是我对英语作为任何书写载体的告别。从现在开始，我将一直使用基库尤语和斯瓦希里语写作。

诚如声明所言，恩古吉自 1977 年起便不再使用英语创作，只用自己的母语——基库尤语写作。为了进一步彰显自己的立场，他甚至将原本以英语习惯书写的名字詹姆斯·提安哥·恩古吉（James Thiong'o Ngũgĩ）改为传统的基库尤式名字——恩古吉·瓦·提安哥，意为"提安哥之子恩古吉"。然而时至今日，恩古吉期待的非洲本土语言文学在世界文学舞台上大放异彩的场景仍未出现。世界文坛对非洲文学的关注和赞美虽不罕见，但如恩古吉曾经点明的那样，始终集中在非洲欧语文学（Afro-European Literature）领域中。非洲人要实现心灵的去殖民化，依然任重道远。

二 谁代表非洲文学？

"非洲没有文学""非洲没有历史""非洲没有文明"……诸如此类暴论自殖民时期起层出不穷，时至今日仍有追随者。当然，黑格尔傲慢的"非洲无历史"论早已被证伪，但围绕"非洲文学"诞生的种种论战却常见报端。2013 年，尼日利亚 – 加纳混血儿裔小说家泰耶·塞拉西（Taiye Selasi）在柏林曾发表过一篇题为"非洲文学不存在"（African Literature

Doesn't Exist）的报告，在非洲文坛引起轩然大波。在塞拉西看来，以地缘为边界来划分文学类别的做法在现代已经过时，如果文学如其最优秀的从业者所主张的那样是一种具有普世性的艺术，那么它就应该有一个既不基于种族区隔，也不支持种族区隔的分类法，而是反映一种超越种族界限的人类心灵的创作。换而言之，如果强调非洲文学的"非洲性"，人们将不能超越种族的局限性，使非洲文学得到真正的发展。

那么忽视地域特点，将非洲文学"去非洲化"当真能帮助非洲人超越种族界限吗？

恩古吉的回答是否定的。无独有偶，就在塞拉西于柏林发表《非洲文学不存在》的一百多年前，这座城市曾是非洲人踏上心灵苦旅的历史站台。长达104天的柏林会议使非洲被来自西方的殖民者瓜分殆尽，殖民奴化教育也在非洲登堂入室。非洲不仅在经济、政治上沦为殖民宗主国的附庸，文化、语言层面也被重新定义为"讲法语、讲英语、讲葡萄牙语、讲德语"的非洲。从西非到东非，部族内部的口述文学传统被来自欧洲的书面文学教育取代；学生和老师在学校里如果使用自己的母语就会受到严厉的惩罚。语言习得过程中出现的割裂也延伸至以语言为载体的文学、文化领域，非洲文学自此分裂为"非洲欧语文学"和"非洲本土语言文学"两大门类。

也许有人认为，只要作者是非洲裔，无论使用哪一种语言，都是"我手写我心"，都可以创作出属于非洲人自己的文学。因此，沃莱·索因卡（Wole Soyinka）、钦努阿·阿契贝（Chinua Achebe）、加布里埃尔·奥卡拉（Gabriel Okara）、利奥波德·塞达尔·桑戈尔（Léopold Sédar Senghor）等人分别以英语、法语、葡萄牙语等欧洲语言创作出了一部又一部脍炙人口的文学作品，他们也因此成为非洲欧语文学里程碑式的人物。这些作品经由欧洲各类出版商、文学奖被世人所知，并与"非洲文学"这个标签牢牢绑定在一起。

那么他们真的发展了非洲文化吗？

如果布克奖、龚古尔奖、卡蒙斯奖是非洲的文学奖，如果英语、法语、葡萄牙语是非洲人自古以来就使用的本土语言，那么阿契贝、桑戈尔等人无疑是非洲文化发展进程中的功勋。遗憾的是，以上假设都不成立。阿契贝曾在其名为"非洲作家与英语"的演讲中称（Achebe，1975：83）：

Is it right that a man should abandon his mother tongue for someone else's? It looks like a dreadful betrayal and produces a guilty feeling. But for me there is no other choice. I have been given the language and I intend to use it.	一个人为了别人的母语而放弃自己的母语，这样做对吗？这看起来是一种可怕的背叛，并生成了一种罪恶感。但对我来说，没有其他选择。我已经被赋予了这门语言，并且我打算一直使用它。

对非洲欧语作家而言，使用"非洲以外的语言"写作是一种智识上的顺其自然，他们在成长的过程中以这门语言接受教育，而后理所应当地以这门语言进行文学创作。从逻辑上说，一切都是水到渠成、顺理成章。或许从道德上看，这是一种对母语的可怕背叛，但他们并不打算停止这种创作行为，因为这是一种"被赋予"的既成事实，是作者本人无法掌控的"无奈何"。

可是，恩古吉不这么认为。阿契贝等人以"无奈何"为自己进行的辩护，在恩古吉看来是对非洲文化脉络的破坏和对欧美文化的献媚。因为以欧洲语言书写的文学作品、文学教育无疑是对非洲人的母语和文化的压制（Thiong'o，1986：16）：

Take language as communication. Imposing a foreign language, and suppressing the native languages as spoken and written, were already breaking the harmony previously existing between the African child and the three aspects of language. Since the new language as a means of communication was a product of and was reflecting the "real language of life" elsewhere, it could never	以语言为交流工具来看，强加一种外国语言，并压制母语的口语和书面语，已经打破了非洲儿童先前在语言的三个方面之间已有的和谐。由于作为交流手段的新语言是其他地方"真正的生活语言"的产物和反映，它永远不可能以口语或书面形式正确反映或模仿在地社区的真正生活。这或

as spoken or written properly reflect or imitate the real life of that community. *This may in part explain why technology always appears to us as slightly external, their product and not ours. The word "missile" used to hold an alien far-away sound until I recently learnt its equivalent in Gĩkũyũ, ngurukuhĩ, and it made me apprehend it differently. Learning, for a colonial child, became a cerebral activity and not an emotionally felt experience.*

许可以部分解释为什么技术在我们看来总是有些外来感，是他们的产品而不是我们的。"导弹"这个词过去一直是一个陌生的遥远的声音，直到我最近学会了与之对应的基库尤语说法，即 *ngurukuhĩ*，它使我对它有了不同的理解。对一个殖民地的孩子来说，学习成了一种脑力活动，而不是一种情感上的体验。

以恩古吉为代表的民族主义知识分子与以阿契贝为代表的资产阶级知识分子之间最大的分歧，外在表现为"'非洲文学'究竟该以何种语言表述"，其内核则是"非洲知识的主体究竟应该服务于谁"。在恩古吉看来，非洲本土知识、本土生活经验的赋权应是"由内而外"而非"由外而内"。围绕非洲欧语文学展开的争论，更像是一场围绕着非洲人文化身份识别展开的权力争夺。掌握了国际出版商和文学奖渠道的先行者们无论是有意还是无意，都占据了"非洲文学"的标签。从伦敦到上海，从书店里的新书发布展台到大学研讨会布景板上的主题海报，业界对非洲文学作品的引荐永远围绕着阿契贝、索因卡、桑戈尔等人的作品展开。当非洲文学离开非洲大陆，欧语文学似乎自然而然地成为它的主体。这种曝光度会随着时间的推移、文本阅读和研究的积累不断叠加，继而不断挤压非洲本土语言文学作品和栖身于本土语言的非洲生活经验在全球范围内的可见度。

另外，非洲的知识分子们并不都像阿契贝一样"温和地走进那个良夜"。他们从未放弃用母语、用非洲人的语言表达自己。1962 年，在标志着非洲欧语文学崛起的马凯雷雷大学"非洲英语文学大会"中，非洲各国的作家们第一次齐聚一堂，共襄盛举。然而这场大会从标题到与会人员，没有任何一个环节出现了以本土语言书写的作家们的身影。恩古吉在自己的书中提到，大会召开以后，来自尼日利亚的作家奥比·瓦利（Obi Wali）就断言："整个不加批判地接受英语和法语作为受过教育的非洲进行写作的必然媒介是错误的，没有机会推进非洲文学和文化。"（Thiong'o，1986：24）奥比的这番言论无疑是对 1962 年那场盛大的非洲文学秀的挑战与讽刺，此后他遭到已经成型的非洲欧语文学圈和出版商们的排挤。不过即便外部环境相对不尽如人意，东非地区以斯瓦希里语、基库尤语、阿乔利语等非洲本土语言书写的作家和学者们也仍在笔耕不辍，在来自非洲欧语文学的冲击和遮挡下，记录着非洲本土的经验与知识。坦桑尼亚的夏班·罗伯特（Shaaban Robert）、优福里斯·凯奇拉哈比（Euphrase Kezilahabi）、易卜拉欣·侯赛因（Ebrahim Hussein）、阿卜杜拉提夫·阿布达拉（Abdullatif Abdalla）；乌干达的奥克特·庇泰克（Okot p'Bitek）；南非的本尼迪克特·W. 维拉卡奇（Benedict W. Vilakazi）；尼日利亚的丹尼尔·O. 法贡瓦（Daniel O. Fagunwa）等作家对本土语言书写的坚持，使本土语言文学在非洲得以存续、壮大。他们的写作实践不是一种简单的、充满个人色彩的文学创作，而是通过本土语言传递细腻的文学情感、本土经验，突出非洲知识主体性的义举。

遗憾的是，如果读者们将目光投向世界文学舞台，就会发现"非洲文学"的标签不属于这些以本土语言书写的作者，而是属于非洲欧语文学作家群体。以中国为例，2016 年北京大学出版了《中国非洲研究评论》总第 6 辑，全书主要围绕中国非洲文学研究现状展开讨论，从时间、研究机构两个方向梳理了中国非洲文学研究的历史与成果。这也是非洲文学研究在中国发展数十年后，国内首次对各机构、高校的研究成果进行相对大规模的整理介绍，意义不可谓不重大。在全书 40 余篇主要稿件中，与非洲本土语言文学真正密切相关的仅有 2 篇。其中 1 篇来自北京外国语大学非洲学院孙晓萌教授，名为《西化文学形式背后的民族性——论豪萨语早期五部现代小说》，另一篇来自伦敦大学亚非学院博士研究生李金剑，名为《我们为什么要研究非洲本土语言文学？——从〈斯瓦希里语文学概要——白话小说和戏剧〉一书说起》。尽管早在 20 世纪 80 年代，来自中国外文局、北京外国语大学等机构的译者们已经开始将以斯瓦希里语、豪萨语等非洲本土语言书写的作品译为中文，但无论是从研究人员的数量、文学作品本体的受关注程度还是其他任何一个角度来看，非洲本土语言文学研究在中国非洲文学研究领域都远远谈不上受到重视。非洲本土语言文学在中国面临的这种境遇不是孤例，在撒哈拉以南非洲外的世界各地，这种情况比比皆是。

当然，如果说文学创作、文学研究领域内曝光度的差异还不足以说明语言选择带来的权力差异的话，那么非洲学者在进行学术创作时逼仄的选择余地或许更能说明问题。根据南非的非营利性组织"非洲期刊在线"（African Journals OnLine）统计，目前非洲各国正式出版的学术刊物共有1008 种，其数量相较于欧美各国来说虽然谈不上丰富，但也绝不容小觑。然而，在这 1000 多种刊物中，愿意以本土语言作为工作语言的刊物仅有 5种，且绝大多数以斯瓦希里语为工作语言的语言文学研究刊物。非洲学者在生产知识的时候，以母语甚至其他非洲本土语言书写的机会寥寥无几。以本土语言书写的作家、学者们面临的尴尬境地让人不禁发问：在非洲大陆之外的读者们眼中的非洲文学，其主体究竟应该是谁？

三　恩古吉眼中的语言选择与权力宰制

萧沆曾经在自己的散文集《憎恶与赞美》（*Anathemas and Admirations*）中对人的母语和身份之间的关系做出如下陈述（E. M. Cioran，2012：25）：

One does not inhabit a country; one inhabits a language. That is our country, our fatherland — and no other.　　人栖身于一门语言，而不是一个国家。语言就是我们的国家，我们的祖国，除此以外再无他者。

在萧沆看来，一个人的母语决定了他在人类社会中的身份识别。作为一名罗马尼亚旅法哲人，萧沆前半生用罗马尼亚语写作，后半生用法语写作。饶是如此，他依旧是法语学术圈子的局外人，或许他对语言力量的感悟正是出自这样的人生经历。而出生于肯尼亚，就读于乌干达，成名于欧语文学，随后又因本土意识觉醒和本土语言实践被迫漂泊于海外的恩古吉对语言选择的态度与萧沆相似，创作经历则与萧沆恰恰相反。恩古吉在回答"谁代表非洲文学?"这一问题的过程中，逐步完善了关于语言选择与权力宰制关系的思考，并指明非洲人应具备"母语—斯瓦希里语—世界通用语"三维语言能力。[①]（见图1）

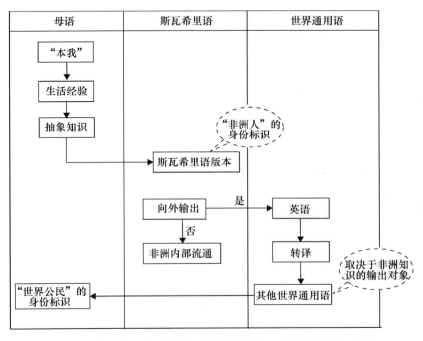

图1　恩古吉提出的"母语—斯瓦希里语—世界通用语"模型

在恩古吉的构想中，母语是个体意识成形、成长、成熟的外在通道。人类最初认识世界，在社群的帮助下成长的时候，输入、输出的语言载体

---

① 肯尼亚内罗毕大学的阿里·A. 马兹鲁伊（Ali A. Mazrui）应是最早提出类似观点的学者。他在为联合国教科文组织编写《非洲通史》时，于1971年发表"Language and Race in the Black Experience: An African Perspective"一文，点明了非洲大陆上"社区主义语言"与"普世主义语言"并存的现象。恩古吉也在《心灵的去殖民化》一书的第一章中重点介绍了马兹鲁伊的观点与彼时马氏与其他学者的论战。恩古吉虽在各场合提及过"母语—斯瓦希里语—世界通用语"三语能力倡议，但尚未形成完整理论体系，故作者仅在此结合其过往观点，对三语能力模型进行可视化阐释。

都是母语。贺知章有诗云："少小离家老大回，乡音无改鬓毛衰。"母语是个体身份识别的烙印。因此，母语也是一个人诠释自己个人经验和知识的最佳媒介。

然而非洲大陆有超过 1000 种语言，如果人们只使用母语交流，那么势必因为语言不通产生诸多分歧与误解。殖民者们对此提出自己的主张：使用欧洲语言是非洲人打破语言和部族壁垒，实现大同的唯一途径。这种主张也受到了许多非洲知识分子的欢迎，并持续为此辩护。阿契贝认为只要对英语进行少许非洲化改造，英语就足以成为"非洲的语言"，帮助非洲人输出自己的智慧（Achebe，cited by Thiong'o，1986：8）：

I feel that the English language will be able to carry the weight of my African experience. But it will have to be a new English，still in full communion with its ancestral home but altered to suit new African surroundings.

我觉得，英语将能够承载我的非洲经验的重量。但它必须是一种新的英语，仍然与它的祖先的家园有充分的交流，但要加以改变以适应新的非洲环境。

阿契贝、奥卡拉等非洲欧语作家刻意忽略了一点：他们不断强调欧洲语言超越了非洲本土语言的边界，强调只要把欧洲语言进行一些"非洲化改造"就可以将其收为己用。然而语言作为特定人类社群的产物，并不会因为简单地添加、删减、替换部分词语或是调整一下语法就变成另一个社群的所有物。相反，如果全盘使用某种语言，抛弃自己的母语，那么这门语言将会反过来不断重构、重塑人的知识体系，与其伴随的所有文化产品一同影响使用者的社会互动，决定使用者接收信息与输出内容的渠道。这也是为什么恩古吉在《心灵的去殖民化》中不断强调非洲欧语文学的蓬勃发展对非洲来说不仅不是一件美事，实际上反而是在帮助欧洲人继续在文化层面对非洲进行殖民的原因。

不难想象，恩古吉在非洲文学语言选择问题上的强硬态度伴随着非洲欧语文学的迅速崛起，在学界引起了轩然大波。随着《心灵的去殖民化》

一书正式出版，恩古吉的观点一直受到来自欧美学者，甚至是非洲学者的尖锐批判。罗得西亚和尼亚萨兰大学学院（今津巴布韦大学）的约翰·里德（John Reed）在本书问世伊始就反对恩古吉的语言—权力观，并为非洲欧语文学的大流行进行辩解（Reed，1987：225）：

Although the term African literature should of course be taken to include the literature of Africa written in African languages as well, the term African literature in English then becomes quite precise. Far from being a contradiction in terms, African literature in English has a strong claim to the title African in that only what is written in this "non-African language" has any claim to currency throughout the sub-Saharan continent, East, West, Central and Southern. This is perhaps a sad state of affairs though it cannot be blamed simply on Africa's colonial past. It is hard to imagine any non-colonial history which could have led to one of the African languages becoming continent-wide. Further, in post-colonial times the opportunities for extending the range of the widely used African languages have not been followed up.

尽管非洲文学一词当然也应包括用非洲语言写成的非洲文学，但英语中的非洲文学一词就变得相当精确。非洲英语文学远非自相矛盾，它有资格称为非洲文学，因为只有用这种"非非洲语言"写成的作品才有资格在整个撒哈拉以南非洲大陆（包括东部、西部、中部和南部）流行。这也许是一种可悲的状态，尽管它不能简单地归咎于非洲的殖民历史。很难想象有什么非殖民时期的历史可以导致非洲语言之一成为全大陆的语言。此外，在后殖民时代，扩大广泛使用的非洲语言范围的机会并没有得到落实。

里德的观点代表了许多反对恩古吉的人，即欧洲语言作为非洲大陆以外的通用语，在通用性和公平性方面比非洲的本土语言更有优势，这种优势并不是殖民历史造成的，而是一种社会现实作用下的客观结果。

当然，人们只要稍微了解非洲史，就能明白以里德为代表的这种看似客观的观点实际上自相矛盾、破绽百出。欧洲语言在非洲文化教育层面的统治力并不是一种自然选择的结果，而是始终伴随着殖民政府的暴力和压迫。以恩古吉本人为例，英统肯尼亚时期，他出生在一个庞大的基库尤富农家庭，兄弟姐妹多达20余人。从出生开始，他就与自己的亲人们生活在基库尤社区中。无论是劳动、玩耍还是晚间围炉听故事，所有人都说基库尤语，并从一个又一个口述故事中汲取知识和社会经验。家庭和田野对恩古吉而言就是一种学前教育，在这个过程中，无论是学习还是休息，所有人都处于基库尤语的和谐环境中（Thiong'o，1986：10）。

然而当恩古吉年岁渐长，进入由传教士开办的卡曼杜拉学校（School of Kamaandura）后，这种来自原生社区的语言文化和谐被打破。1952年肯尼亚宣布进入紧急状态后，所有学校都被殖民政府接管，并被置于由英国人主持的地区教育委员会之下。英语正式成为所有肯尼亚人的唯一教育语言，学生在学校里说基库尤语或其他本土语言则会受到老师严厉的体罚，为此甚至有一批学生被训练为告密者，负责向教师指认那些坚持使用本土语言的"犯人"（Thiong'o，1986：11）。或单独或群体性的暴力使英语在短时间内成了肯尼亚的唯一教育用语，人们被迫弃用自己的语言，对英语俯首称臣。剥夺了本土语言的可能性以后，再居高临下地断言只有欧洲语言才能打破藩篱，成为非洲全大陆的语言，这不仅是简单的因果倒置，更是在后殖民主义语境下对非洲进行思想殖民的延续。

既然教育过程中的语言选择伴随着暴力，那么与语言相伴相生的文学创作势必也会受到冲击。随着英语被确立为肯尼亚全年龄教育的主导语言，英语文学教育又反过来强化了英语的主导地位，因此，肯尼亚的本土语言口述文学传统在学校里被迫终止了。孩子们此前在大家庭中常听到的，以各类野生动物为原型创作的寓言故事被狄更斯、史蒂文森、汤姆·布朗等英国作家的作品取代。恩古吉在《心灵的去殖民化》中自述道（Thiong'o，1986：12）：

In primary school I now read simplified Dickens and Stevenson alongside Rider　　在小学里，我现在在阅读简化的狄更斯和史蒂文森的同时，还阅读了

Haggard . Jim Hawkins, Oliver Twist, Tom Brown-not Hare, Leopard and Lion – were now my daily companions in the world of imagination. In secondary school, Scott and G. B. Shaw vied with more Rider Haggard, John Buchan, Alan Paton, Captain W. E. Johns. At Makerere I read English: from Chaucer to T. S. Eliot with a touch of Graham Greene.

莱特·哈葛德。吉姆·霍金斯、奥利弗·特威斯特、汤姆·布朗——而不是野兔、豹子和狮子——它们现在是我想象世界中的日常伙伴。在中学，斯科特和 G.B. 肖的作品与更多雷德·哈格德、约翰·布坎、艾伦·帕顿、W.E. 约翰斯上尉的作品竞争。在马凯雷雷，我从乔叟读到 T.S. 艾略特，还读了一些格拉汉姆·格林的作品。

由此可见，从初等教育到高等教育的过程中，随着欧洲语言统治地位的确立，非洲文学教育的主导者也随即从传统的非洲口述文学变更为欧洲书面文学。来自非洲本土社区以外的语言和文学作品把一代又一代非洲儿童从自己的原生文化中剥离出来，变成一个又一个观念上的欧洲人。在对非洲本土语言文学进行压制以后，这个庞大的知识团队又以胜利者的姿态对世界广而告之自己的合法性，从而取代本土语言文学，这无疑是语言选择带来的权力宰制最直观的体现。

四 非洲社会对欧洲语言霸权的反抗

正如前文所言，并不是所有的非洲本土知识分子都愿意温驯地接受来自欧洲语言的规训，那些坚持以非洲本土语言创作的作家群体就是最好的例证。除了作家群体以外，一直支持他们的读者群，将本土语言的地位提高、适用范围扩大至全社会各阶层的政治家们也厥功至伟。以东非地区为例，坦桑尼亚于 1964 年成立后，在国父朱利叶斯·坎巴拉吉·尼雷尔（Julius Kambarage Nyerere）的带领下，率先将斯瓦希里语确立为国语和官方用语。这个过程起初并不是一帆风顺的，而是伴随着坦桑尼亚境内资产阶级知识分子们的质疑。为了驳斥国内"斯瓦希里语比英语更落后"的谬论，尼雷尔本人亲自将两部莎士比亚戏剧《威尼斯商人》与《恺撒大帝》翻译为斯瓦希里语，证明了斯瓦希里语不仅完全可以诠释人们认为的英国文学最好之物，也有能力转译莎翁作品中那些或细微或澎湃的文学表达，斯瓦希里语和英语并不存在高下之分，非洲本土的知识和经验并不像殖民者与其追随者所言只能屈居于欧洲之下（Mulokozi，2017：306）。与此同时，坦桑尼亚达累斯萨拉姆大学斯瓦希里语研究院（Taasisi ya Taaluma za Kiswahili）也为斯瓦希里语文本、口述文学传统、语言学研究等多领域的发展提供了宝贵的人才和研究经验。政府层面的绝对重视与教育层面的持续跟进，使斯瓦希里语在坦桑尼亚得到了健康发展，也使越来越多的非洲人意识到，非洲本土语言无法媲美欧洲语言的论断实属无稽之谈。

除了最早将斯瓦希里语确立为国语和官方语言的坦桑尼亚、肯尼亚、乌干达之外，2017 年卢旺达也将斯瓦希里语确立为官方语言。2020 年，南非成为第一个将斯瓦希里语作为学校选修课的南部非洲国家，斯瓦希里语将与法语、德语和中文一起被列入教学计划，第一阶段政府预计将在 90 所学校推广这一课程。2022 年 2 月，非洲联盟将斯瓦希里语确立为官方工作用语。这样的趋势并不是一种昙花一现的语言热潮，斯瓦希里语的特点决定了它适合作为非洲通用语进行推广。首先，斯瓦希里语的内核为东非班图语，尽管存在大量外来语借词，但它是一门真正的非洲本土语言，其本土性毋庸置疑；其次，斯瓦希里语从一开始就是一门跨境商业语言，是一门超越国界和民族的语言，并不只属于某一国家或某一民族，地缘上的超然传统使其更容易被大多数人接受并使用。这也是身为扎那基人（Waza-naki）的尼雷尔总统与其同僚决定将斯瓦希里语确立为坦桑尼亚国语的初衷所在。

随着越来越多的非洲人开始认同这门属于非洲人自己的通用语，斯瓦希里语的地位正在逐渐提高。与此同时，来自欧洲的诋毁也常见报端。其中最有名的一种论调就是将斯瓦希里语与欧洲的殖民语言等同起来，将它的班图语起源歪曲为阿拉伯语，剥夺斯瓦希里语的本土合法性。例如在 2021 年诺贝尔文学奖花落坦桑尼亚裔作家阿卜杜勒－拉扎克·古尔纳（Abdulrazak Gurnah）以后，诺贝尔文学奖委员会主席安德斯·奥尔森

（Anders Olsson）在接受中国《南方周末》杂志名为"独家专访诺贝尔文学委员会主席安德斯·奥尔森：为什么被忽略的非裔作家就不能写出伟大的作品？"的专访时声称："斯瓦希里语在很长时间里也是东非的第一种殖民语言。"这与诺奖委员会在颁奖仪式上故意将古尔纳离开坦桑尼亚的原因与1964年发生的桑给巴尔革命以春秋笔法的形式结合起来的做法有异曲同工之妙。这样精心炮制、似是而非的谬误又在强有力的英语媒体渠道中被不断传播、放大，最终形成一种看似客观，实则谬以千里的论断。恩古吉一直强调的语言—权力模型又一次显现了它的威力！

非洲人要如何对抗来自第一世界的权力霸凌呢？

前文曾提到，在提出"心灵的去殖民化"这一口号后，恩古吉构思了一个以语言为基础的知识赋权结构，也就是后来他常提及的"母语—斯瓦希里语—世界通用语"三维语言能力模型。

简单来说，这一模型主要强调非洲人应该通过何种渠道建立自己的知识体系。2018年6月19日，恩古吉接受德国之声斯瓦希里语频道的采访时说①：

Lakini msimamo wangu ni hivi：ukiwa Mwafrika，kwanza ikiwa anatoka East Africa，aijue lugha ya mama，aijue kuisoma，aijue kuiandika. Halafu，kwa hiyo aongeze，lugha ambayo inawezesha watu wakiona kwa lugha hii na tofauti wanaweza kuwasilia na lugha nyingine. Kwa kwetu na bahati kubwa sana katika Afrika Mashariki，kwa sababu tuna Kiswahili. Kwa hiyo lugha ya mama kwanza，halafu Kiswahili，halafu

然而我的立场如下：如果你是一个非洲人，首先以来自东非的人为例，他会说母语，读写均可。然后再加上其他和母语不一样的语言，使他能和不同的人交流。幸运的是，对我们东非人来说我们有斯瓦希里语。因此首先是母语，然后是斯瓦希里语，然后才是英语。如果你通晓

---

① 本次采访为恩古吉在自己的著作《心灵的去殖民化》德文版问世时接受的专访，专访录音地址为：https://www.dw.com/sw/ngugi-kila-mwafrika-aijue-kwanza-lugha-ya-mama/av-44290093。

Kiingereza. *Ukiwa na lugha zile tatu，un-akuwa na nguvu ya akili. Lakini ukipoteza mizizi yako katika lugha ya mama，hata ukiwa unajua lugha zingine zote za duniani，ule ni utumwa tu akili.*

这三门语言，你会充满智慧。但是如果你失去了母语这一根基，即便你通晓全世界所有的语言，那也只是一种智力上的奴役罢了。

　　恩古吉认为对非洲人而言，复杂多元的语言环境是一种既存的客观现实，因此掌握多语言的能力是非洲人在思想层面武装自己，保持信息渠道多元的必然要求。但是非洲人应该以母语为根，保证自己思想的主体性，而不是像阿契贝、桑戈尔、奥卡拉等人一样温柔地拥抱殖民者的语言与知识。古今中外，关于语言与个体身份之间关系的讨论由来已久，未曾断绝。海德格尔曾说："语言是存在的居所（Martin，1998：239）。"也就是说，语言是人与生俱来就存在于其中的东西，从出生开始，人就在自己的母语引导下认识世界、理解自我。是语言让人的世界成为其所是，因此母语是赋予每个人意义的终极居所。对于非洲人来说，抛弃母语，拥抱欧洲语言无疑是舍本逐末、倒行逆施的自我放逐。

　　当然，人们也需要意识到，非洲大陆现存上千种语言，一味执着于母语，势必造成社区间的分化与隔阂，因此掌握一门属于非洲人自己的通用语言就显得至关重要。恩古吉以东非地区为例，认为斯瓦希里语在该地区很好地充当了这一角色。部分学者（例如此前提到的奥尔森）故意放大斯瓦希里语中的阿拉伯元素，试图将其与其他殖民语言等同起来，破坏斯瓦希里语在当地的本土通用语属性。事实上，斯瓦希里语不仅是地道的非洲本土语言，而且其在东非地区存在的历史至少与东非沿海有文字记录以来同样悠久（Colemane，1971：17）。作为一门历史至少可以追溯至公元前3世纪的语言，斯瓦希里语的本土性可见一斑。在东非各国相继取得民族独立以后，得益于坦桑尼亚国父尼雷尔、肯尼亚国父肯雅塔等政治家的坚持，斯瓦希里语的挖掘、保护和发展工作在各国政府的支持下如火如荼地开展起来。在此基础上，斯瓦希里语的地区通用语属性得到了进一步强化。从历史与地缘的角度看，生活在东非地区的居民母语大多源出班图语，因此知识、生活经验从母语转译为斯瓦希里语不仅是一种积极的知识赋权，同时也是非洲在地社群内部的一种知识交流和升级。本土社区完成知识共享和消化以后，人们再使用世界通用语（如英语）与非洲外部的社区进行交流与互动，至此，非洲的知识才算是完成了一次从内向外的扩散与赋权。"母语—斯瓦希里语—世界通用语"模型的建立正是非洲知识分子对外部世界的回应。

值得注意的是，非洲知识分子们并不是出于一种朴素的反殖民情怀而反对欧洲语言。恰恰相反，他们对欧洲语言在非洲影响力巨大这一事实有着清醒的认识。恩古吉的好友，现任罗格斯大学教授阿拉明·马兹鲁伊和曾任纽约州立大学宾汉顿分校全球文化研究所所长阿里·马兹鲁伊曾以英语和斯瓦希里语为例，对东非地区的本土—非本土语言发展状况展开深入的研究。他们发现，无论是英语还是斯瓦希里语，现阶段都已成为东非地区的跨区域通用语（Mazrui，1993：275）。与同样遭受过殖民主义压迫的亚洲地区相比，非洲的语言民族主义要比亚洲少得多。与此同时，在后殖民主义时期，非洲文化受到来自本土、伊斯兰、西方三种力量的拉扯，语言和权力将继续相互作用、相互制约，多语共存实际上已成为一种客观事实。正因为如此，恩古吉提出的"母语—斯瓦希里语—世界通用语"模型才是使非洲知识实现主动赋权的一种实事求是、行之有效的解决方案。

可惜的是，在马凯雷雷会议之后的二十年里，非洲文学在世界上其他地区读者的视野内依然不可逆转地被恩古吉口中的"非洲欧语文学"占据了主要地位。非洲人用欧洲语言书写的小说、故事、诗歌、戏剧很快得到了欧美出版社、高校的青睐，巩固了自己的书写传统，有了配套的研究和学术产业。这种全方位的推崇实际上与非洲欧语文学的发展历史息息相关，因为这些文学诞生于殖民地学校与殖民语言媒介。恩古吉甚至在自己的另一部著作《被拘留：一个作家的监狱日记》（*Detained: A Writer's Prison Diary*）中将这些以欧洲语言书写的作家称为"买办资产阶级"，因为他们不分青红皂白地认为"外国的是优秀的，本国的是落后的"。（Thiong'o，1989：122）与此同时，书写语言——英语、法语、葡萄牙语决定了这些作品的受众并不是非洲的工农阶级，而是小资产阶级。真正保留了非洲语言和民族遗产，说本土语言，没有受过大学学院教育的农民和工人则被排除在外。因此，当非洲欧语文学在向外界诠释非洲的时候，其主流身份在恩古吉看来更像是一种伪装。那些真正努力摆脱殖民主义的作家和学者应该关注如何向世界解释非洲的过去、现在、将来以及非洲的文化。凡此种种经验扎根于人们的母语，而不是一门由殖民者通过暴力强加给普罗大众的语言。

回顾语言选择带来的权力宰制，既然本土知识流动的方向应是从内而外，那么作为中间媒介的本土通用语的发展就显得尤为重要。恩古吉的"母语—斯瓦希里语—世界通用语"模型成立的前提，就是作为联通两种不同知识和经验体系的斯瓦希里语足够成熟，足以在非洲人的不同母语和世界通用语之间来回转译。另外，语言也不仅仅是生活的语言、文学的语言，更是政治的语言。语言因具有区分盟友和敌人、抚慰盟友和潜在盟友的超高效手段功能而得到发展。因此，当代非洲本土语言的发展不仅需要恩古吉这样的民族主义知识分子，更仰仗于像尼雷尔这样能够尊重社会事实，超越部族传统的政治家们，东非地区斯瓦希里语的发展就是一个很好的案例。2018 年 9 月，英国威廉王子访问坦桑尼亚，时任总统约翰·蓬贝·马古富力（John Pombe Magufuli）赠予威廉的礼物中有一件格外引人注目，是两本由达累斯萨拉姆大学斯瓦希里语研究所编写的斯—英、英—斯字典，这一赠礼被看作马古富力彰显坦桑尼亚知识主权的宣告。在坦桑尼亚的邻国肯尼亚，自 1974 年乔莫·肯雅塔（Jomo Kenyatta）总统宣布斯瓦希里语应作为肯尼亚议会辩论用语后，肯尼亚的议员们依然避免使用这一语言，代之以英语。2013 年乌胡鲁·肯雅塔（Uhuru Kenyatta）就任总统后，开始重新大力推动斯瓦希里语在肯尼亚政治中的参与度，其中一项工作就是推进斯瓦希里语在议会中的使用率。在 2019 年 10 月 30 日的议会辩论中，肯尼亚的议员们就斯瓦希里语名义上和实际上的地位差异展开了激烈的辩论，引起全国热议，并最终推动议会辩论用语由英语逐步改为斯瓦希里语（Kenya，2019）。发生在社会政治生活领域中的语言选择和与其相伴的权力搏斗，是非洲自上而下在后殖民时代继续努力实现去殖民化的直接体现。

五 总结

恩古吉本人从事了17年非洲欧语文学的创作，而后又放弃英语转向自己的母语基库尤语。此后的几十年中，他一直在不同的场合回答相同的问题："你为什么不用英语写作？你为什么要用非洲语言写作？"一个人选择用自己的母语书写难道是如此奇怪，如此令人费解的事吗？在世界其他地区、文化的文学实践中，作家使用自己的语言进行创作是一种常识，而这一常识在非洲作家身上却显得如此不正常。这种现状本身证明了殖民主义对非洲现实的扭曲影响深远：非洲的自然资源与人力资源自奴隶贸易时期起就持续滋养着第一世界，在取得民族独立以后，非洲人仍需臣服于殖民者的语言和知识，甚至产生了将这种颠倒的权力体系合理化的非洲知识分子。异状的产生与正常化背后是语言选择带来的权力角斗和长久以来围绕思想殖民展开的拉扯。围绕着非洲文学的本体进行的讨论不仅是非洲知识分子内省的过程，更是非洲人期望恢复语言和谐，重塑文化环境的努力。简而言之，知识的流动方向决定了个体在认识世界、诠释自身时的立场。按照恩古吉的"母语—斯瓦希里语—世界通用语"模型来看，非洲人以自己的语言、环境为尺度，承载属于本土社群的生活经验应该是所有非洲人知识体系的基础。而后非洲人可以通过属于非洲的通用语（例如斯瓦希里语）来享受其他非洲社群的文学、文化中积极的人文因素。通过以上两种来自非洲的语言尺度，人们可以在接触非洲以外的文化之前锚定自我。最后，通过学习世界通用语，非洲人才能以一种平等、从容的态度接受外来文化的精髓，非洲的知识、经验才不会沦为其他文化的补充。这种从内而外的主动姿态才是保证非洲人心灵独立，实现去殖民化的正确路径。

参考文献

Achebe, C., *Morning Yet on Creation Day: Essays*, New York: Ancor Books, 1975.

E. M. Cioran, *Anathemas and Admirations*, translated from the French by

Richard Howard, New York: Arcade Publishing, 2012.

Kenya, P. O., *The National Assembly: The Hansard*, Nairobi, Parliment of Kenya, 2019.

Martin, H., *Pathmarks*, Cambridge: Cambridge University Press, 1998.

Mulokozi, M. M., *Utangulizi wa Fasihi ya Kiswahili*, Dar es Salaam: KAUTTU, 2017, p. 306.

Thiong'o, N. W., *Decolonising the Mind: The Politics of Language in African Literature*, Harare: Zimbabwe Publishing House, 1986.

Thiong'o, N. W., *Detained: A Writer's Prison Diary*, Nairobi: Heinemann Kenya Ltd., 1989.

Colemane, B. E., "A History of Swahili", *The Black Scholar*, Vol. 2, No. 6, 1971.

Mazrui, A. M. M. &. A. A., "Dominant Languages in a Plural Society: English and Kiswahili in Post-Colonial East Africa", *International Political Science Review*, Vol. 14, No. 3, 1993.

Reed, J., "Decolonizing the Mind", *World Literature Written in English*, Vol. 27, No. 2, 1987.

人类学思想的他者建树

景 军

（清华大学社会学系教授）

本文标题所说的他者即指非洲本土人类研究者。作为学术世界的一部分，本土人类学经历了一个从无到有的艰难过程。在西方人类学早期，一个荒诞的神话变成了一种天经地义的学科信念。这个神话说的是人类学的研究对象必须是"未开化的"他者，因而人类学研究的范畴必须是"野蛮人的"以及"土著人的"社会文化。专门针对他者展开研究的范式要求西方人类学家前往异邦完成"并置陌生化"的文化比较分析（Marcus & Fisher，1986：137—138）。在美国、波兰、德国，人类学的研究对象包括了一些本国人，比如美国印第安人和欧洲少数族裔。

在英国，率先冲击他者研究范式的非西方学者是在伦敦大学完成人类学训练的乔莫·肯雅塔。他于 1938 年在《面对肯尼亚山：基库尤人的部落生活》（*Facing Mount Kenya: The Tribal Life of the Gikuyu*）一书中以鲜明的本土学者立场批判了英国殖民政权的肯尼亚土地政策（Kenyatta，1938）。肯雅塔出生在一个属于基库尤民族的农民家庭，在教会学校接受了西方教育，1929 年前往伦敦从事游说活动，为肯尼亚的基库尤人争取土地权。20 世纪 30 年代，他在莫斯科和伦敦读书，受朋友影响接受泛非主义思想，1946 年回国后担任一所师范学院的院长并从事反殖民主义活动，1952 年被英国殖民当局以谋反罪名监禁，1961 年被释放后当选为肯尼亚非洲民族联盟主席。1964 年肯尼亚正式独立时，肯雅塔当选为总统。在伦敦政治经济学院学习期间，为基库尤人争取土地权，撰写了大量游说文稿，以此为基础并结合课程作业撰写出《面对肯尼亚山：基库尤人的部落生活》一书。肯雅塔在这部力作中指出，英国殖民政权是用谎言维护其合法性，其在肯尼亚获得大量土地的三大法律依据皆为想象编造。在其中，荒野土地开发者所有权之说，给予了欧洲移民和白人企业强占当地人土地的合法性；原地方统治者让渡土地之说，帮助英国政府获得了大片所谓的"皇冠土地"（Crown Land）；部落领袖出卖和出租土地之说，将土地所有权的变更解释为自由交易或租赁的结果。肯雅塔雄辩地指出：在那些所谓的荒野土地上一直有非洲人生活，原来的地方统治者让渡土地是因英国殖民政权的政治利诱和军事胁迫所致，同时部落领袖并没有支配氏族或家庭土地的权力。按照肯雅塔的考证和分析，农耕田历来归个人或家庭所有，社区周边的荒地虽然属于氏族组织管理，荒地的使用权仍然在各家各户手中，当地人民的土地所有权之易手的根本原因在于殖民政权的圈地和欺骗（Kenyatta，1938：14—35）。肯雅塔继而借用一个民间寓言写道，英国人如同森林中的猛兽，每当人们修好一座座房屋，猛兽就以各种借口据为己有，最后人们齐心合力，一把火烧毁了房屋，一部分猛兽被烧死，其他猛兽逃之夭夭。这个寓言说明肯雅塔颇具远见，后来发生的"茅茅起义"即为证明。

老　一　辈

随着非洲国家独立的大趋势，不少非洲学者和政治家开始公开严厉地质疑西方人类学的价值。其中，加纳总统夸梅·恩克鲁玛（Kwame Nkrumah）最有代表性。恩克鲁玛在美国获得人类学硕士学位，后来在英国游学的专业方向还是人类学。恩克鲁玛于 1957 年上台后大力推动经济学、政治学、社会学以及非洲文化研究机构建制，却毅然决然地将人类学束之高阁。恩克鲁玛并不是不热爱他原来一直钻研的人类学，但他对西方人类学是不信任的。他曾不无讽刺地说道：人类学"对非洲社会的阐述是以促进文明进程的说辞为殖民主义辩护。我认为这是人类学时髦的根本"（Ntarangwi，Bakiker & Mills，2006：15）。恩克鲁玛对西方人类学的反感到了一种无以复加的境地。在他的办公楼接待厅挂着一幅巨幅画像，画面中间是恩克鲁玛本人，正在奋力打碎殖民主义枷锁，空中电闪雷鸣，大地在震荡，三个小白人落荒而逃。其中一个是夹着皮包的资本家，另一个是捧着《圣经》的传教士，还有一个是人类学家，手握一本有关非洲政治制度的著述（Galtung，1967）。

与恩克鲁玛相反的是尼日利亚开国元首本杰明·纳姆迪·阿齐克韦（Benjamin Nnamdi Aziki-we）以及加纳后任总理科菲·阿布雷法·布西亚（Kofi Abrefa Busia）。尼日利亚于1960年独立之后，在美国获得人类学硕士学位的阿齐克韦立即下令尼日利亚大学社会学人类学系作为本土人类学的大本营。加纳在经历军事动乱之后，新任总理是在英国获得人类学博士学位的布西亚。原来就与恩克鲁玛存有政治见解分歧的布西亚，也是一位力求非洲本土人类学发展的推动者。布西亚与我国人类学家李安宅的一个相似点是对文化人格论的质疑。20世纪30年代，法属殖民地非洲知识分子和来自加勒比海的留学生在巴黎开启黑人意识运动（Negritude Move-ment），通过学术讨论、诗歌创作以及生活方式强调黑人心智和人格的一致性。这场运动试图将黑人意识的一致性说法作为团结非洲人和非洲人的离散族裔抵制殖民主义和种族主义的思想武器和文化自信基础。布西亚对黑人意识运动既感到欣喜，也存有质疑。他感到欣喜的是这场运动的批判性，但他认为非洲人意识、心智、人格的一致性是一种迷思，其负面影响是掩盖非洲社会文化的复杂性。在辽阔的非洲，一致的黑人意识在哪里最为流行，是在非洲大陆全部或是在局部，还是在非洲人的离散族裔，布西亚认为连这样的基本问题都是这场运动的倡导者无法回答的（Ntarangwi，Bakiker & Mills，2006：17—20）。

一些非洲学者在泛非主义思潮的影响下，紧紧扣住了三个根本性问题对有关非洲社会文化的人类学思想展开了批判。一是西方人类学的原始社会学说（theory of primitiveness）；二是西方人类学的唯他者认知论（epistemology of the otherness）；三是西方人类学的部落主义学说（theory of tribalism）。这些学者对原始社会学说和唯他者认识论的批判，相对容易理解，毕竟"原始"一词充斥着贬义，而且非洲人类学家不相信只有来自西方的

"外客"才能从事非洲研究。对部落主义学说的批判则需要一些解释。

正如一部分非洲本土人类学家强调的那样，西方人类学的非洲研究之形成，源于西方宗主国统治非洲的需要。英国在南部非洲实施的"间接统治"，借助当地原有的社会管理制度实施殖民统治；法国殖民政权在北非则是采用"直接统治"向殖民地强行输出法国文化，对当地事务实施法国化管理。无论是直接或间接统治的殖民政权都为人类学研究带来一些方便。对殖民政权来说，要了解两个至关重要的问题。一是地方法律制度，尤其是界定土地所有权和调解纠纷的习惯法。二是社会组织形态，尤其是亲属组织、生产单位、政治联盟、统治集团以及宗教势力。在殖民主义统治者的眼中，部落是一个重要的社会组织。然而在西方殖民主义政权成型前，部落概念其实并不存在。需要说明的是，英文中的"部落"一词有两个词源。一是有关《圣经》故事记载的以色列后裔十二支系，又称十二部落。二是拉丁语有关古罗马帝国内部划分的三个族群，又称三方部落。继而需要说明，人类学的早期做法是将社会组织的类别分为群落（band）、部落（tribe）、酋邦（chiefdom）以及国家（state）。这种受社会进化论影响的分类方法将部落视为没有国家的社会组织形态，并将酋邦视为原始国家形态。

南非黑人学者阿齐·玛费杰告诉我们说，南部非洲人的语言中原来并没有部落一说，是人类学家使用这个词并由殖民政权将之升到政治统治的高度之后，本土语言中才有了此说（Mafeje，1971）。将人类学研究和马克思主义集为一身的玛费杰特别指出，部落概念不仅是一种语言学现象，而且是一种思想现象，话语和思想力量并合的结局是部落主义认识论。这种认识论是英国统治者的工具，也是殖民官"调教"民心的一种策略。部落主义认识论假设非洲人对社会组织和政治制度的认知水平停留在原始水平，民心所向不可能超过部落，因而任何超越部落社会的政治体制都是不可想象的。换言之，部落民族被假设为没有建立国家的潜质，因而没有成立现代国家的资格。部落主义意识还将复杂的社会组织形态简单化，掩盖了超越部落界限的社会经济关系和阶级矛盾，尤其掩盖了城市中出现的贫富两极分化，对反殖民主义和资本主义剥削的各种思潮而言都构成一种严重的压制。玛费杰为此借用《共产党宣言》说，统治阶级的思想历来是占据统治地位的思想，部落主义的生成迎合了殖民政权的想象和需要，尽管它来自对殖民政权也会发一些牢骚的人类学研究者（Mafeje，1971：254）。此话不客气地拨开了非洲部落学说的面纱，让我们看到人类学与殖民主义的勾连。

玛费杰对部落主义的批判是有根基的。他于1936年出生，父母都是教师，他在南非拿到硕士学位，后来在剑桥大学获得人类学博士学位，回国后因反抗南非种族隔离政权，被警方视为危险分子，被迫流亡海外达30多年，2000年才返回自己的祖国，回国七年后去世。作为一名斗志昂扬的人类学家，玛费杰的著作涉及面极为广泛，内容包括部落主义意识形态、南非二元经济制度、土地所有制、宗教思想与阶级意识的关联、新殖民主义与国家资本主义的合谋、历史维度中的人类学问题以及人类学研究对民族独立运动的意义。玛费杰一生付诸最大学术努力的是运用马克思主义做人类学研究。对他来说，批判西方中心主义的学术思潮，并不是对西方学术传统的全盘排斥，而是对西方知识界学术霸权主义意识的否定，毕竟马克思主义也是来自西方的，但它却是一种旨在解放全人类的思想体系（Mafeje，2001：13—14）。

在非洲老一代人类学家中，奥考特·庇泰克也是值得我们熟悉的代表人物。他是一位将人类学与诗歌创作紧密结合的乌干达人。庇泰克于1931年出生，其父是教师，其母是歌唱家。他从小喜欢读书，也喜欢写诗咏唱。他在牛津大学对西方人类学产生深刻认识之后，反而对西方人类学感到极为不满。庇泰克在牛津大学于1970年完成了一篇有关乌干达地区民间信仰的博士论文（p'Bitek，1971）。这篇博士论文没有能够通过学术委员会的审查，表面上好似是某些技术原因造成的，因为庇泰克提交的论文（根据评审人留下的记录）存有行文不规范的问题并偏离了开题报告的题目，但是其深层原因应该是他在论文中指出了西方人类学对非洲宗教的曲解。这一批评在他后来撰写的《西方学术的非洲宗教论》一书中彻底显露（p'Bitek，1976）。这本著作于2012年再版时改名为《非洲宗教的去殖民化：有关非洲宗教的西方学术简史》。在其中两节，庇泰克明确表示，西方学者和西化的非洲学者对非洲宗教信仰并不感兴趣，更糟糕的是西化的非洲学者不能用自己的术语和概念阐释非洲本土宗教信仰的灵性，而是通过欧洲人的眼光看待非洲人的宗教意识和仪式的象征意义。他毫不客气地指出，非洲学者万万不该将非洲人的灵性生活思想希腊化，对非洲人的信仰形式和内涵的希腊化哲学解释，譬如泛神论、万物有灵论、巫术论、宗教道德论，必定是伪装成为非洲宗教文化思想研究的欧洲中心主义之翻版（p'Bitek，2011）。

庞泰克否定了有关非洲宗教文化认识论的一系列关键性西方概念。这是因为他反感这些概念背后的一个基本假设，即非洲宗教思想代表的是原始的、低下的、缺乏道德轴心的思维方式。这种假设与康德人类学思想存有相当程度的联系。在康德根据冒险家和传教士的记录撰写的人类学论著中，德国人、英国人、法国人、西班牙人、意大利人被推崇为全世界心智最佳、哲理思辨性最为锐力、道德意识最强的民族（康德，2016）。于1982年因心脏病去世的庞泰克坚定地认为，在西方难以找到可以弘扬非洲文化的思想，但是在中国却可以找到。他在《非洲文化大革命》一书中指出，"文化大革命"对独立的亚非拉国家来说也是一次必要的继续革命，非洲人的"文化大革命"必须参照构成非洲文化的灵性生活精神，要使文化问题不再成为社会隔膜。他还认为非洲人的"文化大革命"要以人的尊严作为宗旨，并亟须以培养青年人热爱非洲的情怀作为核心（p'Bitek，1973）。

庞泰克对泛非主义是肯定的。这一立场在他的长诗《拉薇诺之歌》里面可以看出。《拉薇诺之歌》的主人公是一个乡间女子，她的丈夫奥考原来同她一样，从欧洲留学归来后变成一个"欧化"的非洲人。在这首诗中，妻子批评丈夫数典忘祖的变样，劝他眷恋乡土、热爱传统。这首诗的针对性是东非国家的两种社会思潮性质碰撞。一种是拥戴独立运动的泛非主义思想高涨，另一种是崇拜现代化西方模式的思想延续。这是《拉薇诺之歌》在民间广泛流行的根本原因和思想基础。《拉薇诺之歌》的续篇是庞泰克于1970年发表的《奥考之歌》，讲的是拉薇诺的丈夫奥考改过自新的心路历程。庞泰克继而出版的《囚徒之歌》《娼妓之歌》等长诗展示了乌干达独立之后庶民阶层的艰苦生活（高秋福，1984）。作为著名诗人的庇泰克因得罪了阿明独裁政权不得不四处逃亡，然而他撰写的诗歌在他的祖国人民和邻国民众之中广为流传。在脍炙人口的《拉薇诺之歌》中，庇泰克针对殖民政权的军事围剿和殖民化的教育制度写道："肝胆灼伤，只想呕吐，少年英武，亡命丛林，童子上学，不长雄风，课本拷打，敲碎睾丸。"（p'Bitek，1984：117）他还针对东非国家独立之后的社会两极分化写道："独立降临，野牛遭殃，猎人横刀，闪闪发光，分割食肉，互不相让，弱小之众，不得分享。"（p'Bitek，1984：107）庇泰克的诗歌意境与他的平权思想是互通的，一方面鞭笞殖民主义对非洲社会文化的摧残，另一方面谴责新兴的寡头政权。

独立后的非洲人类学发展与提出尖锐问题的非洲本土史学存有密切关联。在非洲独立前，非洲历史书写的基点是阿拉伯人留下的文字记载以及西方殖民统治者、探险家以及传教士撰写的公文、游记、日记以及书籍。西方史学家还依据文字史料和考古发现撰写了一系列非洲无文字民族的历史，好似这些民族的历史代言人。这种代言遭到非洲国家独立运动领袖和泛非主义学者的批驳。特别令一部分非洲学者不满的一个问题是西方学者对非洲口头传承的历史采用极力贬低的态度。随着本土知识共同体在艰难复杂条件下的逐步形成，非洲学者将口头传承的史料结合到史学的研究取向，产生了一些凝聚创新精神的本土史学著作（Ki-Zerbo，1969；Ajayi，Ade & Alagoa，2007）。

若用一种简要的方式论及非洲本土史学的重要性，出生在加勒比海、后来在法国学习精神病学并担任过阿尔及利亚解放阵线非洲特使的佛朗兹·法农在他的生命终末期留下的一段话或许最有阐释力。他在《全世界受苦的人》（*The Wretched of the Earth*）一书中指出："殖民者撰写历史并知道自己在这么做。而因为他经常参照他宗主国的历史，他明确地指出他在这里是延续这个宗主国。因此他所写的历史不是他掠夺的国家的历史，却是他的国家在掠夺、侵犯和使人挨饿方面的历史。只有当被殖民者决定结束殖民主义的历史、掠夺的历史，并使国家的历史、非殖民化的历史存在时，才可能将被殖民者的静止不动重新提交讨论。"（法农，2005：15）

如果将这段话变通表达，殖民者撰写的历史是有关自己的冒险记，虽然从中可以看到对非洲的侵犯和掠夺，但是非洲的本土历史总是作为宗主国历史的一部分才出现，因而看不到非洲人自己的悠久历史，所以创立本土史学并尊重非洲的古老历史是民族独立的一部分。

若不是被白血病夺取年轻的生命，法农也许会欣慰地注意到联合国教科文组织牵头组织的《非洲通史》编纂工作。在这部通史的一至八卷编纂过程中，有300多名历史学家参与，其中2/3是非洲学者，而且前八卷的主编都是非洲学者（非洲通史国际科学委员会，2013）。在这部通史的九至十一卷编纂过程中，其编委会有八名非洲学者和八名欧洲、亚洲以及美国、加拿大、古巴、西印度群岛和巴西学者。在非洲联盟推动下，《非洲通史》教学项目逐步纳入一部分非洲学校历史课程。此举旨在用非洲本土学者的声音和立场抵制殖民主义历史观对下一代人的影响。

在清华大学近年组织的一次讨论会上，一名青年学者对《非洲通史》的非洲本土学者的声音及立场之说提出了尖锐质疑，其焦点是说主持这部通史编纂工作的非洲学者大多数是在西方接受过高等教育的文化精英，虽然这些非洲学者担任了各卷主编，部分西方学者和其他发展中国家的学者也起到了很重要的作用。其实对这个问题的阐释应该是多方面的。独立运动催生的非洲本土人文社科机构，确实渴望本土学者作为非洲研究的中坚力量，至于在西方接受过教育或在西方国家工作的学者是否属于本土学者的问题，需要考虑身份认同。在上面提到的玛费杰出生在南非，后来常年在海外流亡，但是始终以非洲人作为自己的身份认同（Nyoka，2020）。世界著名学者杜波依斯（W. E. B Du Bois）出生在美国，在美国大学长期任教，却以非洲学者身份为荣，晚年时成为加纳公民，死后葬在加纳。非洲本土学者还包括在非洲生活的欧洲人后裔以及亚裔。譬如南非学者露丝·佛斯特（Ruth First）是犹太人的后代，因极力反抗种族隔离，被南非警方用定时炸弹害死。在1970年出版的《枪杆子里面出政权》一书中，她明确地以非洲学者的身份批判了西方学界有关非洲政局不稳定的部落说（First，1970）。由此可见，对本土学者的身份界定，需要规避刻板的定义，要以当事人的认同而论。

根据我国学者徐薇的研究，独立之初的非洲国家继续以欧洲高等教育制度为样板建设自己的高等院校，新的大学课程很少关心非洲本土文化。有幸的是 20 世纪 70 年代以来，非洲本土人类学出现三股趋势：一是社会学和历史学在非洲研究领域占据了主要地位。二是马克思主义人类学激励了非洲学者。三是人类学成为社会学的一个分支，一些高校通过社会学提供人类学课程。在这一过程中，非洲本土人类学开始重新定义自身，尤其注重了人类学向社会学同行学习应对社会实际问题的能力（徐薇，2016）。1989 年，泛非人类学学会在喀麦隆成立，其组织宗旨是建构能够应用到社会实践经济发展之中的人类学。作为一个高度强调实用性的学术组织，泛非人类学学会立志推动各分支学科的交叉研究，定期组织工作坊培养年青一代，到目前有近 600 名学者会员。团结在泛非人类学学会旗下的学者直面现实的勇气令人敬佩，而且比起强调理论建构的西方学者显得更为务实，因为他们无法忽视在非洲大陆或者说在他们身边不断蔓延的疾病、饥饿、贫穷、冲突与战争，所以他们的学术使命感主要是发展与应用，用人类学知识改变残酷的现实，而不是单纯的理论建构（徐薇，2016：23）。

批判的接续

如果说玛费杰戳穿了非洲部落论的迷思，而且庇泰克严厉批评了非洲宗教研究的希腊化倾向，一部分步其后尘的非洲人类学家同样紧紧抓住了一系列根本性问题展开了对西方人类学的反思。下面的讨论以非洲人类学家对西方人类学建构的有关非洲文化和非洲人类学的两种意象之批判为例。至少一部分非洲学者不断地指出，西方人类学对撒哈拉以南的非洲国家研究在很长时间内沉溺于对所谓文化原本面貌的追求，一方面将原始的、原有的、本地的、未被文明影响的、所谓野蛮的文化表现作为"原真"（authenticity）；另一方面将变动之中的、外来的、混杂的、较新形成的、与其他文明互融的文化变迁视为"谬误"（spuriousness）。这些非洲人类学家认为，追求文化的原真是对文化本质主义的崇拜。

在文化本质主义影响下，外来文化影响的以及内部发生的文化现象都被错误地视为乱真的赝品和遭到污染的存在。甄别固有的、纯粹的、原汁原味的文化被视为人类学研究需要找到的真品。依据此等信条，许多民族志剔除了学者在田野中所观察到的来自外部的影响或变化之中的社会生活情境，将所谓失真的、非土著的、非本地的习俗、思想、语言、信仰、社会制度、生活方式、生产形式以及仪式，统统视为被玷污的或腐蚀的，因而被视为是失去了人类学研究价值的变异体（Ntarangwi, Bakiker & Mills, 2006：2）。这样的文化意象推演出的一种固守和丧失叙事倾向见于美国人类学家约翰·马歇尔拍摄的 50 部人类学纪录片中最著名的两部。马歇尔于 1957 年剪辑制作的《猎人》记录了四个卡拉哈里沙漠草丛人用毒箭猎杀长颈鹿并将猎物带回营地与大家分享的故事（Marshall, 1957）。这部片子以"高尚野蛮人"的呈现手法讲述了一种固守的沙漠生活方式和相随的互惠精神。1978 年，马歇尔重返卡拉哈里沙漠时根据一位女性的自述拍摄了《尼娜》纪录片，此时的草丛人已经失去了广阔的采集狩猎地域，被迫搬入政府建立的集中居住点，在丧失原有生活方式之后，只能依靠救济度日，极度贫困和酗酒问题由此滋生（Marshall, 1980）。

本文作者对上述两部纪录片原来是肯定的，认为《猎人》影片带有明显的浪漫主义色彩，对草丛人生活的刻画却是写实主义的。本文作者过去还认为，《尼赛》影片带有明显的悲观主义色彩，对草丛人失去既往生活方式的记述仍然是写实主义的。然而根据一个新近研究，《猎人》影片的制作是在选入的胶片中删除了草丛人受到现代社会影响的镜头，其中包括玻璃瓶子、罐头盒、成装、汽车轮胎等。为了呈现草丛人与外部世界的隔绝，被删除的镜头还包括草丛人与比邻民族进行贸易的场面（Van Vuuren, 2009）。这样一来，《尼赛》影片呈现的草丛人的悲惨命运与既往的、浪漫的、原真的、幸福的生活必然形成一种鲜明的对照。此等对照的前提是经过挑选的影视叙事，其思想基础是对文化固守和丧失的叙事思维。

从固守到丧失的叙事是对所谓本真文化的孜孜追求，其影响是多方面的。例如，虽然有过殖民地官吏研究伊斯兰教的先例，而且后来的人类学家高度关注了南部非洲穆斯林作为商人的历史和现实以及穆斯林社区领袖的政治影响力，但是伊斯兰教渗透地方生活的普遍性及非洲人从伊斯兰教汲取的文化成分被划为历史学研究范畴，因而迟迟未能进入人类学视野。其结果是经由人类学整理而出的南部非洲人民的宗教信仰形态，在文化意象层面是一种原始的、封闭的、纯粹的、固守的存在。在这种学术语境中，开拓非洲宗教信仰和巫术研究范式的桂冠被带到了英国人类学家爱德华·埃文斯·普理查德的头上（Evans-Pritchard，1937）。值得注意的是，这位英国学者是乌干达诗人庇泰克当年在牛津大学攻读人类学博士学位时的导师。

为了抵制片面和扭曲的非洲意象，一度在美国工作的乌干达人类学家克里斯汀·欧布（Christine Obbo）在给美国学生上课时专门选择一部分照片来说明非洲文化的复杂。其中一组照片是野生动物和自然景观，另外一组照片是城市贫民窟，还有一组照片是矗立在五个城市的高楼大厦和地方精英工作生活的场景。她的美国学生很熟悉前两组照片的意象，对最后一组照片呈现的意象感到惊讶，对东南部非洲的现代化表示无知，对非洲本土人类学表示更加无知。当回到乌干达为人类学选课生上课时，她发现乌干达学生对西方学者撰写的人类学研究非常了解，而且将其视如圣经，对本土人类学著作的了解却是一片空白。按照欧布的分析，这个问题的形成是因为非洲本土人类学被贬值（Obbo，2006：2—5 & 154—169）。这种被贬值与另外一种意象的制造相关。那就是西方人类学有关学术分工的二元对立。在这种二元对立的意象之中，所谓纯粹的人类学研究被视为高端的学术活动，应用性的人类学研究则被视为低端的知识生产。

20世纪60年代以来的非洲人类学发展轨迹显示，非洲学者一直坚持从事与经济发展及社会建设相关的研究。这种坚持与非洲其他学科的学者对人类学的戒心和敌意有关。毕竟一部分人类学家曾经作为殖民政权的社会调查员，一些殖民地官员还在不同时期摇身一变成为人类学家。急于实现国家现代化的非洲知识分子，看不起刻意寻找原始文化和部落组织的人类学，认为人类学必须直视非洲的现实，而不应该刻意制造传统。不少非洲人类学家也意识到，所谓本真的文化是一种学术陷阱，从中跳出的途径是向本土社会学、经济学、政治学、历史学靠拢，首先以书写历史的非洲观点为怀，将非洲国家的经济社会发展议题作为起跑线，以减贫、移民、农业技术改造、城市化、女性教育、草原退化、营养不良以及妇幼健康等社会经济发展问题，作为本土人类学的终极关怀。这是非洲本土人类学的一次重大转向。

离经叛道的应用人类学在南北知识生产关系不平等的格局中难以发声，即便发出声音也是在边缘刊物或非洲学者把持的出版物得以有限度的回响。对非洲人类学比较了解的马拉维历史学家保罗·提亚姆贝·泽莱萨说道："非洲学者无法享受时尚的、有关他者理论的、与现实脱节的学术娱乐，国家和社区都在召唤非洲学者做出清晰负责的分析。"（Zeleza，1979：IV）在泽莱萨的眼中，应用研究绝非发生在可以任意想象的真空。作为历史学家，泽莱萨专门研究非洲经济史和非洲人在世界各地的离散族裔，同时还深深卷入高等教育革新之中。

将应用研究视为低端的知识生产是一种傲慢心态的表现。至少一部分非洲本土人类学家认为，把理论建构视为高端学术活动是后殖民主义和新殖民主义思想的一种表现。赞比亚人类学家欧文·西康在批判所谓纯粹的人类学研究时指出，西方对发展问题的责任心不强，一些西方学者在研究经费用完后就会放弃他们研究的社区，另外一些西方学者不怎么了解地方实践，匆忙结识一批随意选择的所谓知情人之后，就以非洲学权威自居，对非洲本土人类学家的研究成果，或因偏见或因言语障碍，基本采用不闻不问的态度（Sichone，2001）。

一部分非洲人类学家热衷应用研究原本是应该的，也是有比较优势的。对应用研究的重视并不意味着对人类学理论研究的排斥。上文已经提到，尼日利亚开国元首阿齐克韦下令成立的尼日利亚大学社会学人类学系是该国人类学发展的大本营。尼日利亚伊巴丹大学社会系是对人类学本土化做出贡献的另一大本营。尼日利亚独立后，社会学与人类学在这两所大学并不分家，没有另起炉灶。人类学是社会学的支撑性学科，毕竟人类学在尼日利亚独立之前已有一定规模，而社会学是独立之后才迅猛发展起来的一个学科。

本土理论

在尼日利亚这两个社会科学重镇，社会学和人类学如何本土化的讨论受到"囚徒心智"（captive mind）学说的极大影响。这个学说的缔造者是赛义德·侯赛因·阿拉塔斯。

赛义德·侯赛因·阿拉塔斯是马来西亚的社会学家，早年研究过政治腐败，后来将注意力转到殖民主义对人们的思想束缚。他首先分析的是殖民主义教育制度导致的囚徒心智，所论的主要议题是研究发展问题的第三世界知识分子对西方思想缺乏批判精神的心态。这项研究形成的论文相对抽象，影响力有限（Alatas，1972）。阿拉塔斯于1977年出版《懒惰土著的迷思》，让他的"囚徒心智"学说大放异彩。他在该书分析了菲律宾、爪哇、马来半岛原住民抵制西班牙、荷兰、英国殖民经济体系的历史。他认为殖民者遇到抵制后采用的策略之一是引入易于掌控的外来劳动力，并发展出一套有关原住民天生怠惰的官方话语。在欧洲人统治下，马来半岛的橡胶园和锡矿的工作条件非常恶劣，马来人不愿做的工作被殖民政权和商人调遣来的华工和印度工人接手。作为背井离乡的移民，华人和印度人到了马来半岛，人生地不熟，面对当地人的排斥，需要买办阶层保护，为了尽快积累财富，发奋勤奋工作。在华人和印度人被带上勤劳标签的同时，马来半岛本地人选择捕鱼或农活尽管是理性抉择，却被殖民者带上懒惰的标签。阿拉塔斯认为，所谓懒惰和勤劳的族群都没有认识到这两种标签是统治者分而治之的策略。在被标签化的族群之间，长期以来不能消除的误解和偏见是囚徒心智的表现之一。在后殖民主义时代，学界和媒体对这个问题的不透彻看法是囚徒心智的表现之二。在国家发展问题上，政客使用这两种族群标签左右的社会舆论导向是囚徒心智的表现之三（Alatas，1977）。

有关学术研究的"囚徒心智"学说从马来西亚传到尼日利亚之后，成为尼日利亚社会学和人类学本土化的一个支撑点。尼日利亚社会学和人类学研究者阿金索拉·阿奇沃沃带头提出的一个尖锐问题即是：如果不使用西方社会科学术语，尼日利亚社会学和人类学会是什么样子？这可能是过激的假想，却生成了一种有价值的学说。他通过民俗学研究认为，民间生活是有智慧可言的，其传承手段是民间仪式和口碑诗文，在民俗学资料中蕴藏着大量可以替换西方社会学和西方人类学概念的本土文化资源，包括特殊的词汇、归纳人际关系性质的民间智慧、游荡诗人讲述历史的文化逻辑以及有关道德伦理的述说（Akiwowo，1986）。他还发现约鲁巴人的民间诗歌常常讲述人之为人的道理，其专用的核心词汇即是"阿苏瓦达"（Asuwada）。作为一个社会概念，阿苏瓦达强调的是人之为人的四个方面。一是"义瓦"（iwa），二是"义乎瓦斯"（ihuwasi），三是"艾塞斯"（ise-si），四是"阿朱默斯"（ajumose）。译为中文大致就是人品、习俗、事理、同步的意思。约鲁巴语有 5000 万人使用，还有 200 万人将其作为第二种方言。约鲁巴民间诗人用无数故事以阿苏瓦达为主题，反复讲述人之为人的道理，一个人违背了阿苏瓦达原则，即是一个无德之辈。如果说人品、习俗以及事理并不难理解，同步（ajumose）是指一个人要遵循血亲关系原则处理好个人与社会的关系。

彼得·艾克是将民俗智慧论升华成为社会理论的尼日利亚社会学和人类学研究者之一。他提出了"双胎公众"（two publics）学说，其雏形是一个民间传说，内容讲的是一个名叫奥脱布利斯的"土著人"拾到了英国殖民官员丢失的一大袋子钞票后如何处置的故事。在这个故事中，奥脱布利斯连忙带着这笔巨款找到那个官员归还。后者感谢前者时说：你很正直，但永远不会成为富人。每当民间艺人击鼓讲述这段拾金不昧的传说时，奥脱布利斯的同乡不仅哄堂大笑，而且认为捡到殖民官的钱袋而不与乡里乡亲分享这笔财富的奥脱布利斯是一个不折不扣的无德之辈。艾克以这个传说作为起点开始分析殖民主义政体之下的日常生活中常见的"双胎公众"现象（Ekeh，2012）。按照他的最终分析，奥脱布利斯是一个带有普遍性的社会人。他的生活世界由一个内核和一个外核组成。内核是血缘、姻缘、地缘以及族群关系编织的社会网络，也是人们需要首先认可的公共生活空间，每一个人都是内核公众的一部分，维护内核利益的原则高于一切。外核则是陌生人关系形成的公共生活空间，其中每一个人也是构成公众的一部分，但是外核公众的利益不能逾越内核公众的利益。在殖民主义时期，统治者希望看到内核利益对外核利益的排斥。统治者不愿意看到人们参与包括独立运动和社会串联在内的政治组织和政治生活。内核利益的强化和外核利益的弱化不但有利于殖民主义政权的统治，也是影响独立之后的非洲国家政治动态的一个要素，所以在对政治问题的民心所向加以判断时，不能生搬硬套阶级、阶层、职业、收入、性别、教育程度等分析视角。若做比较，艾克的"双胎公众"学说与费孝通先生的"差序格局"学说颇为相似。两者阐释的要点都是从血缘、姻缘、地缘、族群关系生成而出的熟人社会伦理对公共生活的影响力以及在陌生人之间形成信任和社会契约关系的艰巨性，只是前者针对的是政治生活，后者针对的是日常生活。

走向南南

我国社会科学的本土化进程于 20 世纪 20—30 年代开始。在社会学界，许仕廉于 1926 年担任燕京大学社会学系主任后立即着手用自己有关"社会学中国化"的想法制定教研工作方向，并于 1931 年在发表《中国社会学运动》一文时，特别指出中国社会学已找到的一块基石即是针对中国本土社会问题展开研究（杨燕、孙邦华，2015；Hsu，1931）。在社会心理学领域，潘菽于 1939 年撰写了《学术中国化问题的发端》一文（杨鑫辉、汪凤炎、赵凯、郭永玉，1997）。集社会学家和人类学家于一身的吴文藻在 1940 年出版《社会学丛刊》总序中明确提出"社会学之中国化"（吴文藻，2020：3—4）。在吴先生眼中，社会学和人类学的中国化基础是优秀的哲学及历史研究和扎实的本土调查，所以他陆续精心选入《社会学丛刊》的国人著作包括哲学家张东荪的《知识与文化》、史学家瞿同祖的《中国法律与中国社会》、费孝通的《生育制度》以及《禄村农田》、张子毅的《易村手工业》、史国衡的《昆厂劳工》、田汝康的《芒市边民的摆》，还有林耀华的《凉山夷家》。以上著作已有单行本，在此故不详引。

20 世纪 80 年代初，重建的中国社会学秉承民国学术传统，再次展开关于社会学本土化的讨论。20 世纪 90 年代，本土化讨论得以扩大，1994 年至 1996 年，中国社科界开展有关学术规范的大讨论，本土化又一次成为学界高度关注的议题。

在主张本土化的学人中，邓正来、林毅夫、王学典三人颇具代表性。

邓正来堪称是探索中国社会科学本土化的一个核心人物，对本土学术自主性的追求是他的终身关怀，在通过研究性翻译引入大量西方理论思想的同时，生前一直坚持中国社会科学需要发展自主性和独立性的主张（孙国东，2013）。林毅夫从20世纪90年代也不遗余力地提倡本土化。他提出了一个颇有说服力的见解。那就是没有一个发展中国家的经济体是按照西方主流经济学理论制定相关政策而最终实现了对发达国家的赶超（林毅夫，2018）。王学典有关中国学术本土化的论述同样引人关注。他强调了当代中国从经济建设到文明复兴的大转移需要来自中国学界的本土理念和对西方学术思想给予反思的精神（王学典，2016）。

在学术本土化努力的促进下，当代中国人类学可以说取得了以下几个令人欣喜的成果。一是针对西方人类学理论的本土化努力，族群理论、家族理论、集市体系理论以及相对较近的象征资本理论，先后纳入本土情境而得到升华（荣仕星、徐杰舜，1998；张继焦，刘仕刚，2020）。二是重访人类学和家乡人类学的双重典范，前者与以往研究保持着紧密直接的对话并推出新解，后者对人类学传统的他者概念提出了必要的质疑，而且对人类学者研究自己家乡的理论方法以及伦理问题做出了深入的讨论和反思（段伟菊，2004；韩敏，2011）。三是强调本土化的中国人类学与史学发生着越来越多的交融，其表现是历史人类学的异军突起以及人类学研究者对历史文献积极主动的利用和有创意的解释（桑兵，2005）。四是中国本土人类学对其他学科的广泛渗透，其表现是人类学概念不断出现在民族史、民族经济学、民俗学、文学、文化遗产、影视作品以及公民健康和教育研究之中（张举文，2007；滕星，2006）。

概言之，我国人类学在本土化努力之中一直坚持了中西方之间的学术对话。现如今，更多地向发展中国家的同行取经，有可能成为当代中国人类学的一个增长点。这其实也是对我国社科界整体的新时代要求。倘若乌干达人类学家庇泰克活着，他或许会用诗人的方式对我们说：昔日南北，必问东西，今日世界，格局已变，开拓新路，走向南南。

参考文献：

［法］法农：《全世界受苦的人》，译林出版社2005年版。

［德］康德：《康德人类学文集》，中国人民大学出版社 2016 年版。

段伟菊：《大树底下同乘凉——〈祖荫下〉重访与喜洲人族群认同的变迁》，《广西民族学院学报》（哲学社会科学版）2004 年第 1 期。

费孝通：《重读江村经济·序言》，《北京大学学报》（哲学社会科学版）1996 年第 4 期。

非洲通史国际科学委员会：《非洲通史》，中国对外翻译出版公司 2013 年版。

韩敏：《一个家乡人类学者的实践与思考》，《广西民族大学学报》（哲学社会科学版）2011 年第 2 期。

林毅夫：《中国经济改革的成就、经验与挑战》，《人民周刊》2018 年第 14 期。

高丙中、何明、庄孔韶、麻国庆、王建新、黄万盛、任剑涛、潘毅、谭同学、王首燕、何海狮、于喜强、郑英：《中国海外研究（下）》，《开放时代》2010 年第 2 期。

高丙中、熊志颖：《海外民族志的发展历程及其三个层次》，《广西民族大学学报》（哲学社会科学版）2020 年第 2 期。

高秋福：《汲诗情于民间：悼念乌干达人民诗人奥考特·庇代克》，《世界文学》1984 年第 3 期。

荣仕星、徐杰舜：《人类学本土化在中国》，广西民族出版社 1998 年版。

桑兵：《从眼光向下回到历史现场——社会学人类学对近代中国史学的影响》，《中国社会科学》2005 年第 1 期。

孙国东：《中国社会科学的自主性——邓正来先生的终身关怀及其思想与实践》，《中国农业大学学报》（社会科学版）2013 年第 2 期。

滕星：《回顾与展望：中国教育人类学发展历程》，《中南民族大学学报》（人文社会科学版）2006 年第 5 期。

王学典：《中国向何处去：人文社会科学的近期走向》，《清华大学学报》（哲学社会科学版）2016 年第 2 期。

吴文藻：《论社会学中国化》，商务印书馆 2020 年版。

徐薇：《人类学的非洲研究：历史、现状与反思》，《民族研究》2016年第 2 期。

杨鑫辉、汪凤炎、赵凯、郭永玉：《论潘菽"建立有中国特色的心理学思想"》，《心理学动态》1997 年第 3 期。

杨燕、孙邦华：《许仕廉对燕京大学社会学中国化的推进》，《北京社会科学》2015 年第 10 期。

张继焦、刘仕刚：《论中国人类学学科体系建设》，《西北师大学报》（社会科学版）2020 年第 1 期。

张举文：《迈向民俗学的影视与民俗研究》，《民俗研究》2007 年第 1 期。

Alatas Syed Hussein, *The Myth of the Lazy Native：A Study of the Image of the Malays，Filipinos and Javanese from the 16th to the 20th Century and Its Function in the Ideology of Colonial Capitalism*，East Sussex，UK：Psychology Press，1977.

Comaroff Jean，Comaroff John L.，*Theory from the South：Or，how Euro-America is evolving toward Africa*，Oxfordshire，UK：Routledge，2011.

Connell Raewyn，*Southern Theory：The Global Dynamics of Knowledge in Social Science*，Sydney，Australia：Allen & Unwin，2007.

Ekeh Peter，*Reclaiming the human sciences and humanities from African perspectives*，in Evans-Pritchard Edward，*Witchcraft，Oracles and Magic among the Azande*，Legon-Acrra，Oxford，UK：Oxford University Press，1937.

Fei Hsiao Tung，*Kaihsienkung：Economic life in a Chinese Village*，London University Library，1938.

First Ruth，*The Barrel of a Gun：Political Power in Africa and the Coup d'État*，New York，NY：The Penguin Press，1971.

Harris Marvin，*The Rise of Anthropological Theory*，New York，NY：Thomas Y. Crowell，1968.

Kenyatta Jomo，*Facing Mount Kenya：The Traditional Life and the Gikuyu*，Nairobi，Kenya：Kenway Publications，1938.

Kenyatta Jomo, *Facing Mount Kenya: The Tribal Life of Gikuyu*, London, UK: Secker & Warburg, 1938.

Kroeber, Alfred, *Anthropology Today*, Chicago, IL: University of Chicago Press, 1953.

Leach, Edmund, *Social Anthropology*, Roermond, The Netherlands: Fontana Press, 1982.

Levi-Strauss, Claude. *Structural Anthropology*, New York, NY: Basic Books, 1963.

Mafeje Archie, *Anthropology in Post-Independence Africa: End of an Era and the Problem of Self-Redefinition (African Social Scientists Reflections, Part One)*, Heinrich Boll Foundation, Nairobi, Kenya, 2001.

Marcus George E., Fisher Michael M. J., *Anthropology as Cultural Critique: An Experimental Moment in the Human Sciences*, Chicago, IL: University of Chicago Press, 1986.

Marshall, John, *The Hunters*, Boston, MA: Documentary Educational Resources, 1957.

Nyoka Bongani, *The Social and Political Thought of Archie Mafeje*, Johannesburg, South Africa: Wits University Press, 2020.

Okot p'Bitek, *Religion of the Central Luo*, Nairobi, Kenya: East African Literature Bureau, 1971.

Okot p'Bitek, *Africa's Cultural Revolution*, New York, NY: Macmillan Books, 1973.

Okot p'Bitek, *African Religions in Western Scholarship*, Nairobi, Kenya: East African Literature Bureau, 1976.

Okot p'Bitek, *Song of Lawino and Song of Ocol*, Portsmouth, NH: Heinemann Books, 1984.

Okot p'Bitek, *Decolonizing African Religions: A Short History of African Religions in Western Scholarship*, Nyack, NY: Diasporic African Press, 2011.

Ramos Juan G., Tara Daly, eds., *Decolonial Approaches to Latin Ameri-

can Literatures and Cultures, New York, NY: Palgrave Macmillan, 2016.

Wang Zhusheng, *The Jingpo: Kachin on the Yunnan Plateau*, Tucson, AZ: Arizona State University Press, 1997.

Zeleza Paul Tiyambe, *Manufacturing African Studies and Crises*, Council for the Development of Social Science Research in Africa, Dakar, Senegal, 1979.

Ajayi J. F. Ade, Alagoa E. J., "Black Africa: The Historians' Perspective", *Daedalus*, 1974.

Akiwowo Akinsola, "Contributions to the Sociology of Knowledge from African Poetry", *International Sociology*, Vol. 1, No. 4, 1986.

Alatas Syed Hussein, "The Captive Mind in Development Studies", *International Social Science Journal*, Vol. 2, No. 1, 1972.

Ayele Bekerie, "The Ancient African Past and the Field of African Studies", *Journal of Black Studies*, Vol. 37, No. 3, 2007.

Biswalo Upendo P., "The Contribution of Southern Theory for Sustainable Development in Africa", *Journal of Research Innovation and Implications in Education*, Vol. 5, No. 2, 2021.

Galtung Johan., "Scientific Colonialism", *Transition*, No. 30, 1967.

Gray Kevin, Barry K. Gills, "South-South cooperation and the rise of the Global South", *Third World Quarterly*, Vol. 37, No. 4, 2016.

Hsu Francis L. K., "Prejudice and Its Intellectual Effect in American Anthropology: An Ethnographic Report", *American Anthropologist*, Vol. 75, No. 1, 1973.

Hsu Leonard Shih-lien, "The Sociological Movement in China", *Pacific Affairs*, Vol. 4, No. 4, 1931.

Ki-Zerbo Joseph, "The Oral Tradition as a Source of African History", *Diogenes*, Vol. 17, No. 67, 1969.

López E., Vértiz F., "Extractivism, Transnational Capital, and Subaltern Struggles in Latin America", *Latin American Perspectives*, Vol. 42, No. 5, 2015.

Mafeje Archie, "The Ideology of Tribalism", *The Journal of Modern African Studies*, Vol. 9, No. 2, 1971.

Mignolo Walter, Gabriela Nouzeilles, "From Nepantla to Worlds and Knowledges Otherwise", *Nepantla: Views from South*, Vol. 4, No. 3, 2003.

Mwenda Ntarangwi, Mustafa Bakiker and David Mills, "Introduction: Historiy of Training, Ethnographies of Practice", in Mwenda Ntarangwi, David Mills and Mustafa Bakiker edited, *African Anthropologies: History, Critique and Practice*, Council for the Development of Social Science Research in Africa, Dakar, Senegal (in association with Zed Books, London, UK), 2006.

Obbo Christine, "But We Know It All! African Perspectives on Anthropological Knowledge", in Mwenda Ntarangwi, David Mills and Mustafa Bakiker edited, *African Anthropologies: History, Critique and Practice*, Council for the Development of Social Science Reseach in Africa, Dakar, Senegal (in association with Zed Books, London, UK), 2006.

Omobowale Ayokunle Olumuyiwa, Akanle Olayinka, "Asuwada Epistemology and Globalised Sociology: Challenges of the South", *Sociology*, Vol. 51, No. 1, 2017.

Onwuzuruigbo Ifeanyi., "Indigenising Eurocentric Sociology: The 'Captive Mind' and Five Decades of Sociology in Nigeria", *Current Sociology*, Vol. 66, No. 6, 2018.

Patel Sujata, "Social Theory Today: Eurocentrism and Decolonial Theory", *MIDS Working Paper* No. 240, Madras Institute of Development Studies, Chennai, INDIA, 2020.

Restrepo Eduardo, Arturo Escobar, "Other Anthropologies and Anthropology, Otherwise: Steps to a World Anthropologies Framework", *Critique of Anthropology*, Vol. 25, No. 2, 2005.

Rosa Marcelo C. "Theories of the South: Limits and perspectives of an emergent movement in social sciences", *Current Sociology*, Vol. 62, No. 6, 2014.

Rudwick Stephanie, Makoni Sinfree, 2021, "Southernizing and decolonizing the Sociology of Language: African scholarship matters", *International Journal of the Sociology of Language*, No. 267 – 268.

Sichone Owen, "Pure Anthropology in a Highly Indebted Poor Country", *Journal of Southern African Studies*, Vol. 27, No. 2, 2001.

Takayama K., Sriprakash A., Connell R., "Rethinking knowledge production and circulation in comparative and international education: Southern theory, postcolonial perspectives, and alternative epistemologies", *Comparative Education Review*, Vol. 51, No. 1, 2015.

Van Vuuren Lauren, "And He Said They Were Ju/Wasi, the People: History and Myth in John Marshall's 'Bushmen Films' 1957 – 2000", *Journal of Southern African Studies*, Vol. 35, No. 3, 2009.

以生物符号学解读

——米亚·科托小说《母狮的忏悔》的众生意象

刘 可

（清华大学建筑学院建筑学博士研究生）

米亚·科托（Mia Couto），本名安东尼奥·埃米利奥·莱特·科托（António Emílio Leite Couto），是当今葡语文学界享誉盛名的莫桑比克作家，生于 1955 年，14 岁开始在当地的报纸上发表诗作，自 1983 年出版第一本诗集《露水之根》（*Raiz de Orvalho*），迄今出版了 30 余本书，创作了包含长篇小说、短篇故事、诗歌、杂文在内大量优秀的文学作品，作品译成 10 余种语言出版于 20 余个国家，获得了葡萄牙语文坛最高荣誉——卡蒙斯文学奖、有"美国诺贝尔文学奖"之称的纽斯塔特国际文学奖等重要的文学大奖，近年来始终是诺贝尔文学奖热门候选人之一。

盛名之下，科托游走于复杂的身份与认同之间，以充满力量的实践超越界限、弥合矛盾。作为白人，他自我认同为莫桑比克人；作为莫桑比克的居民和忠实的呈现者，他又以葡语写作；作为葡萄牙后裔，他坚定地反对殖民主义，上大学时加入莫桑比克解放阵线，放弃学业"渗透"进殖民者把持的国家电台成为一名记者；作为作家，他在莫桑比克内战中又重返大学主修生物学，成为全国知名的生物学家，任教于爱德华多蒙德兰大学，并经营一家公司进行环境影响的评估。科托对现实的关切和行动超越国界，2003 年，美国发动伊拉克战争，他撰写公开信给美国时任总统乔治·布什（George Bush）反对霸权；他还曾撰写公开信给南非时任总统雅各布·祖马（Jacob Zuma）谴责针对莫桑比克移民的暴力行为。

这种流动性和丰富性也贯穿着科托的写作。目前对科托写作的研究主要集中于三个方面：主题上，发掘其作品对殖民主义、身份政治、内战创伤、性别歧视、生态恶化等当代莫桑比克重要现实议题的探讨及其去殖民化、重建莫桑比克文化传统的努力；风格上，分析其消弭时间、模糊现实与梦境及生与死等界线的诗意手法；语言上，探究其融合当地口语的创造性葡语写作。

在中国，中信出版集团首次译介并于 2018 年起相继出版了科托的 6 部中译作品，包含《母狮的忏悔》《耶稣撒冷》《梦游之地》3 部长篇小说，以及《小小词语的吻》《水与鹰》《猫咪与黑暗》3 部童书。2018 年，科托来到中国参加上海国际文学周。他也是参加者中唯一一位来自非洲的作家，接受了新京报、澎湃新闻、界面文化、南风窗、北京青年报等国内知名媒体的专访。一时之间，科托及其作品在中国引起了广泛的关注。

生物学家的身份往往是科托在专访中备受关注的话题，不断吸引人们探寻其生物学实践和写作实践之间的关系，改编自真实事件并以生物为重要主体的小说《母狮的忏悔》也是科托最受瞩目的中文译作。科托长期关注莫桑比克内战对生物多样性的破坏性影响，同时借由生物学向猎人学习、观察生命的差异及其各自之美、感知自己属于更广大的存在。科托自述是科学家、唯物主义者，但认为科学家对于世界的唯物主义认识过于武断和简单化，他可以接受事物存在的其他维度，并通过生物学和写作建立联系、成为他者。本文指出，以生物符号学为视角，米亚·科托在小说《母狮的忏悔》中从现实到文本、从生物到人的写作实践构成了一部虚构的莫桑比克多物种民族志，展示出一种可能的后殖民时代本地叙事，有力地控诉了人类纪、资本纪下弥漫在莫桑比克大地上的殖民主义、战争、传统父权制以及生态不公，从而在经济、政治、社会等领域之外，为南部理论提供了一种来自生物领域的新视角和新动力。

一　人类纪、资本纪与多物种民族志

今日人类面临着气候变化、物种灭绝、环境污染等全球普遍的生态危机，引发了广泛的关注和思考。2000 年，荷兰大气化学家保罗·克鲁岑

（Paul Crutzen）和美国海洋生物学家尤金·斯托莫（Eugene Stoermer）通过《全球变化通讯》（*Global Change Newsletter*）正式提出使用"人类纪"（Anthropocene）[1] 这个概念以描述一个地球历史的新纪元，认为人类已经成为地质代理人，深刻地塑造了地球。他们基于大气变化，提出人类纪始于 1784 年，这一年詹姆斯·瓦特（James Watt）发明了蒸汽机，工业革命由此开始。这一简洁、敏锐的概念强调了人类活动对地球的显著影响，回应了对人类中心主义的日益关注，呼唤着对可持续发展的责任和行动，极具吸引力，在如古气候学、环境科学、地质学、化学、地质气候科学、技术哲学、文学批评等学科中引发研究和讨论，并进入更广泛的公共话语。如中国"黄土之父"、已故著名地质学家刘东生所言："'人类世'的提出是一个值得考虑的问题，因为它不仅是一个地质阶段的问题，而且是一个人类在自然界中的地位和人类对自身认识的问题。"

在此基础上，一些马克思主义生态学家、环境学家批判性地提出资本纪（Capitalocene），将生态危机的起源追溯至早期现代。这一概念指出，人类纪将人与自然二分，而正是以笛卡尔的二元论为核心的思想结构造成了当前的生态危机，人类也不能作为一个未分化的整体一概而论。在资本积累的驱使下，产生了"廉价的自然"（Cheap Nature），自然被转化为财产，更在伦理—政治体系中处于低位，而大多数女性、大多数有色人种以及几乎所有美洲印第安人也一度被排除在人类成员之外、重新安置在自然之中，成为其中廉价的劳动力，并在新的发展阶段以新的性别化、种族化和科学的无偿工作制度延续。事实上，我们生活在生命之网中权力、利润和再/生产交织的资本主义体系——资本纪，我们和环境相互塑造。资本纪的倡导者呼吁将人类组织——如资本主义——视作自然的一部分，探索多种社会生态的联系。（Jason W. Moore，2017：594—630，2018：237—279）

---

[1] Anthropocene 在中国译作"人类纪"或"人类世"，含义大抵相当。有学者指出，在地质学命名法中，"纪"的常见后缀是"-gene"，"世"的常见后缀是"-cene"，因此 Anthropocene 应译作"人类世"。由于对贝尔纳·斯蒂格勒（Bernard Stiegler）、唐娜·哈拉维（Donna Haraway）等其中重要学者著述的翻译一般使用"人类纪"，本文选用"人类纪"一词。与此相对，下述 Capitalocene 本文选用"资本纪"一词。详见张磊《"人类世"：概念考察与人文反思》，《中国社会科学报》2022 年 3 月 22 日。

从人类纪到资本纪，以及之后的种植园纪（Plantationocene）① 和克苏鲁纪（Chthulucene）②，这些概念敦促我们关注非人类世界以及严重的生态不公。事实上，后殖民时代的女性、有色人种、被殖民者乃至生物，集中承受了在时间和空间分布上高度不均的生态危机的负面影响。其中，以生物为代表的非人类世界受到的关切和行动尤为不足。

那么，我们该如何思考非人类？我们该如何认识非人类实践？

近年来，人类学从理论和民族志方法两个方向对此做出回应，其一为本体论转向（ontological turn），创造现实的替代性方案；其二为多物种民族志（multispecies ethnography），将人类学敞开向非人类对象。本体论转向学者旨在破除西方的自然和文化对立之自然主义（naturalism），探寻实践所揭示的宇宙论，其中有代表性者，克洛德·列维－斯特劳斯（Claude Lévi-Strauss）的学生、法国人类学家菲利普·德斯科拉（Philippe Descola）将自然与文化重新界定为物质性特质与精神性/内在性特质，提出自然主义只是本体论的一种，自然主义之外，有泛灵论（animism）、图腾论（totemism）、类比论（analogism）；③ 巴西人类学家爱德华多·维韦罗斯·德·卡斯特罗（Eduardo Viveiros de Castro）提出视角主义（perspectivism）和多元自然主义（multi-

---

① "种植园纪"一词最初于2014年在奥胡斯举行的人类纪跨学科讨论中提出，随后发表于《民族》（*Ethnos*）杂志。种植园纪将奴隶制农业而非煤炭视作历史的关键转变，强调了塑造当前社会生态危机的关键动态在于：人和植物的全球流通，种植园景观的简化，以及长途资本投资在此类同质化和控制过程中的作用。详见 Haraway D.，Ishikawa N.，Gilbert S. F.，et al.，"Anthropologists Are Talking—About the Anthropocene"，*Ethnos*，Vol. 81，No. 3，2016，pp. 535 – 564；Davis J.，Moulton A. A.，Van Sant L.，et al.，"Anthropocene，Capitalocene，... Plantationocene？：A Manifesto for Ecological Justice in an Age of Global Crises"，*Geography Compass*，Vol. 13，No. 5，2019。

② "克苏鲁纪"由科学哲学家唐娜·哈拉维在其2016年著作《与忧患并存——在克苏鲁纪制造亲缘》（*Staying with the Trouble：Making Kin in the Chthulucene*）中提出，由希腊语词根 khthô（意为下面的世界）和 kainos（意为现在、继续、翻新）联合创成，是"一个让人学习怎样在一个被破坏的地球上在纠乱中生活以及死亡的时空"。哈拉维通过克苏鲁纪呼吁"以共同音调、共同诗意的方式制造亲缘"，实现"多物种生态正义"。详见 Haraway D.，"Anthropocene，Capitalocene，Plantationocene，Chthulucene：Making Kin"，*Environmental Humanities*，Vol. 6，No. 1，2015，pp. 159 – 165；许煜《人类纪——文化的危机、自然的危机？》，《新美术》2017年第2期。

③ 菲利普·德斯科拉认为，自然主义主张人与非人类在物质性特质上一致，在精神性特质上相异；泛灵论主张人与非人类在精神性特质上一致，在物质性特质上相异；图腾论主张人与非人类在物质性特质和精神性特质上都相通；类比论主张人与非人类在物质性特质和精神性特质上都不相通。详见王铭铭《联想、比较与思考：费孝通"天人合一论"与人类学"本体论转向"》，《学术月刊》2019年第8期。

natualism），认为文化并非人类独有，如亚马逊地区的人和非人类所见，存在多种自然，它们共享着一种文化，而非只有一个自然，存在多种文化。多物种民族志关注实践者之间的相遇及其对相遇后每个群体的作用，呈现出一个个鲜活的案例，其中有代表性者，加拿大人类学家爱德华多·科恩（Eduardo Kohn）提倡"迈向生命的人类学"（toward an anthropology of life），其《森林如何思考：迈向超越人类的人类学》（*How Forests Think：Toward an Anthropology Beyond the Human*）基于人类与非人类生物共享的符号系统，对亚马孙河流域二者的互动交流展开民族志研究，重新定义"思考"（think）和"代表"（represent），指出动物和森林可以"思考"和"代表"；美国人类学家罗安清（Anna Lowenhaupt Tsing）的《末日松茸：资本主义废墟上的生活可能》（*The Mushroom at the End of the World：On the Possibility of Life in Capitalist Ruins*）通过追踪多种本地报道人对松茸的实践和认知，以了解非人类的本地人经验，展现出一种可能的彼此缠绕的"第三自然"（third nature）——"尽管受资本主义掌控，却仍可维系的生活方式"。（Anna Lowenhaupt Tsing，2018：233—247；朱剑峰，2019：133—141；王铭铭，2019：143—167 + 178；Eduardo Kohn，2007：3—24，2013；罗安清，2020）

对科托而言，早期作为记者在全国各处的旅行和报道的经历鼓舞了科托的写作，后期在全国各地进行环境考察时收集的大量的战时故事、民间风俗、神话传说，为他积累了丰富的文学素材，加之长期的本地生活经验，以及与本地人的紧密沟通，科托得以从莫桑比克人的视角出发，记叙他们传统的时间观念、宇宙观念、生命观念在与现代文明的剧烈遭遇中发生的动荡、碎裂、重塑，展现出构成莫桑比克身份的众多声音，换言之，科托的作品构成了对莫桑比克的虚构的多物种民族志，呈现出一种全然不同于刻板想象的本地现实。这一点在以生物为重要主体的小说《母狮的忏悔》中尤为突出。科托通过黑人女孩儿马里阿玛和黑白混血儿男猎人阿尔坎如两个第一视角下与母狮的互动、对母狮的理解，勾勒出母狮艰难的生存状态和复杂的内在状态，从而检视人类纪、资本纪对非人类世界乃至女性、有色人种、被殖民者的扁平化、整体化叙事，事实上，女性和母狮拒绝在资本纪成为所谓廉价的自然。

具体至文本内部。生物符号学认为符号过程是包括人类和非人类世界在内基本的生命系统发生方式，而随着符号过程的递归和迭代，从自然中产生了文化；生物符号学在人类与非人类之间、自然科学与人文科学之间构筑起连续的桥梁，是一个超越了笛卡尔二元论的、具有强大解释力的新兴科学范式。爱德华多·科恩在对亚马逊上游鲁那人村庄中狗的梦的研究中，便认为从人类独有的语言、文化、社会和历史等工具或人类通常应与动物分享以塑造动物的工具而出发的分析框架不足以解释鲁那人与其他生命形式亲密又令人担忧的关系，运用符号学探究鲁那人与生物的日常互动及其可能创造的新的空间，解释亚马逊人对非人类自我观点的关注，从而扩大了民族志的范围，使人类学超越人类；科恩研究中所涉查尔斯·桑德斯·皮尔斯（Charles Sanders Peirce）、雅各布·冯·于克斯屈尔（Jakob von Uexküll）、特伦斯·迪肯（Terrence Deacon）等人正是生物符号学发展的关键人物。（Eduardo Kohn，2007：3—24）本杰明·克莱因（Benjamin Klein）富有启发性地将生物符号学的概念用于分析两例科托作品中人与动物相遇场景的作用过程，提出科托的作品基于泛灵论，运用生物符号学的方法重新认识人与动物的关系，助力后殖民时期的文化复原和去殖民化工作。（Benjamin Klein，2019：329—346）但一方面，科托本人从未提及生物符号学；另一方面，不止于概念、方法，生物符号学作为"科学范式的根本转变"（Myrdene Anderson et al.，1984：7—47），本身便极具潜力，提供了认识生命过程的更新、更全面的理论体系；同时，克莱因运用"通用生物语言"（common biological language）具体分析科托作品中人与动物的交流过程，本文认为 Umwelt 作为生物符号学的核心概念，将为生物符号学从非人类到人类、从自然到文化的两种进路提供更清晰的解释模型。

因此，本文以生物符号学为视角，具体分析与母狮相遇前后马里阿玛从女性到母狮的转变以及阿尔坎如从狩猎到写作的转变。事实上，两位主人公与母狮的互动，并不以一般而言魔幻现实主义①或"拟人化"的动物

---

① 事实上，科托本人多次公开表达对"魔幻现实主义"这一标签的怀疑。如在接受澎湃新闻专访时，"他（科托）不认为他写的是什么魔幻现实，对他来说，那就是当地人面临的赤裸裸的现实"。详见沈河西《2018 上海书展·专访丨米亚·科托：警惕非洲作家这一标签》，澎湃新闻，2018 年 8 月 19 日，https://www.thepaper.cn/newsDetail_ forward_ 2358842。

谕示等形式达成，母狮仍维持其与人相遇时的生物性，因此运用生物符号学的视角可以更好地呈现出科托的生物学视野在其从现实到文本、从生物到人的写作实践中的作用。

二　《母狮的忏悔》与生物符号学

小说《母狮的忏悔》发表于 2012 年，2017 年入选都柏林文学奖短名单，是科托首次将非洲女性的生存境况作为第一主题进行创作。这部小说的灵感来源于真人真事，2008 年科托所在公司在莫桑比克北部的德尔加杜角省进行地质勘探时，该地区开始发生狮子吃人的事件，直到数名受雇的猎人最终在两个月后杀死狮子之时，已有 26 人遇害，其中 25 人是女性。这是因为在丈夫或父亲的命令下，女性通常要早起只身到野外挑水、烧柴，极易受到袭击；传统的父权制经过近代莫桑比克的种种现代化进程并未消失，反而在内战导致的极度贫穷中变本加厉。而狮子某种程度上也是这一历史进程的受害者：农民们把作为大型食肉动物饲料的小型动物都解决了，狮子的食物链断裂，开始反常地袭击村民；同时，内战中阵亡者的尸体被抛于野外，狮子会吃掉他们，动物们从而打破禁忌，把人看作猎物。（米亚·科托，2018：77—78，82—83）这场持续了近 20 年的内战给莫桑比克及其人民造成了沉重的灾难，全国 1600 余万人口，约 100 万人丧生或致残，约 450 万人流离失所，其中约 300 万人逃亡邻国。（李擎，1992：24—25）这一境况有其更深远的历史，将追溯到 1498 年莫桑比克被葡萄牙航海家瓦斯科·达·伽马（Vasco da Gama）率领的船队"发现"，从此葡萄牙以"文明"之倡、以"保护"之名，行掠夺剥削之实，开始了漫长的殖民主义统治；1960 年莫桑比克民族主义兴起，莫桑比克解放阵线领导开展游击战争；1975 年 6 月 25 日莫桑比克人民共和国正式宣告成立，但新生的国家旋即陷入由多股外国势力支持的内战深渊，直到 1992 年内战结束。

故事以两个视角交替叙述，一个来自村子里的黑人女孩儿马里阿玛，她遭受父亲的性暴力而不育，而"一个无法生育的女人还不如一件东西"，所以"她不存在"，她想逃离这里；一个来自城市的黑白混血儿男猎人阿尔坎如，他幼年目睹哥哥弑父，因为父亲去打内战之时，用一种传统而野蛮的方式缝合了母亲的阴道，母亲受感染而死；马里阿玛和阿尔坎如十余年前曾发生一夜关系，当时阿尔坎如承诺带马里阿玛离开，但第二天并未出现。在此次捕猎的过程中，马里阿玛数次直面母狮，逐渐感到自己就是那只吃人的母狮，而阿尔坎如仅遇上母狮一次，并发现自己无法扣下扳机，因为造成狮子吃人境况的根本原因在于人。最终，一只公狮和一只母狮被杀，女孩儿的母亲请求阿尔坎如带马里阿玛前往城市开始新的生活，分别之时，马里阿玛的母亲对阿尔坎如说，你知道还有一只母狮没死，我就是那只母狮，我只告诉你这个秘密，这是我的忏悔。即是说，每一名对此境况有所自觉的女性都感到她们和母狮在命运上的联结，一方面她们视自己为杀人的母狮，某种程度上解脱了那些受苦的女性，也报复了残酷的父权制社会；另一方面她们也忏悔于母狮杀人，因为同为女性的鲜活的生命逝去了。

　　生物符号学（Biosemiotics）是一个具有革命性的新兴领域，最早可追溯至20世纪20年代，20世纪60年代起作为一门学科得到发展，2001年于哥本哈根举办了首届世界生物符号学大会，2008年由斯普林格（Springer）出版的国际生物符号学研究学会（International Society for Biosemiotic Studies，ISBS）官方期刊《生物符号学》（Biosemiotics）创刊。生物符号学产生于当今生命科学的主要范式（paradigm）——新达尔文生物学的例外（anormaly），后者将自然选择视作机械过程，但有机体的行动是目的论的（teleological）且具有能动性（agency）。（周理乾，2018：59—76）如今，来自世界各地的生物学家、神经科学家、哲学家、信息技术专家等基于不同领域，搁置彼此间定义、理论框架、符号过程模型等差异，汇聚到生物符号学之下。这个团体相信，生物学将成为一门更全面的解释性科学，它需要更包容的框架，以解释所有生物体未被充分研究的方面：通过处理符号（sign）而导航（navigate）环境的能力。生物学已经开始关注如细胞信号、遗传代码、信息素和人类语言等信息，生物符号学旨在将这些不同的线索编织成一个单一的、连贯的生物学意义理论。（Liz Else，2010：28—31）

　　试以唐纳德·法瓦鲁（Donald Favareau）在ISBS官方网站上给出的定

义说明：①

> 生物符号学是一项跨学科的研究议程，研究生命系统内部及其之间存在的各种形式的交流（communication）和意指（signification），因此是对代码和符号过程的表征（representation）、意义（meaning）、感觉（sense）和生物学意义（biological significance）的研究，从遗传代码序列到细胞间信号传递过程、到动物展示行为、到语言和抽象象征思维等人类符号制品。

即是说，生物符号学以符号（而非分子）为"生命基本单位"（Jesper Hoffmeyer，1996），以符号过程为"本质上的生命过程"（Kalevi Kull et al.，2008：41—55），符号过程作为基本的生命系统发生方式，在生物体内和生物体间运作，"帮助生物体执行其功能（function）、保持其习惯（habit）、并在世代间致力其议程（agenda）"（Alexei Sharov et al.，2015：1—7），符号在符号过程中具有意向性（intentionality），产生意义，从而在人类与非人类之间、自然科学与人文科学之间构筑起连续的桥梁，超越了深刻影响人类生活的笛卡尔二元论。

生物符号学案例研究有：生物符号学公认的创始人托马斯·西比奥克（Thomas A. Sebeok）等人的动物交流的生物符号学研究、沙尔贝勒·尼纽·埃尔－哈尼（Charbel Niño El-Hani）等人的免疫系统的生物符号学研究、特伦斯·迪肯等人的大脑研究和意识研究的神经符号学方法、马丁·克兰彭（Martin Krampen）等人的植物符号学研究等（Kalevi Kull et al.，2008：41—55），从不同领域展现出生物符号学作为新兴科学范式的巨大潜力。

三 从女性到母狮

Umwelt 是生物符号学先驱雅各布·冯·于克斯屈尔提出的极为重要的概

---

① 详见国际生物符号学研究学会官方网站：https://www.biosemiotics.org/，2022 - 06 - 27。

念。Umwelt 和 Innenwelt 为一组对应的德语词，Um-表示围绕，Innen-表示内部，Welt 在此意为世界。环境（environment）不是外在于有机体的世界，而是一个主观的 Umwelt，由有机体的感知及与环境实际交互的特定操作性世界所赋予的内在世界组成。就此意义而言，Umwelt 是环境在有机体心智（mind）中表达出的方式，包括有机体与其环境的操作性交互范围。由于有机体间的物种特异性差异以及有机体不同的需求、能力和对环境的看法，Umwelt 的种类与物种（甚至有机体）的种类一样多。每个物种和每个有机体仅能感知其受体、大脑的生物结构及其特定的环境视角所允许它感知的任何东西。（Winfried Nöth，2015：151—168）也即有机体生活在一个有意义的、主观的世界 Umwelt 中，其中有机体是中心，一切都有价值。当一个有机体（在一定程度上）通过符号过程与其生活的当地环境相互作用，当地环境就成了一个符号生态位（semiotic niche）。不同的有机体通过符号过程相互作用，构成一个共识域（consensual domain），一个和大气圈、水圈等同样重要的符号圈（semiosphere）。（周理乾，2018：59—76）反之，外部世界的心理意象（mental image）由于克斯屈尔称为 Innenwelt 的内部系统构建，它最终决定了动物对其周围环境的看法。（Marcello Barbieri，2010：201—223）

于克斯屈尔进而提出了一个生命系统中大多数符号过程所遵循的良好的通用模型——功能循环（Funktionskreis），结合了动物对世界的感知及其对世界的后续行动，这些行动对有机体的影响随后在递归知识生成循环中以控制论的方式（在符号学的而非机械的意义上）反馈给系统。（Kalevi Kull et al.，2008：41—55）此后，托马斯·西比奥克、杰斯帕·霍夫梅耶（Jesper Hoffmeyer）等人结合美国哲学家查尔斯·桑德斯·皮尔斯的再现体（representamen）—对象（object）—解释项（interpretant）"符号三元构成说"而非瑞士语言学家弗迪南·德·索绪尔（Ferdinand de Saussure）广为人知的能指（signifier）—所指（signified）结构主义二元论，改进了功能循环模型。Umwelt 及其模型有效地建立了生物符号学从非人类到人类的进路。

试以小说中马里阿玛第一次遇到母狮为例，此时她正独自在逃离村庄的小船上：

　　我站在微微抖动的船上，发现岸边灌木丛中有个黑影，这令我的心提到了嗓子眼，怕得发抖。尽管是女人，我依旧继承了家族血液里的猎人直觉，能辨别出树丛中移动的动物，比任何人都更熟识气味和印记。我确定岸边有只动物！有只野兽正小心翼翼地透过树丛观察着我。

　　突然，它出现了：一头母狮！它来岸边喝水。母狮盯着我，既不恐惧也不兴奋，倒像是等我很久了，询问的眼神将我钉在原地。它的动作并不带有一触即发的紧张，它认识我，不仅如此，母狮以姐妹般的尊敬向我问好。对视持续了一段时间，一种宗教般的和谐之感在我心中油然而生。

　　母狮喝足了水，开始伸懒腰，仿佛有另一具身体想从它的体内抽离。接着，它慢悠悠地转身，步伐轻柔，尾巴左右摇摆着，如同长着绒毛的钟摆。我笑了，内心感到无比骄傲。所有人都以为威胁村子的是公狮子。并非如此。是这只母狮，如舞者一般精致、美丽，如女神一般威严、崇高，是这只母狮使得恐惧在附近蔓延。有权势的男人以及手握武器的战士都被她征服，成为恐惧的奴隶，输给自己的无能。

　　母狮又看了我一眼，原地转了几圈之后离开了。一种无法描述的感觉令我瞬间失去了辨别能力，我大声喊道：

　　"阿姐！我的阿姐！"（米亚·科托，2018：36—37）

　　马里阿玛和母狮互为符号的发出者和接收者，在此进行了视觉的交流，视线作为她们接收的主要符号（当然也包括姿态、气味等其他非语言符号），在各自的 Umwelt 内引发意义，进而驱使了行动。马里阿玛将母狮发出的符号解读为"询问""姐妹般的尊敬"，内心产生了"宗教般的和谐之感"，结合她正在逃离的处境以及村子里的女性长久以来苦于父权制的境况，马里阿玛并未做出逃避、意欲伤害等举动，而是怀着这种"和谐之感"继续看着母狮。马里阿玛当然不能确定母狮在接收到自己发出的符号后，是否真的感到关切和尊敬，但母狮 Umwelt 内的符号过程导向了"伸懒腰""慢悠悠""步伐轻柔""尾巴左右摇摆"等行为，作为新的符号输入马里阿玛的 Umwelt，肯定了她此前"既不恐惧也不兴奋""和谐"的认知，进一步引发她感到"无比骄傲""母狮……如女神一般威严、崇高"，于是马里阿玛笑了。这种"内心感到无比骄傲"的笑之符号进而向母狮发出，母狮仍未做出意欲伤害等负面的举动，最终"又看了我一眼，原地转了几圈之后离开了"。母狮离开之符号在"和谐之感"的基础上引发了马里阿玛的眷恋，这种眷恋和长久以来对已逝阿姐（受狮子攻击而死，实则是父权制压迫下的另一个生命悲剧）的思念相叠合，马里阿玛感到这只母狮就是自己阿姐，并大声呼唤。

马里阿玛和母狮在此进行了往复的生物符号学交流，从而使马里阿玛建立了对自己和母狮关系的亲密认知、对女性和母狮关系的化身想象，这些成为她 Innenwelt 的一部分，进而影响着她此后的生活实践。母狮被男性杀死之后——仿佛又一名女性惨遭父权制的暴戾而亡，马里阿玛悲戚于母狮、当地女性与自身相似的命运，感到"只有我无家可回……在库鲁马尼黑暗的大地上哭泣""我就是一只活在人身体里的母狮"。而当夜梦中外公的话揭示出马里阿玛一个更久远而根深蒂固的 Innenwelt 的形成机制："也许你，我的'孙女'，相信自己并不是人。你被幻觉侵袭，总有幻象追逐着你。不要相信那些声音。是生活夺走了你的人性：他们把你当成动物来对待，所以你才觉得自己是动物。"（米亚·科托，2018：180）

父权制中伤痛而艰难的处境使马里阿玛和母狮形成亲密的某种可称为"共同体"的联结——尽管作为跨越物种的人和狮，而作为与女性同一物种、具有天然更强的联结和理解基础的男性却无法真正地尊重、善待女性，何其惊心，何其可悲。科托如是富有创造性地通过源于现实之母狮这一符号的引入，卷动着文本世界，创造了鲜活而奇异的表达，触动了读者对备受压迫的非洲女性及生物命运的关切。不同于一般评论将此归结为魔幻风格的、某种意义上典型的"非洲写作"① 或以"泛

---

① 科托本人也表达了对非洲作家、非洲文学这些标签的疑虑。科托曾谈道："确实有一个时期，非洲的作家们会很强调自己是非洲作家，以这一身份团结在一起，因为在当时的历史情境下，大家面临历史挑战：别人说你们非洲没有历史，没有文化，没有文学。（但对于新一代作家而言，标签化也是危险的）因为这很容易变成一种猎奇的异域情调的东西，仿佛因为你是非洲人，所以你才被接受。其实你就是一个作家，就好像一个欧洲的作家不需要说自己是一个欧洲作家，我就是一个作家。"详见沈河西《2018 上海书展·专访丨米亚·科托：警惕非洲作家这一标签》，澎湃新闻，2018 年 8 月 19 日，https://www.thepaper.cn/newsDetail_forward_2358842。

灵论"① 一以概之，也不同于克莱因认为马里阿玛在科托泛灵论的笔下确实蜕变为（metamorphose into）一只母狮，我认为，马里阿玛（及其母亲）并没有真正变形为母狮，小说里母狮出现的片段中，母狮实际仍维持着我们通常所认知的生物性，并未做出如谕示等拟人化的举动，是母狮闯入了马里阿玛长久以来遭到社会"降格"挤迫的 Umwelt 中，引爆了马里阿玛愤怒，进而自我认知或甘愿成为一只"有权势的男人以及手握武器的战士都被她征服，成为恐惧的奴隶，输给自己的无能"（米亚·科托，2018：37）的母狮，以暴烈催动社会的震荡，以暴食肢解父权的伪饰。这一点使科托的写作具有不同寻常的现实力度和生物角度，也是在此种意义上，我认为生物符号学适于研究科托在《母狮的忏悔》中的写作实践。事实上，相比于莫桑比克本地泛灵论观念，马里阿玛在已成现实的后殖民时代所遭遇的不公和暴力是其自认为狮的更为关键的原因。

四　从狩猎到写作

必须注意到，在科托的写作之外、文本之内，还存在一种从现实到文本、从生物到人的连贯的写作实践，可从生物符号学从自然到文化这一进路进行理解。

猎人阿尔坎如因母亲死去、哥哥弑父并长期疯癫而承受着自身存在的危机，几乎无法入睡，他体内有着"猫科动物般的警觉"。他自视为"最后一个猎人"，迫切希望被选中前往库鲁马尼狩猎，他意识到打猎能带给他的乐趣就是"退到生活之外，免于为人"，因为真正的猎人须在狩猎中成为被猎的动物，才能与其同息、判其行动。随行报道狩猎的作家"并不认为开枪射杀无防备的动物是英雄行为。如此不公平的对决没有丝毫荣耀

---

① 另有学者提出，科托笔下的现实是"泛灵论现实主义"（Animist Realism）。对此概念，科托曾表示："泛灵论现实主义，这个词是一个安哥拉作家 Pepetela 提出来的，他当时创造这个词只是为了去反对那种魔幻现实主义仅存在于非洲、欧洲或者拉丁美洲的观点——因为相比之下，欧洲和北美人会觉得自己离魔幻现实很遥远。而 Pepetela 认为这种魔幻性是存在于全世界的。"详见宫照华《专访丨科托：人们对非洲最大的误解，是把它视为一个整体》，《新京报》2018 年 8 月 18日，https://www.bjnews.com.cn/culture/2019/09/24/629059.html。

可言"，而阿尔坎如视狮子为平等的对手，"从包里掏出一只狮爪和一颗狮子的牙齿，说'这就是武器。是狮子的枪。你看，它可比我带的武器多。所以究竟谁是狩猎的一方，我还是它？'"（米亚·科托，2018：74）阿尔坎如不相信写作的力量，因他哥哥是擅长写作之人，也因"不存在语言可以讲述的战争。有血的地方，就不会有语言"。

然而在唯一一次遇到母狮之时：（米亚·科托，2018：128—130）

预感灵验了。半小时后，在逆光处，一只母狮出现在干涸的小溪边。狮子并没有表现出惊慌，倒像是正等待着这次会面。它突然向我扑来，快速缩短我们之间的距离。比母狮的动作更加出人意料的是我自己的喊声：

"上帝帮帮我！"

来复枪的扳机等待手指的扣动，而我却只喊出一句绝望的祈求。没有扣扳机，而是把灵魂托付给上帝，我到底是中了什么邪？母亲的预言与父亲的猎人血脉在我他体内对抗。

母狮突然停止进攻。不知它是否因为没把我吓跑而感到惊讶。它在我面前，盯着我的双眼，似乎觉得奇怪。我不是它在等的人。那一瞬间，它不再是母狮。当它转身离开时，甚至已不再是活物。

……我对自己的退却感到抱歉。拥有灵魂是一种重负，只有变成死人才能担得起。所以我在错误的感情中用力去爱，所以我打猎，都是为了放空自己，为了不成为人。

……母狮依旧面对着我，掂量着我的灵魂。它眼中含着神圣的光。

……我睡着了，做了梦。我和传统猎人正相反，他们会在打猎前夜梦到将要杀死的动物，而我总是梦见自己是在被野兽咬死后才真正获得生命。野兽就此变成我私人的、最亲爱的创造物。它们永远都是我的，永远不停地在梦境中穿梭。说到底，我才是被它们驯服的囚徒。

阿尔坎如的惊惶和不扣扳机引发了母狮的退却，母狮的安然离开在显示了阿尔坎如作为猎人的失职之时，也呼应了阿尔坎如的生之祈求，他眼中"含着神圣的光"的母狮在其 Innenwelt 中于是成为作为类上帝的存在，使阿尔坎如放下杀戮、放下狩猎，意识到自己作为人的存在、唤起此种生而为人之命运的恩典，加之阿尔坎如早已清楚地意识到，造成众多女性遇害的根本原因在于惨痛的内战、在于残酷的父权制，于是阿尔坎如不再狩猎、不再在狩猎中无限贴近兽性，转而承认自身之人性，承认狩猎是"一种热情，一种虚幻的眩晕感"，承认"在狩猎中，吸引我的并不是杀戮本身，而是与野生奇迹相遇的短暂且不可复制的瞬间"，并拿起笔将野兽变成"我私人的、最亲爱的创造物"，在书写中"体会到了与打猎相似的乐趣：空白纸张上隐藏着无数惊讶与恐惧的瞬间"，于是阿尔坎如不再撕裂、迎来了安眠。

皮尔斯的符号学理论和于克斯屈尔的 Umwelt 理论，加之格雷戈里·贝特森（Gregory Bateson）的补充生物控制论观点，启发了心智（mind）的生物符号学探索。任何拥有区分内外的膜或皮肤、从环境中区分出"自我"的有机体必须具有响应性（responsiveness）。同样作为一个生物符号系统，心智产生于动物在进化中获得的对自身 Umwelt 做出响应、受其塑造，从而加以塑造的能力，心智是对逐渐形成的环境的符号响应，是所有复杂的递归交流系统的产物。在物种中，我们称这一过程为生物进化（biological evolution）；在人类中，我们称这一过程为学习（learning）。符号关系发生在时间中，甚至可能构成时间——也即记忆。人类心智的抽象是人类具身体验的隐喻性抽象（及其演变）。隐喻（metaphor）描述了身份（identity）和差异（difference）——相似（similarity）和差异（difference）之间的张力。因此，进化改变/发展并非完全随机，而是长时间"对话"的结果，环境的变化产生压力，需要寻找与旧隐喻具有足够相似性和差异性又有着更大的环境适应性的新隐喻。将旧形式进化地又即兴地回收、重组、再利用，形成新的形式，隐喻如是成为创造力的来源，创造力则是一种自然适应性，进而从自然中产生了人类文化并积累绵延。（Wendy Wheeler，2010a，2010b）事实上，为了发展和进化，生命也必须具有创造力，承担风险，接受做出溯因推理（abductive inference）并据此行动。（Jonathan Hope，2017：397—411）

人类心智的特殊性正在于此，进化出一种高度抽象的象征能力，在没有事物本身的情况下，一个事物可以"代表"（stand for）或暗示（connote）其他事物。（Wendy Wheeler，2010：277—287）皮尔斯提出，世界上存在三种符号的主要类型：图像符号（icon）、索引符号（index）和象征符号（symbol）；托马斯·西比奥克提出，动物交流也基于符号；特伦斯·迪肯进一步指出，动物交流基于图像符号和索引符号，而语言基于象征符号。（Marcello Barbieri，2010：201—223）语言，高度抽象，可谓人类心智最重要的创造物。而写作这一密度极大、调动性强的复杂心智行动，经由语言这一丰富的符号，最终产生了源于现实、超越现实、高度凝练的非凡创造。

在阿尔坎如的经历中，我们可以看到，阿尔坎如以过程中无限贴近兽性的狩猎回应不断变化的环境对其 Umwelt 的突入，某种程度上回避深藏于心的家庭破裂、童年创伤、社会失序等历史及现实困境。而当面对同时作为其狩猎对象和潜在的被狩猎对象的母狮这一强有力的符号放弃暴力之时，阿尔坎如深受震动，必须寻找新的方式以处理这一崭新而极端紧张、极具张力的境况，也作为对"眼中含着神圣的光"的母狮之慈悲的回应，他意识到并承认且选择保有"与野生奇迹相遇的短暂且不可复制的瞬间"对他的吸引力，但转换与其相遇的方式，诉诸人之为人重要的创造性行动——写作，在白纸的猎场上瞄准，在想象的密林中奔突。阿尔坎如由是完成从现实到文本、从生物到人的连贯的写作实践，他与本地生灵的关系在后殖民时代得到了更新。

在生物符号学的视角下，这一"进化"有着清晰的路径和充分的动力。进一步地，我认为，某种程度上，阿尔坎如是科托在文本中的投射，可将科托的写作认为是一种处于自然与文化进化之间的状态，科托保持着开放的姿态，不断从莫桑比克本土语言和文化中接收新的符号和已经形成的表达融合、重组、再生，因此他的写作鲜活柔韧、充满可能。正如科托在 2008 年斯德哥尔摩国际作家与翻译大会上所言，"语言与文化就像生物体：交换基因，创造共生，回应时间与环境的挑战"，但如今，对于那些原本无二分概念的莫桑比克人而言，"莫桑比克全境，成千上万的人已经习惯了'文化'与'自然'，并把这些词带入了他们自己的文化世界"。（米亚·科托，2018：251，255—256）

五 结语：走向平衡、整全的世界

本文指出，米亚·科托在小说《母狮的忏悔》中展示了从现实到文本、从生物到人的连贯的写作实践，生物符号学的两种进路很好地解释了两个叙述主体的两条叙事路线：马里阿玛从女性到母狮的认知转变体现出人类与非人类界限的消弭，启发我们，生命过程皆建基于符号过程，不因人类或非人类、白人或黑人、男人或女人而有高低贵贱之分；阿尔坎如从狩猎到写作的行动转变体现出自然与文化界限的消弭，启发我们，不同文化产生于对不同环境的符号响应，并在时间和空间中不断累积和发展，不因西方世界或南部世界而有先进落后之别。正如卡莱维·库尔（Kalevi Kull）等人所写："一个终极的——也许是生物符号学（也可能是一般科学和人类文化）所要解决的最紧迫、最'实际'的问题是（生物）符号的平衡问题。有机的平衡，生命的平衡，就其本质而言，是符号的平衡。这意味着，生态平衡问题可能与文化平衡问题和人类健康问题相融合；因此，生物多样性保护和文化多样性保护是同一个普遍问题——多样性或特征（quality）保护的一部分。"（Kalevi Kull et al. ，2008：41—55）

以母狮、马里阿玛、阿尔坎如为代表的众多莫桑比克生物和人民是不幸的，殖民主义、资本主义、新自由主义的突入，改变了原本（某种程度上）平衡的生态环境和社会环境，其长久以来栖身期间的本地生态损毁、本地文化流失、本地关系失效。马里阿玛和阿尔坎如某种意义上又是幸运的，二者仍保有理解和建立本地文化、本地关系的能力，从而得以被母狮唤醒，主动挣脱历史现实困境，寻求新的平衡。而身处艰难的生存环境之中的母狮，在两次相遇中都选择了主动的退却，并在最后由马里阿玛母亲之口点出忏悔，表达了科托对自然生灵动人慈悲的美好希冀。事实上，这影响着三者的"相遇"本身，便在线性的、确定的、进步的资本主义叙事之外，呈现出了生命节奏之复调性、不确定性和多样性。马里阿玛、阿尔坎如及母狮共同展示出一种可能的后殖民时代本地叙事，构成了一部虚构的莫桑比克多物种民族志，呼唤着人类纪、资本纪下，对非人类世界、对南部世界、对充满差异的个体和文化的去某种中心主义的理解和行动。在此意义上，我认为，米亚·科托的生物学视野参与到其写作及其对殖民主义、战争、传统父权制的控诉中来，在经济、政治、社会等领域之外，为南部理论提供了一种来自生物领域的新视角和新动力。

狮子具有震撼人心的生物和文化力量，如科托在 2015 年 8 月接受英国《卫报》（*The Guardian*）专访时所言，是"'真正'非洲的殖民图标"（colonial icons of the "real" Africa），书写狮子的威胁成为一种隐喻，"这是一个父权制社会，对女性的暴力程度很高。女性被社会和生活本身'吞食'"。而"母狮的忏悔"这一极富张力的动作，经由科托的书写、知识的流通、媒体的宣传，已经成为一种同时联结非人类与人类、自然与文化的符号，使来自世界各处的我们对莫桑比克及其身处之非洲世界有所理解、有所关切，使我们意识到，我们的创造对于现实介入可能产生积极的作用，我们可以向生物符号学家学习，"利用对自然和文化共建的生命系统的独特理解，掌握人类话语和所为如何影响这些生命系统"（Jonathan Hope, 2017: 397—411），并为实现一个平衡的、整全的世界而思考、而行动。

事实上，文学艺术始终是社会批评的重要表达方式，也积极推动着现实的发展乃至社会的变革。斯托夫人（Harriet Beecher Stowe）于 1852 年发表的小说《汤姆叔叔的小屋》（*Uncle Tom's Cabin*）推动了美国的废奴运动。海伦·亨特·杰克逊（Helen Hunt Jackson）于 1884 年发表的小说《蕾蒙娜》（*Ramona*）引发了美国公众对印第安人命运的关注。厄普顿·辛克莱（Upton Sinclair）于 1906 年发表的小说《屠场》（*The Jungle*）揭露了食品工厂的卫生问题，直接促进了美国政府通过《纯净食品及药物管理法》（*Pure Food and Drug Act*）。还有更多的作家和艺术家对社会黑暗发出呐喊，与思想家和社会科学家形成共鸣。1935 年，左翼导演蔡楚生拍摄的电影《新女性》上映，通过刻画呈现了其时中国城市女性挣扎生活与女性自杀事件不断发生的密切关系，与民国知识分子有关自杀的评述和研究遥相呼应。1947 年，上海进步戏剧工作者黄佐临拍摄的电影《夜店》上映，通过刻画以靠卖淫养活丈夫的林嫂、报童牛三、卖药的全老头、潦倒的富家子金不换、糊涂的警察石敢当、穷困的戏子海月楼、三次守寡的馒头张、债台高筑的赖皮匠、性格粗暴的清道夫四喜子以及小偷杨七郎等人的经历，展示了旧中国底层众生走投无路的生活万象。在本文选收录的文章中，高良敏讨论了乌干达人类学家奥克特·庇泰克（Okot p'Bitek）旨在社会批判的诗歌创作；马骏分析了肯尼亚著名作家、文化学家恩古吉·瓦·提安哥（Ngũgĩ wa Thiong'o）的语言正义论思想。科托在 2013 年接受 MIC 专访时面对"艺术在战争时期有责任吗"这一问题也说道："经过 16 年的战争，我很清楚，艺术（尤其是诗歌和文学）是一种抵抗。战争的第一意图是去人性化。在这种情况下，艺术语言可以成为重建人性的明确方式。"

科托以生物学和写作超越界限，重建联系，恢复和其他生物的亲近。《母狮的忏悔》成为科托最受瞩目的中文译作或许缘由在此。动物在中国传统历史、艺术、观念中始终占有一席之地。早在商周时期，动物纹样便是青铜装饰艺术的典型特征，动物被视作巫觋与天地沟通的主要媒介，占有带动物纹样的青铜礼器，就意味着掌控了知识和权力，也有巫师以动物为助手或使者"飞"往祖先或神灵世界。（张光直，2013：47—73）中国幅员辽阔，有着众多的民族与文化，如鄂伦春人、鄂温克人历史上便与自然生灵保持着亲密的联结，他们在与犴达罕、黄鹿、金雕等动物的长期互动中，发展出平衡的生态智慧。（朝襄，1981）"天人合一"是中华传统文化中极为重要的宇宙观和哲学观，面对西方文化中人和自然的对立、文化和自然的对立及其对当代中国的影响，费孝通先生在《文化论中人与自然关系的再认识》中便说道："中华文化总的来说是反对分立而主张统一的，大一统的概念就是这'天人合一'的一种表述，我们一向反对'天人对立'，反对无止境地用功利主义态度片面地改造自然来适应人的需要，而主张人尽可能地适应自然。"（费孝通，2002：14—17）《母狮的忏悔》为人与非人类世界之关系、自然与文化之关系提供了一种来自非洲的可能，呼唤着同处地球村的当下中国对传统文化中"天"与"人"之关系的重新思考。

小说最终，阿尔坎如带着马里阿玛前往城市，奔向一个看似光明的未来。然而，阿尔坎如的母亲在城市里也遭受到来自丈夫的暴力，阿尔坎如在城市里也曾忍受自身存在的危机。城市，充斥着资本、所谓更优越的文明，实际上也是殖民主义及伴随而来的种族歧视、性别歧视、物种歧视的滋生和牢结之地。马里阿玛只是在空间中流动，并未能真正逃离这一悲剧般的环境和命运。科托作品中的人物时常以写作这一微小的个体抵抗，减缓痛苦，获取安宁；科托以教会、教育等所谓文明教化方式作为人物困境的解决之道也仍隐含着西方文明更为优越的观念。但我们或也可认为，这是科托对个体在宏大的时间和地理跨度中微尘般命运的仁慈。具体到每一个体，不论她处于科托的小说中或已跃出现实，在她的 Umwelt 中，她或许仍拥有能动性，她或许仍拥有空间和选择以抵抗现实困境、决定日常生活、改变个体命运。以米亚·科托在 2018 年 8 月接受《新京报》专访时的一句话作结："作家可以通过讲故事的方式，向人们展示每一个个体都是不可替代的，让人们关注人性，让人们有欲望去了解他人，甚至最后成为他人。"

参考文献：

[美] 罗安清：《末日松茸：资本主义废墟上的生活可能》，张晓佳译，华东师范大学出版社 2020 年版。

[莫桑比克] 米亚·科托：《母狮的忏悔》，马琳译，中信出版社 2018 年版。

张光直：《美术、神话与祭祀》，郭净译，生活·读书·新知三联书店 2013 年版。

朝襄：《猎人一家》，少年儿童出版社 1981 年版。

[莫桑比克] 米亚·科托：《我们不知道我们会说这些语言（附录）》，闵雪飞译，载 [莫桑比克] 米亚·科托《梦游之地》，中信出版社 2018 年版。

樊星：《译后记》，载［莫桑比克］米亚·科托《耶稣撒冷》，中信出版社 2018 年版。

费孝通：《文化论中人与自然关系的再认识》，《群言》2002 年第 9 期。

景军、何明：《人类学视野下的传染病研究》，《民族研究》2020 年第 5 期。

李擎：《莫桑比克走向和平》，《世界知识》1992 年第 21 期。

马琳：《母狮的罪与罚，国族的痛与殇——评〈母狮的忏悔〉（代译后记)》，载［莫桑比克］米亚·科托《母狮的忏悔》，中信出版社 2018 年版。

闵雪飞：《从〈梦游之地〉到〈母狮的忏悔〉——米亚·科托书写中的传统、女性与团结（代译后记)》，载［莫桑比克］米亚·科托《梦游之地》，中信出版社 2018 年版。

孙山：《记忆重塑中的口头文学与书写——从〈梦游之地〉看莫桑比克文化身份的建立》，中国非洲研究评论·博雅非洲论坛特辑（2015）总第五辑，北京，2017 年 7 月。

王铭铭：《联想、比较与思考：费孝通"天人合一论"与人类学"本体论转向"》，《学术月刊》2019 年第 8 期。

赵星植：《论皮尔斯符号学中的传播学思想》，《国际新闻界》2017 年第 6 期。

周理乾：《生物符号学作为生物学的另一种范式——生物符号学史的理性建构（英文)》，《符号与传媒》2018 年第 2 期。

朱剑峰：《跨界与共生：全球生态危机时代下的人类学回应》，《中山大学学报》（社会科学版）2019 年第 4 期。

Deacon T. W., *The Symbolic Species：The Co-Evolution of Language and the Brain*, New York：W. W. Norton, 1997.

Hoffmeyer J., *Signs of Meaning in the Universe*, Bloomington：Indiana University Press, 1996.

Kohn E., *How Forests Think：Toward an Anthropology Beyond the Human*,

Berkeley: University of California Press, 2013.

Anderson M. , Deely J. , Krampen M. , et al. , "A Semiotic Perspective on the Sciences: Steps Toward a New Paradigm", *Semiotica*, Vol. 52, No. 1 – 2, 1984.

Barbieri M. , "A Short History of Biosemiotics", *Biosemiotics*, Vol. 2, No. 2, 2009.

Barbieri M. , "On the Origin of Language: A Bridge Between Biolinguistics and Biosemiotics", *Biosemiotics*, Vol. 3, No. 2, 2010.

Brookshaw D. , "Mia Couto: A Literary Voice from Mozambique", *World Literature Today*, Vol. 89, No. 1, 2015.

Cobley P. , "The Cultural Implications of Biosemiotics", *Biosemiotics*, Vol. 3, No. 2, 2010.

ElGendy N. , "A Conversation with Mia Couto: Sexuality, Orality, and Cultural Frontiers", *World Literature Today*, Vol. 89, No. 1, 2015.

Else L. , "AMeadowful of Meaning", *New Scientist* (1971), Vol. 207, No. 2774, 2010.

Favareau D. , Gare A. , "The Biosemiotic Glossary Project: Intentionality", *Biosemiotics*, Vol. 10, No. 3, 2017.

Hendlin Y. H. , "Expanding the Reach of Biosemiotics", *Biosemiotics*, Vol. 14, No. 1, 2021.

Hope J. , "Various Shapes of Cultural Biosemiotics", *Biosemiotics*, Vol. 10, No. 3, 2017.

Klein B. , "Animals, Animism, and Biosemiotics: Reimagining the Species Boundary in the Novels of Mia Couto", *Cambridge Journal of Postcolonial Literary Inquiry*, Vol. 6, No. 3, 2019.

Kohn E. , "How Dogs Dream: Amazonian Natures and the Politics of Transspecies Engagement", *American Ethnologist*, Vol. 34, No. 1, 2007.

Kull K. , "Ecosystems are Made of Semiosic Bonds: Consortia, Umwelten, Biophony and Ecological Codes", *Biosemiotics*, Vol. 3, No. 3, 2010.

Kull K. , Deacon T. , Emmeche C. , et al. , "Theses on Biosemiotics: Prolegomena to a Theoretical Biology", *Biological Theory*, Vol. 4, No. 2, 2009.

Kull K. , Emmeche C. , Favareau D. , "Biosemiotic Questions", *Biosemiotics*, Vol. 1, No. 1, 2008.

Lewis S. L. , Maslin M. A. , "Defining the Anthropocene", *Nature* (*London*), Vol. 519, No. 7542, 2015.

Maran T. , Sharov A. , Tønnessen M. , "The First Decade of Biosemiotics", *Biosemiotics*, Vol. 10, No. 3, 2017.

Moore J. W. , "The Capitalocene, Part I: On the Nature and Origins of Our Ecological Crisis", *The Journal of Peasant Studies*, Vol. 44, No. 3, 2017.

Moore J. W. , "The Capitalocene Part II: Accumulation by Appropriation and the Centrality of Unpaid Work/Energy", *The Journal of Peasant Studies*, Vol. 45, No. 2, 2018.

Nöth W. , "Biolinguistics and Biosemiotics", *Biosemiotic Perspectives on Language and Linguistics*, 2015.

Olteanu A. , "Multimodal Modeling: Bridging Biosemiotics and Social Semiotics", *Biosemiotics*, Vol. 14, No. 3, 2021.

Rothwell P. , "Between Politics and Truth: Time to Think Through the Other in Couto's Pensatempos", *Bulletin of Hispanic Studies* (*Liverpool: Liverpool University Press*: 1996), Vol. 84, No. 4, 2007.

Sharov A. , Maran T. , Tønnessen M. , "Towards Synthesis of Biology and Semiotics", *Biosemiotics*, Vol. 8, No. 1, 2015.

Silva G. , "Old and New Perspectives on the Nature/Culture Opposition in Biology and Anthropology", *Biosemiotics*, Vol. 14, No. 2, 2021.

Tønnessen M. , Magnus R. , Brentari C. , "The Biosemiotic Glossary Project: Umwelt", *Biosemiotics*, Vol. 9, No. 1, 2016.

Tønnessen M. , Maran T. , Sharov A. , "Phenomenology and Biosemiotics", *Biosemiotics*, Vol. 11, No. 3, 2018.

Wheeler W. , "Delectable Creatures and the Fundamental Reality of Metaphor: Biosemiotics and Animal Mind", *Biosemiotics*, Vol. 3, No. 3, 2010.

Wheeler W. , "Gregory Bateson and Biosemiotics: Transcendence and Animism in the 21st Century", *Green Letters*, Vol. 13, No. 1, 2010.

Wheeler W. , "The Carrying: Material Frames and Immaterial Meanings", *Sign Systems Studies*, Vol. 42, No. 2 – 3, 2014.

乌干达人类学家庇泰克有关非洲宗教研究希腊化的批判

高良敏

（清华大学国际与地区研究院助理研究员）

张仁烨

（清华大学社会学系博士）

一　希腊化批判

长期以来，将非洲思想从殖民主义框架中解脱出来一直是非洲学界的重要研究议题，伴随殖民主义的西方基督教思想强加或层层叠加到非洲宗教中的现象就是其中之一。作为倡导在非洲哲学思想去殖民化的先驱，乌干达人类学家奥克特·庇泰克（Okot p'Bitek）对非洲宗教研究的批判思想成为其中的经典。[①] 当大多非洲学者在努力向世界证明"在（西方基督教）传教士到来之前，非洲人就已通过自己的努力，达到了与基督教基本相同的上帝或神（God）的概念"（Okot p'Bitek，2011：xxxvi—xxxvii）这一基本假设时，庇泰克不仅对这种用"基督教"思想或披着"希腊外衣"来看待和分析非洲宗教的立场不以为然，还进行"希腊化"（Hellenisation）批判。

庇泰克关于非洲宗教的大致观点为：相对于基督教而言，非洲宗教是实

---

① 国内尚未见到关于奥克特·庇泰克思想及著作的研究，仅见一篇新闻记者高秋福对末年庇泰克的采访报道，其余两处均为引用：一处为关于"部落"的观点，一处为关于对西方非洲宗教研究的批判。见高秋福《汲诗情于民间——悼念乌干达人民诗人奥考特·庇代克》，《世界文学》1984 年第 3 期。

用主义的，裹藏在社会生活之中，其神为人服务，而非人为神服务，且是可知的；非洲的神，并非基督教框架的神，而是独立存在；非洲宗教没有大多数西方学者或非洲本土学者基于文化进化论文明与原始、西方形而上学的二元哲学观和西方基督教一神论思想中的一系列概念，如泛灵论、拜物（教）崇拜、至上神等；这些基于西方哲学思想的概念都是由西方传教士所创造，并在西方学者、非洲学者中承接和应用。庞泰克（Okot p'Bitek，2011）认为，西方思想对非洲本土宗教充满傲慢与偏见、误解与误导，特别是基督教"概念"思想，其完全不适用于非洲本土宗教研究，而对非洲本土宗教的研究应基于非洲本土文化之本真，甚至非洲的社会建设和非洲未来都应着力于此。他有力地批判了多个世纪以来，西方是如何将非洲，特别是非洲宗教限制在基督教的概念框架内，并指出西方和本土学者"用希腊的长袍装扮非洲的神灵，在西方面前展示他们"，均为"知识走私者"。在此基础上，他的批判对象大致分为两类，一是直接批判的非洲本土宗教研究中的西方学者，其中不乏哲学家、人类学家、宗教学家、传教士，甚至政治家等；二是非洲的本土宗教研究和实践者，如基督教神学家、民族主义者。

何为"希腊化"批判？在 1971 年《西方学术界的非洲宗教》和 2011 年再版的《非洲宗教的去殖民化：西方学界的非洲宗教研究简史》①的出版，使庞泰克成为非洲第一个对"非洲人是不可救药的宗教徒"话语进行系统批判的学者（Rinsum H. V.，2003：123—153）。在书中，他指责众多研究非洲宗教的学者将非洲的神灵"希腊化"。他对于这些学者把从希腊哲学中发展出来并在基督教神学中使用的"永恒"（eternity）、"全知"（omniscience）、"全能"（omnipotence）等形而上学概念强加到非洲的现象，是荒谬和误导，通过"希腊化"并不能"在非洲思想体系的基础上"研究非洲本土宗教。关于此点，庞泰克还在《中部卢奥人的宗教》（1971 年）中去证明乌干达卢

---

① 庞泰克关于西方学术界对于非洲宗教的研究，共有两个不同版本，第一本为 Okot p'Bitek, *African Religions in Western Scholarship*. Nairobi, etc. East African Literature Bureau, 1971；第二本为 Kwasi Wiredu 作序并出版的 Okot p'Bitek, *Decolonizing African Religion: A short history of African religions in Western scholarship*, New York: Diasporic Africa Press, 2011。因笔者未找到第一版，特本文中主要参考第二版。

奥人的宗教是一个世俗系统（Okot p'Bitek，1971a），并以此反驳其非洲早期就"希腊化"的表述。正如庇泰克指出，通过将一个强大的神灵说成无所不能，一个明智的神灵说成无所不知，一个古老的神灵说成永恒，一个伟大的神灵说成无所不在，已将非洲的宗教转化为另一世界的精神，这种希腊化形而上学的术语"在非洲的思维中意义不大"。（Okot p'Bitek，1971b：88）

那么，上述庇泰克希腊化批判的思想从何而来？对西方学界和非洲本土学者的非洲宗教研究的批判主要体现在哪些方面？带着这一根本问题，本文将首先从庇泰克生平经历及学术经历开始，探讨其批判思想的根源及其意义。

二 希腊化批判思想的形成

奥克特·庇泰克，著名的乌干达诗人、政治家和人类学家，1931 年 6 月 9 日出生在乌干达北部的古卢地区（Gulu），其用卢奥语（Luo）和英语写作，其诗歌是 20 世纪东非最有活力的作品之一，1982 年因心脏病于乌干达去世。于民众，他是伟大诗人；于知识分子，他是诗情洋溢的学者。而庇泰克坎坷非凡的生平孕育了其学术思想。

第一，受到本土文化滋养，对传统文化强烈认同。庇泰克的母亲是乌干达农村著名的舞蹈家和歌曲作家，父亲为来自帕蒂科酋长领地（Patiko chiefdom）的著名说书人、舞蹈家和教师。尽管父母均为基督徒，但仍保留传统生活方式。在母亲的影响下，他从小喜欢读书，也喜欢写诗咏唱。他学习了乌干达阿乔利人（Acholi）民间传说、故事、谚语和歌曲。此后，学生期间就基于传统民间故事出版了第一首诗《失落的长矛》，1953 年出版了第一部也是唯一一部小说。①

---

① 该书名为"Lak Tar Miyo Kinyero Wi Lobo"，标题是一句当地谚语，意为"我们的牙齿是白色的，这就是为什么我们嘲笑世界的悲伤！"（"Our teeth are white, that's why we laugh at the sorrows of the world."）故事讲述了一个可怜的阿乔利小伙子的悲剧，尽管他努力攒钱，要娶心爱的人，但来到城市打工后，因各种遭遇最终失去了所有积蓄。详见：Okot p'Bitek, *Song of Lawino and Song of Ocol*, Nairobi：East African Educational Publishers Ltd. , 2011, p. 3。

第二，遭遇西方及其批判思想的形成。庇泰克于 1956 年至 1963 年在英国学习。他在牛津大学攻读社会人类学博士学位，师从著名社会人类学家埃文斯－普里查德等，在牛津大学的第一堂课上，上课老师总是将非洲人或非西方人视为野蛮的、未开化的、原始的、部落的，以凸显西方人的不同。他还发现在所有教授和讲师的论文和言谈中都充斥着对非洲类似的言语，由此引发了他对非洲宗教研究的兴趣。1962 年，他在乌干达进行了几个月的田野调查，并通过阿乔利人宗教的研究尖锐地批评了导师们关于非洲本土宗教的"虔诚宗教人"（religionist）理论。主要体现在《阿乔利人和兰戈人中的 Jok 概念》一文中的传统阿乔利人对死亡的态度无法与西方的宗教观念相提并论的观点中。他指出乌干达中部卢奥人也没有超我（supreme）、至上神（High God）、存在（being）、创世等概念，都是由传教士所创造；Jok 是许多不同的事物或力量，是超我的存在，不是任何具体所指，而非至上神。（Okot p'Bitek，1963：15—29）随着庇泰克对西方人类学的深刻认识，反而对西方人类学感到极为不满，促使他在牛津大学于 1970 年完成有关乌干达一个地区民间信仰的毕业论文，但未能通过学术委员会审查，表面好似某些技术原因导致，因他的论文存有行文不规范的问题并偏离开题报告的题目，但深层原因正是他的论文激励地批判了英国人类学对非洲宗教的误解。另外，论文中还提出另一更为犀利的观点，即人类学在非洲展示出两种看似矛盾的效应，一是收集有利于殖民统治的信息，二是对非洲文化的曲解。（Okot p'Bitek，1971a）这一强烈的批判思想主要体现在 1976 年版《西方学术的非洲宗教论》一书中。

第三，东非社会的西化现象。他曾长期在乌干达从事教育与文化事业工作，加入过马凯雷雷大学学院社会学系，还担任过乌国家剧院和国家文化中心的主任。1966 年出版长诗歌《拉薇诺之歌》，1967 年因该书被政府驱逐，流亡肯尼亚和尼日利亚。《拉薇诺之歌》渗透了其对于黑人意识运动（Nigritude Moverment）基本精神的肯定，即诗歌主人公拉薇诺是一个乡间女子，其丈夫奥考原来同她一样，从欧洲留学归来后变成"欧化"非洲人。在这首诗中，妻子批评丈夫数典忘祖，劝他眷恋乡土，热爱传统。这首长诗的针对性是东非国家的两种社会思潮碰撞。一种是拥戴独立运动的泛非主义思想高涨，另一种是崇拜现代化西方模式的思想延续。这是该诗歌在民间广泛流行的根本原因。其续篇是在 1970 年发表的《奥考之歌》，内容讲的是拉薇诺的丈夫奥考改过自新的心路历程。接下来的《囚徒之歌》《娼妓之歌》等则展示了乌干达独立后的庶民生活之艰苦。（高秋福，1984）作为诗学人类学的先驱者，因得罪伊迪·阿明独裁政权，不得不四处逃生，然而他的诗文却在乌干达和邻国广为流传。庞泰克的诗歌意境与和他的泛非主义意识是互通的，一方面是从乡土视角看待世界之变；另一方面是从世界视角反观乡土之变。此外，另一重要著作是 1973 年的《非洲文化大革命》，他认为对于非洲文化的弘扬，需一种思想作为依托，在西方实在难以找到，但在中国却可以找到，"文化大革命"对独立的亚非拉国家来说也是一次必要的继续革命，革命必须参照构成非洲文化遗产的物质和精神价值，要使文化问题不再成为社会隔膜，革命要以非洲人的尊严为宗旨，以培养青年人热爱非洲的情怀为重点。（Okot p'Bitek，1973）

可见，庞泰克以人类学为利器，他的思想对本国人民的影响是连续不断的诗歌创造和思想传播，其中最为主要的学术贡献是揭露西方学界的傲慢与偏见，其批判的思想脉络贯穿于其整个非洲文化事业和学术生涯之中，集中体现在对西方学者、非洲学者的非洲宗教研究的批判。

三　对西方学者非洲宗教研究希腊化批判的原因

提及庞泰克对西方学者和非洲学者非洲宗教研究的批判，在 2011 年版《非洲宗教的去殖民化》一书中，庞泰克用大量篇幅来明确指出西方学者和西化的非洲学者对非洲宗教信仰本身并不感兴趣，而是将其作为某种工具，更糟糕的是非洲学者不能用自己的术语和概念阐释非洲本土宗教信仰的灵性，而是通过欧洲人的眼光和范畴看待非洲人的宗教意识和仪式。就西方学者而言，他们的基本研究方法是宗教比较研究范式，并受族群或欧洲中心主义的影响。庞泰克对西方学者的非洲宗教研究的批判主要集中在历史、政治、宗教三个有关联的方面。

对于西方学界对非洲本土宗教希腊化的建构，是一个漫长的二元史观建构过程。西方对非洲充斥着强烈的"神秘"感，在早期荷马史诗主导了古希腊、古罗马时期的学者对非洲宗教的研究叙事，即荷马式的非洲观念，认为"非洲人是公正的和虔诚的"。在荷马的《伊利亚特》一书中，宙斯及追随他的希腊众神到访埃塞俄比亚十二天，此后宙斯之兄海神波塞冬在访问埃塞俄比亚期间，也同样受到了百牛／羊宴的欢迎。历史之父的希罗多德也曾经描述到古埃及宗教的源起，认为与希腊神话、希腊崇拜有关，而作为神圣君权的中心叙事主角就是希罗多德笔下被奉为神明的国王们和英雄们。（惠特马什，2020：23—30）[1] 同样，希罗多德还提到了利比亚有诸多无头动物和眼睛在乳房中的利比亚人及诸多男女野人。此后，狄奥多罗斯指出："他们（埃塞俄比亚人）是第一个被教导尊敬神的人，还通过举行祭祀、节日和其他仪式来尊敬神。因此，他们的虔诚已在所有非洲人中传播开来。"[2] 而在努比亚人祖先国王皮安基战胜埃及之后，以黑人统治者的身份，一丝不苟地参加各种宗教仪式，对埃及庙宇和神尊敬有加。他还拒绝与被征服的、在仪式上不干净的王子打交道。也正是从这一事件开始，非洲人的虔诚观念就嵌入希腊神话之中。总之，我们可以看到古希腊多神论者认为众神可以在不同文化环境之间转换，宗教没有强烈的外部边界。（惠特马什，2020：23—33）

在古罗马时期并没有更多的关于非洲宗教的信息，但从西塞罗、恺撒、克劳狄在描写高卢人和德意志人的祖先时就使用了"野蛮人"（Bar-

---

① 在古希腊和古罗马后期，宗教并未全面嵌入公共生活和私人生活领域，一切事宜有圣俗之分，人们信仰多神，其宗教呈现多样性，但具有众多彼此关联却又各具自身风格的古希腊文化的鲜明特征，同时，也有大量无神论者存在。详见惠特马什《古代世界的无神论与神的作战》，陈愉秉译，社会科学文献出版社 2020 年版，第 23—30 页。

② 然而，庇泰克还注意到：狄奥多罗斯在其他地方却将非洲人描述为："大多数非洲人为肤黑、扁鼻、发卷。如同他们的精灵（spirit）一样，完全是未开化和野性的本质。他们远离人类善良之本性，刺耳的话语和耕作文化上都没有一点文明生活的样子。"详见：Okot p'Bitek, *Decolonizing African Religion: A short history of African religions in Western scholarship*, New York: Diasporic Africa Press, 2011, p. 9.

barians）概念，而从塞涅卡斯多亚学派（Stoic）① 的论文开始，"神话"叙事就被开始用于揭示事物根本性质和伦理教义。当今很多西方学者关于"神话"的研究或思想根源大多基于此论文。比如英国社会人类学家埃文斯 – 普里查德关于努尔人多神超我之神的研究、传教士普拉西德（Placide）关于班图宗教生命力（Life force）等级秩序的研究等都源于此。也就是很多神灵（divinities）构成了一神（one God）的多个方面。

这一重要历史建构呈现了非洲人如何进入古希腊罗马世界。但整体上，既没有被浪漫化，也没有遭到蔑视和受到种族歧视。然而，庇泰克却认为尽管这些思想展示了非洲人的虔诚和对多神的喜爱，但非洲社会生活图景被"无政府状态、混乱和残酷的生活"所建构，一些非洲人甚至被否认有真正的人形，甚至是奇怪的、悲惨的、饥饿的及充满恐惧的。（Okot p'Bitek，2011：10）也有学者认为，这一"原始"非洲的形塑影响到了西方世界未来几个世纪对非洲的认知。（Catherine George，1968：178）此后，西方学术界对于"原始"近乎变态地迷恋。而希腊和罗马文明的繁荣更是建立在奴隶制和帝国主义扩张的基础上，正如亚里士多德所说"自从出生时起，一些人注定受压迫，一些人注定成为统治者……很清晰，一些人是天生的自由，有的则生而为奴"。（Okot p'Bitek，2011：10）慢慢地，人类被分为希腊人与野蛮人、自由人与奴隶，奴隶制、帝国主义也在其中被神秘地正义化。正如在北美和澳大利亚一样，当地土著被白人移居者界定为非人类，无人类的任何权力。对此，列维·斯特劳斯还指出："（土著）注定要在帝国统治下灭绝。"（Okot p'Bitek，2011：11）

在基于西方对非西方社会认知的框架上，西方学者进一步将非洲宗教"希腊化"的重要目的明确为服务于殖民主义。上述长期形成"原始与文

---

① 从亚历山大大帝去世（公元前323）到罗马共和国终结（公元前31）期间，被称为希腊化时代。也就是希腊文明随着亚历山大的征服大规模向东扩张，后来又随罗马人对希腊的政治征服深深地渗透到地中海西部世界。其间，希腊化世界最有影响力的思想家是斯多亚主义者、伊壁鸠鲁主义者和怀疑论主义者。该学派倡导自然法思想、个人主义、世界主义和平等观念，是西方政治文化的主要源泉之一。塞涅卡（Seneca）为该学派晚期的代表人物。详见安东尼·朗《希腊化哲学——斯多亚学派、伊壁鸠鲁学派和怀疑派》，刘玮等译，北京大学出版社2021年版，第144—280页。

明"二元世界观被西方学者用于理解和建构他们的非洲观，滋养了西方主导非洲和非西方世界的意识形态，为殖民主义的扩张提供了思想基础。在罗马帝国皇帝君士坦丁改宗皈依基督教后，古罗马时期对多种宗教和信仰包容的局面戛然而止，具有强烈排他性的基督教崛起使得欧洲盛行的"异教徒"观念成为西方外部扩张的重要社会文化基础和持续动力。总之，对非洲宗教希腊化的历史追溯，庇泰克认为西方学者对非洲的宗教研究并不是其真正感兴趣，而只是作为研究的一部分，要么进一步证实对外或殖民扩张的合理性，要么为殖民扩张或殖民地治理提供重要的信息，甚至是进一步定义学术上的"进化论"。

在这些西方学者中，西方社会人类学及学者走在前列。19世纪西方人类学对非洲的研究有两个重要的结论，一个是世界被二元化，自我的文明和他者的原始；另一个是西方学者对非洲宗教的研究不是基于兴趣，而是与殖民主义如影随形。之所以如此，原因是自中世纪的"异教徒"时代开始，西方的对外扩张需一种精神驱动力，基督教及其信仰也就成为陷入罪责负担的"自我"去救赎处于黑暗力量中的、被诅咒和被奴役的"他者"精神利器。包括基督教用人道主义废除和终止在西方社会合法、合理化的奴隶制度一样，并非理想的"慈善"行为，而是用结束奴隶制度去推动改变西方经济发展的条件。也正是如此，庇泰克认为早期的社会人类学家扮演的三个重要角色之二就是"处理关于征服和剥削非洲等充满活力社会的问题，并通过阐述原始人的神话来证明殖民制度的合理性"。1904年，英国剑桥大学建立人类学董事会强调人类学不是简单呈现不同文化，应该用知识和智慧去审视不同文化，进而才能更好地为殖民主义服务。（Okot p'Bitek，2011：2—3）那么，社会人类学背负的"黑历史"在非洲的大学中有其位置吗？庇泰克的答案当然是否定的，非洲不需要人类学。原因在于非洲人不能沉迷并去延续"原始"神话。而研究非洲人及其文化才是非洲大学的任务，其中对于宗教研究应聚焦到非洲人的信仰，必须是一个真实的研究单位而非成为外国宗教培养牧师那样的修道院。

将西方哲学的分类思想及外部语言（英语、法语）用到非洲教学制度中，会自然而然地使非洲学者将学习的概念西方化。也正如非洲哲学家维雷杜（Kwasi Wiredu）提到的那样，西方文化中广泛存在形而上学的二元分类思想，如精神与肉体、超自然与自然、神秘与非神秘、宗教与世俗、存在与虚无等；而在非洲人认为世界是充满灵性的存在，非洲万物均有宗教性，世俗并未从宗教中分离开来。（Kwasi Wiredu, 2011: xi—xiii）因此，非洲的思想是自始至终的、神秘的，等等。在这个意义上，庇泰克指出非洲学者应该去揭露、摧毁和重新定义西方学者的一系列伪概念，如部落（Tribe）、民俗（Folk）、文盲（Non-literate），甚至发展中（Developing），应去努力呈现非洲的真实。总之，在他看来，非洲不需要人类学。

西方学者还运用基督教对异教的认知框架，使"希腊化"非洲宗教其目的是证明基督教为最高级的宗教。作为基督教辩护者的西方学者，他们研究非洲宗教目的之一是用非洲多神（Deities）去证明基督教一神（God）存在的合理性。如关于非洲本土宗教，英国学者帕林德指出主要包括：至上神、主要神灵、祖先神灵、咒语和护身符四部分，而非洲基督教神学家姆比提则指出包括：至上神、有灵存在物和神灵、人类、专家、神秘力量、巫术及魔法、邪恶、道德与正义。其中对于至上神崇拜、祖先崇拜和物神崇拜是传统宗教的三大核心内容。（周海金，2017；帕林德，2004）整体在社会进化论的驱动下，18世纪的哲学家和19世纪的人类学家都用非洲和其他非西方世界的宗教去证明"原始"的存在。如多神教或偶像崇拜被视为人类最早和最主要的宗教，多神论甚至是邪恶的。他们将基督教放置在人类进步阶梯的顶端，成为西方文化的高级维护者。因为在19世纪，实证主义哲学家奥古斯特·孔德（Auguste Comte）就构建出人类心智发展的三个阶段，即：宗教的发展是从人类社会开始到14世纪，14—18世纪为形而上学，19世纪为实证主义。

在此基础上，宗教被分为拜物教（最底端）、多神教和一神教。根据该划分，西方人类学家开始对人类宗教范式进行界定，英国人类学家爱德华·泰勒（Edward Tylor）在《原始文化》中认为"泛灵论"是宗教的最原始形态，弗雷泽（Frazer）在《金枝》中指出人类最早信仰是巫术（Magic），然后是宗教，最终是科学。也就是说，在西方哲学和人类学中非西方世界的宗教都是"原始"的一个面向。在这一基础上，庇泰克认为

"拜物教"和"泛灵论"不属于非洲宗教，而是西方学者强加给非洲的概念，其根本在于维护殖民语境下西方文化的权威。尽管进入20世纪后，进化论在西方学界遭到批判，但西方的人类学家还继续用这种傲慢姿态去研究非洲制度。如庇泰克的导师埃文斯－普里查德也为自己辩护道："这些词语也被我使用，且是一种价值无涉，以及在词源上是不客观的。无论如何，使用'原始'去描述生活在简单物质文化、缺乏文化的小规模社会，这些概念的使用太牢固而无法消除。"（Evans-Pritchard，1962）

那么，为什么19世纪的人类学家会对非洲和非基督教的宗教如此感兴趣？在埃文斯－普里查德看来，其中一些"异教徒"学者受到爱德华·泰勒等不可知论和无神论者的影响。他们发现原始宗教，其目的之一在于将其作为武器有效地反对基督教，如果原始宗教可被解释为一种智力失常，或由情感压力或其社会功能引发的幻象，那么就意味着可以用同样的方式去攻击高等宗教（基督教）。（Evans-Pritchard，1968：15）然而，他们发现非洲"诸神"表明非洲人或人类天生具有宗教性。也正是在这个脉络上，大多数人类学家都试图用基督教之神的方式去解释非洲诸神。正如庇泰克所指出的，这就可以理解他们从基督教上帝的角度去捍卫"神"的存在和他们宗教的存在，然而，这并不能帮助非洲人理解非洲所设想的非洲神灵的本质。（Okot p'Bitek，2011：23）正如人类学家戈弗雷·联哈德所承认的："我们的神（God）和丁卡人（Dinka）的 Nhialic 具有不同的属性，使用'God'这个词会给我们自己带来形而上学和语义问题。"（Godfrey Lienhardt，1988：29）

对此，庇泰克用非洲本土宗教实用主义的观点去批判被强加的古希腊或古罗马哲学的形而上学观。这一批判主要体现在1963年他最早的文章《阿乔利人和兰戈人中的 Jok 概念》一文中，指出传统阿乔利人对死亡的态度与西方的宗教观念格格不入。（Okot p'Bitek，1963：27，15—29）即面对死亡危机，阿乔利人表现出明显非宗教倾向，无任何畏惧，正视死亡，并不求助于超人类力量来安慰自己。在阿乔利人那里没有天堂，死者可在死后加入某个神，也没有地狱，而是去等待有罪之人。也正是在这篇论文中，他对早期传教士和民族学家将"Jok"解释为"至上神"至高无上的存在，或解释为类似玛那（Mana）而进行严厉批判。在尼罗特人中，Jok 是一个具体的、有名字的或容易定义的，其复数为 Jogi，而不是一些模糊不清的"力量"。Jok 一旦有确切的名字，其存在和行动必然是在一个特定的社会环境之中。在现实中，没有任何情境可以让尼罗特人同时想到所有 Jok。Jok 也不应该被视为"至上神"。真正的每个类别的 Jok 都独立于其他 Jok，也有用某 Jok 来对付其他 Jok。尼罗特人信仰多神（Deities），而非一神（God）。因此，Jok 是"万物"（Things），是祭祀活动的对象，可以解释疾患或不幸，甚至是主导人类的诸神（Deities），是酋长神，是祖先的灵魂，是瘟疫、暴雨等；（Okot p'Bitek，2011：35—38）Jok 是许多不同的事物或力量，是超我的存在，不是任何具体所指。

而对于"泛灵论者"，庇泰克直言非洲没有。对传教士而言，他们对于其他人的信仰和宗教感兴趣的终极目标是让这些人虔诚于基督教。尽管非洲最早的基督教是埃塞俄比亚 14 世纪的东正教，但它对非洲其他地方没有任何影响，也没有扩大到其他地方。随着 18 世纪西方基督教传教任务完成，以反对奴隶贸易的"新教"也开始在非洲传播。作为文明的"使者"和殖民帮凶的传教士，他们总是努力去证明他们所代表的高级文明，或证明非洲之无文明。18、19 世纪的传教士如同殖民者一般无情，而 20 世纪的传教士则试图将基督教从过去与西方政治、经济和文化进步的历史经验中抽离出来，审视并改变传教策略。正如"毕竟，十字架不是帝国统治的象征……我们走近另一个民族、文化和宗教的首要任务是脱掉'鞋子'，因为这个地方是神圣的。否则，我们可能会发现自己在践踏人类的梦想"。（John V. Tylor，1963：10；Okot p'Bitek，2011：26）在庇泰克看来，传教士这种谦卑的态度，其本质仍是一个基督教徒试图与"异教徒"开展新知识的对话。（Okot p'Bitek，2011：26）因为在这些传教士看来，对基督教的神而言，非洲的"泛灵论"者仍占据半壁江山，并作为一个形而上学的宗教概念，在神与人之间有多种存在的可能。比如，泰勒通过万物有灵论来解释宗教的起源和发展，认为是如同幻觉一般的存在，是不成熟或原始思维的产物，是非洲人的信仰与至上神之间的野蛮结合。然而，在庇泰克看来，这些都不是详细客观研究的结果，而是传教士处于护教的推测，所谓的"万物有灵""拜物教""至上神"都是西方宗教思想的产物，在这个意义上，非洲不存在"泛灵论"之说。

综上所述，庇泰克通过"希腊化"历史追溯、东非案例等激烈地否定有关非洲宗教文化认识论的一系列关键性概念，是因为他反感这些概念背后的一个假设，即非洲宗教代表的是原始的、低下的、缺乏道德轴心的思维方式。在这个意义上，基督教与非洲本土宗教并非不相容的问题，而是非洲本土宗教被边缘化的问题。这种假设与康德人类学思想存有相当的关联。在康德根据冒险家和传教士的记录撰写的西方中心主义人类学论著中，德国人、英国人、法国人、西班牙人以及意大利人被视为世界上心智最佳且道德意识最强的五个欧洲民族。（康德，2016）总之，非洲宗教被"希腊化"与厚重而漫长的西方中心主义历史建构过程息息相关，在实践过程中不断调整叙述策略，看似表面谦卑，实则是以更为隐秘而傲慢的姿态持续渗透，并最终在宗教研究思想上以诸如"宗教主义范式"等学说影响着非洲学者的宗教研究。

四　对非洲学者宗教主义研究范式的批判

所谓的宗教主义范式（Religionism），是指自 19 世纪以来，基督教新教的自由主义、包容性宗教神学中采取了"人类的宗教性"立场。然而，这一主张因不能被验证也不能被证伪，因此构成一个具有神学性质的非科学立场。它断言，确实存在宗教所假设的无形的世界、生命和品质，并支配着人类世俗活动。因此，这些宗教学者认为，人类和人类社会有宗教信仰是"正常"的，且人类具备一些感知或体验不可见事物的能力。如果非宗教者或不相信宗教，不仅会严重影响人类的道德和心理健康，还会给人类带来灭顶之灾。（Naidu，M. V.，1992：1—15）这一范式的思想体现在非洲具有基督教信仰的民族主义者和宗教学家对非洲宗教的研究和实践之中，也就是庇泰克所批判的非洲学者中西化的学者。在这些学者中大多为西方接受过教育的人类学家、政治家、神学家，也就是庇泰克眼中的"知识走私者"。对此，庇泰克毫不客气地指出，非洲学者万万不该将非洲人的灵性生活和思想希腊化，对非洲人的信仰形式和内涵的西方哲学解释，譬如泛神论、万物有灵论、巫术论、宗教道德论，必定是伪装成为非洲宗教文化思想的欧洲版本。（Okot p'Bitek，2011：28—39）

在非洲民族主义兴起和去殖民化的浪潮中，非洲的自由派神学界、基督新教和罗马天主教强调非洲的传统社会普遍存在宗教，并提出一个统一的泛非洲观点。主要体现在桑戈尔的"黑人意识"（Negritude），恩克鲁玛的"非洲人格"（African personality）、"黑即是美"（black is beautiful）和"回归本源"（back to the roots）等意识形态、新非洲文学及泛非主义运动中。在"黑人意识"的影响下，一些非洲学者试图或已证明非洲人和其他民族、人一样有着辉煌历史。如有学者认为早期的埃及文明根本就是黑人文明；（Anta Diop，1956：347—474；Okot p'Bitek，2011：21）所有的非洲人在面对西方学者持有的古希腊—罗马文明立场的面前，应采取同样的道德优势，去表明非洲人和西方人一样具有理智与情感。而作为泛非主义思想家的恩克鲁玛则认为非洲的文明应该消化阿拉伯伊斯兰教、欧洲基督教文明，并以此来重塑非洲人的灵魂。（Kwame Nkrumah，1964：93—97）

在宗教研究的非洲学者中，他们多受到宗教主义范式的影响，特别是对于神学家或宗教学家。也正是如此，作为去殖民化浪潮中少有的系统研究非洲宗教的基督教神学家姆比提（Mbiti J. Samuel），就认为非洲人有"宗教本体论"。在这一立场之上，被庇泰克批判为主要的知识走私者的他，用宗教主义的术语来肯定解放神学（liberation theology）和元基督教（meta-Christian）的立场，即宗教所假设的看不见的领域确实存在，并一直影响着非洲人的经验世界，且非洲人一直对这些存在做出宗教性的反应。依此，殖民前的非洲社会一定一直有宗教信仰，不管是以多么微小和不完美的方式，因为如果非洲人和非洲社会没有宗教信仰，那就与宗教人神学（Homo Religiosus Theology）① 自相矛盾，即没有宗教的非洲社会将是不正常和不自然的。

---

① 所谓"宗教人"（homo religiosus）的概念起源于古代西塞罗（Cicero）的《给家人和朋友的信》（*Epistulae ad familiares*）一书。这位古代哲学家呈现了人类模式的一些特征：仪式、忠诚、严谨、雄辩和清晰，但不试图将这些灌输他人。在基督教出现之后，这个词进入了一个神圣的领域，米尔恰·埃利亚德（Mircea Eliade）在文化人类学领域使用了"宗教人"的概念。详见：Vasile Cristian，"Homo Religiosus-Culture，Cognition，Emotion"，*Procedia-Social and Behavioral Sciences*，Vol. 78，No. 2，2013，pp. 658 – 661。

因此，如同大多数民族主义者一样，姆比提持有非洲传统社会普遍存在宗教的观点，且非洲传统社会是作为本体论存在的宗教世界。他指出在传统和当下是"深刻的宗教"，非洲人完全生活在"一个宗教的世界"，并拥有"一个宗教本体"。（Mbiti J. Samuel，1969：1，15）他还认为"宗教完全渗透到非洲的社会生活中，以至于不容易或不可能把它分离出来"，甚至还说"宗教是传统社会中最强大的元素，对有关人民的思想和生活可产生最大的影响"。（Mbiti J. Samuel，1969：1）在姆比提这里，非洲人是有宗教信仰的人，且"宗教存在于他们的整个社会生活系统中"（Mbiti J. Samuel，1969：3），对非洲人来说，"宗教"是一种本体现象，它涉及存在或存在的问题。在传统生活中，从出生前到死后，个人都沉浸在宗教信仰之中，活着就如同被卷入一场宗教戏剧。这个非洲人生活的宗教世界和所有活动都通过宗教来理解和赋予意义。（Mbiti J. Samuel，1969：15）姆比提思想的核心是，对非洲人来说，整个存在就是一个宗教现象，人是一个生活在宗教宇宙中的深刻的宗教存在。非洲人的本体论就是宗教的本体论。也正是这种本体论使非洲人的生活成为一种深度的宗教现象。

在这一基础上，非洲宗教领域及其学者开始谴责和抵制西方学者关于多数非洲人是"原始异教徒"的称谓，认为在欧洲传教士告诉非洲人之前，非洲人早就知道基督教之神的存在。也正是如此，非洲的基督教宗教学者和民族主义学者就开始相信，非洲宗教可能会自然而然地发展到基督教的高度。因为只有耶稣基督才配得上个人和人类通往终极身份和安全之源的目标。这就使姆比提自认为是社会进化论和宗教发展阶段论中"福音准备"（evangelical preparation）的角色。他认为，非洲的本土宗教因有实用主义和功利主义、没有把上帝描绘成"与人的伦理精神关系"及缺乏末世论三大缺陷，而只能被看作"福音准备"，是非洲通向真正、最好宗教和唯一希望宗教（基督教）的踏脚石。这一企图将非洲本土宗教"基督教化"（Christianising）的观点，受到了来自加纳人类学家奥珀库的批评，即不应以神学为由对非洲宗教进行区分，非洲传统宗教与基督教是平等的，对非洲人是最好的，因为它是以非洲本土基本价值体系为基础的宗教。(Opoku Kofi Asare，1993：67—82）而姆比提对于非洲本土宗教缺陷的批评，恰好是庇泰克的观点，即非洲本土宗教的实用主义。

关于"神"的概念，非洲宗教研究权威专家博拉吉·伊多乌（Bolaji Idowu）认为，除了个人想象外，根本不存在"非洲人的神"（the African God）这样的表述，虽然有各种关于神的概念，但无论是非洲人还是欧洲人，都只有一个神。用任何族群的名字来限制"神"显然是错误的。(Bolaji Idowu，1973）比如，约鲁巴人（Yoruba）和阿坎（Akan）人中信仰的神（Olodumare）仅仅是一个"神"的不同表达方式，神与自然是同一的，神是阿坎人宗教的"始与终"，其本质类似于基督教的神。(Bolaji Idowu，1996）而这一关于"一神多表"的殖民化思想，显然就是基督教的一神论，也受到了庇泰克的批判。

姆比提之后在1969年和1970年出版的两本书中不仅向世界展示"非洲人民不是宗教文盲"，而且非洲的神（the One God）只是一个无所不知、无所不在、无所不能、超越和永恒的神。那么，对这一时期兴起的非洲社会主义建设，非洲民族主义者会如何处置这一宗教价值观？其能否被整合到非洲社会主义中？对此，坦桑尼亚首任总统尼雷尔认为"非洲社会主义根植于我们的过去，我们自己的传统社会。非洲社会主义可以从传统社会遗产中获得对'社会'的再认识，也就是扩大型家庭"。肯雅塔领导的肯尼亚政府也认为："宗教是非洲传统生命的一个根本性力量，它对我们社区的建设提供了严格的标识。这就是非洲社会主义永久性的特征。"(Okot p'Bitek，2011：52—53）对于另一位非洲宗教研究的英国学者帕林德，尽管他曾帮助选择过并希腊化和基督教化过非洲的神，但他在1962年还警告过非洲民族主义者们不能过于美化和吹嘘自己的过去，而从外部引入新的思想对于所有宗教都是有益的。(帕林德，2004：14—15）

也正是如此，以姆比提为代表的非洲基督教学者在非洲英语国家大学宗教研究系的关于"非洲传统宗教"研究中牢牢确立了宗教主义范式，并获得巨大学术上的成功，并为后殖民时代的非洲大学生提供了新的身份建构，即非洲人一直是固有的宗教。甚至与泛非主义一道，在后殖民时代的泛非神学和意识形态上取得巨大成功。对此，庇泰克进行了强烈的批判，就认为非洲诸神是被穿着笨拙的希腊服装者（非洲本土学者）挑选出来的，甚至还认为西方宗教文化与非洲文明存在根本冲突，而非洲社会的重建必须基于非洲的思想体系。也正是在这一意义上，庇泰克呼吁，如果非洲领导人真诚相信非洲社会重建必须基于非洲人的世界观，那么非洲的宗教必须被尽可能真实地研究和呈现。

结　　语

对于无宗教信仰的庇泰克而言，他对西方学者和非洲本土学者在研究非洲宗教中的批判，整体上属于非洲视角，通过对现实社会的不满，去追溯其历史纵深和社会思想之根源。之所以要"希腊化的批判"，原因在于其嵌入了古希腊、古罗马对外扩张的历史过程之中，以及其中伴随和渗透的哲学社会思想。在这个问题上，一方面，在于西方对非洲或非西方社会"野蛮、未开化"等二元史观的建立，以及古罗马帝国后期开始的基督教"异教徒"观点。《荷马史诗》中对非洲人及其神灵采取高贵野蛮人式的描述，而其实指之一是对古希腊贵族及其神灵的批判；另一方面，古希腊哲学中"形而上学"的思想对西方学者和非洲西化学者开展非洲宗教研究的影响。其中，"希腊化"的根源在于古希腊哲学思想中建构的西方诸神与非洲诸神关联的神话史观，进而认为非洲社会具有强烈的宗教性和原始性。这一历史观也成为庇泰克对18、19世纪西方的社会人类学家批判的基础，即这些人类学家对非洲宗教本身并不真正感兴趣，仅是他们研究内容的一部分，且初衷是服务于殖民主义。同时，在非洲"原始"神话建构也成为殖民主义正义性和基督教传播合理性的帮凶，充满恶魔和疾病的世界需基督教去文明化。在这个意义上，庇泰克认为非洲高校没有建立社会人类学之必要。更甚的是，基督教神学家们并未打算真正呈现非洲神灵的真实面向，而认为应该受到谴责和摧毁，后用基督教信仰取而代之。

在同样逻辑下，庇泰克还认为拜物教、万物有灵论是西方学者想象推测出来并使用的，对于正确理解非洲宗教毫无意义。尽管 19 世纪西方学者大都通过在非洲进行田野调研来研究宗教，但这些学者认知和解释非洲宗教的逻辑充斥着基督教化思想，在曲解非洲宗教的同时还被基督教学者用去欧洲反对欧洲的非基督教信仰者。不管是西方学者还是非洲本土学者都大肆宣扬非洲诸神，甚至被披上希腊化的外衣。对此，基督教背景的人类学家，甚至基督教宗教学家姆比提都认为，他们对非洲宗教的阐释受到了自身文化背景的影响。（Okot p'Bitek，2011：51）也就是研究者附着于自身文化背景所渗透的哲学思想体系之中。尽管非洲本土宗教研究者认为一种宗教的至上成就是在没有外界的帮助下就能达到一神信仰的高度，但这一观点旨在表明和展现非洲人的宗教信仰与西方基督教并无高低贵贱之分，以寻求西方或外部世界对非洲文化上公平公正之态度。对此，庇泰克反对主观地对非洲宗教的基督教化和偏见。

然而，也有学者批判了庇泰克用功能主义和实用主义去阐释非洲宗教，认为也是受到西方功能主义的影响。庇泰克认为非洲人的宇宙由有用、有害和中性三类物体组成。任何特定物体的用途都取决于它对人类的使用。非洲的神灵是为人类服务，而不是人去服务神，更不像基督教上帝那种"不可知"一样。即非洲本土宗教的基本和核心功能是"解释、预测和控制思想"。也正是这样，霍顿就将姆比提等研究非洲本土宗教的非洲和欧洲基督教学者视为西方—基督教的"虔诚反对派"（devout opposition），即他们是团结在一个方法论和神学框架下，受自身基督教信仰的强烈影响，同时也受宗教比较研究范式传统的影响。（Horton Robin，1993：161）如果说姆比提等非洲"虔诚的反对派"的观点是西方—基督教式的，那么庇泰克的观点也是西方的，甚至是进化论的，即"宗教"将被现代科学和理性所取代，也就是世俗化。（Rinsum H. V.，Platvoet J.，2003：12—13）显然，庇泰克关于非洲宗教实用性的观点仍受到其所在英国学习人类学时的文化功能主义研究范式的影响，其思想框架仍受制于西方学术思想。

此外，庇泰克公开承认其是无神论者，这一基本立场强化了他对宗教在非洲的作用持有异样看法的观点。但同时，我们也应注意到，他对非洲

"宗教"现象非常着迷的同时，却抨击西方基督教对非洲本土宗教形而上学的解释。这里的矛盾之处在于，庇泰克对西方学者和非洲学者研究的批判，其本身也是受到西方基督教神学话语的启发，特别是对基督教神无所不能、无所不在、无所不知等形而上学的解释。

简言之，我们也应看到庇泰克的思想充斥着时代烙印及其所处非洲社会情境的影响。随着社会的发展进步，在全球化"无孔不入"的时代，应嵌入更多动态的和辩证的视角来审视非洲宗教。在非洲社会基督教化、伊斯兰教化的时代，非洲本土宗教如何承接和如何融入这一重要时代或许更为值得探讨。也就是说，尽管非洲本土宗教或本土文化仍在当地社会发展中扮演重要角色，但其存与续之力或许才是非洲社会发展进步的根基。而一味地否定和批判，或许并不是这个世界或社会的全部，也不应该是一个思想体系的全部。

参考文献：

［德］康德：《康德人类学文集》，李秋零译，中国人民大学出版社2016年版。

［英］帕林德：《非洲传统宗教》，张治强译，商务印书馆2004年版。

高秋福：《汲诗情于民间——悼念乌干达人民诗人奥考特·庇代克》，《世界文学》1984年第3期。

［英］惠特马什：《古代世界的无神论与神的作战》，陈愉秉译，社会科学文献出版社2020年版。

周海金：《关于非洲传统宗教的若干问题研究》，《世界宗教文化》2017年第3期。

Okot p'Bitek, *Decolonizing African Religion：A short history of African religions in Western scholarship*, New York：Diasporic Africa Press, 2011.

Okot p'Bitek, *Religion of the Central Luo*, Nairobi：East African Literature Bureau, 1971a.

Okot p'Bitek, *African Religions in Western Scholarship*, Nairobi：East African Literature Bureau, 1971b.

Okot p'Bitek, *African Religions in Western Scholarship*, Nairobi: East African Literature Bureau, 1976.

Okot p'Bitek, *Africa's Cultural Revolution*, Nairobi: Macmillan Books, 1973.

Catherine George, "Civilized man looks at Primitive Africa", in Ashley Montagu, *The Concept of the Primitive*, New York, 1968.

Evans-Pritchard, *Theories of Primitive Religion*, Oxford University Press, 1968.

Kwasi Wiredu, "Decolonizing African Philosophy and Religion", in Okot p'Bitek, *Decolonizing African Religion: A short history of African religions in Western scholarship*, New York: Diasporic Africa Press, 2011.

Evans-Pritchard, "Social anthropology: Past and Present", in Essays in Social Anthropology, London, 1962.

Godfrey Lienhardt, *Divinity and Experience*, Clarendon Press, 1988.

Kwame Nkrumah, *Consciencism*, London: Heinemann, 1964.

Mbiti, John Samuel, *African Religions and Philosophy*, London, etc.: Heinemann, 1969.

Opoku Kofi Asare, "African Traditional Religion: An Enduring Heritage", in Olupona & Nyang, 1993.

Bolaji Idowu, *African Traditional Religion: A Definition*, Orbis Books, 1973.

Bolaji Idowu, *Olodumare: God in Yoruba Belief*, Longmans, 1996.

Horton Robin, *Patterns of Thought in Africa and the West: Essays on Magic, Religion and Science*, Cambridge: Cambridge University Press, 1993.

Okot p'Bitek, "The Concept of Jok among the Acholi and Lango", *Uganda Journal*, Vol. 27, 1963.

Naidu, M. V., "Religionism, rationalism, and peace education: An attempt at model building", *Peace Research* (Canadian Mennonite University), Vol. 24, No. 4, 1992.

Anta Diop, "The Cultural Contributions and the Prospects of Africa", *Presence Africaine*, 1956.

Rinsum H. V., Platvoet J., "Is Africa Incurably Religious?", *Exchange*, Vol. 32, No. 2, 2003.

对南非人类学家玛费杰部落主义
批判的解读与反思

熊星翰

（清华大学国际与地区研究院助理研究员）

　　作为非洲当代极具影响力的人类学家，阿尔奇·玛费杰对部落主义的认识和批判尚未引起足够重视，还缺乏在中国语境和全球政治、文化新动态下对其进行的反思。有鉴于此，本文将对玛费杰的部落主义思想进行一次更全面的解读和讨论。行文结构上，本文首先简要介绍玛费杰的生平和学术影响，接下来会对玛费杰为何要批判部落主义以及如何批判部落主义予以梳理。特别是第二个方面，笔者将展示玛费杰如何从概念、学理、观点和实证四个维度全方位对部落主义进行反思和批评。最后，本文还将讨论中国语境中对部落主义的理解，以及新时代下部落主义在全球范围内以何种形态出现和产生影响。

一　玛费杰的生平简介及学界的相关评价

　　阿尔奇·玛费杰（Archie Mafeje）1936 年 3 月出生于南非开普省（今天东开普省）的恩格科波镇（Ngcobo）。玛费杰本科和硕士都就读于开普敦大学（1957—1963），本科时期，玛费杰最初选择的专业是生物科学，后于 1960 年转为社会人类学。同年底开始，玛费杰受雇于南非人类学家莫妮卡·亨特·威尔森（Monica Hunter Wilson），协助后者进行一项关于开普敦朗加移民新城

（Langa Township）① 的研究。后来，两人将该项研究的成果转化为一本合著的人类学书籍——《朗加：一项对非洲居住区社会群体的研究》（*Langa：A Study of Social Groups in an African Township*）。②

硕士毕业后，玛费杰去往英国继续攻读社会人类学博士，并于 1968 年获得学位。此后，玛费杰本打算回开普敦大学任教，但受种族隔离政策的影响，他未能获得教职，于是先后辗转于海牙、达累斯萨拉姆、哥本哈根和罗马等地，最终在开罗定居（20 世纪 70—90 年代），并与埃及女性主义知识分子沙希德·艾尔-巴兹（Shahid El-Baz）成婚。20 世纪末南非种族隔离结束后，玛费杰终于在 2002 年返回南非，并于 2007 年在比勒陀利亚去世。在玛费杰的学术生涯中，他共出版个人专著（monograph）9 本，其他书籍（book）6 本，发表学术文章 140 余篇。（Nyoka，2001：xii）

图 1　玛费杰（右）在开普敦街头（1961 年）③

---

① 朗加，科萨语"太阳"之意，该新城在经历了数个阶段的建设后，于 1927 年正式启用。朗加移民新城是为落实 1923 年《南非城区法案》（*South Africa Urban Area Act*）而兴建的，该法案旨在强制非洲本土居民进入划定区域居住，是种族隔离政策正式实施之前的社会群体区隔措施。

② 这本玛费杰最早的学术著作关注的核心问题是：什么为社会群体带来凝聚力？在玛费杰后续的学术生涯书写中，可以看到这个问题始终是他研究的一个深层关切。详见：Sharp John，Mafeje，Langa，"The Start of an Intellectual's Journey"，*Africa Development*，Vol. XXXIII，No. 4，2008，p. 161。

③ 资料来源：martinplaut. com，https://martinplaut. com/2018/10/19/commemorating-archie-mafeje-in-london/。

　　总体上看，玛费杰的学术研究主要在以下方面作出了比较突出的贡献：一是撒哈拉以南非洲的农业和土地问题；二是对人类学乃至整个社会科学内在学理的反思和批判；三是对阶级问题和革命理论的相关讨论；四是对社会形态（social formation）相关问题的研究。（Nyoka，2001；Nabudere，2011）尽管这些类别都未直观体现"部落主义"（Tribalism），但其实以与部落主义相关联的思考作为一条暗线，贯穿在玛费杰的很多研究中，并于1971年形成了他最具影响力的文章——《"部落主义"的意识形态》（The Ideology of "Tribalism"）。

　　在非洲社会科学领域，玛费杰的思想留下了深刻的印记。他去世后，非洲社会科学研究发展理事会（CODESRIA）在纪念悼词中称其为跨越众多领域的思想家和引导非洲知识界不断抗争的斗士，赞扬他在整个学术生涯中不断发声，号召通过解放思想来解放非洲。在理事会的悼文之下，马哈默德·马姆达尼（Mahmood Mamdani）建议拨专款妥善整理和保留玛费杰的学术遗产，以便后续的研究者可以更好地了解到这位智者的不凡思想。（Mamdani，2007）在玛费杰去世5年后，南非大学（University of South Africa）专门为其成立了"阿尔奇·玛费杰研究院"（Archie Mafeje Research Institute），并称玛费杰为非洲乃至世界最杰出的社会科学研究者和知识分子。

　　当然，对于玛费杰的研究也存在质疑的声音，有学者指出，相较于擅长田野研究的人类学家而言，玛费杰更多是一位深刻而敏锐的思想家。换言之，玛费杰更大的贡献在于通过敏锐的思想来提出问题并进行反思和批判，但是在田野研究本身，作为人类学家的玛费杰并未留下能称为经典的著述。（Amselle，2007：445）笔者认为这一点有失偏颇，尽管玛费杰在其作品中并未呈现系统的田野工作，但他始终把田野实证的思维放置在自己研究的核心位置。这和非洲独立后早期的一批思想家和知识分子有显著的区别，后者往往能在文章中切中一些核心问题，也可以就此生发出很有革命性的观点和思想，但是如果想在他们的思想和非洲的实际情况间寻找到"从经验依据到理论推导"的具体过程时，却发现这个过程很多时候并非建立在一个系统性的经验研究之上，而是一种特定时代浪潮中，作为精英的个人在综合人生经验、直觉和阅读过的文献基础上，对非洲当时境遇所进行的探索性思考。

具体在部落和部落主义的相关议题上，学界有人指出，玛费杰并非第一个对部落主义进行批判的学者，部落主义在玛费杰开始批判时已经是当时开始被知识界逐渐重视的一个对象。（Nabudere，2011：15），并且尽管玛费杰一直在强调非洲社会的变化与复杂性，但是忽略了非洲当地文化、社会的一些特质也存在韧性。（Nabudere，2011：40）此外，玛费杰批判不存在西方理解的所谓部落，固然可以抨击部落主义的谬误和不正当性，但是它还无法很好地解释为什么部落主义是一直存在的。

但总体而言，对玛费杰批判部落主义的评述并未超越他本人的思想框架。笔者认为，这一方面是因为玛费杰确实抓到了真问题、大问题，设定好了一个难以超脱的对话体系；另一方面也因为玛费杰批判的部落主义更多是在历史中生成的话语模式和思维特征，以及在此基础上固化的意识形态，而不是一个体系性的学说，因此对其讨论时也没有特别系统性的标靶。最体现这一点的是玛费杰关于部落主义被提及最多的代表作——《“部落主义”的意识形态》，这是一篇仅仅9页的文章而非一本专著，这篇文章中的观点非常鲜明，也很容易围绕它引申出对于非洲相关问题的讨论，但是它不是一座结构鲜明的思想大厦。在对话玛费杰的文献中，反而是关于玛费杰对农民和土地问题的著述有着更具体和丰富的讨论。（Nyoka，2001；Nabudere，2011；Moyo，2018）

二　玛费杰对部落主义的批判：缘起与路径

非洲的所有社会构成都是部落的吗？非洲的历史就是一个个部落史吗？真的存在一种经济发展形态叫作部落经济吗？以上问题是玛费杰在自己一本研究大湖地区社会形成机制的专著中抛出的（Mafeje，1991：introduction—9），那么部落主义是什么呢？

简单而言，部落主义是用“部落”来简单化描述非洲，并借此解释非洲欠发达现状的一种趋势。在很多人的认知中，非洲是一片陌生、落后、奇怪、蒙昧的区域，这里的所有人在身份上都归属于某一部落，而非洲人目前的"落后"，乃至经历过的贫穷、战乱也都因为他们还处在部落时代，亟须文明开化。并且久而久之，部落成为非洲的最大特质和非洲所有问题的唯一解释因子，它遮盖了贫富分化以及阶级矛盾等其他重要现象，并且让人觉得非洲社会的组织不可能突破部落界限，更不可能建立现代国家，而永远停留在一种社会进化意义上的起始阶段。

由此可见，部落主义源于对部落的解读和运用，二者既有区别又有联系，而玛费杰着重批判的不是部落（Tribe），而是部落主义（Tribalism）。一方面，相对于部落主义，玛费杰对于部落概念的解读在感情色彩上是更加中性的，他甚至认为，如果部落只是用于描述前现代历史上非洲某些具有地方特征的社群，那么是可以接受的；另一方面，玛费杰又不断强调，对于部落不加注意的、僵化的理解会导致部落主义现象的出现；部落主义认识方式的盛行又会不断固化大众、政治精英乃至学者对于部落的误解。而从历史上看，部落主义的兴盛无疑是殖民活动造成的后果，就此玛费杰指出，南非本土语言中不存在部落这一词汇，是早期欧洲人类学家创造部落概念并经由殖民统治通过行政将其政治化以后，部落才成为当地语言中的常见词汇。玛费杰认为可以不否认非洲曾经存在有所谓部落这样的社会组织形态，但将所有非洲群体都视为部落的做法则是拜殖民主义所赐。（Mafeje，1971：253；Mafeje，1991：107）

至于为什么要批判部落主义，特别是意识形态化的部落主义，玛费杰在其代表作《"部落主义"的意识形态》一文的结尾进行了如下归纳：

—— 部落主义将非洲与资本主义主导下的外界之间的关系简单化和神秘化。

—— 部落主义为非洲人（复数）贴上了一种与外界他者不平等而且让人怀疑的标签，这种标签不但不会促进交往，反而容易激发怨恨。

—— 部落主义是一种不合时宜（anachronistic）的命名和称谓，会阻碍"跨文化"分析。这里的跨文化既是共时性的，也是历时性的。一方面非洲在历史进程中不是遗世独立的孤岛，它的文化不断在和外界发生互动产生变化；另一方面今天非洲的文化也不是和外部世界对立的、绝对异质性的存在。

此外，在总结过批判部落主义的原因后，玛费杰还从社会科学基本的方法论层面点出了批判部落主义的原因，他认为虽然社会科学研究追求普适性，并为此需要寻找具有强大解释力同时又尽量简洁的概念，但显然部落概念并不能承担这一重任，反而会造成谬误。（Mafeje，1971：261）

上文提到过，对部落主义的批判并非玛费杰学术工作中一个显著的模块，而是作为一条思想脉络贯穿在他不同主题的研究中。因此，为了让玛费杰部落主义批判的呈现更加清晰，本文首先对他的部落主义批判进行了结构化的梳理，并认为可以从四个维度来对其进行讨论，它们分别是概念维度的批判、学理脉络维度的批判、观点性维度的批判和实证性维度的批判（见图2）。

图2　玛费杰对部落主义进行批判的四个维度

（一）概念维度的批判

"部落主义""部落"等相互关联的词语，首先也是一组含义鲜明的概念，因此在玛费杰对它们的批判中，有很重要的一部分是通过概念辨析进行的，通过溯源、对比等方法去展现人们用这些概念理解非洲时产生的错误。

对于"部落"这一概念，玛费杰强调不存在一种同质性的、放之非洲皆准的部落实体存在。人们在使用部落概念的过程中赋予了它不同的参数。因此，从玛费杰相关的论述中看，与其去界定什么是"部落"，倒不如来逐一分析什么不是部落。首先，具有同一种语言和文化的社群单位不一定是同一个部落，因为它们可能分化为不同的政治组织形式，有各自的领袖和权力范围存在。（Mafeje，1991：14）其次，部落也不一定可以用规模予以界定，有的部落可以涵盖若干个王国（Kingdom），有的王国却又包括若干个部落。（Mafeje，1991：27）此外，在经济层面，玛费杰认为非洲的部落也无法被归入马克思理论中的"部落经济"范畴，不能用马克思式的部落制生产关系去界定，因为尽管在社会和政治组织上，非洲部落体现出部落的群体性，但是在经济生产上却依然是以家庭为单位的。（Mafeje，1991：108）

玛费杰还指出，很多时候部落是建立在亲属关系上的长者领导制度，部落领袖在资源分配上享有一定的优先权；但部落不是一种严格意义上的剥削关系，因为作为一种生物群体，人类社会也在新陈代谢中交替，今天被领导的年轻人明天会变成领导他人的长者，部落的等级运行建立在群体对于生活经验的认可上，而不承认权力的固定继承关系。由于部落具有这一特性，所以相比起来，当一种新的权力阶序甚至科层结构取代了原有家族制度中的老人领导，部落会呈现出向诸如王国这样更复杂社会组织形式演变的趋势。（Mafeje，1991：59）

除了部落概念以外，玛费杰还通过对比的方法，探讨了王国、封建社会等常见于欧美非洲研究中的概念，论证它们与各自在欧洲的对应物有着显著的区别。比如存在把非洲王国理解成封建制度的（feudal）情况，而这其实不妥当。虽然非洲的王国和欧洲的王国都存在权力等级，都存在君主与臣民的相互关系，但欧洲的封建社会是建立在封建领主享有的地权之上的依附关系，而非洲的王国则不尽然。就此玛费杰指出，"贡品"（Tribute）以及围绕它运转的社会运行机制是使非洲王国区别于欧洲封建主义制度的重要特征，因为贡品制度的运作可以产生不建立在封建依附性生产关系上的等级社会。并且玛费杰也强调，贡品制度下产生的具有规模、等级乃至科层制的非洲王国，也是反驳西方用部落主义来界定非洲的重要经验证据。（Mafeje，1991：111—113）因为如果围绕贡品可以产生社会组织复杂和等级化的王国，那么就意味着非洲早已超越了西方语境中的部落阶段，产生了新的社会运行逻辑和组织形态。

同理，在非洲的具体情况中，谈论种姓或者阶级也都不能对应两者在印度或者欧美语境中的含义。以种姓为例，非洲的种姓边界是可跨越的，种姓之间存在上升和下降的机制，因此不能简单套用印度那样的种姓理解在非洲的种姓问题之上。

综上，考虑到部落含义在非洲的多样性，玛费杰提出用"区域化特性"（regional particularism）与"阶级生成"（class formation）结合的方式来取代部落主义中对部落概念的使用方式。（Mafeje，1971：261）另外，他还认为相比"部落"和"民族国家"，甚至"生产模式"（mode of production）可能会是一个更好的分析单位。（Mafeje，1981：123）

（二）学理脉络维度的批判

除了概念的辨析，针对部落主义，玛费杰还在学理脉络上对其进行了两个层次的批判。首先就人类学学科内部而言，玛费杰主要以西方在非洲进行的人类学研究为标靶，批评该学科自殖民时代起关注孤立、静态的非洲初民社群，并试图为研究对象寻找到某种特性进而进行定义。（Mafeje，1991：preface-2）可以说，西方人类学者早期在对非洲的书写中，使用"部落"一词是一种近乎约定俗成的习惯，并且这样的习惯也影响了非洲本土早期的人类学家。比如在埃文斯·普理查德（Evans Pritchard）的传世名作《努尔人》中，仅"部落"一词粗略统计就出现了超过 500 次。南非著名人类学家，同时也是人类学曼彻斯特学派创始人的马克斯·格鲁克曼（Max Gluckman）同样热衷于使用"部落"概念，他的著作《部落社会中的政治、法律、风俗》和《部落性非洲的秩序与反叛》都很好地说明了这一点。乔莫·肯雅塔（Jomo Kenyatta）的代表作《面向肯尼亚山》为大众所熟知，然而少有人注意到本书的副标是"基库尤人的部落生活"（The Tribal Life of Gikuyu）。

因此，玛费杰在整个学术生涯，一直试图跳出传统人类学关注与世隔绝的小型初民群体的特点，并自认为是一个非典型的人类学家。他指出：自己硕士研究关注的就已经是城市化问题，随后又研究过南非班图斯坦的权力体系和当代南非游吟诗人的政治属性。离开南非后到 20 世纪 70 年代初，自己的研究转向批判和解构，其中对部落主义和欧洲社会科学范式的批评就产于这一阶段。再往后，自己又对非洲农业问题予以极大关注，还研究过诸如国家资本主义、科技与发展等问题。（Mafeje，2001：55）

但这里笔者希望强调的是，虽然早期对非洲的人类学研究中存在大量无意识使用"部落"概念的现象，并且玛费杰表达了对滥用部落概念的批判，但这不代表这些人类学作品关于"部落"的认识一无是处。以《努尔人》为例，其中揭示的"裂变（fission）与融合（fusion）"现象展示了在环境和资源发生变动时初民社会群体出现的组织变化模式（Pritchard，1940：148，161，263），这样的洞见对于理解非洲本土社会形态在后续面对外来力量时如何发生变化是很有价值的。类似地，马克斯·格鲁克曼对祖鲁人部落运行机制的记录也充分注意到了这个分析单位在初民状态下所呈现的动态复杂性。（Gluckman，2004：142）简言之，早期人类学家的学术成果虽然大量使用部落概念，但其中很多是有深度的学理探讨，后来这些知识产出和殖民政治相结合，并且被大众认知片面化和标签化后，才从学理上的"部落"沦为意识形态上的"部落主义"。

除了在人类学学科发展脉络层面的批判外，在更深层次上，对部落主义的批判也承载着玛费杰对于社会科学研究中"科学方法"的对话和反思，它既是方法论也是认识论的。玛费杰认为，如果寻找普遍性规律是科学研究的目标，那么在人类学的研究中，达成这一目标的途径是一种实证主义的对比归纳法。而要运用这一方法，前提就是对研究对象进行深入细致的实证性资料采集。但是这种方法存在两个问题，一是僵化的实证性资料采集就像是"蝴蝶标本收集"（Mafeje，1991：preface-2），用它来研究不断变动的人类社会是不可取的。二是当收集到足够的部落"标本"后，对科学性的追求会使研究者尝试从特殊性中去归纳普遍性，而过度的归纳又容易形成简单化的思维和标签化界定，出现部落主义这样的问题。

因此，在追求细致的实证材料收集和追求普适性规律的理论抽象之间，往往会出现二者的脱离，玛费杰就此使用的表述是"规则化主张与特殊性知识的分离（separation between nomothetic propositions and idiographic knowledge）"。（Mafeje，1991：introduction-3）而正因为科学实证研究方法来自西方，所以在对其进行反思的基础上，玛费杰认为研究非洲的问题需要更多采用非洲本土的认识论。

（三）观点性维度的批判

观点与事实不同，简言之，观点是主观的价值评判，无法证伪；事实则是客观事物和规律，可以证伪。但是，观点与事实又有着密切的联系，特别是在社会科学领域，受制于研究对象的复杂性、研究方法的局限以及研究伦理的要求，绝对的客观性研究还难以实现，因此主观的价值判断无疑在知识的生产体系中还有很多存在空间。特别是在全球化时代，政治经济体系的演变必然存在相应的话语体系竞争，社会科学很难做到价值无涉。

毫无疑问，对部落主义的批判是在辨析概念、梳理学问脉络后提炼出来的，包含玛费杰强烈的价值取向。最具有代表性的就是玛费杰被后人引用最多的文章——《部落主义意识形态》。这篇文章很短，只有9页，在这篇文章中玛费杰把西方惯于用"部落"来界定和解释非洲的现象很尖锐地展现出来并予以批判。玛费杰指出，南非当地语言中，有对应国族（nation）、宗族（clan）、家系（lineage）的词汇，但是不存在与部落对应的词语。在当地社会生活中，"你从哪位领袖的土地上来？"是最常见的辨别身份的方式。（Mafeje，1971：254）很显然，这是一种将社群权力体系和空间分布结合起来划定归属的模式。玛费杰认为，如果真的需要为这种社群存在的模式进行一种分辨或者格致，那么使用"部落"一词也并非不可，但是将其上升为一种不加检验的思维定式的话，就是应该予以批判的。就此，玛费杰提炼出自己观点的同时，将部落主义上升为一种意识形态，并用其为自己最具影响力的文章命名。

观点维度的批判建立在概念和学理脉络之上，它之所以重要，在于它强烈的政治意味和斗争性。刚刚独立的非洲，虽然在政治方面取得了形式上的自主，但是在经济层面依然对西方主导的世界体系极度依附，在文化教育领域更是难言独立。玛费杰借助"部落主义"这个极具争议也极有影响力的标靶，通过对其批判，展现了非洲本土学者对于知识生产本土化的强烈自觉，也一遍遍在控诉殖民活动从认知层面给非洲带来的误解和负担。此外，在当时的历史背景下，这也是非洲思想界在年代洪流中所体现的特色，以泛非主义为代表的非洲本土思想观点走上国际舞台，宣示新非洲的诞生。

相比于复杂的学说体系，在向外界进行政治含义极高的宣传时，简洁而强有力的观点肯定具有更好的传播性和战斗力。当然，笔者认为玛费杰最值得钦佩的地方在于，他对于自己为之呼喊的观点有着一套深厚的学理作为支撑，这其中既有上文提到过的概念层面的阐释、学理层面的把握，还有接下来要提到的第三个层面——实证性研究的支持。

经验性的实证研究对于观点的说服力是非常关键的，因为单纯观点性的批判自然而然会让读者产生这样的疑问：玛费杰的观点有怎样的事实证据？他用这些证据是怎样进行论证的？如果无法回应这一系列问题，那么玛费杰的批判更类似于一个哲学家乃至政治家，而缺少人类学家应该具有的实证性和介入性。而且缺乏经验材料也容易落入和自己批判对象相同的境况——过于简单化的思维模式。如同有学者批评的那样，在对部落主义进行反思时，经验材料特别是民族志这样系统性经验材料的缺乏，是政治学者相比人类学家所经常欠缺的。（Nyoka，2001：13）前者往往停留于概念和书斋，而缺少在实境中对实际情况的感知和辨析。

（四）实证性维度的批判

玛费杰对部落主义的批判并未悬停于观点和直觉，而是有着经验材料和实证思维支撑。文章开头介绍玛费杰学术生涯时提到过，玛费杰的第一本学术著作的研究对象就是南非带有种族隔离政策色彩的移民新城，而这个研究来源于他深度参与的田野工作。城市化造成的生活方式改变冲击了原有的身份认同机制，对重新理解包括"部落"在内的社会群体带来了新的经验材料和定义上的挑战。而南非城市化进程本身带有浓烈的种族身份设定和这种设定背后深远的殖民历史逻辑，因此玛费杰在对西方的部落认识论批判中，非常强调诸如城市化这样新的历史现象为非洲社群带来的变化，并借此攻击传统人类学知识生产中对静态初民社会的关注以及在此基础上形成的部落理解。

此外，在玛费杰与部落主义有关的实证研究中，最具代表性的就是他的专著《非洲社会生成的理论和民族志——以大湖地区的诸王国为例》（*The Theory and Ethnography of African Social Formations*：*The Case of the Interlacustine Kingdoms*）。在这本专著中，玛费杰结合既有关于非洲大湖地区社群的民族志材料，对他关注的诸如部落、王国等概念和相关问题进行了非常有意义的探讨，并且以此为依据，批判西方对非洲前殖民时期社会形态的西方式解读。

不仅批驳西方，当非洲知识界对于本土社会群体的理解出现问题时，玛费杰同样会运用实证方法和思维予以挑战。比如在其为马哈默德·马姆达尼《乌干达的政治与阶级生成》（*Politics and class formation in Uganda*）撰写的书评中，玛费杰就指出：相比于书中对亚洲小资产阶级群体形成所进行的翔实论述，马姆达尼对于非洲本土社群在前殖民时期的形成没有予以足够的观照，而且存在"实证基础方面显著的不均衡"。（Mafeje，1977：171）在整篇书评中，玛费杰一直在援引丰富的经验材料，对马姆达尼对于乌干达本土阶级、社会形态的错误理解进行质疑，并在结语处写道：马姆达尼的作品很好地体现了马克思主义者们还需要用大量的经验性研究去检验他们所使用概念的效用。马凯雷雷大学的社科研究和伦敦殖民档案馆中的一样，它们都充满成见，认为经验研究等同于经验主义，而这种成见恰好是对马克思主义的否定（antithetical）。（Mafeje，1977：174）

三　从玛费杰反思中国的部落主义概念

上文中提到，玛费杰强调需要用非洲的智慧和认识论去理解非洲的部落问题，部落主义形成的很大原因在于其来源于西方主导的知识霸权。那么，东方文明又是如何理解部落和部落主义的呢？笔者在此尝试对其进行一个简要的探讨。

从学术批判的角度上讲，中国非洲研究学界对于部落主义的讨论其实是有历史积淀的，包括宁骚、葛公尚、吴秉真、李安山、张宏明等在内的中国非洲研究著名学者都曾就此话题有过著述。并且因为同属于第三世界国家，有过被西方入侵和压迫的相似经历，中国知识界对撒哈拉以南非洲部落主义的批判可以和玛费杰形成共鸣。

总结起来，笔者认为中国学界对部落主义的讨论有以下几个特点：

—— 倾向于选择"部族""部族主义"而非"部落""部落主义"的词语用法。

—— 重视部落主义形成的殖民历史背景。

—— 对部落主义的批判重点落在现实影响，在方法论和认识论方面着墨较少。

—— 尚未对"部落"在中国本土语言、文化中的演变进行深入思考。

接下来将对上述特点进行逐一的讨论：

首先，中国学者在书写中更多使用"部族主义"的说法，而非本文介绍玛费杰时采用的"部落主义"，但二者对应的英语词汇都是 Tribalism。此外值得注意的是，在讨论部族主义和部族时，不同学者对它们的定义与理解也是不尽相同的。比如宁骚认为非洲存在大致五种类型的"族体"（ethnic groups），分别是建立在信仰、家族墓地等原生关系上的氏族与部落共同体；由若干部落结成部落联盟而形成的部族共同体；正在发育的民族（nation）；已经形成的民族；语言和传统文化共同体。（宁骚，1983：41—42）吴秉真认为部族与部落的核心区别在于后者建立在血缘关系基础上，而前者不是，但同时他也指出学界内部对于二者的使用存在显著的差异。（吴秉真，1986：52—53）葛公尚则认为部族主义就是西方所称的部落主义，同时也是一种地方民族主义。他认为撒哈拉以南非洲国家都还仍处在民族国家的形成阶段，内部存在的不同族体就是部族，而这些部族在新的国家政治、经济生活中体现出来的维护自身利益的倾向，就是部族主义。因此，葛公尚认为部族主义和民族主义（nationalism）是相对抗的。（葛公尚，1994：32—33）张宏明认为部族是由若干部落或氏族组成的一个族群，主要以地域关系为核心纽带，处在介于氏族和民族之间的发展阶段。而部族主义是一种依靠文化特性维持的群体自我认同方式，目的在于建立我群与他群的对立，是一种集团心理或者群居幻想。（张宏明，1995：44—45）李安山对部族和部落两个概念在我国被使用的情况进行了细致的梳理和归纳，将"部族"的使用情况分为三类：一是部族等同于民族；二是部族介乎与部落和民族之间；三是部族是部落与氏族的简称。（李安山，1998：59）此外他还指出，部族和部落这两个词汇在从海外向国内译介和后续使用的过程中产生了混淆。（李安山，1998：57—58）

综上，我国学者对于非洲部落（族）主义已经进行过很多思考和辨析，他们倾向于使用"部族"而非"部落"的表述，而笔者认为这一特点也和他们对部落主义进行讨论时的第二个特点相联系，即重视部落主义的历史来源。

上文综述中可见，一大部分中国学者将"部族"视为一种历史发展阶段，其位置介于部落氏族和民族国家之间。为论证这一点，他们都提到了撒哈拉以南非洲的整体历史发展脉络，即从空间分散、文化多样的早期社会向现代性的、民族国家为主体的当今社会的转变过程。这其中，奴隶贸易、殖民统治以及后殖民时期国家发展、如何带来非洲部落主义问题的宏观历史机制都被反复提及。

中国学者从以上大历史脉络出发对部落主义的反思和探讨与玛费杰批判部落主义时的逻辑是部分一致的，但同时，玛费杰对这种线性历史发展阶段论的思维模式又体现出更深层的批判。按照部分中国学者文章中所透露的逻辑，部落或者部族将是一种注定消亡的社会存在，并且带有明显的后进性。然而，笔者认为这种认识无疑面临两个挑战：一是部落如果消亡，那么部落主义是否也会消亡？如果部落主义如同部分学者意识到的那样，是一种为建立群体认同而与其他群体对抗的思维方式和意识形态，那么部落主义很可能不会是历史特定阶段内的存在，而是只要人类社会还存在差异性就可能一直延续。二是正在发生的部落政治抬头的问题，而且这一现象也发生在很多欧美国家。这一方面从经验现实上让人反思，新出现的部落政治中，"部落"是单纯语言上的隐喻，还是说确实与非洲地区的"部落"存在事实上的相似性？此外如果线性发展历史观成立，那么这些重新出现的部落主义所代表的是不是人类的退步?

从中国学者注重部落主义形成的历史脉络这一特点再进一步,还可以发现中国学者对部落主义进行反思时,更多批判的是部落主义在非洲造成的实际不良影响。这一批判也是沿袭历史顺序展开的:首先,指出奴隶贸易对非洲本土社会秩序的破坏和重塑,奴隶贸易造成了大规模的强制性人口移动,同时激化了非洲当地不同群体之间的矛盾;其次,重点批判殖民主义人为制造部落、族群区隔,并借此维系自身统治和塑造不平等的世界体系;最后,指出殖民时期的影响如何延续到后殖民时期民族国家的建立和维系之中。毫无疑问,这一条批判的路径是非常重要的,它回应了玛费杰一再强调部落主义源于殖民活动这一要点。相对玛费杰而言,中国学者对部落主义认识论层面的讨论相对较少。

在上文介绍玛费杰如何从学理脉络的维度批判部落主义时可以看到,尽管有时候不是出于自觉,但是玛费杰对部落主义的反思始终是嵌套在整个西方社会科学知识流变脉络里的,因此他的相关论述透露出对方法论和认识论的关注,并在此基础上强调需要运用非洲本土的知识体系和认识论去理解何为部落。

与玛费杰形成呼应的是,在国内学者讨论部落主义的相关文献中,鲜见对中文里"部落""部族"等词汇的源流和意义进行辨析,并将之运用到对于非洲部落主义的研究中。这其中一个例外是李安山,他尝试对"部族"一词在中国历史文献中的起源进行追溯,发现该词最早出现于《旧五代史》中,后多用于形容党项、契丹等游牧人群,并特别指出了需要注意《辽史》中体现出的"部族中部落和氏族混杂"的现象。(李安山,1998:63)对此,本文认为就中国历史上部落概念进行一个简要的梳理是很有必要的,中国学者参与到南部理论的对话时引入中国本身的知识体系。

相较"部族","部落"一词在我国古籍中出现的年代其实更早,东汉班固在其所著《汉书·王贡两龚鲍传》中就使用过"部落"一词。① 东汉

---

① 详见班固《汉书·王贡两龚鲍传》,中国哲学书电子化计划,https://ctext.org/han-shu/wang-gong-liang-gong-bao-zhuan/zhs;《康熙字典·辵部五》,中国哲学书电子化计划,https://ctext.org/kangxi-zidian/zhs? searchu = % E8% BF% A3。

之后，典籍中对"部落"的使用更为频繁，比如《三国志》和《后汉书》中都有不少相关例子。而到了唐代，"部落"一词的使用就更为广泛，其中最具代表性的是杜佑的《通典》。与此同时，"部落"一词也开始进入文学领域，在唐诗创作中被诸如高适、元稹、李商隐等诗人使用。值得注意的是，与"部族"相似，"部落"在中国古代文献中也多被用于边地与中央王朝相对的外部群体之上。这一点如果说在成书于东汉的《汉书》还无法确认的话，那么在南北朝时期的《三国志》和《后汉书》中则已经非常明显，《三国志》主要是在《魏书》记载与北部少数民族的互动中使用该词，① 而《后汉书》中使用到该词的同样是《南蛮西南夷列传》《西羌传》和《乌桓鲜卑列传》等记录边地风土人文的章节，② 甚至直接用"落"字来指代部落。③ 唐代备述历朝典章制度、行政武备的《通典》中，"部落"密集出现于该书的"边防"部分，用于描述活动于中央王朝边境地区的外族群体。④ 此外，出现"部落"一词的唐诗也大多属于边塞诗类型。⑤

可见，在我国的历史文脉中，部落也是一种身份辨识和区隔的方式，借由地理、文化等要素来展现华夏与蛮夷的对立。就此而言，"部落"的含义与玛费杰批判的西方知识界将非洲和现代化的外部进行二元对立存在相似之处。因此，笔者认为在翻译 Tribalism 时使用"部落主义"，其实会在历史叙事上有更好的对照感。

更有趣的是，如果仅从部落这个词语在中文中的字面意义上看，"部"有统率、治理、门类等含义；（陈复华等，2003：121）而"落"则是指村落、居所。（陈复华等，2003：1026）把二者相结合，可以看到汉语里部

---

① 陈寿：《三国志》，中国哲学书电子化计划，https://ctext.org/sanguozhi/zhs? searchu = % E9％83％ A8％ E8％90％ BD。

② 范晔：《后汉书》，中国哲学书电子化计划，https://ctext.org/hou-han-shu/zhs? searchu = % E9％83％ A8％ E8％90％ BD。

③ 详见《后汉书·张王种陈列传》，宣恩远夷，开晓殊俗，岷山杂落皆怀服汉德。范晔，《后汉书》，中国哲学书电子化计划，https://ctext.org/hou-han-shu/zhang-wang-zhong-chen-lie-zhuan/zhs。

④ 杜佑：《通典》，中国哲学书电子化计划，https://ctext.org/tongdian/zhs? searchu = % E9％83％ A8％ E8％90％ BD。

⑤ 比如高适的《部落曲》，李益的《塞下曲》（蕃州部落能结束，朝暮驰猎黄河曲）等。

落的含义非常类似玛费杰在其《部落主义意识形态》一文中对于"部落"的本土性理解，即"你从哪位领袖的土地上来"。二者都是将社群权力体系和空间分布结合起来划定归属的身份辨别模式。换言之，如果仅看字面意义本身，"部落"不存在边缘、落后、他者、野蛮等色彩，这些色彩是在历史进程中形成的，当一部分更"强大"、更"复杂"的社群甚至文明在和其他群体互动，并需要对后者进行界定时，他们开始诉诸寻找类似"部落"这样的概念，既标识他者的同时也无形中显现自我的优越。而一旦这些概念被广泛接受和运用，那么它们必将在字面之外承载更多历史、文化和身份界定的意义。

除了在语义和词源上能够体现中文"部落"一词与玛费杰思想的呼应，在当前常见于中国大众的一种历史话语体系中，部落同样被用于界定历史的早期发展阶段。比如对于炎黄、蚩尤这样与民族起源有关的神话概念，通常使用"部落"作为它们的后缀。而进入夏商周后，"朝"取而代之，之后的春秋战国，主要参与者都使用"国"来定义。而进入秦以后，王朝在历史叙事上的主导地位被完全确立，除了三国、五代十国这种相对短期的分裂阶段，中国的主体政权几乎都用"朝"来界定，甚至北朝这种游牧民族大纷争、融合的时代，也冠以"朝"的称号。此外，这一历史叙事将清朝的完结界定为封建主义在中国的结束，而新中国的"国"，在民族国家的意涵外，又还代表着一种历史发展的阶段——"社会主义"。

毫无疑问，当前中国大众的历史认知深受马克思主义历史学说的影响，在后者的体系里，"原始社会"作为人类历史发展早期阶段的组织形式，会被更高级的生产关系所取代。这里一个值得关注的现象是，马克思主义历史观是如何与中国本土的历史知识结合，从而形成了上文中我们很熟悉的历史阐释话语。姑且不论"原始社会"和"奴隶社会"的阶段是否在马克思的原文中出现过，或者说反映了他的本意，但是深受泰勒、摩尔根等人影响的马克思学说在被解读的过程中，本身也存在中国学界对其思想的中国本土性阐释的可能。现在中国非洲研究中将"部落""部族"视为社会发展阶段的主流认识，或许也能从中获得某些启示。

四　思考部落主义在全球范围的存续

韦伯斯特词典对部落的定义，已经由传统人类学意义上的"语言、姻亲、共同先祖、共同领袖"等界定，延伸为"具有相同特征、职业或利益的人群"，[①] 而其对部落主义的定义则是"一种部落意识和对群体的忠诚"。[②] 换言之，如果一个社群出于政治、文化、经济等因素形成一个具有相似性、相同诉求的共同体，那么它就可以理解为一个广义上的部落，其中成员对该部落的忠诚就是一种部落主义。诚然，现实世界的丰富性不是词语释义就能穷尽的，但如果审视当下社会中的很多现象，会发现词典中对于新型部落主义的理解是可以在经验世界中找到对应依据的。

这其中首当其冲是"部落政治"现象，目前它已经成为美国乃至整个西方世界民主政治中一个颇受关注的议题。随着社会种族、文化构成日趋多元化，原有的白人正统价值观和主导权受到挑战；而在资本主义经济运行中不断固化的阶层差异，让弱势群体也在寻求通过政治途径获得更多社会资源的手段。这些因素叠加耦合，在民主选举中形成了不同政党、政客的狂热追随者群体，并且这些群体有很多展现出观点极端、信奉领袖而非理性思考等特点。正如蔡美儿（Amy Chua）就此指出：每个人都有群体归属需求，因而都是部落性的，但美国当下的问题在于部落主义侵入了政治体制，因为白人正在失去他们的主导权。（Amy Chua，2018）

当然，美国知识界对于部落和部落政治也存在多元化的理解。比如政治学家弗朗西斯·福山（Francis Fukuyama）对部落就持一种和中国学者观点相似的"发展阶段论"阐释，将部落社会发展层次放置在群落层次（Band-level）和国家层次（State-level）之间，其中亲族依靠实在的血缘关系联结，部落依靠对共同祖先的信仰（尽管有时候是想象的）得以凝聚，而国家则靠类似轴心宗教（axial religion）这样的宏观意识形态予以维系，

[①]　Merriam Webster Dictionary，https://www.merriam-webster.com/dictionary/tribe.

[②]　Merriam Webster Dictionary，https://www.merriam-webster.com/dictionary/tribalism.

比如伊斯兰教就能为中东早先的部落成员提供一种打破部落意识形态的新信仰媒介。因此，福山总体上似乎不认同韦伯斯特词典的释义，认为把任何利益、身份群体等同于部落是意义不大的。（Fukuyama，2018）

相对于部落政治，福山更喜欢使用的词语是"身份政治"（Identity Politics），并且认为全球经济活动产生的新型资源配置和贫富分化，以及网络时代为新群体认同塑造提供的便利性是身份政治现象抬头的重要原因。但有意思的是，福山却用"新部落主义"来概括身份政治在全球范围内的涌现，（Fukuyama，2018）又和上文中他认为将新型的利益、身份群体视为部落意义不大的说法略显矛盾。除了身份政治和部落主义，福山在讨论新部落主义的相关问题时还经常对照民粹主义概念，指出民粹主义是把民主赋予的权力神圣化，一切异己都以"违背民意"来铲除，从而破坏了霍布斯、洛克以来确立的国家机器去宗教化、去意识形态化的自由主义原则。（Fukuyama，2018）换言之，民粹主义从某种意义上说是借助民主对政治进行的部落化。

可以看出，福山对当今西方民主体制内产生的新一轮社会分裂进行分析时，存在概念使用上的犹豫和杂糅。他一方面坚持部落属于早期社会形态的社会发展阶段论，认为当前建立在共同利益诉求上的群体不同于部落；另一方面又认为当前的身份政治充满部落主义色彩，同时还注意到了部落主义式的身份认同与民粹主义存在关联。

福山的论述中还有一层隐含的逻辑——不同社会发展阶段所对应的社会凝聚方式也不同（并且也存在不同的层次）。这一观点无疑也是值得商榷的，以福山所讨论的轴心宗教为例，轴心宗教凝聚力的实现对于每个小群体乃至每个个体而言都是不同的，不应该将其同质化。同样是信仰上帝，有人偏重怜悯，有人偏重教堂生活，有人偏重基督教的家庭伦理，甚至有人偏重末日审判。因此，轴心宗教在传播后的日常实践中，会以多样化的形式体现出来。此外，当今社会的价值多元性使得国家不可能只依靠轴心宗教这样的单一价值予以整合。美国底层黑人与白人精英可能都信仰基督教，但他们对于美国国家价值的理解和诉求明显不同。

同理，福山指出部落阶段的社会凝聚力依靠对家族共同先祖的信仰实现，但是这种信仰是只存在于他所说的部落阶段吗？笔者认为，认知语言学家乔治·莱考夫（George Lakoff）或许能为西方民主制度运行中的部落主义现象提供另一种启示——在认知模式和语言使用上实现部落思维与现代国家政治运行的协调。莱考夫通过研究发现，民主党和共和党对于国家的意义都使用"国家是家庭、国民是家庭中的孩子、政府是家长"的隐喻体系进行阐释。不同点在于，共和党认为这样一个家庭应该采取"严厉型家长"模式，应该让孩子在社会中自由竞争；民主党则认为这个家庭应该采取"抚养型家长"模式，为孩子提供足够的社会保障。（莱考夫，207：213—216；Lakoff，2008：75—91）尽管这样的归纳肯定不可能是精确和边界清晰的，但是它能形象地体现出民众对于国家职能的理解和期待，并且在日常语言中存在大量例子支撑相关结论。笔者认为，莱考夫的研究在部落的家族性特点和西方民主制度之间建立起了联系，为解释民主政治的部落性提供了有意义的参照。换言之，部落与家庭、亲缘密切联系的特点，并不妨碍它在现代政治生活中以一种想象的、隐喻的方式，在国家这样更大的尺度上继续发挥它的作用。①

如果说发生在欧美的部落政治，是欧美当代国家、政党制度向部落主义思维的回归，那么20世纪中期以来非洲国家的部落主义现象，则更近似于殖民时代的部落政治在非洲国家独立后，披挂民主制度外衣所体现的新游戏规则。玛费杰这样的学者在研究独立后非洲国家的政治运转时早就发现，因为照搬西方的"民族国家"模式，非洲一些国家也开始强调国族建构，这个过程使得政党运行与部落主义相结合，产生了一党专政和强势族群专制、主导民族国家建构进程的问题。（Mafeje，1995：154—155）换言之，独立后的非洲，新生的民族国家既成为一种现实，也成为意识形态和话语权主体，但是获得民族国家领导权的机制，却是政党化后的地方精英将原有的族群、宗教、部落等社会文化资本，转化为民族国家中的政治统治权力，继而进一步控制军事力量、自然资源、外交合法性等民族国家的"主权"这样一个过程。

---

① 无独有偶，中文的"国家"一词也很好地体现了这一二重性。

毫无疑问，当今的西式民主世界，民主制度的运行也与社会资源的配置是息息相关的。不难想象，如果法国总统来自极右翼政党，那么黑人、阿拉伯人等少数移民群体在内的人群可以获得的社会资源很可能大幅减少。此外，全球化背景下，民主运行而造成的资源重新配置甚至可能造成全球性影响。比如特朗普退出《巴黎气候协定》，将气候变化的成本转嫁到了全球其他地区。而他做出这样的决定，无疑和他在美国民主政治场域中所采取的策略有密切联系。有趣的地方在于，玛费杰等人对于部落政治的研究没有产生太大影响，但西方国家近年来激化的社会矛盾却引起对部落政治的广泛关注，这个现象是否本身也体现出一种部落主义的逻辑——非洲的部落政治问题理所当然，而美国的部落政治问题就需要格外关注？

此外，笔者认为玛费杰在其批判中未能予以足够重视的一点，是当前部落主义的流行文化表征。以数年前漫威大热的超级英雄电影《黑豹》为例，该片在上映后于全球市场，特别是欧美和非洲市场收获巨大成功和影响力，影片被认为是开创性的，既真正意义上创造了第一位主流的黑人超级英雄，又通过"瓦坎达"这样一个虚构的非洲王国来塑造了一个高科技的科幻非洲形象。

但是，如果仔细检视这部电影，会发现它有很多可以从部落主义角度予以反思甚至批评的地方。首先，电影的故事情节与曾经大热的动画片《狮子王》相似，都在讲述一个类似《哈姆雷特》的王子复仇记。但《哈姆雷特》的核心戏剧张力——"叔叔杀父夺母"——却是建立在英国16世纪末亲属伦理上的，《丛林中的莎士比亚》一文，就非常生动地展现了同样一个故事在面对部分非洲居民时被后者认为"叔叔在父亲死后娶母亲理所当然"。（Bohannan，1996）因此，从剧本内核而言，《黑豹》似乎源于盎格鲁撒克逊经典戏剧。

当然，或许可以反驳，认为既然现代社会中的家庭伦理趋于相似，那么代表现代化非洲的《黑豹》也该如此。但问题是除了故事内核，电影的其他元素却一直在努力展现一个部落主义式的刻板非洲：领袖地位父死子继、武力决斗制度、冷兵器战斗，等等，都是最常见的用于描绘非洲原始性与部落性的元素。甚至瓦坎达王国中各个不同功能群体的称谓，就是直接用"部落"来命名的。① 或许这是为了呼应故事设定，表现卓然不群的瓦坎达王国长期与世隔绝，但这些部落元素和极富现代西方色彩的《哈姆雷特》故事、科幻场景结合，产生了严重的撕裂感，容易给人这样的印象——科技再发达，非洲瓦坎达也只能停留在部落阶段。这正好切中了玛费杰的批评，即受到殖民的影响，把现代的非洲依然想象成一成不变的部落。

此外，还应当注意到，《黑豹》这样的流行文化中对非洲进行的部落化表征，不只有电影工业、大众传媒参与其中，人类学知识的生产有时也会无形中起到推波助澜的作用。

以人类学家拿破仑·查格农（Napoleon Chagnon）的著作《雅诺马姆人》为例，雅诺马姆人是生活在巴西和委内瑞拉边境亚马逊密林中的一个与世隔绝的、总人口约两万人的印第安群体，查格农通过田野研究，认为雅诺马姆人长期以来通过不同村落或者村落联盟的战争来维系社会运转。查格农指出，雅诺马姆人生活的方方面面都与战争相关，并且在他调研的地区有至少四分之一的成年男性死于暴力。（Chagnon，2013：7）因此，在研究中查格农将"暴力"归纳为雅诺马姆文化的最大特征。

值得一提的是，一直到2013年本书第六版面世时，查格农依然在使用"部落"一词来对雅诺马姆人进行界定。（Chagnon，2013：1）这样的遣词，无疑再一次将"部落"与"好战"和"暴力"等概念进行了绑定，也和非洲的部落主义一样，是对异文化群体的标签化与简单化。此外，作为一部影响力很大的人类学作品，《雅诺马姆人》为"部落"概念所背书的好战、暴力特征会被赋予实证研究的科学性，以及学术界本身对于公众而言具有的权威性，让"部落"更难摆脱外界对其抱有的成见。而随着《雅诺马姆人》这类作品影响力的扩大，公众的标签性思维会将雅诺马姆人的特征扩大使用在对于所有亚马逊印第安人乃至所有印第安人的理解上，并且在诸如《印第安纳—琼斯和水晶头骨王国》一类的流行文化产品被具象化地再生产出来，进一步放大偏见和误解。

---

① Marvel Cinematic Universe Wiki, Wakandan Tribes, https://marvelcinematicuniverse.fandom.com/wiki/Category：Wakandan_Tribes.

五　总结

　　无论在大众领域还是学界，对部落和部落主义的思考、讨论已经离开中心视域较长时间。一方面，"现代性"的物质、文化占据日常生活和话语的主流，部落通常以边缘的、奇异的和非显性的方式呈现；另一方面，对于人类社会采取线性阶段发展观的解读方式，使得部落被认为是已经被淘汰的发展阶段。但是，通过对玛费杰部落主义相关批判的分析，可以发现部落式思维依然存在，并且持续产生着可观的影响。这种部落式思维既可能是将他者视为部落的成见，也可能是党同伐异的情绪化诉求。

　　在南部理论书写的语境下，部落以及部落主义提供了一个极具代表性的案例，它连接历史的同时又在当下不断复现；它指代他者的同时也参与自我身份的塑造；它源于西方对非西方世界的知识生产，又在全球化的今天在西方以独特的形式复兴。本文在发现部落主义上述特点的基础上，认为还值得对相关问题予以更多关注。

　　首先在概念层面，除了部落以外，进一步辨析宗族（Clan）、族群（Ethnic Group）、王国（Kingdom）、酋邦（Chiefdom）、国家（State）、国族（Nation）、文明（Civilization）等不同社会、政治、文化维度交叠的群体单位会有更丰富的收获。但注意概念的辨析不应该停留在意义的界定和对互斥性的执念上，而更多应该从历史和思维的脉络去解析概念的缘起、演变和运用特点。

　　其次在学理层面，玛费杰已经注意到客观世界复杂性与科学研究追求的简洁和精确性之间存在巨大的鸿沟。这一方面可能导致标本收集式的纯粹罗列；另一方面也可能造成通约性追求下的以偏概全。为了更好地调和二者，一个切实值得坚持的方法是进入田野实境中，不断在理论和实证的对照下对既有知识予以修正和进一步提炼。可以说，部落主义的问题是认识论的问题——二元结构化看待外部世界的信息处理方式、具身认知和隐喻性理解外界的思维特征，都在部落主义的形成中扮演重要角色。

　　最后，在意识形态方面，部落主义影响着全世界的未来。它与"命运共同体"这样的理念在底层是相违背的，部落主义是通过制造标签化差异来产生歧视的一种机制。在财富分配日益不均、全球资源短缺压力逐渐增大的情况下，一定要警惕部落主义的弥散，特别是它与流行文化和政治宣传的结合。同时，作为书写南部理论的我们，也要不断反思当前对于南方地区的知识生产是否会参与到对部落主义的塑造中。

参考文献：

［美］乔治·莱考夫：《莱考夫认知语言学十讲》，外语教学与研究出版社 2007 年版。

葛公尚：《非洲的民族主义与部族主义探析》，《西亚非洲》1994 年第 5 期。

李安山：《论中国非洲学研究中的"部族"问题》，《西亚非洲》1998 年第 4 期。

宁骚：《试论当代非洲的部族问题》，《世界历史》1983 年第 4 期。

吴秉真：《关于非洲部族问题的探讨》，《西亚非洲》1986 年第 5 期。

张宏明：《论黑非洲国家部族问题和部族主义的历史渊源》，《西亚非洲》1995 年第 5 期。

Evans-Pritchard, Edward Evan, *The Nuer：A Description of the Modes of Livelihood and Political Institutions of a Nilotic People*, Oxford：Clarendon, 1940.

Gluckman Max, *Order and Rebellion in Tribal Africa*, London：Routledge, 2004.

Lakoff George, The Political Mind：A Cognitive Scientist's Guide to Your Brain and its Politics, *Penguin Books*, 2008.

Mafeje Archie, *Anthropology in post-independence Africa：End of an era and the problem of self-redefination*, Heinrich Böll Foundation, 2001.

Mafeje, Archie, *The Theory and Ethnography of African Social Formations：The Case of the Interlacustrine Kingdoms*, Dakar：CODESRIA Book Series, 1991, preface − 2, introduction − 3, 9.

Nyoka Bongani, *The Social and Political Thought of Archie Mafeje*, Johannesburg: Wits University Press, 2001.

Fukuyama Francis, "Against Identity Politics: The New Tribalism and the Crisis of Democracy", *Foreign Affairs*, Vol. 97, No. 5, 2018.

Mafeje Archie, "African Socio-Cultural Formation in the 21st Century", *African Development Review*, Vol. 7 – 2, 1995.

Mafeje, Archie, "Politics and Class Formation in Uganda by Mahmood Mamdani, Review by: Archie Mafeje", *Canadian Journal of African Studies / Revue Canadienne des Études Africaines*, Vol. 11, No. 1, 1977.

Mafeje Archie, "On the articulation of modes of production: Review article", *Journal of Southern African Studies*, Vol. 8, No. 1, 1981.

Mafeje, Archie, Aug., "The Ideology of 'Tribalism'", *The Journal of Modern African Studies*, Vol. 9, No. 2, 1971.

Marvel Cinematic Universe Wiki, Wakandan Tribes, https:// marvelcinematicuniverse. fandom. com/wiki/Category: Wakandan_ Tribes.

Moyo, Sam, "Third World Legacies: Debating the African Land Question with Archie Mafeje", *Agrarian South: Journal of Political Economy*, Vol. 7, No. 2, 2018.

Nabudere, Dani, "Archie Mafeje, Scholar, Activist and Thinker", *Africa Institute of South Africa*, 2011.

Sharp John, "Mafeje and Langa: The Start of an Intellectual's Journey", *Africa Development*, Vol. XXXIII, No. 4, 2008.

The Leaky Foundation, "Our Tribal Nature: Tribalism, Politics, and Evolution", https://www. youtube. com/watch? v = wkjuQ-WQbLI.

桑给巴尔两代塔拉布女性音乐人的社会思想分析

敖缦云

（中国传媒大学斯瓦希里语专业副教授）

阎自仪

（中山大学社会学与人类学学院硕士研究生，

牛津大学全球与区域研究学院硕士研究生）

每年二月，各国音乐人会集在坦桑尼亚桑给巴尔岛的石头城，共襄一场为期三天的"智慧之声"（Sauti za Busara）音乐盛宴。作为非洲最隆重的音乐节之一，其涵盖非洲、中东及南亚等地区的传统音乐和现代音乐。多年来，"智慧之声"为多元的音乐文化提供了开放包容的表演舞台，包括桑给巴尔的塔拉布音乐[①]（Taarab/Tarabu/Taarabu Music，简称塔拉布）。塔拉布主要流行于桑给巴尔、蒙巴萨等东非沿海地区，起初是一种带有大量阿拉伯音乐元素（如歌词）的宫廷音乐，主要供桑给巴尔苏丹国[②]贵族

[①] 塔拉布是东非多元文化交融和社会变迁的产物，其风格带有鲜明的地区性。如桑给巴尔的塔拉布重视管弦乐器，带有明显的埃及管弦乐风格；蒙巴萨的塔拉布则将当地的鼓乐融入其中，节奏相较前者更加快速；坦噶的塔拉布则强调吉他旋律，并融入贝尼（Beni）乐队的传统。尽管东非沿海各地的塔拉布风格不同，但其渊源均可追溯自桑给巴尔苏丹国，文中将详述。详见 Ntarangwi Mwenda，"A Socio-historical and Contextual Analysis of Popular Musical Performance among The Swahili of Mombasa，Kenya"，*Cultural Analysis*，Vol. 2，2001，p. 14。

[②] 桑给巴尔苏丹国是来自阿拉伯半岛的阿曼人在桑给巴尔及东非沿海建立的伊斯兰教国家，原属阿曼和东非帝国的一部分，后因阿曼人内部纷争，经英国政府的调解，1861 年阿曼和东非帝国正式分裂为两个独立的国家，阿曼苏丹国和桑给巴尔苏丹国。详见袁鲁林、萧泽贤《赛义德王朝的兴衰与当代阿曼的复兴》，《西亚非洲》1992 年第 6 期。

消遣（S. Saleh，1980：35—37）。随着东非沿海一带历史变迁，塔拉布的歌词逐渐转为斯瓦希里语，并演变成当地的流行音乐形式。有两位女性音乐人在演变中起到了关键作用，即"塔拉布之母"（the mother of ta-arab）西蒂·宾缇·萨阿德（Siti Binti Saad，简称西蒂）与"塔拉布之后"（queen of taarab）吉杜黛·宾缇·巴拉卡（Kidude Binti Baraka，简称吉杜黛）。

在穆斯林社会桑给巴尔地区，作为女性的西蒂、吉杜黛何以相继在塔拉布音乐的发展和传播中扮演关键角色？而从宫廷到平民、从阿拉伯语到斯瓦希里语的塔拉布音乐又嵌入了两位女性音乐人怎样的社会思想？带着对上述问题的关切，本文首先探究塔拉布演变中的音乐人个体特性与历史语境存续之张力，进一步阐释西蒂、吉杜黛在塔拉布的"存与续"中的主体性思想及其对塔拉布的影响。

一 从西蒂到吉杜黛：塔拉布的存与续

桑给巴尔塔拉布的发展整体上经历了引入、本土化和泛化三个阶段。作为文化传承主体，两位代际女性音乐人西蒂和吉杜黛人在塔拉布的存与续中起到了关键作用。

在引入阶段，阿拉伯元素是塔拉布的重要构成。伴随阿曼帝国的扩张，东非海岸的社会文化也随之改变。据传，巴加什苏丹时期（1870—1888 年），酷爱音律的苏丹王赛义德·巴加什（Seyyid Barghash）派一位名叫易卜拉欣（Ibrahim）的桑给巴尔人远赴埃及学习乐器，之后他将大量阿拉伯音乐带入桑给巴尔，塔拉布音乐就此诞生（S. Saleh，1980：35—36）。此阶段的塔拉布带有明显的阿拉伯调式，由专门乐团使用阿拉伯语为苏丹王室及贵族表演，并应要求在主题中加入王公贵族的美好爱情。巴加什苏丹时期之后，桑给巴尔经历了长期社会动荡，塔拉布的发展陷入低迷。直到阿里·本·哈穆德（Ali Bin Hamooud）继任后，特别从埃及请来音乐专家振兴塔拉布。此后，塔拉布重获新生，1905 年桑给巴尔出现了第一个塔拉布乐团，即精诚同志乐团（Akhwani Safaa）[①]。

1880 年前后，一位名叫穆图姆瓦·宾缇·萨阿德（Mtumwa Binti Saad）[②] 的女婴在石头城南孚巴（Fumba）地区的小村庄中诞生，她就是之后的"塔拉布之母"西蒂。她的父母以制陶、卖陶为生。在家里的三个孩子当中，穆图姆瓦最不擅长制陶，在年幼时就被父母嫁到外村，后因缺少谋生技能而被第一任丈夫抛弃。后来，她随一位水手进城结婚。在城里，她遇到音乐伯乐阿里·本·萨义德（Ali Bin Said）。萨义德惊奇地发现西蒂虽大字不识，却拥有嘹亮的歌喉和过耳不忘的记忆力，于是教授她塔拉布歌曲。因不满丈夫和邻居对她唱歌的不理解，穆图姆瓦遂搬至离石头城很近的穆托尼（Mtoni）学习塔拉布，并在那里得到精诚同志乐团的指导。后来，穆图姆瓦组建起一支四人乐队，使用斯瓦希里语演唱，内容涉及社会生活的各个方面，而与之形成鲜明对比的是，直到 1955 年精诚同志乐团仍使用阿拉伯语演唱。由此，穆图姆瓦很快受到平民青睐，成为当地小有名气的塔拉布表演者，人们随之称呼其为西蒂（Siti）[③] 以表尊重，其全名也演化为西蒂·宾缇·萨阿德。

塔拉布乐团和音乐人的出现标志着塔拉布进入本土化阶段。1914 年，桑给巴尔正式受英国直接统治，苏丹王无权过问财政等行政大事。随着英国对苏丹宫廷费用的严格限制，塔拉布表演等娱乐活动被大规模缩减，其表演者只得离开宫殿向外谋求生存，在婚庆等各类庆祝活动中表演以赚取收入。西

---

① 该词源自精诚同志社（Ikhwan al-Safa），又称"精诚兄弟社""精诚兄弟学社"等。该社兴起于 10 世纪中叶阿拉伯帝国的巴士拉地区（今伊拉克境内），是一个由志同道合、亲如兄弟的人们组成的从事秘密活动的哲学团体。后因桑给巴尔共和国要求在社会上清除阿拉伯痕迹而更名为"彼此爱护的兄弟"（Ndugu Wapendanao/Ndugu Wanaopendana），之后陆续更名为马林迪设拉子党分支（Malindi ASP Branch）和马林迪革命党分支（Malindi CCM Branch）。直到 20 世纪 80 年代随着姆维尼总统注重加强与海外包括阿曼苏丹国的联系，该乐团重新启用原名精诚同志团，并延续至今。详见任厚奎《精诚同志社哲学述论》，《四川大学学报》（哲学社会科学版）1990 年第 4 期；Fargion Janet Topp, *Taarab Music in Zanzibar in the Twentieth Century: A Story of "Old is Gold" and Flying Spirits*, Surrey: Ashgate Publishing Ltd., 2014, p. 64.

② "mtumwa"在斯瓦希里语里为"奴隶"之意。19 世纪阿曼人在桑给巴尔建立起以奴隶为基础的丁香经济，该阶段是奴隶劳动力迅速扩张的阶段。详见：Graham Ronnie, *Zanzibar: A People's History*, West Sussex: Off The Record Press, 2014, pp. 88 – 90.

③ 斯瓦希里语"siti"一般用作对女士的尊称，常将其放于名字之前。

蒂乐团、忠诚（Royal）乐团、纳维（Navy）乐团等塔拉布独立乐团相继出现，标志着塔拉布进入本土化阶段。塔拉布从宫廷走向平民，并在西蒂及其乐团的主导下，发生了音乐主题和语言媒介的双重转变。首先，音乐主题不再局限于歌颂贵族及其爱情，开始以社会生活为创作基础，例如，据说为西蒂所作且至今仍在东非儿童口中传唱的歌谣，乌库提（Ukuti）和找老婆（Saka Mke Wangu）等。其次，歌词语言由阿拉伯语变为斯瓦希里语，极大地发展了斯瓦希里文化。1928 年，西蒂及其乐团受哥伦比亚唱片公司之邀远赴印度孟买录制了第一部斯瓦希里语的塔拉布唱片，因内容突破传统宫廷主题，反映普通民众生活，其销量高达 200 万张（HMV，1931：5；Fair，1998：4）。作为第一位发行塔拉布唱片及最早使用斯瓦希里语演唱的音乐人①，西蒂也被认为是第一位成名的塔拉布女歌手。20 世纪 20 年代后期，受到英国殖民者语言政策的影响，斯瓦希里语的地位和威望大不如前（魏媛媛，2013：141—144）。然而西蒂乐团仍以斯瓦希里语吟唱塔拉布，其中所体现出的"生存"与"抗争"之意涵持续唤醒斯瓦希里人反对殖民、争取独立的民族意识。

正当西蒂的塔拉布事业如火如荼之时，她的继承人悄然诞生了。20 世纪 20 年代②，法特玛·宾缇·巴拉卡（Fatma Binti Baraka）出生于桑

① 由于西蒂拥有目前已知的最早的塔拉布斯瓦希里语唱片，菲尔（Fair）、芳琼（Fargion）等塔拉布研究者认为西蒂是第一位使用斯瓦希里语演唱塔拉布的歌者，但格雷厄姆（Graham）持相反意见，认为在 20 世纪初已出现使用斯瓦希里语演唱的现象，西蒂并非第一位使用斯瓦希里语的塔拉布歌手。笔者就该问题询问桑给巴尔著名塔拉布音乐人、帆船音乐学院主任穆罕默德·伊萨·马托纳（Mohamed Issa Matona）先生时，他告诉笔者，西蒂是第一位使用斯瓦希里语演唱塔拉布的歌手，她也用阿拉伯语和印地语演唱，但是更多用斯瓦希里语演唱。详见：Fair Laura，"Music，Memory and Meaning：The Kiswahili Recordings of Siti Binti Saad"，*Afrikanistische Arbeitspapiere：Schriftenreihe des Kölner Instituts für Afrikanistik*，Vol. 55，1998，p. 4；Fargion Janet Topp，"The Role of Women in taarab in Zanzibar：An Historical Examination of a Process of 'Africanisation'"，*The World of Music*，Vol. 35，No. 2，1993，p. 116；Graham Ronnie，*Zanzibar：A People's History*，West Sussex：Off The Record Press，2014，p. 279。

② 吉杜黛在自述中表示，虽然她的护照中登记的出生年份为 1928 年，然而该日期仅为推测。在她出生的时代，当地人普遍认为出生登记没有任何作用，因此婴孩往往没有明确的出生日期，但她清晰记得自己出生的时代仍使用卢布（Rupia）作为货币，即 20 世纪 20 年代前后。详见：Saleh Ali，Fiona McGain and Kawthar Buwayhid，*Bi Kidude：tales of a living legend*，Zanzibar：Gallery Publications，2008，p. 23。

给巴尔的穆菲来吉马林高（Mferejimaringo），并在塔拉布音乐氛围中成长。巧合的是，与西蒂相似，她的本名亦不为人熟知，人们更愿意称呼她为吉杜黛（下文将详述原因）。吉杜黛自小与塔拉布结下不解之缘。少时吉杜黛对一切事物充满好奇心，常常不顾家人的阻拦跑到海边聆听阿拉伯商人的演奏，无意间掌握了阿拉伯乐器。后来又跟随商人去听西蒂的表演，并在西蒂的默许下学唱塔拉布歌曲，这段经历也被吉杜黛戏称为"偷学"。然而，她的青年时期并没有专注于塔拉布事业，反而致力于 Unyago 音乐舞蹈①。

20 世纪 50 年代，在西蒂唱罢吉杜黛还未登场之时，全球化使得世界各类流行音乐通过广播和唱片流入桑给巴尔，塔拉布在结构和风格上都出现一定变化，但古典塔拉布仍占主流。1964 年桑给巴尔革命使塔拉布归于沉寂。非洲设拉子党（Afro-Shirazi Party）掌权后成立桑给巴尔人民共和国，设立音乐文化俱乐部管控当地音乐，此后塔拉布受到乌贾马（Ujamaa）运动的影响，逐渐被当权者塑造成一种意识形态工具——"艺术家如果想要在桑给巴尔的无线广播中播放自己的歌曲，那么不得不创作政治歌曲"（Khamis Said，2005：147）。

20 世纪 70 年代后期开始，塔拉布进入泛化阶段，古典流派与现代流派并行不悖。与古典流派的悠扬缓慢相比，现代塔拉布融入鼓点舞蹈，节奏更加欢快，西式乐器的使用比例也较高。70 年代新媒体的引入——录音机、录像机和电视使得塔拉布在非官方领域发生翻天覆地的变化。1985 年姆维尼总统上台后调整施政方针，放松乌贾马政策，为现代塔拉布的发展提供了空间，诸如塔式说唱（taa-rap）等现代版本不断涌现。此时，姆维尼总统致力于发展斯瓦希里文化，急欲寻找西蒂时期的古典塔拉布传承人。作为当时唯一会唱西蒂全部歌

---

① Unyago 是一种鼓点节奏强烈的音乐舞蹈，也是一种为女孩的成年或婚礼特别举行的仪式。在这种伴随着舞蹈和音乐的仪式中，年长的妇女会将性和婚姻生活的知识教给年轻女孩。直至今日，Unyago 仪式仍然存在，同时 Unyago 也作为一种音乐舞蹈独立出来成为当地民间艺术的一部分。吉杜黛是著名的 Unyago 艺术表演者和传承者。她中年致力于 Unyago 音乐舞蹈的发展，在作为古典塔拉布歌手成名后，繁忙的演出没有耽误她发展 Unyago 事业，她也被誉为"Unyago 之后"。详见：Saleh Ali，Fiona McGain and Kawthar Buwayhid，*Bi Kidude：Tales of a living legend*，Zanzibar：Gallery Publications，2008，pp. 120 – 125。

曲的人，吉杜黛由此得到推崇。她与政府合作，继承创新西蒂的塔拉布表演，支持桑给巴尔女子塔拉布乐团，在谋求塔拉布发展的同时又坚定保持"自我"。在政府推动、吉杜黛为代表并主导之下，古典塔拉布重焕光彩。作为斯瓦希里文化的艺术表现形式之一，古典塔拉布以民族音乐的面貌重现于东非沿岸和岛屿，通过歌词中蕴含的社会现实和历史故事唤醒听众的历史记忆，推进着国家团结和民族文化一体化（刘鸿武、暴明莹，2008：114）。

　　总之，塔拉布在桑给巴尔地区经历了近半个世纪的本土化历程，从带有鲜明阿拉伯风格发展到音乐主题和语言媒介的斯瓦希里化。其中引领塔拉布走向人民的女性音乐人西蒂扮演了关键角色。更因她对斯瓦希里语塔拉布的推崇，进一步激发了当地人的民族意识。而受到西蒂发展塔拉布路径的影响，其女性传承人吉杜黛因重要贡献而成为斯瓦希里文化的代表性音乐人。那么，在"两代女性"的塔拉布表演背后蕴含着她们怎样的社会思想呢？

二　生存与抗争：西蒂与苏丹王权、殖民霸权中的塔拉布

　　从塔拉布音乐的存与续中，我们看到了这一音乐所赋予的社会生命，也就是本部分要重点阐释的生存与抗争。简单而言，西蒂的个体思想和塔拉布的社会生命与当时的统治阶级苏丹王、英国殖民者紧密关联。

　　目前对西蒂的研究往往置于塔拉布的生产与消费之下。菲尔（Fair）等西方学者倾向以政治建构论解释塔拉布的发展逻辑及以西蒂为代表的女性参与者在其中的作用（1998：1—16），而坦桑尼亚本土学者哈密斯·萨伊德（Khamis Said）则进一步补充了经济视角下全球音乐产业和传播媒介更迭对西蒂的音乐表演和塔拉布的影响（2015：133—159）。除此之外，对于西蒂的研究还有部分带有"浪漫的杜撰"的个人传记和剧本，如坦桑尼亚著名文学家夏班·罗伯特（Shaaban Robert）撰写的《西蒂·宾缇·萨阿德传记》（*Wasifu wa Siti Binti Saad*）、希拉尔（Hilal）的《陶工步入宫殿，西蒂·宾缇·萨阿德》（*The Potter Enters The Palace Siti Binti Saad*）以及由穆伯戈（Mbongo）创作的戏剧《从穆图姆瓦到西蒂·宾缇·萨阿德》

（*Mtumwa hadi Siti Binti Saad*）。总体来说，西蒂仍然处于"个体性失语"阶段，殊不知她将生存与抗争思想熔铸于塔拉布歌曲之中。

生存思想有两方面意涵。其一，在于将个体或者群体生活资本附着于统治阶级苏丹王和英国殖民者，主要体现在塔拉布及其成员的表演中对两个外族统治者的赞扬。虽然诸多西方学者着重强调西蒂歌曲的反王权、反殖民意识，但迫于统治压力，西蒂经常与马利姆·夏班（Maalim Shabaan）、姆巴鲁克·艾凡迪（Mbaruk Effandi）、布达·宾·姆文多（Budda Bin Mwendo）等男性音乐人联合为苏丹贵族和资产阶级表演，所选曲目亦是两者青睐之主题，表1中所列两段由著名音乐人马利姆·夏班所作，西蒂及众人演唱。第一段是对已逝的苏丹辉煌统治时期的赞扬，第二段是对英国殖民者和英式治理的赞美。

表1   塔拉布选段

斯瓦希里语原文	译文
Ni zipi zilizo zenye uweza,	哪个时代令人赞叹它的辉煌，
Zama zinajiri hazitosoza,	任凭时光流转一去不再复返，
Zimebaki zema ndiyo masaza.	最美的记忆永存于脑海深处。
（Matona et al.，1966：1）	
Twasifu Mngereza na Jeneral Smati,	我们赞美英国将军有勇有谋，
Bara meitengeneza，meondoa tofauti,	智慧终结这片大陆纷争嘈嚷，
Milima meilaza kwa suudi na bahati,	感谢上天赐福山脉连绵茂盛，
Hawajui pakuketi chaka limeingia Simba.（Matona et al.，1966：5）	无人知晓猛狮已藏匿于树丛。

其二，尽管西蒂及乐团因生存之需吟而作溢美之词，但塔拉布潜藏着西蒂及其他塔拉布音乐人的自尊，即巧妙平衡生存与尊严，彰显生存主体之所在。据记载，他们第一次在苏丹宫廷表演时①即遭到国王与阿拉伯贵

---

① 一说西蒂第一次在王室表演时女扮男装，其首次表演便得到苏丹王及王后的欣赏。详见陈朝黎《坦桑尼亚桑给巴尔岛塔若卜（taarab）音乐研究》，博士学位论文，中央音乐学院，2016年。

族的戏弄，国王让他们像小孩子一样把饭食抹到脸上，并被他们的样子逗得乐不可支。然而这并不意味他们会一味卑躬屈膝，任人欺凌，西蒂紧接着吟唱了一首满含深意的歌曲《独木舟》（*Kigalawa*）（见表2）。在这首歌里，独木舟好比一个处于弱势地位的人，想方设法，克服艰难险阻取得生活必需品，像一个渔夫乘独木舟颠簸捕鱼。西蒂以木船喻己，不卑不亢地隐晦回击——虽然独木舟是一种小木船，却和大轮船一样，能够破浪捕鱼，渡人过海，以此类比无论国王还是乐师，人人平等，经过努力都能到达应许之地。通过自己的努力获取生存报酬，这一点上，夏班·罗伯特亦为西蒂正名，"金钱在彼时和此时都一样，就像一把犁地的锄头，没有这把神奇锄头，任凭谁也无法完成一事"（Robert，2015：44）。而西蒂的生存思想正体现在此，虽为稻粱谋却能屈能伸，在审时度势之中将主体性表达嵌入为上层阶级服务的音乐中。

表2 《独木舟》（节选）

斯瓦希里语原文	译文
Kigalawa sawa sawa na chombo	小小一只独木舟
Kigalawa sawa sawa na chombo	小小一只独木舟
Baharini huwenda mirengo mirengo	颠簸摇曳在海中
Sivuwani shuka ya sitiri mambo.	请勿掀掉遮盖布。
Kigalawa kumbe kina vitu ndani	独木舟里有收获
Kigalawa kumbe kina vitu ndani	独木舟里有收获
Unitweke hata kwa mwinyi Husseni	赶忙奔向姆维尼·侯赛因①
Japu moto sinitia kisimani.	独木舟虽小也能尽力。
………… （Matona et al.，1966：59）	…………

当然，生存思想中的主体性也为抗争思想奠定了基础，其抗争思想主要表现在对制度和权力的批判、为穆斯林社会女性发声两个方面。第一方

———————————

① 此处并非指桑给巴尔第八任总统侯赛因·姆维尼（1966年至今），根据后文叠句推测应是一位商人。

面，西蒂将平民百姓和弱势女性的遭遇融入塔拉布，表达对制度和权力的抗争。尤其是其中反映民众集体记忆的歌曲被代代相传，其抗争之韵味至今仍值得赏鉴，如《吉基提》（*Kijiti*）（见表3）。

表3 《吉基提》

斯瓦希里语原文	译文
Tazameni tazameni，alivyofanya kijiti	看看，看看吉基提所做的一切
Kumchukua mgeni，kumchezesha foliti	让陌生人上当，玩起追逐把戏
Kenda nae maguguni，kamrejesha maiti	带她走进灌木丛，带回她已死之躯
Kamrejesha maiti，kamrejesha maiti	带回她已死之躯，带回她已死之躯
Kenda nae maguguni，kamrejesha maiti	带她走进灌木丛，带回她已死之躯
Kijiti alinambia，ondoka mama twenende	吉基提说，离开你妈妈跟我走吧
Laiti ningelijua，ningekataa nisende	若知道是这般结局，断不会随他去
Kijiti unaniuwa，kwa pegi moja ya tende	吉基提你杀害了我，用那一小颗甜枣
Kwa pegi moja ya tende，Kwa pegi moja ya tende	用那一小颗甜枣，用那一小颗甜枣
Kijiti unaniuwa，kwa kokwa moja ya tende	吉基提你杀害了我，用那小小甜枣核
Jaji amekasirika，kitini alipoketi	法官端坐椅子上，勃然大怒地喊道
Kasema bilali ful，mashahidi wa kijiti	可恨愚蠢的家伙，胆敢污蔑吉基提
Takufunga Sumaili，na Kei binti Subeti	把苏玛伊莉和凯伊·宾缇·苏拜提关起来
Na Kei binti Subeti，Na Kei binti Subeti	凯伊·宾缇·苏拜提啊，凯伊·宾缇·苏拜提啊
Takufunga Sumaili，na Kei binti Subeti	把苏玛伊莉和凯伊·宾缇·苏拜提关起来
（Zanzibar Broadcasting Corporation，cited from Khamis Soud，2017：45）	

这是西蒂所处时代的真实案件①：吉基提杀害了一名无辜之人，然而法官非但没有判吉基提的罪，反倒判处了两名无辜的证人。除了借社会案件质疑殖民法律体系的公正性，西蒂还借《不再有腐败》（*Wala Hapana*

---

① 后来吉杜黛在解释这首歌背后的故事时，则认为是一个居住在桑给巴尔的男人招待了一位来自达累斯萨拉姆的女性客人，并将其灌醉致死。可见其故事内核虽未改变，却在口口相传中带有了个人记忆。详见：Saleh Ali，Fiona McGain and Kawthar Buwayhid，*Bi Kidude：Tales of a living legend*，Zanzibar：Gallery Publications，2008，p. 18。

Hasara）警示政府官员不要贪污腐败，不要压迫穷人和弱者，借《我兄弟的所有》（*Ela Kafa Ndugu Zangu*）幽默庆祝一位腐败的阿拉伯高级职员入狱。或许诗歌的细节千人千解，但这些以历史事件为创作基础的经典作品早已成为西蒂控诉桑给巴尔苏丹王权和英国殖民统治的利器。

第二方面，以身为度地为反对穆斯林社会对女性的束缚而发声。根据《古兰经》第四章第34节男性保护的概念，在桑给巴尔的法律和实践中，女性处于弱势地位（Maoulidi，2001：37），但是西蒂却敢于直面压抑人性的法律制度，积极争取和维护自己的权利。在一首求爱歌《勇士希玛，你快来》（*Hima Rijali Wende*）中，她直白地催促男子希玛向父母求娶自己，并直抒爱意，其中"相爱是人生乐事而非耸人听闻之事"（Matona et al.，1966：106）将女性对情感自由的呼唤，对婚姻自主的渴望表达得淋漓尽致。但在西方学者笔下，他们通常将西蒂歌曲中的爱情主题作品和其思想视作靡靡之音，一概不予分析或充满偏见，而着重研究涉及社会与文化类的歌曲。

除直抒胸臆式歌曲外，西蒂也通过隐喻式歌曲揭露女性处境，表达控诉与反抗。闻名如西蒂，也会遭受骚扰和威胁，但宗教重压在前，个体力量有限，西蒂有时不得不将自己的困境暗藏于歌词之中。曾有一名男子向西蒂求爱，但遭西蒂拒绝后扬言要报复、羞辱她。西蒂因此创作并演唱了《你不过是只猫》（*Wewe Paka*），以对峙争论的形式表达了自己的抗争（见表4）。

表4 《你不过是只猫》（节选）

斯瓦希里语原文	译文
Wewe paka kwani waniudhiyani	你不过是只猫　为何敢惹我生气
Wewe paka unaudhi majirani	你不过是只猫　为何敢骚扰邻居
Utapigwa ukalipiwe faini.	你必定会挨打　还会被惩罚。
Ukalipiwe faini.	你必定被惩罚。
Mimi paka sasa napigiwani	我就是只猫　但为何我要被打
Mimi paka sili cha mtu sinani	我就是只猫　我没吃任何人的东西

续表

斯瓦希里语原文	译文
Nnajuta kuingiya vibandani.	我后悔为何在棚屋里穿来去。
Nnajuta kuingiya vibandani.	我后悔为何在棚屋里穿来去。
………（Matona et al.，1966：102）	…………

总之，西蒂用斯瓦希里语演唱的歌曲是对真实事件和日常生活的反映，观照个体表达和民众情。无论是爱情主题还是非爱情主题，她都能够推己及人，将满足基本生活需求和保持艺术尊严的生存思想与批判制度和权力以及压抑女性的穆斯林社会的抗争思想融入阶级不平等、法律不公、社会腐败、妇女地位低下等现实问题之中，进而使塔拉布走向人民。由于生存观和抗争观的相互制衡，西蒂的思想存在一定软弱性，即西蒂为阿拉伯贵族和资产阶级歌唱的赞颂之曲，以及音乐中悲天悯人而非鼓舞革命的底调，都在某种程度上消解"抗争"的力度，使其生存与抗争思想之边界具有一定模糊性。那么，其传承人吉杜黛会如何承接西蒂的思想呢？

三　合作与发展：吉杜黛与共和国政府下的塔拉布

自 20 世纪中叶东非社会相继从外族统治中获得独立以来，社会发展进入全新阶段。在吉杜黛与坦桑尼亚联合共和国政府传承古典塔拉布这一传统音乐文化的过程中，吉杜黛成为民间公认的"塔拉布之后"。然而目前在学术界，对吉杜黛的研究寥寥无几，更无人问津其音乐背后的社会思想。笔者则认为，吉杜黛在塔拉布音乐实践中形成了面向政府和女性的合作思想及迥异于其他塔拉布音乐人的发展思想。

吉杜黛的合作思想体现在两个方面。其一，与政府合作，发扬古典塔拉布以增强国家认同。1964 年，坦噶尼喀共和国与桑给巴尔人民共和国联合建立了坦桑尼亚联合共和国。根据《联合协议》，本应在两政府之上组建高一级联合政府，但在实际操作中，坦噶尼喀政府"升级"为联合政府，并由其领导桑给巴尔政府。后来，由于对联合体制的不满和乌贾马运动造成的经济衰退的不满，1984 年桑给巴尔出现分离主义运动（王涛、朱子毅，2020：29—32）。坦桑尼亚总统姆维尼上台后，着手清理革命党内的分离主义势力、提振桑给巴尔经济的同时，通过推广古典塔拉布安抚桑给巴尔民众，塑造两岸民众的文化认同。为什么选择古典塔拉布而不选择新兴流派呢？原因在于古典塔拉布是人们集体记忆的结晶，蕴含对同一历史的认同，而新兴流派因内容常包含谩骂、暴力和色情，并不利于联结群众。和大多数口传文学的承继人一样，吉杜黛在表演时较忠实地吟唱前人留下的诗歌，即少时"偷师"所学的古典塔拉布歌曲，而符合政府的期待。吉杜黛本人也曾就只表演西蒂的歌曲做出解释，"其一，现在没有其他人会唱西蒂的歌曲；其二，人们希望我能够唱这些歌；其三，如果我们能够记得这些歌，那么我们也能记得西蒂"（A. Saleh et al.，2008：52）。笔者认为，其中的"人们"不单指坦桑尼亚的普通民众，更意指国家领导人。据"SUGU Vs RUGE"网站 2010 年 3 月 4 日消息，在去世前三年，吉杜黛还在参加基奎特总统发起的一项抗击疟疾的运动。作为古典塔拉布的代言人，吉杜黛与其他在民众中具有影响力的艺术家一起，受政府之邀为提高人民对防治疟疾的认知，创作抗疟歌曲，以音乐传播卫生知识和政府的抗疟举措，提振民众对国家公共卫生事业的信心。总之，吉杜黛成为"被时代选中的人"，并以"合作"的姿态与政府共同推广古典塔拉布。

其二，与女子乐团合作，彰显女性力量。吉杜黛在与文化音乐俱乐部、您好（Shikamoo）爵士乐队等常规乐团合作之外，更重视与当时极为罕见的成员全部为女性的女子乐团合作。2009 年桑给巴尔出现了第一个塔拉布女子乐团（孔雀女子乐团）。据 BBC 网站 2019 年 8 月 31 日的采访报道，尽管该乐团成立之初成员水平不一且大多不会演奏乐器①。在乐团创始人的邀请下，吉杜黛于 2009 年起开始参加孔雀女子乐团的排练并任主

---

① 孔雀女子乐团最初的部分成员曾于桑给巴尔帆船音乐学院修习过相关乐器，创始人玛丽亚姆·哈姆达尼和穆罕默德·伊利亚斯（Mohamed Ilyas）也负责培训一些乐手。

唱。吉杜黛虽不亲自培养乐手①，但她会给予乐理知识指导。同时，吉杜黛通过对歌曲主题和内容的把握，帮助乐团一起提高民众对青少年怀孕、吸毒以及针对妇女和儿童的暴力等现实问题的认识。后来，该乐团多次受邀在欧盟、非盟、桑给巴尔教育部、联合国"2010—2020 年妇女十年"开幕式、桑给巴尔国际电影节、巴加莫约电影节等重要机构和重大场合演出。从某种意义上说，孔雀女子乐团因吉杜黛的加入，承接了西蒂"生存"与"抗争"的思想，同时，合作演出也提升了吉杜黛的个人影响力。加之后来吉杜黛在多个国家的巡回演出大大提升了塔拉布的世界声誉和影响力，女性也再次成为助推塔拉布发展的中坚力量。

合作思想存在于吉杜黛与今人的互动，而发展思想则存在于她与西蒂的隔空互动，继承和创新塔拉布表演，引领其走向世界。与大多数塔拉布乐团和音乐人不断产出新作品不同，吉杜黛的音乐实践则是充分发展西蒂的音乐作品。前文曾提及吉杜黛只唱西蒂的歌，然而这并非简单复述前人之作，其每一次表演会根据时空转换而调整，以此赋予观众独一无二的在场感。以吉杜黛最喜欢吟唱的歌曲《简奥贝的木薯》（*Muhogo wa Jang'ombe*）为例，起初西蒂在唱这首歌时意在讽刺当地的酗酒现象，然而通过对比吉杜黛在不同场合对该曲目的演绎（包括文字及音视频资料），笔者发现：吉杜黛在表演时虽然保持了部分歌词和间奏的一致，但往往会根据不同场合而加入大量即兴发挥，音乐情绪也有所不同，或低沉或激昂，将同样一首歌演绎成不同的故事。如在德国汉堡演出时，这首歌的大意是一位女性告诫心上人不要三心二意；在桑给巴尔的巡回演出中，这首歌则以鼓励人们勇敢追爱为主题。"African Music Festival"的 YouTube 账号在 2014 年 1 月 19 日发布了一则吉杜黛巡回演出的视频，评论区中，一位阿拉伯母语者说，"尽管一个词也听不懂，但它触动了我的灵魂"，另一

① 吉杜黛并非不会乐器，她最著名的表演乐器是 Msondo 鼓。马托纳先生曾对笔者感叹道"她是桑给巴尔百年以来最好的 Msondo 鼓手"。据他介绍，Msondo 鼓鼓身一般呈锥形，因其高度接近 1 米，演奏 Msondo 鼓往往需耗费较多体力。然而与常规乐手将鼓立于地面敲击不同，舞台之上，吉杜黛总是将鼓倾斜至齐胸高度，用布固定住并以双腿紧紧夹住鼓身，击鼓时重心向前，调动全身的所有肌肉敲击出有力的节拍；舞台之下，她甚至直接坐于横放的 Msondo 鼓之上，尽情击鼓而歌。然而，Msondo 鼓并非塔拉布演奏中使用的乐器，因此在正文中不赘述。

位苏丹人则认为，"这才是真正的歌唱艺术。的确，我什么都不懂，但我能看到、感觉到、读到艺术家表演时的真情实感，那是来自内心深处的灵魂正走向真实而清晰的宇宙"。2005 年，世界音乐博览会①（World Music Expo，WOMEX）组委会肯定吉杜黛"80 多年来的演唱生涯以及为年青一代在性和婚姻等问题上发挥的文化协调和建议作用"，认为将该年度的世界音乐博览会奖项授予她是"世界音乐冲破束缚、自由发展和更加有力的真正象征"。斯言如是，吉杜黛赋予传统塔拉布歌曲以新生，为塔拉布开辟了更广阔的音乐实践和与民众思想对话的空间，引领其走出桑给巴尔，为世界人民所了解和欣赏，而这正是吉杜黛发展观的集中写照。

在吉杜黛将合作思想和发展思想应用于塔拉布表演之中时，她也承接了"抗争特质"，这一特质是对西蒂抗争思想的发展。相较于过去苏丹王权与殖民霸权的混乱交错，此时的坦桑尼亚政府有条不紊地推进维稳工作，女性权益得到一定保障，然而在信仰伊斯兰教的桑给巴尔，宗教持续规范女性的个人和政治选择（Maoulidi，2001：37）。与西蒂相似，吉杜黛的本名法特玛·宾缇·巴拉卡亦不为人熟知。其本名为法特玛，吉杜黛仅是绰号。出生时她继承了亲戚法特玛的名字，在一次探望中，叔叔因没看见褐褓中小小的法特玛而差点坐在她身上，于是便戏称她为吉杜黛（"Kidude"意为小东西），自此吉杜黛便代替了本名。实际上"Kidude"并非女性常用名，然而她在申请第一本护照时仍坚持使用该名。该名缘于其娇小的身材，此种"弱势"的身体特征看起来与需要极强吟唱力的塔拉布表演格格不入。并且年岁的增长和身体机能的下降并没有折损这瘦小身躯中爆发出的力量——她总是神采奕奕，有高亢有力、连绵不绝的歌声，即便有人试图打断，吉杜黛只会在曲终了时微微一笑，"我唱起歌来是不会停止的"。帕特尔（Patel）曾为此赋诗一首，诗中说道"我不再害怕衰老，因为我听到了吉杜黛的高歌，在她九十岁之时，没有麦克风，烟草沁润过的声线，如同砂纸磨过椰棕，比那钢索更甚"（Patel，2009：151）。

---

① 自 1994 年创办以来，世界音乐博览会逐渐发展为世界音乐领域最具国际性和文化多样性的交流平台。

她常自勉，身小力大，"当我成为一个掉光牙的老人时，我正长出新牙"（Patel，2009：16），不走寻常路的吉杜黛以自己的生理特点为自豪，以有力的嗓音为武器，以一种"有声与无声"的方式身体力行地挑战穆斯林社会对女性的行为和思想约束。

总之，吉杜黛将合作与发展之理念贯彻于独具风格的音乐表演实践之中。以艺术的表达推动女性自我赋能、坦桑尼亚传统文化的传承和传播。她将合作思想一以贯之于与政府和纯女子乐团的互动，带领女性将古典塔拉布推向世界。她在表演中坚持独特的发展思想，赋予传统塔拉布歌曲以新生。除此之外，吉杜黛还以"有声与无声"的具身化方式挑战穆斯林社会对女性的约束，进而将西蒂的抗争思想从制度性抗争推向社会性抗争。

结　语

通常，一个优秀的表演者或创作主体往往是音乐或某种艺术形成和发展的灵魂，对于此类主体的研究往往成为塔拉布研究中必不可缺的一环。此外，20 世纪东非成功的女音乐家大多为塔拉布音乐人（Ntarangwi，2001：12），这一点吸引学者们聚焦于塔拉布女性研究。然而在此前的研究中，曾经引领过塔拉布风向的两位女性音乐人都在一定程度上处于"个体性失语"状态，因此，本文将西蒂和吉杜黛的个人经历、音乐表演与时代背景相结合，挖掘以二人为代表的两代塔拉布女性音乐人的话语和行为，展示其主体行动、思想承继以及对塔拉布发展的贡献。

简而言之，西蒂和吉杜黛在音乐实践中形成的生存与抗争、合作与发展思想嵌入塔拉布在桑给巴尔的存续，前者引领塔拉布从宫廷走向平民，后者引领女性将塔拉布推向世界。值得一提的是，吉杜黛在形成自己的主体性思想时，也拓展了西蒂的抗争思想，将抗争领域从制度层面拓展到社会层面。这正与《非洲音乐》的叙述不谋而合——"由于场合关系而做出的调整，才会使得非洲音乐保持其生存；但还是运用了传统的结构和程式，才会继续使这些实践具有持久的特征"（恩凯蒂亚，1982：216）。我们也需要注意，因时代语境和社会语境多不同，塔拉布传承人的思想边界具有某种模糊性。或许也正因如此，其主体性彰显的空间更大，使得塔拉布之存与续更具张力。

之所以是"她们"从对女性较为束缚的桑给巴尔穆斯林社会中突围出来，是历史偶然性与必然性共同作用的结果。从偶然性维度来看，长久以来，作为女性，她们无法获取学习音乐的正规途径，皆经由"伯乐"发掘而成名。从必然性维度来看，全球化背景下商业利益的刺激、统治者对政治一体化的要求、发展中国家对文化振兴的诉求都使得塔拉布在历史的更迭中不断出现发展契机，而"她们"二人的个人特质便有了冲破社会规范和宗教束缚的可能，女性也在塔拉布世界获得了独特的地位。当然，我们也应注意到，与"纯粹"原教旨的穆斯林社会不一样，桑给巴尔的穆斯林社会有其包容、温存与动态的一面，才使得桑给巴尔"女性与音乐"有了更多表达自我的空间。

此外，作为口传文学的形式之一，塔拉布往往围绕集体所共同关心和感兴趣的内容而创作，以艺术化的形式整合个人经历和历史语境，即使西蒂和吉杜黛没有接受过正规教育，但也能通过口耳相传的方法习得。作为一种音乐表演，塔拉布以其相对平和的、非暴力的公共话语表达留存和传播了女性音乐人的思想。尽管历史和社会在变迁，但女性音乐人的主体能动性赋予了塔拉布存与续的内生动力，塔拉布的未来可期。

参考文献：

刘鸿武、暴明莹：《蔚蓝色的非洲：东非斯瓦希里文化研究》，云南大学出版社 2008 年版。

［加纳］恩凯蒂亚：《非洲音乐》，冯炳昆译，人民音乐出版社 1982年版。

魏媛媛：《本土与殖民的冲突与共生：1498—1964 年斯瓦希里文化在坦桑尼亚的发展》，博士学位论文，北京外国语大学，2013 年。

王涛、朱子毅：《桑给巴尔分离主义运动与坦桑尼亚联合政府的有效治理》，《世界民族》2020 年第 6 期。

Fair Laura，"Music，Memory and Meaning：The Kiswahili Recordings of

Siti Binti Saad", *Afrikanistische Arbeitspapiere*: *Schriftenreihe des Kölner Instituts für Afrikanistik*, Vol. 55, 1998.

Khamis Said, "Clash of Interests and Conceptualisation of Taarab in East Africa", *Swahili Forum*, Vol. 12, 2005.

Maoulidi Salma, "Between Law and Culture: Contemplating Rights for Women in Zanzibar", in: Hodgson Dorothy L., editor, *Gender and Culture at the Limit of Rights*, Philadelphia: University of Pennsylvania Press, 2011.

Ntarangwi Mwenda, "A Socio-historical and Contextual Analysis of Popular Musical Performance among The Swahili of Mombasa, Kenya", *Cultural Analysis*, Vol. 2, 2001.

Patel Shailja, "Drum Rider: A Tribute to Bi Kidude", *Literary Review*, Vol. 52, No. 2, 2009.

Saleh Ali, "Fiona McGain and Kawthar Buwayhid", *Bi Kidude*: *Tales of A Living Legend*, Zanzibar: Gallery Publications, 2008.

Khamis Soud, *Mabadiliko katika Nyimbo za Taarab na Uwasilishaji Wake Kulingana na Wakati*, Master degree thesis of the University of Dodoma, 2017.

Matola, S., M. Shabaan, and Wilfred Howell Whiteley, *Waimbaji wa Juzi*, Dar es Salaam: University College Dar es Salaam, Institute of Swahili Research, 1966.

Robert Shaaban, *Wasifu wa Siti Binti Saad*, Dar es Saalam: Mkuki na Nyota, 2015.

Saleh Seif Salim, "Nyimbo za Taarab Unguja", *Lugha Yetu*, Vol. 37, 1980.

加纳国父恩克鲁玛与良知主义

齐腾飞

（深圳大学社会学系助理教授）

相传在加纳开国总统恩克鲁玛（Francis Nwia Kwame Nkrumah）的办公室悬挂着一幅巨幅画像：天空雷鸣、大地震荡，画面中的恩克鲁玛正在奋力敲打着殖民主义枷锁，而旁边三个小白人见此不妙，落荒而逃。三个小白人中，一个是撰写《非洲政治制度》的人类学家，一个是夹着皮包的资本家，还有一个是手捧《圣经》的传教士（Galtung，1967）。这幅画以隐喻的表达手法阐释了恩克鲁玛去殖民化的社会愿景。作为经过学术训练、历经坎坷的开国总统，恩克鲁玛不仅拥有去殖民化的社会愿景，也拥有一套相应的理论体系。这套理论体系被恩克鲁玛称为"良知主义"。国内学界对"良知主义"鲜有着墨者，故此文的价值在于阐释良知主义的来龙去脉，以及其与去殖民化和非洲社会主义的关系。

一 良知主义与留美十年

良知主义并非凭空产生的哲学理念，而是时代背景、价值诉求和个体经历三者的产物。正如《良知主义：去殖民化的哲学和意识形态》（*Consciencism: Philosophy and the Ideology of Decolonization*）书名所示，良知主义旨在去殖民，殖民主义困扰构成了时代背景。恩克鲁玛希望在去殖民化的过程中实现非洲社会主义，此构成了良知主义的价值诉求。被殖民主义压迫，被非洲社会主义感召，个体经历被迫烙上了时代的印记。恩克鲁玛的个体经历颇为复杂，依个体实践差异划分，可以分为四个阶段：受教育阶段、回国独立斗争阶段、执掌国政阶段和政变余生阶段。良知主义，作为一种哲学，其创设不是文盲的道场，而是饱学之士的专利。恩克鲁玛思想的成型离不开自身的哲学训练，而对其影响最深的教育莫过于其在序言中直言不讳的"留美十年"（1935—1945）。

较大多数非洲人幸运，恩克鲁玛接受过系统的教育。1909年出生于英属黄金海岸（之后的加纳）的他接受过系统的天主教学校教育，并担任了天主教小学的教职。随着社会交往的扩大和视野的拓展，恩克鲁玛对政治产生了浓厚的兴趣（Rooney，1988：1—20）。时至今日，已经很难评估当时的记者和日后的尼日利亚总统阿齐基韦（Azikiwe）对恩克鲁玛的影响，但是阿齐基韦的出现引导了恩克鲁玛对黑人民族主义的兴趣，也为其赴美深造提供了建议（Rahman，2007：48）。1935年，恩克鲁玛前往阿齐基韦曾经就读的林肯大学，开启了十年留美生涯。在去美国的中途发生了一个插曲，恩克鲁玛在伦敦办理美国签证时读到"墨索里尼入侵埃塞俄比亚"的新闻报道。在异国他乡，他深切感受到殖民主义的罪恶，随之迸发出的民族主义情绪让其树立起结束这一制度的信念（Nkrumah，1957：27）。

留美十年，尽管生活捉襟见肘，勤劳的恩克鲁玛还是拿到了诸多学位，如林肯大学的经济学和社会学学士学位、林肯神学院神学学位、宾夕法尼亚大学哲学文学和教育科学硕士学位。读书期间，恩克鲁玛致力于哲学、政治科学和历史的学习，并将大量精力放在攻读柏拉图、亚里士多德、康德、黑格尔、笛卡尔、叔本华、尼采、马克思和马志尼等人的哲学著作上。他认为法律、医学和艺术只是人类的手脚，而哲学是人类社会的大脑（Nkrumah，1957：32）。尽管这些哲学曾让恩克鲁玛激情澎湃，但其基于殖民地学生的身份对西方哲学理念的普适性产生了质疑。

殖民地学生从本源而言不属于知识分子范畴。殖民地学生可能会被这些对宇宙运作做出阐释的哲学所诱惑，以致将整个人格交给了他们。殖民地学生一直忽视一个基本事实，即自身是殖民主体……殖民地学生中的很多人是被精心挑选出来，带着合格证书，被认为适合成为殖民政府的开明仆从。这类学生从小培养，在生命的早期就与传统土地切割，与黑土地缺乏联系，很容易接受一些普世主义的理论。

在恩克鲁玛看来，从古希腊、古罗马为开端讲述的哲学和历史被涂抹上普世主义的色彩，满足了诸多非洲知识分子的胃口，却让他们与自己的非洲社会疏远。这些西方哲学也存在例外，"对殖民地学生而言，尤其不可能将马克思和恩格斯的作品当作枯燥的抽象哲学，认为与殖民地状况毫无关系，他们的思想内容可以帮助我们与殖民主义做斗争，我从中学会了在产生哲学的社会环境中看待哲学体系"（Nkrumah，1970：2—6）。而当时最能激发恩克鲁玛热情的著作是马库斯·加维（Marcus Garvey）的《哲学与观点》（*Philosophy and Opinions*），其关于"非洲人的非洲"理念贯穿了他的一生（Nkrumah，1957：45）。

留美十年正处于世界风云变幻时期，恩克鲁玛投身于社会活动，这些实践为其之后领导加纳独立以及致力于"非洲统一"增进了经验。在宾夕法尼亚大学，恩克鲁玛组织美国和加拿大的非洲学生协会，自此开启了他在美国的政治生涯。在非洲学生的协助下，恩克鲁玛创办报纸《非洲翻译》（*African Interpreter*），试图宣传民族主义精神。然而非洲学生内部产生分歧，尼日利亚学生认为在殖民依附阶段谈非洲或者西非联合是徒劳的，每个殖民地应该独自实现自我救赎，而恩克鲁玛和其他黄金海岸的学生则认为只有西非联合或泛非主义才有出路。除此之外，恩克鲁玛还积极参加社会学学派关于美国非洲文化的争论，还与诸多社会组织（民主党、共和党、共产党和"托派"）的成员展开互动，学习组织技术。对其影响最深的是马克思主义知识分子詹姆斯（C. L. R. James），多年之后，恩克鲁玛还感激他教会了自己如何开展地下工作（Nkrumah，1857：43—44）。为了总结自己领导组织及与外部组织交往的经验，恩克鲁玛撰写了一本《通往殖民自由》（*Towards Colonial Freedom*）的小册子，他在美国时小册子已经完成，但因经费问题等去伦敦之后才发表。在这本小册子中，恩克鲁玛阐释了其对殖民主义的理解。

殖民地人民在帝国主义统治下生存意味着经济和政治的剥削。帝国主义国家需要原材料和廉价的劳动力来满足其资本主义的需求。资本主义通过垄断消除本土竞争，并将殖民地当作剩余产品的倾销地。他们声称旨在改善当地居民的福利，力图使自身行为合法化，这不过就是剥削目的的一种掩饰。殖民政策就是使土著处于原始状态，并在经济上产生依赖性……殖民地的民族解放运动是由于外国压迫者持续的经济和政治剥削而生，这样运动的目的是赢得自由和独立。而这只能通过政治教育和组织殖民地群众来实现。

在人生暮年，恩克鲁玛重读这本小册子，回忆起1948—1951年黄金海岸发生的事件，他依旧对此观点深信不疑（Nkrumah，1962：xviii）。1945年，恩克鲁玛离开美国，前往英国，本打算攻读哲学博士，然而忙于殖民地工人和学生运动的他最终没有完成学业。失之东隅，收之桑榆，他与社会主义者和反殖民主义者相交甚笃，并与帕德莫尔（Padmore）缔结下终身友谊，两者共同组织了1945年在曼彻斯特举行的第五届泛非会议。会议期间，他与杜波依斯（Du Bois）及日后非洲许多国家的领袖建立起长效联系。不同于以往由英美黑人中产阶层知识分子控制、以改善殖民环境为目标的泛非会议，第五届泛非会议主要由新兴的非洲知识分子和政治领袖领导，以争取非洲民族独立和去殖民化为目标（Kwadwo，1991）。1947年，得到黄金海岸公约组织的邀约，思想成熟、组织经验丰富的恩克鲁玛返回家乡，开启了思想运用于实践的去殖民化行动。

二　良知主义的内在哲学逻辑

"良知主义"（consciencism）这个词是恩克鲁玛的独创，以良知（conscience）和主义（-ism）组成。良知本身就有公平或正义之意，所以良知主义本身就含有极强的伦理趋向。之所以提出此哲学，是基于社会革命的需要。社会革命的背后必须有一场坚定的思想革命，必须有一种哲学来拯救非洲社会，而这种哲学是一种武器，必须从非洲人民的生活中寻找。恩克鲁玛将这种哲学命名为"良知主义"，以知识的形式描绘了各种力量的布局，它能够使非洲社会吸收西方基督教和阿拉伯伊斯兰教元素，使之适合非洲社会本性。那何为非洲社会的本性呢？在恩克鲁玛看来，那便是恪守平等主义原则和人道主义原则（Nkrumah，1970：78—79）。

《良知主义：去殖民化的哲学和意识形态》一书的篇章设计是"哲学回顾—哲学与社会—社会与意识形态—良知主义"。无论从形式，还是从内容来看，《良知主义：去殖民化的哲学和意识形态》本质上是一本关于道德和政治哲学以及意识形态的书。恩克鲁玛的论述思路是层层推演的。首先，评议西方哲学理念，意在阐释西方哲学的唯心主义传统和"理想主义"的个人主义。哲学与社会生活不是截然对立的，而是起源于特定社会的物质条件和生活事实，是它们的产物。唯心主义和个人主义哲学作为西方社会的意识形态，尽管经历了古希腊文明、中世纪、文艺复兴、启蒙运动等历史阶段，其本身存在延续性。而这种意识形态的延续，为维持欧洲这一不平等社会和剥削社会提供了合法性依据。之后，恩克鲁玛将视角拉回非洲，由于复杂的历史原因，非洲社会存在三种不同的文化传统，即非洲传统、伊斯兰传统和基督教传统。这三种传统造成非洲社会的撕裂，故而需要一种理论来整合，那便是良知主义。

为阐释西方哲学为何导致了社会不平等，恩克鲁玛从历时性维度评议西方主要哲学家的理论，无论是古希腊的泰勒斯、普罗泰戈拉、柏拉图、亚里士多德，还是中世纪的奥古斯丁，抑或是之后的康德、黑格尔、笛卡尔、马克思。恩克鲁玛评议西方哲学的目的很单纯，即从中抽离出内在的不平等特性。

古希腊哲学家泰勒斯通过观察尼罗河水滋养生物，认为"水生万物，万物复归于水，水是世界的本源"。如此推理，世界万物源于同一种物质。引申到社会层面上，这看似宣扬人类社会平等。然而，对物质基本形式同质的说明不等于主张社会平等，泰勒斯认为水并不是平等地滋养万物，而是有的地方肥沃，有的地方贫瘠。基于此，恩克鲁玛认为在社会层面上，泰勒斯的哲学还是与阶级结构相适应，只能支持一定程度的资产阶级革命。亚里士多德认为国家不是个体的集合体，而是通过合作行动致力于共同目标的联盟。国家的目的是追求更高的善，但是人存在差异，在追求这个目标时，人的功能也不相同。从这个角度说，人应该拥有平等权利，然而亚里士多德的平等观是排斥女人和奴隶的，将其视作财产而不是人。最能代表西方哲学思想的《圣经》认为"世界是上帝的世界，而我们只是世界的过客"。这一哲学理念在于尘世的转换，意味着人类的财产应该存放在天堂，那儿没有蛀虫腐蚀。但是基督教哲学造成了世界各地的利益矛盾，执政者利用这一矛盾剥削工人，让其注意力从劳动生产的价值转移到对外部的关注之上。宗教是社会性的，是资产统治社会的反动工具，当代宗教形式和实践的主要根源在于劳动者的社会压抑，这一点在非洲、亚洲、拉丁美洲和美国都得到了证实。故而，马克思批评宗教是一种剥削工具。按照历史维度举例，恩克鲁玛总结出西方哲学内部存在维持社会不平等的内核（Nkrumah，1970：14—28）。

历史是塑造意识形态的武器，然而非洲历史存在丧失主体的危机。一个国家的历史很容易被写成统治阶级的历史。作为被殖民主义统治的非洲，其历史从来都是作为欧洲的附庸出现的。非洲历史从欧洲商品和资本、传教士和行政人员的角度切入，被描绘成欧洲冒险家的故事，在这种语境之下，殖民主义反而成为一种美德。在非洲复兴运动中，非洲历史需要写成非洲人的历史，非洲社会必须呈现自身的完整性。历史作为社会的镜子，欧洲与非洲的接触应该出现，但只能占有一席之地。至于欧洲与非洲的接触，需要从非洲社会的原则出发进行评估和判断。当历史以这种方式呈现时，诸多非洲学生就会摆脱思想上的欧洲化，就能为非洲人的行动提供指导。因此，非洲历史可以成为指导和引导非洲重建的意识形态的指针（Nkrumah，1970：29—55）。

然而，意识形态与历史书写之间的联系是一个长期存在的问题。非洲社会的意识形态并不是恒一的，而是存在非洲传统、伊斯兰传统和基督教传统三种意识形态的纠缠。在《良知主义：去殖民化的哲学和意识形态》一书中，恩克鲁玛几乎没有怎么讨论伊斯兰传统，而是将注意力放在基督教传统与非洲社会本质存在冲突方面。代表西欧的基督教传统通过殖民主义和新殖民主义工具渗透非洲社会，干扰了之前非洲社会的意识形态。殖民之前，非洲社会可以被描述为"社会主义"。在非洲，人被认为主要是一种精神上的存在，这种存在被赋予了内在的尊严、完整性和价值。非洲社会主义强调人人平等，与基督教原罪和人的堕落思想产生了对立。在这样一种社会，没有任何部门的利益被认为至高无上，也不可能出现马克思主义讲述的阶级。但是，殖民主义的到来改变了这一切。殖民主义要成功，并不是单打独斗，而是需要一批非洲人的支持，这批非洲人经过一定程度的欧洲教育，受到欧洲思想的感染。他们充当殖民政府的工具，获得了某些声望和地位，而这些声望和地位是传统非洲所不能给予的。除此之外，还出现了一些商人、律师、医生、政客和工会会员，他们以技能和财富水平为武器，为自己的事业打拼，同时拥有了令殖民政府满意的技能和财富水平。还有一些具有封建思想的人，他们或者通过直接的欧洲教育，或者通过与当地的殖民管理部门打交道被灌输了欧洲理想，给殖民政府的印象是，"他们值得依赖"（Nkrumah，1970：59—77）。

殖民地社会，存在一种社会矛盾，因为它违背了社会公平和社会正义的原则；也存在一种经济矛盾，因为它与和谐无限的经济发展相悖。如果要重建非洲社会的秩序，构筑良知主义，那需要改革，还是革命呢？恩克鲁玛分析了资本主义、封建主义、奴隶制以及社会主义的区别，肯定了革命的方式。在奴隶社会，人们认为剥削，即对他人劳动成果的让渡，需要一定程度的对权力的服从。在封建社会，较小程度的服从就能达到同样的目的。在资本主义社会，服从程度更低就可以。如此，革命的心理刺激就得到了平息，而剥削则获得了新的生命，直到人们发现改革和革命的对立。改革的本质是基本原则的延续和表达方式的战术性变化，也就是说，改革不是思想的改变，而是表达方式的改变。资本主义延续特有的改革计划，胁迫社会的一部分人以某种方式为另一部分人服务。相对于奴隶制和封建主义，资本主义不过就是"绅士们的奴役方式"。事实上，如今资本主义一个标准诡计就是模仿社会主义的一些建议，从而达到自己的目的。在社会主义中，人们需求生产力水平的提高，目的是使生产成为可能，达到一个新的意识和生活水平。资本主义也这样做，但目的不一样。在资本主义体系之下，生产力的提高会导致生活水平的提高，但当被剥削者和剥削者之间的价值分配比例保持不变时，那任何生产水平的提高都意味着剥削。资本主义发现了这一种新的方式，看起来在进行改革，而实际上巧妙地规避了改革。社会主义不包含资本主义的基本原则，即剥削原则。社会主义是对这一原则的否定，而这一原则却是资本主义生存和发展的原则，是资本主义与奴隶制、封建主义联系起来的原则。如果人们要寻找社会主义的社会政治祖先，那就必须回到公有制。在社会主义中，公有制的原则在现代环境当中得到了体现。在非技术社会，公有制可以放任自流，而在技术社会，如果公有制得不到集中和充分表达，就会产生阶级裂痕。阶级分裂是经济差异的结果，也是政治不平等的结果。因此，社会主义是在现代环境下对公有制原则的捍卫。恩克鲁玛阐释如斯，正是考虑革命和改革之间的差异。从奴隶制经过封建主义和资本主义到社会主义的过程，只能通过革命来实现，而不是改革，因为改革基本原则不变，只是修改一些表达的细节，用马克思的话来说，"上层建筑没有改变"（Nkrumah，1970：78—90）。

资本主义的罪恶在于它异化了资本主义的果实，从那些用身体和汗水来劳作的人身上窃取果实。资本主义的剥削属性是不公正，与传统非洲社会的基本原则是不可调和的。在恩克鲁玛看来，资本主义对非洲新独立的国家，不仅太过复杂而无法操作，而且极为陌生。在社会主义制度之下，对自然的研究和利用不是为了牟利，而是为了满足大多数人的精神和物质需求。社会主义是为了整个社会，而不是为了寡头，在哲学层面上，社会主义是唯物主义，而不是唯心主义。唯物主义是唯一有效的改造自然的利器，能够为恢复非洲平等主义和人道主义原则奠定概念基础（Nkrumah，1970：103—106）。

三 良知主义与去殖民化的实践思路

哲学家们只是用不同的方式解释世界，而问题在于改变世界（马克思，1994：61）。任何哲学理念如果无法在实践中得以应用和体现，那这种哲学就会成为"无根之木"。自柏拉图以来，政治哲学一直被认为是人类用于提出解决方案，应对治理问题以及创造理想国家。恩克鲁玛提出良知主义哲学，也是在对自己心目中的"理想国"进行理论建构（Awuni，2013）。通过对上文良知主义内在哲学逻辑梳理可知，良知主义的哲学内核是唯物主义，最终目的是恢复非洲的人道主义和平等主义原则，根除欧洲殖民主义带来的文化、政治和社会经济统治。然而，非洲社会面临着由欧洲—阿拉伯殖民意识形态（植根于西方基督教和阿拉伯伊斯兰教）在非洲大陆造成的思想矛盾，良知主义旨在将这些意识形态与更传统的非洲世界观（社区主义、人道主义和平等主义）相协调。这种思想上的和解只能通过去殖民化进程才能实现，恩克鲁玛认为这是一个革命性的进程。

去殖民化是独立后诸多非洲国家的诉求，时至今日，非洲社会还被殖民主义或殖民主义的新形式所蹂躏。加纳独立之后，殖民主义呈现何种状态呢？在《新殖民主义：帝国主义的最后阶段》（Neo-Colonialism：The Last Stage of Imperialism）一文中，恩克鲁玛举了一个关于殖民公司的例子。

阿散蒂金矿公司（Ashanti Goldfields）是一家古老的隶属英国的殖民公司，它从加纳黄金矿工的辛苦劳动中不断榨取丰厚利润；当加纳政府试图提高该公司的税收时，伦敦各大报纸进行了愤怒声讨。黄金为加纳人民带来的仅仅是"象征性回报"，而阿散蒂金矿公司则为其欧洲股东提供了巨额分红。这就是新殖民主义。

尽管1957年加纳在恩克鲁玛的领导下赢得独立，帝国主义直接殖民的形式已经垮台，但是帝国主义又将之演化成一种新的形式，即恩克鲁玛所言的"新殖民主义"。新殖民主义代表着帝国主义的最后阶段，也许是最危险的阶段。老式的领土殖民虽然陆续垮台，而取而代之的新殖民主义其剥削策略更为巧妙。新殖民主义的本质是，从属它的国家在理论上是独立的，拥有主权的一切外在特征，但是其经济体系，甚至政治政策，都是由外部指导的。在极端情况下，帝国军队可能会驻扎在新殖民国家的领土上控制它的政府。然而，更多时候，新殖民主义的控制是通过经济或货币手段进行的。新殖民主义的结果就是外国资本被用于剥削，而不是世界欠发达地区的发展，导致国家之间的贫富差距持续拉大。基于此跨国思考，恩克鲁玛还从国际关系角度推进了对马克思主义的研究。马克思认为，资本主义的发展会在每个资本主义国家内部产生危机，贫富差距拉大到冲突的程度，最终引发革命推翻资产阶级。恩克鲁玛认为现在资本主义国家内部的危机会被转移到他国，延迟其国内危机，但代价是将之变成一种国际危机（Nkrumah，1966：ix—xx）。

恩克鲁玛对新殖民主义的态度较为克制，认为反对新殖民主义的去殖民化斗争并不是将发达国家的资本排除在欠发达国家之外，而是防止发达国家的金融权利被用于使欠发达国家陷入贫困。为践行良知主义，恩克鲁玛去殖民化的实践思路依据实施地域范围而言，包括国内社会主义、非洲统一和不结盟运动。对非洲统一和不结盟运动而言，恩克鲁玛一直是积极推动者，1963 年他在亚的斯亚贝巴创建非洲统一组织（非盟前身）方面发挥了重要作用，同时他也极为赞同铁托提出的在美苏冷战之外寻找生存空间的不结盟运动。恩克鲁玛认为，加纳和许多国家实行不结盟政策，可以与所有国家合作，无论它们是资本主义国家、社会主义国家还是混合经济国家。涉及的资本主义国家的投资，必须按照不结盟国家政府根据自身利益制订的国家计划。与投资一个新殖民主义国家相比，投资一个不结盟国家对投资者的收益更好，比较新殖民主义国家不能掌握自己命运，容易被冷战格局利用从而成为军事冲突的滋生地。非洲统一是恩克鲁玛一生的价值诉求，这一诉求体现了恩克鲁玛对非洲社会本质同一性的认知，即非洲社会本质上的平等主义和人道主义。而从策略上来讲，非洲统一能够摧毁非洲的新殖民主义。开发非洲资源的外国公司经常采用连锁董事、交叉持股和其他手段构筑一个巨大的资本主义垄断帝国，而唯一有效的方法便是通过在泛非主义的基础上联合非洲国家挑战垄断帝国从而恢复非洲的遗产（Nkrumah，1966：255—259）。非洲统一和不结盟运动在于沟通国际合作，对执政者而言，国内社会主义才是去殖民化的主要措施。

主政加纳，恩克鲁玛将社会主义应用于去殖民实践。在认识上，恩克鲁玛始终认为殖民主义的基础是经济，殖民政府将殖民地当作原材料生产者，同时也将其作为商品的倾销地，但殖民主义问题的解决在于政治行动，在于持续而激烈的斗争。良知主义将物质看作一种处于紧张状态的力量集合体，在辩证法方面，通过对物质进行批判性处置，可以实现转换。如果改变内部的力量对比，物质的性质则会改变。介入行动，改变社会条件，对立的力量可以进行动态变化。行动包括积极行动和消极行动。积极行动代表了寻求社会公平与正义的力量，消极行动则代表延长殖民统治和剥削的力量。对生产、分配、收入等事实进行统计分析，可能出现三种情况：积极行动超过消极行动，消极行动超过积极行动，两者形成不稳定的平衡。在殖民地，消极行动无疑超过了积极行动。要赢得真正的独立，积极行动就必须超过消极行动。但需要警惕一种伪装，就是新殖民主义，它给人一种积极行动已然克服消极行动的印象。新殖民主义会设计无意义的改革来限制进步，它们放弃了直接暴力，给领土上的消极力量披上了羊皮，加入独立的呼声之中，并为人民所接受。这时，它们如同消耗性疾病，从内部侵扰、阻挠、腐蚀、颠覆人民的愿望。为了积极行动真正压倒消极行动，积极行动必须有一个群众性的政党支持，并有教育的工具。这就是加纳人民大会党在早期阶段发展教育部门、工人部门、农民部门、青年部门、妇女部门的原因所在。人民接受政治教育，自我意识提升，能够识别和排斥殖民主义的伪装。在恩克鲁玛看来，加纳人民党具备革命性质，不仅体现在纲领文件，而是从群众性、全国性和现实性的角度考虑殖民主义造成的困境，并推进根本性的变革。在实践中，恩克鲁玛实施一党制，他认为一党制比多党制更能表达和满足民族的共同愿望，而多党制只是一种掩盖矛盾的诡计，一种维持贫富之间斗争的诡计（Nkrumah，1970：78—106）。政治之外，在经济上，恩克鲁玛试图使加纳经济快速工业化，如此，加纳减少对外国资本、技术和商品的依赖，可以摆脱殖民贸易体系实现真正独立（Nimoh，et al.，2020）。文化宣传自在美国接触政治以来一直是恩克鲁玛珍视的武器，这种武器被用来推翻殖民主义和帝国主义，实现非洲的完全独立和统一。为此，他创建加纳通讯社、创办报纸、成立广播公司，对内教育国民，对外传播泛非主义（David，2014：211—213）。军事是保障政治的利器，恩克鲁玛是短命的卡萨布兰卡集团及之后非洲统一组织的领军人物，秉着"非洲必须团结"的口号，他主张建立一支泛非部队，来对抗整个非洲大陆的殖民主义或白人少数族裔统治。恩克鲁玛持续增加军事开支，武装国内部队，在其授意下，加纳部队参与推翻其他非洲国家的殖民主义行动（Nkrumah，1963：132—140）。恩克鲁玛一系列去殖民化和非洲社会主义实践随着 1966 年政变而黯然中止，其良知主义丧失了实践空间，只成了恩克鲁玛学术研究的一个注脚。

在后殖民时代的非洲，恩克鲁玛良知主义的出现并不是一个孤例，而是独立之后非洲社会主义的一个代表。20世纪五六十年代，非洲独立运动风起云涌，新生国家对帝国主义的殖民压迫深恶痛绝，面对新独立国家的前途问题，很多国家将目光转向了社会主义。非洲50多个国家，自称社会主义国家或走过社会主义道路的国家达32个（李安山，1986）。社会主义与非洲本土社会相遇，衍生出各种本土化的意识形态，其中包括尼雷尔的乌贾玛社会主义、卡翁达的人道社会主义、桑戈尔的民主社会主义、塞古·杜尔的能动的社会主义、凯塔的现实社会主义、伊斯兰社会主义和恩克鲁玛的良知主义。这些非洲社会主义尽管选择性使用社会主义，推行理念有所侧重，但是它们存在某些共性。这些共性主要体现在经济基础、理想社会和非洲价值三个方面。独立后的非洲诸国，经济上依旧被新殖民主义所蹂躏，生产力不发达，生产关系落后，工人阶级没有发展起来，这也解释了阶级斗争理念在非洲社会的蹩脚。在理想社会愿景上，非洲社会主义与科学社会主义一致，都是建立一个没有剥削的社会，一个平等的社会。非洲社会主义极为肯定非洲传统社会的价值，认为殖民之前的非洲传统社会就拥有社会主义特征。与恩克鲁玛良知主义对非洲价值的认同一致，塞古·杜尔认为非洲本质上是公社社会，几内亚的民族主义革命就是建立在非洲社会的公社体制基础之上；桑戈尔认为非洲被殖民之前，就是一种公有制社会，非洲政治家的任务就是恢复传统非洲的社会主义因素；尼雷尔则言"非洲人不需要靠说服去皈依社会主义，也不需要别人教我们民主。这两者都起源于我们的过去，我们的传统社会"（Akyeampong，2018）。对非洲独立运动领导人而言，实现社会主义就是复兴非洲传统社会特性。缺乏充分的经济基础，缺乏成熟的阶级，缺乏合适的发展政策，缺乏稳定的政治环境，缺乏外界的坚定支持，非洲社会主义几乎全部折戟沉沙。良知主义作为其中思想的一部分，为去殖民化和推行社会主义做出了积极的探索，其沉寂的现状也昭示了此理念低估了国际和国内社会的复杂性。

总　　结

恩克鲁玛的良知主义，批判了西方认识论中的普遍主义观点。资本主义不是"放之四海而皆准",其与非洲强调平等主义和人道主义的社会本质格格不入,只会带来剥削和压迫。而社会主义与传统非洲公有制和平等主义的原则相承接,应该成为非洲社会的意识形态。非洲社会经历过漫长的殖民历史,原有意识形态被他者,尤其是基督教文明所搅乱。恩克鲁玛提出良知主义就是融合了传统非洲、伊斯兰教和基督教三种意识形态,创造一种新的意识形态,复兴非洲传统价值的革命。从这个意义上来讲,良知主义视社会主义为手段,而非目的;与其说良心主义是一种哲学,倒不如说是一种价值主张更为确切。

对良知主义的评价,学术界显得较为两极,支持者认为良知主义是一部建立在西方哲学之上又背离西方哲学的知识杰作(Poe,2001),超越了南方与北方的二元论(Jean and John,2015:8—10),同时勾勒出一种具有世界意义的新哲学(Kanu,2013),尤其是"行而不思则盲;思而不行则空"(Practice without thought is blind;thought without practice is empty)颇具哲学韵味(Ekeng,2016)。批评者则认为良心主义是模糊的,它不反映非洲社会的世界观,也不反映马克思唯物主义。恩克鲁玛对传统非洲社会的认知存在理想化的想象,并没有事实证实,至少在宗教、商业和土地管理领域,传统非洲也表现出强烈的个人主义倾向,而非公有制的和谐。恩克鲁玛致力于非洲统一,可是他对非洲统一的呼吁并不符合历史事实,在前殖民时期,作为地缘政治概念的非洲并不存在,现在的非洲是帝国、王国和国家的融合体。恩克鲁玛依靠颠覆和外交来实现非洲统一与非洲的自由统一理念不符(Curtis,1991)。另外,一党制与人的灵魂背道而驰,人的灵魂自柏拉图以来就是自由的(Awuni,2013)。的确,良知主义概念存在模糊性,更多存在道德偏好的选择。而对恩克鲁玛非洲社会和马克思唯物主义认识不清的评价并不符合实情,这是混淆了社会理想、手段和阶段之间的关系。总之,"批判的武器代替不了武器的批判"(马克思,1994:9),一种哲学理念的生命力存在于实践之中。随着非洲社会去殖民化的沉寂,包含良知主义在内的非洲社会主义理论其复苏还有很长的路要走。

参考文献:

[德]马克思、恩格斯:《马克思恩格斯选集》(第1卷),中央编译

局编译，人民出版社 1994 年版。

李安山：《非洲社会主义的理论特点概述》，《当代世界社会主义问题》1986 年第 4 期。

Galtung Johan，"Scientific colonialism"，*Transition*，No. 30，1967.

Rooney David，*Kwame Nkrumah：The Political Kingdom in the Third World*，London：IB Tauris，1988.

Rahman Ahmad，*The Regime Change of Kwame Nkrumah：Epic heroism in Africa and the diaspora*，Berlin：Springer，2007.

Nkrumah Kwame，*Ghana：The autobiography of Kwame Nkrumah*，Edinburgh：Thomas Nelson and Sons Ltd，1957.

Nkrumah Kwame，*Consciencism：Philosophy and the Ideology of Decolonization*，New York：NYU Press，1970.

Nkrumah Kwame，*Towards colonial freedom*，London：Heinemann，1962.

Awuni Inusah，*A critical study of the political philosophy of Kwame Nkrumah*，Diss. University of Cape Coast，2013.

Nkrumah Kwame，*Neo-Colonialism：The Last Stage of Imperialism*，New York：International Publishers，1966.

David Owusu-Ansah，*Historical dictionary of Ghana*，Lanham：Rowman & Littlefield，2014.

Nkrumah Kwame，*Africa Must Unite*，London：Heinemann，1963.

Jean Comaroff and John Comaroff，*Theory from the South：Or，how Euro-America is evolving toward Africa*，London：Routledge，2015.

Kwadwo Mari-Gyan，"Kwame Nkrumah，George Padmore and WEB Du Bois" *Institute of African Studies Research Review*，Vol. 7，No. 1，1991.

Nimoh F.，Richmond A. R.，Asiamah M. T.，et al.，"Financial performance and constraints in gari production in Kumasi，Ghana"，*African Journal of Food，Agriculture，Nutrition and Development*，Vol. 20，No. 4，2020.

Akyeampong Emmanuel，"African Socialism；or the Search for an Indigenous Model"，*Economic History of Developing Regions*，Vol. 33，No. 1，2018.

Poe Zizwe, "The Construction of an Africalogical Method to Examine Nkrumahism's Contribution to Pan-African Agency", *Journal of Black Studies*, Vol. 31, No. 6, 2001.

Kanu Ikechukwu Anthony, "Nkrumah and the Quest for African Unity", *American International Journal of Contemporary Research*, Vol. 3, No. 6, 2013.

Ekeng Charles Clement, "Asouzu and Theory Formulation in African Philosophy", *IGWEBUIKE: An African Journal of Arts and Humanities*, Vol. 2, No. 4, 2016.

Curtis C. Smith, "Nkrumaism as Utopianism", *Utopian studies*, No. 3, 1991.

阿基沃沃与阿苏瓦达原则

戎渐歆

（清华大学社会学系硕士研究生）

20 世纪五六十年代的民族独立与去殖民化运动，促使非洲、拉丁美洲、南亚、东南亚等地陆续出现反思知识界殖民主义色彩与全球知识生产格局不平等的声音。其中，尼日利亚社会学家阿金索拉·阿基沃沃（Akinsola Akiwowo）有关理论本土化的学术思想具有一定代表性。通过提炼自约鲁巴人口头诗歌和占卜文学的社会学概念，阿基沃沃阐述了一套以"阿苏瓦达原则"为核心的本土理论，描述了以社会交往为天性的人，在通往"共同的善"的价值倡导下，于日常行动中自发遵循伦理准则、按社会期待行事的行动机制。

通过阿苏瓦达原则，阿基沃沃提出了一种由本体论、认识论出发的理论本土化路径。在后殖民主义时期全球知识生产不平等格局下，他回归当地语言和民俗学材料以解决实际社会问题的探索，为尝试破除社会学理论的西方中心主义，打造一个全球理论相互融合并彼此补充的知识体系提供了重要参考，并引发社会学界有关理论全球化进程的讨论。

本文将围绕上述两个方面对阿基沃沃的学术思想进行梳理。

一 后殖民时代的知识生产不平等

如果要更客观地对阿基沃沃工作的必要性做出评价，或更全面地理解其对社会学本土化进而走向全球化的呼吁，则首先需要对其所处时代中社会学的发展状况做一个简要回顾。

在多数曾是西方殖民地的国家，社会学与人类学研究的最初目的是通过对当地社会的描述和分析，确保帝国政府实行更有效的霸权统治，而极少关注真正有助于促进本土社会发展或牵涉当地人民生活改善的实际问题（Onyeonoru，2010；Connell，2020）。随着社会学研究的不断推进，越来越多第三世界学者意识到，这些来自北方社会的理论对第三世界国家现实状况的解释力有限，单纯套用西方概念无助于解决本国在现代化冲击下面临的社会问题（Akiwowo，1980）；而由于缺乏必要的文化共识，外来植入的概念、观点和知识往往难以被当地土著吸收或理解，却有可能因此禁锢西化教育培养下的知识分子，使源于本民族历史文化的传统智慧沦为边缘知识，甚至最终趋于消亡（Akiwowo，1988a）。

殖民统治带来的国际地位与话语权的历史性问题，时至今日依然限制着真正意义上的全球学术交流。以欧美为代表的学术中心生产理论，第三世界国家提供经验材料和数据、当地社会学家从事边缘工作的"中心—边缘"结构并未得到有效改善（Connell，2021），使第三世界学者出现明显的外向型取向（Hountondji，1997）。在对非洲各个主要国家的社会学系、研究者、理论渊源、主要研究议题与成果的基本情况进行分析后，研究者注意到，非洲本土生产的研究结果或批判理论从未在主流社会学界取得足够地位，也从未成功为主流所关心的理论问题提供所谓的"非洲视角"（Akiwowo，1980）；而第三世界的社会学者对本土理论的忽视程度相较主流社会学界更甚（Omobowale & Akanle，2017）。

对西方理论传统的推崇、对本土研究的忽视，与殖民统治的历史共同影响着本土知识分子的思想形态。本土学者不自知地使用外来眼光研究本地文化、关注西方所关切的问题、推崇欧洲与北美的理论成果（Connell，2021）。在方法论上，民族志研究依然是主流手段，即使学者研究的是自己身处的社会，依然难以摆脱中心对边缘的审视视角；而在概念框架上，继承自英国、法国的理论体系，以及从欧洲的社会经验中提取出来的概念，被视作普适性的解释工具应用到对非洲问题的处理中，而源自非洲本土的经验、概念和描述被完全忽略（Akiwowo，1980）。非洲的社会学者

"在以一种外化的方式进行思考与写作，仿佛他们本身是'外国社会学者'，只不过碰巧是非洲人罢了"（Akiwowo，1976：199）。

阿拉塔斯（S. H. Alatas，2004）在对亚洲高校教育的分析中，用"囚徒思维"（the captive mind）这一概念准确描述了上述情形。阿基沃沃则使用约鲁巴语词汇 igubinkugbin[①]形容类似的状态，即由于植入了某种外来的思想、概念或理论，受禁锢的大脑无法用除此之外的任何其他方式理解并分析社会现实（Akiwowo，1988b）。然而，社会学知识与本土历史文化背景具有密不可分的联系。长期以来，研究者一致认为，非洲文化有自己独特的认识论及世界观，且这一体系与西方逻辑存在显著不同（Connell，2021）；而亚洲各国的宗教传统也并未像西方预想的那样在现代化进程中被果断放弃，反而发挥着越发重要的作用（S. H. Alatas，2004）。

西方传统中的现代化发展既定范式并不是各个文明的必经之路（Archer，1991），而假设任何非西方国家都将经历与西方相同的城市化、现代化进程，否则便是落后或未开化的表现，更是一种普遍主义的自大。因此，主流社会学理论在全球范围内的普适性是值得质疑的，对其不加批判、全盘接受的呆板移植，极有可能导致本土学者面对当地社会问题时无法对概念、分析框架和应用方式进行准确调适，从而错失对真正关键议题的把握（S. H. Alatas，2004）或导出错误的结论（Morakinyo & Akiwowo，1981）。

社会学理论本土化的讨论在这一背景下成为西方文化体系与本土文化体系矛盾、冲突、斗争的缩影（范伟达、王兢、范冰，2008）。这一情结在广大第三世界国家中普遍存在，而在所有试图回应这一期待的学者中，较早且旗帜鲜明地提倡对本土理论赋予重视的尼日利亚社会学家阿金索拉·阿基沃沃的学术思想，具有很强的代表性与借鉴意义。

---

① Igbinkugbin，出自约鲁巴语诗歌 Ayajo Asuwada，原意是"一种不应当被种植在特定土壤中的植物"，在诗中指死亡、遗失等不好的东西不被造物主允许出现在世界上。此处阿基沃沃用来比喻外来思想被移植进本土居民的头脑中，但这些概念实际上并不契合当地人的文化传统，反而使知识分子的头脑受到毒害。

二　阿基沃沃及理论本土化思潮的发展

阿基沃沃的教育背景与民族身份极大程度地影响了他的学术志趣。1950 年，阿基沃沃入学美国莫尔豪斯学院（Morehouse College）社会学系。在这所当时全部由黑人学生组成的学院，众多著名教授向他展示了一种社会学的分析视角，让阿基沃沃意识到非裔美国人如何被置于种族等级制度之下进行看待、分析和解释，使他认识到黑人，尤其是黑人知识分子，"肩负着对他们个人及所在社群的责任，即用最清晰准确的术语描述我们所面临的逆境"（Akiwowo，1983：2）。这一领悟激发了阿基沃沃强烈的学术使命感，正如其日后在伊费大学的就职演说中所言，莫尔豪斯的教育经历反复向他强调，"伟大的思想属于所有时代、所有民族和所有地区"，且"只有那些能够以忠诚和信任的态度突破前人验证道路者，才能够带来改变"（Akiwowo，1983：2—3）。

在上述思想的引导下，阿基沃沃进入波士顿大学攻读研究生，并更为明显地意识到自己的非洲人身份在接受以西方尤其是欧美为中心的学术体系时产生的不适感。他拒绝了学校博士候选人必修两门欧洲语言的要求，申请使用尼日利亚土著语言约鲁巴语替代德语，并越发坚定地相信，自己"总有一天要以一种忠于科学真理的方式，尽其所能地打破现有的社会学传统"（Akiwowo，1983：3），扭转这一以西方为中心、殖民地为边缘的不平等知识生产格局。

1973 年，阿基沃沃入职尼日利亚伊费大学（后更名为奥巴费米·亚沃拉沃大学），担任社会学与人类学系教授；1974—1982 年同时担任 ISA（国际社会学学会）执行委员会委员。1986 年，阿基沃沃以系主任身份退休，次年加入翁多州立大学，协助该校建立社会学与人类学系并担任首席教授。

20 世纪六七十年代的伊费大学是尼日利亚思想本土化浪潮的发源地。60 年代初，伊费大学教育学院进行了一场革命性的实验，开创了一种完全以在该地区占主导地位的土著语言——约鲁巴语——进行基础教育授课的模式，随后在非洲语言与文学系的本科生授课中完全使用约鲁巴语。以此为契机，一大批有志于本土传统研究尤其是非洲知识遗产发掘的学者纷纷聚集到伊费大学，并一度推进了非洲哲学、音乐、医药等领域的前沿发展（Taiwo，2021）。在这样的氛围下，阿基沃沃于伊费大学展开了他一生中最为重要的研究课题：（1）从非洲本土智慧中找寻社会学萌芽，并最终提出了"阿苏瓦达原则"，以来自约鲁巴语口头诗歌的概念尝试构建人与社会关系的理论框架；（2）推动社会学的全球化，反思此前主流社会学全盘建立在源自西方概念和经验假设上的普遍主义立场，并力求使本土理论为世界范围内的社会学研究提供思想补充（Akiwowo，1983）。

国际社会学界目睹并推动了理论本土化思潮的发展。1960 年以来，ISA 开始有意面向世界南方接收会员，并接连推举来自非欧美国家的主席。1970 年，ISA 修改了入会章程，允许个人学者以缴纳会费的方式加入学会并参与活动，向本国缺乏成熟学术组织的第三世界社会学家敞开大门，并将"发展中国家的社会学问题及其趋势"作为 1974 年大会的主题，成为社会学理论本土化讨论在国际学界的开端。1986 年，《国际社会学》创刊，这一由 ISA 主办的国际期刊力求摆脱各国期刊选稿时的偏见，着重反映理论和经验研究的多样性，并为社会学发展本土性、普遍性、全球性的辩论提供了平台。

此后，阿基沃沃持续围绕这一话题发表论文，掀起有关多元社会学理论的第一轮辩论（Burawoy，2011），并进一步扩展了理论本土化的意义。在 1988 年发表的《社会学理论的普遍主义和本土化》一文中，阿基沃沃框定了该领域的三个核心议题：（1）主流社会学理论的概念在多大程度上可以被接受为解释世界各地人类社会的普遍原则；（2）西方社会学理论，当用在理解其他地方的社会生活和社会问题时，是否具有实证意义的有效性和可靠性；（3）非西方的社会学实证研究是否也可以对欧洲和美国社会具有阐释力（Akiwowo，1988c）。后续研究者基本遵循了这一路径，强调任何非西方的知识传统和文化实践都有可能成为潜在社会学概念的补充，并呼吁通过检验外来理论对被征服人口经历及问题的实际反应，检验西方普遍主义思想的解释力，并寻求被压制或忽视的本土替代理论（Buraway，

Chang & Hsieh，2010）。

阿基沃沃所提出的阿苏瓦达原则是这一浪潮中不可忽视的成果。他强调对非洲本土传统智慧中社会学概念雏形的发掘和提炼，尤其是当地学者研究本民族口头文学意涵的急迫性（Akiwowo，1976），并试图通过这一路径，从本体论、认识论层面实现理论本土化。阿基沃沃认为，如果说世界北部社会学理论在一定程度上对世界南部社会是有解释力的，那么世界南部的社会学理论也应该在一定程度上对世界北部的社会具有阐释性（Akiwowo，1988c）。在这层意义上，西方社会学和本土社会学的关系，应当是南北理论的平等互融和互补，而不是西方社会学对所谓边缘的或其他的社会学的教诲和规训。

这一描述将本土性与普遍性之争向前推至了社会学理论的全球性假设，即通过一个"基于团结的认识论"，打造出不同地区社会理论之间互为补充、多元共存的良性环境，以此在知识层面更加靠近一个广泛适应的体系（Connell，2021），并在实际问题的处理中展现出更为强大的解释力。理论本土化的最终归宿，应当是通过知识分子的努力，持续靠近阿基沃沃不断强调的概念 ifongbotayese 的内涵——用智慧重塑世界。基于这一立场，阿苏瓦达原则给出了示范。

三　阿苏瓦达原则

（一）"To Asuwada"：以价值为核心的社会形态

阿苏瓦达（Asuwada），意指"世间万物有目的的聚集过程"（Akiwowo，1986：347）或"有意识的造物刻意彼此交织在一起，以达成共同目标"（Akiwowo，1983：13）。阿基沃沃从非洲本土文化中提取的这一概念来自当地 Ifa 占卜系统①中的一篇约鲁巴语神谕诗歌 Ayajo Asuwada。每当土著居民为新落成的定居点举行祭祀时，这首描述至高神创造世界、人与

---

① Ifa 是约鲁巴的占卜与信仰系统，被认为是当地司掌智慧、知识的 Orisha（神灵）Orunmila 降下神谕、做出预言的方式。Orunmila 被视作至上神或造物主 Olodumare 的使者，意指"智慧的灵魂"。在西非信仰体系中，Orunmila 的教诲是极其重要的，构成了当地哲学体系不可或缺的一环。

人建立社会的诗歌就会被背诵。在 Ayajo Asuwada 的诠释中，造物主 Olodumare 创造 iwa 并将其灌注到大地中，使之成为世间各类生灵；而基于阿苏瓦达原则，大地被视为植入和培养"善"的地方，死亡、疾病、失去等"恶"的因子则不被允许存在（Akiwowo，1986）；降世的万物则根据阿苏瓦达原则，天然地聚集在一起并彼此联结，最终达成"共同的善"（iregbogbo）。

上述创世神话中，至少有两点需要特殊关注。其一，在约鲁巴神话中，造物的核心是"义瓦"（iwa），这一单词意为存在（being）和品格（character）。约鲁巴人的传统信仰相信万物都有其精神层面的本质属性（Omobowale & Akanle，2017），精神与肉体被视作一个完整整体，与基督教传统中灵肉分离的假设具有明显差异（Morakinyo & Akiwowo，1981）。义瓦所代表的精神力量是人之为人的本质，它不仅会指引个体的行为，人的日常举止也被视作义瓦的表达方式（Akiwowo，1999）。在阿基沃沃的部分著述中，义瓦也被直接定义为"正确的举止"（Akiwowo，1983），也即所谓的被社会接受且期待之品格（Omobowale & Akanle，2017）。而由于义瓦基于阿苏瓦达原则被创造，故人天然具有寻求集群、追求完善的冲动。作为阿苏瓦达的造物，人类的社会性是其天然具有的能力，人因此能够有意识地与其他个体建立纽带，并为了共同的目标、作为一个整体社群而生活（Akiwowo，1983）。

其二，Ayajo Asuwada 花费大量篇幅描述了世间万物以集群形式保持存在的状态。在约鲁巴传统神话的描述中，万物因遵循阿苏瓦达原则而存在于群体之中。阿苏瓦达原则本身代表着一种集体主义价值，即认为社会中的人才有意义，而独立的个体在没有社区归属的情况下无法保持存续。而对善恶价值的定义，同样来自个体是追求集群和联结还是分化与分裂（Akiwowo，1986）。

"聚集带来完美"的价值取向普遍存在于约鲁巴神话之中。信奉 Orunmila 的约鲁巴人认为，世界是一个不断通往完善状态的连续过程，这一变化尽管不是单向、线性的，但社会将始终以共同的善为目标前进（Akiwowo，1999）。

约鲁巴神话体系中的"聚集"或"集群"的概念强调有机联系，即群体的各个部分通过组合在一起获得更多功能、发挥更大价值，并通过彼此的关联获得其本质属性。在这个意义上，阿苏瓦达原则提倡的价值类似于"社会整合"，但这种整合的冲动被认为是来自人类的天性。在土著传说 Akatagbirigbiri 中，原先独立存在的脑袋、脖子、腰、大腿等器官为了成为更大的 Asuwada 并实现更多的功能，逐渐彼此联结、组成有机的整体，由分散走向完整；而身体各个部分的功能，则被内化为这一整体所拥有的能力（Akiwowo，1999）。

阿基沃沃指出，这一来自传统智慧的描述代表了非洲本土社会理解世界范式与西方理论存在根本差异。正如 Ayajo Asuwada 中认为人无法脱离群体生存一样，在 Akatagbirigbiri 传说中，事物本身并不具有内在的属性，而其属性的获得乃至潜能的充分发挥，均来自与其他存在的有机联结（Akiwowo，1999）。阿苏瓦达原则代表的由整体到个体的认识论，在整个约鲁巴神话体系中保持了一致；而该理论体系的核心，正是一个以聚集、联结为最高价值，且不断为这一共同的善走向团结与完美的社会形态。

（二）"人之为人"：微观互动机制

在上述宏观价值体系之下，阿基沃沃进一步从约鲁巴本土智慧中提炼出人与人的具体社会互动原则，即所谓的"人之为人"的四个方面。这四个概念分别是：（1）"义瓦"（iwa），存在或品格；（2）"义乎瓦斯"（ihuwasi），行为模式；（3）"义赛斯"（isesi），行事逻辑；（4）"阿卓姆斯"（ajumose），同步协作。由于约鲁巴文化强调精神力量的传统，人被视为价值的容器、举止被视为义瓦的表达（Ademoyo，2009），因此行为模式和行事逻辑往往也被统一视作对个体精神价值的常态化表达。Ajumose 则意指一种同步行事的状态，且一般特指人们"为了促进社会进步与存续而向某一共同目标努力"（Omobowale & Akanle，2017：47）。

"人之为人"的概念同样体现出集体主义底色与对互动性的强调。在约鲁巴传统中，好人（omoluabi）指那些按照社会惯例形式、符合群体期待并表现出良好品格的人（Omobowale & Akanle，2017），而阿卓姆斯的内涵，也体现出在当地社会中个体被期待甚至被要求通过自身行动为社会福祉做出贡献。由于人是阿苏瓦达原则的造物，个体被认为天然具有与他人建立纽带、共同生活，并按照人之为人的要求向着社会共同善的目标一致行动的能力。这一人趋于合作的天性假设，与西方传统中适者生存的竞争逻辑明显不同。另外，社会互动也被视为人之为人的必要条件。约鲁巴人强调，人的行为只有在获得他人基于某种共同价值的认可的时候，他的义瓦才会在社会意义上显现（Akiwowo，1999）。

鉴于阿苏瓦达原则持续强调集体和社群在价值上的崇高地位，"人之为人"的四个方面所指出的来自社会的约束，对个体规范自身行为来说应当是有效的。社群中紧密的人际纽带以及来自信仰体系的价值倡导，将有助于促成社会群体成员在自觉或不自觉的情况下向着有利于社会存续的共同目标行动，即"社会成员为了达成阿卓姆斯的目标，彼此展现社会期待的义瓦、义乎瓦斯及义赛斯"（Omobowale & Akanle，2017：49）。

在阿苏瓦达原则的串联下，约鲁巴文化传统中宏观的社会目标与微观的个人追求是高度统一的。这一统一追求即所有口头传说不断强调的、由造物主注入大地的"共同的善"（ire-gbogbo）；而对一个好的社会形态来说，共同的善具体表现为以下五种价值：健康终老（ire aiku）、财务安全（ire-woo）、爱与陪伴（ire oko-aya）、亲子照顾（ire-omo）以及确保自我实现（ire abori ota）（Akiwowo，1983）。由于宏观、微观目标的一致性，阿苏瓦达认识论对集体主义价值的倡导并不意味着对个体价值的倾轧。个体在社群中成为符合期待的存在并通过与他人的联结获得意义，而一个理想的社群又同时保障了个体的需求与自我实现，并以此维系社会纽带。

（三）Ajobi 与 Ajogbe：对社会转型的描述

为了使阿苏瓦达原则能够对尼日利亚现实社会做出描述，阿基沃沃从约鲁巴文化中引入了两种被视为基本社会关系的概念①：（1）"阿卓比"

---

① 在实际使用中，Ajobi 和 Ajogbe 更接近对社群特质的描述，即"基于血缘的社群"和"基于同住关系的社群"；描述人际关系纽带时，派生的约鲁巴语词汇是 alajobi 和 alajogbe，即"血缘的"与"住在一起的、相邻的"。两者具有词性上的差异，本文仅讨论理念，故不做区分。

（Ajobi），指血缘纽带（consanguinity）；（2）"阿卓伯"（Ajogbe），指地缘纽带（co-residentship）（Akiwowo，1983）。

但是，正如批评者所强调的那样，阿基沃沃对阿卓比和阿卓伯概念的阐释始终是模糊的（Lawuyi & Taiwo，1990）。这种模糊性首先来自定义本身。在最初的表述中，阿基沃沃指出，血缘之所以能够带来人与人之间的团结，是因为人们"在共同生活中意识到彼此的共同利益所在"（Akiwowo，1983：24）。然而，血缘本身并不意味着共同生活，也并不代表共同利益。阿卓伯的定义也面对类似的问题。

其次，阿卓比与阿卓伯之间的关系也并不清晰。阿基沃沃将他的分析置于尼日利亚殖民与后殖民时期剧烈的社会动荡之中，指出18世纪随着本土经济与欧洲资本主义市场接轨，原有的团结的亲族纽带被竞争、嫉妒和冲突打破，社会动乱导致的骨肉分离甚至兄弟相残，使阿卓比成为不可靠的纽带。为了重建人与人之间的联结，一种新型的社会关系阿卓伯在陌生人之间诞生了，这一纽带的建立，与此前的亲族关系一样，均出于个体共同的对好的社会的向往与价值追求。

根据这一描述，阿卓比与阿卓伯的出现是具有时序性的。阿基沃沃本人也曾引用约鲁巴人的谚语证明了这一社会转型中人际纽带的变化："人与人的关系中再也没有阿卓比（alajobi），只留下阿卓伯（alajogbe）。"（Akiwowo，1983：10）然而事实上，无论是后续研究者的描述还是阿基沃沃本人的回应，都强调了两种社会关系的变化不是单纯的彼此替代，也并非任何一个纽带的彻底消失，而只是反映一种社会转型的趋势（Makinde，1988；Akiwowo，1991）。作为补充，阿基沃沃通过"义巴伯"（ibagbe）（同居，和他人一起居住）及"义达伯"（idagbe）（独居）这两个单纯描述生活状况而不涉及人际纽带的概念，解释了转型时期人际交往倾向的改变，以及社会变迁体现在个体出现了降低自身与社群联系的普遍趋势，义达伯逐渐替代义巴伯，成为人们选择的生活方式（Akiwowo，1991）。

这一修正在一定程度上规避了原有概念的问题，但通过重新回归个体选择与社会宏观趋势的方式，并没有办法填补阿苏瓦达原则在社会纽带形成、转变的具体机制上的解释力缺陷。更进一步地，无论尼日利亚近现代的社会转型导致的是阿卓伯对阿卓比的替代，还是个人由集群向独居转变的思想趋向，由于阿苏瓦达原则在价值上的高度统一，二者依托的理想的人寻求整合的本质与社会追求共同善的特性都是一致的（Makinde，1988）。因此，阿卓比的崩解，即意味着这一整套人与人之间的协作体系已然崩塌，而在不依靠上述微观互动机制的情况下，阿基沃沃本人（1999）也承认，阿卓伯乃至整个阿苏瓦达原则仍然存在的可能性微乎其微。

然而，阿卓比与阿卓伯概念对约鲁巴人社会交往状况的描述依然是精确的，即二者是平行且共存的一组概念，分别指代亲疏有别的两种人际联系。其中，阿卓比指代的亲缘纽带始终存在于本土文化传统中，阿卓伯则来自应对外来的现代化进程、走出熟人社会而与陌生人产生联系的要求。转型中的尼日利亚本身即是一个不断生长的阿卓伯，而生在其中的人民，在阿基沃沃看来，正需要再度建立社会纽带、重新认知持续变迁中的周遭环境，并通过对共同的"好的社会"的追求重塑社会凝聚力（Akiwowo，1983）。而他试图在尼日利亚或西非地区解决的上述困境，实际是在去殖民化与民族独立过程中，第三世界国家共同面对的全球性问题。

四　本土理论的必要性与局限性

围绕理论本土化的争议从未停歇。激烈的反对者认为，所谓的本土化理论只是一种极端相对主义的尝试，或受到意识形态的驱使，从而无视了人类社会交往、组织、权力运行的底层规律具有世界范围内的普适性（Sztompka，2011）。来自当地文化传统的新兴社会学概念，经常被质疑为常用术语在不同语言中的替代品，而不具有真正的创新意义（Lawuyi & Taiwo，1990）。相对温和的反对者则质疑本土理论的解释力是否具有地域局限性（Quah，1993），并指出强调"差异"带来的特色，会使本土社会学在挑战西方中心主义的普遍性假设的同时，重新被困在文化—民族主义的狭隘立场中（Patel，2021）。研究者认为，本土化理论意图解决的首要目标，是处理当地社会面临的实际问题，这与普遍性理论追求建构完整的知识体系的目标并不矛盾，除非必须使用完全排他的、来自本土设定的概念体系，否则完全可以通过方法论的本土化与更为细致的比较研究解决二者之间的冲突（Quah，1993）。但折中的本质依然是西方中心主义，其核心逻辑仍旧是将西方经验中生长出来的传统理论作为中心，而要求身处边缘的第三世界国家进行配合与适应。

对本土理论必要性的指控往往来自主流思维方式的沿用，即阿拉塔斯（S. H. Alatas）提请学界注意的"囚徒思维"。阿苏瓦达原则集体主义而非个人主义的价值基础，已经充分证明了本土理论确实具有与西方传统不一致的文化来源。第三世界学者确实需要对理论中出自当地传统的前提"进行来自实证经验的辩护或证伪"（Omobowale & Akanle，2017：45），但这绝不意味着普遍主义的解释框架能够甚至应该无视知识在地域上的非同质性。

另一障碍是语言差异。在批评阿苏瓦达原则的模糊性时，Lawuyi 与Taiwo（1990）通过文本分析，指出了阿基沃沃对"阿苏瓦达"（asuwada）这一单词三种意涵不同的使用方式。然而，考虑到约鲁巴语天然的一词多义现象，阿苏瓦达原则这一本质建立于价值规范上的倡导并不依靠精确、唯一的定义，而对词汇丰富含义的强行统一只会"极大地缩减这一概念在约鲁巴思想中的广泛应用"（Akiwowo，1991：248）。相反，阿基沃沃认为，语义学上的详细分析会提升本土理论交流、讨论的可行性，因为Lawuyi 与 Taiwo 对三种释义的解读证明了，只要拥有对口头文学语境的充分理解，"本土概念就能够以英语的形式被理解和解读"（Akiwowo，1999：117）。

对第三世界国家经验研究的分析给出了探索土著智慧的必要性来源，即移植西方理论体系的做法在实证上会导致无效甚至错误。阿基沃沃对约鲁巴人的实地考察证明，过往的大量研究均未能正确认知当地居民对"我""个性""动机"的概念，而是强行用外来的思维框架对土著的日常行为与精神活动进行分析，并导出了许多带有偏见的错误结论，如强调非洲落后的集体主义生活方式限制自我身份认同和个性发展（Morakinyo & Akiwowo，1981）。而 Onyeonoru（2010）通过回顾非洲公众政治参与的实证研究指出，西方传统中公域、私域的连续性在非洲文化中并不存在，所谓"公域"中的行为并不受一贯的道德约束。人们的道德意识仅在由熟人和本民族社群构成的原始领域（primordial public）中生效；而西方传统意义上的市政领域（civic public），被认为是外来殖民者主导、管理的空间，当地土著并不对其拥有归属感（Onyeonoru，2010）。而上述"双胎公众"的存在（景军，2022），是非洲各级政府腐败及国家凝聚力严重缺失的根源。尼日利亚多民族、多语言、多宗教、文化差异性极强且彼此矛盾严重的现实，使各民族的团结变得越发困难。"尼日利亚不值得为之赴死，但可以为自身所处的民族团体赴汤蹈火"（Ekeh，1992：198），是对非洲民众心理的准确描绘。

事实上，这一类有关公共事务的研究很好地解释了功能主义者试图恢复尼日利亚乃至非洲全境的社会稳定时遭遇的困境。西方普遍主义理论不仅不是非洲社会分裂现状的解药，这一外来价值的输入本身甚至以土著居民无法适应或参与的方式重构了当地社会结构，并最终成为问题的根源。因此，一场建立在非洲社会现实上的范式转型是有必要的（Onyeonoru，2010），阿基沃沃提出的阿苏瓦达原则在这一背景中具有明确的建设性（Omobowale & Akanle，2017），其本土化主张指向促进社会团结的终极目的，而绝非原始主义的回归（Connell，2021）。

阿基沃沃的本土化尝试不仅体现在尝试从来自口头诗歌的传统文化形式中寻找替换西方社会学基本概念的理论资源，更表现为他通过对约鲁巴人的民俗学分析，在本体论层面完成的不同于霍布斯自然状态假设的平行解释。来自非洲大陆的经验观察让阿基沃沃相信，人与万物一样天然以集群的形式存在自然之中；由此提炼出的有关人性及人与社会关系的终极前提，即人本能寻求联结与聚集的社会性（Ademoyo，2009）。

阿基沃沃对人的天性的积极假设，一方面呼应了阿苏瓦达原则中个体与社会目标的高度一致性；另一方面说明了为何该原则必然以价值倡导的形式存在。阿苏瓦达原则中本土概念的来源——Ifa占卜系统的口头文学，不仅是非洲部分地区重要史料来源，更记载着大量土著文化、思想智慧及世界观（Payne，1992），包含大量流传至今的土著民俗、歌曲、谚语、真理及习语（Morakinyo & Akiwowo，1981）。与西方世界不同，巫术信仰和精神崇拜从未从约鲁巴人的生活中离去，占卜依然承担重要的社会功能，被视作沟通神灵和祖先的方式，能够指导当地人的日常生活并给出建议（Payne，1992）。从这个意义上说，占卜系统在约鲁巴当地社会中被视作天然的价值系统，补全了阿基沃沃构建的本土理论中由宏观倡导到个人行动的机制，并因此使阿苏瓦达原则由单纯的对约鲁巴民间智慧的发掘，转为一项在非洲行之有效的社会学范式。

但阿苏瓦达原则的局限性显然也来源于上述机制。文化背景在理论本土化中仿佛一个悖论，即越回归原始语境、越与当地传统相结合，理论的解释力越强，机制设计也越完善。然而，根植甚至依赖本土环境的理论很难真正超越地域限制应用于其他文化背景（Connell，2021），从这一视角来看，源自地方传统的思想萌芽要成为通行的、可以指导实际研究的社会学概念，或许依然为时过早。

五　从普遍性、本土性到全球性

阿基沃沃并非将本土理论作为替代主流社会学的研究视角，而是旨在进行一种双向的尝试，对内寻找与母文化的密切联系，对外与全球社会学共同体展开对话（Akiwowo，1991）。这一取向源于第三世界社会学家面临的双重任务。一方面，为了获得主流学界的认可，他们必须为普遍知识体系的拓展作出贡献；另一方面，来自本土历史与社会现状的召唤，使他们迫切想要为当地的社会问题找寻解决方案（Quah，1993）。

阿基沃沃持续呼吁本国知识分子对尼日利亚的社会问题报以关注，围绕其 ifongbotayese（"用智慧改造世界"）的期望，一批学者对当下本土社会学家的紧要任务做出了阐述，包括通过"寻求一种符合非洲的人性理念的方式"（Payne，1992：177），提升当地社会的生活质量并促进发展，以及致力于对本国的社会问题提出解决方案，"不仅出于对知识的好奇，而是承担历史使命，通过思想影响社会变革"（Onyeonoru，2010：18）。

多个国家的发展历史证明，社会政治环境催生出的这种感召对理论本土化的推进往往是决定性的（范伟达等，2008）。19 世纪末 20 世纪初，中国社会学的诞生和前期发展同样始终围绕着"救亡图存"的重要议题，知识分子对当时中国面临的民族危机的多重认识，显著影响了这一时期的社会学研究方向；改革开放时期，受市场化转型的社会经济环境影响，复苏不久的中国社会学将"富民"作为核心关切，对各种形态发展模式和社会变迁的关注成为当时研究的主要特征。与之类似的，经历殖民的第三世界国家的社会学发展，往往通过回归传统智慧反抗西方的凝视，利用各种方式保存土著知识、记录殖民历史（Connell，2021），以传承本民族的智慧结晶，并不断强调现代化进程中不平等与剥削压迫的历史，批判西方社会学体系对此的沉默态度（Patel，2014）。

佀本土理论的现实发展遭遇了极大阻碍。殖民主义为南方世界带来了不可逆转的影响，外来的语言成为高等教育、期刊出版等智力活动的常用媒介，并形成了新的文化统治阶级（Connell，2021）；教学研究领域的歧视依然存在，即使第三世界学者能够参与全球性项目，大多也是以资料收集助手的身份，而非真正的合作者（曼德维尔、张友云，1994）。此外，极小的本土社会学圈子需要频繁交流与专业化的会议以实现知识成果的分享，佀成熟学界组织的缺失使学者间的合作变得困难（Akiwowo，1976）。与此同时，在许多非洲国家，大学及教育系统受统治者政策的密切影响，动荡社会带来的财政危机使得社会科学方面的教育经费被进一步缩减（曼德维尔、张友云，1994），而本土学者往往对此没有任何话语权。新兴理论的推广同样遭遇困境。主流社会学对南方世界的科学理论与实践的"幼稚化"（Patel，2014），使讨论阿苏瓦达原则或其他本土理论，既无助于当地学者向上攀爬、谋得更好教职，也无益于在全球主流研究领域获得地位，而那些有意在教学中进行推广的讲师，也会发现自己的学生对此毫无兴趣（Omobowale & Akanle，2017）。

第三世界学者意识到，改变全球知识生产的不平等格局的关键在于让土著经验对社会学主流产生贡献，并打破全球知识同质性的幻想（Connell，2021）。这一对普遍主义的反抗趋势并不意味着回归相对主义和文化保守。Albrow（1999）将社会学的学科发展概括为普遍化、国家化、国际化、本土化与全球化①五个阶段。其中，本土化阶段被视为一种对不同国家文化传统的强调及对来自第一世界国家理论适用性的检验，能够为社会学研究提供新的视角；而随之到来的全球化，则被希望能够实现前述所有阶段理论成果的交融和互动，并建立各国社会学家自由交流的平台（Quah，1993）。

这一对全球性概念的阐释，抓住了以阿基沃沃为代表的第三世界学者对新兴理论的本质期待。阿基沃沃并不强调非洲传统的特殊性，反而认为理论应当建立在对人类价值追求的共通性之上（Taiwo，2021）。从约鲁巴文化传统中，阿基沃沃找到了非洲神话对多元论的描述②，并借用"混沌逻辑"（fuzzy logic/thinking）的概念，指出源自地方智慧的本土理论与现阶段的主流范式并不是非此即彼的关系，而是作为平行解释或替代视角，对全球知识体系做出有益补充（Akiwowo，1999）。随后，国际社会学界延伸"一个世界的社会学"（Sociology for One World）主张，试图通过探索人类社会共同的价值假设，弥合理论的相对性与普遍性之间长期存在的矛盾（Archer，1991），在尊重地方差异的前提下，最终使来自各个种族、地区、文化背景的知识都能够为社会学提供补充、彼此交融（Albrow，1987）。而对现实的考察、共通的推理与理解方式及对人性的回归，共同组成了这一全球化主张实现的基础（Archer，1991）。

第三世界国家之间的学术合作应当在这一过程中发挥关键作用。只有当来自世界边缘地区的经验充分融合，形成一股足以与北方世界的传统理论相抗衡的力量时，学术领域的西方中心主义及不平等知识生产格局才有可能得到彻底颠覆（Connell，2021）。

南南合作首先体现在亚非拉国家学者彼此借鉴，寻找理论共同点的尝

---

① 原文为：universalism, national sociologies, internationalism, indigenization, and globalization。

② 阿基沃沃讲述了约鲁巴神话体系中的一个故事，掌管智慧的神灵 Orunmila 称要赠送掌管战争的神灵 Ogun 一位美妇做妻子，Ogun 却在进屋时看见一名垂垂老矣的年长女性。Orunmila 于是教导说，现实的开端和结局并不是彼此排斥的，而生命也不是"要么年轻、要么老不年轻"，而是始终处在一个"同时年轻且不年轻"（both being young and not being young）的状态。（源自 Akiwowo，1999：126—127）

试上。阿基沃沃对阿苏瓦达原则及阿卓比和阿卓伯概念的分析，以及非洲政治参与领域"双胎公众"（two publics）现象，所体现出的将亲族利益置于首要地位的意识，与费孝通的"差序格局"有惊人的相似性（景军，2022）。与之相对的，通过对马克思、毛泽东及非洲社会的辩证法的比较分析，阿基沃沃指出，马克思主义历史观中一切都在不断发生变化的观点，能在非洲诗歌中找到类似的表达；而毛泽东提出的矛盾统一原则，也与非洲人对向善的双重的力的阐释相契合（阿基沃沃，1989）。同样地，来自他者的理论也有可能为本国的问题提供全新且有益的解释视角。阿基沃沃（1989）对阿拉塔斯（S. H. Alatas）"囚徒思维"的借鉴，以及非洲学者在民族运动进程的国别研究中对毛泽东辩证法的参照，同样体现出南南合作对理论生产的推动力。

南南合作的另一侧面是学术机构之间的频繁交流与学者互访。通过促进南方国家对彼此的了解，消除学界直接对话的阻碍，有助于摆脱第三世界研究者必须通过欧美等学术中心进行交流的依附格局，进一步促进全球知识生产模式的平等（龚浩群，2014）。亚非拉国家之间实际的学术合作，也能够使来自社会各界的理论生产者共同编织民主开放的思考、交流空间，有助于南方理论被世界认知（康奈尔，2014），并推动全球化社会学的建立。

第三世界国家的互助与彼此研究也能够为社会学研究提供新问题。近年来日益活跃的亚非合作，使得区域研究不再局限于本土的文化背景。移民问题、外资入驻后两国文化的社会碰撞，都使得跨越国界及空间限制的区域研究成为全球化浪潮下的重要议题（龚浩群，2014），而对这些交错的现实案例的研究，正需要通过各个本土理论的合作、互容来实现。这是南南合作为全球知识生产作出贡献的又一方向。

六　总结与讨论

本文通过对尼日利亚社会学家阿金索拉·阿基沃沃提出的"阿苏瓦达原则"的具体分析，探讨了一种由本体论、认识论出发的理论本土化路径。建立在对后殖民主义时期全球知识生产不平等格局的认识之上，阿基沃沃回归非洲本土语言和民俗学材料，试图发掘出脱离西方社会科学概念和词汇的理论成果，并在去除社会学理论的地域偏见、打造一个南北理论互容互补的知识体系的问题上做出了重要阐述。

阿苏瓦达原则的提出，顺应了尼日利亚社会剧烈转型的历史背景，成为阿基沃沃及后继本土学者回应现实问题、承担社会责任的体现。通过对西方中心理论的批判和实证分析，阿基沃沃指出了外来理论移植到本土土壤中时存在的不适配与错误，证明了一套源自地方经验的新兴理论的必要性，并强调了这一理论同样能够为北方世界的社会学研究提供有价值的参考。阿基沃沃从区域文化而非民族身份的角度来强调本土性，避免了陷入文化中心主义的窠臼，并探索了通过建立自身主体性而非强求他者立场（何祎金，2022）的方式研究本国社会问题的路径。在这一意味上，围绕理论的本土性与普遍性之争，最终指向一个全球性的主张，即来自不同地区的经验应当以平等对话、相互尊重的模式，基于共通的现实、推理和人性，推动更广泛的学科共识的建立。在当今学界掀起的对"一个世界的社会学"之广泛讨论，正是阿基沃沃毕生探索的理论本土化路径期望指明的理想状态。

阿基沃沃有关学术本土性与全球性的论述，对中国社会学的进一步发展具有重要借鉴意义。一方面，中国与后殖民主义时代的非洲学界均面临相似的困境，希望从西方社会学的影响下摆脱出来，找出属于本土的道路；另一方面，阿基沃沃回归传统文本、寻找神话中社会联结原则的尝试，体现出他面对剧烈结构变迁中社会组织破碎、分裂的忧虑，以及"在功能主义者的范式下进行社会分析"的考量。而这一现代化冲击的大背景，也与我国学者萌生出理论本土化的迫切期待的社会政治环境相似。此外，尽管中国社会学方法论的本土化随着几代知识分子不断推进的社会调查有所拓展（范伟达等，2008），建立在本土社会状况之上的实证分析体现出了中国问题的特殊性，但对概念及话语体系的反思仍然停留在设想阶段，始终未能在理论普适性的阐释上做出具有影响力的突破。在这一层面，阿基沃沃的"阿苏瓦达原则"展示了一条从概念构建出发的本土化路径，检验这一从当地传统智慧中汲取养分并最终构建对人与社会关系的理论解释框架的探索是否行之有效，也能为我国本土理论研究提供一定参考；而阿基沃沃与其他第三世界理论家所呼吁的南南合作，也值得成为我国学界继续探索的方向。

参考文献：

［尼日利亚］阿金索拉·阿基沃沃：《辩证法和社会学：一位第三世界社会学家的观点》，刘达超译，《国际社会科学杂志》（中文版）1989 年第 1 期。

范伟达、王竞、范冰：《中国社会调查史》，复旦大学出版社 2008 年版。

龚浩群：《全球知识生产的新图景与新路径：以推动"亚洲研究在非洲"为例》，《中央民族大学学报》（哲学社会科学版）2014 年第 2 期。

何祎金：《从学术依附到多元本土化：非西方社会学的历史反思与学科重构》，《求索》2022 年第 3 期。

景军：《南部理论：人类学思想的他者建树》，《民族研究》2022 年第 1 期。

［澳］瑞文·康奈尔：《来自南方的性别反思》，王洪喆译，《新闻与传播研究》2014 年增刊。

［塞内加尔］塞恩迪卡·曼德维尔：《非洲社会科学的问题与前景》，张友云译，《国际社会科学杂志》（中文版）1994 年第 2 期。

Akiwowo A. A. , *Ajobi and Ajogbe：Variations of the theme of Sociation*, Ile-Ife：University of Ife Press, 1983.

Akiwowo A. A. , "Indigenization of the Social Sciences and Emancipation of Thought", *Valedictory Lecture delivered at Oduduwa Hall*, Ile-Ife：Obafemi Awolowo University, 1988.

Alatas S. H. , "The Captive Mind and Creative Development", *Indigeneity and Universality in Social Science：A South Asian response*, Sage, 2004, pp. 83 – 98.

Albrow M. , King E. , *Globalization*, *knowledge and society*: *Readings from international sociology*, Sage, 1990.

Buraway M. , Chang M. , Hsieh M. F. , *Facing an unequal world*: *Challenges for a global sociology*, Taipei: Institute of Sociology, Academia Sinica, International Sociological Association, 2010.

Connell R. , *Southern theory*: *The global dynamics of knowledge in social science*, Routledge, 2020.

Ekeh P. P. , "The constitution of civil society in African history and politics", *Democratic transition in Africa*, Ibadan: CREDU, 1992.

Hountondji P. J. , *Endogenous knowledge*: *Research trails*, Dakar: CODESRIA, 1997.

Ademoyo A. A. , "Purpose, human sociality and nature in Akiwowo's sociology of knowledge: A realist interpretation", *African Sociological Review*, Vol. 13, No. 2, 2009.

Akiwowo A. A. , "The Role of Social Scientists in Africa: Further reflections", *International Social Science Journal*, Vol. 28, No. 1, 1976.

Akiwowo A. A. , "Trend Report: Sociology in Africa today", *Current Sociology*, Vol. 28, No. 2, 1980.

Akiwowo A. A. , "Contributions to the sociology of knowledge from an African oral poetry", *International Sociology*, Vol. 1, No. 4, 1986.

Akiwowo A. A. , "Dialectics and Sociology: Viewpoints of a Third-world Sociologist", *International Social Science Journal*, Vol. 40, No. 1, 1988.

Akiwowo A. A. , "Universalism and Indigenisation in sociological theory: Introduction", *International Sociology*, Vol. 3, No. 2, 1988.

Akiwowo A. A. , "Responses to Makinde/Lawuyi and Taiwo", *International Sociology*, Vol. 6, No. 2, 1991.

Akiwowo A. A. , "Indigenous Sociologies: Extending the Scope of the Argument", *International Sociology*, Vol. 14, No. 2, 1999.

Albrow M. , "Editorial: Sociology for one world", *International Sociology*,

Vol. 2, No. 1, 1987.

Archer M. S., "Sociology for One World: Unity and Diversity", *International sociology*, Vol. 6, No. 2, 1991.

Burawoy M., "The last positivist", *Contemporary Sociology*, Vol. 40, No. 4, 2011.

Connell R., "Contesting Northern knowledge: Akinsola Akiwowo and the worldwide struggle to change the social sciences", *Journal of Contemporary African Studies*, Vol. 39, No. 3, 2021.

Lawuyi O. B., Taiwo O., "Towards an African sociological tradition: A rejoinder to Akiwowo and Makinde", *International Sociology*, Vol. 5, No. 1, 1990.

Makinde M. A., "Asuwada principle: An analysis of Akiwowo's contributions to the sociology of knowledge from an African perspective", *International Sociology*, Vol. 3, No. 1, 1988.

Morakinyo O., Akiwowo A., "The Yoruba ontology of personality and motivation: A multidisciplinary approach", *Journal of Social and Biological Structures*, Vol. 4, No. 1, 1981.

Omobowale A. O., Akanle O., "Asuwada epistemology and globalised sociology: Challenges of the south", *Sociology*, Vol. 51, No. 1, 2017.

Onyeonoru I. P., "Challenges of doing sociology in a globalizing South: Between indigenization and emergent structures", *The Nigerian Journal of Sociology and Anthropology*, Vol. 6, No. 1, 2010.

Patel S., "Afterword: Doing global sociology: Issues, problems and challenges", *Current Sociology*, Vol. 62, No. 4, 2014.

Patel S., "Sociology's encounter with thedecolonial: The problematique of indigenous vs that of coloniality, extraversion and colonial modernity", *Current Sociology*, Vol. 69, No. 3, 2021.

Payne M. W., Akiwowo, "Orature and Divination: Approaches to the construction of an emic sociological paradigm of society", *Sociological Analysis*,

Vol. 53, No. 2, 1992.

Quah S. R., "The native sociologist and the challenge of science: National, indigenous and global sociologies", *Current Sociology*, Vol. 41, No. 1, 1993.

Sztompka P., "Another Sociological Utopia", *Contemporary Sociology*, Vol. 40, No. 4, 2011.

Taiwo O., "Akins o la Akiwowo: An intellectual appreciation", *Journal of Contemporary African Studies*, Vol. 39, No. 3, 2021.

墨西哥人类学家加米奥的
《锻造祖国》

张青仁

（中央民族大学民族与社会学院教授）

王　越

（中央民族大学民族与社会学院硕士研究生）

曼努埃尔·加米奥（Manuel Gamio）是墨西哥著名的人类学家、考古学家，也是墨西哥印第安主义思想家，被后世誉为"墨西哥现代人类学之父"。作为墨西哥现代人类学的开山者，他的《锻造祖国》（*Forjando patria：Pro-nacionalismo*）是墨西哥第一部严格意义上的人类学著作。秉持文化相对论的加米欧驳斥了墨西哥社会中长期存在的歧视印第安人的状况，主张印第安人是墨西哥民族的起源，印第安文化是墨西哥民族国家基石。加米奥认为，导致墨西哥民族国家建设出现困境的根源在于种族主义渗透下的种族区隔与传统，应当以混血种族为主体民族，以种族与文化融合完成墨西哥民族国家的建设。人类学研究应当致力于推动种族的混血与融合，回应墨西哥民族国家建设的需要。20 世纪 60 年代后，对《锻造祖国》的批判指出了其中存在的种族主义与实证主义遗留、混血观念的同化倾向以及忽视印第安人的主体地位等问题。虽然如此，《锻造祖国》集中体现了 20 世纪初墨西哥知识分子对墨西哥和拉美文明独立性的思考，表达着学科肇始的墨西哥人类学研究对民族国家建设积极投入，在种族主义根深蒂固的墨西哥社会具备着划时代变革的意义，对大革命后印第安问题的解决与墨西哥社会的稳定起到了重要的作用。

一　曼努埃尔·加米奥个人生平

曼努埃尔·加米奥于 1883 年出生在圣科斯梅（San Cosme）的一个矿主家庭。当时的墨西哥，正处于迪亚斯统治之下。在接连遭受法国入侵墨西哥，美墨战争与超过三分之一的领土被迫割让后，墨西哥知识分子深刻地意识到新旧殖民主义与帝国主义势力并不可能对墨西哥这个新生的国家给予支持，民族主义的情绪开始滋长。美国对拉丁美洲其他国家的干预也激起了拉美知识分子的反思。1856 年，智利政治家弗朗西斯科·毕尔巴鄂（Francisco Bilbao）在巴黎的一次演讲中首次使用了拉丁美洲（America Latina）的概念（Calvi，2016）。哥伦比亚人何塞·玛利亚·托雷斯·卡伊塞多（José María Torres Caicedo）在一首名为《两个美洲》（*Las dos Américas*）的诗歌中，痛斥美国这个"北方大姐的高傲与背信弃义"，强调拉丁美洲不同于盎格鲁—撒克逊文明的特征。（Caicedo，1856）在正视本土文明主体性及其作为世界文明构成的地位后，一种超越民族国家界限的拉美认同已然生成。

此时的墨西哥，却出现了与拉美社会主流思潮相反的潮流。秉持欧洲资产阶级政治理想的迪亚斯上台执政后，大力引进资本与技术，推动工业发展与进步，修改法律，开放资本运作的自由市场。在进化论主张的掩盖下，改革中获得财富与权力的阶层垄断了这个国家的大部分资源。"土地集中在少数人手中，地主阶级得到了稳固，披着进步、科学和共和国立法的外衣死灰复燃，但已经失去了活力。"（奥克塔维奥，2014：116）社会上兴起强烈的欧洲化思潮，法国成为权贵阶层们模仿的重要对象。法国的时装、文化和建筑深受社会大众的喜好。政府统治者们将他们的子女送到法国读书。（贝瑟尔，1992：25）在经济社会表面繁荣的背后，墨西哥国内阶层与社会矛盾日益激化。随着拉丁美洲与墨西哥民族主义情绪的高涨，一场轰轰烈烈的大规模运动蓄势待发。

曼努埃尔·加米奥出生时，他的父亲加布里埃尔·加米奥（Gabriel Gamio）正经营着一座矿山，同时也是一家牧场和卷烟厂的老板。虽然家庭颇为富裕，但加米奥的童年并不幸福。他的母亲玛丽娜·马丁内斯（Marina Martinez）很早就因为伤寒去世。父亲忙于工作，只能将他送到当地的寄宿学校就读。1899—1903年，他在墨西哥国家预备学校（Escuela Nacional Preparatoria）接受高中教育。高中毕业后，他本来是应父亲的要求攻读矿业工程专业，最终因为兴趣原因在几年后放弃。此后，他和几位兄弟一起前往韦拉克鲁斯（Veracruz）的圣多明各（Santo Domingo）农场。正是与这一地区纳瓦人（Nahuas）的接触中，激起了加米奥从事人类学研究的兴趣。从农场回来后，加米奥以助理教授的身份进入了国家博物馆（Museu Nacional）工作。工作期间，他编辑了殖民时期关于萨卡特卡斯查尔奇韦特人（Chalchihuites，Zacatecas）的考古作品。美国考古学家（Zelia Nuttall）因此与之熟识，并鼓励其继续从事考古学的工作。（Gamio，2003：39）

1909年，加米奥获得哥伦比亚大学的奖学金，他离开韦拉克鲁斯港到达美国，开始在哥伦比亚大学的求学。在哥伦比亚大学，他成为博厄斯的学生。加米奥非常赞同博厄斯文化相对论的主张，主张使用考古学的方法，科学、全面地调查印第安居民的社会与文化。这一主张在他此后的多项工作中得到体现。墨西哥大革命初期的1911年，加米奥担任墨西哥考古遗迹监察部（Inspección General de Monumentos Arqueológicos）总监察长。1914年，加米奥与博厄斯第一次将地层学方法（Método Estratigráfico）引入墨西哥考古挖掘领域，并在阿兹卡波萨尔科（Azcapotzalco）的圣·米格尔·阿曼特拉（San Miguel Amantla）地区进行了考古发掘工作。

作为博厄斯的得意门生，加米奥一直致力于推动人类学在墨西哥的本土化。1916—1920年，加米奥担任由多国政府和私立学校资助的美洲考古与民族学国际学校（Escuela Internacional de Arqueología y Etnografía Americana）校长。虽然这所学校的存续时间不长，但其对文化多样性的主张以及对印第安文化的挖掘与宣传却为墨西哥社会提供了一种不同于威权实证主义的思想，客观上起到了思想启蒙的作用。1917年，加米奥开始担任墨西哥农业部下属人类学研究机构的第一任主任。1924年，加米奥离开了人类学研究机构，开始担任墨西哥公共教育部副部长。1925年，由于墨西哥政局动荡，他流亡美国。重返墨西哥后，加米奥开始在与社会科学和印第安人（Indigena）① 有关的各种机构中任职。1934 年，他担任殖民与乡村人口部（Población Rural y Colonización）部长。1938—1942 年，他担任人口局（Departamento Demográfico）局长。1942 年，他当选为美洲印第安人研究所（Instituto Indigenista Interamericano）所长，任职直到去世。在担任美洲印第安人研究所所长 18 年期间，加米奥推进了许多改善印第安人生活条件、公共卫生、交通、农业和教育等方面的改革，对印第安地方社会的发展起到了重要的作用。

加米奥一生著述丰富，代表性的著作包括 1916 年出版的《锻造祖国》（*Forjando Patria*）、1935 年的《走向新的墨西哥》（*Hacia un México Nuevo*）和 1948 年的《印第安主义问题的思考》（*Consideraciones sobre el problema del Indigenismo*）。《锻造祖国》是其最早的一部著作，也是其最为重要的一本著作。在这本书中，他驳斥了自由主义进化论对印第安人落后、野蛮的批评，否定了自由主义进化论者在政治、经济和社会上整合印第安人的主张，提倡印第安人融入墨西哥的混血社会。加米奥认为人类学的学科方法完全可以解决社会的发展问题，印第安人融入墨西哥社会的过程需要人类学的方法与理念。《锻造祖国》中的一些主张最初发表在墨西哥城的多家报纸上，由于对进化论与实证主义思潮的批判，这些论述并没有得到墨西哥学界的认可。然而，随着大革命的结束与民族国家建设的推进，《锻造祖国》中的诸多论述与主张逐渐得到学界的认可。《锻造祖国》也被认为是墨西哥现代主义民族志的先驱，在墨西哥人类学史上有着奠基石的意义。

二 对印第安人及其文明的认知

殖民者在拉丁美洲建构的种族秩序中，印第安人处于社会结构的底

---

① Indigena 在西班牙语中有着多重的政治意义，本文仅在指代美洲原住民的意义上借用"印第安人"之名，不展开对这一名称的文化批评，特此说明。

层，是整个社会中的边缘存在。长达 300 多年的殖民统治使得这一种族主义的观念深入人心。欧洲文明的高度发展，进化论思想的传播无疑强化了社会大众对于印第安人的负面认知。在墨西哥建国后很长一段时间内，新生的政府并不愿意承认印第安人的国民身份，并且一直致力于将"野蛮""落后"的印第安人改造为现代意义上的合法公民。这一种主张在迪亚斯时期得到了相当发展。迪亚斯执政时期，墨西哥自由派深信冯洪堡（Alexander von Humboldt）对于阿兹特克人的论述。认为"这个山地民族强壮而好战，在专制暴政下变得野蛮，习惯于血腥的仪式，以欧洲传统观点看来十分丑陋。尽管在艺术上成就斐然，但在农业耕种上一无所成"（Brading，1989：2）。在自由派的政治家们看来，墨西哥现代化进程的阻碍有两个：一是天主教会的权利和财富；二是印第安人的落后和隔绝。虽然有文学和艺术作为他们文化的遗迹，阿兹特克仍是一个被专制暴政、迷信和恐惧所统治的文明。自由派发起了持续的政治改革，教堂和教士的财产被没收，印第安人的法律权利被剥夺，印第安人村社的公有土地被私有化。虽然印第安人仍然名义上是土地的主人，却根本无力抵挡周遭大庄园的扩张和侵蚀，由此陷入贫困与落后的地步。更为严峻的是，在实证主义与发展主义的交互建构中，印第安人的落后身份以及对于印第安人改造与同化已经成为执政阶层的共识。印第安人的财产权、文化权被肆意践踏，族群矛盾与冲突日益突出。

继承了博厄斯文化相对论的主张后，加米奥从学理上对墨西哥社会歧视印第安人，将印第安人污蔑为低劣种族的论调予以批判。在《锻造祖国》中，他引用博厄斯《原始人的思想》一书中的观点，对文化相对论的主张进行了译介。

> 现代人类学已经确立了一个事实，即文化是表征人类群体的所有物质和智力特征的结合。它既不试图建立关于文化优越性的等级，也不试图过时地将人们分类为文化的或没有文化。文化是由人民的集体思想发展而来的，它源于他们的历史先例以及周围的环境。也就是说，每个民族都有其种族社会性质和所居住地的自然和生物学条件所

固有的文化。任何人都认为其文化优于其他文化或试图强加于它，这是不明智的。(Gamio，1916：184)

进而加米奥认为不存在所谓低劣的种族，一些种族的劣势往往是由于教育和环境不同造成的。若不同种族生存发展的条件改变，种族间的优势和劣势也会随之改变。加米奥甚至直言"印第安人和白人在发展潜力上是没有分别的"。

支撑加米奥对墨西哥社会根深蒂固的、主流的思想观念发起批判，除了文化相对论的主张外，更有他长期在印第安社会的考古发现。除了前述与博厄斯的合作外，加米奥还在阿兹卡波萨尔科（Azcapotzalco）等地进行了各种考古发掘工作。在博厄斯的帮助下，加米奥对圣·米盖尔·阿曼特拉和阿兹卡波萨尔科遗址进行挖掘，并推动了对特奥蒂华坎（Teotihuacán）的考古发掘工作。在特奥蒂华坎，除了挖掘出羽蛇神神殿和大型蛇头雕塑外，他们还发掘出大量托尔特克人和阿兹特克人文物遗存。这些发现使特奥蒂华坎成为墨西哥最重要的历史遗迹之一，并成为墨西哥殖民前时代文明的考古依据。在进行考古发掘工作的同时，加米奥还在特奥蒂华坎进行人类学研究。认为尽管经历了时代变化，当代墨西哥社会印第安居民仍然保留着祖辈的传统文化（Gamio，1916：65—66）。加米奥用确凿的考古证据和扎实的人类学研究成果证明了印第安人辉煌的文明和艺术成就，认为不能简单地将印第安人判定为"野蛮人"，全社会应该重视印第安人及其文化遗产。

1907年，年轻的加米奥曾写下诗句，批判墨西哥社会中种族主义思想的残留。然而，这些诗句却因为与进化论主导下主流思想悖逆而被墨西哥城多家报纸拒绝发表。在《锻造祖国》中，他再一次将九年前为印第安人写下的诗句摘录其中。

当我在我倾慕于日本人民的伟大事业，他们的早慧，他们源源不断的能量时，我必须自然而然地思考那些折磨我们贫穷的印第安阶级的痛苦的苦难。从印第安人的社会种族特征来看，我们能够找到决定性的、导致他们超越的、重生的重要的因素。人民震惊于印第安人的活力及其强壮的身体素质。他们的生理特征很是有趣，因为我们发现很少国家发现在如此缺少营养的情形下，人的身体还能保持如此强大的生产力。印第安人的素质可以与任何一种种族媲美。与此同时，印第安人胆怯，缺乏活力与理想，他们一直生活在有理性的人的、白人的连续不断的蔑视与指责的恐惧中，向折磨他们的人低头，向征服的卡斯蒂利亚人高举的钉着铁钉的靴子低头。可怜又痛苦的种族！你是胸膛里有着在山上砍伐雪松的坚韧的塔拉乌马拉的力量，欧神圣特奥蒂瓦卡诺的精湛艺术，特拉斯卡兰家族的睿智，血腥墨西加的不屈不挠的勇敢。你为什么不昂首挺胸，自豪地向世界展示你的印第安血统。（Gamio，1916：31—32）

加米奥对印第安人及其文化的肯定，绝不只是在文化相对论的主张下对印第安人及其文化身份的价值认可，更有着在民族主义思潮中为墨西哥民族寻找认同根基的诉求。在对墨西哥社会艺术、宗教、人种等多方面的解读中，加米奥注意到，虽然知识分子认为印第安人及其文化是低劣、落后的，但印第安社会的方方面面却已融入了今天的墨西哥社会中。在教堂、雕塑、纪念碑和房屋等建筑艺术中，能够看到殖民时期前花、鸟、羽毛和几何图案等印第安文化的元素。印第安社会的原始宗教也渗透进今日的天主教中。作为墨西哥社会主要构成的混血儿的梅斯蒂索人，身上都有着印第安人的血统。进而加米奥认为，聪慧的、有美德的、历史悠久的印第安人民及其文化，不仅是当代墨西哥社会的重要组成，印第安人及其文化更是墨西哥民族的起源，是墨西哥这座民族国家雕像的基石。加米奥的这一观点，在相当程度上反映出墨西哥本土知识分子对于国家认同的转变。在摆脱殖民统治，接连遭遇外敌入侵的情形下，包括加米奥在内的墨西哥本土知识分子已经明确地意识到，虽然大部分墨西哥公民身上都有着白人的血统，但欧美国家根本不可能为这个新生的民族国家给予任何支持。以白人为中心的资本主义文明无法也不可能成为墨西哥民族国家的认同来源。在这一背景下，他们将目光转向了本土社会中的印第安文明。

三 对墨西哥民族国家建设路径的主张

在推动社会大众对印第安社会与文明体系认知的同时，加米奥更希望以此为契机，对大革命后墨西哥民族国家的建设问题进行思考。加米奥认为，独立之后，墨西哥并没有在真正意义上建成一个强大的国家，原因有如下两点。首先，墨西哥社会存在的种族异质性的状况，缺少一个真正的和谐和明确的智力生产的民族环境。虽然大部分墨西哥人身上都有着印第安人的血统，但墨西哥社会却一直存在对于印第安人的敌视与不了解。当然，更不用说欧洲裔对于印第安人的敌视了。"即使生活在同一片土地上，也不能称之为一个统一的祖国，或是说缺乏一种对祖国的认同。"（Gamio，1916：9）其次，独立之后，墨西哥政府一直施行着一种排他主义的政治体系，印第安人被排除在政治体系之外。"虽然独立后的墨西哥一直实行代议制民主，实际情况却并非如此。印第安阶级被迫生活在源于欧洲人需求而制定的法制之下，代议制所代表的群体只是人口中占少数的白人，却鲜少有同样是墨西哥国民的印第安的代表。"（Gamio，1916：16）

加米奥认为，想要解决这些问题，完成民族国家的建设，必须首先对墨西哥社会的人口构成及其文化特征进行深度的阐释。加米奥将墨西哥国民分为印第安人、混血人种和白人后裔三类，并逐一对其阐释。加米奥认为，墨西哥社会中的第一类人口是"纯印第安和轻微混血的印第安人种"，他们是"被遗弃者、被剥夺者、被压迫者"。虽然他们有自己的文明，但这种文明"相对于现代文明来说是落后的"。虽然印第安人拥有勇气、能量和正义的抱负，但他们缺乏反抗的能力，无法获得彻底拯救与解脱。虽然他们在殖民时代前取得了巨大的成就，但在当下，他们的文明是停滞落后的，是与现代社会"不合时宜""不切实际"的。墨西哥社会的第二类人口是"混血人种"，包括那些有欧洲血统，特别是有西班牙血统的人。这个群体是不同类型"混血儿"的联合体，是墨西哥社会的主要构成，也是墨西哥社会的"中间阶级"（clase media）。他们是永恒的反叛者，是暴动与革命的主力与推动者。他们能够理解印第安阶层的苦难，并且懂得利用印第安阶层的能量作为权力运作的杠杆。加米奥认为，这个阶级是墨西哥唯一的已经实现生产智识的阶层，并在此基础上形成了具备创造性的"中间文化"（cultura media）。这是一种既不是西方的，也不是印第安人的文化传统。虽然这种文化是在"没有科学原理、方法和设施的情况下发展起来的，有一些明显的缺陷和变形，就像任何克服重重困难绽放的鲜花一样"。然而，这些民族文化却是我们命运的文化，可以作为"墨西哥民族"文化的基础和模板。墨西哥社会的第三类人是在墨西哥定居的外国人及其后裔。他们的血统与中间阶层和印第安人没有任何交集。他们是社会上的贵族。富有时，这些人形成了中世纪的共济会组织。贫穷时，他们则是一个个尴尬和无用的群众。他们的文化是如此不合时宜，在墨西哥这样一个多元的国家中，他们没有任何真正意义上的知识生产。（Gamio，1916：167—178）

加米奥明显对混血人种表现出相当的肯定与赞誉。他认为占据墨西哥人口大多数的、融合白人与印第安人血统的混血人种是最具有创造力与活力的阶层，是"墨西哥民族"的中坚力量与理想形态，他们所持有"中间文化"具备强烈的墨西哥特色，是可以为墨西哥民族国家建设服务的文化形式。（Gamio，1916：173—177）加米奥对德国、法国、日本等单一民族国家进行了分析，认为它们都是"有一个占该国大多数人口的统一族群，属于统一种族，说一种通用语言，不同的社会群体和阶级体现的都是同一种文化的不同方面。他们有共同的情感基础的美学、道德、宗教表达"（Gamio，1916：10—11）。进而加米奥认为，民族国家建设的基础是一个团结的、具有共同文化基础的单一民族。在墨西哥，占据人口大多数的，融合白人与印第安人血统的"混血种族"无疑具备墨西哥国族的属性。

加米奥对混血人种作为墨西哥国族的论述，在大革命中的墨西哥，具备着划时代的意义。首先，加米奥的论述打破了长期以来殖民主义对混血儿人种的阶序性建构。8世纪后穆斯林对伊比利亚半岛的占领，形塑了天主教的西班牙人对混血的包容态度。在科尔特斯（Cortés）占领墨西哥的第一天，印第安人就为其献上了女人。混血成为西班牙殖民者踏入新大陆后自然发生的状态。然而，在殖民秩序的等级建构中，混血族群也是这个等级秩序中略高于底层的印第安人和黑人的存在。从"马琳切"（Malinche）到"梅斯蒂索"（Mestizo）、"穆拉托"（mulato），一系列指称混血人种名词的发明，不断强化着社会大众对混血的阶序性建构。从这一意义来说，"混血"作为一种殖民政策存在于美洲大陆，其衍生的各种不同类型的混血人群又构成了殖民地阶级区分的基础。（Catelli，2011：74）在此背景下，加米奥对于混血人种地位的肯定，显示着墨西哥本土知识分子对殖民秩序及其遗留的打破。

其次，加米奥对混血的主张也打破了种族主义和进化论对混血概念污名化、边缘化的建构。虽然作为一种自然而然的状态，混血普遍存在于拉丁美洲社会中，但基督文明影响下种族主义仍然是殖民地社会的主流思想。肤色、血统仍然是评判社会阶层的重要标准。尤其是在19世纪后，在白人中心主义思想的渗透下，印第安人、黑人等有色人种遭到社会的歧视与日俱增。在恰帕斯等地，更是出台了一系列禁止印第安人进入城市的法律规定。与有色人种的通婚、混血为主流阶层不齿，认为这是对白人血统污秽的肮脏行动。在这一思潮下，皮肤的漂白成为社会上的重要思想，甚至有知识分子主张直接从欧洲引进白人，以取代落后的有色人种。在这一背景下，加米奥对混血人种中间阶层有活力的智识生产的价值肯定，在相当程度上突破了种族主义与进化论对其的污名化建构。

最后，加米奥对于混血人种作为墨西哥国族的建构，在深层次上体现着墨西哥本土知识分子对民族国家建设道路的探寻。殖民时代以来墨西哥社会混血交融的历史造就了墨西哥社会多元、异质的人种与文化构成。19世纪初，在摆脱西班牙人的殖民统治，实现国家独立后，墨西哥开始了民族国家发展道路建设的探索。墨西哥的本土知识分子将目光投到法国、美国等国家，试图用西方文明实现墨西哥国家建设。然而，以盎格鲁—撒克逊文明为特征的西方文明从殖民时代以来就表现出对拉丁文明的排斥与拒绝。法国对墨西哥的入侵、美墨战争的爆发和超过三分之一国土面积的割让更在一定程度上显示着殖民秩序及其遗留对墨西哥的戕害。1910年，墨西哥革命推翻了波菲里奥·迪亚斯的政权，革命形势却一片混乱，缺乏意识形态的指导。大革命后期，虽然局势日益平稳，但复杂历史、文化传统和分裂的社会状况并没有得到根本的改善，民族国家建设的任务迫在眉睫。在这一背景下，加米奥对混血人种作为墨西哥国族地位的确立，在进一步强化其对于种族歧视与区隔批判的同时，亦是对墨西哥社会结构现状的回应。此外，这一主张也鲜明地表达着作为知识分子的加米奥强烈的本土主义、民族主义思想。虽然承认了混血人种的主体地位，但加米奥却并没有将墨西哥民族国家的认同来源溯源至创造混血人种的白人，而是以印第安文明完成墨西哥民族的共享记忆的建设。

加米奥对于混血种族的分析，不仅是对墨西哥历史的回溯与社会现状的承认，更是对大革命后墨西哥民族国家建设方案的探讨。加米奥认为，以混血为基础的融合主义的方案，是未来墨西哥民族国家建设的方向。这种融合主义的方案，最为重要的即是"种族融合"和"文化融合"。即生物学特征意义上表型不同的群体之间的结合和社会文化意义上表型不同的群体的融合。（Gamio，1916：316—317）此外，还包括文化表现形式的融合、语言的统一以及经济的平衡（Gamio，1916：324）。加米奥进一步论证混血的意义，认为混血是一个复杂的过程，不仅能够实现不同文明的交融，更能产生出具有独特社会、经济和文化特征的新群体，这就是墨西哥民族。加米奥以尤卡坦地区的居民为例，论证种族和文化融合与民族主义之间的确定关系。在尤卡坦，虽然有一些纯印第安人或纯欧洲血统的人，但大多数尤卡坦居民都是混血的身份，混血种族是社会的主导群体。与生理上的融合相对的是文化上的交融，尤卡坦地区的居民共享着一种文化意识形态，不同族群之间和谐相处。此外，在共享的文化认同的基础上，这里的居民无论阶级，都有对本地区的强烈归属感和一定的排外情绪。加米奥据此认为，种族混血程度以及种族间文化先进而愉快的融合，构成了尤卡坦地区民族主义的坚实基础。（Gamio，1916：19）当然，加米奥所强调的混血并非一种小范围、顽固的地区主义。他批判了墨西哥社会中存在的"小祖国"（las Pequeñas Patrias）即地区主义现象严重的问题。进而加米奥主张，种族与文化融合的混血，其目标绝对不只是对区域社会认同的建立，而是超越狭隘的区域范畴，寻求一个更为强大的，有着凝聚力的且能够实现国家有效管理的现代资本主义的民族国家。（Gamio，1916：12）

加米奥关于民族国家混血的方案体现出墨西哥社会中印第安主义思想的进步与发展。拉丁美洲印第安主义思想的起源可追溯到 16 世纪拉斯卡萨斯神父（Bartolomé de las Casas）对西班牙殖民者暴行的揭露，以及对印第安人权利的人道主义捍卫。19 世纪美洲各国独立后，土生白人（criollo）精英吸收印第安主义作为拉丁美洲民族主义思想的特征，以求与殖民主义意识形态相区别。20 世纪后，现代印第安主义主要有如下特点。首先，把"印第安问题"置于国家现代化、民族革命与复兴的核心位置；其次，试图借鉴包括实证主义、进化论、优生主义等当代社会理论探讨如何更好地解决"印第安问题"。与前任观点不同的是，加米奥试图突破现代化、进化论范式下印第安主义思想对于印第安文明否定，而是倡导以印第安为基础的混血的导向，并以此将墨西哥社会的多种文化混合为一种既现代又独特的民族文化。这在相当程度上体现出现代性语境下以拉美社会事实为基础的印第安主义思想的进步与发展。进而印第安主义成为墨西哥国家公共政策的理论来源，成为推动墨西哥社会的大规模变革，完成墨西哥社会经济现代化和建立统一民族身份认同的工具。

四　人类学与墨西哥民族国家建设

作为博厄斯的学生，加米奥致力于在墨西哥建立现代意义上的人类学学科。他认为，现代意义上的人类学学科是墨西哥民族国家建设的支撑学科，也是墨西哥政府善治的重要方式。在大革命后百废待兴的墨西哥社会中，应当大力推动人类学学科的发展。

> 人类学以其真实而丰富的概念应成为良好政府的基本知识形式。通过人类学，人们可以意识到是统治者和被统治者的来源。通过人类学，人们可以描述人民和民族体质与象征意义，并且形成推动他们正常发展的方法。（Gamio，1916：23）

从殖民时代以来，欧洲的殖民者在文化中心主义的主导下，基本放弃了拉丁美洲国家的印第安阶层。虽然偶有一些开明的知识分子试图为改善印第安人生存状况做出努力，却是在殖民体系下，对印第安人缺乏基本认识的情形下做出的并不适宜于印第安社会的方法。在当时的墨西哥，殖民体系及其遗留的经济秩序使得主流阶层与印第安人有着不同程度的商业互动和社会交往。必须承认的是，社会大众对于印第安人的认知是极度缺失的。加米奥多次强调，正是社会大众对于印第安人认知的缺失，导致了独立以后墨西哥民族国家建设失序与社会结构的混乱。

加米奥认为，消除社会大众对印第安人的歧视，推动种族的混血与融合，实现一个完整的民族国家的建立，需要建立在对印第安人及其文明系统认知的基础上。想要达到这一目标，唯有依靠人类学深度的田野调查。事实上，在有着大量印第安文化遗留的墨西哥，从16世纪开始，包括民族学、考古学、语言学、民俗学和人类学学科就开始对墨西哥本土社会与文明进行关注。然而，这些早期的人类学者并没有与其他国家学者交流，也缺少严格意义上学科规范与方法的训练，其所呈现出来的研究结果大部分是对印第安人的简单描述，呈现出明显的历史学资料收集与汇编的色彩。加米奥并不赞同这一方法，认为历史学取向的资料收集除了具备呈现一份文献资料的孤立价值外，并不能回应墨西哥民族国家建设与当前社会发展的需要。（Gamio，1916：25）

基于此，加米奥倡议在墨西哥建立实践人类学的方法，即以人类学研究消除墨西哥社会中的种族歧视与区隔，回应墨西哥民族国家建设的需求。加米奥以印第安人奥托米（Otomí）人的劳动问题为案例，对实践人类学的方法进行了解释。加米奥认为，对奥托米人劳动的研究，应当首先通过调查对其生产能力进行研究。如果生产能力异常的话，需要关注这种异常导致的原因。分析这种异常是身体机能的原因，还是意识所致。其次，加米奥主张从个人营养、生活环境以及其所从事的工作对这一问题进行剖析。最后，从政治和经济的角度来予以总结分析。加米奥认为，将人类学的方法运用到对于印第安社会的研究中时，将会使印第安人这一潜在的、被动的力量转化为动态的生产能量，这对于消除不同种族、语言、文化的区隔与差异，推动墨西哥民族国家的建设是有着重要的意义。（Gamio，1916：27—28）加米奥希望墨西哥政府支持人类学的发展，并主张从以下四个方面对于本土印第安人社会进行研究。

> 第一，定量；第二，质性：体型、语言、文明与文化；第三，按照时代顺序：前殖民时期、殖民时期和当代；第四，环境条件：包括区域物理生物学。（Gamio，1916：28）

加米奥呼吁应当在这一逻辑下，建立更多的人类学机构，培养更多的人类学者，实现对于印第安人和拉美本土社会的研究。这不仅能帮助拉美国家完成民族国家建设的任务，还能实现美洲认同的稳定、巩固与发展，泛美主义的认同才能真正意义上发挥作用。加米奥的主张得到了革命制度党政府的支持。在他的力推下，墨西哥政府 20 世纪 40 年代成立了墨西哥国家人类学和历史研究所（Instituto Nacional de Antropología e Historia，IN-AH）以及国家印第安研究所（Instituto Nacional Indigenista，INI）。人类学成为墨西哥政府咨政的重要学科，并对 20 世纪下半叶墨西哥的印第安民族政策制定起到了重要的作用。此外，加米奥对于人类学的主张也形成了墨西哥人类学发展的实践特色。在很长一段时间内，墨西哥人类学者积极投身于民族国家的建设。人类学研究服务于国家印第安人的政策制定，种族融合与印第安遗产的保护成为人类学研究中的重要话题。这一实践人类学的取向及其对墨西哥国家政策的回应，使墨西哥人类学得到了革命制度党政府的大力支持，由此也在很长一段时间里决定了墨西哥人类学官方主导、国家取向的特色。

五　墨西哥社会对《锻造祖国》的评价及其再认知

在大革命后百废待兴，民族主义高涨的情绪下，加米奥作为墨西哥本土知识分子对民族国家建设自主性的探讨，广泛受到了学界与知识分子的热议。1918 年，芝加哥大学斯塔尔（Frederick Starr）对本书给予了高度评价，认为加米奥找出了墨西哥所有困境的根源——印第安问题，赞赏他"推动墨西哥依靠自己，而非外界来解决自身问题"的态度和做法。认为《锻造祖国》中的混血主张，是基于人类学的主张，根据科学原理制定的一项正式的改良计划，勾画出了一个"卓越而独特的政府实验项目蓝图"（Starr，1918：2）。加米奥的主张也得到了革命政府及其领导人的大力赞许。1920—1924 年担任总统的阿尔瓦罗·奥布雷贡（Álvaro Obregón）在读完《锻造祖国》后，高度评价其"深入而科学地研究了墨西哥问题的真正病原"（Gamio，2010：5）。加米奥过世后的 1961 年，历史学家、人类学家米格尔·莱昂·波尔蒂亚（Miguel León Portilla）发表文章，对加米奥在墨西哥人类学发展及其对印第安人生活的改善上做出的成就予以充分肯定（Portilla，1961）。

20 世纪 60 年代后，加米奥的主张开始受到学界的猛烈批判。这些批判主要从其暧昧不明的文化相对主义，以及其学术与政治结合过于密切等两方面展开。阿方索·卡索（Caso，1955）认为加米奥对印第安文化保护的主张与以混血为主民族国家建构之间存在矛盾的关系。英国拉美史学家布瑞丁（Brading）1989 年对《锻造祖国》中倡导的"混血"政策发起了猛烈的批判，认为这一政策本质上是在"破坏，而非加强印第安社区的印第安人文化"。吉耶尔莫·卡斯蒂略·拉米雷斯（Guillermo Castillo Ramírez）分析了《锻造祖国》中的一体化、混血和民族主义思想，认为加米奥在书中提出的对印第安文明的重视和保护是一种"屈从于民族国家统一的文化多元主义"（Ramírez，2014）。由于加米奥曾长期在墨西哥联邦政府机关任职，参与制定了一系列印第安人的政策。一些研究认为，《锻造祖国》在事实上成为革命制度党威权政府的理论来源。人类学家罗杰·巴尔特拉（Roger Bartran）认为《锻造祖国》是墨西哥人类学界与威权国家现代化计划媾和的代表。以加米奥为代表的学者并不具有革命性，而是继承了民族中心主义思潮下国家叙事的观点，否定了对印第安群体的政治和文化自决权（Bartra，2014）。波菲尔（Bonfil，1970）也提出加米奥的"混血"观念的实质是对于印第安居民的同化，亦是对其种族身份的消灭。加米奥推崇的"现代化"政策完全是以统治者立场决定印第安文化的去留，没有考虑到印第安人的意愿和需求。

对于《锻造祖国》评论的转化，显然与 20 世纪 60 年代后墨西哥及拉丁美洲政治、经济、思想、社会环境的变化密切相关。在解放神学、无地农民运动和社会主义运动影响下，墨西哥也爆发了轰轰烈烈的社会运动。尤其是 1968 年奥运会前夕，革命制度党政府与学生之间的激烈冲突和屠杀学生事件的爆发，在撕裂墨西哥社会的同时，也导致了持不同政见的人类学者的出现及其与国家关系的破裂。后现代理论的兴起与多元文化的主张在墨西哥学界的传播，也进一步强化了墨西哥学界批判性与反思性。在此语境下，墨西哥人类学界出现了意识形态的分裂。支持国家与革命制度党的人类学者仍然强调阶级与经济分析的视角，主张革命制度党政府应该加强对社会阶层的整合。新的左翼人类学者开始出现，他们认为应当反思墨西哥人类学研究过于集中阶级与经济的取向，并对人类学依附于民族国家的状况进行反思。作为革命意志体现的，集合革命后民族国家建设方案的《锻造祖国》自然开始受到学界的批判。

重新审读《锻造祖国》的文本，可以看出其中存在一些立场与观点的问题。首先，从根源上来说，加米奥仍然是一个单一的民族主义者。虽然《锻造祖国》对印第安人的公民身份给予了承认，但其目的在于解决混血种族的合法性，并以此确立混血人种作为墨西哥国族的地位，并非真正意义上对印第安人及其文化的完全承认。进言之，加米奥对于墨西哥社会的多元族群的认可并不在于从存在实体上确认多元族群的合法性，而是以此为基础，在确立混血人种作为墨西哥单一国族的合法身份的同时，为墨西哥民族国家的认同寻找来源。正因为如此，加米奥一方面通过大量的考古学证据，强调印第安文明及其成就的辉煌瑰丽；另一方面却认为印第安人及其文明成就从殖民时代以来就已经处于落后和停滞的状态。加米奥的主张看似尊重印第安人及其文化遗产，却忽略了印第安人在现代社会的理想、变化和追求。这种厚古薄今的论调在长时间内决定了墨西哥人类学印第安人研究的基本取向，造成了墨西哥人类学研究长期关注挖掘历史上印第安人的文化遗产，对现实生活中印第安人的境遇置之不理的状况。正因如此，加米奥一直不遗余力地鼓吹混血，宣称"混血"是消除种族主义的根基，避免"种族战争"的一种手段。

其次，虽然加米奥极力批判进化论与实证主义的主张，但从实质上来说，他仍然是一个并不彻底的批判者。《锻造祖国》中大量使用"我们"（nosotros）、"他们"（ellos）区分中间阶层的混血人种和印第安人，多次强调印第安人科学知识、战略智慧和指导规则的缺乏，认为其宗教信仰、艺术倾向、工业活动、家庭习俗和道德模式是殖民时代前的产物。强调从殖民时代至今的400多年里，印第安人仍然停留在此前的文明成绩中，并没有真正意义上实现发展与进步。进而加米奥直接认为，就印第安人与墨西哥社会而言是整体脱节的，其并不适应当前墨西哥社会发展的事实，甚至缺乏社会合作的基础。

> 印第安人口与国家整体脱节。由于其政治上的被动，这些人口仍然是进步的障碍。由于这种社会不稳定，印第安人不能或不愿意进行力所能及的有效合作。（Gamio，1916：129—130）

此外，虽然加米奥努力摆脱实证主义思想的影响，但是这一努力并不成功。加米奥时常以现代科学知识的标准，对印第安社会科学、技术与医学进行评判：

> 无论印第安文明在殖民前有多么辉煌，到今天留下的文明痕迹似乎都是过时和不切实际的。从前受人尊敬的占星术师，尽管对太阳、月亮和其他天体的运动有相当程度的了解，但在现代天文学的对照下却尽显荒谬。印第安人中通晓草药秘密的医生也受到了现代医学的鄙视。（Gamio，1916：170）

正因为如此，阿基雷（Aguirre Beltrán）认为，加米奥的思想直接受到实证主义的很大影响，极大地肯定了科学的作用，使用科学原则导致加米奥否定了一些民俗概念和实践的价值，认为这些是有害的习俗。（Aguirre，1977）

结　语

从现在的眼光来看，《锻造祖国》中的不少观点存在诸多问题，对种族主义、实证主义的反思也并不彻底。必须承认的是，《锻造祖国》是墨西哥第一部严格意义上的现代人类学著作，集中体现着 20 世纪初墨西哥知识分子对墨西哥和拉美文明独立性的思考，表达着学科肇始的墨西哥人类学研究对民族国家建设积极投入。在有着 300 年的殖民传统、400 年种族区隔政策的墨西哥，《锻造祖国》中对于印第安人及其文明的认可，以及混血作为民族国家建设方案的提出具有划时代的意义。大革命革命制度党政府的长期执政与墨西哥社会的稳定也在相当程度上说明着《锻造祖国》主张的有效性，其在相当程度上解决了长期困扰墨西哥社会发展的印第安问题，为墨西哥社会的现代化提供了基础性的思想准备。

参考文献：

［墨西哥］奥克塔维奥·帕斯：《孤独的迷宫》，赵振江、王秋石等译，北京燕山出版社 2014 年版。

［英］贝瑟尔主编：《剑桥拉丁美洲史（第 5 卷）》，胡毓鼎等译，社会科学文献出版社 1992 年版。

Bartra Roger, *La jaula de la melancolía*：*Identidad y metamorfosis del mexicano*，Ciudad de México：Debolsillo，2014.

Bonfil Batalla, Guillermo, "Del indigenismo de la revolución a la antropología crítica", en *De eso que llaman antropología mexicana*，Warman, Arturo eds. , Ciudad de México：Editorial Nuestro Tiempo，1970.

Caso, Alfonso, *Qué es el INI?* Ciudad de México：Instituto Nacional Indigenista，1955.

Gamio, Ángeles González, *Manuel Gamio*：*Una lucha sin final*，Ciudad de México：UNAM，2003.

Gamio Manuel, *Forjando patria*：*Pro-nacionalismo*，Ciudad de México：

Libreria de Porrúa Hermanos，1916.

Gamio Manuel，*Forjando Patria*：*Pro-nacionalismo*，University Press of Colorado，2010.

Aguirre Beltran Gonzalo，"El indigenismo y la antropología comprometida"，*Boletín Bibliográfico de Antropología Americana*（1973 – 1979），Vol. 39，No. 48，1977.

Brading David A. ，Urquidi María，"Manuel Gamio y el indigenismo oficial en México"，*Revista mexicana de sociología*，Vol. 52，No. 2，1989.

Caicedo，José María Torres，"Las dos Américas"，https：//www. filosofia. org/hem/185/18570215. -htm.

Calvi Pablo，"The trial of Francisco Bilbao and its role in the foundation of Latin American journalism"，*Information & Culture*，Vol. 51，No. 4，2016.

Catelli Laura，"Y de esta manera quedaron todos los hombres sin mujeres：el mestizaje como estrategia de colonización en la Española（1501 – 1503）"，*Revista de crítica literaria latinoamericana*，No. 74，2011.

Portilla Miguel León，*"El pensamiento sociológico de Manuel Gamio"*，Revista Mexicana de Sociología，Vol. 23，No. 1，1961.

Ramírez，Guillermo Castillo，"Integración，mestizaje y nacionalismo en el México revolucionario：Forjando Patria de Manuel Gamio：la diversidad subordinada al afán de unidad"，*Revista mexicana de ciencias políticas y sociales*，Vol. 59，No. 221，2014.

Starr Frederick，"The Mexican Situation：ManuelGamio's Program"，*American Journal of Sociology*，Vol. 24，No. 2，1918.

古巴人类学家奥尔蒂斯的融文化理论

唐永艳

（清华大学国际与地区研究院博士研究生）

　　缘起服务于盎格鲁—撒克逊种族文化扩张的人类学知识生产在 20 世纪几次去殖民主义论战中颇有丢盔卸甲之势，以种族中心主义和霸权主义为明显特征的全球知识体系与后殖民国家寻求独立自主学术思想的冲突日渐明显（Stanfield John，1985）。"本土化"似乎成为后殖民国家社科学者的共同话题，学术去殖民化，理论思想去种族化，知识生产超越"囚徒心智"……本土知识分子迫切地寻求学术自主发展的路径。拉丁美洲自殖民时期以来长期被来自西方的"错位概念"（misplaced ideas）所羁绊（Roberto Schwarz，1973）。白人上帝视角的"发现美洲""混血儿神话"等文化概念长时间扭曲和阻碍着拉丁美洲的本土学术话语构建（Elías José Palti，2006）。在反思批判与去魅西方中心主义和种族中心主义的论战中，拉丁美洲本土学者为全球学术知识生产做出了独特贡献。古巴学者费尔南多·奥尔蒂斯（Fernando Ortiz）是诸多佼佼者之一，其常被视为提出拉丁美洲本土文化概念的先驱（Jean-François Côté，2010）。他在 20 世纪 40 年代提出的"融文化"理论，立足于古巴本土文化，从文化多样性视角将学科理论生产扎根于美洲历史事实，为拉美文化概念发展贡献了来自古巴的本土智慧。

　　奥尔蒂斯的融文化研究，并不拘泥于狭隘的国家民族主义，而是站在认知人类文明多样性的角度试图对文明间的和谐发展作出贡献。在超越同时代以静态学术研究为特征的"禁锢"中，他超前地指出应将文化生成放入特定的历史文化脉络中进行动态的情景化研究，成为彼时强调线性和普世性学术思想的一股清流。迄今为止，中国学界对这位古巴学者及其思想鲜有着墨。本文将对奥尔蒂斯的学术研究进行梳理，聚焦其提出的融文化理论研究，阐释该理论的来龙去脉以及其对解释美洲文化的重要性。

一　贯通南北：奥尔蒂斯的学术简史

奥尔蒂斯开启和结束一生的起点和终点都是在古巴。1881 年 7 月 16日奥尔蒂斯出生在古巴的一个富庶家庭中，父亲是西班牙人，母亲是古巴人。相较大多南南知识分子都有在欧洲和美国接受过高等教育，并利用在那里获得的知识来重新阐释自己国家的学术轨迹，奥尔蒂斯的情况似乎更极端一些。他几乎整个青年时期都在西方学习，一岁随母亲到西班牙生活，14 岁回到古巴哈瓦那大学念了五年书，修读法律专业。1898 年奥尔蒂斯前往西班牙在巴塞罗那大学学习，1900 年获得法学学士学位，1901 年获得马德里大学法学博士学位。在他年轻时古巴政治动荡不安，奥尔蒂斯在哈瓦那目睹了 1895—1898 年古巴第二次独立战争，这场战争的胜利以美国介入该岛独立为节点。美国以"美西战争"事件获得了新生古巴政权长达四年的统治权。1902 年古巴正式独立，从西班牙毕业的奥尔蒂斯成为这个新国家的外交官，代表古巴在西班牙、法国和意大利工作。直到 1905 年时，24 岁的奥尔蒂斯才定居古巴，开始了他极富有成效的职业生涯。他既是一个作家，同时也是律师、公共检察官、犯罪学家、政治家、语言学家以及人类学家，直到 1968 年在古巴哈瓦那去世。

奥尔蒂斯学术生涯起点源于他在西班牙求学期间对古巴非裔人的研究。20 世纪初期，整个欧美学术圈都沉浸在以生物进化的规律来论证文化进化的演变中，这一时期的学术思潮给奥尔蒂斯带来深刻影响。1898—1901 年奥尔蒂斯在西班牙求学，1902—1905 年就职于意大利领馆，其间他参加了切萨雷·龙勃罗梭（Cesare Lombroso）和恩里克·费里（Enrique Ferri）的犯罪学课程。受到此时期意大利犯罪学实证主义观念的影响，1906 年奥尔蒂斯撰写了《非洲黑人巫师：犯罪人种研究的指南》（*Los ne-*

gros brujos：Apuntes para un estudio de etnología criminal），龙勃罗梭为该书撰写序言。结合当时古巴盛行的种族主义观念将一些犯罪活动与假定的非洲巫术起源联系在一起，奥尔蒂斯将犯罪和巫术归咎于生物因素，采用费里提出的"黑道"（hampa）理论将犯罪行为与社会和身体类型联系起来。①奥尔蒂斯认为犯罪人类学可以对古巴社会主体的疾患和对国家走向文明进程中构成威胁的因素进行鉴别诊断。为此，他以负面方式描绘了古巴的非洲宗教，并称其为"返祖"（atávicas）的文化形式（Ortiz，1906：426）。

第一次世界大战动摇了西方文明的信念，残酷的战争中，民族主义者以社会达尔文主义为生命规律号召发动战争的狂热情绪遭受普遍幻灭，奥尔蒂斯受斯宾格勒哲学、柏格森哲学以及欧洲先锋派运动的影响学术思想开始转变。②在对古巴非洲黑人的实地调查和资料收集中，奥尔蒂斯逐渐改变了对古巴非洲文化的看法。1916 年他出版第二部作品《黑人奴隶》（*Los negros esclavos*），通过大量案例和事实分析表达了对黑人遭遇的同情。1923—1924 年，他在古巴收集了大量非洲奴隶的语言词汇并与现有非裔文献进行核对，相继出版了两本语言学著作《古巴人的本土词汇》（*Catauro de cubanismos*）和《非洲黑人词汇》（*Glosario de afronegrismos*）。他对非洲文化与古巴文化相互影响的理解从社会达尔文主义指导的犯罪学方法转向了社会学和语言学的方法。对奥尔蒂斯来说，这不仅代表了一个重要认识论的转变，而且为古巴民族认同定义了一个新议程。

20 世纪 30 年代，美国历史特殊论学派的崛起带动了人类学理论范式的转变。弗朗茨·博厄斯（Franz Boas）、梅尔维尔·赫什科维茨（Melville Hershkowitz）和由博厄斯指导的著名学者如巴西的人类学家吉尔贝托·弗莱尔（Gilberto Freyre）、美国人类学家鲁思·本尼迪克特（Ruth Benedict）和佐拉·尼尔·赫斯顿（Zora Neale Hurston）等人的系列研究中，文化相

---

① Enrique Ferri 用"hampa"指社会边缘者和犯罪分子之间相关联的一种状态，奥尔蒂斯借指古巴非裔底层黑人。出自 Ferri, Enrico, *Los delincuentes en el arte*, V. Suárez, 1899, p. 25。

② 1914 年奥斯瓦尔德·斯宾格勒（Oswald Spengler）《西方的衰落》一书中以尼采式的悲观主义基调概述了欧洲历史，宣告了欧洲的衰败以及民主的告终。参见［美］罗兰·斯特龙隆伯格《西方现代思想史》，刘北城、赵国新译，金城出版社 2012 年版。

对论和多元文化的观点深刻影响了奥尔蒂斯。他在口头表达和黑人流行文化中发现了他所称的古巴和拉丁美洲文明的精神气质，并将之称为古巴和拉丁美洲的"魔力"（mana）或"无限定的性格"（carácter indefinido）。在这一时期，奥尔蒂斯就古巴政治撰写文章和发表演讲，积极参政为古巴黑人谋取权利。他在演讲中谴责了古巴共和国对出口蔗糖的单一经济依赖和政治职务中的腐败问题，批评美国政府对古巴经济和政治的控制，并呼吁对双方签订的条款进行改革以改善古巴与北方邻国的关系。1931 年，因为不满政府签订允许美国政府干涉古巴内政的《普拉特修正案》（Enmien-da Pratt）并公开反对政府，奥尔蒂斯遭受驱逐被迫流亡。在对国家政治感到失望和怀疑中，奥尔蒂斯逐渐将其所有精力都投入到学术研究。1931—1933 年滞留美国期间，他接触了很多美国学者，对文化知识生产有了更深层次的反思。

20 世纪 40 年代后是奥尔蒂斯学术思想最为成熟的时期。1934—1940 年，奥尔蒂斯没有出版任何书籍和专著，仅就法西斯主义在欧洲的发展发表公开演讲和报刊文章，加强对古巴种族主义的攻击。1940 年奥尔蒂斯出版著作《古巴二重奏：烟草与蔗糖的乐章》（Contrapunteo cubano del tabaco y el azúcar）① 以及《古巴性的要素》（Los factores humanos de la cuban-idad），提出了融文化理论和"炖菜理论"。20 世纪 50 年代，他又出版了《古巴民间音乐的非洲性》（La africanía de la música folklórica de Cuba）以及《非裔古巴音乐中的乐器》（Los instrumentos de la música afrocubana）两部重量级著作。此后的奥尔蒂斯一直致力于古巴非裔文化的研究，在 80 岁高龄时当选为古巴社会科学院全国委员会委员长。

奥尔蒂斯的学术研究触角很多，但共性之一是其一直扎根于古巴本土知识，正义感贯穿他的整个学术脉络。在接触不同思潮中，奥尔蒂斯的学术思想从偏向社会达尔文主义的研究，到以实证主义为主张的文化相对主

① 此书在 1947 年出版英译版本 Cuban counterpoint，tobacco and sugar，在中国学界，学者刘承军《奥尔蒂斯与他的"烟草—蔗糖"情结》对其展开论述，其将该书名翻译为《烟草与蔗糖在古巴的对奏》，参见刘承军《奥尔蒂斯与他的"烟草—甘蔗"情结》，《拉丁美洲研究》2007 年第 4 卷。在本文中，笔者将其翻译为《古巴二重奏：烟草与蔗糖的乐章》，后文简称《古巴二重奏》。

义批判，最终生成了以本国研究为主体的多文明和谐发展视角。奥尔蒂斯的思想直到当下仍然被广泛挖掘，1994 年古巴文化局支持在哈瓦那成立费尔南多·奥尔蒂斯基金会，用以弘扬他的学术思想。

二　奥尔蒂斯的融文化理论

融文化理论是奥尔蒂斯众多学术成果中一座璀璨夺目的里程碑。该理论诞生背景与美国应用人类学向拉丁美洲挺进相关。第二次世界大战前后期，作为新世界格局中心的美国逐渐取代了欧洲在社会科学主流学科中的主导话语权。尽管美国人类学家在对从欧洲借用来的主要概念和模式的批判和反思中逐渐走向文化相对论，但仍笼罩在以盎格鲁—撒克逊文化模式为核心的思想"桎梏"中（亨廷顿，1997：31—33）。奥尔蒂斯意识到以盎格鲁—撒克逊为中心的学术理论不足后，在探究古巴文化生成模式中提出"融文化"理论，试图将其应用到整个美洲文化生成模式研究中。该理论出自其著作《古巴二重奏：烟草与蔗糖的乐章》，该书由马林诺夫斯基作序，在 2019 年被古巴文化局评为"国家文化遗产"。

（一）融文化概念源起：对盎格鲁—撒克逊文化研究模式的批判

一般认为，美国民主派哲学家爱默生在 19 世纪中期最早借用冶炼金属的熔炉来比喻美国。他提出，美国的文化生成就像柯林斯神殿中的古老熔炉，黄金、白银和其他金属在那里熔化、混合，冶炼出一种比任何金属都要贵重的新的化合物——柯林斯黄铜。美国如同万国生灵的避难所，将爱尔兰人、德国人、瑞典人、波兰人、哥萨克人和所有欧洲部族、非洲部族和波利尼西亚部族人们的活力和能量，锻造出一种新的种族、宗教、国家和文学（Mann，1986：140）。19 世纪后期"熔炉"概念被留德知识分子移入学术领域用于解释美国历史和文化，认为美国的体制本质上源于盎格鲁—撒克逊文化（Saveth，1986：20）。此后"熔炉"的文化隐喻在美国社会学家和人类学家的吸收批判和继承中，逐渐衍生出同化、涵化和文化适应等概念，为美国民族国家构建提供了知识抓手。如在论述移民"美国化"过程中，美国社会科学研究理事会芝加哥学派代表人物之一帕克（Robert Park）提出同化（assimilation）理论，他认为同化是"个人和群体获得他人和群体的记忆、情感和态度的过程，通过分享他人的经验和历史与他们一起融入共同的宗教生活"（Park & Ernest，1924：734）。在随后出版的《社会学科百科全书》中，帕克进而指出"在美国，一个移民一旦掌握了当地社区的语言和社会仪式，并可在不遭遇偏见下参与共同的生活、经济和政治，就被认为是同化了"（Park，1930：281）。这一解释将移民融入美国视为一个以牺牲自我文化成为"美国人"的过程，移民和接收国被完全描述成为一个主—客关系，能否"成为美国人一员"完全取决于美国人群体的接受。

为批判同化理论中的美国中心主张，倡导文化相对论的美国人类学家们提出涵化理论。该概念最早可追溯到 1880 年，当时美国学者鲍威尔（Powell）把"涵化"用于解释不同民族文化接触中产生的文化相似性，研究重点是西方文明对美洲印第安土著文化的影响（Powell，1880）。美国人类学家弗朗茨·博厄斯（1985）最早从理论层面证明涵化现象，他将涵化和传播当作历史方法来研究，认为西班牙文化对祖尼部落（Zunyi）本土文化的影响产生涵化现象，进而导致祖尼部落本土文化发生改变（Boas，1895）。人类学家帕森斯（Parsons，1933）同样使用涵化理论研究了美洲土著如何借鉴了西班牙文化。大量著作都用涵化描述了土著居民受强势文化的影响而发生变化，其单向的文化传播意涵使涵化概念在 20 世纪初人类学及其他社会科学著作中常与"传播""同化"及"文化接触"交替使用（Sam，2006：13）。

为使涵化概念更加清晰同时区别于同化概念，1935 年，在美国社会科学研究理事会支持下，以赫斯科维茨、雷德菲尔德和林顿组成的涵化研究分会提出至今仍在沿用的经典涵化概念（Acculation）。涵化被定义为：来自不同文化的个人或群体，因持续直接接触而导致一方或双方原有文化模式的变迁现象（Herskovits，Linton & Redfield，1936：150）。1936 年该概念被编著进入"涵化研究备忘录"（Memorandum for the Study of Accultura-tion），成为北美人类学开创性文本。1937 年赫斯科维茨出版《涵化：文化接触之研究》（*Acculturation：the study of culture contact*），赫斯科维茨重申该定义，并将这部作品定义为："试图界定和指导文化接触领域的研究，分析各国移民文化间接触的结果，建议进一步研究此类调查中所产生问题。"（Herskovits，1958：preface）

从对涵化概念的知识考古看，该理论初衷在于强调文化接触对多方主体产生的影响，但实际研究中用涵化概念解释的案例往往强调处于"弱势"一方的文化向"强势文化"的单向改变，进而使涵化概念有了"口惠而实不至"的嫌疑。具体来说，尽管赫斯科维茨等学者试图用涵化强调文化接触对多方文化主体的影响，但使用涵化的研究几乎都指向了"原始""落后"的美洲印第安人或非洲人的"从属"文化强加的一种"先进""主导文化"（欧洲或美国）。

最带有误导性的莫过于备忘录中的研究案例。如拉尔夫·林顿（Ralph Linton）在《七个美洲印第安部落的涵化》（*Acculturation in Seven American Indian Tribes*）中解释说，在大多数情况下，涵化中接触的两种不同文化都处于一种"上层文化"和一种"下层文化"的共存状态，下层文化或是出于自愿或是出于军事或政治影响，最终会发生文化变革；罗伯特·雷德菲尔德（Robert Redfield，1934）的文章《尤卡坦的文化变化》（*Culture Changes in Yucatan*）中也表达了类似的观点。尽管雷德菲尔德注意到了印第安文明与西班牙文明的相互影响，但前者对后者最多是一些物质形式上的补充和替代（如天主教在当地在地化过程中使用当地的葫芦替换圣餐仪式中的圣餐杯），而后者对前者的影响往往是意识形态层面的改变（语言、宗教、婚姻观等）。雷德菲尔德进而提出，随着人口流动的增加，印第安人文化（culture）将成为现代文明（civilization）的牺牲者（Redfield，1934）。更值得注意的是，赫斯科维茨本人，在论述涵化现象中他只举了"原始人"间发生涵化现象的例子（Herskovits，1958：preface），在复杂文明或现代社会中没有一个涵化的例子。尽管这一漏洞在他后来《人与他的作品》中有所纠正，但只是粗略地一笔带过（Herskovits，1949：529—530）。

由此可见，这一时期有关同化和涵化理论的基本假设仍延续着以盎格鲁—撒克逊文化为中心的西方种族中心观，将文化接触视为在权力关系下占主导地位的民族、种族或族群和移民同化或涵化其他人。其中同化就是其他人放弃原有的文化，接受占主导地位的文化，比如语言、价值观、生活方式、生计方式等；涵化虽本意是其他人接受占主导地位的文化但不放弃自己的文化，而实际研究情况却与之主张相悖。也就是说，虽然美国人类学家将研究对象从"未开化"的他者转向"土著人"和外来移民，其认识论上仍强调强势文化对弱势文化的吸纳或排斥。

20 世纪 40 年代，第二次世界大战后的美国显露出重构全球霸权的野心，人类学学科发展陷入与国家建设政治诉求相裹挟的处境，以应用人类学为导向的美国人类学学科发展试图将涵化研究向拉美延伸。朱利安·斯图尔特（Julian H. Steward，1943）在《拉丁美洲的涵化研究》（*Acculturation Studies in Latin America*）中表达出担忧，其认为一是因为涵化含义尚不明确，二是因为彼时（第二次世界大战）的人类学学科正深陷于非纯学科甚至非科学的事务中，他担心在拉丁美洲开展涵化研究会容易导致政治目标取代科学目标。尤其是彼时拉丁美洲的涵化研究主要集中在印第安人、黑人以及其混血儿身上。然而斯图尔特的局限在于，尽管他也主张应将黑白混血儿和本土白人纳入研究，但其目的在于分析和理解欧洲人带来的文化如何影响这些群体。也就是说，斯图尔特对涵化理论的反思仍未把拉丁美洲的本土文化视为具有自主性的主体。在涵化理论试图作为一个普适性理论向拉丁美洲推广中，古巴人类学家费尔南多·奥尔蒂斯以古巴历史文化生成为案例提出融文化理论，试图阐明涵化理论在解释美洲文化的不恰当性。

（二）古巴的文化生成与融文化理论

奥尔蒂斯提出融文化理论不是要否定涵化理论中所探讨的文化生成模式，而是强调文化生成与地方历史密切相关。他提醒人们关注文化生成过程的复杂性，注意文化生成在构建社会秩序中重要的政治社会中的含义。因此，奥尔蒂斯对涵化理论局限性的阐释不在理论批判，而是以理论建树的方式试图从解释范围和内容两方面对涵化做出修正。

在奥尔蒂斯看来，涵化概念所表达的意涵至少在古巴是不切实的情况——不同文化承载者的社会接触将只影响一方；而融文化是一个比涵化在解释范围和意涵上都更加适用古巴乃至整个美洲的概念。两者的区别在于涵化仅描述了多样的移民文化向一种主导文化的单向融入，而融文化涉及多方文化主体复杂的交流过程，包括语言、经济、种族、性别和文化间的交互作用。奥尔蒂斯指出：

> "融文化"概念更好地阐释了从一种文化过渡到另一种文化的过程的不同情境，因为这不仅包含获得另一种文化（涵化所阐述的内容），也必然涉及前一种文化的损失或消除，以及一种新文化的创造。而后者如马林诺夫斯基及其追随者所指出的，如同个体间的繁育过程——后代总有与父母双方某些相似的地方但又与他们各自不同。（Ortiz，1978：96）

此外，奥尔蒂斯还观察到涵化概念不仅明显与古巴民族文化的混杂性不符，而且与其形成历史事实相矛盾。自16世纪来，由于土著居民的消失，古巴岛上的所有阶级、种族和文化都在自愿或武力下移民到此。在脱离原籍国进入新居住地中，他们遭受着文化移植的撕裂和冲击，其自身所携带的文化已不能简单地视为原籍国的文化转移。在新的地理和文化环境中他们都面临着失调和调整的融文化问题。他将之论述为："移民携带来的文化在古巴岛上其他多重文化的重压下摧毁和粉碎，就像在磨坊里滚筒下被碾碎的甘蔗一样。"（Ortiz，1978：96）

强调古巴融文化生成的速度是奥尔蒂斯将古巴案例区别于其他移民国的要点。奥尔蒂斯提出欧洲四千多年里发生的文化演变在古巴花了不到四个世纪。文化演变在欧洲或许是逐步发生的，但在古巴案例中却是突飞猛进的过程。由于古巴种植园经济中劳动力更迭和社会文化的特征，那些被吸纳到古巴融文化中的欧洲人、非洲人和中国人，在极短时间中发生语言、种族和经济上的权利分裂重构，其内部充满了动态的力量驳斥和交融。

> 第一批定居者的特征对奠定古巴性的基调至关重要。他们从有着强烈反差的地理环境、经济发展水平以及不同社会文化的原住地会聚

到此，持续且激进的迁徙使他们仅将古巴当作暂时的目的地。漂泊的生活使他们背井离乡，既无法扎根于此，又无法再融回其生养之地。人口、经济、文化以及他们来到这片新土地时的壮志雄心——这里的一切都是外来的、暂时的、变化的，他们就像"候鸟"飞过这个国家，在未经其同意下消费它，对抗和蔑视它。（Ortiz，1978：95）

显然，奥尔蒂斯的融文化观念也旨在批判同化和涵化观念中有关主导文化的认识论导向。西方中心主义的观点常将殖民地文化视为是原籍国文化在海外的延伸，但在奥尔蒂斯看来，西班牙殖民者在古巴的遭遇与来自非洲的奴隶以及其他移民的文化处境类似——他们都远离自己的家乡，被重新安置在一个陌生的、极不稳定的社会环境中。他们没有为接受新的文化做好充分准备，也无法独善其身只发生"原文化转移"。奥尔蒂斯将之称为"最复杂的文化嬗变"，其不仅与权力角色的转变相关，而且在经济、制度、司法、伦理、宗教、艺术、语言、心理和性等多方面都发生了不同嬗变。他补充道：

在古巴，白人和黑人尽管在某些方面存在着隔离的状态，但却又无法避免地紧密联系在一起。不管是上层阶级或是底层奴隶，所有人都生活在同一种恐怖和压迫的气氛中，被压迫者害怕惩罚，压迫者害怕报复。在这痛苦的融文化过程中，一切现象都超出正义之外，无人能预料到的不确定变动之中。（Ortiz，1978：96）

值得注意的是，奥尔蒂斯在论述融文化时没有将之局限在古巴，而认为这是一个适用整个美洲的概念，动态的融文化特征永久性地改造着美洲的社会文化传统：

还有其他各种各样的移民文化，或以零星浪潮或是持续流动到达美洲，他们总在融文化中施加影响并受到影响：如印度人、犹太人、葡萄牙人、法国人、北美人，甚至来自澳门、广州和其他地区的黄种蒙古人等。他们每个人都被从自己的故土上扯下来，面临着失序和调整、去文化和文化适应等问题，也就是所谓的融文化过程。（Ortiz，1978：98）

奥尔蒂斯强调"融文化过程"在于阐明美洲的文化生成不是一个固定的主导文化在起作用，而是一个基于调和差异的、异质的、动态的多主体互动形态。这与涵化描述的单向维度是完全不同的，它不是像美国学者解释的那样，仅是其他移民向"文化主干"靠近，而是伴随文化间相互交流中多种情况的发生。融文化旨在超越欧洲和北美知识分子强加给拉美国家的种族和文化规定，这种复杂的过程虽然在古巴最为激进和明显，但它发生在所有民族中，是理解古巴乃至拉丁美洲历史和文化的基础。（Ortiz，1978：96）因此这一概念有超越古巴的解释力，具有替代涵化理论的可能性，建议在社会学术语中采用它。（Ortiz，1978：92—93）

总体而言，融文化立足于古巴的历史材料分析，同时揭示了美洲文化生成的逻辑。其论证材料展现出来的观点，直指对涵化和同化概念的立论基础，即文化生成终将成为盎格鲁—撒克逊文化的单一模式。在奥尔蒂斯的论述中，融文化有对种族之融的生物社会分析，结论重点有二，一是在拉丁美洲没有谁同化或涵化谁，只有彼此吸收、共存和生产出新的文化产物；二是拉丁美洲融的形成是一个带有欧洲、非洲或土著的以及其他移民文化成分的新文化，它既不是欧洲的，也不是非洲的，也不是土著的或哪种移民的，而是古巴的或美洲的。

（三）融文化的遭遇

融文化理论首先得到了马林诺夫斯基的赏识并允诺将之在美国推广。马林诺夫斯基与奥尔蒂斯 1929 年相识于古巴，1931 年奥尔蒂斯流亡美国期间受到马林诺夫斯基的接待，俩人就经常对文化变化和文明的影响做出深入探讨。1939 年当奥尔蒂斯完成《古巴二重奏：烟草与蔗糖的乐章》一书后，他邀请马林诺夫斯基到古巴洽谈此书内容。马林诺夫斯基对奥尔蒂斯融文化理论的发现表达赞赏，亲自为《古巴二重奏：烟草与蔗糖的乐章》作序，并提出将之翻译成英文版本在美国传播。马林诺夫斯基在序言中从两方面对涵化提出批判，首先，他认为涵化（accultura-tion）一词因词源上的误导性使该词带有种族中心主义的道德内涵："ac-culturation"以介词 ac 开头，词源的意思是"加强"，暗示了一种"朝着什么方向"去的含义，整个词语的内涵是"没文化的人"接受"我们文化"的好处，他必须为成为"我们中的一员"做出改变（Ortiz，1978：4）。其次，他也赞同奥尔蒂斯的说法，认为任何从欧洲来到美洲的移民群体都会遭受其原初文化的变化以及适应新的变化。他将文化接触论述成为一个给予和接受的系统，是一个等式的两个部分都被修改的过程，他指出：相比于英文中的"涵化"一词，源于拉丁词根"trans"提供的"transculturación"这个术语并不包含一种特定文化对另一种文化的影响，而是两种文化间的交流，两种文化都很活跃，都贡献了自己的一份力量，它们相互合作带来了新的文明现实（Ortiz，1978：4—5）。

1940 年奥尔蒂斯将完成的《古巴二重奏：烟草与蔗糖的乐章》给赫斯科维茨寄送了一份副本，以融文化理论对话涵化理论的较量正式拉开帷幕。作为涵化理论的创建者，赫斯科维茨于同年 10 月回信。信中他称赞了奥尔蒂斯的新书，表示对奥尔蒂斯用融文化取代涵化的建议很感兴趣，但他也提出："您的这个建议非常大胆，不过我也想，涵化一词牢固的地位和被人们广泛接受的含义会让您用新词替换它有些困难。"同时他对序言中马林诺夫斯基的评价反应激烈："我不得不强烈反对马林诺夫斯基提出的涵化一词的含义"。（Enrico，2002：261—262）奥尔蒂斯收信后便联系马林诺夫斯基并附上了赫斯科维茨的回信，警告他赫斯科维茨可能会对融文化理论的推广做出反应，提醒马林诺夫斯基必须做好准备抵抗芝加哥学派的"轰炸"（Enrico，2002：266）。

1947 年英文版《古巴二重奏：烟草与蔗糖的乐章》在美国出版，赫斯科维茨的"轰炸"随即而来，他在同年出版的《人类和他的工作》（*Man and His Works*）一书中重复并稍微扩展了 1940 年回信中的评论。赫斯科维茨首先承认奥尔蒂斯提议的价值："'融文化'这个词的含义是明确的，因为文化接触的每一种情况以及由此产生的后续创新都意味着文化借用""如果不是人类学文献中'涵化'一词如此牢固地确定下来，

'融文化'也可能被用来表示相同的理论"（Herskovits，1949：529）。这一牵强的解释在北方机构的权威性下掩盖了奥尔蒂斯的学术价值。更为遗憾的是，尽管《古巴二重奏：烟草与蔗糖的乐章》一书于 1940 年引入美国，1947 年出版英文版，1957 年奥尔蒂斯获得哥伦比亚大学荣誉博士学位，并被西德尼·明茨（Sidney Mintz）称为"非裔美洲人研究之父"（Davies，2000：154），但奥尔蒂斯和他的工作却在很大程度上被北方学者忽略了。1942 年 5 月 16 日马林诺夫斯基逝世后，67 岁的奥尔蒂斯失去了一个强大的盟友来对抗赫斯科维茨的"攻击"，再加之第二次世界大战后的意识形态背景，尤其是贯穿冷战时期美国对古巴和拉丁美洲的政治影响，融文化理论在全球知识界长期未受到重视。

近半个世纪来，涵化理论由于含义模糊和解释范围不清晰受到多方面的批判，但在学术机构的权威性和知识生产的话语权下，美国人类学家的文化价值和规范笼罩着一层优越性的沙文主义信念，涵化理论仍占据着文化接触领域的核心地位。直到 1994 年当爱德华·萨义德（Edward Said）在他的《文化与帝国主义》（Cultural imperialism）中使用了相同术语"二重奏"（contrapunteo）时，奥尔蒂斯的融文化理论才随着后殖民理论的出现而复兴和合法化（Tlostanova，2012）。1995 年第十二届年度访问学者会议（Twelfth Annual Visiting Scholar Conference）在南伊利诺伊大学（Universidad de Southern Illinois）举行，讨论全球文化接触问题，本次会议的论文集以"文化接触研究：互动、文化变迁和考古学"（Studies in Culture Contact：Interaction，Culture Change，and Archaeology）（1998 年）为标题发表。在涉及来自数十个国家的移民文化现象的研究论证中，本书的主编詹姆士（James G. Cusick）在前言中写道：将《涵化备忘录》（Memorandum of Acculturation）或约翰·福斯特（George Foster）的《文化和征服》（Culture and Conquest）①

---

① 乔治·福斯特（George M. Foster）在其文《文化与征服》中提到，"征服文化"可以被认为是"人为的""标准化的""简化的"或"理想的"，因为它至少部分是有意识地创造和设计以应对公认的问题。这一理论的前提是，给予文化的政府或政府的代理人对受援者有某种程度的军事和政治控制，从而有计划地改变这一群体的生活方式。参见 Foster, George M., Culture and Conquest：America's Spanish Heritage，Chicago：Quadrangle Books，1960。

视为《圣经》权威的时代已经结束。文化接触被广泛地定义为"群体"与"外来者"互动的一种倾向，一种由人类多样性和定居模式而产生的互动欲望，将人类社会和地理关系相接成连续统一体（Cusick，1998：3）。在收录的21篇作品中，考古学家凯瑟琳·迪根（Kathleen Deagan）首次提及奥尔蒂斯的融文化理论和《古巴二重奏：烟草与蔗糖的乐章》一书。

21世纪初期的"9·11"事件被视为人类学反思全球地缘政治的另一个转折点，在这之后奥尔蒂斯融文化研究中主张的去中心化和多主体参与的文化生成模式被越来越多的知识分子接受。德国人类学家史提芬（Stephan Palmir，1998）指出奥尔蒂斯融文化研究是一种自觉的"现代主义的"新世界民族主义，它超越了欧洲和北美知识分子强加给拉丁美洲国家的种族和文化规定，与此同时也摒弃了拉丁美洲本土知识分子将文化杂糅视为保守的或是激进的二分观点。厄瓜多尔人类学家若昂·菲利普（João Felip，2014）称奥尔蒂斯融文化理论不仅定义了古巴性，而且对所有文化都有普遍解释力，是古巴向世界展示的人类历史进程的共性。美国印第安纳大学安科·伯克基耶教授（Anke Birkenmaier，2012）认为奥尔蒂斯以融文化理论重新鉴定对种族和文化的思考，使得以哲学为基础的拉丁美洲文化转向了具有批判意识形态的人类学文化理论。法国社会学家让-弗朗索瓦（Jean-François Côté，2010）认为奥尔蒂斯融文化理论树立了美洲文化定义原创性的里程碑，融文化理论视野展现出的世界性维度将拓宽欧洲现代性在美洲的遗产和目前的局限性的视野。

知识生产的地缘政治性似乎在表明，第三世界知识分子的思想贡献是在西方社会科学的后现代主义框架内形成类似理论后才得到承认的，是在西方主导的知识权威体系的动摇后才得以有一席之地的。在来自"现代性的阴暗面"（underside of modernity）中不受欢迎的权威被消除后，只从中心旅行到边缘的单向理论生产和传播才开始出现非线性的复杂性。奥尔蒂斯的融文化研究被延迟将近半个世纪才被西方学界重新发现，是一种全球知识生产不平等性的体现。

三　融文化理论与"炖菜"隐喻

相较于融文化理论在全球知识生产体系中遭遇边缘化的处境，"炖菜理论"作为融文化在古巴文化隐喻的具体呈现，更为生动地揭示了奥尔蒂斯对古巴文化生成的认知。1940 年除《古巴二重奏：烟草与蔗糖的乐章》外，奥尔蒂斯还发表了另一篇文章《古巴性的要素》（Los factores humanos de la cubanidad），其中奥尔蒂斯以"炖菜(ajiaco) 理论"再次拒绝了一个来自北美的"熔炉"理论，强调该理论专用以描述古巴民族文化的特点。作为描述文化生成过程的两种隐喻，"熔炉"和"炖菜"虽都是在描述杂和物质与新物质间的关系，却是两种不同过程。熔炉冶炼意味着将含有杂质的矿物质分类、熔炼、提纯，在一系列"去粗取精"的过程后倒入固定的凹槽形成固化的金属。对应该理论提出的背景，"熔炉"成为 20 世纪初期美国工业时代写照——移民自不同国家的工业工人在同一套冶炼法则下一起进行着熔炼工作，接受美国文化后成为盎格鲁—撒克逊文化模型中的一分子，生成美国公民的历程。然而，金属冶炼必然意味着要遵循一个特定的公式，只有将特定金属熔化在一起才能产生理想结果，比如青铜源于铜与锡的冶炼，黄铜源于铜与锌的锻造，如果只是把不同的金属倒进同一个熔炉里，炼造的结果可能是易碎的或有缺陷的，而不是坚固的或有用的。这也意味着在熔炉冶炼中，不同的矿物质被分类、选择和剔除，移民文化便被一套由主导文化制定的固定规则分为优等和劣势、淘汰和选取的不平等序列。

"熔炉理论"在 20 世纪初期广泛地被应用到解释各移民国家的文化生成，但奥尔蒂斯认为理论的嫁接未必能反映具体的事实。在奥尔蒂斯看来，古巴除一些普通工匠外没有铸造厂和熔炉，熔炉或许适应美国文化生成模式，却不足以反映古巴历史和文化现实；古巴的"炖菜"则更能准确表达古巴本土文化生成方式，从而能够更好地促进彼此了解（Ortiz, 1993）。与熔炉的过滤、剔除以及重新打造成固定模型的含义不同，"炖菜"强调一种接纳、动态生成和无定型的内涵。奥尔蒂斯解释道：所谓

"炖菜"，是一道由各种产自古巴的根茎类和肉类在沸水中持续烹饪，直到生成黏稠多汁的浓汤。它的特点是可以不断加新配料，各种各样的物质在加热中不断冒泡翻滚，里边成分的位置发生变化，保留部分特性的同时也生成新物质，因沸腾和混合从未停止，炖菜的内容始终处于不断更新的状态。进而奥尔蒂斯将该隐喻转述到古巴文化生成过程，认为古巴的文化混合如同炖菜，是一个无休止的转变。外来的根、果实和肉不断进入古巴的锅里持续烹煮，且由于时间性和空间性的差异，这锅菜在底部黏稠时，在顶部的根茎仍是生的，沸腾的液体仍是清澈的，这就导致了用餐人是在底部、在中间，还是在顶部品尝到古巴性（cubanidad）具有不同的风味和稠度（Ortiz，1993）。

首先，"炖菜理论"以一种本土智慧有力地反击了熔炉理论的解释逻辑。在奥尔蒂斯的"炖菜"中，文化相遇、互动，但不完全相互融合，始终保持着其不透明权利。其中的文化不透明性可以汇聚共存，因而古巴性（cubanidad）不能简化为杂合性，它是异质元素综合的结果。文化的生成和呈现在奥尔蒂斯的表述中成为一种看起来和尝起来味道都不同的东西，这取决于锅中菜的位置，以及食用者在什么时候取样。它不仅在共时维度上是分层的，而且在历时维度上也是如此，随着新配料下沉到较低位置，它们的相对烹饪时间增加，相对较长的烹煮时间使得它们的可识别性变低，越往锅底越如此。由此可见，混杂而成的古巴性（cubanidad）摆脱了西方学者热衷于探讨的移民文化形成中的纯度问题。理解古巴性的关键转化成为我们选择哪一勺来进行元文化检测，以及我们应用于它的识别规则。

其次，"炖菜理论"有力地颠覆了当时全球民族主义话语中热衷的"根基论"之说。殖民者们常将所谓的种族起源描述为"根"，并把他们的殖民地与想象的宗主国的"根"联系在一起，从而使学术理论与殖民统治有了相互辩护的色彩。奥尔蒂斯的"炖菜理论"却揭示了没有人可以声称自己扎根于古巴的事实，西班牙人最多只能渴望成为古巴这锅炖菜的主要成分，就像非洲人和其他所有人一样，他们被"连根拔起并移植到古巴"，并"在岛上从未播种好"。古巴人唯一能宣称的是真正的根是以"炖菜"

为基础的根，它不是一个僵化固定的成品，它随时都是不断沸腾和滚动的（Ortiz，1993）。

奥尔蒂斯提出融文化理论和"炖菜理论"的同年也是古巴历史的一个转折点。1940年古巴颁布了一部新宪法，因其民主性质和它给不同社会群体带来的希望而广受赞誉，但随后的代议制民主被腐败丑闻和政治暴力所困扰，并以1952年巴蒂斯塔（Fulgencio Batista）的政变而告终。在接下来巴蒂斯塔独裁统治期间（1952—1958年）以及奥尔蒂斯有生之年经历的菲德尔·卡斯特罗政府的十年中，他除了在采访和新闻文章中发表的简短声明外，都对国家政治保持着相对的沉默。

尽管奥尔蒂斯的学术研究是否成为古巴民族国家意识形态工具一说有所争议，但值得注意的是，"炖菜理论"将古巴人种文化定义为一个相对温和的国家文化政治混合物，某种程度上为1959年革命后古巴实行社会主义革命的推进奠定了意识形态基础。与美国不同，古巴从未在法律上认可种族隔离，然而根植于19世纪殖民时期的奴隶种植园中的非正式制度决定了古巴岛上的黑人和白人经历了截然不同的现实。革命胜利前古巴人几乎只能参加按照不同种族专属的社交俱乐部和娱乐设施，教育机会是基于家庭声望和支付私立学校及大学高昂学费的能力，这使大多数有色人种很少有机会接触教育或只能上公立学校（Benson，2012）。1959年3月，取得革命胜利的菲德尔·卡斯特罗首次公开表示结束该岛历史性的种族不平等，新领导层宣布了一场着重于从就业和教育方面消除种族歧视的运动。在革命的头三十年里，古巴政府用有组织的研究和文化引导取代了革命前经常采取的暴力迫害措施，以民俗化政治的方式将客观的且已充分本土化的部分非裔古巴人文化纳入新的社会主义国家文化遗产中，同时否定其在国家文化中的突出地位（Palmié，1998）。

奥尔蒂斯以民俗学式对非裔古巴人的研究方法还奠定了古巴社科发展的走向。1959年革命胜利后古巴开始走向社会主义道路，这一时期由于冷战时期意识形态的斗争，古巴限制了外来学者的到访。据一位加拿大学者调研发现，从1968年到1991年间仅有一些苏联的民族学家和加拿大学者进入古巴进行田野调查（Scherer，2002）。苏联以历史唯物主义主导的社科范式与古巴注重民族自身文化研究的取向相契合。这一时期，以民俗学为特征的古巴人类学学科承担起了创造性地吸收非洲裔古巴人宗教文化的责任，甄别和保护其中能为大众传统文化创造的积极价值观的文化成为古巴人类学家的主要工作（Guanche，1983）。古巴民俗发展在一套智慧和科学的方式下被激发，其试图将非裔古巴文化中负面部分（禁忌、超自然理论、仇外心理等）逐渐消除，同时利用和丰富有助于加强人类团结和宣扬反抗压迫力量斗争的民间传说等一切有助于社会和谐发展的东西，赋予它们新的革命性社会功能从而为社会主义国家更好地服务（Martínez，1979）。

作为拉丁美洲唯一的社会主义国家，奥尔蒂斯学术研究也常被用作解释古巴民族文化在民族国家建设中的特殊定位。1975 年卡斯特罗公开宣布古巴民族身份是拉丁非裔（latino-afrocano）的理论，古巴学者经常争辩说，这一声明是建立在奥尔蒂斯毕生心血基础上的。非裔研究者卡洛斯·摩尔（Carlos Moore，1988）认为，卡斯特罗宣布古巴国家"非洲化"的时机并非偶然，因为当时古巴正准备升级在安哥拉的军事行动，这将导致作战部队中占据多数的非裔古巴人与安哥拉黑人的历史性重聚，重申这一决议无疑能增加非裔古巴人的国家认同。除此之外，混杂身份的战略性运用还体现在苏联解体后古巴解决经济危机的策略中。1991 年苏联解体使古巴陷入"特殊时期"的经济困境，在此时期，民间组织积极利用海外关系实施自救行动的途径起到了明显作用。国家积极鼓励公民剥离个人混杂的历史，试图以共同文化纽带重新建立古巴与世界其他国家的跨国联系从而开展区域合作（Queeley，2015）。这一时期古巴涌现了大量非洲—古巴裔，古巴—海地裔，古巴—西印度裔，古巴—犹太裔，古巴—阿拉伯裔等族群，他们利用亲缘关系获得跨国经济援助渠道的同时，也在一个强调身份一体化的国家框架中开辟出一个新的正式空间（Kathleen，2009）。从这个意义上来说，奥尔蒂斯提出的"炖菜理论"为国家的混杂身份构建出一套有力的解释框架，在古巴锅中来自不同地域带有不同身份的移民经过古巴社会主义革命的历史性炖煮，已与古巴生成了一锅利益与共的"炖菜"，其混杂身份的认知从某种程度而言展现出萨伊德所说的战略结构色彩。

从以上分析来看，"炖菜理论"作为融文化理论在古巴的文化隐喻，是奥尔蒂斯承认各种文化模式动态互动下生成的文化多元性、差异性和多样性更为具体的体现。尽管"炖菜理论"源起于拒绝熔炉理论向古巴的普及和推广，但奥尔蒂斯的学术初衷始终站在文化知识互相尊重的基础上，其学术着力点在于论证古巴本民族文化的生成模式以增进他者对古巴文化的理解。在西方与被西方知识体系、学科划分和思维方式压制的传统和模式的交汇处，奥尔蒂斯的"炖菜理论"对特定类型的边界思维发起挑战，冲击了西方中心主义下的盎格鲁—撒克逊普世主义观念。

四 结语

梳理奥尔蒂斯的个人生平和学术研究可以看到，无论是融文化理论或是"炖菜理论"，奥尔蒂斯的出发点和立足点都建立在对自我文化的认识以及尊重他者的文化基础上。奥尔蒂斯拒绝同化和涵化理论具有普适性解释力，又拒斥将拉丁美洲视为铁板一块的文化观，其以古巴文化为核心的研究一定意义上重塑了古巴学术中非洲、美洲、欧洲间的历史文化关系，促进了其他拉丁美洲国家学者对西方中心主义和种族理论的认识。学者对国家建设和全球社科知识生产的贡献或在于其学术主张会促进人们对所讨论现象的认知和社会评价的变化，进而影响主流社会的政治话语，反映在新生的古巴社会主义社会中是一种以国家为中心的民族文化自知自觉自信的底色。

直到当下，奥尔蒂斯的学术成就仍旧在影响着古巴人。继哥伦布以地理之名发现古巴，亚历山大·冯·洪堡（Alexander von Humboldt）以生态之名发现古巴后，奥尔蒂斯被古巴人广泛接受为从文化上发现古巴的第三人（Monge，1999）。1994年古巴文化部成立费尔南多基金会，该研究所继承了奥尔蒂斯对南北知识开放兼收的精神，在继续研究和传播奥尔蒂斯学术思想的同时，与国外大学、机构和学者建立了广泛的联系和交流，成为连接古巴与世界学术交流思想的桥梁。此外，在后殖民国家社会科学寻求发展的征程中，奥尔蒂斯提出拉丁美洲原创新人类学理论的实践鼓舞了非西方学者倡导文化自觉的思潮。2012 年墨西哥恰帕斯大学创建"边刃人类学"（Antropología de la Orilla）学派，奥尔蒂斯被称为该学派的先驱和代表人物，一系列从自我视角出发以此期望改变南北方权利关系中不平等的研究在拉美国家广泛兴起。2019 年，奥尔蒂斯的学术研究被评为"国家文化遗产"，古巴国家文化遗产委员会主席格拉迪斯·科利奥斯（Gladys Collazoj）将之称为一位古巴学者对世界文化知识生产的贡献。

笔者认为，无论是在过去或当下，强调奥尔蒂斯学术研究中对自我与他者文化关系的认知模式都不为过。正如亨廷顿所预言的，全球各地以不同的形式上演的"文明冲突"，乃至 2022 年大范围排斥亚裔浪潮和少数族裔文化仍在多国广泛发生。在自我文化与他者文化的交织碰撞中，人们正因对自己的文化不自知，对他人文化的不尊重，使文化接触时矛盾与战争不断滋生爆发。奥尔蒂斯的学术研究正以一种超越时间和地缘界限的方式给予我们一些启示：假如我们在尊重他者文化的同时对于自我文化又有着清晰的认识，或许能够避免将自我文明自视过高而贬低他者文明的心态，从而走向一种超越文明狭隘观的"美美与共"的道路。

参考文献

［美］萨缪尔·亨廷顿：《文明的冲突与世界秩序的重建》，周琪等译，新华出版社 1997 年版。

Boas Franz, *Indianische sagen von der nord-pacifischen küste Amerikas*, A. Asher & Company, 1895.

Herskovits Melville Jean, *Acculturation：The study of culture contact*, P. Smith, 1958.

Guanche Jesús, *Procesos etnoculturales de Cuba*, La Habana：Editorial Ciencias Sociales, 1983.

Kathleen Lopez, *Chinese Cubans：A transnational history*, The University of North Carolina Press, 2009.

Mann Arthur, *Immigrants in American Life*, Selected Reading, 1986.

Martínez Furé-Rogelio, *Diálogos imaginarios*, La Habana: Editorial Arte y literatura, 1979.

Moore Carlos *Castro*, *The Blacks*, *and Africa*, Los Angeles, UCLA Center for African Studies, 1988.

Ortiz Fernando, *Contrapunteo cubano del tabaco y el azúcar*, Caracas: Biblioteca Ayacucho, 1978.

Ortiz Fernando, *Hampa afrocubana: Los negros brujos (apuntes para un estudio de etnología criminal)*, Librería de F. Fé, 1906.

Park Robert E. , *Assimilation*, *Social. In Encyclopedia of the Social Sciences*, New York: Macmillan, 1930.

Park Robert E. and Ernest W. Burgess, *Assimilation. In Introduction to the Science of Sociology*, Chicago: University of Chicago Press, 1924.

Powell John Wesley, *Introduction to the study of Indian languages: With words*, *phrases and sentences to be collected*, US Government Printing Office Press, 1880.

Queeley Andrea, *Rescuing Our Roots: The African Anglo-Caribbean Diaspora in Contemporary Cuba*, University Press of Florida, 2015.

Sam David L. , and John W. Berry, eds. , *The Cambridge handbook of acculturation psychology*, Cambridge University Press, 2006.

Saveth Edward N. , *American Historians and European Immigrants 1875 – 1925*, Columbia University Press, 1948.

Scherer Frank F. , *A Culture of Erasure: Orientalism and Chineseness in Cuba*, 1847 – 1997, National Library of Canada = Bibliothèque nationale du Canada, Ottawa, 2002.

Birkenmaier Anke, "Entre filología y antropología: Fernando Ortiz y el Día de la Raza", *Antipoda*, *Revista de antropologia y arqueologia*, Vol. 15, 2012, pp. 193 – 218.

Benson D. S. , "Owning the revolution: Race, revolution, and politics from Havana to Miami, 1959 – 1963", *Journal of Transnational American Studies*, Vol. 4, No. 2, 2012.

"Carta de Fernando Ortiz a Bronislaw Malinowski del 14 de Noviembre", Reproducida en: SANTÍ Enrico Mario, *Fernando Ortiz: contrapunteo y transculturación*, Madrid: Editorial Colibrí, 2002.

"Carta de Melville J. Herskovits a Fernando Ortiz del 29 de octubre de 1940", Reproducida en: *SANTÍ, Enrico Mario, Fernando Ortiz: contrapunteoy transculturación*, Madrid: Editorial Colibrí, 2002.

Côté Jean-François, "From Transculturation to Hybridization: Redefining Culture in the Americas", *Transcultural Americas/Amériques transculturelles*, Ottawa, Presses de l'Université d'Ottawa, 2010.

Gonçalves João Felipe, "The ajiaco in Cuba and beyond: Preface to 'The human factors ofcubanidad' by Fernando Ortiz", *HAU: journal of ethnographic theory*, Vol. 4, No. 3, 2014.

Ortiz Fernando, "Losfactores humanos de la cubanidad", en *Etnia y sociedad*, Habana, Editorial de Ciencias Sociales, 1906.

Palti Elías José, "The problem of 'misplaced ideas' revisited: Beyond the 'history of ideas in Latin America'", *Journal of the History of Ideas*, Vol. 67, No. 1, 2006.

Parsons E. C., "Some Aztec and Pueblo parallels", *American Anthropologist*, Vol. 35, No. 4, 1933.

Palmié Stephan, "Fernando Ortiz and the cooking of history", *Ibero-Amerikanisches Archiv*, Vol. 24, No. (3/4), 1998.

Redfield Robert, "Culture Changes in Yucatan", *American Anthropologist*, Vol. 36, No. 1, 1934.

Schwarz Roberto, "Misplaced Ideas: Literature and Society in Late Nineteenth-Century Brazil", *Comparative Civilizations Review*, Vol. 5, No. 5, 1980.

Stanfield John H., "The Ethnocentric Basis of Social Science Knowledge Production", *Review of Research in Education*, Vol. 12, 1985.

Steward Julian H. , and Frank Tannenbaum, "Acculturation studies in Latin America: Some needs and problems", *American Anthropologist*, Vol. 45, No. 2, 1943.

Travesti 在拉美：迈向去殖民性的酷儿理论

王舒畅

（清华大学人文学院硕士生）

蓝天蒙

（清华大学人文学院硕士生）

本文主要关注拉丁美洲多元性别群体 travesti 的生存现状、文化实践与理论建构，并从南部理论的批判性立场出发来讨论酷儿理论的去殖民化。由于 travesti 一词具有拉丁美洲的文化特殊性，指代一种不稳定的、无法被简化为"跨性别"普遍身份的地缘性性别认同，因此本文将使用原词而不进行翻译。travesti 最早因民族志为人熟知，并于 20 世纪末在行动主义的影响下逐渐向一种批判理论发展，这一理论主体的提出旨在挑战全球北方性别理论，包括对于跨性别普遍身份和生理/社会性别二元架构的挑战。对于 travesti 的研究有助于我们反思全球北方性别理论中的西方中心主义和殖民主义倾向，从而具象化一种去殖民性的"南方酷儿理论"的愿景。

一 研究背景：拉丁美洲的性与性别

21 世纪的拉丁美洲以对于性别多样性的宽容度而著称，被认为是 LG-BT + 法律权益进步最快的地区之一，许多国家关于性倾向和性别认同的立法发生了根本性的转变。这与全球南方的其他地域，如非洲的权益发展形成了鲜明对比。（Miles & Zelada，2021；Corrales，2017）自 20 世纪 80 年代中期的第三波民主化浪潮以来，包括墨西哥、阿根廷在内的许多拉丁美洲国家开始广泛兴起与性别平等权益相关的政治和文化运动；随着法律和政治的交叉与人权话语的嵌入，当前拉丁美洲的行动主义在性与性别多样性倡导方面取得了惊人的进步，这在加勒比海地区以外的南美洲国家尤其明显（Miles & Zelada，2021；Chaux et al.，2021）；截至 2022 年，阿根廷、巴西、乌拉圭、厄瓜多尔与智利等多个国家在法律上承认同性婚姻，大多数国家都承认同性性行为合法并立法禁止对性倾向的歧视；2009 年的阿根廷与 2018 年的乌拉圭都通过了全面的性别认同法，阿根廷政府更是自 2021 年 7 月 21 日起允许国民在身份证和护照的性别一栏添加"X"类别，成为拉丁美洲首个颁发"非二元性别"身份证件的国家，在跨性别权益保障方面走在了世界的前列。

　　然而与此同时，拉丁美洲也是权益发展不平衡性最为突出的地区之一。（Corrales，2017；Chaux et al.，2021；Miles & Zelada，2021）许多国家仍然存在严重的针对多元性别群体的社会暴力与仇恨犯罪现象，其中就包括了立法先进的巴西。根据一个运动组织的统计，2017 年巴西全境内共有 387 例针对 LGBT + 群体的谋杀案件，达到了历史最高水平，平均每 19 个小时就有一名 LGBT + 因遭受恐同恐跨暴力而死亡。① 除此以外，这一权益的进步也具有地域限制性，更多出现于西班牙语和葡萄牙语国家而非中美洲和加勒比海的英语国家；自 2015 年以来，原教旨主义天主教和福音派团体也开始以"性别意识形态"为由进行反动员，社会运动较为活跃的秘鲁就因保守派的反对而一直难以在立法上取得进展。（Sosa-Villagarcia & Rozas Urrunaga，2021）

　　谈及拉丁美洲的性与性别，不能不关注其地缘特征以及与殖民主义交织的历史。正如康奈尔（Connell，2014）对于全球南方女性主义的描述，在将不平等的性别关系转化为行动主义的理论化过程中，必须考虑到后殖民、去殖民和南方理论的要素。作为受殖民主义和新殖民主义影响超过五

---

① 根据巴西 LGBT + 运动组织 Grupo Gay de Bahi 的统计，具体见 https://grupogaydabahia. files. wordpress. com/2020/03/relatorio-2017. pdf，2022-06-27。

个世纪，同时又是第一个打破欧洲殖民控制的大洲，拉丁美洲的性文化受到了美洲所共享的殖民历史、新旧世界的移民模式、文化混杂和交融、频繁的制度和政治经济冲突等因素的共同塑造。（Connell，2020；Lancaster，1998）在拉丁美洲，种族与性别通过混血（mestizaje）的方式紧密地结合，这种交叉性（intersectionality）也影响了后殖民时期的国家建设（Wade，2008）。因此，我们有必要关注地域性和种族化的性别身份认同，以作为理解当代拉丁美洲的工具。

在当代拉丁美洲研究中，跨性别主义（transgenderism）这一主题开始得到越来越多的关注。异装（transvestism）不仅是前哥伦布时期安第斯山脉的性别文化和人类互动的要素之一，也是当代拉丁美洲广泛存在于文学、影视和印刷媒体中的普遍的文化现象。（Sifuentes-Jáuregui，2002；Horswell，2005；Lewis，2010）与之相关的是一个拉丁美洲本土的身份认同群体，即travesti，其广泛分布于阿根廷、巴西、秘鲁等国家，通常被定义为从男性到女性的单向性别跨越。（Cornejo Salinas，2018）在人文社会科学领域，travesti最早因民族志传统而为人所熟知（Kulick，1998）；自20世纪90年代以来，在行动主义的影响下，travesti开始成为一个政治、文化和学术议程，许多行动者为其生产了大量论述，并尝试推动其形成一种包含范式、认识论和本体论的批判理论（Rizki，2019），2018年阿根廷活动家玛琳·维埃尔（Marlene Wayer）出版的《Travesti：一个足够好的理论》（*Travesti：una teoría lo suficientemente buena*）就是这一理论尝试的集体努力。

本文主要关注拉丁美洲travesti群体的生存现状、文化实践与理论建构，以本土学者和行动者的论述以及这一领域的研究成果为材料来源。笔者将首先介绍travesti作为一种地缘性身份认同的特征与活动内容，由于拉丁美洲学术工作与社会运动之间联系紧密（Cornejo Salinas et al.，2020），因此本文将兼顾对于travesti的研究与行动分析。随后，从南部理论的批判性立场出发，笔者将反思travesti对于全球北方的性别理论的挑战，并且探讨酷儿理论和去殖民性的关联；通过考察拉丁美洲的travesti主体与理论，笔者试图重新将"酷儿"的概念放置于地理位置、语言、历史和文化之中，以一种南方认识论来推动酷儿理论的去殖民化。

二　Travesti：一种地缘性的身份认同

（一）民族志中的 travesti

作为一种颇具拉丁美洲特色的地缘性身份认同，travesti 在拉美被广泛用于描述跨越生理性别、社会性别以及性别装扮的群体。travesti 一词源于拉丁语词汇 transvestire，意为异装，暗示着这一群体挑战主流性与性别规范的差异性实践。（Sifuentes-Jáuregui，2002：4）在拉美各国特殊的历史文化脉络之下，travesti 群体展现出复杂和异质性的生活样态（Lewis，2010：7）。唐·库里克（Don Kulick）、安尼克·普里尔（Annick Prieur）和兰切斯特（Lancaster）等学者的田野研究，使得 travesti 复杂的生存处境和在性与性别光谱上的特殊位置，逐渐被学界纳入视域。

travesti 是一种具有阶级化和种族化特征的群体，大多由来自贫困社区的底层黑人和有色人种构成，祂①们往往因各种原因被排斥在家庭、教育、公共卫生系统和劳动力市场之外，以性工作为谋生手段（Berkins & Fernández，2005）。以巴西为例，travesti 在社会空间和文化想象中占据着显眼的位置，任何具有一定规模的巴西城市内都分布着 travesti 群体，使其在浪漫化想象中常常被视作巴西的象征。与此同时，travesti 也是巴西社会最具脆弱性、受歧视与暴力影响最为深重的群体之一。当地媒体一致地将 travesti 描述为吸毒成瘾、传播艾滋病的罪犯，任其蒙受艾滋、偷盗和感染的污名。警察是 travesti 受暴的来源，任意逮捕祂们并施加侮辱、虐待甚至谋杀。在持续的骚扰攻击面前，travesti 孤立无援，甚至被迫以切开静脉自残喷血的方式进行反抗。（Kulick，1998；Pereira，2019）阿根廷、秘鲁等地的调查报告描述了相似的恶劣生存状况，travesti 笼罩在污名、疾病与暴力的威胁之下，多数寿命不超过 45 岁。（Berkins & Fernández，2005；Campuzano，2008）总之，travesti 群体的主体性诞生于本土性、黑人性、物质不稳定、性工作、国家间不平等，以及艾滋病感染状况等因素相互交织的

---

①　本文使用"祂"作为性别中立人称代词。

复杂历史中。（Santana，2019）

在库里克等一众人类学家的刻画中，travesti 的性与性别实践是一种女性化的身体与男同性恋主体性的特定交汇。travesti 指派性别为男性，然而祂们采取了女性化的名字、人称代词和性别表达。为追求具有女性气质的形象，多数 travesti 寻求各种途径以购买并摄入大量女性激素，甚至向身体内部注射廉价的工业硅酮，用以获得女性身体特征，如乳房和丰满的大腿，尤其是在本土审美中受到追捧的肉感臀部。成为 travesti 意味着从生命早期阶段开始，持续性地通过有意识的身体改造达成富有魅力的女性气质。对男性的情色兴趣是 travesti 早期形成自我认同的核心，同性欲望激励着祂们采取女性化的身体实践，并将其理解为自我实现的漫长历程。多数 travesti 依循改换女性装扮，如留长发、涂口红和刮腿毛等，到摄入女性激素进行身体改造，再注射工业硅酮的轨迹。（Kulick，1998；Prieur，1998；Lancaster，1994）

在 travesti 的身体改造过程中，硅酮的使用无疑是"革命性"的一步。travesti 通过向臀、膝和大腿内侧注射硅酮而成为"彻头彻尾的女性"（total women）。在巴西，直到 20 世纪 70 年代雌激素和硅酮逐渐引入，travesti 群体才开始大量产生。由于经济负担能力和医疗照护渠道的限制，travesti 往往只能使用不纯的、未经无菌处理的工业硅酮而非医用硅胶。硅酮极为黏稠，只能使用兽用针强行注射，而进行注射操作的往往是尝试过甚至只是观摩过硅酮注射的非专业的社群成员；而硅酮被直接注射进身体内部组织中，几乎不可能被提取出来。如果硅酮在体内与组织不均匀地结合，会产生类似脂肪团的波纹状隆起，或因身体震动留下裂缝状凹痕。这让硅酮注射伴随着健康风险，可能引发感染、硅酮移位或泄漏等并发症，一旦硅酮渗入血液甚至会产生致命的后果。（Kulick，1998；Peres，2010）

运用激素和硅酮的身体改造产生了"真正的"travesti 与易装者（transformista）之间的分界线。不同于只在特定场合进行女性装扮的易装者，travesti 无时无刻不以女性形象示人，经过不可逆的身体改造而获得了显眼并难以隐藏的女性特征。与此同时，travesti 的身份认同与跨性别女性（trans women）存在实质区别，不符合欧美标准的性与性别范畴。travesti

将"像女人"理解为特定类型的装扮、行为以及与男性的关系，祂们普遍珍视自己的男性生殖器，并拒绝进行性别重置手术。在库里克的记述中，travesti 坚持认为上帝所创造的男性性别是无法改变的，性别重置手术不会制造女性身份，只会让人成为"被阉割的同性恋"（castrated bicha），从而无法体验性快感和高潮，在性行为中成为只服务于他人的客体。（Kulick，1998）

travesti 看似矛盾而充满张力的性与性别样态，与当地的性别文化系统有着密切的交织。这种复杂的身体改造和情欲实践与西方的性与性别范畴之间充斥着交叠与分离的微妙关系，构成了南北酷儿理论对话和交锋的基点。与此同时，在民族志的脉络之外，travesti 群体也在 20 世纪 90 年代发展出了一种基于行动和实践的文化与理论，强调一种主体性的抵抗，与他者化的民族志传统形成了呼应与补充，下文就将对 travesti 活动家的行动脉络进行详述。

（二）行动中的 travesti

1. 洛哈娜·贝金斯：作为政治身份的 travesti

洛哈娜·贝金斯（Lohana Berkins）（1965—2016）是阿根廷的 travesti 活动家和跨性别人权倡导者。自 20 世纪 90 年代起，祂与祂所在的 travesti 社区开始就自身权利进行政治活动：贝金斯曾是阿根廷 Travesti 协会（ATA）的成员，并于 1998 年创立了 travesti 与变性者战线（ALITT）组织；贝金斯也是第一个获得州政府职位的 travesti。在费南德斯（Fernández，2020）撰写的传记中，贝金斯被称为一名"边境斗士"（combatiente de frontera），祂斡旋于所处社群与外部世界之中，在边境裂缝中思考 travesti 的身份："不要成为男人，不要成为女人，要成为 travesti。"（No ser hombre, no ser mujer: ser travesty）

在祂所撰写的《Travesti 的政治路线》（Un itinerario político del travestismo）一文中，贝金斯（2003）强调了 travesti 身份的解构性，区别于其他国家跨性别者希望在二元性别框架之内重置自己，travesti 选择打破男性和女性分类的稳定性，从而实现向一种非身份主义的转变。贝金斯提及了女权主义对于这一身份认同形成的影响：travesti 选择以女性的外貌生活，是一种对于父权制下男性压迫者身份的背离，而这一背离使得袘们需要忍受来自父权制的惩罚和制度性的社会暴力。因此，袘们希望在性别的男女二分之间进行转换，以破除既有二分等级制度的压迫属性。这种态度可以被发展成为一种"拒绝政治"：travesti 拒绝成为"跨性别者"，拒绝成为女性，拒绝成为可被理解（intellegeble）的主体；成为 travesti 不是对女性身份的完全否定，而是对于顺性别、异性恋正统、健全、精英和白人等主流社会对女性特质期望的拒斥。（Machuca Rose，2019；Santana，2019）。

贝金斯（2006）认为，travesti 挑战了主流文化就生理性别而赋予人们社会身份的做法，而这正是来自西方社会的霸权的体现。区别于其他国家的跨性别者在二元性别框架内重置自己，travesti 旨在突破二元逻辑的限制，通过语言地域主义（linguistic regionalism）的运用，形成一种欧美跨性别者不同的身份：跨性别概念来自美国学术界所发展的理论，而 travesti 一词则是由该群体从医学术语中挪用以确立自身的政治主体性的自称。在《Travesti：一种政治身份》（Travestis：una identidad política）一文中，贝金斯强调："Travesti 这个词过去和现在都被用来形容艾滋病、偷盗、丑闻、感染和边缘。我们决定赋予 travesti 这个词新的含义，并将其与斗争、抵抗、尊严和幸福联系起来。"

在贝金斯于 2016 年去世之后，袘所提出的思想与方法仍然影响着阿根廷 travesti 社群的实践行动。例如，2011 年为 travesti 与跨性别设立的一所高中就通过教育变革实践了贝金斯的思想，鼓励 travesti 将具身体验插入社会科学研究中，以干扰和颠覆传统排他性的知识生产过程，从而发展出了一种名为"知识的异装"（Travar el saber）的认识和教育方法论，正如贝金斯所说："当一个 travesti 上了大学，它改变了这个人的生活；而当许多 travesti 这样做之后，它会改变大学的面貌。"（Martínez & Vidal-Ortiz，2021）

2. 约瑟佩·坎普萨诺：作为文化实践的 travesti

约瑟佩·坎普萨诺（Giuseppe Campuzano）（1965—2013）是秘鲁的 travesti 活动家、跨领域艺术家和独立研究者。自 2003 年起，坎普萨诺开始在利马创办秘鲁 travesti 博物馆（Museo Travesti del Perú），通过收集来自人类学、艺术、历史、法律、报道、口述等多种来源的与 travesti 有关的作品，博物馆旨在从带有殖民偏见的秘鲁历史中表达 travesti 的记忆，并以展览、表演、行动、出版物等形式进行传播。（Campuzano，2009）从一个"雌雄同体的土著/混血异装者"（androgynous indigenous/mixed-race transvestite）的虚构人物的视角出发，这一项目旨在对秘鲁历史进行批判性、交叉性和酷儿化的解读，从而将这些徘徊于生死之间的"HIV 阳性患者、非法移民、间性人"的隐形主体置于历史分析的核心。（López & Campuzano，2013）

　　travesti 博物馆的实践介于历史研究和艺术表演之间，坎普萨诺通过追溯 travesti 在前西班牙时期的历史和象征意义，并将这一遗产与当前社区的集体意识相联系，以揭示秘鲁民族形成的性别化与种族化基础，即"每一个秘鲁人都是 travesti"（Toda peruanidad es un travestismo）（Campuzano，2008；Cornejo Salinas et al.，2020）。这个项目的一大成果就是《找回 travesti 的历史》（Reclaiming Travesti Histories）一文，坎普萨诺（2006）挖掘了西班牙殖民者以天主教法令和刑罪限制土著性别表达的历史，1556 年颁布的总督条例禁止异装并对异装行为实施惩罚，从而强化了异性恋的二元性别规范和印第安人的肉体顺从，塑造了与前西班牙时代安第斯的流动性别文化相异的秩序。因此，为了对抗和挑战民族国家的殖民愿景与异性恋二元霸权，坎普萨诺呼吁重塑秘鲁 travesti 的历史与身份认同，恢复这一被历史抹去的主体的声音，并以此确立当代 travesti 群体的社会尊严。（Campuzano，2008；Caballero，2017）

　　从这一文化实践出发，坎普萨诺发展出了一种对于身体和国家的反历史和反认识论：travesti 超越了身份认同，成为一种方法论、认识论和跨领域的价值观，强调地方化和特殊化，其本质是"不确定性、多样性和混血"，从而形成了对殖民主义连续历史的认识转折。（Caballero，2017；Machuca Rose，2019）因此，相比于全球北方的性别认识论，这一观点破坏了殖民国家历史叙事的稳定性，从而通过 travesti 的身体创造出一种认识世界并融入其中的方式。travesti 也成为一种创造的政治："这意味着你有创造力，你用钢笔做眼线笔，从地下朋友处得到你的激素和硅酮，用墨水而不是睾酮来改变你的身体。"（Machuca Rose，2019）

在坎普萨诺晚年与艾滋病搏斗的过程中，祂与祂的照护网络发展出了一种以 HIV/艾滋病感染者为中心社群的激进政治，强调不洁之家（mi familia infecta）产生的相互依赖、奉献和关怀的合作和友谊（Machuca Rose，2019）。艾滋感染构成了一种至关重要且具有挑衅性的权力形式，这又为 travesti 社群的知识创造与集体实践带来了新的可能。

3. 苏西·肖克：作为艺术行动的 travesti

苏西·肖克（Susy Shock）（1968—　）是阿根廷的 travesti 活动家、音乐家、诗人、歌手、演员和民俗学者。祂的艺名由来与 20 世纪 70 年代阿根廷军政府独裁时期的知名艺人、女性气质的代表苏珊娜·希门尼斯（Susana Giménez）的广告有关，也与国家恐怖主义下执法者为电击棒起的名字"Susanita"有关。（Martínez & Mora，2020；Moreyra，2021）苏西·肖克自称为"trava sudaca"艺术家，其中 trava 是 travesti 的缩写，而 sudaca 一词的词源为"南美洲"（sudamericano），指代来自南美（或广义上来自全球南方）的人，在西班牙语中是一个带有冒犯、羞辱意味的俚语，包含了对于少数族裔移民群体的贬损。因此，苏西·肖克对于这一贬义词的挪用和对身份认同的定义体现了一种针对拉美殖民历史和国家暴力的话语抵抗和赋权的过程。（Pierce，2020；Moreyra，2021）

作为一位曾创作出多部诗集、音乐和影视作品的跨领域艺术家，苏西·肖克的贡献在于发展出了一种"怪物诗学"（monstrous poetics），并以此作为当代拉丁美洲 travesti 和跨性别主义的一种针对规范性的抵抗策略（Pierce，2020）。在诗歌《我，我自己的怪物》（Yo monstruo mío）（2011）中，祂写道："我，我主张我有权成为一个怪物。不是男人也不是女人。不是 XXY 也不是 H_2O。"（Yo, reivindico mi derecho a ser un monstruo. Ni varón ni mujer. Ni XXY ni H_2O.）苏西·肖克笔下的"怪物"体现了一种性别和肉体规范的不稳定性，这种非二元化的结构破坏了人与自然、人与神之间的鸿沟，消解了具身认知并重塑了自我概念。同时，"怪物"也代表了西方殖民者对于拉丁美洲奇异、野蛮的认识论想象，以及后殖民时期通过医学和法律所延续的对性别的自然化规制，而 travesti 艺术家则以身体挑战了性别、物种和自然的规范分类，从而将"怪物"扭转为一种政治抵抗模式。对于当前拉丁美洲国家的 LGBT + 合法化进程和对性与性别差异的同化策略而言，包括苏西·肖克在内的许多 travesti 活动家都认为法律和社会承认不足以保障多元性别群体的生命、身体和渴望，他们因而推崇将"越轨"的主体明确和故意地标记为怪物，以此挑衅和抵抗 2010 年后拉丁美洲的新自由主义政治。（Pierce，2020）

在拒绝以男性或女性定义自己后，苏西·肖克将自己的性别描述为"蜂鸟"（colibrí），这一定义超越了二元性别的对立与融合，取而代之的是在欲望、爱情和战斗之间的无限可能。因此，"蜂鸟"的性别打破了人类中心主义和物理身体的限制，强调了 travesti 的不可分类和不断变化的身份特性。（Bidegain，2013）以这种怪兽般的基于艺术的抵抗策略，苏西·肖克极大地影响了近年来阿根廷 travesti 群体的理论与行动。在玛琳·维埃尔（Marlene Wayar，2018）的理论集《Travesti：一个足够好的理论》的序言和访谈中，肖克强调了 travesti 理论对于人类的物种主义（speciesism）倾向和父权制异性恋系统的失败的挑战，并呼吁成为怪物和以此身份来追求爱与欲望的自由。

三　当 travesti 邂逅全球北方的性别理论

（一）对于"跨性别"普遍身份的挑战

前文引述的民族志和活动家论述都表明，travesti 在生存处境和性与性别实践上都与"跨性别"这一普遍身份相去甚远。抽离特定的殖民历史和本土性别文化体系，用全球北方学术框架中盛行的"跨性别"术语来理解具有地缘特征的 travesti 身份，是一种文化霸权性的体现。基于此，拉丁美洲许多本土学者都呼吁学界反思以北方为中心的认识论框架，并发展一种用以阐释特定地理文化背景下的性别多元身份的批判性学术工具。

1. 霸权认识论框架批判

"跨性别"术语的诞生和全球流通，假定了一种永恒的、与本土生活实践无关的普遍身份。这其中隐含着殖民化语法的逻辑，即将自身定位为更优越、比地方性术语的意义和实践更具有包容性和普遍性的理论术语（DiPietro，2016a）。然而在日常使用中，"跨性别"术语的特定语境自然而然地得以隐形。

追溯词源历史，"变性"（transsexual）和"跨性别"（transgender）话语诞生于国际生物医学权威和北方知识生产体系的支持之下，与医学化历史和生物学身体紧密相关（Vicente，2021）。然而与大多数欧美跨性别者的经验相反，在民族志的描绘下，travesti 并不会从女性天性或本质的角度谈论衪们所追求的女性身份，也不希望使用性别重置手术重塑自己的生殖器（Kulick，1998）。这使得作为一种地缘性身份的 travesti 无法简单地通过"跨性别"进行翻译和阐释。

如果跨越全球南北和东西的界限，将地方性认同当作"跨性别"普遍身份的本土实例，可能会抹除在不同文化语境中的性别多元经验（Jarrín，2016）。一些拉美本土学者诟病北方学术界不加批判地将 travesti 等同于跨性别，制度性地忽视性别多元化的本土论述，暗示了 travesti 认同比跨性别认同更不可理解、不值得追求，从而助长了一种针对 travesti 的认识论暴力（epistemological violence）。（Stryker & Currah，2014）

2　殖民、阶级与医疗后果

"跨性别"普遍术语的使用抹消了 travesti 概念独立性，在殖民反思、阶级区隔、医疗健康等多个领域影响了 travesti 群体的切身福祉。

由于在传统性别系统之外的性与性别实践往往被视为越轨、反常或罪恶的，在既有性别规范下，travesti 的存在缺乏可理解性，这也使得衪们被视作不重要的身体，从而更易于遭受排斥和暴力。与此同时，travesti 确立主体性的过程也是一部承受边缘化、暴力和杀戮的历史，travesti 的身体铭刻着衪们经由政治暴力而被性别化和种族化地形塑的记忆，揭示出当前社会运作和殖民历史的真相。（Pereira，2019）因此，travesti 的存在本身就是抵抗的一种形式。（Ferreira，2018）面对用跨性别取代 travesti 身份甚至从字典上删去"travesti"一词的提议，许多来自 travesti 社群的行动者都表达了激烈的反对意见。相较于"跨性别"，"travesti"一词带有显著的污名化色彩和鲜明的政治意味：作为 travesti 存在意味着与一切相矛盾并永恒地战斗，而宣称放弃使用 travesti 术语则代表着对殖民和暴力历史以及 travesti 政治抵抗的遗忘。

从阶级的视角出发，相较而言，跨性别认同普遍出现于更容易接触和理解英语文化中 LGBT + 概念的中产阶级，而 travesti 认同则流行于底层社会。在 travesti 群体中受欢迎的女性气质，在巴西中产社会看来是浮夸和不恰当的，不符合中产阶级追求的洁净、精致和有品位的规则。（Jarrín，2016）借助分析本土俚语 traviesa（顽皮）和 travesti 词根同源的联系，语言学家迪彼得罗（Di Pietro，2016）指出 travesti 的身体展演显示出一种特定的"妓院风格"（brothel-like）和 travesti 美学（Fernández，2004）。这种不合时宜的底层 travesti 美学，作为一种物质文化融入了性别和种族原则，维持了与中产阶级温驯的女性气质相对立的表达形式，有助于打破对中产阶级女性气质是所有人都应该追求的理想的自然化。（Jarrín，2016）

在生物医学领域，是否有性别重置手术的需求被当作了 travesti 和跨性别者的分界线。医学界曾强调性别重置手术是构成"真正的"跨性别的定义标准，因此，希望保留生殖器的 travesti 不符合规范的生物医学定义，被视为不正当的患者，从而被系统性隔绝在医疗照护之外。此外，医疗系统中的诊断标准同样依赖于西方医学传统和身份观念，规定多元性别相关的认同不能源自社会矛盾，且必须在一生中独立和连贯。在这套生物医学话语模式的约束下，travesti 的身体无法被医学专业人士所医疗化，袍们的身份无法被翻译为可被医学体系容纳的语言，因而在医疗保健系统中变得不可见。于是，travesti 的医疗健康需求被系统性地忽视。（Jarrín，2016）

3. 认识论不服从

在预设"跨性别"术语普遍性的霸权认识论框架之下，travesti 遭受殖民与暴力的历史、具有阶级特征的美学风格与正当医疗需求都遭到系统性的忽视和排斥。为了抵抗这种带着殖民色彩的认识论暴力，拉丁美洲本土学者试图夺回定义自身生活的认知权力，实践一种认识论不服从（epistemic disobedience）的去殖民性抵抗方式。（Ferreira，2018；Di Pietro，2016；Silva & Ornat，2016b）

为了用知识的多重性对抗强加的普遍性，拉美本土学者主张拥抱 travesti 概念的不透明性（opaque），肯定 travesti 主体性是一种不同于跨性别者的独特认同。travesti 的身体一向是基于历史的特定"知识—权力制度"交叉的结果，认同自己是 travesti 也就意味着将自己的身体当作抗议和颠覆性的场所，并以此来对抗和抵制性别规范。（Silva & Ornat，2016a；Vicente，2021）学者们强调 travesti 不稳定和无法被规范分类的特点以抵抗规范性的认识论术语，是一种对于将"跨性别"等英语范畴转译入拉美语境的霸权知识体系的拒斥，以及对背后隐藏着的普遍和私有化的新自由主义逻辑及生物政治控制机制的抵抗。（Pierce，2020）

（二）对于生理/社会性别（sex/gender）二元架构的挑战

当北方学术界遭遇 travesti 这一异质性身份认同的冲击时，学者往往以生理/社会性别二元架构为思考 travesti 的理论参照，或试图将 travesti 纳入既有性别体系，或当作回应北方学术关切的反例。北方学者分析解读 travesti 生命体验的方式，以及学术兴趣配置的不平等，都遭受到拉丁美洲本土学者的猛烈批判。

1. 对"第三性别"的批判

travesti 最初如印度海吉拉（hijra）[①]、北美原住民中的双灵人（Two-spirit）[②] 一样，作为常规二元性别以外的"第三性别"进入北方学术界的视域。travesti 迎合了北方学者对原始的他者文化的想象，被当作性别角色随着社会文化而变化的例证，以批判传统的二元性别范式（Fernández，2004）。

然而，把 travesti 当作文化多样性的注解，并且与西方二元性别体系对立，在一定程度上符合并强化了西方与其他文化隔离的种族中心主义假设。与此同时，travesti 的复杂性被简化为"第三性别"，并被浪漫化地置于仿

---

① 海吉拉（Hijra）是南亚印度次大陆中的一种第三性别群体，已经被印度、巴基斯坦、孟加拉国和尼泊尔政府在法律上所承认。

② 双灵人（Two-spirit）是北美洲泛印第安原住民中的一种第三性别群体，被认为同时具有男性与女性的灵魂，在当地的传统文化中扮演仪式性角色。

佛西方文化踏足前就已经亘古存在的"原始位置"，相关的殖民历史和政治浪潮也就被自然地忽视。以一种过于简单化的方式援引 travesti 作为"第三性别"的例子，断章取义地用以支持废除性别压迫和二元性别制度等西方社会议题，被批评为一种带着新殖民主义色彩的狭隘挪用。（Towle & Morgan，2002）

同时，将 travesti 理解成外在于二元性别的第三性别，削弱了 travesti 对于传统二元性别的重新配置和挑战。（Kulick，1998）"第三性别"的概念将对二元性别体系具有潜在挑战性的性别不一致现象单独地区分开，暗示着"第一"和"第二"性别是不容置疑、无须反思的，使得构筑于男性/女性二分的性别范畴免受质疑和破坏。

2. 性存在—性别（sexuality-gender）体系的可能性

库里克拒绝将 travesti 简化为第三性别，基于田野中的观察，他认为 travesti 阐明了一种区别于欧美的性别文化。这种依赖于性存在（sexuality）的"男人/非男人"（men/not-men）性别体系，挑战了第二波女权主义浪潮以来在西方学术界盛行的基于生理性别和社会性别二分的"男/女"性别体系。

库里克观察到 travesti 用金钱维系和男朋友的关系，并重视男朋友"看起来像男人（man）"的特质，他将这种关系归结为 travesti 维持性别身份的动机。库里克分析称，在当地性别系统中，男性本质（manhood）往往和特定的性偏好联系在一起，真正的男人意味着拥有对女性生殖器的欲望，且在性行为中扮演插入者的角色。如果渴望男性生殖器、在性行为中被插入，会让男性（male）的地位从男人沦为同性恋（viado），和 travesti 共享一种性存在位置。男朋友的功能在于让 travesti 拥有"像女人"的感受，而一旦男朋友在性行为中被插入，作为男人的地位发生贬损，travesti 身为女人的地位就会连带着丧失。

travesti 的性实践，表明在巴西判定性别的决定性标准与其说是生殖器，不如说是生殖器在性接触中所扮演的角色。是同性恋（being a viado）与是女人（being a woman）经常被混淆使用，同处于男人（being a man）的反面。也就是说，在性行为中扮演被插入角色的男性和女性属于同一性别范畴。性别地位不是被给予的，必须通过适当的欲望实践被生产出来。床是性别确立的舞台，一些男性通过插入性伴侣把自己变成"男人"，而其他男性通过允许自己被这些男人插入而把自己变成"女人"。

区别于基于解剖学性别（anatomical sex）建构的性别体系，巴西社会这种通过性存在得以建构的性别结构，展现出生理/社会性别（sex/gender）之间关联的断裂和颠覆。男性气质和女性气质和先天生理特质的自然化联结被切断，取而代之，性别气质经由特定的性实践得以援引和展现。（Kulick，1998）

3. 不稳定的性、性别和欲望游牧

库里克等人质疑参照欧美性别体系来理解性别差异的传统，将 travesti 的性实践与本土性别文化相联系，并主张在性别的组织过程中性存在具有独立的分析价值。然而这些学者借助 travesti 来阐明一种非生物学中心的理解性别的新可能，仍然没有走出将 travesti 当作批判西方二元性别制度的异域例证这一不平等的知识生产架构，travesti 本身的主体性和复杂性遭受忽视。

一些拉美本土学者批判库里克为赋予 travesti 连贯性和易读性，将 travesti 的身份认同简化为男同性恋，明显与其他民族志发现相冲突。许多 travesti 并不自我认同为同性恋（Ferreira，2018），认同为 travesti 还是跨性别者则依情境和场所而定（Cornejo Salinas，2018）。在性行为插入/被插入的二元对立之外，travesti 在性、性别和欲望等维度的实践中都表现出了复数的交叉组合。（Silva & Ornat，2016）

此外，在库里克的阐述中，travesti 仿佛是当地性别体系未经反思的反映和体现，这种观念忽视了反叛性的一面。拉美本土学者强调称，travesti 打破了看似不可逆转的身体对性别秩序的束缚，持续破坏着男/女、同性恋/异性恋、生理/社会性别等任何二元分类的稳定性。travesti 的生活实践给人以机会来观察到性别系统的拆解和重新组合，构成了对传统性别空间组织原则的挑战。这些叙述着眼于 travesti 对性别本质主义和二元性别规范的解构，是朱迪斯·巴特勒（Judith Butler）性别展演理论的回响（Butler，1990；Fernández，2004）。

　　用解构和展演理论阐述 travesti 和性别体系的关系，依然被部分拉美学者批评是一种过于狭窄的表征。拉美本土学者立足于 travesti 对普遍和僵化的性、性别和欲望体系的抵抗与创造，呼吁将 travesti 解释为跨越生物权力边界、向另一种性别过渡的游牧（nómades）主体（Fernández，2004；Cornejo Salinas，2018）。travesti 重复着不合时宜的流动，却永远不会抵达由二元和排他的性别规范所设置的终点。抱持一种奇异的身体美学，travesti 践行着游牧的主体化模式，在不连续的跨越和创造中始终对新的关系和意义保持开放（Peres，2010；Peres，2012）。

四　总结：迈向去殖民性的酷儿理论

　　拉丁美洲的 travesti 理论建构有利于我们重新反思当代的酷儿研究与酷儿理论的殖民主义和西方中心主义倾向，并从知识的地缘政治性与地方/区域认识论（epistemología local/regional）的角度来推动酷儿理论的去殖民化。事实上，"酷儿"（queer）一词原意为"怪异""荒谬""奇特"，曾被用于对性异议群体的贬义称呼，后转变为一种积极的自我认同；它打破了男性/女性、同性恋/异性恋、正常/异常等性别二元结构的划分，体现了一种自我丑化和将伤害、羞辱转化为骄傲的过程。酷儿理论（queer theory）建立于 20 世纪 90 年代欧美对于同性恋解放运动和女权主义运动的反思，在卢宾（Gayle Rubin）、罗丽蒂斯（Teresa de Lauretis）、赛菊寇（Eve Kosofsky Sedgwick）和巴特勒（Judith Butler）等理论家的发展下，逐渐成为一种批判身份认同所形成的规范化效应的非规范性理论（李银河，2003；卡维波，1998）。

　　在对于酷儿理论的反思中，最早使用"酷儿理论"一词的罗丽蒂斯（De Lauretis，1991）认为酷儿性已经成为一种西方学界空洞的文化概念；当前酷儿理论对于欧洲中心的人文学科的依赖、对于表征和展演的关注、与反规范和越轨的关联等都使其失去了强大的批判力。（Seely，2020）作为一种普遍理论，酷儿理论被认为植根于欧洲和美国的历史，而缺乏对于其他地域经验的开放性。（Pereira，2019）在知识生产体系中，这一领域的研究分工往往以全球北方为生产者，而全球南方则作为消费者不加批判地接受了其中的帝国主义思想，使得"酷儿"同时成为解放与征服拉丁美洲人民的象征。（Pereira，2019；Pierce et al.，2021）正如基哈诺（Quijano，2007）对于欧美理性范式的殖民主义批判所言，任何一种性行为都必须成为可被理解并且维护白人至上和殖民主义的认知框架的对象才能被认知，这导致了全球南方的性主体常常要以北方的形象来认知和塑造。

　　关于酷儿性（queerness）与去殖民性（decoloniality）的关联，有学者认为这类似于古巴学者奥尔蒂斯（Ortiz，1940）所提出的"对奏"（Contrapunto）概念，需要对来自跨文化背景的种族和性别歧视案例进行分析（Pierce et al.，2021）。正如上文所述，travesti 的身份认同植根于殖民历史带来的边缘化和结构性暴力，因此对于二元性别规范的抵抗也同时意味着对于殖民主义的抵抗。更进一步地，travesti 理论在认识论和本体论两个层面上与酷儿理论产生共鸣：其一是"不可翻译性"（untranslatable）问题。对于酷儿理论而言，其奠基人赛菊寇（Sedgwick，1993）就为"酷儿"一词赋予了乌托邦式的不可区分性，希望保留其起源以推动一种激进政治的可能；而对于 travesti 而言，它的不可翻译性则来源于阶级背景、未被医学化的特点和 travesti 主体拒绝被理解的政治诉求。（Jarrín，2019）因此，"travesti"和"酷儿"不仅在语用上有着从贬义的形容词转向政治性的名词的相似轨迹，二者也都在不同的文化语境下保持独立性。（Cornejo Salinas，2018）其二是对于一种"本体论政治"（ontological politics）的呼吁。酷儿理论对于单一化的性本体论的颠覆，与去殖民化理论对欧美思想的"本体论君主专制"（absolute ontological monarchy）的批判类似（Seely，2021）；在此基础上，两种理论都同时关注来自边缘的主体发展出的知识，作为结合了两者关切的 travesti 主体，其性存在与阶层背景体现了"第三性别"与"第三世界"的交叉性（Horswell，2005），而这一本体所衍生的 travesti 行动主义就成为一种新的基于酷儿性与去殖民性的政治。

　　因此，拉丁美洲的 travesti 理论为我们提供了一种"南方酷儿理论"（queer theory from the south）的愿景，而这一过程必须伴随着对于过往性别理论的西方中心主义和殖民主义倾向的反思。（Seely，2020）尽管"酷儿"一词并没有在拉丁美洲的性与性别研究中被广泛接受，其对于霸权和规范的挑战仍然具有启发性，应当结合来自全球南方的去殖民性批判进行改造。在本文中，笔者认为了解 travesti 另类的性别实践、其所遭受的社会边缘化与殖民和国家暴力以及由此发展出的独特的抵抗策略，有助于推进我们对于不同经验、知识和生命形态的理解。我们应当以此来反观自我文化中的性别规范与知识生产过程，从而推动社会文化和学术知识的进步。

参考文献：

Butler Judith，*Gender trouble：Feminism and the subversion of identity*，New York：Routledge，2005.

Campuzano Giuseppe，"Reclaiming travesti histories"，*IDS Bulletin*，Vol. 37，No. 5，2006.

Campuzano Giuseppe，Building identity while managing disadvantage：Peruvian transgender issues，*IDS Working Paper* 310，2008.

Chaux Enrique，León Manuela，Cuellar Lina，Martínez Juliana，"Public opinion toward LGBT people and rights in Latin America and the Caribbean"，*Oxford research encyclopedia of politics*，2021.

Connell Raewyn，*Southern Theory：The global dynamics of knowledge in social science*，New York：Routledge，2020.

Corrales Javier，"Understanding the uneven spread of LGBT rights in Latin America and the Caribbean，1999－2013"，*Journal of Research in Gender Studies*，Vol. 7，No. 1，2017.

Cornejo Salinas Giancarlo，*Travesti Memory and Politics：Toward a Peruvian Transgender Imaginary*，Diss. UC Berkeley，2018.

Cornejo Salinas Giancarlo，"Juliana Martínez，Salvador Vidal-Ortiz，LGBT studies without LGBT studies：Mapping alternative pathways in Perú and Colombia"，*Journal of homosexuality*，Vol. 67，No. 3，2020.

De Lauretis Teresa，*Queer theory：Lesbian and gay sexualities*，Bloomington，IN：Indiana University Press，1991.

Di Pietro Pedro José Javier，"Of huachafería，así，and m'e mati：Decolonizing transing methodologies"，*Transgender Studies Quarterly*，Vol. 3，No. 1 - 2，2016.

Di Pietro Pedro José Javier，"Decolonizing travesti space in Buenos Aires：Race，sexuality，and sideways relationality"，*Gender，Place & Culture*，Vol. 23，No. 5，2016.

Ferreira Amanda Álvares，"Queering the debate：Analysing prostitution through dissident sexualities in Brazil"，*Contexto Internacional*，Vol. 40，2018.

Horswell Michael J.，*Decolonizing the Sodomite：Queer Tropes of Sexuality in Colonial Andean Culture*，Texas：University of Texas Press，2010.

Jarrín Alvaro，"Untranslatable subjects：Travesti access to public health care in Brazil"，*Transgender Studies Quarterly*，Vol. 3，No. 3 - 4，2016.

Kulick Don，*Travesti：Sex，gender，and culture among Brazilian transgendered prostitutes*，Chicago：University of Chicago Press，1998.

Lancaster Roger N.，*Life is hard：Machismo，danger，and the intimacy of power in Nicaragua*，Oakland：University of California Press，1994.

Lancaster Roger N.，"Transgenderism in Latin America：Some critical introductory remarks on identities and practices"，*Sexualities*，Vol. 1，No. 3，1998.

Lewis Vek，*Crossing sex and gender in Latin America*，New York：Palgrave，2010.

López Miguel A.，"Giuseppe Campuzano，The Museo Travesti del Perú and the histories we deserve"，*Liverpool：Visible Works*，2013.

Lugones Maria，"Heterosexualism and the Modern Colonial Gender System"，*Hypatia*，Vol. 22，No. 1，2005.

Machuca Rose Malú，"Giuseppe Campuzano's Afterlife：Toward a Travesti Methodology for Critique，Care，and Radical Resistance"，*Transgender Studies Quarterly*，2019，Vol. 6，No. 2.

Martínez Ariel，"Ana Sabrina Mora，The Scenic Performance as Subversive Negativity：Radical alterity and trava sudaca performance in the voice of Susy Shock"，*Revista Brasileira de Estudos da Presença*，2020. .

Martínez Juliana，"Salvador Vidal-Orti，Travar el saber：Travesti-Centred Knowledge-Making and Education"，*Bulletin of Latin American Research*，Vol. 40，No. 5，2021.

Miles Penny，Carlos J. Zelada，"Introduction to：LGBTQIA + Rights Claiming in Latin America：Some Lessons from the Global South"，*Bulletin of Latin American Research*，Vol. 40，No. 5，2021.

Pelúcio Larissa，"Possible appropriations and necessary provocations for a Teoria Cu"，*Queering Paradigms IV South-North Dialogues on Queer Epistemologies，Embodiments and Activisms*，Bern：Peter Lang，Vol. 4，2014.

Pereira Pedro Paulo Gomes，*Queer in the tropics：Gender and sexuality in the Global South*，Switzerland：Springer，2019.

Pierce Joseph M. ，"I monster：Embodying trans and travesti resistance in Latin America"，*Latin American Research Review*，Vol. 55，No. 2，2020.

Pierce Joseph M. ，Viteri María Amelia，Trávez Diego Falconí，et al. ，"Introduction：Cuir/Queer Americas：translation，decoloniality，and the incommensurable"，*GLQ：A journal of lesbian and gay studies*，Vol. 27，No. 3，2021.

Prieur Annick，*Mema's House，Mexico City：On Transvestites，Queens，and Machos*，Chicago：University of Chicago Press，1998.

Quijano Aníbal，"Coloniality and modernity/rationality"，*Cultural studies*，Vol. 21，No. 2 - 3，2007.

Rizki Cole，"Latin/x American trans studies：Toward a travesti-trans analytic"，*Transgender Studies Quarterly*，Vol. 6，No. 2，2019.

Santana Dora Silva，"Mais Viva! Reassembling Transness，Blackness，and Feminism"，*Transgender Studies Quarterly*，Vol. 6，No. 2，2019.

Sedgwick Eve Kosofsky，*Tendencies*，Durham：Duke University Press，

1993.

Seely Stephen D. , "Queer theory from the South: A contribution to the critique of sexual democracy", *Sexualities*, Vol. 23, No. 7, 2020.

Sifuentes-Jáuregui Ben, *Transvestism, masculinity, and Latin American literature: Genders share flesh*, New York: Palgrave, 2002.

Silva Joseli Maria, Marcio Jose Ornat, "Transfeminism and decolonial thought: The contribution of Brazilian travestis", *Transgender Studies Quarterly*, Vol. 3, No. 1 – 2, 2016.

Silva Joseli Maria, Marcio Jose Ornat, " 'Wake up, Alice, This is Not Wonderland!' Power, Diversity and Knowledge in Geographies of Sexualities", *The Routledge research companion to geographies of sex and sexualities*, New York: Routledge, 2016.

Stryker Susan, "Paisley Currah, General editors' introduction", *Transgender Studies Quarterly*, Vol. 1, No. 3, 2014.

Sosa-Villagarcia Paolo, "Lucila Rozas Urrunaga, From the State to the Streets: The Debate over the Civil Union Bill and Conservative Strategic Change in Peru", *Bulletin of Latin American Research*, Vol. 40, No. 5, 2021.

Towle Evan B. , "Lynn Marie Morgan, Romancing the transgender native: Rethinking the use of the 'third gender' concept", *GLQ: A journal of lesbian and gay studies*, Vol. 8, No. 4, 2002.

Vicente Marta V. , "Transgender: A Useful Category? Or, How the Historical Study of 'Transsexual' and 'Transvestite' Can Help Us Rethink 'Transgender' as a Category", *Transgender Studies Quarterly*, Vol. 8, No. 4, 2021.

Wade Peter, *Race and sex in Latin America*, London: Pluto Press, 2009.

Berkins Lohana, Un itinerario político del travestismo, *Sexualidades migrantes, Géneroy transgénero*, 2003.

Berkins Lohana, Josefina Fernández, *La gesta del nombre propio: Informe sobre la situación de la comunidad travesti en la Argentina*, Buenos Aires: Madres de Plaza de Mayo, 2005.

Bidegain Claudio Marcelo, Susy Shock trans piradx: El inclasificable género colibrí, *VIII Congreso Internacional Orbis Tertius de Teoría y Crítica Literaria*, 2013.

Caballero Belén Romero, Re-existencias travestis: Una contrahistoria desde la diferencia visual en Perú, *Arte y Políticas de Identidad*, 16, 2007.

Campuzano Giuseppe, *Museo travesti del Perú*, Lima: Institute of Development Studies, 2008.

Fernández Josefina, *Cuerpos desobedientes: Travestismo e identidad de género*, Buenos Aires: Edhasa, 2004.

Fernández Josefina, *La Berkins: una combatiente de frontera*, Buenos Aires: Sudamericana, 2020.

Moreyra Verónica, La identidad travesti sudamericana en el artivismo de Susy Shock, In *Identidades, otredades y ficción: Aportes desde la investigación literaria*, San Luis: Nueva Editorial Universitaria, 2021.

Ortiz Fernando, *Contrapunteo cubano del tabaco y el azúcar*, La Habana: Jesás Montero, 1940.

Peres Wiliam Siqueira, Travestilidades nômades: A explosão dos binarismos e a emergência queering, *Revista Estudos Feministas*, Vol. 20, 2012.

Peres Wiliam Siqueira, Travestis: Corpos nômades, sexualidades múltiplas e direitos políticos, *Michel Foucault: sexualidade, corpo e direito*, Marília: Oficina Universitária, 2010.

Wayar Marlene, *Travesti: una teoría lo suficientemente buena*, Buenos Aires: Muchas Nueces, 2018.

涂尔干的缺席

景　军

（清华大学社会学系教授）

张水北

（清华大学国际与地区研究院博士研究生）

20 世纪 20—30 年代，涂尔干在中国已有一批精明强干的学术传人，其中包括从 1920 年开始在法国研修社会学长达七年的许德珩先生，1921—1930 年在里昂大学和巴黎大学都有过求学经历的杨堃博士，1921—1930 年在里昂市斯坦拉斯堡大学攻读社会学的胡鉴民博士，以及从 1926—1929 年在巴黎大学师从涂尔干侄子莫斯先生的凌纯声博士。另外，卫惠林于 1929 年在巴黎大学获得民族学硕士学位，语言学家王力博士于 1931 年从巴黎大学毕业。还有徐益棠和杨成志，于 1933—1935 年，在巴黎大学获得了民族学博士学位。

这批留法学者是最早将涂尔干和他缔造的法国社会学年刊学派介绍到中国的中坚力量。[①] 1923 年，涂氏《社会学概论》一书由许德珩译为中文出版。1930 年，他的《道德教育论》文集也是由许德珩译为中文出版。1935 年，涂氏《社会分工》一书由王力译为中文出版。查大成故纸堆数据库可以发现，涂尔干的生平、他的集体表象学说以及他对初民社会宗教形式的研究，到 1935 年时都已得到了民国学者的重视。且不说其他民国学者

---

① 法国《社会学年刊》（*L'Année Sociologique*）由涂尔干创办于 1898 年，它的出版直到 1925 年，在 1934 年至 1942 年间更名为《社会学年鉴》（*Annales Sociologiques*），第二次世界大战后又恢复到原来的名称，即社会学年刊。

有关涂尔干的诸多论述，杨堃一人就为介绍涂尔干以及法国社会学年刊学派代表人物撰写了 100 多万字的教材及文章（张海洋，2000：22）。

令人感到蹊跷的是涂尔干的社会学名著《自杀论》在民国学界却一直缺席。按照一当代中国学者的说法，涂氏《自杀论》作为社会学里程碑式的著作"是社会学史上第一部将自然科学研究方法引入社会现象研究领域，第一次实现理论研究与经验研究相结合的著作"（李梅，2011：79）。那么为什么涂尔干的自杀学说在民国学界却名不见经传呢？为什么民国学界对其有所提及的文章基本都是蜻蜓点水一带而过？为什么一些了解涂氏《自杀论》的民国学者对该书的态度好似是极不相干呢？笔者认为这是因为涂尔干的自杀学说犯有认识论和方法论错误，而且带有男权主义和欧洲中心主义倾向。尤其是他对女性自杀问题的阐释与中国国情相差甚远。[①]涂尔干曾断言，世界各国女性自杀问题的严重性都远远不及男性。民国初期，一些中国知识分子认为，中国女性自杀问题的严重性不亚于或甚至超过男性。这一观点后来在民国社会学家有关城市女性自杀的数据分析中得到了证实。总之，涂尔干的自杀学说在民国学界的缺席并不是因为某种偶然所致。

可用于支持以上推测的依据即是民国知识分子有关女性自杀的评述和研究，尤其是社会学家吴至信发表的三篇长文。其一是中国四大都市自杀者性比研究（1932），其二是对自杀研究的评述（1935），其三是对八百件自杀案的剖析（1937）。吴至信在他撰写的那篇评述中指出，意大利学者恩里克·莫奢尼 1881 年出版的《自杀：有关道德统计比较的论述》是以心理因素解释自杀。[②]涂尔干 1897 年出版的《自杀论：社会学研究》是用社会因素解释自杀。前者强调个体性，比如心理危机导致的自杀，后者强调集体性，比如导致自杀流行的社会失范。吴至信认为，莫奢尼和涂尔干都犯了机械的认识论错误，因为自杀的个体性和个人因素与集体性和社会

---

① 涂尔干的《自杀论》在 1990 年之后经由冯韵文、黄丘龙分别译为中文在中国大陆和台湾地区出版。

② Morselli, Enrico, *Suicide：An Essay on Comparative Moral Statistics*, London, UK：Kegan Paul, Trench, & Co., 1881.

因素是分不开的。尤其针对涂尔干所犯的错误，吴至信写道："涂氏谓个人自杀，是由于个人的变态心理；而某社会的自杀流行，是由于该社会的变态心理……按涂氏此说，社会环境使自杀者不能常态生活，因而形成变态心理而倾向自杀……社会环境使个人心理失却常态，是经过怎样的历程？有变态的心理如何就会自杀？这些问题在涂氏书中竟未详论，实为遗憾。"（1935：20）

吴至信在他的自杀研究评述中还提出了一个与本文更为相关的问题。那就是西方国家的统计数字和西方学者的研究都指向一个女性自杀倾向的程度明显低于男性的规律。那么这个规律为什么不能适用于对中国、印度以及日本女性自杀问题的解释呢？吴至信认为，澄清这个问题的关键是这些国家女性社会地位的脆弱性和形形色色的社会压迫，而不是其他（1935：11—13）。他的观点与涂尔干有关各国女性自杀免疫力都超过男性的结论完全不一样。这也大致能够解释为什么吴至信在两篇有关自杀问题的研究长文之中，只字未提涂尔干的《自杀论》，反而几次提到芝加哥大学社会学系露丝·卡杨女士的自杀研究。（Cayan，1928）

一　涂尔干有关女性自杀免疫力的谬论

涂尔干在 1897 年出版的《自杀论》一书中给出的法国人口自杀死亡率是 22/100000，法国男性自杀死亡率是 34.6/100000，法国女性自杀死亡率是 9.7/100000。由于法国男性自杀死亡率是法国女性的 3.6 倍，涂尔干认为法国女性的自杀免疫力系数应该是法国男性的 3.6 倍。

涂尔干认为女性自杀倾向弱于男性是一种带有普适性的全球规律："在全世界的所有国家中，妇女自杀的都比男人少得多。不过，妇女受过教育的也少得多。她们基本上是墨守成规的，按既定的信仰行事，不大需要用脑力。在意大利，1878—1879 年，每一万对夫妻中有 4808 对不会在他们的婚约上签名；每一万名妻子中有 7029 名不会签名。在法国，1879年的比例是每 1000 对夫妻中有 199 名丈夫和 310 名妻子不会签名。在普鲁士，两者之间的差距相同，新教徒和天主教徒一样。在英国，这种情况要比其他欧洲国家少得多。1879 年，每 1000 对夫妻中有 138 名丈夫没有文化，185 名妻子没有文化，而且自 1851 年以来就大体上是这个比例。但是英国也是妇女自杀人数最接近男子自杀人数的国家。按 1000 名女性自杀者计算，男性自杀者在 1858—1860 年为 2546 名，1863—1867 年为 2745 名，1872—1876 年为 2861 名。但是，在其他各国，妇女自杀比男子少 25%—60%。最后，在美国，经历的各种条件几乎完全相反，这就使这种经历特别说明问题。黑人妇女所受的教育似乎和她们的丈夫相同，有时甚至超过他们。有些观察家报告，她们也有十分强烈的自杀倾向，有时甚至超过白人妇女。有某些地方，这个比例可能达到 350%。"（涂尔干，2009：165—166）

上一段话说的不能"签字"是指不会写字，继而提到的"没有文化"也是指不会写字。根据涂尔干的判断，受教育程度越低的女性越不容易自杀。墨守成规和按既定信仰行事的女性不大需要动脑力。相比之下，美国黑人女性受教育程度比较高，她们的自杀率因而也很高，甚至高过白人妇女，有些地方的黑人女性自杀死亡率是白人女性的 3.5 倍。如果把涂尔干的这一观点延伸理解，女性自杀倾向不如男性的社会事实与她们不大需要用脑子的社会事实是联系在一起的。

涂尔干还以精神病为例，试图证明女性自杀少于男性自杀的必然性："在法国，每 100 名死在精神病院的疯子中大约有 55 名是男性。因此，在一个特定时刻统计的女病人数量比较多，并不证明女人更容易精神失常，而仅仅证明女人在这种情况下和其他所有情况下一样比男人活得长。但是无论如何还是应该承认，在现有的精神病患者中女性多于男性；如果断定疯子都神经过敏是合情合理的，那就应该承认，患神经衰弱的女性任何时候都多于男性。因此，如果说自杀率和神经衰弱之间有什么因果关系的话，那么妇女自杀的就必然多于男人，至少应该一样多。因为，即使考虑到女性的死亡率比较低，并且相应地修改各项统计数字，那么人们能够由此得出的结论是：她们和男子一样容易精神错乱；她们的死亡率比较低，而她们在精神错乱者的所有统计数字中占优势，两者差不多刚好互相抵消。然而，她们的自杀倾向并不超过或者等于男人的自杀倾向，自杀碰巧基本上是一种男性的感情表现形式。有一个妇女自杀，就平均有 4 个男子自杀。因此，男女都有某种明确的自杀倾向，这种倾向对于每一种社会环境来说甚至是固定不变的。但是这种倾向的强度丝毫不像心理变态因素那样变化，无论是根据每年新发生的病例数来估计，还是根据在一个特定时刻统计的病人数来估计。"（涂尔干，2009：43—44）

上面引文的最后一句话或许有些费解。将《自杀论》的中文版与英文版和法文版对照阅读可以发现，涂尔干是想说：男女都有自杀倾向，然而这种倾向的激烈程度在比例上不会由于心理问题而发生变化，无论根据每年新发病例估算，还是根据人口普查数据估算，精神病人自杀倾向的程度也是一种女不如男的反差。这是另一种他认为可以让自己的观点自圆其说的依据。

涂尔干还以周末发生的自杀案件试图说明女性自杀免疫力为何有时反而会低于男性。他借用一名学者对 6000 多例自杀案从星期一到星期天的分布规律研究写道："我们知道，对星期五的偏见有延缓社会生活的作用。这一天，坐火车的人比其他日子少得多。在这个不吉利的日子里，人们不大愿意交往和办事。星期六从下午起开始放松，在某些国家，停工休息的相当多；想到第二天是星期天也许对头脑预先起到某种镇静的作用。最后，在星期天，经济活动便完全停止了。如果不是另一类表现形式取代了已经消失的表现形式，如果娱乐场所不是在车间、办公室和商店里空荡荡的时候挤满了人，那么我们可以认为，星期天自杀人数的减少还会更加突出。我们还将注意到，这一天妇女自杀人数所占的比例最高；不过，这一天妇女往往走出她们平时隐居的家，并且在某种程度上参与社会生活。"（涂尔干，2009：103—104）

依据涂尔干的说法，女性在周末往往走出家门参与一定程度的社会生活，然而社会参与恰恰是女性自杀的一个诱因，因为离开家庭保护的女性是脆弱的，她们参与社会生活的能力是低下的，一旦遇到难解之事就会想不开。在男性感到放松的星期天，离开家庭走到社会的女性反而感到紧张，甚至寻短见。因而在家中孤独一些，对女性来说，尤其是对老年未婚女性而言，是有好处的。援引涂尔干的原话："她们不太爱交际。她们对这方面的需要不大，而且很容易满足。有某些祈祷要做，有某些动物要照料，老年未婚女子的生活就全被占满了。她们之所以一直如此忠心地依恋宗教传统，从而在其中找到某种有效地避免自杀的场所，是因为这些非常简单的社会形式足以满足她们的全部需要。相反，男子在其中却觉得太拘束了。他们的思想和活动越是展开，就越是逐步超出这种古老的形式。但是他们需要其他的形式。因为他们是更加复杂的社会存在，所以他们只有另外找到更多的支点才能保持平衡，而且这是因为他们的道德基础取决于许多更容易使这种基础遭到破坏的条件。"（涂尔干，2009：227—228）

上面引文的最后一句是说男性的道德基础更容易被破坏，男性的社会存在更为复杂，要在家庭之外的社会里打拼，男主外极为艰难，女主内相对容易，因而男性的自杀免疫力系数总是低于女性。涂尔干还认为，即便发生离婚问题时，其负面影响与女性也是无关的，对男性却十分不利："离婚的这种结果是丈夫所特有的，并不影响妻子。事实上，妇女的性要求具有较少心理特征，因为她们的精神生活一般说来不太发达。性欲要求更多地和肉体要求有关，服从肉体的要求而不是超过肉体的要求，因此可以在肉体的要求中找到有效的制约。"（涂尔干，2009：297）

且不用多说涂尔干有关女性肉欲多于精神需要的性存在之判断是多么荒谬，他还认为"女子的自杀之所以比男子少得多，是因为她们参与集体生活比男子少得多"（涂尔干，2009：327）。即便夫妻都参加社会生活，"丈夫积极参加而妻子只是远远地作壁上观。因此，他的社会化程度要比她高得多。他的爱好、愿望和心情多半产生于集体，而他的伴侣的爱好、愿望和心情却更直接地受机体的影响"（涂尔干，2009：427）。这段话中所说的"机体"还是指肉欲。

简而言之，涂尔干认为女性在方方面面的不发达反而有利于她们的自杀免疫力。这主要是因为涂氏所谓的社会事实之两种。第一，女性的社会存在意识和社会参与程度都弱于男性。第二，婚姻和家庭是女性自杀免疫力的保障。涂尔干因而推断女性自杀免疫力强于男性是一种普适性规律。

二 部分民国知识分子的相反立场

五四运动前后，一系列自杀事件引起了活跃在思想文化领域的学者们的高度注意。1911 年 8 月 5 日，中国同盟会成员杨笃生在英国利物浦蹈海自尽。1918 年 11 月 13 日，民政部主事梁巨川在北京投积水潭而死。1919 年 11 月 14 日，长沙女子赵五贞在花轿中割喉自尽。1919 年 11 月 16 日，北京大学法律系学生林德杨在京郊投水身亡。陈独秀、李大钊、毛泽东、瞿秋白、蔡元培、陶孟和、胡适等人纷纷在《新青年》《新社会》《新潮》《大公报》《晨报》《民国日报》对自杀问题发表论述并将自杀案视为社会事件看待。有的评述针对令人悲哀的国运，有的批评自杀者软弱，另有对自杀是否符合公理的问题做出判断，还有从厌世的角度对青年自杀的阐释以及对女性自杀的社会成因的分析。此番舆论开启了民国知识界和新闻媒体对自杀问题的持续关注。

殉节是民国知识界和新闻媒体都极为关注的女性自杀问题。据田汝康考证，由于旧时的节烈旌表制度，女子随着丈夫或未婚夫的去世而自尽，到晚清时在有些地区甚至演绎出女性搭台自杀的悲剧（Tien，1988；田汝康，2017）。譬如，泉州的寡妇殉夫案从 1522 年到 1644 年有 131 例，未婚妻殉死案有 21 例，其中无一例搭台自杀；从 1645 年到 1911 年，泉州的寡妇殉死案有 92 例，未婚妻殉死有 39 例，其中包括 50 例搭台自杀案（田汝康，2017：58）。中华民国成立后，节烈观和殉节行为并未销声匿迹。1914 年北洋政府出台《褒扬条例》，公然宣称妇女节烈贞操者能得到大总统亲自授予的匾额题字和金银质褒章。1915 年上海爱群学校的一名女学生接到丈夫在河南陕州电报局的病危消息，手握一把剪子与同学诀别，赶到陕州后见到丈夫已死，立即服毒自尽以表节烈。1916 年鸳鸯蝴蝶派《小说新报》居然连续刊登了清末以来 20 年女子殉节人物传。

女子殉节对新文化运动的代表人物而言是坚决不能接受的。正如鲁迅在 1918 年《新青年》月刊上所说："古代的社会，女子多当作男人的物品。或杀或吃，都无不可；男人死后，和他喜欢的宝贝，日用的兵器，一同殉葬，更无不可。"（鲁迅，1918：6）鲁迅在他的这篇文章最后写道："我们要悼念了过去的人，还要发誓，要自己和别人，都纯洁勇猛向上。要除去虚伪的脸谱。要除去世上害自害人的昏迷和强暴。"（鲁迅，1918：14）陈独秀于1920年表示，烈女殉夫与男子尽忠的道德逻辑是一样的："完全是被社会上的道德习惯压迫久了，成了一种盲目的信仰。因为社会上不但设立许多陷阱似的制度，像昭忠祠、烈士墓、旌表节烈、节孝牌坊等奖励品，引诱一般男女自杀，而且拿着天经地义的忠节大义，做他们甘心自杀的暗示。这种暗示和压迫受久了，便变成一种良知，变得殉忠殉节，真实最高的道德，不如此便问心不过。"（陈独秀，1920：5）

民国初期，接受现代教育的女子自尽，每每触及新闻媒体和社会舆论的神经。1916年湖北女子师范学校20岁学生陈毓龄自杀身亡后，《申报》从该年11月25日到27日对这桩自杀案连续发表了三篇报道。根据《申报》调查，该年10月8日，陈毓龄的尸体漂浮在学校池塘，校长石世英以陈毓龄患有神经病为由上报警方。一些同学认为陈毓龄是被逼无奈，她们道出的真相是这样的：某一女生应邀陪同本校校长外出值日，生怕自己佩戴的金项链显得奢靡，将之摘下托付给陈毓龄代为保管，陈毓龄不慎将那条金项链丢失。受损失的女生要求陈毓龄赔偿，在讲堂门前拦住陈毓龄恶语中伤，勒令她将裙子脱下以示道歉。陈毓龄不堪侮辱遂沉塘自尽。警察厅了解到真相，随即上报给监察厅。那位有责任的女同学深恐法律制裁也跳入湖中自杀，幸好及时被救。陈毓龄案发生之后，校长向监察官婉商此案不设公堂而在校内了结，后来居然得到了监察官认可。

为了抗婚的自杀属于左翼社会活动家最为关注的妇女解放范畴的问题。1919年11月14日，年方21岁的赵五贞，不满包办婚姻，刎颈自杀。赵五贞，湖南长沙人，生于1896年，父亲赵海楼，开眼镜店为业。赵五贞知书识礼、工裁缝、善刺绣，友善邻里，后由媒婆撮合，父母包办，许配给富商吴凤林为继室。赵五贞不愿意"填房"，又嫌对方年大貌丑，要求改变婚期，终被对方以择吉已定为由回绝。出嫁当天在花轿里，赵五贞从绑腿里抽出藏好的剃刀割喉大出血身亡。

青年毛泽东于该年11月16日至28日连续在湖南《大公报》《女届

钟》等报刊以西堂、新城、毛泽东等名针对赵五贞的自杀发表了 10 篇文章。关于赵女士的自杀，社会各界当时有不同观点。有人认为她不能自立自强；有人建议设立婚姻改良促进会反对父母纳贿逼婚；还有人认为应当将自由恋爱置于婚姻的核心。毛泽东却认为赵五贞的自杀完全由社会环境导致。为此，他特别分析了赵五贞自杀之前所处的三种社会环境。第一是男权社会，第二是赵氏一家，第三是她不愿去的夫家。赵五贞在这三面铁网包围下"求生不能，至于求死"（毛泽东，2013：414）。

贞洁与自杀的关系是另一个被社会关注的焦点。1928 年 3 月 16 日，马振华在上海投水自杀，她的尸体于次日凌晨在黄浦江畔发现，尸体旁边的一捆书信和照片说明，31 岁的马振华与一个名叫汪世昌的男人恋爱关系发生破裂，马振华因感到受辱而自杀。马振华的父亲马炎文曾任东台县禁烟局长，因嘉兴陷入战事，举家迁至上海。马振华曾在一家小学校读书，屡次投稿各大日报附刊以"小仙"之名发表文章。汪世昌与马振华发生性关系后，没有看到她处女血流出，为此决定断绝关系。马振华认定汪世昌是拿处女膜之事羞辱自己，与他吵了一架，当夜投江自尽。

马振华之死引发了一场上海媒体狂热，还被搬上戏剧舞台和电影银幕。在一片扬铃打鼓的社会舆论中，张竞生发表的言论是许多社会评论家不敢公开讨论之事。那就是处女膜。张竞生是民国第一批留法博士，在北京大学哲学系当过教授，还是一名美学家、性学家、文学家和教育家。张竞生在他主编的《情化》杂志 1928 年第 1 期上愤慨地指出，有无处女膜既不能证明是不是处女，也与爱情无关，马振华女士不是死于爱情，也不是死于旧礼教，乃是死于愚昧的社会。张竞生还以几种辨别处女膜的"伪科学"方法为例指出国人最愚昧的一点在于注重处女膜之有无（张竞生，1928：59—61）。闻声而动的巡房认为张竞生有关处女膜的言论极为淫秽，将他告上法庭。张竞生被判无罪之后，巡房不服，具状再告，张竞生拒不出庭，经律师代言，再获无罪。

张竞生的被告、连续的新闻报道以及围绕马振华之死上演的舞台剧和电影导致了一场自杀风潮，迫使上海当局于 1928 年 8 月开始对媒体公布本埠自杀案信息，以唤社会警惕。上海市社会局在《申报》公布的数字显示，1928 年 8 月至 12 月，上海市共发生 1025 例已遂和未遂自杀。警方调查了其中 899 件，发现 114 人的自杀方式是投水。在这五个月自杀事件中，至少 208 人丧命（23.14%）；女性在所有自杀事件中达 503 人（55.95%）；家庭问题是第一位的自杀诱因（38.68%）。考虑到五个月内连续发生 114 例投水自杀案，马振华事件在上海有可能导致了一波具有社会性传染力的投水自杀连发案。随着时间推移，上海投水自杀案才有所减少。①

在民国初期的中国知识界，李大钊是把自杀统计数字纳入社会批判的一名先行者。他曾就读于东京早稻田大学，在那里开始接触社会主义思想和马克思主义学说。1916 年 5 月，李大钊辍学回国反对袁世凯复辟帝制，1917 年底入北京大学任职，翌年接替章士钊任北京大学图书馆主任，1920 年 7 月改为教授兼图书馆主任。在担任北京大学图书馆主任时，李大钊查阅了民国初期北京警方和内务部保存的自杀档案。在《新潮》杂志 1919 年第 2 卷第 2 期发表的《青年厌世自杀问题》一文中，李大钊披露了北京 1907 年至 1917 年自杀数据。其中两个比较重要的数字是北京女性自杀身亡事件占全部自杀身亡事件三成以上，女性自杀未遂事件占全部自杀未遂事件一半以上。

考虑到那些年北京人口男女比例严重失衡，李大钊的文章第一次揭示了中国城市女性自杀问题的严重性接近或甚至超过男性的可能性。1921 年，美国社会学家甘博（Sydney Gamble，1921）出版的一部有关北京的社会调查著作第一次印证了这种可能性。那一年，甘博出版了 *Peking: A Social Survey*，中译本是《北京的社会调查》（2010）。该书附录含北京 1917 年自杀资料。

时至民国中期，中国城市女性自杀问题的严重性接近或有时超过男性的可能性即失去了任何悬念。1931 年，李家俊在《复旦大学社会学系半月刊》发表《上海社会病态统计》短文一篇，对该年 1 月份至 2 月份上海自杀数据做出分析，发现女性自杀事件略多于男性。1932 年，在清华大学社

---

① 以上数字是笔者查阅 1928 年 9 月至 1929 年 1 月《申报》自杀公告所得。

会学系读书的吴至信投稿《清华周报》，发表《中国四大都市自杀者性比问题》长文一篇，对上海 1928—1930 年、广州 1929—1930 年、杭州 1928—1929 年以及北京 1930 年的自杀数据做出分析，发现在这几个城市每 100 名男性自杀当有 120 名女性自杀。1934 年，教育家云裳在《妇女共鸣》刊登《中国妇女自杀问题的检讨》檄文一篇，以对女性自杀的个案分析提出父系家族制度是女性自杀问题的始作俑者一说。1935 年，社会学家孙本文在《时事月报》登出《上海市自杀统计》短文一篇，回顾了上海市 1934 年一整年的自杀数据，发现女性自杀事件占全部自杀事件的一半以上。1936 年，社会活动家陈碧云在《东方杂志》发表《妇女自杀问题之检讨》述评一篇，提到上海该年前六个月的男女自杀事件大约各占一半。1937 年，已从清华大学社会学系毕业近三年的吴至信在《社会研究》发文，对六个大城市 1928—1930 年的八百件自杀案做出分析，又一次提到他有关中国大城市每 100 名男性自杀即有 120 名女性自杀的推断。

值得指出的是，涂尔干的自杀研究把未遂自杀排除在外。他的具体说法是："任何由死者完成并知道会产生这个结果的某种积极或消极的行动直接或间接地引起的死亡叫做自杀。"（涂尔干，2001：11）而当我们将民国学者的研究放在一起阅读时就会发现他们总是同时考虑已遂的和未遂的自杀事件。这些学者还高度重视了自杀者的性别、自杀方式及其自杀地点的差异。

三　从李大钊到吴至信

在以下讨论中，自杀事件是指包括已遂和未遂结果在内的自杀案。自杀死亡率是指自杀行为导致的死亡率。自杀事件发生率是指自杀案的案发率。需要对这些定义给予强调的原因是已遂的自杀往往以未遂自杀作为前奏，而在涂尔干的研究中，未遂自杀被排除在外。下面针对一部分民国自杀数据的再分析和讨论旨在说明为什么自杀研究不能将未遂自杀排除在外。

让我们首先以北京的自杀数据为例。李大钊在 1919 年《新潮》杂志上说，他查阅过内务部《内务统计》京师人口之部和《京师警务一览图表》所载的自杀资料（李大钊，1919：352—353）。李大钊收集的北京自杀统计数字如下：光绪三十三年自杀者，男 46，女 34，合计 80 人；光绪三十四年自杀者，男 53，女 37，合计 90 人；宣统元年自杀者，男 59，女 34，合计 93 人；宣统二年自杀者，男 39，女 22，合计 61 人；宣统三年自杀者，男 58，女 32，合计 90 人；民国元年自杀者，男 50，女 36，合计 86 人；民国二年自杀者，男女合计 84 人；民国三年自杀者，男女合计 54 人；民国四年自杀者，男 68，女 42，合计 110 人；民国五年自杀者，男 55，女 30，合计 85 人，自杀未遂者，男 40，女 57，合计 97 人；民国六年自杀者，男 93，女 33，合计 126 人，自杀未遂者，男 46，女 38，合计 84 人。根据上面所列记录，笔者特制表 1。

表1　　北京 1907—1917 年已遂和未遂自杀者性别以及历年自杀事件数

性别　　年度	男性	女性	男性	女性	男女合计
	已遂自杀		未遂自杀		自杀事件
1907	46	34	—	—	80
1908	53	37	—	—	90
1909	59	34	—	—	93
1910	39	22	—	—	61
1911	58	32	—	—	90
1912	50	36	—	—	86
1913	—	—	—	—	84
1914	—	—	—	—	54
1915	68	42	—	—	110
1916	55	30	40	57	182
1917	93	33	46	38	210

在核查内务部《内务统计》京师人口之部和京师警察厅《京师警务一览图表》所载北京自杀资料的基础上，将表 1 所缺民国元年至民国六年的部分信息补齐，笔者特制表 2。

表2 北京1912—1917年已遂自杀者性别构成

性别/年份	1912	1913	1914	1915	1916	1917
男性	58.14%	62.65%	51.85%	61.82%	64.71%	73.81%
女性	41.86%	37.35%	48.15%	38.18%	35.29%	26.19%

表2显示，1912—1917年，男性占全部自杀死亡人数的62.23%，女性占37.77%。其明显差异的背后是人口性别比例的严重不平衡。1912—1917年，女性占北京人口的比例相当低，浮动在35%—37%。根据这些年的北京人口总数和性别比例，笔者特制表3。

表3 北京1912—1917年男女自杀死亡率（1/100000）

性别/年份	1912	1913	1914	1915	1916	1917
男性	10.67	10.97	5.63	13.41	10.67	18.04
女性	14.05	12.22	9.57	14.94	10.51	11.15

参照表3，1912—1917年，北京女性自杀死亡率（12.07/100000）总体上超过男性（11.57/100000）；1912—1913年，北京女性自杀死亡率略微高于男性，1914年时超出男性自杀死亡率1.7倍；1915—1916年，北京男女自杀死亡率基本持平；到1917年时，北京女性自杀死亡率（11.15/100000）才明显低于男性（18.04/100000）。1917年，北京有811556人，其中男性515535人，占63.5%，女性296921人，占36.6%。这一年的北京人口自杀死亡率是15.5/100000，与美国同等规模城市大致相当（甘博，2010：109）。

北京警方在1917年一共记录了210例自杀案，其中126人死亡，其余84例是未遂自杀。在126个已遂自杀案中，男93人（74%），女33人（26%）。在84例未遂自杀案中，男46人（55%），女38人（45%）。这两组悬殊的百分比背后还是上面提到的男女人口比例的严重不平衡。1917年，在北京谋求官职的男性就达11万人之多，而官缺只有5000个。加上为其他目的在北京谋生的男性人口，那时的北京人口结构一个显著特点即是明显的男多女少。

至于自杀者年龄和自杀原因及自杀方式等情况，我们需要参考甘博收集的资料。从 1918 年 9 月到 1919 年 12 月，甘博引领的北京社会调查课题动用的调查员是燕京大学的学生和在华北协和华语学校研修汉语的传教士。甘博在书中提到有一位梁载治先生为他提供了许多有价值的资料。梁载治编纂过一本北京指南，也是一名教育部官员。甘博还提到有一位陈焕章先生帮助他联系了北京工商界领袖协助调查。陈焕章当时在北京筹建孔教大学。他还有一个美国哥伦比亚大学哲学博士的头衔。1911 年，陈焕章在哥伦比亚大学提交的博士学位论文讨论的是孔子及其门人的经济思想（Chen，1911；陈焕章，2006）。梁载治提供的京城资料，陈焕章牵线的人脉，燕大学生的参与，加上传教士和教会组织的作用，不但构成了这次北京社会调查得以完成的基础，而且使得调查员查到警方保存的自杀档案。但是不知为何，甘博一书只使用了 1917 年的北京自杀资料。

参照甘博作品附录四的自杀者列表，在 1917 年的北京，21—30 岁以及 31—40 岁的自杀者在全部自杀者中占 57%。从性别差异看，男性自杀者集中在 31—40 岁，女性自杀者集中在 21—30 岁。年龄在 21—30 岁的女性在全部女性自杀者中占 40.85%（甘博，2010：477）。

从诱因上来看，自杀的主因是贫困，其次是疾病和家庭纠纷。若以性别分类判断诱因，男性自杀以贫困和疾病为主因，女性自杀的主因是家庭纠纷（甘博，2010：476—477）。

在北京内外城，上吊、自刃、服毒、投水是四种最常见的自杀方式，其中上吊是致死速度最快并难以抢救的自杀方式。自刃的致死程度和速度不能一概而论，如果采用的是北京老百姓所说的"割脖子"则难以抢救。1917 年，北京男性自杀者近 60% 采用上吊或自刎；女性采用这两种自杀方式的比例是 30%。大多数北京女性自杀者采用了有抢救可能的投水和服毒方式。两者合在一起的比例超过 65%。按性别计算，在 139 名男性自杀者中，有 93 人身亡，已遂自杀比例在男性自杀者中占 67%，男性未遂自杀比例等于 33%。在该年全部自杀事件中有 71 名女性，其中有 33 人身亡，女性自杀者的死亡比例等于 46%，女性未遂自杀比例高达 54%（甘博，2010：478）。若更直白地讲，未遂自杀比例在女性自杀者中占一半以上，在男性自杀者中只占三分之一。

根据李大钊一文提供的线索，对民国元年至民国六年的北京自杀数据再分析说明，那些年的北京女性自杀死亡率明显超过男性，尽管当时北京女性人数远远少于男性。例如，女性在北京人口中的比例 1915 年时占 35.85%，1916 年时占 35.65%，1917 年时占 36.48%。另外，至少 1917 年的北京资料可以说明，女性自杀的主因是家庭纠纷，男性自杀的主因是贫困和疾病。更值得注意的是，女性未遂自杀事件的案发率远远高于男性，这与自杀意图和手段极为相关。女性以死要挟某方或表示抗议时，其自杀手段往往是有抢救可能的服毒或投水。如上已说，采用上吊或自刎方式的北京女性自杀者是少数，即不到三成。上吊或自刎的男性自杀者则是多数，即接近六成。

1927 年北伐革命成功之后，中华民国的国都迁到南京，北京更名为北平特别市。国都迁址导致北京人口规模缩小。1937 年，日军占领北京，当地人口规模又一次缩小。在日军占领北京之前的 1935 年，北京自杀人数共计 547 人，男 336 人，女 211 人。在日军占领北京之后的 1939 年，北京自杀人数共计 448 人，男 222 人，女 226 人（李自典，2020：279—284）。由此可见，北京女性自杀问题的严重性不亚于或有时超过男性的现象时隔多年之后仍然没有多大改变。

北京女性自杀问题的严重性是否属于一种例外呢？为了回答这个问题，吴至信的研究需要在以下讨论之中受到重视。查阅清华大学档案馆保留的学生成绩单可知，吴至信于 1930 年考入清华大学攻读社会学并于 1934 年毕业。除了自杀研究，吴至信发表的中国农民离村研究、北京离婚案调查、包工制分析，以及劳工福利考察报告，都是值得温故知新的作品。清华大学社会学系陈达教授当年认为，吴至信依据他 1936 年在 5 个铁路局、9 个矿山、35 家工厂实地调查撰写的《中国惠工事业》（1940）一书是有关中国劳工福利问题的系统著述之开端。另外，吴至信（1937）针对中国农民离村问题还提出了有见地的四维分析法，即是把谋生海外、移垦边区、寄迹都市、流为兵匪都有作为破产农民离村后的出路看待，用大量数据勾画出了四种人口迁徙的时空特征。

如前所说，吴至信发表过两篇有关自杀问题的长文。其中一篇是《中国四大都市自杀者性比问题》（吴至信，1932：31—8）。该文使用的资料是原清华大学社会学系收集的上海市、广州市、广东省、杭州市政府公布的 1928 年至 1930 年自杀数据，外加两份私人抄自北京警方和法院的档案记录。参照吴至信按照月份列出的自杀者性比，笔者将之简化，以年份为准特制表 4。

表 4　　　　　　　　　　1928—1930 年四大都市自杀者性比

城市/年份	上海	广州	杭州	北京
1928	128.8	—	123.1	—
1929	117.8	—	112.9	—
1930	104.6	136.0	—	84.7

参照表 4，以上海 1928—1930 年的自杀者性比平均计算，每 100 名男性自杀即有 117 名女性自杀。在广州，1930 年每 100 名男性自杀即有 136 名女性自杀。在杭州，1929 年每 100 名男性自杀即有 113 名女性自杀。在 1930 年的北京城，自杀者性比明显低于上海、广州、杭州，其原因大概是吴至信在文章中所说的私人抄录警方和法院档案的局限性。即便如此，该年北京每 100 名男性自杀即有 85 名女性自杀。这说明女性自杀在人口性别构成极为失衡的北京城时隔多年之后还是一个严重的社会问题。正如吴至信所言，这个时期的大城市人口构成都是男多女少，男性占 60% 左右，上海、广州、杭州以及北京的女性自杀问题严重程度超过男性的事实是可以确定的（吴至信，1932：31）。需要再次强调的是，这里所说的自杀包括已遂的和未遂的自杀。

吴至信发表的另一篇长文依据的是原清华大学社会学系从报刊收集的 1000 多件已遂和未遂自杀案（吴至信，1937：67—127）。吴至信分析的其中 800 个案例来自有关北京、上海、南京、杭州、天津、无锡六个城市的自杀事件新闻报道。本文的推断是这批自杀案大约发生在 1928—1930 年期间。吴至信在文章中并没有明说这些案件发生的具体年份，然而他提到为了弄清楚这六个城市的男女人口比例查阅了《统计月报》。民国政府统计局出版的《统计月报》于1929年3月创刊并于1931年3月停刊，先后出版了三卷。在《统计月报》创刊号上，陈华寅的署名文章附表四列出了吴至信需要的杭州人口规模和男女人数，附表七列出了吴至信需要的北京、上海、南京、杭州、天津人口数字和性别比例。另外，吴至信之前有关北京、上海、广州、天津四个城市自杀者性别的研究，针对的也是1928年至1930年这个时间段。故以上推断大致不会有错。

在吴至信分析的800个案例中，经济问题是排在第一位的自杀原因，334人的自杀是因失业、破产、资不抵债、赌博欠债、财货损失以及因病失去或减少了收入，其中男性301人，女性只有33人。家庭矛盾是排在第二位的自杀原因，200人的自杀是因夫妻失和、与家人失和、夫妻有一方不忠或有一方被虐待、被家长责罚、被迫出嫁或夫有恶癖，其中女性154人，男性只有46人。这就是说家庭矛盾是排在第一位的女性自杀原因。女性因家庭矛盾自杀的悲剧以20—29岁者为最多。若以自杀方式而论，服毒排在第一，女性更倾向服用鸦片自杀。

在北京、上海、南京、杭州、天津、无锡六个城市，男女自杀的地点也有很大差异。由于原清华大学社会学系从报刊上收集的1000多份自杀资料是内容相对丰富的案例，吴至信能够用这些案例在文章中绘制出一份详细的自杀地点分布表。笔者将这个表格简化使用，特制表5。

表5　　　　　　　1928—1930年六大都市自杀事件地点的性别分布

性别 地点	男性	女性	合计
家中	105	189	294
江河	118	69	187
旅社	121	20	141
公共场所	64	12	76
工作场所	78	24	102
合计	486	314	800

参照表5，这三年的六大都市自杀事件近四成发生在家中。女性在家自杀事件占全部女性自杀事件的比例（60.19%）远高于男性的相应比例（22.44%）。将女性投水自杀事件的比例与男性比较，可发现两者差异不大。但是在旅社、工作场所和公共场所发生的女性自杀，占比不到两成，男性的相应占比超过了五成。家庭既是女性自杀原因的主要发源地，也是她们的主要自杀地点。

吴至信在他的研究中始终没有忘记的一件事情即是把未遂的自杀与已遂的自杀同时视为自杀事件加以考虑。这是一个非常重要的研究思路。依据这一思路的启示，笔者在查阅他人有关上海1929年至1935年自杀数据研究的基础上（侯艳兴，2008：47），特制表6。

表6　　　　　上海1929—1935年男女自杀案及案发率（1/10万）　　　单位：人，%

年份	男性自杀案	男性人口	案发率	女性自杀案	女性人口	案发率
1929	918	1519639	60.41	1071	1080153	99.15
1930	892	1638507	54.44	1040	1153125	90.18
1931	937	1770171	52.93	1059	1234681	85.77
1932	847	1655406	51.16	1068	1146333	93.16
1933	994	1763802	56.35	1102	1235471	89.20
1934	1289	1841347	70.00	1426	1312978	108.60
1935	1524	1955412	77.93	1563	1390673	112.39

根据表6，上海女性自杀事件的案发率远高于男性，即便年度最低值也是男性最高值的1.1倍。1935年是这些年上海自杀事件最多的一年，该年的上海女性自杀案是男性自杀案的1.44倍。若用比较通俗的说法表示，上海女性在这些年走上自杀道路的人数超出男性很多，尽管男女自杀死亡率一直处在一个平台上。例如，上海男性自杀死亡率在1933年是17.46/100000，在1934年是16.35/1000000；上海女性自杀死亡率在1933年是15.46/1000000，在1934年是13.56/1000000。同样参照表6，1935年女性在上海人口中占41.6%，女性自杀事件在全部自杀事件中占50.6%。

为什么在上海女性自杀事件的案发率远高于男性的时段内，这个城市的男女自杀死亡率却一直在一个平台上？答案是服毒自杀的女性多于男性。以 1934 年为例，该年共发生 2715 例自杀事件，男 1289 人，女 1426 人。其中，服毒自杀者共 2403 人（88.51%）；在男性自杀者中有 1089 人服毒（84.48%）；在女性自杀者中有 1314 人服毒（92.15%）。在全部服毒自杀案中，吞金中毒自杀事件的两性差异最为突出。1934 年，上海官方记录的男性吞金自杀案只有 14 例，女性吞金自杀案多达 146 例（侯艳兴，2008：57）。在吴至信的研究中也有吞金记录。有关吞金中毒自杀，至少自明代以来就有一些文献记载。李时珍《本草纲目》第八卷金石部曰：毒金即生金，出交广山石内，赤而有大毒，杀人，炼十余次，毒乃已。李时珍生于湖北，其巨著《本草纲目》封笔于 1590 年。甘博收集的北京数据并无吞金自杀记录，然而吞金自杀在北京历史上有案可查。《明史·后妃列传》载：宦官张敏吞金自尽。张敏是福建人，1475 年卒于北京。曹雪芹在《红楼梦》第六十九回说：王熙凤借刀杀人，尤二姐吞金自杀。曹雪芹生于南京，1763 年在北京去世，他在《红楼梦》之中所述京城旗人故事取自他自己的生活经历。

行文至此，我们可以有信心地说，从李大钊到吴至信的研究说明，民国前期的北京和民国中期其他大城市女性自杀问题的严重性是甚于男性的。如果一定要证明北京、上海、广州、南京、杭州、无锡、天津的情况并非例外，我们可以参考以下有关其他城市的三组数据。所谓其他城市即是不包括北京、上海、广州、南京、杭州、无锡、天津七城市。以此说明，避免误解。

第一，1932 年八个其他城市自杀案合计 425 例，男 188 人，女 237 人。其中，青岛 177 例，男 78 人，女 99 人；长沙 109 例，男 52 人，女 57 人；威海 41 例，男 15 人，女 26 人；镇江 22 例，男 13 人，女 9 人；开封 22 例，男 8 人，女 14 人；武昌 28 例，男 17 人，女 11 人；昆明 12 例，男 2 人，女 10 人；西宁 14 例，男 3 人，女 11 人。（内务部，1933）

第二，1933 年十个其他城市自杀案合计 549 例，涉及男性自杀者 260 人，女性自杀者 289 人。其中，青岛 141 例，涉及男 72 人，女 69 人；汉口 106 例，涉及男 53 人，女 53 人；长沙 102 例，涉及男 49 人，女 53 人；

威海 48 例，涉及男 28 人，女 20 人；武昌 45 例，涉及男 17 人，女 28 人；开封 33 例，涉及男 14 人，女 19 人；昆明 20 例，涉及男 5 人，女 15 人；汕头 28 例，涉及男 16 人，女 12 人；扈宁 15 例，涉及男 3 人，女 12 人；西宁 11 例，涉及男 3 人，女 8 人（内务部，1934）。

第三，1934 年四个其他城市自杀案合计 55 例，男 18 人，女 37 人。这四个城市分别是广西省的南宁市、梧州史、桂林市、柳州市。（广西省政府统计局，1935）

以上不包括北京、上海、广州、南京、杭州、无锡、天津在内的 16 个城市自杀案基本都是女多于男的格局。若用农村自杀案加以对比，1932 年江苏等 15 个省 245 个县公安局上报自杀案 1517 例，男 829 人，女 688 人。（内务部，1933）由此可见，男多于女的相反格局在农村自杀案中是明显的。我们必须承认，无论是当时的县公安局、市公安局、市社会局或市救生局，官方机构确认的只是一部分自杀案，而且是真相难以掩盖的。然而这种情况在城乡都是如此。

四　因受迫害的自杀与为反迫害的自杀

法国社会学家莫里斯·哈尔范克斯（Maurice Halbwachs）于 1930 年出版《自杀诱因》（*The Causes of Suicide*）一书，提出了对涂氏自杀论的一些修正。他的研究建立在对涂尔干、莫奢尼以及另一名学者使用过的欧洲国家自杀数据的再分析基础上，覆盖的时间是从 1836 年到 1925 年。在方法论方面，他使用了相关性分析，还将未遂自杀数据纳入了分析，结果发现女性自杀倾向与男性基本相同，尽管女性自杀死亡率低于男性。这其实是一个非常重要的发现，然而哈尔范克斯在该书前言仍然坚持涂尔干已做出的结论："我们很久以来就知道，女性自杀不像男性那么经常。"（1978：45）这样的措辞说明，哈尔范克斯也是把已遂自杀作为自杀行为的终极定义。

我们在之前的谈论已经了解到，民国初期北京和民国中期其他城市的女性未遂自杀事件远远多于男性，而且一部分城市人口的男女自杀死亡率有时不相上下。这两种现象说明，自杀行为绝对不是男性专属的情感表达方式。即便在涂尔干生活的时代，法国人的自杀也不会是男性专属的情感表达方式。涂尔干的结论无论如何都是不能成立的。涂尔干在 1897 年出版的《自杀论》一书中给出的法国女性自杀死亡率是 9.7/100000。这已说明自杀问题并不排除法国女性。

如果绘制一幅中华民国前期和中期的城市女性自杀图景，这些女性的年龄在 21—30 岁，往往已婚，没有固定职业，生活水平一般，因家庭纠纷或与他人发生口角，自杀时通常采用服毒方式。随着城市化进程，城市女性的现代意识得以强化，然而在实际生活中没有太多的可以实现自我的机会。对城市女性的禁锢，既来自社会制度，也与家庭制度紧紧勾连在一起。

在这两个时期的城市女性自杀行为之中浮现出了三个常量。第一是女性更多是因为家庭矛盾而自杀。第二是女性未遂自杀多于男性。第三是更多的女性使用效果相对缓慢的服毒自杀手段。

有关第一个常量：在民国前期的北京，家庭矛盾排在女性自杀原因的第一位。更为具体的原因其实是交错在一起的。例如，1917 年期间北京女性自杀事件三成之多是家庭矛盾所致，与贫困相关的自杀原因将近三成，包括疾病、厌世、妒忌以及不能容忍罪恶在内的自杀原因也近三成，其余为原因不明。在 1929—1931 年的北京、上海、南京、杭州、无锡、天津六个城市，家庭矛盾仍然是排在第一位的女性自杀原因，具体原因包括与家人失和、夫妻一方不忠或一方被虐待、被家长责罚、被迫出嫁或夫有恶癖以及恋爱不顺利等。包括失业、破产、资不抵债、赌博欠债、财货损失或因病失去收入等经济因素，必然与家庭矛盾交织在一起，而不可能是分离的。

有关第二个常量：服毒始终是城市女性最常见的自杀方式，所用的毒性物质包括鸦片、海洛因、安眠药、盐卤、火柴头、金子、硝镪粉、砒霜、朱砂以及藤黄（吴至信，1937：45—46）。服毒其实也是男性最常见的自杀方式，然而两者之间存有一种可以推断的区别。那就是男女使用的毒品计量和毒品致命程度的差异，与未遂自杀常量之间存有的关系。这种关系涉及女性以自杀作为反抗、要挟某人、叫屈喊冤、死给目视之人的心态和想法。

有关第三个常量：在民国初期的北京，未遂自杀的比例在男性自杀者中占三分之一，在女性自杀者中占到一半以上。在 1929—1935 年的上海，男女自杀死亡率在一个平台上，女性自杀事件发生率却每一年都明显高于男性。这也就是说，上海女性的未遂自杀事件数量远远多于男性。

上述三个常量暗示着女性因被迫害和为反迫害的自杀行为并存于成因非常复杂的自杀事件之中。且不说毛泽东通过赵五贞一案看到了因被迫害和为反迫害的自杀行为，胡适在翻译易卜生的话剧《玩偶之家》时也下意识地对此有所言。鲁迅在影星阮玲玉自杀案中看到了这个问题的一个方面。左翼电影导演蔡楚生等人把因被迫害的自杀的和为了反迫害的自杀搬上了银幕。

1918 年，胡适与罗家伦将易卜生的话剧《玩偶之家》更名为《娜拉》用白话文翻译介绍到中国，在《新青年》第 4 卷第 6 期《易卜生专号》全文发表。胡适翻译的是该剧最关键的第三幕。据胡适点评：娜拉与丈夫滔佛·海尔茂有三个女儿，她开始自以为生活在蜜罐里。一次为了给丈夫治病，娜拉伪造自己父亲的签名借到了一笔钱，后来靠抄写文书攒钱还清了那笔借款。伪造签名借款一事暴露之后，滔佛怕自己的名声被毁，对娜拉大发雷霆，全然不顾娜拉的所作所为是为了他的性命。见到丈夫如此恼火，娜拉不愿意让丈夫替自己担当罪名，也为他的软弱感到失望，一气之下试图投水自杀。后经他人斡旋，娜拉要回了那张已经无效的借据，滔佛立即换了一副面孔，拾起往日的亲昵。当看透丈夫自私的灵魂和她自己在家庭中玩偶般的地位时，娜拉觉醒了，放下自杀意念，一心离家出走。娜拉要走时，滔佛与她的一问一答是全剧的高潮。胡适译文如下。

滔：你就这样丢下你的家、你的丈夫、你的儿女了吗？你不想想旁人要说什么！娜：我不管别人说什么，我只知道我该这样做。滔：这真是岂有此理！你就可以这样抛弃你那些神圣的责任吗？娜：你以为我的神圣的责任是什么？滔：这还用我说吗？可不是对于你的丈夫，对于你的儿女的责任吗？娜：我还有别的责任同这些一样神圣。滔：没有的，你说的那些是什么？娜：我对于我自己的责任。（胡适，

1918：568—569）

胡适与罗家伦合译的《娜拉》剧本以妇女解放为宗旨，与五四精神吻合，开始是在一部分学校由学生演出。其知名度最初更多的是由报刊讨论引发的很多青年人对社会问题文学的"狂热"。（钱理群，1998：14）1924年的鲁迅做出的反应却是相当冷静的。他认为企图自杀之后而决定离家出走的那个娜拉和其他的娜拉，其命运或是为了生活而堕落或是无奈地返回家中。还有一种命运是鲁迅十多年之后论及的人言可畏。1935年3月影星阮玲玉自杀的消息传出后，鲁迅用赵令仪之名以悲愤的笔调写下《论"人言可畏"》一文揭露黄色新闻记者对阮玲玉之死应负的责任。

阮玲玉，出身寒门，其父做苦力，其母当佣人。经偶然机会，十多岁的阮玲玉步入影视界，逐步成为一名影坛巨星。在她主演的电影《新女性》上映的第五周，不到25岁的阮玲玉服用安眠药自杀身亡。她的自杀在很大程度上是因受到两个富家男人的羞辱和迫害。当阮玲玉还是少女时，她嫁给了富家子弟张达民，后来与其疏远，最后离开了张家。1935年初，她被前夫张达民以私改文书占有张家财产的罪名告上法庭。她还发现自己的男友唐季珊在外面另有女人，而且是她的一个朋友。小报记者以此为乐，关于阮玲玉的绯闻在媒体和市井闹得沸沸扬扬。

阮玲玉自杀的那天正是三八妇女节。一周后出殡，上海20万人为她送行。长街一道，处处哀声，深感命运如此相似的女性大有人在。（刘长林，2009）这不仅仅是因为阮玲玉本人的自杀，而且与她领衔拍摄的《新女性》电影有关。这部将京沪两地女性命运连在一起的左翼电影于1935年2月初在上海剧院上映，主要讲的是知识女性韦明的人生悲剧和自杀经历。

《新女性》影片中的韦明原为北京人，因自由恋爱并怀孕而身陷险境。为了保全韦氏家族的名声，其父声嘶力竭地要求她用刀子割喉或用绳子上吊韦明一脚踢开摆在地上的一把尖刀和一捆绳子，毅然决然地从家出走，与恋人一起养活后来出生的女儿。她的恋人经不住社会舆论压力，最终遗弃了这对母女。将自己的女儿托付给姐姐和姐夫抚养之后，韦明离开北京前往上海成为一名音乐教师并开始写小说。出版商将她的小说捧为新女性的代表作，却不肯支付稿费。

就在这个时候，韦明的姐夫去世后迫使她的姐姐带着韦明八岁的女儿从北京来到上海。刚刚被人使坏而失业又还没有拿到稿费的韦明，发现女儿生病高烧不止，却苦于拮据无法交付住院费。一个追求她的已婚富家男子表示可以帮忙。他的前提条件是要韦明当他的一夜性奴。被韦明抽了一个大嘴巴。拒绝的那个男人恼羞成怒，串通另一个男人炮制出韦明是妓女的新闻稿。

韦明四处借钱，却找不到门路，她的女儿不久因高烧痉挛在家中离开人世。韦明见状当场服用了一瓶安眠药。她被朋友送到医院后清醒过来之后，见到了媒体说她身为新女性作家却一直偷偷当妓女的报道。为了证明自己的清白，韦明在病床挺起身来大声疾呼"我要活啊"，然而她的心率已经衰竭到无力回天的地步。她在医院挣扎了十几个小时之后才咽下最后一口气。①

韦明的扮演者阮玲玉在《新女性》电影上映 30 多天之后，留下提到"人言可畏"的遗书，服用了 30 颗安眠药自杀。她也是在医院挣扎了 10 多个小时才咽下最后一口气。

左翼电影导演蔡楚生、编剧孙师毅、作曲家聂耳对当时城市女性自杀问题是非常了解的。他们原本就是因为对一年前女作家艾霞服毒自杀命案感到极为愤慨才刻意创作了《新女性》这部电影，希望阮玲玉的出色演技能够唤醒人们对社会恶势力的反抗。蔡楚生、孙师毅、聂耳等人是想告诉观众，真实生活中的艾霞和剧中人韦明之所以选择效果缓慢的服毒自杀手段并非偶然，而是以逐渐死亡的过程呐喊冤屈。影片中的韦明服毒之后对好友们倾诉苦衷以及她在医院为证明自己清白而挺身高喊"我要活啊"的电影镜头即为证明。以死抗议社会的不公、抗议旧式家庭的禁锢、抗议男性的暴力、抗议黄色新闻，乃是《新女性》电影导演、编辑和作曲家的本意。他们没有想到的是巨星阮玲玉在成功主演了《新女性》电影之后竟然

---

① 这段梗概是本文作者 2022 年 3 月 20 日看过《新女性》电影之后所写，故不提及有关这部电影的诸多文献。

也落得一个服毒自杀的归宿。

一些女性因被迫害而自杀或为反迫害而自杀是涂尔干根本难以想象的。涂尔干的自杀学说的假设之一是自杀属于反社会的越轨行为。关注自杀问题的民国知识分子对女性自杀原因的主要看法反而是将之归因于恶社会的迫害和旧家庭制度的禁锢。涂尔干的另一个假设是男多女少的自杀行为是普适性规律："在全世界的所有国家中，妇女自杀的都比男人少得多。"（涂尔干，2001：162）在民国初期，那些关注女性命运的社会活动家的直觉并不是如此。在民国中期，中国社会学家的研究发现也不是如此。蔡楚生等人用艺术手法呈现了被迫害的和反迫害的女性自杀。

除了涂尔干的男权思想在作怪，他得出错误结论的具体原因另有两个。第一，他所说的全世界限于法国和十多个欧洲国家和大公国，因而他犯了以欧洲中心主义意识解释世界性问题的错误。[①] 这是一个不用过多讨论的认识论错误。第二，涂尔干对自杀的定义是已遂自杀。有鉴于未遂自杀恰恰是自杀问题研究的一个要害，涂尔干犯了一个有必要延伸讨论的方法论错误。

有关未遂自杀，涂氏《自杀论》全书仅仅提到四次，其中一次是将未遂自杀排除在自杀定义之外，另外三次都是讲法律对未遂自杀者的惩罚。涂尔干是不是因为找不到未遂自杀数据才在他的研究中将注意力放在了已遂自杀呢？答案是非也。至少法国政府在 1826—1961 年一直坚持对未遂和已遂自杀案件的统计（Kushner, 1993）。所以，法国档案保存了一部分有关未遂自杀的记录。马克思 1845 年发表的一篇有关自杀问题的文章，援引了巴黎警察署档案总管亚克·普查德（Jacques Peuchet）在回忆录里收录的 1828 年巴黎自杀数据表。这张一页多长的表格显示，1828 年的巴黎共有 246 例自杀身亡案件，另有 125 例自杀未遂事件。该表还列出了四种自杀动机和七种自杀方式（Marx, 1999：53—54）。涂尔干研究的法国自杀数据从 1841 年开始到 1878 年为止。他有条件至少对一部分法国未遂自杀

---

① 涂氏《自杀论》使用的数据涉及法国、英国、丹麦、意大利、普鲁士、比利时、挪威、奥地利、瑞士以及目前属于波兰、捷克、德国以及俄罗斯的欧洲历史上的几个大公国。该数据的时间段是从 1840 年之后至 1880 年之前。

案加以分析并关注女性的未遂自杀。后来的学者对自 19 世纪初开始积累的欧洲国家自杀数据的研究证明，女性未遂自杀是男性未遂自杀的 2.3 倍，其可用于社会学分析的意义是多方面的（Shneidman and Farberow，1961：24—37；Ronald，1981：243—268）。如果考虑未遂自杀，女性就会被证明要比男性更倾向于涂尔干定义的反社会行为。作为一个已过时的社会学术语，反社会行为的含义是违背或无视社会规范的行为。殊不知，这种反社会的行为有时恰恰是因受社会迫害而发生的自杀。

我们还应该注意到，涂尔干在《自杀论》一书中只是简短地提到了三位女性的经历。一个是在外地求学时产生自杀意念的女子；另一个是对自杀的遗传性产生了遐想的女子；还有一个是在树上吊死的女子。除此之外，涂尔干关于女性自杀的讨论全然是以类型学作为基础。至于为何如此，涂尔干这样说道："当我们不考虑个人而到社会的性质中去寻找自杀倾向的原因时，我们所获得的结果就完全不同了。自杀与生物学方面和肉体方面的情况的关系越是模棱两可和不能肯定，与某些社会环境就越是有直接和恒定的关系。这一次，我们终于找到了真正的规律，这些规律使我们可以尝试对自杀的类型进行系统的分类。由此确定的社会学原因给我们解释了这些不同的偶合，人们往往把这些偶合归因于物质原因的影响，而且愿意看到这种影响的证据。女子的自杀之所以比男子少得多，是因为她们参与集体生活比男子少得多。"（涂尔干，2001：223）

那么涂尔干说的是什么规律呢？简约答案是三个一体和三种类型。所谓三个一体是指三种形式的社会整合（social integration）。具体是指当某一群体嵌入家庭生活、宗教生活、公共集体生活的程度越高，自杀率越低，否则相反。所谓三种类型是指利己型、利他型、失范型自杀。涂尔干对利己型自杀的论述主要基于对基督教的新教、天主教、希腊正教教徒的自杀率分析。他对新教教徒自杀率最高、天主教教徒自杀率为次、希腊正教教徒自杀率最低的解释是不同教派的自由探索（free inquiry）精神。程度越高的自由探索精神，意味着宗教传统思想的约束力越弱，有道德感的个体化程度越高，自杀率越高。他对利他型自杀的阐释主要基于对军人自杀率高于平民的发现，结论是集体生活越紧密，集体感越强，利他精神越旺，自杀率越高。他对失范型自杀的阐释主要以离婚率为例，结论是离婚标志的是社会失范，离婚率越高，自杀率越高。

除了社会整合的作用和三种自杀类型，涂尔干不愿意考虑个人的精神状态、个人的自杀动机、个人的情绪或其他所谓的非集体性表征。他甚至认为自杀方式都是一个可以忽略不计的问题："我们所研究的是社会自杀率。因此，应该使我们感到兴趣的只有那些构成自杀率和自杀率随之变化的类型……所有个人的自杀方式都具有这种属性。有些方式——尽管具有某种程度的普遍性——与社会的道德气质没有或没有足够的联系，不能作为特有的因素包括在每个人在自杀方面所表现出来的特征。"（涂尔干，2001：143）这种将社会结构与个体存在对立的认识论塑形了涂尔干的《自杀论》以及他的其他著作。"在他带领下，法国社会学便开始在社会系统与个体架构而成的天平上不断给前者添加砝码，而后者则很快变成一个种可以忽略不计的附属品。"（吴真，2020：I）

个人精神状态、自杀动机、情绪以及手段，对理解自杀为问题其实是非常重要的。上面提到的那个巴黎区警察署档案总管普查德在回忆录中对三个女性自杀案留下了细微的描述。马克思对这部分内容表现出了极大兴趣并做了节选译为德文发表。本文作者查阅了马克思所做节录的德文版和英译版。以下文字参照马克思所做节选的英译版（Marx，1999：43—59）。在节选的一开头，马克思介绍了普查德作为巴黎区警察署档案总管的身份以及他撰写回忆录的社会批判精神。

在马克思的节选涉及的三个女性中，有一人来自属于社会中下层的商人家庭。这个女子因婚前性行为，被父亲谩骂推搡。她被父亲当众羞辱之后愤然投水自杀。马克思针对这个女子的父亲在插入语写道："胆子最小的、唯命是从的人们，一旦可以行使家长权威，即变得不可一世。此等权威的滥用是对他们在布尔乔亚社会苟且偷生的一种粗俗补偿。"（Marx，1999：46）。

第二个女子的丈夫是住在一座豪宅的大富翁，也是一个因病变得外表不堪入目的暴君。他怀疑妻子对自己不忠不贞，将她锁在家里，经常谩骂、毒打、恐吓，最终将她逼得从家中出走投水自尽。马克思针对这个女人的丈夫写道："M 先生利用公民法典保护的财产权将妻子视为私有财产施以奴役。此等财产权依据的社会条件全然无视恋爱自由，竟然允许一个醋性大发的男人将妻子置于锁链之中，就好像吝啬鬼为保险箱上锁一样，因为她只能算是库存品。"（Marx，1999：48）

在讲述第三个女性自杀案之前，普查德在回忆录里说，巴黎区警察署档案库里面存放着不少自杀者的诀别诗，在诗文中可以看出，一些富贵之人已经把自己的灵魂出卖给了货币，但是居然以写诀别诗的方式否定他们根本不能理解的人间苦痛。马克思在这段节选写下的插入语是："对属于社会百分之三的那些人，还能有什么期待，他们甚至不知道自己每一天、每一个小时，都在慢慢地虐杀自己的人性。"（Marx，1999：51）

至于第三个女性自杀者的身份，她是一个贵族银行家监护的养女，也是他的亲侄女。从小失去父母的她，18 岁时被她的监护人逼迫发生了乱伦关系，后来去堕胎却遭到医生拒绝。回到豪华的公馆家中，这个女孩感到万分羞耻，溜出家门走到一条溪水里，也成了一名投水的自杀者。针对这个女子的经历和她叔叔的罪过，马克思没有写任何插入语，而是让普查德自己的话跃然纸上："为了更美好，人们用自杀作为抗拒私生活罪恶的一种极端手段。"（Marx，1999：52）

马克思的节选和插入语既批判了法国中下阶层的父权暴力，也谴责了法国暴发户的霸道和野蛮，还点明了一个法国贵族的人性泯灭。这三个案例都涉及两性关系，而且都揭示了这三名女性自杀的原因和情形。巴黎区警察署档案总管普查德之所以将这些女子的自杀经历写入他的回忆录，是因为他认为个案的细节可以说明一些非常严峻的社会问题。马克思也是这样认为的，而且将普查德记录的女性自杀案升华成为对资本主义家庭制度的批判。

在马克思的节选最后是那张巴黎 1828 年自杀案列表。在该表上端，马克思留下了这样的字句："我们从普查德提供的另一个表格得知，1817 年至 1828 年，巴黎共有 2808 件自杀案，实际当然更多。特别是陈列在法医停尸房里有待识别的溺水者，只有极少数可以确认是自杀。"（Marx，1999：53）根据上述巴黎 1828 年自杀案列表，投水是排在第一位的自杀手段。在这一年，巴黎自杀案合计371件，其中包括未遂自杀案125件，未遂自杀案在全部自杀案中占比超过三分之一，在246名自杀死亡者中有女性132人，女性自杀死亡人数在全部自杀已遂者中超过一半。所以至少在1828年，巴黎女性自杀问题的严重性超过了男性。

另外，由于法国政府从1826年到1961年一直坚持对未遂和已遂自杀的统计，涂尔干既然能够找到已遂自杀数据，他即有条件获得至少一部分有关法国的未遂自杀数据。然而因为他已经决定用已遂自杀限定自杀定义，未遂自杀对他来说就失去了任何意义。如果将未遂自杀纳入分析，涂尔干以男性中心主义思维方式建构的自杀论也就不能自圆其说了。在绕开一个妨碍其理论难以自圆其说的棘手问题之后，涂尔干以他对十多个欧洲国家和大公国的已遂自杀数据统计分析结果断言，全世界各国的女性自杀问题严重性都远远不及男性。如此武断的结论甚至不能适用于解释他所讨论的包括法国人的自杀问题。这是因为既然论及自杀，其结果必然包括已遂的和未遂的自杀。如果涂尔干像本文提到的那些民国知识分子一样将未遂自杀纳入分析并高度重视女性未遂自杀之多的社会现象，他当年或许可能看到的是另外一个世界。

五　余论

在民国知识分子有关自杀的评述和研究中，涂尔干为何缺席的问题到此已经澄清。若做概括，在民国初期，评述自杀问题的那些中国知识分子，对自杀事件的个体情境并没有采用掉以轻心的立场。他们在女性自杀事件之中洞察到了社会不公。到民国中期，那些研究自杀问题的中国社会学家，把自杀事件的具体情境和自杀数据视为同等重要的分析资料，也通过女性自杀事件洞察到了社会不公。这些知识分子有关自杀的社会事件论是有历史渊源的。先秦思想家早就提出了一个自适与自杀的悖论。"自适"一词最早见于道家思想文献，指的是在为了他人与为了自己的冲突之中，应以自我的本性反抗外界对自我的束缚。这是将矛头指向了以礼为代表的政治哲学，同时也点明了不能自适的终极归宿。那就是以自杀实现的自全。司马迁在《史记》中将这一悖论写入了 100 多处有关 600 多人的自杀事件描述，尤以扣人心弦的笔墨刻画了项羽、屈原等人实现自全的悲壮。

针对自适与自杀的悖论，民国早期的中国知识分子的自杀评述几乎全是以事件为怀。毛泽东于 1919 年发表的评述针对的是长沙女子赵五贞自杀事件；陈独秀于 1919 年在《新青年》公布了他对梁巨川自杀事件的感想；李大钊于 1920 年发表的《青年厌世自杀问题》一文以北京大学林德杨同学的自杀事件作为开篇词，随后提到 1905—1911 年期间潘宗礼在韩国、陈天华在日本、杨笃生在英国的投海自杀事件。所谓事件即有个案的意涵，用自杀个案建构分析基础的系统性尝试和努力见于民国时期清华大学社会学系对上千件已遂和未遂自杀事件的案例收集，以及吴至信对其中 800 个案例的分析。社会学家李家俊和孙本文也将已遂的自杀和未遂的自杀作为社会事件看待。教育家云裳女士和社会活动家陈碧云女士更是如此。当李家俊和孙本文将已遂和未遂自杀事件都视为折射社会事实的棱镜之时，云裳和陈碧云的强调点是更为严重的女性自杀事件。中国城市女性自杀问题严重性超过男性的事实最终被证明，也为自杀事件论的合理性提供了佐证。

有关自杀的事件论，其内涵包括自杀的原因和手段、自杀者心态和情绪、自杀者社会身份、自杀者与他人的关系，其分析问题的社会性别视角触及权力关系以及个人与社会的张力。毫无疑问，本文提到的关注自杀问题的那些民国知识分子都将自杀事件视为"社会事件"（societal events）。在民国初期，自杀社会事件首先与爱国青年的自杀联系在一起。1919 年，青年周瑞琦、马俊、李鸿儒、宋赢宪、汪世衡、刘德明、胡铁、王世仁等人因忧国积愤而自杀，试图以死召唤国人御侮、一致对外、坚持抗争。他们的自杀被媒体和各种追悼会的组织者视为重大社会事件，被赋予的特殊意义即是为国捐躯。1919 年，赵五贞的自杀原本可能成为一桩无声无息的个人悲剧，然而由于毛泽东的作为而成为社会事件。在毛泽东看来，赵五贞的自杀是个人悲剧，也是社会悲剧。女性自杀代表的社会悲剧事件被不少民国女性知识分子看得一个清楚。其中，教育家云裳女士以犀利的文笔写道："社会上普遍的评判家，愣说由于妇女气量太小，致有此类自杀事件之发生，不知整个的半封建社会之环境，乃是男系中心的家族制度占绝对的优势，妇女之生存，除为娼妓奴婢外，很少很少能营独立生活的。而显然的事实，即若干能营独立职业的妇女，仍不免以男性玩物身份以自存。如政府机构职员之被称为花瓶，大学生之被'尊'为皇后，社会上稍行活动的女子呼为援交之花，女店员之第X号，都是这一套。固凡性质高傲，专门职业技能无有，不甘沦为妓妾，又遭压迫者，遂不得不轻生自杀以自全。"（1934：17）

有些人或许会问，当代中国女性的自杀问题是否带有历史的延续性？简约回答是这样的：自杀数据和相关研究在共和国经历了一段当代中国知识界大约人人皆知的"冷冻期"。1987年，中国政府开始向世界卫生组织报告中国大陆人口自杀死亡率，报出的具体数是惊人的20/100000之多，而且女性自杀问题的严重性甚于民国时期。然而随着社会变迁的进程，尤其是由于女性受教育程度的大幅度提升和农村女性大规模迁移到城市的作用，中国大陆人口自杀死亡率大幅度持续下降。（景军、吴学雅、张杰，2010）世界卫生组织公布的2019年全球人口自杀死亡率是9/100000，中国大陆人口自杀死亡率是6.7/100000，男性为8.6/100000，女性为4.16/100000。

有些人或许还会问，既然本文反复提到未遂自杀，其严重性在中国如今又是如何呢？严格而言，这是一个难以回答的世界性问题。多年来，各国政府和世界卫生组织收集自杀数据时所针对的是涂尔干界定的自杀，也就是已遂自杀，尽管关注未遂自杀，既是预防自杀的一个必要环节，也是识别个体和群体情绪恶化的风向标。从社会学知识生产影响力的角度看，涂尔干在100多年前犯下的一个错误居然伴随着一种延续至今的世界性遗憾。相比之下，民国时期的一部分中国知识分子对已遂自杀和未遂自杀都是高度关注的，而不是将死亡视为自杀行为的唯一后果。我们不得不承认，这些知识分子颇具洞察力。他们在自杀行为导致的生死事实之间以辩证思维分析人之绝望的复杂情境。他们还将已遂自杀和未遂自杀同时作为洞察人世炎凉的透镜。

男权意识和欧洲中心论当年成全了涂尔干的《自杀论》，也为本文提供了充足的批判空间，让我们能够将一个社会学神话拉到真实的世界，让它的虚构性公之于众。这并非本文作者的创举。一批民国知识分子的先知先觉早早先于本文的形成。我们至少不能忘记，毛泽东在 1919 年就连续写出 10 篇檄文将女性自杀问题上升到对社会黑暗的抨击。毛泽东的立场与马克思在他那篇有关自杀的文章中的做法可以说是非常一致的。他们都在个体经历和女性自杀悲剧之中洞察到男权家庭制度的扭曲，而且揭示了家庭制度扭曲与社会制度的扭曲之一脉相连。

综上所述，批判涂尔干的自杀学说是必要的，由此铺陈而出的是对民国时期本土自杀学说的温故知新。在当代中国社会学努力建构本土学科思想和话语体系的今天，重温民国知识分子和社会学家的思想建树，或许能够帮助我们依据本土社会理论之精华促进全球社会学想象力之增量。

参考文献：

［法］涂尔干（迪尔凯姆）：《自杀论》，冯韵文译，商务印书馆 2001 年版。

陈碧云：《妇女自杀问题之检讨》，《东方杂志》1936 年第 11 期。

陈独秀：《对于梁巨川先生自杀之感想》，《新青年》1919 年第 1 期。

陈独秀：《自杀论》，《新青年》1920 年第 2 期。

陈焕章：《孔门理财学》，岳麓书社 2006 年版。

甘博：《北京的社会调查》，中国书店 2010 年版。

广西省政府统计局：《各大城市自杀统计》，《统计月报》1935 年第 11、12 期。

侯艳兴：《性别、权利与社会转型》，博士学位论文，复旦大学，2008 年。

胡适：《娜拉（第三幕)》，《新青年》1918 年第 6 期。

景军、吴学雅、张杰：《农村女性的迁移与中国自杀率的下降》，《中国农业大学学报》（社会科学版）2010 年第 4 期。

李大钊（守常）：《青年厌世自杀问题》，《新潮》1920 年第 2 期。

李家骏：《上海社会病态统计》，《复旦大学社会学系半月刊》1931 年第 3 期。

李梅：《读〈自杀论〉有感》，《文学界》（理论版）2011 年第 1 期。

李自典：《"城市病"：20 世纪三四十年代北平自杀现象探析》，《城市史研究》2020 年第 1 期。

刘长林：《论阮玲玉自杀的社会意义赋予》，《社会科学》2019 年第 2 期。

鲁迅（唐俟）：《我之节烈观》，《新青年》1918 年第 2 期。

鲁迅（赵令仪）：《论"人言可畏"》，《太白》1935 年第 5 期。

毛泽东：《对于赵女士的批评》，《毛泽东早期文稿》，湖南人民出版社 2013 年版。

内务部：《民国廿一年份各省市自杀统计摘要》，《内政调查统计表》1933 年 3 月。

内务部：《民国廿二年份各省市自杀统计摘要》，《内政调查统计表》1934 年 3 月。

钱理群（主编）：《中国现代文学三十年》，北京大学出版社 1998 年版。

孙本文：《上海市自杀统计》，《时事月报》1935 年第 6 期。

田汝康：《男性阴影与女性贞节》，复旦大学出版社 2017 年版。

吴真：《译者前言》，《个体社会学》（马尔图切利、桑格利合著），商务印书馆 2020 年版。

吴至信（麟伯）：《中国四大都市自杀者性比问题》，《清华周刊》1932 年第 1 期。

吴至信：《自杀的社会观》，《民族》1935 年第 7 期。

吴至信：《八百件自杀案的研究》，《社会研究》1937 年第 3 期。

吴至信：《中国农民离村问题》，《东方杂志》1937 年第 15 期。

吴至信：《中国农民离村问题（续）》，《东方杂志》1937 年第 22 期。

吴至信：《中国惠工事业》，世界书局 1940 年版。

杨堃（杨坤）：《法国民族学运动之新发展》，《中法大学月刊》1937 年第 5 期。

杨堃（杨坤）：《法国民族学之过去与现在》，《民族学研究集刊》

1936 年第 1 期。

云裳：《中国妇女自杀原因的检讨》，《妇女共鸣》1934 年 11 月。

张海洋：《涂尔干及其学术遗产》，《社会学研究》2000 年第 5 期。

张竞生（竞生）：《马振华与处女膜》，《情化》1928 年第 1 期。

Cayan Ruth，*Suicide*，Chicago，IL：University of Chicago Press，1928.

Chen Huan-Chang，*Economic Principles of Confucius and His School*，New York，NY：Columbia University，1911.

Gamble Sydney，*Peking：A Social Survey*，New York，NY：George H. Doran，1921.

Halbwachs Maurice，*The Causes of Suicide*，London，UK：Routledge and Kegan Paul，1978.

Marx Karl，Peuchet：On Suicide，in *Marx on Suicide*，edited，translated，and introduced by Eric Plaut，Kevin Anderson，and Gabrielle Edgcomb，Evanston，IL：Northwestern University Press，1999.

Morselli Enrico，*Suicide：An Essay on Comparative Moral Statistics*，London，UK：Kegan Paul，1881.

Ronald Maris，*Pathways to Suicide*，Baltimore，MD：Johns Hopkins University Press，1981.

Shneidman Edwin S.，N. L. Farberow，Statistical Comparisons between Attempted and Committed Suicides，in Farberow & Shneidman，eds.，*The Cry for Help*，New York，NY：McGraw-Hill，1961.

Tian Ru-kang，*Male Anxiety and Female Chastity*，Leiden，The Netherlands：E. J. Brill，1988.

Kushner Howard，"Suicide，Gender，and the Fear of Modernity in Nineteenth-Century Medical and Social Thought"，*Journal of Social History*，Vol. 26，No. 3，1993.

许烺光的医学多元主义思想

卢鑫欣

（清华大学社会学系博士研究生）

"医学多元主义"（Medical Pluralism）描述的是一种常见于世界各地的社会事实：在寻求医疗途径和健康知识时，人们的选择具有多元性、整合性以及辅助性的特征。除了现代医学手段，包括正骨、草药、针灸、按摩、瑜伽、疗毒、保胎、免疫、养生、康复、仪式治疗、防疫习俗等在内的形形色色的传统医学，也为人们提供着多样化的选择。在有些国家和地区，传统医学甚至不止一种，且常常与现代医学混合在一起使用。20 世纪70 年代，美国人类学家查尔斯·莱斯利在其编纂的《亚洲医疗体系》一书中首次提出了"医学多元主义"的概念（Charles Leslie，1980），将其定义为由现代医学与多种传统医学共同构成的多元化医疗体系。自此，医学多元主义开始成为人类学的关键概念，并从人类学领域被引入医学、心理学、其他社会科学分支以及人文学科中。

医学多元主义学说基于三个基本假设：第一，传统医学与现代医学在认识论层面存有较大差异，有关神药两解的认识论是传统医学形成的思想基础，随着传统医学的发展，巫与医的分途开始出现（宋欣阳、熊磊，2021）。第二，在现当代社会，传统医学被现代西方医学所挤兑，然而传统医学依然具有生命力。现代药物研发工作越来越关注传统植物药和矿物药的趋向（Liu，G.，Xie，Y.，Sun，Y. et al.，2022），瑜伽健身法在全球的普及，针灸理疗在欧美国家作为替代医疗手段的现实，汉方药在日本的商业化，以及正骨术在发达国家的延续，都是这股生命力在释放能量的迹象。第三，社会变迁对传统医学会产生正负两方面的影响，既可能削弱传统医学的声望，也可能升华传统医学的魅力。尽管传统医学在现当代的地位往往取决于它们辅助和替代现代西方医学的功能，多元医疗体系仍然常见于世界各地（Marian F.，2007）。按照莱斯利当年有关医学多元主义的阐释，文化多样性是医疗体系多样性的决定性因素，不同的医疗体系之间存有竞争和共存的关系。此后的研究者更多地关注医学多元主义发生的情景、途径、过程、当事人的主体性以及影响就医行为的多重因素，相关研究还延伸到"医疗图景"（medical landscape）、"医疗分途"（medical diversification）、"超多样性"（hyper-diversity）等议题。（Kleinman，A.，1978；Fábrega，Horacio，Jr.，1997；Baer，H. A.，2011；余成普，2019；焦思琪、王春光，2022）。有关医学多元主义的研究高度还关注了传统医学与现代医学的文化隐喻（和柳，2011；张实、郑艳姬，2015；周爱华、周大鸣，2021；程瑜、彭玉婷、韦玮，2021）。总之，医学多元主义理论视角涵盖了较为丰富的内容。如同语言的多样性或饮食的多样性，疾病认知和诊疗实践的多样性，在全球范围内仍然是一个凸显文化多样性及其持久性的重要标志。

然而，有关医学多元主义学说的中外研究和讨论迄今忽视了一笔非常珍贵的学术遗产，那就是许烺光在民国时期就已开启的有关医学多元主义的人类学研究和学理阐释。早在医学多元主义学说被美国学者正式提出的30多年前，许烺光就以云南喜洲霍乱的研究系统阐释了医学多元主义的文化和心理成因。本文聚焦于许烺光的医学多元主义思想，首先介绍他一生作为"边缘人"的生平与学术经历，再对他这一尚未被发掘的理论思想进行细致论述与分析。

一 许烺光：穿梭于多元文化的"边缘人"

许烺光（Francis L. K. Hsu）是享誉世界的美籍华裔人类学家。20世纪，在话语权由西方白人学者所掌握的人文社会科学领域，来自第三世界国家的许烺光是寥若晨星般的存在。他以其深刻的学术思想和广泛成就在西方人类学界取得了极高声望，于 1977 年当选美国人类学会会长，是心理人类学学派的集大成者。作为第一批从事中国人类学本土化研究的学者（孙林牧，2021：10），许烺光对中国人类学也做出了巨大贡献，他将中国置于跨文化比较的视野中，以中国经验来重新审视和批判西方文化，理解东西方文明之间的共性与差异。可以说，许烺光的学术研究既推动了中国人类学早期的本土化进程，也推动了中国人类学走向世界。

然而，在口述回忆录里，许烺光却这样定义自己："我是个'边缘人'（Marginal Man），随时接触到不同文化，亲身体验不同文化面在内心相互摩擦的边界。"（许烺光，1997：1）终其一生，许烺光不断穿梭在世界不同国家与文化之间，丰富的流动经验赋予了他"边缘人"的身份，形成了对于多元性的感知和问题意识，始终贯穿在他的生命历程与学术思想之中。

中国是许烺光的家乡，这片土地是他的文化根基，亦是他跨文化比较研究中的文化底色。1909 年，许烺光出生于辽宁庄河的一个村庄，在一个大家庭中度过了童年时期。他在家中排行最小，有两兄一姊，其父是严肃且开明的家族士绅。（段伟菊，2017）童年经验使他对中国传统的家庭、教育和文化观念有着耳濡目染的深刻体会，尤其是早期的宗教体验，老家的祭祖仪式和基督传教在他眼中形成了鲜明对比，如此直观的文化差异也正是他后来研究的经验来源之一。1929 年，许烺光考入上海沪江大学社会学系，1933 年毕业后来到北京，先被辅仁大学研究所录取为研究生，不到一年便因交不上学费而辍学，随后进入北京协和医院社会服务部工作三年。从事医疗社会工作期间，他清楚地感受到西医对于中医的优越感与偏见，也见证了在就医过程中，中国病人的"多元就医观"和西医医生的"单线处理方式"这两种文化观念之间产生的矛盾与张力。这段工作经历影响了许烺光学术思想的形成，他基于这些问题写成文章《理解之路》，构成心理人类学思想体系中的一部分，也为他后续讨论医疗实践中的文化差异、医学多元主义思想做了铺垫。

1937 年，许烺光赴英国公费留学，在伦敦政治经济学院攻读人类学博士学位，师从马林诺夫斯基。求学阶段，许烺光发现了自己的学术旨趣和问题意识。在马林诺夫斯基的研讨课上，关于人类基本需求的理论使他产生了对于心理人类学的极大兴趣（许烺光，1997：65），本尼迪克特、林顿和卡丁顿等文化心理学派人物也影响了他走上钻研心理人类学的道路。"我个人对于任何社会（不管是原始的或文明的）差异比较的研究都感兴趣，我愿意在行为、思想、感觉、态度、生活方式上去研究他们生活的组织及生命的观点。"（许烺光，1997：55—56）跨文化比较是许烺光采用的人类学研究方法，也是他问题意识的生长点。在当时的学科发展背景下，西方人类学流行的"异文化"研究对象是无文字的非西方初民社会，几乎没有人去研究大型有文字社会，西方人类学学者潜在的优越感也使他们根本不会选择自己的社会和文化作为研究对象。许烺光对这种西方中心主义倾向始终持怀疑和批判态度，他认为人类学家不仅要研究有文字的复杂社会，而且需要先系统地研究自己的文化，再做两个社会以上的比较（许烺光，2002：531—537）。中国社会就是许烺光大型复杂文明社会比较研究的开端。他首先将中国北方地区的家庭组织与亲属体系作为研究对象，分析、比较了中西方亲属制度之间的巨大差异，后写成 "The Functioning of a North China Family" 作为博士毕业论文，为西方人类学界提供了全新的中国视角。（孙林牧，2021：16）

1941 年，许烺光拿到博士学位返回中国，受费孝通聘请至云南大学教书，后转至华中大学执教，来到云南喜洲，将这里作为田野调查地点，继续开展中国社会的人类学研究。基于社区研究及民族志方法，许烺光在喜洲进行了深入的田野调查，考察了当地的亲属制度、家庭关系、祭祖仪式和人格结构；此时恰逢霍乱流行，他又得以观察并详细记述喜洲人为应对危机所做的医疗实践及打醮仪式，这些材料后来构成了他的两部重要著作内容——《祖荫下》（1967）及《驱逐捣蛋者：魔法、科学与文化》（1982），后者正是许烺光医学多元主义思想的主要文本来源。

受拉尔夫·林顿之邀，许烺光于 1943 年来到了美国，先后任教于哥伦比亚大学和康奈尔大学，最后以西北大学人类学教授的身份定居美国，并开始了在东西方文化间穿梭、比较和分析的学者生涯。1953 年，许烺光出版了《中国人与美国人》一书，从婚姻、宗教、政府和文学艺术等各方面对中美社会文化中的差异进行了横向比较，发现了区分两国国民性格的关键文化心理特质——美国人以个人主义为中心，中国人则以情境主义为中心。这两种特质内化于两国的思想、情感和价值取向中，影响着各自出现的社会问题、政治变迁和社会转型。随后，印度和日本也相继被纳入许氏的文化比较框架中。1955—1957 年，许烺光在印度进行了两年的田野调查，研究成果出版为《氏族、种姓与社团》，在文化比较中加入了印度文化以超自然为中心的心理取向，分析了宗族、种姓和社团何以分别成为中、美、印三种文化中最重要的次级集团。在《家元：日本的精髓》(1967) 中，许烺光提出，家元是日本最重要、最独特的次级团体，这种不同于中国氏族的组织形态使日本能够迅速适应现代化发展，实现战后的经济腾飞。

1999 年，许烺光在美国旧金山病逝。纵观其一生，作为在西方的东方人，他致力于比较东西方文化之间的差异，探求人类心灵的本质特征，发展出了综合东西方知识取向的理论体系（角色—情感的二元分析框架；人类关系的社会心理均衡论）；与此同时，作为一个穿梭在多元文化中的"边缘人"，他致力于促进这些文化之间平等的沟通、理解与批判交流。正是在与自我、与他者不断的对话、比较、摩擦与融合中，才形成了许烺光独一无二的学术思想。

遗憾的是，在中国，许烺光的学术思想及其价值并未得到应有的重视。这种忽视表现在两方面：其一，许烺光中文译著在中国大陆的缺位。目前，许氏作品已有 8 部翻译为中文，但除 2 部有大陆简体版（《美国人与中国人》，华夏出版社，1989 年；《宗族·种姓·俱乐部》，华夏出版社，1990 年）之外，其余著作均只在 20 世纪 90 年代的台湾地区得到了翻译出版，而许氏用英文发表在美国学术期刊上的论文也少有国内的翻译与评述，可见中国学界对许烺光思想的引介与重视程度远远不够。其二，知识届对于许烺光的理论贡献挖掘不够。国内对于许烺光思想的研究要么是综述类的介绍，要么将讨论聚焦于《祖荫下》《中国人与美国人》《家元：日本的精髓》几个传播较广的文本，其他研究的重要性则遭到了忽视，尤其是许氏于 1943 年出版《滇西法术与科学》一书，几乎没有学者再去关注，但这部有关 1942 年喜洲霍乱的专著，其实是全球第一部医学人类学民族志。此前有关健康和疾病的人类学论著，或是穿插在民族志专著中的章节（Felix M. Keesing，1934），或是基于二手资料的综述文章和著作。（Erwin H. ，1942）。

《滇西法术与科学》彰显了许烺光医学多元主义思想的精髓。纵观全书，他以"混合实践"以及"信仰合并"这两个概念，将 1942 年喜洲民众抵御瘟疫的多样性措施纳入了精致的分析之中，并给予了社会心理学视角的解释。

二　混合实践与信仰合并：许烺光的霍乱民族志

1942 年初，日本入侵缅甸。随着战争局势的变化，英军不断溃败，最终逃至印度。中国赴缅远征军分兵三路撤退，一路退往印度，两路撤回中国境内。大批缅甸华侨也被迫撤离，沿着滇缅公路逃难。根据云南省国民政府主席龙云 1942 年在《云南省政府公报》发布的训令，仅在昆明一处，政府临时安置的广东籍和福建籍侨民就有一万人之多，其中两千多人自筹盘缠返回了粤闽原籍，其余的难民由同乡会购置五十多辆卡车协助返乡。龙云的训令要求地方政府认真督办难民返乡事宜。1942 年 5 月 4 日至 5 日，日军派出五十多架飞机狂轰滥炸保山，还投下了携带包括霍乱病菌在内的细菌弹。随着大批难民的流动，细菌弹导致的霍乱大流行波及云南省 58 个市县，病死者逾 12 万人（陈祖槃，2010）。在大理，霍乱病死者达 4 万多人（云南省委党史研究室，2016：135）。

当时正在喜洲镇做社会调查的许烺光遭遇了这场霍乱大流行。当霍乱肆虐喜洲时，病患者死亡率持续暴增。当年的喜洲约有居民 8000 人，其中将近 200 人在几周内被霍乱夺取生命。然而，喜洲人却没有因为霍乱暴发带来的集体恐惧而乱作一团。当地民众能够勠力同心，在信仰体系和医学手段之中找到了稳定人心和防治疫病的法宝。《滇西法术与科学》一书的开卷语指出："天行大疫，当地民众没有惊惶失措，对现代卫生措施有效性的接受也不是出于某种迫不得已的情况。正相反，即便凡夫俗子也都相信现代医学的规谏，不但接种了霍乱疫苗，而且采用了各种卫生学防护措施。作者（许烺光）同时发现，那些读书最多的镇民以及做过官吏的乡绅，对取悦神灵的传统做法给予了理解和支持。一边求助于上苍，一边求助于现代预防医学，这两种做法不尽相同，却没有产生分化地方社会的任何迹象，反而对所有阶层和行业而言均为一种混合的索求。"（Hsu，1943：1）许烺光将以上民间抵御大疫的有序性归因于两种紧密联系的"三位一体"：一是"混合实践"，即现代医学、传统中医、民间防疫习俗形成的三位一体；二是"信仰合并"，即科学精神、宗教信仰、民间禁禳意识形成的三位一体。易言之，依托于理性、经验、感知的抗疫措施并行存在，而不是互相矛盾的对立。

霍乱在喜洲暴发之后，当地的教会医院、学校和政府及时做出了反应，用现代医疗手段采取了防疫行动。喜洲的西医医院设有 20 个床位，院内有一名医生和两名护士在几名助理的帮助下专门负责收治霍乱病人。在很短的时间内，就有 1400 多名喜洲人注射了霍乱疫苗，其中大多数是在校生。然而，在喜洲居民们采取的一系列防疫措施之中，现代医学仅仅为一部分而已。在喜洲，本主信仰自来兴旺不衰，佛教也颇为盛行，道教一直处于从属地位（李正清，1998：445）。霍乱流行之时，喜洲道教骤然大放异彩，镇民们请来道士建醮七处，求天官赐福，求地官赦罪，求水官解厄，同时超度那些没有后代的横死之人。打醮仪式持续一天到七天不等，主持打醮仪式的司仪以道士为主。除此之外，中药方和道德戒律也是重要的集体防疫措施，以手写和印刷告示的形式在喜洲流传甚广。各类中药方也构成了大众的医疗资源，其中有些是由中草药成分配制，有的与西方医药具有明显关联，有些则具有超自然力量的内容和色彩。道德戒律由道士、警察和镇内长者张贴在大街小巷的告示上，训诫民众要净化自身邪恶的想法和行为，包括保持清洁、多行善事、禁欲、禁食等在内。喜洲人还采取了家庭防治霍乱的措施，包括服用藿香、橘皮、甘草、柴胡、半夏、防风、雄黄、紫苏、猪苓、茯苓等中药。

霍乱最盛之时，人们期待"仙山法水"能够荡尽人间污浊，纷纷饮用寺庙山泉冒出的"圣水"。为了保证打醮仪式的神圣性，食用素食之举也在喜洲蔚然成风。各种符咒被贴在大门上，每天一换，换下来的符咒拿到醮台烧毁。人们还用石灰在庭院内画出警告瘟神不要前来害人的厌胜象征。霍乱发生之前，喜洲人对沿街的牲口粪便通常无动于衷；而在霍乱降临之后，喜洲人不但天天清理街道，还将牲畜赶到野外饲养，对病人的排泄物和呕吐物亦采用了及时掩埋的处理方式。喜洲大户过去高度重视的送丧仪式亦被简化，以免人多聚众造成交叉感染。打醮数日之后，四名壮汉扛着一尊瘟神画像，由十六名荷枪实弹的保安开道，来到镇子大街与公路相接的一个十字路口，在那里把画像连同送瘟神的纸船付之一炬。

根据许烺光的记录和分析，无论是保持清洁、禁食冷食、严禁在溪水洗涮、饮用受到保护的寺院山泉冒出的"圣水"，还是某些中药方，都有益于遏制霍乱病菌的传播或病人的康复。与此同时，道德戒律与卫生戒律是互动互融的关系，而不是彼此对立的关系。即便是所谓"迷信"的打醮仪式也是有助于集体抗疫的举措。打醮既有强化防疫措施的象征意义，亦有凝聚人心的社会动员效果，还有心理暗示的道理。打醮仪式以超越俗世权威的神灵名义向当地民众宣告，人们不必惊慌失措，集体的真诚必然感动上苍，天人合一乃是纸船明烛照天烧的人间正道。正因如此，遭遇大疫的喜洲人才并没有因恐惧而乱作一团。

有鉴于现代医学、传统中医以及趋吉避凶的神道设教措施都具有一定程度的防疫效应，许烺光认为，防治霍乱措施的多样性本身具有重要的文化意义。根据喜洲人祖祖辈辈沿袭下来的文化观念，妖魔鬼怪把瘟疫带到人间，人们需要在祭祀、卫生、道德和医疗方面纷纷采取行动，恳求神祇的宽恕，希望上苍帮助当地人民赶走捣乱鬼。与此同时，受过现代教育的喜洲人，比如当地三所学校的师生以及见过世面的商人和乡绅，都明确地知晓霍乱弧菌是危害民众健康的科学道理。然而，这些具有现代医学意识的喜洲人并没有排斥意在趋吉避凶的防疫措施。在这些喜洲人眼中，依托于神道设教思想的禁禳行为是完全可以理解的集体反应。

针对现代医学和传统医学知识与宗教信仰的有机结合，许烺光以"混合实践"以及"信仰合并"这两个概念，对喜洲人防治霍乱行动的多样性进行了具有说服力的解释。许烺光还注意到，安抚神灵的仪式意义并不是所有人能够明确言说之事，只有道士们才能够使用宗教术语和概念解释打醮、画符、念咒、驱邪除病的道理，其他人的相关理解则是混沌不清的，却不妨碍人们按照文化习俗支持宗教禁禳措施。若换一种表达方式，尽管喜洲人对现代医学、传统医学、民间防疫习俗以及宗教禁禳的认识和理解始终缺乏一致性，但其合为一股的防疫意识却将科学、宗教、法术视为混合而有序的三位一体。

时隔三十余年，许烺光于 1975 年的香港沙田再次见到了人们为一场鼠疫之灾而进行的大规模的打醮仪式。除了一些形式上的差异，沙田的打醮仪式与喜洲的打醮仪式有着极大的共性。在沙田的打醮仪式中，人们也是在神殿柱子贴上对联，在醮台献上赞美神祇的呈表，恭恭敬敬地请来道士和法师超度亡灵，表演粤剧向神灵谢恩。在沙田，参加建醮的人们也包括一些官员和受过高等教育的地方名流。许烺光认为，在中国文化之外，涉及治病和抗疫的混合实践以及信仰合并同样广泛存在。他提到，在非洲和美拉尼西亚，防治疾病的方法也是将法术、宗教与科学融合在一起，这与当年喜洲人的反应根本上是一致的。许先生指出，就算在科学和理性主义至上的美国，遇到疾病或其他灾难危机时，也会有一部分人在采用科学手段的同时相信超自然的力量，因而占星术甚至由中国传入的风水观，纷纷披上科学外衣而得到公众承认。由此可见，医学多元主义是普遍存在的现象，只是在某些文化中表现得更为隐蔽。

许烺光还指出，涉及治病和抗疫的混合实践和信仰合并属于社会组织和文化力量的产物。不同的文化观念和社会组织决定着不同的知信行。在当年的喜洲，人们对霍乱病因和防疫方式的认识和理解并不能一概而论。一方面，那时的喜洲有不少人已经具有现代科学意识，能够理解政府告示所讲的霍乱传播规律和防治途径，对这些人而言，打预防针、保护饮水源、隔离病人、掩埋患者的排泄物都是必要的。另一方面，在喜洲人的社会生活环境里，祖先、神灵、鬼怪这些超自然的内容构成了其文化的主要特质，它们在众多喜洲人心中都具有超自然的力量，因而安抚神灵、驱逐鬼怪、洗刷个人及祖先的罪恶等多种措施也都是必要的。同时，在 20 世纪初的喜洲，已存在同德堂等十多家中药堂，传统中医防治上吐下泻症状的有效性，对许多喜洲人而言亦属于一种既定的事实，因而求助于中医也是必要的。

人们对上述三种必要性的认识交错在一起。喜洲人将传统医学与现代医学混合使用，同时没有放弃基于神道设教思想的禁禳措施。于今而言所谓"迷信"的这种做法，在当年喜洲的社会文化氛围之中，其实发挥着维系传统医学和现代医学的作用。在喜洲，讲求实用性和有效性的医学措施与讲求禁禳的宗教思想和行为，以三足鼎立之势回应了霍乱的侵袭。许烺光还特别强调说，喜洲人防治霍乱的规律性，普遍见于云南省国民政府的政令行之有效的地区，从大理到昆明，沿线乡镇和村落无不以混合之措施和合并之信仰来应对这场霍乱大流行，这正是医学多元主义在喜洲的独特表现。

三 法术、宗教与科学：从含蓄的质疑到尖锐的批判

从根本上说，许烺光的医学多元主义思想是基于对其导师马林诺夫斯基的质疑和批判发展而来。在马林诺夫斯基看来，法术与宗教是两种性质全然不同的事物；法术是为达成实用目的而使用的一种手段，依赖于受限定的简单技术，其信仰也极其简单；宗教则是"一套自成体系的行动"，其自身便是目的，包含了一整套对于超自然世界的复杂信仰。（Hsu，1952：1）马林诺夫斯基还将宗教与科学截然区分为两个全然不同的范畴，认为科学属于世俗领域，是基于经验、逻辑、理性之上的实证知识；而宗教则属于超自然领域，建立在希望与欲求的信仰之上。根据马林诺夫斯基的论点，只有在科学知识不发达或无法解决问题的时候，人们才会求助于法术和宗教。这其实也是当时许多西方人类学家普遍认同的观点。然而许烺光认为，有关法术与宗教的不同以及宗教与科学的对立，只是马林诺夫斯基等人的臆断，而非基于观察得出的结论。

在1943年出版的《滇西法术与科学》中，许烺光首先论证："现代人类学家们普遍赞成马林诺夫斯基的观点，认为法术仅仅填补了科学的空白，法术总是在科学最薄弱之处萌生，也即法术与科学是分属两类制度的

特有表现，前者仅仅填补了后者所遗留或未能填满的空缺。如果这个结论在任何文化中都普遍适用，那就可以推测，当新发现的科学知识克服了它先前的弱点后，法术就会被自然而然地排挤掉。确切来说，如果法术填补科学的空白这一结论到处都能成立的话，那么当一种广泛有效的科学手段能够解决某个地方社区曾用法术措施来解决的医疗问题时，这种新的科学手段就会自动取代传统的法术实践。但上述推测却并不符合事实，喜洲霍乱就是一个明确的反例。"（Hsu，1943：2）这就是说，根据马林诺夫斯基的说法，只有当科学无法发挥作用的时候，法术才能有其生存空间和魅力，而一旦科学成功推陈出新、再启功效，法术就理应被科学所取代。但许烺光却指出，喜洲人以现代医学、传统中医、民间防疫习俗与宗教禁禳三位一体的混合实践来抗击霍乱的实例，却恰好说明法术在科学彰显之处仍在发挥效力，科学并未能替代法术，同时法术也没有妨碍科学，二者呈现为和谐的共融与并存关系。这直接否定了马林诺夫斯基对法术与科学之间非此即彼关系的判断。

随后，许烺光以喜洲本地人的解释确证了对马林诺夫斯基的质疑。他在调查中询问到喜洲唯一的一位老举人："其人已近古稀之年，德高望重，在谈及当地人打醮的原因时，他先言及打醮是为了整个社区的利益。随后总结道，'打醮、念经可以驱逐瘟疫''打醮可以净化地方'（老人并未提过任何关于鬼神的字眼）。作者刻意以肯定的语气附和：'当然，打醮肯定能清除瘟疫。'一听此话，老人立马回应：'但这都只是单纯的迷信罢了。'作者以马林诺夫斯基的说法向他解释，打醮有它自身的功能，它的真正作用也许是在危机中稳定社区。老人却对此默不作声。也许是因为他没能理解这些话，也许是他不知该如何回答才好。老人只是继续说，这些仪式是社区的'事务'，作为一个在本地有头有脸的乡绅，他必须支持道士打醮。"（Hsu，1943：18）许烺光指出，即便这位老举人认为打醮仪式是迷信活动，他仍然承担了建醮活动的会首之职，还为建醮捐献了 2400 块银圆，而他本人其实并不富裕。这是因为老举人认为打醮是得到社会广泛承认的宗教活动，其要害在于他对社区集体性宗教活动的责任感，而与他是否相信打醮仪式的灵验及实际功效无关。这也印证了宗教法术自有其文化意义，并不仅仅是为解决科学所遗留下来的问题而存在。

大疫之中，喜洲人采取的诸多道教趋吉避凶措施客观上具有规避疾病的防疫功效。对此，许烺光总结道："由于多数禁忌措施都围绕着打醮仪式展开，这些禁忌出人意料地起到了对人体健康有益的作用，因而都可算作打醮的成果。这表明真正的知识与错误的鬼神观假设是交织在一起的；但由于所有的做法都沿袭自传统，所以在当地民众的思维中，这两者根本无法被明确地一分为二。这些都表明，假如我们无条件地同意马林诺夫斯基教授的观点，认为宗教法术仅仅填补了科学的空白，那么我们的立场将是没有依据的盲从。"（Hsu，1943：33—34）许烺光以霍乱中喜洲人信仰合并的事实质疑了马林诺夫斯基在宗教与科学之间做出的截然划分。尽管指导打醮仪式的认识论依托于可谓为"错误"假设的鬼神观，然而宗教禁禳活动中却同样蕴含着实用知识，能够起到与现代卫生学同等真实的防疫效应。许烺光认为，这正说明了宗教法术与科学在人类的日常生活中交织在一起，在人们的认知中混合在一起，并没有一个明确的分界。

许烺光还指出："在马林诺夫斯基教授生活和思考的欧洲文明科学时代，法术在众多领域中，诸如技术与卫生领域，都与基于现代科学的主体知识有着截然的区分。但当我们从农业文明的角度来看这个问题时，这番图景就完全发生了变化。因为农业社会的总体背景不再是科学，而是实用知识和法术的混合，它潜藏在地方传统与习俗之中。反而是外来的、被明确定义的科学认识与实践将不得不挣扎求存，以占据实用知识和传统法术的混合未能覆盖之处，并最终被编入这种混合之中。"（Hsu，1943：35）在此，许烺光对马林诺夫斯基的质疑深入到了认识论层面，他洞察到了知识结构背后不同文明之间的差异与相对性。在现代欧洲文明中，科学和理性占据了绝对的主导地位，以至于其他任何具有超自然性质的认识都遭到排斥，这种文化背景使马林诺夫斯基在科学与宗教法术之间划出了一条清晰的分界；然而与喜洲相似的农业文明依然是被实用知识以及法术和宗教支配的生活世界，宗教与科学交织混合，人们的科学观离不开与传统思想的融合。因此马林诺夫斯基认为宗教法术与科学截然区分的论断，其实只是源自现代欧洲文明科学观的一种偏见。

最后，许烺光回应了关于宗教、法术、科学的功能问题："按照马林诺夫斯基的说法，我们是否可以说，尽管类似打醮仪式的趋吉避凶措施对防疫没有任何显著的医学效应，但它们还是为危机中的个人和社区提供了一种稳定心理的手段，以帮助人们渡过难关？在作者看来，答案既非肯定也非否定，因为经过前面的分析，这其实并不是一个问题，它在喜洲人的现实生活中并不存在。目前为止，这些措施都是人们为应对各种情况所采用的传统办法，他们并不会刻意区分其科学或法术性质。打醮和禁食一样重要，西药与中药一样重要，现代医学讲求的禁忌与道德规范讲求的禁忌一样重要。大多时候，对民众而言，这些不同的措施又和喝'仙水'一样重要。在正常的社会生活之内，此乃一种不难求证的集体心理。"（Hsu，1943：35）从而，许烺光以喜洲观察到的事实质疑并反驳了马林诺夫斯基的观点。宗教、法术与科学各司其职、分工明确的文化结构实质上只是西方人类学家抽象的理论臆想，他们没有看到根植于地方社区传统与集体心理中混合实践与信仰合并的文化事实，也因此忽视了人类认识与实践的另一种真实的可能。

到 1984 年《驱逐捣蛋者：魔法、科学与文化》一书出版之时，许烺光原先比较含蓄的质疑变成了尖锐的批判。他在此书的开篇就径直提出一种不满意和一种不以为然："一是我不满意西方人类学家将魔法和宗教完全分割开来的做法。二是我对他们将宗教魔法与实验或科学分属于人类行为的两个范畴的主张亦不以为然。在包括弗莱哲爵士（Sir James George Frazer）和涂尔干（Emile Durkheim）两位前人著述的基础上，马林诺夫斯基比多数人类学家更彻底地进一步发展了魔法和宗教分属于不同范畴的主张。"（许烺光，1997：1）他接着点明宗教与法术在任一种文化中都是无法明确区分的事实，揭示出马林诺夫斯基的结论的荒谬性："我们会发现马林诺夫斯基关于宗教与魔法完全不同的每一个论点都与我们熟悉的事实相矛盾。如果说魔法常常是一种手段（a means），那么宗教未必总是一种目的（an end）。我们难道可以说在危急关头时所举行的一次祈神仪式仅仅是一种目的，而决非一种手段吗？魔法的技巧并非总是简单，而任何一种宗教，或许除了唯一神教派以外，都包含了带有魔法色彩和意图的宗教仪式。圣餐礼便是一个例证。"（许烺光，1997：2）他继续写道："现在我们来看看社会和文化模式的标准。当我们采用这一标准时，我们发现马林诺夫斯基关于魔法和宗教的对比仍然是毫无意义的。特罗布里恩德（Trobrianders）人的生活就可以说明这一点，而马林诺夫斯基的结论正是建立在观察他们的生活方式之上。在其他一些民族的生活方式中，马林诺夫斯基的结论也找不到其理论依据。"（许烺光，1997：3）

许烺光再次以喜洲霍乱为例提出批判："西城人（即喜洲人）活动亦不符合马林诺夫斯基的结论。西城人为了摆脱流行性霍乱的各种仪式将在以后的数章节中展现在我们面前。在西城，所有的神灵都有其称谓。一切祭拜活动，无论有无明确的目的，都有其固定的名称。巫术，灵魂以及降祸于人的妖魔鬼怪亦有它们的名称。无论祭拜活动是由于人们遇到某种麻烦，或企图达到某一特定目的所引发并不太重要，重要的是因此而请出的神祇是相同的，而且所举行的仪式和祭祀也无甚差别。因此，无论我们采取哪一种方法，我们得出的结论是，魔法和宗教是无法分割的，或者说是一种密切相关的魔法宗教（magico-religious）现象，而并非两个互相排斥的存在体。"（许烺光，1997：6）

不仅如此，许烺光十分不满于西方人类学家对马林诺夫斯基这一错误论断的忽视，他在书中做出如此评论："有一些西方的学者攻击过马林诺夫斯基的理论。他们认为马氏采用'科学'和'科学的'这些字眼是不审慎的，因为在人们不能读写的社会（nonliterate societies）中几乎不存在（experimentation）这一现代科学的精髓。然而，这些批评家并不觉得西方关于宗教魔法与科学应一分为二的做法有何不妥。他们与马林诺夫斯基争论的无非是一些无关紧要的小事。"（许烺光，1997：142）事实上，许烺光批判的矛头直接指向的是西方的社会进化论和唯科学主义。早期以弗雷泽为代表的人类学家将人类社会发展分为三个阶段：法术阶段、宗教阶段、科学阶段，由法术到科学的演进就意味着人类文化从野蛮到文明的进步，这种单线发展观将法术、宗教与科学完全割裂开，并将科学视为"进步"的终点。科学的核心是理性，自启蒙运动以来，西方文明就存在奉理性为圭臬的愿望和传统，以致忽视了其他的可能性，甚至连西方人类学者自身的思维也无法跨出这种文化框架的限制。

总之，从 1943 年到 1984 年，许烺光对喜洲霍乱不断地做出再分析，针对马林诺夫斯基的宗教观和科学观，从原本含蓄的质疑变为了不留情面的批判。这一转变的原因是复杂的，其中一个原因是后来功成名就的许烺光反而对西方人类学产生了一股极为不满的情绪，对西方人类学无视第三世界学者和西方学界少数族裔的傲慢心态尤为不满（景军，2023）。

四 医学多元主义的情感向度

通过喜洲霍乱的民族志案例和分散在世界各地的文化事实，许烺光意识到西方人类学家有关宗教、法术与科学之学说的重大缺陷，也看到了他们在人类社会发展认识上的局限性。尽管许烺光同样承认人类社会在不断发展变化，但他却并不认同社会变迁一定是从"低级"法术迈向"高级"科学的单线进步过程。也正因此，许烺光对于医学多元主义的论述并未止于对混合实践与信仰合并的阐释，也并未止于对马林诺夫斯基等人的批判，而是更进一步强调了医学多元主义的情感向度。

许烺光认为，人类行为最根本的差别并不在科学与宗教法术之间，而是在角色与情感之间。一个人在社会中扮演的角色会随着社会的发展变迁而不断变得愈加复杂；但情感领域却会一直保持在最简单的状态，诸如爱、恨、绝望这类情感根植于人性，几乎不会随着时间而改变。在《驱逐捣蛋者：魔法、科学与文化》的最后一章，他写道："仔细审视这些新的、现代化的发展时，我们发现，几乎一切变化都是在人类活动的角色领域，而不是在情感领域发生的。这些发展可用人类行为的计算单位来衡量。人们可以用时间，长度，空间和速度，还有最重要的一点，以赚取的金钱为单位来衡量这些发展。然而在另一方面，即使是在最发达的工业化国家，人类的情感领域始终是简单的，仍然保持着'现代化'之前的单纯，保持着远近的农业或小部落人普通的情感。"（许烺光，1997：158）

在他看来，任何一个社会中，人们推崇的信念和活动多属于情感范畴，而不属于角色范畴。因此，从情感范畴来看，宗教、法术与科学根本上都属于人类所推崇的"信仰",其性质并无差别,只是它们在不同文化中分别占据的地位有所不同。但若以角色的范畴来看,科学技术却是如今近乎唯一的主导法则,随着技术的不断进步,角色领域也在不断地被拓宽,而在科学的眼光之下,宗教与法术会被判定为与其知识体系不符的"迷信",被视为迟早被科学技术排挤掉的存在。

但在情感范畴中,宗教法术却具有恒久的不变性。许烺光认为,它们对于人类而言是极其重要的存在,因为"人类总会有爱和在爱中失望;我们总会生病和遭受灾难;我们总会犯错误和追求我们无法达到的目的;我们总要遭遇无法预测的困难;即使我们的科学家和技术专家们已经征服了整个地球,我们仍然要面对一个不断扩展的宇宙;最后,既然我们生来就要死亡,我们总要生命有其意义"(许烺光,1997:155)。这是角色范畴无法替代的独特领域。然而,马林诺夫斯基等西方人类学家却只看到了角色范畴的存在,将其视为远高于人类情感的需要,他们甚至将自身也圈禁在这一领域之中。许烺光却以审慎的眼光跳出了这个"圈套",他看到了情感范畴与角色具有同等的重要性,将宗教法术与科学视为一对人类必需的、不可分割的"双胞胎"。

人类情感领域的不变性也就意味着人类文化中法术与宗教多元性的长存。这对于医疗文化亦是如此。在许烺光看来,现代医学之外的多元医学之所以能够在不同文化中恒久存续下来,就是因为后者属于情感的范畴。社会成员对他们的传统文化在情感上的依恋,以及成员之间相互的情感联结,决定了传统文化对他们观念与行为的影响不会被轻易撼动。这也正是为何喜洲居民在现代医学传入的情况下仍然将其与传统疗法混合使用、宗教与法术和科学信仰合并的原因,也是沙田人在经历了工业化和西方影响的时代仍然坚持举办打醮仪式的根源所在——医学多元主义的背后,是当时的中国人对自身文化传统和人际关系的深厚情感。

然而,随着全球范围内现代化水平的大幅提升,科学技术和现代医学在当代世界各个国家所占的比重已经越来越高。改革开放以来的工业化进程使中国的政治、经济和社会结构都得以重塑,和当时的喜洲相比,现在的中国城镇已经为三级医疗卫生系统所覆盖,几乎人人都可以在医疗机构享受到便捷的现代医疗服务。社会组织的变迁似乎也使人们的文化观念发生了变化。在遭遇重大疾病和传染病时，大众开始普遍承认现代医学的力量，整个社会趋于官僚化、科学化的倾向也越来越严重，传统医学和民间医疗方法反而退居边缘。这些变化是否说明，许烺光的结论已经过时了？科学的单一力量会最终凌驾于多元性之上，使人们对于传统文化和民间习俗的情感日渐式微呢？

对此，许烺光以美国和中国文化的历史变迁为依据，给出了否定的答案。第二次世界大战以后，美国的科学技术正处于巅峰和辉煌的时期，但人们对于未来反而陷入了更深的迷茫，许多美国人产生了宗教狂热，开始追随基督教福音教派和神秘的"东方哲学"，以寻求精神上的慰藉。这种"传统的回归"在鸦片战争以后的中国历史上也曾出现过数次，在外来冲击下，中国社会表现出鲜明的复归传统与宗教的倾向，例如洋务运动的"中学为体，西学为用"、义和团以"持符念咒、神灵附体"来抵御西方枪炮，等等。这些历史事件都说明，在长周期的视域之下，传统文化与民间习俗并不会因为社会变迁带来的科学技术的发展而消失，相反，它们往往会在科学理性过度扩张的时期和危机来临时以某种形式而复归，成为人类情感的庇护所。在许烺光看来，宗教法术是人类生活中的必需品，与科学同等重要，甚至更加重要，因为它们隶属于情感的领域，而正是情感最终决定了我们的认知与行为方式，是"赋予个人生命意义的源泉"（许烺光，1997：161）。

许烺光以喜洲霍乱的案例说明了，生发于人类情感中的多元性，或许是比自上而下的单向度防疫更具弹性的整合力量。人们以多种医疗方法并用的"混合实践"，使个体的恐慌情绪能够在多元性带来的可控性中被消解，实现了心理上的整合。社区内不同阶层的人以"信仰合并"这一集体认知模式来看待和应对疫病，实现了危机下的社会整合。这是医学多元主义的情感向度带来的启示，亦是许先生的医学多元主义思想对于今天的启发：面对瘟疫，如何抚恤、团结人心，维持危机时期社会秩序的稳定，是与寻求治疗手段和方法同等重要的问题。

在许烺光之后，当代的人类学家也在田野调查中纷纷发现，多元医学在如今的中国和世界仍然有着强大的生命力。在当下的中国，民族医学在少数民族地区仍占有重要地位。不少当地人在生病时除了会去看西医，还会选择求助于本民族的医生或宗教人士，例如藏族的藏医和活佛、蒙古族的萨满、彝族的巫医，等等。同时，民间的民俗疗法在广大农村地区深深扎根。诸多田野调查表明，目前农村社会里人们的就医选择是"混合型"的，现代医学只是其中之一，农民依旧习惯于相信草医、巫医和看病"大仙儿"这些传统习俗中的角色，会混合使用仪式治疗、针灸、西药和草药等多元的治疗方法。（焦思琪、王春光，2022）除此之外，传统中医的普及面也越来越广、认可度越来越高。有学者发现，人们对中医的知识更多地来自实践中的亲身体验，这种体验同时会加大人们对中医的信赖和认同，体现出中医"实践决定认知"的文化逻辑，全然不同于现代医学"实证知识优先"的科学逻辑（景军，2019：255）。因此，在当下的中国社会，虽然现代医学已经成为主流的医学手段，但我们仍然可以看到一种普遍存在的混合式的集体心理：人们倾向于同时采取多种医疗措施来应对疾病，无论它们是"科学"还是"非科学"的属性。

许烺光指出，在以美国和欧洲为代表的现代科学高度发达的社会，人们对科学的信念和依赖同样也由情感决定。但在这样的社会里，对科学技术的一味推崇一方面实现了社会的高度工业化，使角色领域得以不断拓宽；另一方面却会反过来削弱情感领域，使人际间的关系变得越来越短暂、缺乏人情味，人们寻求情感寄托的愿望反而会越来越强烈。在医学领域，这一点尤其表现在当代西方社会中"替代性医学"（Alternative Medicine）或"补充性医学"（Complementary Medicine）正在焕发的强烈光彩。当人们遇到健康问题时，除了首先选择现代医学治疗以外，也开始越来越多地选择求助于诸如瑜伽、针灸、草药等世界各地的传统医学，例如近年来中医针灸在美国中产以上白人群体中的极大普及（景军、崔佳，2016）；同时，他们还会私下寻求祈祷、占星术、护身符、风水等具有超自然性质手段的帮助，尽管这种求助往往是隐蔽进行的，因其在科学知识笼罩的文化情境下通常是难以启齿的。

可见，许烺光的结论在当下时代仍然具有深刻的解释力。他不仅发现传统医学、民间医疗实践和现代医学并存的医学多元主义是任何社会中都普遍存在的历史事实，还追溯到了这一事实背后扎根于所有文化之中的情感力量。医学多元主义的精髓离不开情感。文化以及由文化所决定的人的思维与行为方式随着时间而沉淀，在情感的绵延中存续。情感上的依赖和诉求使人类在科学单一的统辖领域之外，也能为多元性留有一方生长的空间。正是在这片情感的土壤中，医学多元主义才得以生生不息。

五　结语

在许烺光对医学多元主义的学理阐释中，我们可以看到他对于这一理论视角所做出的基本假设。首先，医学多元主义产生于人类集体心理与思维模式中固有的多元性。尽管民间医学、传统医学与现代医学之间在客观的知识层面存有差异，但在人类的认知之中，多元医学背后的知识范畴——法术、宗教、科学之间不存在彻底泾渭分明的分界，而是有序地混合、融合在一起。其次，医学多元主义根植于社会组织与文化，它的表现形式与程度受不同的社会组织与文化所决定。在以传统信仰与民间习俗为主导的社区或社会之中，医学多元主义表现更加强烈；在以现代科学为主导的社区或社会之中，医学多元主义表现则会更加隐蔽。但是无论表现程度如何，医学多元主义在所有文化中都是一种普遍存在的现象。最后，医学多元主义具有延续性，现代化带来的社会变迁并不会使民间医学与传统医学衰落，相反，后者本身具有强大的生命力，会在社会变迁的进程中不断得到复兴与升华。这背后的根本原因在于人类对于自身文化传统与人际关系的情感决定着人对超自然力量的信仰依赖。人类情感领域也因之在科学范畴之外为医学多元主义的生长保留了一方永续的空间。

纵观下来，许烺光做出的分析远不止于对多元医疗现象本身进行描述与分类，而是拓展了医学多元主义的理论深度，从现象层面的多元医疗"混合实践"，深入集体心理层面的"信仰合并"，再洞察到背后的社会组织与文化力量，最后挖掘到最深处的人类情感源泉。许烺光没有在"西方"与"非西方"、"科学"与"非科学"之间做出高下之分，也不以西方社会科学的标准为圭臬。他构建了一个多元平等的人类文化比较体系。

在其中，西方文化被置于与东方文化及世界其他文化同等的水平线。许烺光的医学多元主义思想就是在比较之中产生的。他以西方的眼光来看东方，遂发现中国文化中蕴藏着科学与宗教融合的文化认知方式；他还以东方的眼光来看西方，揭示了西方文化中存在相似的文化逻辑，解构了唯科学主义论，破除了此前西方社会科学的理论迷思。这正是许氏学术思想贡献的重中之重。

这种多元的眼光来自许烺光的人生与学术经历。作为"边缘人"，他一生不断在不同文化间穿梭与流动的经历，使他不会固着于某一种文化的思维模式，而是融合这些文化模式于一身，形成了自己独特的思考方式。或许，与其理论相一致，许烺光的多元思想背后仍然是他自身对东方文化情感上的认同与依赖。即便长期身处西方，他早年成长和生活其中的中国文化对他内心有着难以撼动的深远影响，这片土地深厚的习俗、伦理与人情成为他理论的生长点，使他在现代化水平发达、科学与理性至上、人的生命意义被忽视的新世界里，仍然没有忘记人类情感的重要性。

参考文献：

［美］许烺光：《边缘人：许烺光回忆录》，徐隆德访问记录、许烺光家属整理，南天书局 1997 年版。

［美］许烺光：《彻底个人主义的省思：心理人类学论文集》，许木柱译，南天书局 2002 年版。

［美］许烺光：《驱逐捣蛋者：魔法、宗教与科学》，王芃等译，南天书局 1997 年版。

陈祖樑：《侵华日军细菌战所致云南人民受害与死亡情况调研报告》，《保山学院学报》2010 年第 4 期。

程瑜、彭玉婷、韦玮：《多元医疗体系下的健康精准帮扶研究——以云南凤庆为例》，《青海民族研究》2021 年第 3 期。

段伟菊：《许烺光的思想来源和学术史浅探》，《黑龙江民族丛刊》2017 年第 4 期。

和柳：《历史、文化与行动中的医学多元——对一个纳西族村落疾病与治疗的人类学考察》，《广西民族大学学报》（哲学社会科学版）2011 年第 4 期。

焦思琪、王春光：《农村多元医疗体系的型构基础与逻辑研究》，《社会学研究》2022 年第 1 期。

景军：《公民健康与社会理论》，社会科学文献出版社 2019 年版。

景军：《什么是南部理论》，载景军等主编《南部理论：人文社科思想的他者建树》，中国社会科学出版社 2023 年版。

景军、崔佳：《走出国门的中医：以针灸在美国近十年发展趋势为例》，《北方民族大学学报》（哲学社会科学版）2016 年第 4 期。

李正清：《大理喜洲文化史考》，云南民族出版社 1998 年版。

宋欣阳、熊磊：《世界传统医学研究》，上海科技出版社 2021 年版。

孙林牧：《许烺光的中国人类学研究》，硕士学位论文，黑龙江大学，2021 年。

余成普：《多元医疗：一个侗族村寨的个案研究》，《民族研究》2019 年第 4 期。

云南省委党史研究室编：《云南省抗日战争时期人口伤亡和财产损失》，中共党史出版社 2016 年版。

张实、郑艳姬：《治疗的整体性：多元医疗的再思考——基于一个彝族村落的考察》，《中央民族大学学报》（哲学社会科学版）2015 年第 4 期。

周爱华、周大鸣：《多元医疗及其整合机制——以青海互助县一个土族村落为例》，《民族研究》2021 年第 1 期。

Felix M. Keesing, *Modern Samoa*: *Its Government and Changing Life*, California: Stanford University Press, 1934.

Francis L. K. Hsu, *Magic and Science in Western Yunnan*, *the Problem of Introducing Scientific Medicine in a Rustic Community*, International secretariat, Institute of Pacific relations, 1943.

Francis L. K. Hsu, *Religion*, *Science and Human Crisis*, Routledge & Kegan Paul Ltd.，1952.

Horacio Fábrega, Jr, *Evolution of Sickness and Healing*, Berkeley: University of California Press, 1997.

Arthur Kleinman, "Concepts and a Model for the Comparison of Medical Systems as Cultural Systems", *Social Science and Medicine*, Vol. 12, 1978.

Hans A. Baer, "Medical Pluralism: An Evolving and Contested Concept in Medical Anthropology", In *A Companion to Medical Anthropology* (*eds M. Singer and P. I. Erickson*), Wiley-Blackwell, 2011.

Charles Leslie, "Medical Pluralism in World Perspective", *Social Science & Medicine, Part B: Medical Anthropology*, Vol. 14, No. 4, 1980.

Erwin H. Ackerknecht, "Primitive Medicine and Culture Pattern", *Bulletin of the History of Medicine*, Vol. 12, No. 4, 1942.

Guangqi Liu, Yan Xie et al., "Drug Research and Development Opportunities in Low-and middle-income Countries: Accelerating Traditional Medicine Through Systematic Utilization and Comprehensive Synergy", *Infect Dis Poverty*, Vol. 11, No. 1, 2022.

Florica Marian, "Medical Pluralism: Global Perspectives on Equity Issues", *Forsch Komplementmed*, Suppl 2, 2007.

许仕廉与中国社会学运动

罗弋翔

（清华大学新闻传播学院硕士研究生）

李雨函

（清华大学新闻传播学院硕士研究生）

中国社会学的崛起不仅有历史基础——以荀子"群学"为理论支点、以古代社会调查为方法基石，更有社会学者明确的民族国家意识、学术共同体和整个教育制度的本土化支持。中国社会学十年"华丽转身"不仅全面实现了制度本土化，同样促进了本土思想诞生。而许仕廉作为中国社会学史中的重要人物，不仅较早提出了"社会学中国化"的学科命题，以"本土社会学"为宗旨明确了燕京大学社会学的学科基点，而且通过自己的学术实践开拓了本土化的学术路径，还以燕京大学社会学为平台从学科制度层面推进了社会学本土化。在他和同时代学者的努力下，他倡导的这场有前途和希望的社会学运动旨在推动社会进步、解决社会问题以及重塑一个现代中国。

东南亚知识分子赛义德·胡塞因·阿拉塔斯（Syed Hussein Alatas）曾提出"囚徒心智"（captive mind）说，即一种受西方思想支配的模仿和不加批判的思维方式，特点是缺乏创造力和提出原创问题的能力（Alatas，1972）。而在社会学传入中国初期，中国学者亦面临"囚徒心智"困境，燕京大学社会学系首位中国籍系主任许仕廉作为最早反思中国社会学本土化建设的学者之一，批评了中国的社会学存在系统性缺乏、抄袭外国材料，不注重实地调查，不注重应用性的社会服务等问题。

许仕廉在介绍中国社会学时，将这门学科在中国的经过概括为一场有前途和希望的社会学运动，并提出社会学的功能实际上集"认知、改造、服务"于一身，目标是"满足当今中国的某种特定的需求"，且尝试基于清河实验提出有普适意义的解决方案。由此，我们将许仕廉看作中国社会学运动抑或社会学本土化的早期开拓者和实践者之一。

确如许先生所言，社会学自 19 世纪 20 年代引入中国，十年时间便完成本土化的"华丽转身"。我们不禁好奇，民族危机深重的时代，中国社会学者如何打破西方社会学理论的桎梏，形成结合中国实际的本土研究？西学浪潮裹挟下，许仕廉如何敏锐意识到社会学之于中国的尴尬境地，其所做的清河研究又如何为中国社会学运动奠基？

此外，作为运动的社会学在中国有怎样的传统？除了制度本土化的探索，是否也实现了思想本土化？

一　西学传入与中国社会学源流

19 世纪末到 20 世纪初，我国正经历水深火热的民族危机，洋务运动轰轰烈烈开展，晚清洋务派以"自强""求富"为口号大规模引进西方先进科学技术、兴办近代化军事工业和民用企业。殊不知没有对封建思想和制度的省思，缺乏西方的政治经济制度作为保障的技术革新，中国绝无可能从本质上实现自治和自强。随着西学源源不断引入中国，社会学作为普适性的知识之一引起中国知识分子关注，其学科理论和方法一度被中国学者视为救亡图存的良药。

1897 年，启蒙思想家严复将赫伯特·斯宾塞（Herbert Spencer）的著作《社会学研究》译为《群学肄言》，他将"sociology"译作"群学"，即表明这门学问其实中国古已有之，所谓"古人之说与西学合"（景天魁，2017）。中国不乏社会学传统，景天魁等认为其理论支撑点为荀子的"群学"，逻辑起点为墨子的"劳动"概念，以儒家"民本"概念为要旨，以礼义制度、规范和秩序为骨架，以"修齐治平"为功用，兼纳儒墨道法等各家之社会范畴，构成中国社会学"早熟"（早期）形态。中国社会学（群学）的概念体系具有复杂的层次结构，建立在四个基础概念上，分别是群、伦、仁、中庸。而中国社会学也相应具有四个基本特质：一为群及其体现的人本性，表现在人与物、人与天的关系上，坚持认为人就是有气、有生、有知、有义的，人的行为是有感性、有理性、有灵性、讲义礼的，与孔德和涂尔干相较，荀子不把人当作物研究；二为伦及其体现的整合性，"伦"中体现了秩序，父子之亲、长幼之序、君臣之义、朋友之信、夫妻之别，由此血缘关系、地缘关系等将人群整合起来；三为仁及其体现的贯通性，作为人与人之间亲善关系的表征，"仁"是个体由单独的自我向群体性组织和社会演进的前提；四为中庸及其体现的致用性，韩明谟指出了中庸具有社会协调功能，认为中庸追求"度"在所规定的界限、范围内，制约矛盾以求得平衡，且运用现代统计学知识反证了中庸思想的执两用中、过犹不及等观点（景天魁，2017）。涂可国（2016）则从人而能群、能难兼技、群居和一、明分使群的社会儒学思想角度诠释了社会分工、社会理想和社会治理等荀子群学的观点。

景天魁等（2017）认为梳理群学的概念体系不应照搬西方社会学的框架，而应从中国古代典籍入手，可以勾勒出古人在对待自我与社会的关系时所采用的自内向外、自下而上的视角，如《礼记·大学》中"诚意、正心、修身、齐家、治国、平天下"。其中也彰显了中国学术自古以来所浸润的人文情怀。以此为基，可以将中国社会学基本概念体系划分为两个范畴：合群和能群，包括了修身和齐家；善群和乐群，包含了治国和平天下。景天魁（2017）等在理论层面论证了中国社会学（群学）的历史存在性和历史绵延性，证明其并未伴随荀学在一个历史时期内式微从而消匿，而是以潜入民间、深入日常生活、构成社会生活行为规范的形式而继续绵延。

而水延凯和江立华等则从方法层面论证了中国自古就有社会调查传统，古代社会调查多通过实地观察研究、口头访谈、文献考证、法律案件调查（如《洗冤录》）和施政措施调查。其社会调查范畴以户籍和人口调查、土地和田赋调查、军队和战争调查为主，目的是征兵、收税和明确物产或自然资源之所在。早至公元前约2100年，华夏远祖就开展过大规模山水调查。《禹贡》中关于山脉和河流分布、源头、走向的记载就是这一山水调查的成果，也是大禹治水成功的基础。到了春秋战国时期，百家争鸣，管仲、孔子、孙武、商鞅、荀子、扁鹊等著名思想家、政治家、军事家均为传统中国的社会调查奠定基础。（水延凯，2017）如荀子关于社会调查的重要思想包括了：闻之、见之、知之、行之，才能明于事，达于数。到了秦朝，从中央到地方建立起一套比较完整的官僚机构，同时也是一套较系统的调查、统计机构，特别是"三公"中的御史大夫和"九卿"中的治粟内史，具有更多调查统计职责。（水延凯，2017）

水延凯和江立华等（2017）认为，生产力和社会分工的发展，剩余农产品的出现，是产生社会调查的物质基础。另外，阶级的分化、国家的出现是产生社会调查的直接动力，统治阶级国家就需要征集兵员、派使徭役、收纳贡赋，从而产生对于人口、土地、财产等社会资源进行调查的客观需要。与此同时，文字的发明和应用作为社会调查的载体，社会职业分化、脑力劳动者出现也为古代社会调查提供了社会力量。那么按照调查主体、调查主要目的和社会功能的不同，古代社会调查大体可以分为：行政性社会调查、改革性社会调查、学术性社会调查、文艺性社会调查和应用性社会调查。随着古代社会的发展、社会调查类型的扩展，古代社会调查内容始于认定、户口调查，后出现田亩、财产调查。

由此可以证明，中国自古就有社会学传统，无论是理论层面还是方法层面。但是与西方传入的"现代社会学"明显的区别在于，西方社会学建立在自然科学理念和方法的基础上从而研究社会问题，这是一种科学主义的传统。比如早期西方社会学建立道德统计学和社会数学（如推算城市人口规模），同时借鉴社会进化论、人种学、优生学、人种犯罪学和马尔塞斯人口学。但凡此类，皆为使用科学思想和方法发展社会学，然而这样的研究最终大多被证明是谬误。比如用进化论对比中西文明，认为文明有高下之分的观点实际是完全站不住脚的。进化论的核心即为生存竞争说，所提供的是一种力本论的宇宙观，它与儒家以德为本的宇宙观截然不同。《东方杂志》主编杜亚泉早就敏锐察觉到，力的背后是一种物质主义的崇拜，特别是对中国影响巨大的达尔文、斯宾塞学说，使人类陷于你死我活的竞争和道德虚无主义。（许纪霖，2010）

二 中国社会学本土化的土壤

自现代社会学引入中国，中国当代社会学在短短十年时间完成了社会学本土化。这一进程不仅有赖于中国自古的社会学传统奠定的良好基础，还有赖于本土学者著作的产生、教育主权本土化和本土学术共同体的形成。

首先是本土学者著作的产生。现代社会学的引入可以用严复的翻译《群学肄言》作为标志。翻译作品是中国现代社会学的起点，但是本土学者著作很快超过了翻译作品数量。根据孙本文（1948）《当代中国社会学》一书的附录，从1902年到1947年，社会学书籍类著作共出版321部，其中本土学者编著242部，占75%。如《社会学入门》《社会学要旨》《社会学大纲》《社会学概要》等普通社会学类书目，《家庭进化论》《社会进化史》《社会进化原理》等社会进化与社会变迁类书目，还包括社会问题类（人口、家族、劳工、农村）书目百余部。其余是译作，占25%。除了英美法德奥地利外，日译中作品21部。在研究内容上，中国问题的研究占总数的近一半，表明本土学者对中国自身问题的关注，以上种种皆为中国社会学本土化趋势的表现。

表1　　　　　《当代中国社会学》附录本土编著与译本情况　　　　单位：部

类　别		本土编著	译本							总计
			日本	美国	英国	德国	法国	奥地利	未知	
普通社会学类		23	7	8	5		1			44
社会进化与社会变迁类		10	1	5	1	1			1	19
社会问题类	通论	15	1	2						18
	人口问题	22	3	1	1					27
	家族问题	12		2						14
	劳工问题	9								9
	农村问题	10	1							11
	其他问题	11		1						12
社会心理学类		8		5	1		6	1		21

续表

类别	本土编著	译本							总计
		日本	美国	英国	德国	法国	奥地利	未知	
社会思想	5	1	2						8
社会学史	8	2				1			11
农村社会学类	7	1							8
都市社会学类	4	1							5
社会学方法类	19							1	20
社会事业与社会行政类	25								25
其他社会学研究类	8	3	5	7					23
社会实地调查类（以中文文本为限）	46								46
总计	242	21	31	15	1	8	1	2	321

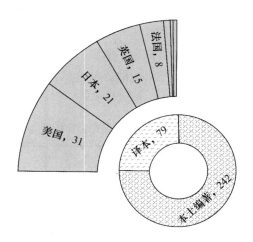

图1　1902—1947 年社会学本土编著与译本情况（单位：部）

　　不仅如此，孙本文于 1947 年统计了中国社会学家人数，其中绝大多数是"海归"，他们既受到中国传统文化的熏陶，又系统学习了社会学的理论方法。他们在留学时期深刻意识到国内教学研究中存在严重的套用西方教材、讲述西方案例、脱离中国现实的情况（刘能、吴苏，2019）。1925年许仕廉在《对于社会学教程的研究》一文中提出倡导建设"本国社会

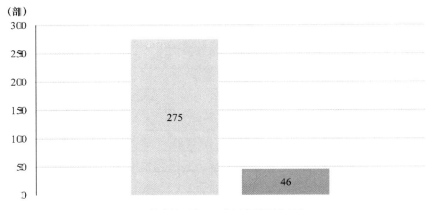

图2　1902—1947 年社会学著作中普遍性研究和中国问题研究情况

学"（文军、王琰，2012），以此为契机，"社会学中国化"运动如火如荼地展开。这些留学归来的中国学者在此过程中扮演着不可或缺的角色，他们虽在西方社会科学期刊有诸多发表，然而其最主要的写作对象始终是本土学者和中国民众。而这也构成了中国社会学思想本土化基础。

表2　　　截至 1947 年中国本土培养的和留洋回国的社会学家统计　　　单位：人

本土培养	留学回国（皆有人名和单位）						
	美国	比利时	德国	法国	日本	英国	美德
36	69	1	3	14	10	9	1

　　随着教育主权的收回和本土学术共同体的形成，中国社会学制度的本土化有了显著成果。五四运动后，民族主义思潮兴起，"文化民族主义"的问题开始受到人们的重视。文化民族主义关注本土化问题，主张抵御外来文化冲击和维护民族自尊与自立。收回教育权运动就是在此影响下形成的民族主义运动。这场运动以反对教会教育和收回教会学校管理权为主旨，是抗日战争前中国教育领域内所发生的一场最大规模的民族主义运动，在教育理念和教育制度方面对中国社会有深刻而广泛的影响（郑大

华、周元刚，2008）。

教会大学曾是早期中国社会学系的所在地，这场运动也是中国社会学制度化的重要前提。以早期的燕京大学社会学系为例，它在成立时具有浓厚的宗教色彩，它的首任系主任步济时以"传播基督教"为核心，开设多种与基督教和教会组织相关的课程，如"宗教的社会组织""教会组织的社会工作"等，同时任用与基督教关系密切的美国人，如甘霖格（北京基督教青年会总干事）等（杨思信，2012）。这些早期的社会调查与社会服务相关课程客观上为中国培训了人才，且这种面向社会、服务社会的风气也为社会学真正扎根本土奠定了基础（刘能、吴苏，2019）。

1925 年 11 月 16 日，北洋政府正式颁布《外人捐资设立学校请求认可办法》，强调了教育是国家主权，规定外人在华办学须经中国教育行政官厅认可；教会学校由中国人任校长；教会学校行政领导与董事会须以中国人为主，中国人在教会学校董事会需占一半以上；不得以传播宗教为宗旨，不得以宗教为必修课。（杨天宏，2006）随后广东国民政府发布的《私立学校规程》《私立学校校董事会设立规程》也强调了上述内容。（杨思信，2012）以上的做法奠定了社会学制度本土化的基础。

1926 年，许仕廉接替步济时成为燕京大学社会学系主任，同年，清华大学社会学系成立，陈达担任社会系主任。各系系主任自上任后，也分别从课程设置、师资等方面，进行了本土化的改革。自此，不再有外国人担任社会学系主任。截至1930 年，全国共有社会学系 16 个，1948 年全国社会学系达到 22 个，全是中国人担任系主任，社会学基本上实现了教育主权本土化。

其次，本土学术共同体的形成也直接推进了中国社会学本土化的进程。在社会学的知识生产方面，全国先后出现了三个社会学学会和学会刊物。1922 年，余天休在北方发起中国社会学会，并于同年 3 月主编《社会杂志》双月刊；在《社会杂志》停刊后，许仕廉以"燕京大学社会学会"名义，出版《社会学界》年刊，继承《社会杂志》的使命，鼓励中国社会学者整理中国社会学材料，开辟和耕耘中国人自己的社会学"田地"；孙本文借吴景超游美回国之际，宴请上海各大学社会学教授作陪，席间全体成员赞成组织成立"东南社会学学会"，次年7月创办《社会学刊》季刊。中国人掌握了这三个学会和刊物的话事权，并于1929年进行了整合，东南社会学会负责人与北平各大学社会学教授商定，扩大范围，改组为"中国社会学社"，形成全国性的学术团体组织，以此联络全国社会学者共同研究社会学理论、社会实际问题、实地调查、社会服务及社会行政。这可以看作本土学术共同体的形成。

表3　　　　　　　　　社会学学会和社会学期刊

期刊名	类型	负责人	组织	工作地点	创刊时间	停刊时间
《社会杂志》	双月刊	余天休	中国社会学会	北方	1922	1925
《社会学界》	年刊	许仕廉	燕京大学社会学会	北方	1927	1937
《社会学刊》	季刊	孙本文	东南社会学会	南方	1928	1933

三　中国社会学"运动"

如果说西方的工业革命和政治革命孕育了社会学的学科认同，那么中国20世纪初面临的民族危机，加之新文化运动引起的新与旧、传统与现代、西方和中国的讨论亦构成了社会学在中国的实践土壤（何祎金，2018）。

许仕廉在介绍中国社会学时将这门学科在中国的经历概括为一场有前途和希望的社会学运动，并将运动的源头追溯至第一个翻译社会学著作的严复和中国留学生中最早主修社会学的朱友渔。之所以称为"运动"，在许仕廉看来，运动指受环境刺激，谋应付生活需要的群众行为（何祎金，2018）。那么中国社会学运动需要面对的是中国社会的崩坏与民生痛苦，其目的和意义在于重塑一个现代中国。社会学成为基于中国社会现实的主动选择（何祎金，2018）。许仕廉将社会变迁由低到高分为原始社会、部落社会、封建社会、公民社会和职业社会，认为中国社会的发展极不均衡，在不同地域之间各种社会并存。而中国一切的痛苦在于我们的社会制度与态度不能应付外在的社会变迁。工业革命后的西方代表着一个扩展的过程，一个无孔不入的进取性的力量。而彼时的中国历经千年的匮乏经济，在"修己以顺天"的思想下控制自己的欲望以应付有限的资源，面对控制自然以应付自己的欲望的西方文明，并无法一时接纳（费孝通，1991）。

由此，社会学担起应对外在社会变迁的重任。许仕廉认为，社会学用于研究社会变迁原则，故可以发明新的方法制度去适应新的变迁（何祎金，2018）。这场社会学运动根据科学方法收集和分析事实，寻求社会变迁的理论法则，同时根据科学原理发明新的社会统治技术，利用环境改进人群生活。重塑社会的过程中，社会学的价值就不仅体现在为理解社会问题提供专业视角，更为社会重组提供有效的技术支持，表现为一种具有宏观指导性的"接合"作用。此种带着主张和立场进入田野的方式即所谓"行动社会学"。

由此可以提炼出许仕廉眼中社会学运动的两个目标：其一是运用社会学理论方法收集并分析社会事实，让社会学知识为社会进步服务和为解决社会问题服务；其二是社会学家和学生参与社会行政工作和社会实验。

社会学运动自许仕廉提出并践行，引起了后来者的传承发扬，也逐渐形成了较成熟的行动研究。这些社会学者多从欧美及日本留学归国，虽然受到西方社会学传统的影响，却始终倡导并致力于社会学中国化的工作（廖菲，1994）。他们将社会学理论与中国实际相结合，从社会认识、社会服务、社会改良、社会革命等角度对中国社会运行问题给出了各自的解决方案。

四　社会学运动的演进/推进

第一个目标的实现有赖于四股力量的共同作用。第一是学院派的北京社会调查所和南京社会学组，后称为"北方"和"南方"。"北方"有许仕廉、陶孟和、陈达、李景汉等，"南方"有孙本文以及中央研究院社会学所的陈翰笙、薛暮桥和孙冶方等人。该时期的社会学者根据研究重心的不同，大致可划分为三派：燕京社区学派、系统学派、乡村建设学派。（胡炼刚，2011）若从社会学运动的角度分析，以孙本文为代表的系统学派（综合学派）把社会看作一个整体，认为社会现象具有复杂性质，故建立了综合性的社会学理论体系，该学派早期在推动社会认识上做出一定贡献。以吴文藻、费孝通、林耀华为代表的燕京社区学派，以认识国情和改造社会为主旨，运用社会学、人类学的理论与方法，进行大的社区实地研究，对中国社会结构及其变迁进行理论探索。吴文藻曾提出三个实现本土化的步骤："试用"西方理论、运用调查实践方法"验证"理论、在中国推广社区研究谋求理论和实践的新综合。（唐晓琦、徐选国，2021）由此可知，该学派集社会认识、社会服务和社会改良于一身，对社会学本土化起到巨大推动作用。以梁漱溟、晏阳初为代表的乡村建设学派侧重社会服务和社会改良，通过建立实验区、平民学校和模范村等改造乡村，发动民族自救。（唐晓琦、徐选国，2021）其中梁漱溟以"中国文化失调与重建"理论为依据，以儒家思想为导向，主持了邹平乡村建设实验；晏阳初提出中国农民四大病症"愚""穷""弱""私"，主持了定县的乡村建设事业。作为社会运动的乡村建设，是以农民为主体，以乡村为本位的社会或文化重建运动。（王先明，2016）然而社会改良最终以失败告终，究其根源，改良的实现必须依赖于开明秩序的存在。没有秩序就不会有改良和进步，故改良性的手段与革命性的目的之间的矛盾也就无法化解。（贾可卿，2003）随着民族危机加深，社会革命派走上历史舞台，以陈翰笙等人为代表，用实际调查数据论证中国农村半殖民地半封建的社会性质，进而论证中国土地革命的必要性。

第二是社会革命性质的农民社会调查。毛泽东、彭湃、张闻天、林伯渠等人以唯物史观作为调查研究的方法论基础，弄清生产力和生产关系的内部结构及其相互关系，做出正确的阶级估量，采用典型调查的方法，通过开调查会搜集材料、讨论问题，通过典型认识中国社会、中国农村和中国农民。（周沛，1995）

第三是少数民族大调查，这是由毛泽东倡议、彭真负责，是中国历史上第一次对全国少数民族社会历史状况进行的科学调查。包括了少数民族社会历史调查、少数民族识别和少数民族言语调查。

第四是政府的社会调查，如全国土地调查、全国行业调查和惠工调查。

通过运用社会学理论方法扎根中国实际，社会学知识为社会进步、解决社会问题提供了多种解决方案。

相比之下，西方学者对中国社会的调查少之又少，主要包括美国学者布济时的北京人力车夫调查，甘博的北京社会调查，金陵大学普凯的七省农民调查，1918年清华大学社会学系狄德莫成府路家户调查，1919—1920年沪江大学葛学博的凤凰村调查，以及1918—1920年的传教士《中华归主》调查。1930年之后，西方社会学家、西方传教士和中国教会组织的调查很快被大量的本土学者调查所淹没，可以看作社会调查的本土化。

为了实现第二个目标，许仕廉在《中国社会学运动》（英文版）一文中罗列了十大社会问题。第一是减少贫困；第二是减少犯罪；第三是减轻人口压力；第四是需要乡村复兴，第五是劳工需要保障，也就是民国学者吴至信所说的"惠工事业"；第六是教育程度代表的愚昧；第七是城市人口失业；第八是离婚代表的家庭制度崩溃；第九是公民健康；第十是自杀问题。针对每一个问题，他都用一些数据简单说明了情况。

在许仕廉看来，社会学的应用领域通常有两个：一是社会行政，即今日的社会工作；二是社会实验，即一种带有立场的社会学行动研究。其中，清河研究是由许仕廉任主席、农村社会学家杨开道为秘书和实际指导者开展的两年农村社会调查和八年的实验，试图从中国固有的民众仪式和实地环境中寻找改造农村的途径。（赵晓阳，2016）这也是我国第一次以专业社会工作为名义展开的社会实践活动，并为后续的社会治理提供了一定的思路。（萧子扬、马恩泽、石震，2019）

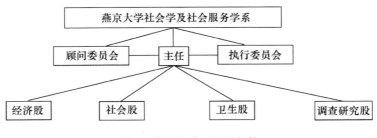

图3　清河实验区组织架构

清河实验的一大特征便是具有完备的组织体系和架构（赵旭、彭秀良，2015）。初设服务、经济两股，后扩展到经济、社会、卫生、调查研究四股。

这四股分别负责清河实验的不同内容。在农村经济方面，经济股主要通过生产方式的改良、降低农民受到剥削的风险和农村经济组织的建设来改善清河镇农民的经济状况。在农村社会服务工作方面，服务股依据儿童年龄的不同施以不同的工作内容，为了提升妇女的知识水平和生产技能，服务股还专门设立了妇女俱乐部，开办了女子手工班、母亲会、家政训练班等。除此之外，服务股还通过小学教师讨论班，改善小学与私塾的现状，增加知识分子了解清河实验的工作。在农村卫生工作方面，"清河实验区"联合协和医院卫生部成立卫生股，开展当地的卫生计划，并进行卫生教育和卫生宣传工作。针对农村社会调查，调查研究股的工作贯穿清河实验的始终，从前期准备至实验进程，学术结果显著，且具有较强的实践指导意义。（萧子扬、马恩泽、石震，2019）在人事管理方面，实验区组织设主任和会计各一人，四股股长各一人，每股股员三四人不等。主任、会计、四股股长组成执行委员会，另设有专门顾问委员会，如农业、毛织、合作、妇女等等。除此之外，各委员会形成了常态化和规范化的讨论时间，如执行委员会每月举办一次全体职员参加的会议；专门顾问委员会每两月召集一次。（许莹涟、段继李等，1935）

由此可知，组织架构经过不断的发展更加科学和全面，且在后期根据类型的不同进行了专业化的细分，为整个组织的高效运转提供了良好的保障。

虽然清河实验最终因抗日战争的全面爆发而被迫中断，但在许仕廉和燕京大学社会学师生的前期努力下，"清河实验"成为集社会调查、社会服务、社会实验、社会人才培养于一体的社会学理论与中国社会实际相结合的学术平台。（杨燕、孙邦华，2015）同时清河实验也是许仕廉"中国社会学运动"思想的实践产物，奠定了后续中国社会学运动的基础框架，即研究者需进行有主张的介入，并在进入田野前有明确的立场。行动本身便具有社会公益的性质。

清河调查为研究者们有主张地介入清河镇进行实验提供了有力的保障。研究者在充分调研的基础上，针对教育（成人教育和儿童教育）、卫生、经济、行政等提出了相关主张。随后，通过六项工作原则的确立，明确了介入的方式；最后，通过组织架构确保了相应主张的落实，保障了介入的效率。

此外，进入田野之前，研究人员在保障专业性的同时也充分尊重清河镇人民的特性。如工作人员虽均由社会学系委派，但实验计划、规则等内容则与本地人商量后规定（刘峰，2014）。

若将许仕廉的"清河实验"置于"乡建运动"的脉络中，可见该实验具有较强的民族性特征和改良主义色彩。许仕廉将中国农村的问题归咎为"文化失调"，即西方文化的入侵，中国旧的组织结构崩溃，但新的社会结构却尚未形成。他认为"吾人应从速建树合乎现代社会变迁民族之道德""发扬国族精神，利用科学技术，增加中国社会组织效能，以应付世界变迁，而促进人类文化"（许仕廉，1934）。

由此，许仕廉希望通过乡村建设，摆脱帝国主义的压迫，实现民族自救，使中华民族能够生存和发展，提高民族素质，使民族由衰落走向复兴（刘峰，2014）。其一，为了使清河镇人民养成"团结有纪律的精神"，清河实验通过合作社的方式，培养清河人民的合作习惯。以信用借贷合作社突破家户单位形塑促内团结，并以合作联合社的方式实现了村落之间的联结，拓展了合作社在信贷、购销方面的功能（侯俊丹，2017）。其二，许仕廉通过教育、娱乐方式和新闻提升个人素质，传播公民观念从而改善风俗民情。他发展乡村教育，救治农民愚昧，提高农民科学素质，传播科学知识，反对迷信思想，建设现代化的农村（侯俊丹，2017）。

其中，教育针对不同人群，分为成人教育、儿童教育和妇女教育等，以提升清河镇的人口素质；同时还建立与完善社会教育设施，如图书馆、阅报处、壁报、夜校等；提倡娱乐活动，如武术、改良戏剧等方式，激发农民兴趣，增强其集体意识。为破除当时妇女对于"活埋婴儿以保全母亲"的生育迷信，实验区请来专业的助产士，开展助产工作；还通过展开文字宣传，使得这种西式生产方法逐渐得到清河镇人民的信任。"实验区1933—1934年接生120多个，均获安全。人民信仰西法产者日深，因之请求助产者日多。又医院设有产妇科，置有产床数张，设备完善，乡民称便。"

除了清河实验本身，芝加哥学者帕克受许仕廉之邀成为燕大社会学系的客座教授。他鼓励宛平县五区教育会和燕大新闻学出版《清河旬刊》，发挥报纸改良舆论、提振地方精神的作用。《清河旬刊》上的地方新闻、科学常识副刊、文艺副刊、国内国际政治要闻，将每个清河人民纳入共同体正在发生的历史进程中。

遗憾的是，"清河实验"仅仅停留在对农村落后现状和问题的了解，并采取了相应的措施，对农民生活方式进行了改造，试图达到形塑中国农村社会的目的，而在此期间并未触动社会的基本结构（萧子扬、马恩泽、石震，2019）。虽然注重农民内生性的培养，但社区整体抗风险的能力还是较低。如清河实验8年期间，可供实验的资金已经完成从西方资金赞助到"本地筹办和爱心捐赠"的模式，但还是因抗战而中断，这种依靠外力帮扶的发展模式无法进一步推广。可见这种改良效果仍是欠缺的（唐晓琦、徐选国，2021）。

但也应看到，一方面清河实验在一定程度上改善了清河人民的生活质量。如购买碱地，合力开成稻田，每亩地产价值增加近一倍，换植水稻，产值比原来老玉米高不止四倍，1936年实验区内水田增加近1000亩，满足成员"强烈的增加地亩，改善土地"的需求；另一方面，清河实验也试图破除青苗会的弊端，通过"民众推举领袖来主持村务"的方式改造领袖组织和议事会，以温和的方式，扭转劣绅势力支配地方的局面，给予民间舆论释放的空间（侯俊丹，2018）。

这里值得一提的是"青苗会"，它在清河实验中的演变反映的不仅是自身结构、功能的变化，还能从侧面反映当时社会变动的信息（周健、张思，2006），即中国乡村治理发展以及向工业化城市转型的缩影。青苗会的成立源自乡村看青的习俗，它的最初职责是看护庄稼，后因为收受青钱对村庄人口、土地数量及归属最为熟悉（王洪兵，2021），到清末，随着国家权力向村庄的不断渗透，青苗会不断巩固和扩大逐渐发展成为村庄自治组织。（李二苓，2016）具体而言，青苗会利用地缘、血缘、宗教信仰，将乡民们团结起来，一方面承担调解邻里、村际关系，办理村庄内部事务的责任，另一方面起着处理地方赋役、治安、教化等作用。（张松梅，2008）当清河实验区设立后，研究者们先要与各村青苗会的会首接触以获得他们的支持，同时会首也依据时势实施自己发展乡村的想法，如前八家村的会首徐尚义借助该实验发展本村教育，在1933年重新开办前八家小学；同时因为徐尚义的联络，前八家村周边设立了乡村建设实验区。（陈争平、张顺周，2013）随后经青苗会会首会议决定后，合作社成立，进一步让农民参与到商业活动中。清河镇的商业也随着资金的运转和实验区的经济建设发展而逐渐兴旺，逐渐超过了农业在清河镇经济结构中的比重。商会的成立标志着青苗会的没落，它们一方面接管青苗会手中的公共事务，另一方面与青苗会共同维持清河镇的治安。（陈争平、张顺周，2013）但由于农户比例的下降，看青费等运转模式难以满足市镇公共服务的需要，青苗会逐渐退出历史的舞台。

后来者如晏阳初的河北定县实验、梁漱溟的山东邹平乡建实验，陶行知的南京晓庄实验也都延续了这一社会学行动研究的框架。

五　现代社会学本土思想的诞生

经过许仕廉和同时代学者推动的中国社会学运动如火如荼地展开，不仅实现了制度本土化，也促进了本土思想的诞生。如20世纪二三十年代，对于中国社会性质问题，共产国际内部产生了激烈争论，而对该问题的认识与中国革命方针和政策等问题密切相关。彼时正在苏联避难的陈翰笙，作为国际农民运动研究所的研究员，邂逅了担任该所东方部部长的马季亚尔。

马季亚尔以"亚细亚生产方式"来突出中国农村经济的亚洲特色或中国特色（范世涛，2020），认为中国自原始社会解体后，既无奴隶社会，也无封建社会，而只是一种由亚细亚生产方式决定的"水利社会"。在他看来，西方资本主义传入中国后获得持续发展，到 20 世纪初，中国就成为资本主义社会，中国农村随之成为资本主义农村。（徐勇，2021）该观点遭到陈翰笙的质疑，陈翰笙认为马季亚尔讲的只是农产品商品化的问题，实际上中国的农产品商品化可追溯至宋代，包括了烟草、丝、麻等，但并非工业资本，仅为商业资本。（徐勇，2021）由此可以推出，中国农村基本上是自给自足的自然经济，是封建社会性质，不能说是资本主义社会。

于是在有关无锡地区农户的《亩的差异》一文和其他文章中，陈翰笙以生产方式说明中国农村的三种土地制度属性以及中国的社会经济形态：（1）前资本主义的自给自足的农户占比为 69%；（2）半资本主义生产方式的农户占比为 24%；（3）纯资本主义生产方式的农户占比为 7%。由于无锡地区的农村是市场程度最高且不多的地区之一，其他地区远不如那里的农业市场化程度，由此，陈翰笙认为，中国农村经济的根底是小农经济。陈翰笙所批判的是苏联学者对马克思的亚细亚生产方式学说的教条主义解读并用于对中国国情的判断。

近代以来，西方工业的入侵使得中国传统的乡土工业无法与之竞争从而走向崩溃，农民失去了重要收入来源，但地主却并不因此减收或不收地租。费孝通先生认为即便为了都市工业的发展，也不能忽视农村手工业的存在，而发展工业的类型并不是效率优先，而是适合农民大众的需要。在生产效率与大众需求之间，需求是第一位的。此外，如果工业发展的利润不能为农民所分享，反而使他们深受其害，将使农民的生计更加艰难，中国工业的成长也将受到市场萎缩的阻碍。（李金铮，2014）多年后，费孝通仍然坚持他的基本主张，甚至在改革开放之后还极力反对大城市化和去农村化，主张农村走共同富裕的乡村工业合作与小城镇并行之路。

而吴景超则提出了另一套关于实现工业化、城市化路径的观点。与费孝通观点不同的是，吴景超认为在立足于当下中国国情的同时，应更多着眼于现代世界各国，特别是先进国家现代化的历史经验和普遍趋势。（王小章，2021）用以揭示提升中国百姓的生活程度、实现中国社会的现代化所必走的、绕不过去的关隘，即通向现代化之路的普遍性一面，用他自己的话来说，就是"我们没有歧路"（王小章，2021）。他认为中国应迅速摆脱没有竞争力的农业经济，以城市化带动劳动化，建立大城市，用工业化和城市化抢救中国农民，其靶向针对的是梁漱溟和晏阳初等人的乡村发展观，由此引发了一场大辩论。

由此可见，社会学制度的本土化和社会学运动的经过对于本土思想的诞生有直接推动作用，这便是彻底的本土化。中国社会学的崛起不仅有历史基础——以荀子"群学"为理论支点、以古代社会调查为方法基石，更有社会学者明确的民族国家意识、学术共同体和整个教育制度的本土化支持。而许仕廉作为中国社会学史中的重要人物，不仅较早地提出了"社会学中国化"的学科命题，以"本土社会学"为宗旨明确了燕大社会学的学科基点，而且通过自己的学术实践开拓了"社会学中国化"的学术路径，还以燕大社会学为平台从学科制度层面推进了"社会学中国化"（杨燕、孙邦华，2015）。在许仕廉和同时代学者的努力下，这场有前途和希望的社会学运动旨在推动社会进步和社会问题的解决，其目的和意义在于重塑一个现代中国。中国社会学十年"华丽转身"不仅全面实现了制度本土化，同样促进了本土思想诞生。

参考文献：

陈翰笙：《亩的差异》，国立中央研究院社会科学研究所，1929 年。

陈争平、张顺周：《北京农业现代化的先声——民国时期清河经济建设实验概述》，《北京社会科学》2013 年第 3 期。

范世涛：《陈翰笙与国立中央研究院无锡农村经济调查》，《中国经济史研究》2020 年第 5 期。

费孝通：《江村经济》，外语教学与研究出版社 2010 年版。

费孝通：《乡土重建》，上海观察出版社 1948 年版。

何祎金：《他者的变奏：早期社会学中国化的脉络与流变》，《社会学评论》2018 年第 6 期。

侯俊丹：《市场、乡镇与区域：早期燕京学派的现代中国想象——反思清河调查与清河试验（1928—1937）》，《社会学研究》2018 年第 3 期。

侯俊丹：《制度变迁下的知识治理：早期燕京学派的清河试验》，《学海》2017 年第 5 期。

　　胡炼刚：《中国社会学史上的"燕京学派"》，《中国社会科学报》2011 年 3 月 1 日。

　　贾可卿：《梁漱溟乡村建设实践的文化分析》，《北京大学学报》（哲学社会科学版）2003 年第 1 期。

　　景天魁：《中国社会学：起源与绵延（上、下册)》，社会科学文献出版社 2017 年版。

　　李二苓：《从自治到保甲——近代北京郊区的乡村政治》，《北京社会科学》2016 年第 6 期。

　　李金铮：《"研究清楚才动手"：20 世纪三四十年代费孝通的农村经济思想》，《近代史研究》2014 年第 4 期。

　　廖菲：《社会学中国化与中国社会运行》，《中国人民大学学报》1994 年第 2 期。

　　刘峰：《论许仕廉乡村建设思想的民族性与科学性特征》，《求索》2014 年第 2 期。

　　刘能、吴苏：《再论作为学术运动的社会学本土化》，《济南大学学报》（社会科学版）2019 年第 1 期。

　　清华大学社会学系：《社会学系历史沿革》，2022 年 4 月 5 日，https：//www. soc. tsinghua. edu. cn/lsyg. htm。

　　社会学界编辑委员会：《社会学界》，燕京大学社会学及社会服务系，1934 年。

　　水延凯：《中国社会调查简史》，中国人民大学出版社 2017 年版。

　　孙本文：《当代中国社会学》，商务印书馆 2017 年版。

　　唐晓琦、徐选国：《反思性转化与学科主体性建构——对中国社会学本土化百年发展的历史考察》，《河南社会科学》2021 年第 12 期。

　　涂可国：《社会儒学视域中的荀子"群学"》，《中州学刊》2016 年第9期。

　　王洪兵：《清代乡村治理多元协同模式的建构及其得失》，《江西社会科学》2021 年第 8 期。

王先明：《民国乡村建设运动的历史转向及其原因探析》，《史学月刊》2016 年第 1 期。

王小章：《"乡土中国"的现代出路：费孝通与吴景超的分殊与汇合》，《探索与争鸣》2021 年第 9 期。

文军、王琰：《论孙本文与社会学的中国化》，《哈尔滨工业大学学报》（社会科学版）2012 年第 5 期。

吴景超：《第四种国家的出路：吴景超文集》，商务印书馆 2008 年版。

萧子扬、马恩泽、石震：《乡村振兴背景下"清河实验"社会治理思想的再研究（1928—1937)》，《华东理工大学学报》（社会科学版）2019 年第 2 期。

徐勇：《历史延续性与中国农村社会形态的认识——一论站在新的历史高点上的中国农村研究》，《南国学术》2017 年 11 月。

许纪霖：《现代性的歧路：清末民初的社会达尔文主义思潮》，《史学月刊》2010 年第 2 期。

许仕廉：《文化与政治》，朴社，1929 年。

许仕廉：《中国人口问题》，商务印书馆 1930 年版。

许仕廉：《中国乡建中心论质疑》，《申报月刊》1934 年第 3 期。

杨思信：《试析收回教育权运动对中国现代教育的影响》，《教育学报》2012 年第 1 期。

杨天宏：《民族主义与中国教会教育的危机——北洋时期收回教育权运动之背景分析》，《社会科学研究》2006 年第 5 期。

杨燕、孙邦华：《许仕廉对燕京大学社会学中国化的推进》，《北京社会科学》2015 年第 10 期。

张松梅：《近代华北乡村社会研究视野下的青苗会组织》，《历史教学》（高校版）2008 年第 11 期。

赵晓阳：《寻找中国社会生活史之途：以燕大社会调查为例》，《南京社会科学》2016 年第 2 期。

赵旭、彭秀良：《清河实验（二）：工作原则、组织架构及经费》，《中国社会工作》2015 年第 25 期。

郑大华、周元刚：《论五四前后的民族主义思潮及其特点》，《历史教学》（下半月）2008 年第 9 期。

周健、张思：《19 世纪华北青苗会组织结构与功能变迁——以顺天府宝坻县为例》，《清史研究》2006 年第 2 期。

周沛：《毛泽东农村社会调查与职业社会学家农村社会调查分析——兼论社会学的学科性与科学性》，《南京大学学报》（哲学社会科学版）1995 年第 4 期。

Alatas S. H., "The Captive Mind In Development Studies", *International Social Sciences Journal*, Vol. 24, No. 1, 1972.

Hsu L. S., "The sociological movement in China", *Pacific Affairs*, Vol. 4, No. 4, 1931.

藏族僧人根敦群培的学术思想

旺　姆

（清华大学新闻与传播学院博士研究生）

次仁群宗

（清华大学新闻与传播学院博士研究生）

根敦群培是 20 世纪西藏社会的标志性人物之一。他是一名接受过严格佛教传统教育的僧人，一位精通西方学术的学者，一个充满激情的行游者和一位伟大的艺术家。他多重复杂的身份和传奇坎坷的一生引起越来越多的中、西方学者的讨论。2005 年瑞士导演卢克·斯且德勒（Luc Schaedler）拍摄的电影《愤怒的僧人：反思西藏》（*Angry Monk：Reflections on Tibet*）更将根敦群培塑造成了一个准现代主义者，在两次世界大战之间成长起来的一代西藏人中的关键人物，力图接触现代世界并从中学习（Geoffrey Samuel，2010：60）。那么，根敦群培到底是一个失落天堂的居民、一个正在消失的封建制度的天真代表，还是像杰弗里·塞缪尔（Geoffrey Samuel）指出的一样是一名试图理解一个复杂而困难的世界的现代主义者？

一　暂短的一生

对于同胞之深情，常驻我心之深处；
宁为雪域之众生，竭尽区区之绵力。

——根敦群培，《根敦群培著作》，2012 年作为一个著述颇丰的学者，根敦群培除了佛学、历史学等方面的著作之外，还创作了许多朴实无华的诗歌；而上面这首短诗总结了他一生学术事业的关切所在。

1903 年，根敦群培出生在青海热贡（今黄南州同仁县）双棚西村一个虔诚的佛教家庭里，7 岁时被认定为当地亚玛扎西齐寺多扎活佛的转世，被送到寺中学习藏文和佛经。15 岁左右到红帽班智达的寺庙底擦寺学习，18 岁赴甘南拉卜楞寺入闻思学院学习。1927 年，根敦群培离开拉卜楞寺随商队一起赴拉萨，进入哲蚌寺修法习经达近七年。由于根敦群培个性耿直，敢于批判当时的权威著作和观点，遭众僧嘲笑甚至殴打。他的老师称他为"疯子"，后来他自己在文章和诗歌中也以"疯子"自称。1934 年，根敦群培接受一名印度学者邀请去印度、斯里兰卡等地考察学习历时 12 年，游历了印度、斯里兰卡、缅甸等国，撰写了《智游佛国漫记》等著作。1945 年，根敦群培从印度回到西藏，途中乔装成香客从噶伦堡取道门达旺和错那，考察中印边境历史地理。回到西藏后他即着手准备撰写西藏王统史《白史》。正当他专心致力于写作之时，噶厦地方政府在英帝国主义分子黎吉生（H. E. Richardson）怂恿下，于 1946 年 4 月将他逮捕关进牢房。1950 年根敦群培被释放，然而他在狱中受尽折磨，出狱后不久，于 1951 年在拉萨逝世，终年 49 岁。①

作为一个生活在特殊时代背景下的藏族学者，藏民族及藏文化的生死存亡是根敦群培最主要的关切。这体现在他关于历史、文化、宗教等的所有研究里，贯穿于他短暂的一生。他的著作不断呼吁尚在沉睡中的族人，赶紧睁开眼睛看外面精彩而又危险的世界，让他们在现代化到来之时能有所应对。在他貌似随心所欲的行游背后，也是对于民族生死存亡的深切关怀，就如他本人所说："在印度逗留十三年，在斯里兰卡逗留一年四个月，在此期间没有休闲地度过一天，那时我以强烈的责任感，希望为西藏做点

---

① 关于根敦群培的生卒年有好几种说法，目前普遍认为是 1903 年生，1951 年病逝，按藏族年龄算法是 49 岁，按周岁算法应为 48 岁。

贡献。"（喜饶嘉措，1999：8）①

二　提倡宗教宽容思想

> 虽已褪去出家之样貌，且已丢失僧人之品行；
>
> 能与上座众比丘相遇，定是前世修行之善果。
>
> ——根敦群培，《根敦群培著作》，2012 年

根敦群培由于他放荡不羁的性格饱受世人毁谤，甚至被当成佛门的叛徒遭遇驱赶。然而，他对于佛法的信仰和认同却在这首短诗中显露无遗。

佛教于 7 世纪自汉地和印度分别传入西藏地区并与本土文化相交融，最终占据了藏文化的主体地位，渗透到了社会生活的各个层面，尤其对以僧侣为代表的知识精英产生了举足轻重的影响。（增宝当珠，2017：118）作为一个从 4 岁开始就在非常严格的佛教传统里训练出来的僧人，根敦群培的行为虽然看似离经叛道，其内心对佛教的认同却从未改变。在《智游佛国漫记》里他曾说道："我虽没有大众信徒可以让我讲经传道，也没有条件做建寺立庙这等大事，但我对佛法的热爱并不亚于你们。"（根敦群培，2012：156）在印度考察了佛教的历史和发展现状，再到斯里兰卡了解了小乘佛教的状况之后，根敦群培对西藏的佛教发展状况进行了深刻的反思；他深切地意识到包括藏传佛教在内的整个佛教面临着严峻的挑战和危机，并试图为此寻找到一条出路。他提出，佛教要想在历史的长河中继续生存下去就应该秉持宗教宽容精神，团结佛教内部不同传统以及印度教、伊斯兰教等世界其他宗教，还应该打开心胸接受科学并争取与之携手发展。

20 世纪 40 年代初，根敦群培从印度去往斯里兰卡并在那里居住了一年四个月，学习梵文、巴利文，游历了整座岛屿并参与了当地的很多社会

---

① 文中虽提到根敦群培在印度居住 13 年，但事实上根敦群培在印度、斯里兰卡等南亚各地总共居住 12 年。

文化活动，切身感受小乘佛教传统。在《智游佛国漫记》第十四章"关于斯里兰卡历史"中，根敦群培对斯里兰卡小乘佛教的历史和现状做了详细的叙述，并时时与当时西藏的藏传佛教相比对，在反思各自局限的同时指出作为同源的佛教必须摒弃各自的偏见、携手同心。他写道："北方的大乘和南方的小乘同属四法印，原该拥有亲密的关系，然而一方面手持黑色托钵者（斯里兰卡佛教）对万事充满猜忌，而另一方手持骨号者（西藏佛教）总是仗势欺人，因两者都顽固不化，故暂时只在各自地方处事，只不忘佛陀与教法之间的关系最为重要。"（根敦群培，2012：65）

通过在印度和斯里兰卡对佛教历史的研究，根敦群培深刻地认识到了佛教尤其是大乘佛教在印度本地的盛衰起伏及其背后的原因。在他看来，大乘佛教在印度本土的衰落，固然有包括伊斯兰教的入侵、西方文化的渗透以及现代科技的挑战等许多复杂的客观因素，但自身因素不容忽视，即该宗派过于强调思辨的风格及其引发的持续纷争，导致了内部分裂和自我瓦解，而这正是重修行、轻思辨的小乘佛教仍然能够存续的重要原因。在斯里兰卡期间他感受到了该教派在教义理论尤其是修持实践上与以大乘为核心的藏传佛教的巨大差异，并为那里佛教徒的生活之朴素与清净、持戒之严格与纯洁所深深吸引（海德·斯多达，2013：89）。他在游记中说："一般而言，小乘佛教的历史以一般性论述展开，在谈及佛陀的功绩等时是极其动人的，然而，大乘佛教所言由于深广宏大，因此，除非极其聪明或极为愚昧者，非一般人所能理解。"（根敦群培，2012：29）与此同时，根敦群培发现这里的佛教徒在思想和行为上显示出极端的保守乃至教条主义倾向，对包括藏传佛教在内的其他教派充满歧视和偏见，甚至唯我独真，缺乏应有的包容和开放精神。对此，根敦群培流露出失望之情："总而言之，这些锡兰的比丘无不都是坚持己见、唯我独尊、唯我独真者，对于异见之道，不分黑白、不辨是非一概拒斥之。"（根敦群培，2012：21）根敦群培提出，为佛教的长远发展着想，教派应该放弃纷争和偏见，积极寻求对话和融合，才能挽救佛教的整体颓势，实现复兴。

根敦群培宗教宽容思想的形成与当时时代思潮紧密相关。在尚未前往斯里兰卡时，根敦群培加入了印度的佛教组织——摩诃菩提会。摩诃菩提会的产生与 19 世纪末和 20 世纪初亚洲民族文化觉醒的历史语境分不开，当时在亚洲发生过一场泛佛教运动，摩诃菩提教会的组织者就是该运动的组织成员。（增宝当珠，2018：18）"大菩提会创建者达摩菩提所倡导的正是宗教宽容精神，该组织力图通过宽容精神来整合各派佛教势力，凝聚共同力量，以实现佛教的振兴。"（李加东智，2013：92）

可以说，在 20 世纪初反帝反殖民运动的文化浪潮中，根敦群培对摩诃菩提会的宗旨，即佛教不同派系之间的互补和关联是有着深刻体会的。他对斯里兰卡佛教的分析，凸显了根敦群培的佛教认同，更体现了他在遭遇殖民帝国时，反思传统并希望从传统中汲取滋养的态度。（增宝当珠，2018：20）

根敦群培对宗教偏见和教派斗争的反思和批判，不仅限于佛教内部不同传统之间，还涉及包括印度教、伊斯兰教等世界其他宗教和文化。他在"关于斯里兰卡历史"中提到不久前在印度出现过一个新的宗教，该新宗教由于不分教派、广泛吸收印度教、佛教、伊斯兰教等的精华而广受信徒崇敬："（新宗教创立者）发现虽然不同宗教起初看起来存在差异，若深究之，将发现如同千条河流汇进大海、条条大路通罗马，婆罗门教的梵天、伊斯兰教的安拉、佛教的乔达摩悉达多，各自所尊奉、敬仰的对象，除了本质上'大我'这一无处不在、无时不有的伟大存在者之外，另无他有。……很快这种新宗教的信徒遍布印度各地，甚至在美国等遥远国家都有其修行寺庙。"（根敦群培，2012：147）他认为，这一新宗教的吸引力和生命力正源于其所奉行的不分教派、强调宽容与自由的原则，因为传统宗教都把思辨、传承置于各自宗教实践的中心位置，与之伴随的是无休止的纷争与对立；而这一新宗教把宽容和人道精神作为信仰的基本原则，超越教派纷争，强调宗教教义所包含的道德内涵和文化价值，结果是不同宗教和教派之间的和解和融合、社会政治秩序的稳定与有序、人们之间关系的融洽与和睦。

根敦群培通过反思传统西藏根深蒂固的宗教偏见和教派斗争及其危害，并广泛考察包括基督教、伊斯兰教和印度教在内的世界其他宗教文化之历史与现实基础，倡导和阐述了以信仰自由为核心的宗教宽容精神，由此希望促进民族内部的团结与和睦，推动藏民族以及藏传佛教自身走向现代化。宗教宽容精神自然对根敦群培思想产生了深刻影响，他深刻地认识到宗教宽容对于佛教的复兴以及对抗西方殖民者的文化侵略所具有的重要意义。（李加东智，2013：92）

在《智游佛国漫记》最后一章"结语"里，根敦群培大篇幅讨论了新兴的科学与佛教之间的关系，并呼吁同胞们打开心胸，接受科学。"现在我向那些正直而有远见的佛友们提出真诚的探讨：如今被称为'Science'的新的推理系统的观念在全世界流行，在那些大国虽然一开始智者愚者都想吹毛求疵，到最后全都精疲力竭、保持沉默了；甚至连那些爱固守己见胜过自己生命的印度婆罗门教徒都不得不心悦诚服。然而科学并非通过辩论来获得认可，比如新机器制造的望远镜可以看数千英里之外的东西就像看自己手掌里的东西一样清晰，还有用显微镜可以将一粒尘埃放大到像一座山那样可以让你细看。这些都是亲眼可见的东西，除非你闭上自己的眼睛没有别的否认的办法。"（根敦群培，2012：150）根敦群培从中看到了科技对于改变一个国家和民族命运的决定性力量，即一个处在现代世界的国家和民族，若拒斥科学，无疑等同于自绝于时代的潮流。

在南亚旅行期间，根敦群培看到了现代化给人类社会带来的巨大变化，《智游佛国漫记》中他多次提到了现代化和科学技术创造的奇迹，比如他提到英国殖民者在印度修建了铁路、学校、工厂等现代化设施，还废除了女性殉葬习俗："在那之前，光孟加拉每年都有七百多个妇女被活活烧死，更不用说整个印度有多少了。"（根敦群培，2012：145）他在斯里兰卡参加当地重建一座古老佛塔的庆祝仪式时，也看到了现代科技手段甚至已经融入佛教仪式当中："那时，整个佛塔被五彩灯光围住，四方佛陀以四种姿态呈现，空中响起经文和各种声乐，飞机穿梭云中并盘绕佛塔向右旋转降下白色花雨等，展现了许多现代魔幻之术，恐怕佛陀自己看到了也会吃惊的。"（根敦群培，2012：63）

根敦群培认为科学虽然源自西方，是西方文明的近代产物，并曾被用来服务于帝国主义殖民世界的目标，但科学本身没有民族属性和文化之别。科学代表理性与进步，既可使西方变得强大，也可为包括传统西藏在内的任何其他地区和民族所用，以改变自己的落后状况。但传统西藏，面对科学这一新生事物，充满焦虑和敌意，于是他抨击当时西藏社会排外的愚昧思想。"拒绝理性是最可鄙的。然而咱们的同胞们还是一听到新的观念就大喊：'啊！他是异教徒！'并瞪眼怒视。"根敦群培指出科学不仅不等同于基督教等宗教，而且在很长时期内，曾作为基督教的对立面存在，并有过一段漫长而剧烈的冲突和斗争史。"起初，外国的基督教徒们伙同国王，对提倡科学的人要么流放、要么囚禁，甚至活活烧死等用一切手段来阻止，但最终就像普照的阳光不能被手掌遮住一样，他们的宗教也不得不硬挤进科学的观念里。"（根敦群培，2012：151）根敦群培在藏族近代思想史上，不仅首次较为深刻地阐述了科学对于一个国家和民族的前途命运的决定性意义，而且在很大程度上，第一次正确地区分和梳理了科学、基督教和西方——这三个不同概念的区别与联系，从而为传统西藏接受科学扫除了思想障碍和认识误区（李加东智，2014：28）。他在游记中进一步说："藏族人听闻科学之事，都将其视为基督教之产物，而基督教者在陌生之地不顾颜面默认了此事，此乃最为痛心之事。"（根敦群培，2012：28）

根敦群培对宗教和科学的关系的认识其深刻性和独特之处在于：他既反对一味地盲从宗教权威，抵制和否认科学及其真理性的中世纪式的思维逻辑，又反对简单地把符合科学性视为论证宗教之存在和真理的最佳方式——这一在当代十分流行的庸俗观念，而是在界定宗教和科学的价值和领域的基础上，肯定科学的作用的同时，对宗教在个人和社会生活中的影响给予充分肯定。"无论是固执地对科学说'不'还是相信科学从此全盘否定佛教教义，都是偏激者的行为，并不是长久之道。咱们的佛法无论从教义理念、次第道路，还是从最后的修行成果，不管从哪个方面看都无须自愧于科学新说，甚至能够以科学作为基础。国外的很多科学家后来信仰佛教，有的还出家为僧。……咱们这一佛陀创立的宗教不但有能力与科学携手并进，甚至在科学无能为力的时候也能勇往直前。"（根敦群培，2012：152）在根敦群培写下这些文字半个世纪之后，直到20世纪末21世纪初，才开始有越来越多的西方科学家和东方佛教徒致力于科学与佛教之间的对话，甚至用现代科学仪器测量禅修对于大脑的影响，并借鉴佛教思想和理念以拓展心理学等现代学科，根敦群培思想的前瞻性由此可见一斑。在《智游佛国漫记》的末尾，根敦群培诚挚地恳求他的同胞们："你们不要以为我是个容易轻信别人的笨蛋，我也是个聪明的人。……所以不要将我的这些话当成用来毁掉我的工具，而是把目光放长远，分清主次，为了不使我们的佛法和内明学彻底衰落，努力去想想该怎样使佛教与科学共存。"（根敦群培，2012：156）。

然而，作为一个善良慈悲的佛教徒和一个人文主义学者，他对殖民制度的残暴和非人性深恶痛绝，因此在他的著作里对殖民主义的批判严厉而尖刻，不留情面。在《智游佛国漫记》的最后一章"结语"里，根敦群培开篇就讲述殖民主义的历史和殖民者的本性。"大概在佛灭1959年之后，欧洲人开始跨国海洋远征……在每一种世俗的事业里欧洲人都比咱们精明千倍，他们能够轻易地把东方和南方诚实天真、只熟悉自己家乡的人们骗得晕头转向，因此，他们带着军队来到大大小小的许多国家。而他们的背后支持他们的国王大臣和政权，心中只有贪婪和私欲、践踏别人的幸福如同踩踏地上的一块荒箐一样无所谓，于是美其名曰为'商人'的匪徒大军遍布世界。"（根敦群培，2012：140）

同时，根敦群培对被殖民、被剥削和压迫的人们表达了深刻的同情，"而生活在小国森林里的可怜胆小的人们，像绵羊一样被抓到殖民者的国家。他们被戴上脚镣和手铐，提供的食物只够湿润他们的嘴唇，被强迫从事最艰苦的工作直到累死。据说由于这种严酷的折磨，即使是年轻的奴隶也活不过五年以上。年轻的女人们被抓走之后，为了吸引买主的欲望被赤身裸体地展示在市场中央等等，总之任何一个有良心的人听了心都会滴血。殖民者就是用这种方式为所有的世界奇迹——从一个海岸伸向另一个海岸的铁路，以及从下面望不到顶的高楼大厦——奠定基础的"（根敦群培，2012：141）。根敦群培域外行游时正值英国殖民印度时期，也是印度反殖民运动高涨时期，他的反殖民思想受到了这一时代思潮的影响（增宝当珠，2017：122）。

作为一个具有强烈民族自尊和反殖民主义的学者，根敦群培认识到深受西方殖民主义之害的亚洲各国和民族，形成了一个休戚与共的命运共同体，西方帝国主义者对包括西藏在内的亚洲各国和民族的殖民统治，不仅是军事和政治上的入侵和压制，还是文化和精神心理上的宰制和渗透（宋立道，2005：166）。因此，在当时旳时代背景下，反殖民主义是根敦群培思想的重要内容。

三　冲破神学史观枷锁

> 面对震撼人心之真理，我定不会掩藏以自欺；
> 这是学者首要之誓言，我愿舍身忘死以捍卫。
>
> ——根敦群培，《根敦群培著作》，2012 年

这首言辞激烈的诗表达了根敦群培作为一个学者对于真理的不懈追求，这也使他截然区别于以往的西藏史学家们。

由于西藏社会政教合一制度和佛教文化的深入影响，西藏的传统史学充满着神秘的宗教色彩和浓厚的神话色彩。纵观西藏近代以前的传统史学名著，12 世纪的《巴协》、1363 年的《红史》、1388 年的《西藏王统记》、1478 年的《青史》、1538 年的《新红史》、1540 年的《贤者喜宴》、1643 年的《西藏王臣记》等，宗教的神通广大掩盖真实历史的记录比比皆是，甚至出现了第一代藏王聂赤赞普之前无藏族历史和松赞干布之前无藏族文字等不符合客观现实的史学观出现。

藏族历史上有过《红史》《青史》《黄史》等史学著作，这些冠以颜色的历史代表着史学家各自的宗派倾向，根敦群培将所要撰写的吐蕃史取名为《白史》，即是为了表明无宗派和地域偏袒、不偏不倚的写作初心。根敦群培不仅希望将藏族历史研究从"神学奴婢"中解放出来，更希望摒除传统史学家的以偏私撰史的陋习，还原历史本真。敦群培提倡的是"摆脱神学的枷锁，写人的历史"。

在《智游佛国漫记》中根敦群培写道："当说到赞普通过神力将树木变为士兵，岩石变为战马，用一根长草变作桥渡过黄河之水，一年完成之事说成一天，一千人完成之事说成一根手指完成，对这些离奇故事，愚者

们听得十分投入，充满称奇声、笑声以及感动泪流声。相反讲到'马年，赞普在额角朵的地方，剿灭上下部劫匪，突厥使臣前来拜谒，接受骆驼、马匹等贡品'，知道在讲人的历史，听者逐渐减少，于是，史学家尽量选择前种做法，极尽编撰更加离奇的故事，按编年体撰写的真实王统史变得毫无价值"（根敦群培，1990：95）。神的历史得到赞美，人的历史却遭到压抑，后代对于自己的历史只剩虚无的惊叹，以至于"连那些外国史学家尽皆熟悉的历史部分，本地大多数人却到了似知非知的地步"（根敦群培，1996：126）。为了改变这一尴尬的处境，根敦群培决心要还原历史本真，撰写属于藏民族自己的历史。

在根敦群培史学代表作《白史》的开篇，他就提出他的写作初心在于挖掘被掩埋的历史真相，并明确指出："所要叙述的主要内容是藏王父子治世之史，如何通过战争，巩固王权、扩张领土。至于藏王和王后非比寻常的经历，以及弘扬正教之功绩，为众人所知，不再复述。"（根敦群培，2020：81—82）在佛教后弘期的社会环境中，撰写西藏历史却不谈佛教、不谈藏王兴佛事迹，似乎是违背常理之举，但根敦群培只求拨开宗教的迷雾，寻求真实，写出关于人的历史，这是在吐蕃王朝灭亡之后藏族史学家和史学著作中从未出现的观念。《白史》的出现是根敦群培对于传统史学的祛魅，让人们看到了历史是由真实的人建构，而不是由虚幻的法王与神创造。

《白史》虽是一部未完稿的吐蕃史，但与传统藏族史学著作相比，《白史》充分体现出根敦群培的人文主义史学思想以及科学的研究方法，具有以下特点：

《白史》的重要性来源于丰富史料的运用，《白史》的史料来源主要有四大类：一是西域、敦煌藏文文书，如《吐蕃大事纪年》《吐蕃赞普传记》等；二是吐蕃碑铭文献；三是两唐书《吐蕃传》；四是古代藏文史书《巴协》《五部遗教》《红史》《青史》等（扎洛，2004：25—27）。对于这些史料的选取、甄别、考证体现着根敦群培作为一名史学家的史学造诣。唐代与吐蕃之间关系密切，在唐代史料中有大量吐蕃相关记载。根敦群培通过阅读藏文文献《红史》与《青史》，考证了其有关吐蕃历史的基点是依据 945 年的《旧唐书》和北宋初年的《新唐书》中的《吐蕃传》所撰写，在考证西藏古代风俗和芒松芒赞、松赞干布两代赞普的历史时，通过藏汉文献资料互证，引用两唐书中《吐蕃传》记载，并指出"如果想要了解古代的风俗如何，惟有阅读其他文字撰写的历史，至于藏人详细描写本地风俗者，实在难得。这些现象在各国都同样存在"（根敦群培，1996：155）。

除了运用史料之多以外，还有史料之独特。著名藏学家、根敦群培的弟子霍康·索朗边巴指出："在这部著作中，宗教和历史分得十分清楚，与过去许多带有神话色彩的藏文史书截然相反；依据敦煌出土的古藏文吐蕃历史文书和古代碑铭等史料与实物，对当时的重大历史问题做出了恰如其分的结论。根敦群培是第一位运用敦煌古藏文考证西藏古代历史的藏族学者。"（霍康·索朗边巴，2012：15）。至于根敦群培为什么能够利用敦煌文献，就要回到 40 年代游历印度时与法国敦煌学家、藏学家巴考的相识，巴考将自己拥有的敦煌文书的副本送给了根敦群培，这就为根敦群培利用敦煌文书研究吐蕃史提供了一个珍贵的资料，这也是同时代其他藏族学者不可能具备的条件。根敦群培指出："这些在诸王时代，由藏人亲自著录、未经他人笔尖触动修改，在沙石泥土中沉睡了近千年的古老文献，不但足可在世人面前引以为豪，且能使人了解我们古代史籍的措辞风格。"（根敦群培，1996：149）。

当有人质疑敦煌古藏文文献的价值时，根敦群培指出，有人称此类文章属于不完整的王统史片段，不足为据，此言不合情理："大凡一切旧有古史，全部类似此种片段。如同《巴协》与《遗教》一般。"（根敦群培，1996：150）。如果说遇见巴考和敦煌文献是根敦群培的人生机遇，不盲目信任，潜心研究并择其确实可信者用之，则体现了根敦群培的求实的治学方法与敏锐的眼光。值得一提的是，根敦群培在《白史》中还引用了印度梵文、波斯文等资料。

《白史》的科学性在于根敦群培进行了大量的实地考察，他反对照本宣科，不加分析地吸收文献，坚持用朴素唯物主义的观点和方法指导自己，因此在实证过程中，取得了与传统观点截然不同的学术观点，为藏族学术与现代学术接轨贡献了自己的力量。根敦群培关于"蕃"的由来、松赞干布生卒年考证、藏文起源的论断等，在国内外学界中成一家之言，深受重视。法国藏学家麦克唐纳夫人的著作《敦煌吐蕃历史文书考释》、藏族史学家恰白·次旦平措的代表作《西藏通史》等都多次引用了《白史》的有关论断。关于松赞干布的生卒年代一直是历史争议的问题，根敦群培通过缜密的分析考证了松赞干布的生卒年分别是617年（藏历火牛年）和650年（藏历铁狗年），并指出了《青史》中的相关错误，明确了牛、狗两个年号的天干，"对这一问题作了藏族历史上未曾有过的合乎实际的研究，现在国内外大多数历史学家都以根敦群培的研究为标准，进行评判"（恰白·次旦平措，1995：41）。

根敦群培指出年代对于认识历史的重要性，明晰了该书的纪年原则。

碑铭的考释是解析历史的活化石，根敦群培抄录了大量尼泊尔碑文，以及拉萨及其周边古寺中的吐蕃碑铭。在动笔撰写《白史》之前，根敦群培专程到乌香多等地亲自考察吐蕃时期的碑文，收集了重要的文物史料。在抄录噶穷寺尚存的碑文时，他指出"依据噶穷的碑文可以纠正以前王统历史中的一些错误"（霍康·索朗边巴，1983：15）。

根据噶穷寺碑铭，赤松德赞时代的佛教发展是历经四代赞普的努力逐步实现的，因此根敦群培认为史料撰写佛教在松赞干布时代初传吐蕃即得到迅猛发展并不符合一般规律。因此，对任何一种吐蕃碑铭做翔实的研究，就足以撼动吐蕃教法史中"祖孙三法王"的神秘传法事迹。正因如此，过往修史家对这些珍贵的石碑选择视而不见，而根敦群培以过人的胆识和实事求是的思想，进行了调查研究。

关于创制藏文字体蓝本的考证中，根敦群培否定了吞米·桑布扎以兰扎字为蓝本创制藏文楷书，以乌尔都字为蓝本创制藏文行书的观点，认为许多学者只是依据二者相同之处进行的推测，他认为藏文源于笈多文字，即当时所谓的龙文。"藏文行书并非特意创制而是在速写藏文楷书时自然形成，看看古代典籍和被称作的南方文字，至今在不丹国仍然使用的文字就十分清楚了。"（根敦群培，1996：50）

根敦群培在考证的基础上证明："笈多时期的一些铜板文字和石刻文字酷似藏文，稍微拉开一段距离看，仿佛是一位书法技艺不太高明的人所写的藏文。"（根敦群培，1996：49）根敦群培将实地考证与文献材料结合，以实证的方法挑战传统学说，这一观点在藏学界独树一帜，影响了后代学者对此问题的研究。

在他的著作中，根敦群培还以践行"利美"的思想，倡导摆脱宗教桎梏。……"利美"思想即无偏见思想，始于19世纪初的康区，产生于由藏传佛教著名高僧宁玛派降央钦哲旺波，噶举派贡珠·云丹嘉措等在德格一带发起的藏传佛教复兴运动。其宗旨在于冲破各教派的门户之见，倡导兼容吸纳各派之长，摒弃宗派偏见与诤论，主张求同存异，共谋藏传佛教的长期发展（万果，2012：48—53）。

作为一名熟知藏族历史的人文主义学者，根敦群培了解历史上"佛苯之争"的苦难，藏传佛教内部不同宗派为弘扬各自教派，依靠当权者力量消灭异己，进行阴暗斗争的种种历史。加之根敦群培出生于宁玛派世家，学习于格鲁派寺院，这些经历促使他通达各教派的特点，深知每一种宗教都不分优劣。在《白史》的撰写中，根敦群培不仅以历史真相为标准，进行资料选择，更公开表示参考了苯教文献，他指出"尽力做到使文章不沾染因寡闻而主观臆断和偏执的谎言等污垢"（根敦群培，1996：150）在此之前，基于教派偏见，藏地佛学者几乎不会引用苯教文献，在以藏传佛教为正统文化的社会环境中，能够超越身份的桎梏，正是根敦群培求真的勇气与"利美"思想的体现。

如果说撰写藏族史学让人们看到了冲破神学枷锁的勇气，记录南亚历史则引领人们看到更为真实的世界。在向外行走中，通过《智游佛国漫记》观察他者文明，在不断比较中，反观自身，在向内关注中，以《白史》记录自己民族的兴衰，只可惜命运弄人，在写作之初根敦群培就锒铛入狱，甚至他自己也没预料到竟会遇到这般挫折，让一份拳拳之心付之东流。

对于史学领域，根敦群培是一名探索者，《白史》作为其最重要著作，首次摆脱了宗教的束缚，转入人类发展的文明历史，将科学的研究方法，多源的史料互为考证，得出许多新观点和新发现，根敦群培求真求新的治学精神，更是影响了一代史学研究者。恰白·次旦平措、诺昌钨坚等撰写的藏族史学巨著《西藏通史·松石宝串》（1996），著名藏学家东噶洛桑赤列的《论西藏政教合一制度》（1985）、平措次仁的《藏史明镜》（1992）、周华的《藏族简史》（1995）等藏族史学重要著作，均得益于传承了根敦群培的史学观及其史学研究方法。

如果说根敦群培把藏族史"从神学的枷锁下解放出来，创立了人文史观"，那么恰白·次旦平措"则是把藏族史的研究在广阔的领域内从人文科学进一步引向了历史唯物主义"（拉巴平措，2016：4）。根敦群培确立了现代藏族这一史学流派，推进了西藏史学从神学史观转到人文史观，促进了后续史学从人文史观到唯物史观的发展。

四 尊重女性主体地位

> 个人私事亦或公共事，王公政事乞丐生计等；
> 大大小小各种世间事，不可或缺女性之女存在。
>
> ——根敦群培，《欲经》，出版年月不详

这首诗是根敦群培饱受争议的性学著作《欲经》里的一首，体现了他作为那个时代的藏族知识分子对女性地位的不同寻常的重视。在20世纪封闭保守的西藏社会，根敦群培开放进步的思想早已不为当时政治和知识精英所容，而一本结合他自己亲身经历写就的《欲经》，更是惊世骇俗，再次印证了当时人们对于他"疯子"和"离经叛道"等的评价。直到20世纪80年代，才开始有藏族学者意识到《欲经》中描绘的不只是性，"书中所论述的许多思想和观点，所抨击的许多社会现象，具有很高的学术价值和社会现实意义"。（拉巴平措，2012：4）1992年，《欲经》英文版 Tibetan Arts of Love 问世（2003），之后译为中文《西藏欲经》（2006）。这本在西藏社会长期地下传阅的著作始见天日。

根敦群培《欲经》的第一个重要意义在于，他在一个长期被封建思想禁锢的极端保守的社会里第一次提出男女情爱之欲是人性最自然的体现，也是人类繁衍生息之必需，无须以此为耻，谈"性"色变。他讽刺当时西

藏社会由于将性爱视为羞耻之事而导致的整个社会的虚伪之态:"戒之不能行之又觉耻,隐之困难公之恐被嘲;人人唾弃无人不享它,人人嫌恶暗自皆行之。"(吴玉、周毛,2014:272)

在当时西藏社会里将性爱视为"可羞耻的"和"肮脏的"观念是如此根深蒂固,以至于在西藏的一些历史悠久的经典佛教著作里也充满了对性爱和与之相关的女性的贬斥;这种观念极端到人们甚至不愿意相信历史上的伟人、圣人们是通过男女交欢之后从女性的子宫里孕育出来的,于是有了一代藏王涅赤赞普出生于母亲的脖颈之下、莲花生大师出生于纯洁的莲花之上等等传说(吴玉、周毛,2014:277—278)。然而根敦群培在《欲经》一开头的地方就引用佛陀的话指出,男女情爱之欲合乎天道人伦,是人性最自然的体现,试图压抑这种欲望如同"筑小坝阻挡洪流"般无用,而无欲强行则如"自山脚往上滚巨石"般困难(吴玉、周毛,2014:276—277)。在他看来,享受性爱之乐是人之为人最正当的权利。"享受情爱非小事,繁衍生息非小事,幸福平和享欲乐,岂能称之为小事?"(吴玉、周毛,2014:277—278)。

《欲经》的另一个重要意义在于它在一个男尊女卑的藏人社会里正视女性作为跟男性一样有思想、有意识、有欲望的主体,高度评价了女性对于人类社会不可或缺的价值,提倡对女性的欣赏和尊重。他严厉批判一直以来将女性视为男性附庸品和玩乐工具的传统和贬低女性的思想,并对女性和穷苦人等弱势群体表达了深切的同情。"国王拥有上千个嫔妃,人们誉为无上之功绩;若是哪个妇女有百夫,那该如何惊世又骇俗!……纳妾既然不能算邪淫,富人自然不用犯邪淫。满头白发老翁仗钱财,挑拣采买妙龄之少女;只被视为买卖之商品,可叹世间女性之命运。"(吴玉、周毛,2014:277—282)

根敦群培的男女平等思想不仅体现在对女性社会地位的肯定,在情爱世界里他认为女性跟男性一样拥有按照自己的意愿享受爱欲之乐的权利,必须认可和尊重女性的欲望而不该将其视为男性的玩物。"金银马象富人之专属,情爱之乐不分贵和贱,如同阳光大地和风水,此等珍宝属于公有物。"(吴玉、周毛,2014:277—282)

根敦群培是首位从人性和人文主义视角研究性学与情爱艺术的藏人，也是将性学与人类历史发展、社会环境、阶级分化和民族等结合起来研究的第一位藏人（吴玉、周毛，2014：267—277）。他在描述女性的过程中、在论述婚姻家庭关系的时候、在叙述各地不同风俗习惯的时候，都以十分坚定的立场和鲜明的态度宣扬男女平等的观点和思想，这在西藏这样一个男尊女卑思想十分突出的地方，具有深刻的理论和人文意义（拉巴平措，2012：7）。尽管在他的时代最受关注的革命是政治革命和社会革命，女性问题只是作为一个附着问题出现的，但是他喊出的第一声，正如鲁迅当年喊出"救救孩子"一样，在西藏历史上振聋发聩（郭克范，2002：55）。

五 结语

犹如尸首之形骸，何时故去我不悔；
宛若真金之才智，一同消亡尤可惜。

——根敦群培，《根敦群培著作》，2012 年

犹如这首诗所表达的，根敦群培放浪形骸的外表之下是如真金般的才智和他一生孤独的抗争。阅读根敦群培的著作，我们会感受到一种略带绝望的精神挣扎。他时而尖刻地讽刺西藏知识分子们的狭隘与荒唐，时而又语重心长地恳求大家听从他的劝告，去睁开眼睛看看外面的世界在发生什么。人类文化思想历史中的开拓者似乎总是命运多舛。根敦群培这个"疯子"在保守落后的社会中孤军奋战，最终付出了生命的代价。从 1936 年在藏文报纸《明镜》（Me-long）上发表第一篇文章至 1951 年去世止，根敦群培在短暂的 15 年内留下了 12 部著作（包括合著），论文 77 篇；译著（含合译）9 部，译文 5 篇，20 首诗作和 125 幅绘画作品。

根敦群培生活在藏族传统社会走向现代社会的转型时期，也是传统藏族文化受现代文明冲击的变革时期。在充满矛盾与智慧、变革与激情的新旧交替的时代，根敦群培辗转于安多、拉萨和南亚各国，再回到西藏，在不断出走中，开阔视野，洞察异域文明，反思自身文化，继而寻求改良传

统文化的路径。他丰富而坎坷的一生，闪烁着智慧的光芒，在政教合一的社会里以非凡的智慧和胆识启迪后人。

在他有限的一生中，根敦群培不断呼吁宗教的宽容和对话，依据历游佛国的丰富经历，通过撰写《智游佛国漫记》，预言了佛教文化新时代的降临。他还在实地考察、抄录碑文以及参照敦煌文献的基础上，以《白史》一书冲击了藏族历史的神学化，由此奠定了现代藏族史学。根敦群培的《欲经》参考了印度典籍、西藏典籍、印度梵文专家的知识。在书中，他对康藏女子生活和性风俗的描述体现出他对女性的尊重和他的男女平等意识。

参考文献：

根敦群培：《根敦群培著作：全三册（藏文)》第二册，西藏藏文古籍出版社 2012 年版。

根敦群培：《根敦群培著作》第二册，西藏藏文古籍出版社 1990 年版。

根敦群培：《白史》，转引自《更敦群培文集精要》，格桑曲批译，中国藏学出版社 1996 年版。

根敦群培：《白史》，法尊大师译，中国藏学出版社 2020 年版。

郭克范：《根敦群培杂谈》，《西藏研究》2002 年第 1 期。

斯多达：《安多的托钵僧》（杜永彬译)，中国藏学研究中心（内部版)，转引自李加东智《试论根敦群培的宗教宽容思想》，《中国藏学》2013 年第 3 期。

霍康·索朗边巴：《更敦群培大师传·清净显相》，《中国藏学》2012 年第 S2 期。

拉巴平措：《史为鉴明辨是非——为〈西藏通史〉汉译本出版而作》，见《西藏通史》序言，中国藏学出版社 2016 年版。

拉巴平措：《论根敦群培的历史功绩和精神遗产》，《中国藏学》2012 年第 S2 期。

李加东智：《试论根敦群培的宗教宽容思想》，《中国藏学》2013 年第

3 期。

才加东智：《根敦群培论宗教与科学》，《西藏研究》2014 年第 4 期。

恰白·次旦平措等：《西藏通史》（陈庆英等译），西藏藏文古籍出版社 1995 年版。

宋立道：《圣神与世俗——南传佛教国家的宗教与政治》，宗教文化出版社 2005 年版。

万果：《藏传佛教"利美运动"的现实意义探析》，《西南民族大学学报》（人文社会科学版）2012 年第 7 期。

吴玉、周毛：《藏学家更登群培学术思想研究：藏文》，北京民族出版社 2014 年版。

喜饶嘉措：《根敦群培传略》，《更敦群培文选》，四川民族出版社 1988 年版。

孔洛：《略论〈白史〉史料》，《中国藏学》2004 年第 1 期。

增宝当珠：《根敦群培的域外行游与异域书写——以〈智游佛国漫记〉为中心》，《西藏研究》2017 年第 6 期。

增宝当珠：《根敦群培的斯里兰卡之旅及其记述》，《四川民族学院学报》2018 年第 4 期。

Geoffrey Samuel, "Angry Monk: Reflections on Tibet", *Visual Anthropology Review*, Vol. 26, No. 1, 2010.

去工业化早产学说

秦北辰

（清华大学国际与地区研究院博士生）

胡舒蕾

（清华大学国际与地区研究院博士生）

自亚当·斯密（Adam Smith）出版《国民财富的性质和原因的研究》（《国富论》）以来，决定一个国家贫富的原因就一直是经济学家关心的核心问题。19 世纪发生的"大分流"（the Great Divergence）使工业化的西欧国家一跃成为世界经济中心，成为南北部经济发展水平巨大差距的开端。此后，在很长一段时间里，大多数全球南部国家与发达国家的人均收入差距并没有实质性地缩小。如何使全球南部国家实现"经济合流"（economic convergence）、在经济发展上追赶北部发达国家，也成为经济学需要直面的挑战。21 世纪初以来，全球南部国家出现了快速的经济增长，使经济学家见到了经济合流的曙光。然而，新冠病毒的大流行暴露了很多南部发展中国家经济增长的脆弱性与不可持续性。有证据表明，在大流行来临前，南部国家的增长势头就已开始逐渐消失（Rodrik，2021）。事实上，实现经济合流的经济体非常少。世界银行的研究显示，1960 年的 101 个中等收入经济体中，只有 13 个经济体成功地从中等收入跨越到高收入阶段。这些经济体除去西欧边缘的国家与石油出产国，则只有日本、韩国、新加坡、中国香港和中国台湾，而这些经济体全部位于亚洲。（World Bank，2013）

土耳其裔经济学家丹尼·罗德里克（Dani Rodrik）指出，经济增长没有伴随结构转型，是众多南部国家不能实现持续增长与经济合流的重要原因。所谓结构转型，是指一国经济持续增长过程中，生产活动的结构发生变化的过程。这样的转型通常被认为是经济资源从低生产率（productivity）的活动不断转移到高生产率的活动的过程（Sumner，2018：13—43）。所谓生产率，是指每单位投入的产出，经济学家用以衡量生产过程中的效能。对南部发展中国家来说，结构转型更多表现为从"传统"的农业向"现代"的制造业转移的过程，主要指工业化（industrialization，即制造业份额在国民经济中逐渐升高）。事实上，现代经济发展史可以说是一部工业化的历史，而工业化也是经济学诞生以来的重要议题。

在这样的视角下，罗德里克认为去工业化的早产（premature deindustrialization）是南部发展中国家实现经济合流的重要障碍。所谓去工业化（deindustrialization），此前多指北部发达国家制造业的份额在经济产出中出现减少。很多经济学家认为这是经济发展过程中的自然规律，由高附加值服务业的出现与劳动力成本上涨等因素所导致。罗德里克首次在当代主流经济学的框架内提出了去工业化的早产。[①] 他指出，众多南部发展中国家在高附加值服务业尚未发展、劳动力成本尚未上升时就经历了制造业份额的降低。对罗德里克来说，这是由全球化、贸易自由化、技术变迁和中国崛起等共同推动的。而与西方国家的去工业化经历不同，这种去工业化的早产表现为制造业的相对衰落与经济增长的停滞，带来了一系列政治、经济与社会问题。

----

① 在主流经济学框架外，对去工业化早产现象的讨论要更早。"去工业化早产"最早见于苏克提·达斯古普塔（Sukti Dasgupta）与阿吉特·辛格（Ajit Singh）在 2007 年所撰书籍，用以形容发展中国家的去工业化发生时，其收入水平远低于发达国家去工业化发生时的水平，与罗德里克的定义几乎相同。剑桥大学著名非主流经济学家何塞·加布里埃尔·帕尔马（José Gabriel Palma）也在同时期有过较系统的讨论。值得注意的是，他们都是来自全球南部且采用非主流方法研究经济问题的学者，详见：Sukti Dasgupta, Ajit Singh, *Manufacturing, services and premature deindustrialization in developing countries: A Kaldorian analysis*, London: Palgrave Macmilla, 2007; José Gabriel Palma, "Four Sources of 'De-Industrialisation' and a New Concept of the 'Dutch Disease'", In: Ocampo J. A., editor, *Beyond Reforms: Structural Dynamics and Macroeconomic Vulnerability*, Stanford: Stanford University Press and World Bank, 2005。本文第五节讨论了为何主流经济学倾向于忽略去工业化早产现象。

西方主流经济学对去工业化早产的现象并没有给予足够的重视，很多经济学家认为去工业化本身并不值得担心（Haverkamp and Clara，2019）。事实上，主流经济学对全球南部国家很多建议的有效性一直受到质疑。如景军在本文选中《什么是南部理论?》一文所论，全球南部的崛起呼唤从南部出发的社会理论。对罗德里克所重视的南部国家去工业化早产问题的讨论，也为我们提供了一个反思西方主流经济学的机会。

本文拟在罗德里克有关研究的基础上，回顾对去工业化早产现象的理论与实证研究，进而对当代西方主流经济学提出反思。本文所余内容安排如下：第一节对罗德里克的个人经历与学术成就做了简介，特别强调其对经济学家应关注各国社会现实的呼吁。第二节综述理论研究，简介去工业化早产现象的定义，综述现有对该现象原因与影响的讨论。第三节寻找经验证据，追踪全球南部国家的经济增长趋势来佐证理论讨论，并对去工业化早产的国别案例进行比较研究。最后，因为主流经济学相对忽略对全球南部极其重要的去工业化问题，第四节通过对经济学结构主义思潮、比较政治经济学和区域国别学有关研究的回顾，提出主流经济学应当关注全球南部经济体的问题、特征、理论与实践的重要性。

一 丹尼·罗德里克：人物简介与学术成就

丹尼·罗德里克是著名的土耳其裔美国经济学家，研究兴趣集中在国际经济学、发展经济学以及政治经济学等领域。罗德里克 1957 年出生于伊斯坦布尔的一个塞法迪犹太家庭，高中就读于伊斯坦布尔罗伯特学院（Robert College），随后前往美国求学并以优异的成绩获得哈佛大学学士学位。哈佛大学毕业后，罗德里克获得了普林斯顿大学伍德罗–威尔逊公共与国际事务学院的硕士学位，于 1985 年获得普林斯顿大学经济学博士学位。博士毕业后，罗德里克先后在哈佛大学、哥伦比亚大学和普林斯顿高等研究院任职，现为哈佛大学肯尼迪政府学院国际政治经济学福特基金讲席教授。罗德里克在各类学术组织和研究机构均有任职，他现任"包容性繁荣的经济学"倡议的联合主任和国际经济协会的主席。

在其职业生涯的大部分时间里，罗德里克都在关注普通人的利益和避免对经济学的滥用。（Bolotnikova，2019）这样的志趣来源于他早期的家庭生活和求学生涯。罗德里克在土耳其伊斯坦布尔度过其青少年时期，也见证了在土耳其政府贸易保护政策下父亲所经营的制造业企业的繁荣发展。"在70年代和80年代……自由市场激进主义在领域中占了上风。学者和从业人员认为，政府干预是不好的，贸易保护催生了所有这些低效率的公司。然而，我从自己的经验中知道，如果土耳其没有一定的贸易保护，很多中产阶级，或者我所属的中上层阶级就不会存在……这在许多方面是我对经济发展的非正统观点的开始。"（Bolotnikova，2019）在进入哈佛后，得益于开放性的社科教育和丰富的学习资源，罗德里克改变了在高中教育中形成的对文科的刻板影响。他通过广泛阅读哈佛大学维德纳图书馆有关土耳其历史的藏书，提出了"为什么土耳其和其他类似国家未能实现经济繁荣和发展负责任的政治机构"的疑问。（Adaman，2021）在普林斯顿获得硕士学位后，罗德里克在日内瓦联合国贸易和发展会议进行短期工作，尤其关注欠发达的发展中国家在国际组织中的声音。早年这些经历为他对南部国家的经济和政治研究的长久兴趣奠定了基础。

在经济增长领域，罗德里克认为经济学家不能过分强调"放之四海而皆准"的理论模型与普遍答案。数学模型只是经济学理解现实的工具，其有效性取决于经济学家对社会现实的敏感，以及基于社会现实的选择与构建。（Rodrik，2015）因此，在南部国家发展政策的选择上，罗德里克主张"一种经济学，多种药方"（Rodrik，2008）。也就是说，各国政府应该明晰自己特殊的限制增长的因素，出台适应本国政治经济现实的政策，而非盲目遵循一些经济学家对所有国家开出的改革清单。他因而认为，模仿发达国家制度安排的"最优"改革在南部发展中国家的现有条件下难以实现，而倾向于从"次优"解决方案的角度来思考南部国家的经济问题。（Bolotnikova，2019）值得注意的是，罗德里克继承了经典发展理论的结构主义视角，① 重视经济结构转型对南部国家经济增长的重要意义。他认为，在讨论经济增长的决定因素时，主流经济学家更常强调"基础因素"（fundamentals，例如人力资本投资、制度建设等），而他工业化是与这些基础因素同等重要的因素，而且没有了工业化的"基础因素"建设无法带来持续的经济增长。（Rodrik，2016b）也正是基于这样的结构视角，罗德里克在主流经济学框架内提出了去工业化早产的问题。另外，他也特别强调产业政策在一国工业化进程中的重要作用。（Rodrik，2004；Aiginger and Rodrik，2019）

罗德里克在国际贸易和政治经济学等领域也广有建树。他提出了著名的"全球化三难选择"（或译"全球化不可能三角"，the Globalization Trilemma），即任一国家只能在国家主权、超级全球化和民主政治之间选择两个。（Rodrik，2011）该理论指出了国家治理和全球治理之间存在的可能冲突，也对"深化全球化一定会利于所有国家"一类的论述提出了挑战。他认为经济全球化可能走得太远，而这给各国实现国内政策目标（例如经济的繁荣、金融的稳定和分配的公平）增加了很大难度。同时，罗德里克对政治学与经济学的交叉研究充满兴趣，其研究主要集中在民主制度和民粹主义的政治经济学解释上。他认为，自由民主制度在发展中国家难以巩固的原因在于缺乏自由主义传统以及选举动员主要依靠社会身份裂痕而非阶级裂痕。（Rodrik，2016c）罗德里克及其合作者（Mukand and Rodrik，2020）还提出了区分政治制度的三种权利，分别为产权、政治权利和公民权利。由于民主转型以精英和多数群众之间博弈和权利重新分配为本质特征，精英阶层关注产权的保护，多数群众关注政治权利的分配，从而忽视了对少数群体公民权利的保护，因此民主转型往往无法得到很好的巩固。

---

① 罗德里克也被一些研究者认为是"新的结构主义经济学"（New structuralist economics）的领军人物之一，例见：Keno Haverkamp, Michele Clara, *Four shades of deindustrialization*，UNIDO Working Paper，2019。值得注意的是，这里的新的结构主义经济学指将经济结构转型引入新古典经济学范式对经济增长的研究中，与林毅夫教授所倡导的"新结构经济学"（New Structural Economics）概念并不相同（虽然林毅夫教授的一些研究也被归为这类新的结构主义经济学）。林毅夫对其所倡导的新结构经济学有更为严格的定义，例如将结构内生化、将要素禀赋作为核心变量等。详见林毅夫、王勇、赵秋运《新结构经济学研习方法》，北京大学出版社2021年版。

罗德里克特别关注全球化对于民粹主义运动的影响。（Rodrik，2018、2021）他强调不同类型民粹主义的出现与全球冲击在社会中不同的表现形式有关，并从需求和供给两个角度提出了全球化对于民粹主义影响的因果机制模型。

二 理论研究：概念、原因与影响

去工业化是指一国的工业的就业或产出份额下降的现象，通常伴随着服务业份额的上升。历史上，众多北部发达国家在收入达到一定水平后都出现了去工业化。① 因此，经济学家通常认为工业化与收入水平之间存在一条倒 U 形曲线，即随着一国收入水平的上升，其工业份额（就业或产出）会出现先上升、后下降的趋势。其背后的机制通常被认为与制造业生产率逐渐提高、消费结构中服务占比增加有关，因为这样的因素可以使资源向创造更高附加值的服务业转移。（Rowthorn and Coutts，2004） 当然，经济全球化与技术水平的进步也扮演着重要的作用。（David et al.，2013；Bernard et al.，2017）

然而，罗德里克指出，在 20 世纪 80 年代以来，除去一些亚洲国家，全球南部的中低收入国家也在经历去工业化进程。（Rodrik，2015，2016a）与北部发达国家的数据相比，这些南部国家倒 U 形曲线更为靠近左下方的原点，换言之，与发达国家经验相比，这些国家在远低的工业化水平、远低的收入水平就开启了去工业化。罗德里克发现西欧国家的制造业普遍在人均收入 14000 美元左右达到峰值（以 1990 年价格水平计算），而很多低

---

① 西方社会科学界对发达国家的去工业化显然更为关心。例如中国制造业产品对美国的就业、政治极化等的影响，例见 David Autor，David Dorn，Gordon Hanson，"The China Shock：Learning from Labor Market Adjustment to Large Changes in Trade"，*Annual Review of Economics*，No. 8，2016，pp. 205 – 240；Rory Horner，Seth Schindler，Daniel Haberly，Yuko Aoyama，"Globalisation，uneven development and the North-South 'big switch'"，*Cambridge Journal of Regions*，*Economy and Society*，Vol. 11，No. 1，2018，pp. 17 – 33. 事实上，去工业化对发展中国家，特别是拉丁美洲与非洲来说有更大、更为严重的影响，同时经济学家对我国类似的趋势也有讨论，参见张斌《从制造到服务》，中信出版社 2021 年版；蔡昉《早熟的代价：保持制造业发展的理由和对策》，《国际经济评论》2022 年第 1 期。

收入国家在人均收入 700 美元时制造业就达到峰值。此外，英国和德国等第一批工业化国家在开始去工业化时，制造业劳动力占比在 30% 以上，而东亚新型工业化国家（如韩国）其峰值远低于 30%，而许多拉丁美洲国家出现去工业化时的峰值不超过 10%。值得注意的是，经历去工业化的发达国家的制造业实际产出（排除价格影响）较为稳定，而南部国家的去工业化不仅体现在就业份额的下降，还体现在制造业实际增加值份额的下降。由于其与发达国家的去工业化有较大区别，作者这种去工业化被称为"去工业化的早产"。与发达国家不同，这样的早产更多地意味着南部国家工业化进程的停滞。

为什么会出现这样的去工业化早产现象？对去工业化早产的原因，现有的研究从国际、国内的视角分别给出了解释。对国际因素的讨论主要与全球化有关，指出全球制造业集中在少数国家，使其余南部国家制造业失去竞争力。自 20 世纪 70 年代后期以来，全球政治经济格局经历了巨大变革。全球贸易和投资规则的自由化和信息科技的进步，带来了生产的碎片化和全球价值链的兴起。在这个过程中，西方国家跨国公司的影响不断扩大，其也开始将制造业活动转移到南部国家。这种活动旨在结合发达国家的技术与发展中国家（主要是东亚）的低成本劳动力，降低公司的生产成本。虽然给一些南部国家带来了高速的经济增长，这样的变革使全球的生产活动高度集中在少数国家（多为中国与一些周边的亚洲国家）。（Haraguchi et al.，2017）不到 20 个国家产生了大约 90% 的世界制造业的附加值（Tregenna and Andreoni，2018、2020）。从占世界制造业份额来看，从 1990 年到 2010 年，6 个国家（中国、韩国、印度、波兰、印度尼西亚和泰国）份额的上升，几乎与 G7 国家的全部制造业份额下降持平，也只有这 6 个国家实现了 0.3% 以上的份额增长。（Baldwin，2016：2—3）

罗德里克认为全球化与中国在制造业中日益增长的影响是去工业化早产的重要推动力。具体来讲，全球外包活动集中在少数国家，使其余地区制造业综合成本没有优势，制造业生产活动流失给中国与亚洲。（Tregenna，2016；Felipe et al.，2015）即便这些流失制造业的国家可能人均收入更低，但很难与一些亚洲国家的综合制造业成本相竞争。这不止包括单位劳动力的价格，而是对制造业企业来讲生产经营活动所造成的综合成本，包括相关的基础设施建设、规模经济与正外部性、已有产业所带来的网络效应等。（Tregenna，2016）这些国家不能进入世界制造业市场、进入"全球化生产"的行列。甚至由于相关生产活动在少数国家的集聚，南部国家通过传统上较易发展的轻工业（例如纺织、服装等）实现工业化起步的机会也大大减少。此外，中国等国制造业的发展也使其对原材料的需求空前旺盛，对许多资源丰裕的南部国家来说，大宗商品出口成为比发展本国制造业更为有利可图的行业，这样的经济结构"初级产品化"（Primarization，即指初级产品出口逐渐占优，原有制造业出现衰落的经济结构变化）也加剧了去工业化的趋势。（Clavijo et al.，2014；Castillo and Neto，2016）

对国内因素的讨论，多与自由化政策有关。国内政策选择对一国的工业化进程具有重要的作用（Haraguchi et al.，2019），而政府在国际贸易与金融活动迅速推行自由化，可能对该国工业化进程产生不利影响。（Palma，2005、2022）罗德里克也认为贸易自由化政策推动了一些南部国家去工业化的进程。对处在工业化早期的南部国家（特别是撒哈拉以南非洲），在建立自身工业基础前就经历了贸易自由化，其工业产品在国内和国际市场上都很难与来自亚洲和欧洲国家的进口品相竞争。而这些国家都曾在贸易自由化前通过保护主义的进口替代政策来建立其工业基础。（Rodrik，2016：15）而贸易自由化政策使得南部国家难以获得这样建立、完善自身工业基础的机会。

此外，金融自由化政策可能会降低对制造业的投资，从而导致去工业化的早产。（Demir，2007；Itaman and Awopegba，2021）在去工业化过程中，制造业附加值的减少一定与制造业领域的投资减少有关。这种减少又与相关决策者的投资决策有关。任何投资者在做决定时，都需要对其不同投资选项的预期回报率进行估计与选择。如果相对于其他产业，其投资决策中对制造业的投资回报率较高，则其会加大对制造业行业的投资。反之，如果有回报率更高的投资机会，则制造业并不会受到特别的关注。对全球南部国家来说，其金融市场通常在制度规范等方面较不完善，也使高回报的资源行业或投机活动本就具有较高吸引力。[①] 如果政府急剧地减少金融业规管，但同时保存在制造业等其他领域的干预，则有可能更为加剧这样的偏好，使金融资产的投资回报更为高企。如果投资金融资产的回报大于对生产性活动投资的回报，信贷资源会被吸引到金融资产，职业经理人的激励转变为最大化股东价值，企业的活动也被导向投机活动。能够驱动创新与生产力增长的企业家精神也因此被抑制（张维迎、王勇，2019）。因此，相对有限的信贷资源并未投入生产性活动，也就使一国的制造业难有进一步的发展。

当然，国内与国际的解释并非对立，两种因素更有可能交织在一起发挥作用。首先，国际政治经济格局的变迁极大地影响了南部国家的政策选择。很多全球南部国家被迫开启自由化进程。例如，世界银行与国际货币基金组织的结构调整项目（SAPs），就将一些自由化改革措施作为其为陷入危机的南部国家提供贷款的前提条件。上述 20 世纪 70 年代末以来全球贸易体制和工业格局的巨大变化，导致发展中国家的"政策空间"（policy space）缩小。由于法律限制和非正式压力，也由于跨国公司相对于国家政府的议价能力增强，这些国家的贸易保护主义政策与强力的规管行为受到了限制。（Mayer and Phillips，2017；Amsden and Hikino，2000；Kaplinsky，2000）同时，在国际压力相当的国家之间，其政策选择仍然远非相同。研究者指出，现存国际贸易格局下发展中国家仍有通过政策促进产业发展的空间，而众多国家并没有积极利用。（Shadlen，2005、2017；Etchemendy，2011）[②] 因此，探究各国政府的政策选择仍有重要价值。

---

① 这是因为如果信息披露等相关制度不完善，则对从事生产性活动企业的投资风险就会更大。而相比之下更具确定性的资源出口行业或投机活动就更具吸引力。事实上，即便从总体来看，当前世界金融行业与生产性投资回报的分野也是历史上最突出的，前者远远超过了后者。详见：Servaas Storm，"Financialization and economic development：A debate on the social efficiency of modern finance"，*Development and Change*，Vol. 49，No. 2，2018，pp. 302 – 329。

② 例如，在世界贸易组织相关要求之外，印度的经济改革还推出了一系列"单边自由化"（unilateral liberalization）措施，且印度政府积极主动加入更多的多边或双边贸易协议。这些举措可能没有经过审慎的成本与收益评估，对其国内的制造业发展造成了打击；而印度在产业园区等可以支持制造业增长的政策上所取得的成功有限。详见：Shubham Chaudhuri，*Premature deindustrialization in India and re-thinking the role of government*（FMSH Working Paper No. 91），Paris：FMSH，2015；雷定坤、赵可金《多视角浅析印度经济特殊区的表现》，《南亚研究》2018 年第 1 期。

以上对原因的讨论远非一个穷尽的列表。例如，Rodrik（2021）引用 Acemoglu and Restrepo（2019）等研究，认为20世纪80年代以来，发达国家制造业技术进步主要是劳动力节省型的（labor-saving），例如用来取代人力的自动化技术等。这样的趋向可能使从事制造业的劳动力份额随技术进步而降低，从而推动了去工业化进程。Grabowski（2017）认为北部国家与南部国家内部的不平等是重要原因。收入分配失衡会使对劳动密集型制造业产品的需求增长乏力，从而使南部国家出现去工业化的现象。此外，Palma（2005）认为把制造业工作记为服务业（例如，生产过程中与清洁、食品有关的工作被记为服务）等统计失误也能解释部分数据上表现出的去工业化。需要指出的是，上述机制可能都发挥了一定的作用，而其相对重要性与相互作用的机制还有待进一步研究。

去工业化早产为何值得注意？研究者指出，这种趋势可能会给全球南部国家带来严重的经济与政治影响。在经济层面，制造业对增长具备独特的贡献，很难被其他产业所替代。因此，去工业化的早产几乎预示着长期经济增长动力的缺乏。Rodrik（2013a，2013b）的统计显示，几乎所有的持续三十年以上出现4.5%以上年增长率的经济体，其增长都是通过工业化实现的。此外，Rodrik（2013a，2013b）发现了制造业的"非条件收敛"，即有组织的正式制造业会无条件地与世界生产率前沿靠近，而与地理条件、制度环境和政策选择无关。这样的收敛在不同的实践与区域普遍成立。现有研究显示，制造业这样独特的贡献是由多种因素决定的。第一，制造业可以激发资本积累、促进产业集聚、产生规模经济。（Hirschman，1992）第二，通过技术溢出与产业联结带来对增长的正外部性。（Szirmai and Verspagen，2015）第三，制造业的发展可以促进创新。经验证据表明，大部分研发活动（R&D）与专利来自制造业。（Veugelers，2013）例如，在欧洲，接近二分之三的商业研发支出来自制造业，即便该行业仅占就业和增加值的14%—15%。（Veugelers，2013：8）第四，制造业能创造稳定的社会经济环境。其产品可贸易，有助于稳定国际收支。制造业的持续发展也能给就业带来保障。（Rodrik，2013a；Gollin et al.，2015）

罗德里克认为农业与服务业的发展难以弥补去工业化早产对经济发展

的不利影响。（Rodrik，2015、2016b、2018）对于农业来说，历史上很少有单纯以农业支持经济发展的例子，实证研究也多显示经济增长与出口多元化（而非仅仅局限于农业）具有相关关系。农业生产率的提高更多地依赖于资本与技术密集度的提高，而这会造成更严重的失业问题。此外，对发展中国家来说，鼓励农业劳动力转移到附加值高的服务业，需要对劳动力的人力资本与该国的基础设施与制度环境进行大量投资。相比之下，鼓励农业劳动力到制造业所耗成本较低，只需创造供劳动力从事低技能劳动工作的条件即可。且如果参与世界市场，初级产品面临市场价格波动较大，难以作为稳定增长的基础。① 对于服务业来说，经历去工业化早产的国家难以发展出附加值高的生产性服务业等，而倾向于集中在低附加值的消费者服务业。服务业本身并非一个同质性的群体，例如 IT、金融、商业服务、旅游等行业是高度可贸易的，与制造业的某些特征类似，这些服务业能够参与国际贸易、其发展通常伴随技术进步，可以推动生产力持续提升。信息技术等的进步，也令互联网平台大幅降低交易费用成为可能，促进相关服务业的发展（王勇等，2019）。与之相对，零售与个人服务业等不可贸易、技术进步空间有限，不能持续地推动生产力进步。前者吸收低技能劳动力就业相对有限，且很难在收入水平较低的发展中国家实现繁荣发展。对这些国家来说，其服务业多是后者，而其多与中小型非正式企业相联系，成为吸收就业的主力军，而这些行业的生产率都增长乏力。因为这些国家的劳动力大量进入了生产率增长停滞的行业，他们的长期增长也就普遍乏力。

在政治层面，去工业化早产有可能使得自由民主体制更加脆弱，民主转

---

① "普雷维什—辛格命题"（Prebisch-Singer thesis）为初级产品价格相对较低与相对波动较大提出了一种解释。其解释即基于贸易条件（terms of trade），即一国出口品价格与进口品价格之间的比值，衡量的是一国在国际贸易活动中与其他国家的交换条件。普雷维什—辛格命题指出，发达国家与发展中国家出口品的收入价格弹性不同，因此人均收入的提高给对发达国家和发展中国家出口品的需求的提振效应并不相同。发展中国家的出口品多是初级产品、原材料、食物等，收入的提高并不会成比例地增加对这些出口品的需求。与此相反，发达国家的出口品多为制造业产品，而收入的提高会超过比例地提高对相关产品的需求。因此，发展中国家出口品倾向于价格较低、波动很大，而发达国家的出口品价格较高，相对比较稳定。可见：J. Toye，R. Toye，"The Origins and Interpretation of the Prebisch-Singer Thesis"，*History of Political Economy*，Vol. 35，No. 10，2003。

型更不容易发生（Rodrik，2016、2017）。罗德里克认为，尽管去工业化早产的政治影响更加微妙，但其重要性不容忽视。在发达国家，民主的发展与工业的发展有着相似的路径。工业化进程催生了稳定而成熟的群众性政党，非精英阶层通过制造业聚集，进行工资谈判寻求政治解决方案。去工业化早产导致城市生产围绕非正式和分散的服务业展开，非精英阶层的共同利益更难界定且非精英阶层的组织动员面临更大的障碍。因此，非精英阶层较难要求精英阶层做出约束力的承诺，政治精英们更倾向于奉行民粹主义政策和庇护政治，加剧社会不同利益集团间的竞争，而非通过社会对权力的约束和问责做出可信承诺，民主过渡和民主巩固的条件难以达成。

全球南部国家的去工业化早产现象可能与第三波民主化国家的民主衰退（democratic backsliding）紧密关联。20世纪70年代以来，第三波民主化国家浪潮席卷拉丁美洲、东南亚、非洲和中东等南部地区。然而，这些地区近年来出现了不同程度的民主衰退和政治秩序崩溃的现象。（Luhrmann，2019；Diamond，2019）南部国家在较低收入水平上开启去工业化进程，一定程度上会加剧经济不平等和社会矛盾，同时降低社会组织和动员能力，从而损害民主政治的长期发展。如上所述，大部分南部国家具有较为丰富的劳动力资源，去工业化早产将带来大量隐蔽性失业问题，从农业部门转移的就业人口无法被制造业吸纳，流向低端服务行业。长此以往，由于低端服务业就业岗位有限且大部分劳动力缺乏议价能力，失业和社会不平等问题加剧，导致社会冲突和政治秩序动荡。（Azeng and Yogo，2013；López，2017）另外，去工业化早产通过改变非精英阶层的组织动员能力和利益趋同度，降低了政治精英的压制成本。由于制造业就业比率的降低，工人们无法在工厂里通过协商和谈判的方式解决问题和获取信息，导致工人阶层组织能力和动员下降。就业人口流向服务行业和其他非正式行业，使得劳工难以在城市大规模聚集，抗议运动不会造成大规模的城市瘫痪，因此政治精英的压制成本较低。（Butcher and Svensson，2016；Dahlum et al.，2019）由于去工业化早产，南部国家非精英阶层的共同利益更难界定，其诉求围绕社会身份裂痕而非阶级裂痕展开，民众难以采取集体行动要求政治精英做出可信承诺，从而损害了民主的垂直问责机制。已有研究为经济发展以及工业化对于民主转型和巩固的作用提供了经验证据（Przeworski，1997；Boix and Stokes，2003；Acemeoglu，2005；Noort，2021），去工业化早产对于第三波民主化国家民主发展的影响仍然缺乏实证性的研究，其机制仍有待进一步检验。

三　经验证据：结构转型与政经逻辑

罗德里克及其合作者一直在用结构转型的视角关注全球南部国家的增长，这些研究也显示去工业化的早产确实是全球南部国家普遍面临的问题。（McMillan and Rodrik，2011；Rodrik，2014，2016b，2021；McMillan et al.，2017；Diao et al.，2019）其他对经济增长与结构转型的研究也佐证了这样的结论。从区域来看，计量经济研究显示拉丁美洲是近些年去工业化最严重的区域，撒哈拉以南非洲国家次之（毛里求斯除外，该国的制造业产品出口颇为强劲）。此外，东南亚国家（Rasiah，2020）与印度（Chaudhuri，2015）、埃及（段九州，2020）等也在不同程度上出现了去工业化的早产的趋势。相比之下，唯一避免了去工业化早产命运的是部分东亚经济体，他们的制造业绩效明显强于其他人均收入或人口规模与其类似的经济体。这些东亚经济体主要包括中国与"亚洲四小龙"（韩国、新加坡、中国香港和中国台湾）等。值得指出的是，很多也恰好是少数实现了经济合流的经济体之一。（World Bank，2014）其实，在21世纪最初十多年，全球南部发展中国家普遍经历了一波增长景气。然而，罗德里克认为，拉丁美洲、撒哈拉以南非洲与印度等国经济增长的机制与东亚经济体的增长模式完全不同。东亚经济体在其发展过程中经历了持续的结构转型（劳动力从生产率较低的农业持续地向生产力更高的行业转移）。但是，很多南部国家出现了劳动力直接由农业部门向低生产率服务业转移的趋势（另见 Sen，2019；Schlogl and Sumner，2020），他们的增长"不是因为快速工业化，而是尽管没有工业化（还能保持一定增长）"（Rodrik，2021：1）。

对拉丁美洲来说，从20世纪80年代开始去工业化趋势就开始明显出现。总体来看，拉美国家的平均制造业增加值占 GDP 的比例在 1990—2018 年间，从 19.1% 快速持续下降到了 13.4%，这样的速度和幅度都要高于世界其余大部分国家。具体国家的数字可能更为惊人，例如巴西从 22.1% 下降到 9.7%，乌拉圭从 28.0% 下降到 11.7%，巴拿马从 15.3% 下降到 5.8% 等。（Lee and Kim，2020）新型冠状病毒的冲击又进一步加剧了拉美多国的财政负担，进而拖延了其结构改革的进程。（徐沛原，2021）没有经历过适当的工业化的情况下，该地区的大部分国家正在转向服务业主导或回到原材料出口为主导（特别是南美洲国家）的经济增长模式。但是，正如前文所述，拉美国家服务业大多生产率水平较低且停滞（Castillo and Neto，2016），而大宗商品价格的剧烈波动也大大加剧了拉美国家的宏观与增长不稳定（Ocampo，2017）。这样的势头与中国等的迅速发展所带来的廉价制造业制成品进口、大宗商品价格上涨有关（Paus，2020），却也与拉美国家自身贸易自由化（Palma，2005、2022）、金融自由化（Caldentey and Vernengo，2021）等政策直接相关。拉美国家的去工业化加剧了经济不平等、给社会福利造成负担，也间接导致了民粹主义的盛行和政治极化的加剧（Schindler，2018）。

"大多数非洲国家太贫穷，以至于难以想象他们正在经历去工业化。然而（去工业化）确实是正在发生的事情。"（Rodrik，2016b：10）在众多非洲国家中，其制造业份额与就业下降的节点比拉丁美洲国家还要早。（Mkandawire，1988）总体来看，从 20 世纪 70 年代中期开始，非洲的工业化进程就已经开始停滞，且没有见到再度振兴的势头。在撒哈拉以南非洲，制造业的就业占比不足 8%，而其 GDP 份额已从 1975 年的 15% 下降到了 10% 左右。（Rodrik，2016b）很多人将其归因于世界银行与国际货币基金组织的结构调整项目（SAPs）。（Palma，2022）应当看到，21 世纪初以来，撒哈拉以南非洲出现了较为持续的经济增长，人均收入年增长在 3% 以上，与 20 世纪 80 年代与 90 年代负增长频发的局面完全不同。诚然，这样的增长并非由向制造业等生产率更高的行业结构转型而来，而是与大宗商品价格走高与境外资本流入等有关。如罗德里克等所描述，很大一部分离开农业的劳动力被吸收进了与传统农业生产率差别不大甚至更低的服务业。(De Vries et al.，2014；Diao et al.，2019)当然，确实有一些撒哈拉以南非洲国家通过产业园区建设推进制造业发展，然而有关政策还面临着较多国内外的阻碍和挑战（杨崇圣等，2020）。没有工业化的经济增长很难给非洲带来经济合流的保证。事实上，因为20世纪最后两个十年的负增长，这段时期的快速增长甚至并没有使撒哈拉以南非洲国家达到独立初期的收入水平。同时，去工业化还带来了一系列社会问题。(Rwehumbiza，2018；Akuoko，2018)

尽管程度没有上述地区严重，很多东南亚发展中国家也出现了去工业化早产的现象。(Kim and Lee，2014；Rasiah，2020)其平均制造业增加值占GDP的百分比在2000年前后前一直在上升，此后则一直下降。印度尼西亚、马来西亚（1999年前后）和泰国（2008年前后）制造业占GDP比例的峰值都超过30%。制造业产品在出口中的份额也出现了下降，在1998—2000年印度尼西亚、马来西亚与菲律宾的制成品出口占总出口的份额达到顶峰。该比例在泰国的转折出现较迟，不过也在2015年达到了顶峰。尽管一些经济分析师对越南的制造业发展寄予厚望，该国的制造业份额也出现了在14%左右达到峰值的迹象。(Rodrik，2016b)很多东南亚国家的去工业化早产与"中等收入陷阱"（Middle-income Trap）直接相关，这个概念是指很多南部国家在达到中等收入水平后陷入停滞的现象。(Gill and Kharas，2008；Eichengreen et al.，2013；Kang and Paus，2020)具体来讲，这些国家无法实现产业升级，发展出附加值更高的产业作为生产率持续增长的推动力，原本推动增长的劳动密集型产业也因劳动力价格上涨而逐渐不具备竞争力。一些国家存在较为严重的腐败与过度干预，价格信号被扭曲（Evans and Heller，2019），这极大地抑制了作为创新驱动力的企业家精神（张维迎、王勇，2019），使制造业生产率难以持续增长。此外，一些研究也把东南亚国家不能发展出附加值更高的产业与政府的政策缺位联系在一起（如Raj-Reichert，2020；Rasiah，2020）。政府难以设立降低交易费用、发挥平台功能的产业园区也是产业升级难以出现的重要原因（王勇、朱雨辰，2013）。与有关理论讨论相一致，去工业化的早产也在东南亚一些国家（例如菲律宾）带来了失业率高企、非正式工作比例过高、社会经济不平等严重的问题（Lee and Choong，2019a、2019b；Tadjoeddin，2019；Tuaño and Cruz，2019）。

以上的讨论表明，经济学研究显示出了区域层面明显的"去工业化早产"的现象。然而，总量数据展示出的相同趋势，可能掩盖了国家间的异质性。事实上，不同国家面临不同的政治、经济、社会等现实条件，其工业化所面临的机会与瓶颈也可能各不相同。例如，"关于是什么阻碍了非洲制造业的发展几乎存在普遍共识，那就是'糟糕的商业环境'"（Rodrik，2016：14）。但是，这里的"营商环境"既包括基础设施不足等带来的成本高昂，也包括腐败与政治不稳定等带来的阻力。非洲国家的营商环境瓶颈各不相同，造成这种瓶颈其背后的原因也各异。（Mkandawire，2001；McMillan et al.，2017）将这些国家所面临的限制统称为营商环境，并不能提供适应各自现实、可供应用的政策建议。如前所述，罗德里克认为，在发展问题上，经济学家不应致力于寻找不论国家现实普遍适用的结论，而应该充分了解所研究国家或地区所面临的现实条件。（Rodrik，2015）

本文认为，比较政治经济学与区域国别学的研究方法为理解这样的现实条件提供了可行的路径。比较政治经济学是经济学和政治学的交叉学科，试图解释不同国家经济政策和经济绩效背后的政治逻辑，并利用这两个学科的方法。（Doner，1991；朱天飚，2006）区域国别学则致力于探究特定区域或国家的特性，通常比其余社会科学研究对语言文化等更为注意。（李晨阳，2019；任晓，2019；Niblock，2021）与经济学的研究方法相比，二者都对特定经济指标之外的现实条件远为敏感，可以作为经济学家对经济结构研究的重要补充。显然，本文难以对所有具备去工业化早产现象的国家的现状进行研究。尽管如此，以下讨论还是利用比较政治经济学与区域国别学的现有研究，提供了几个覆盖上述区域的较为典型的案例。图1展示了案例国家在发展中国家群体中去工业化的相对程度。

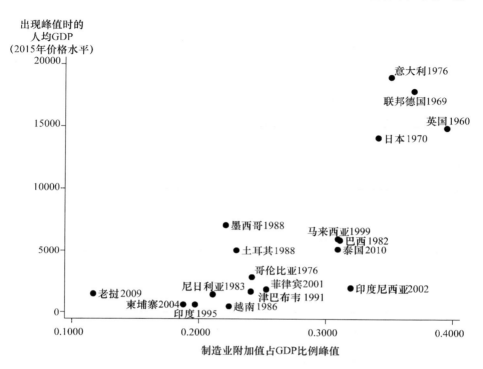

图1　比较视野下案例国家的去工业化①

案例一：亚洲"四小龙"

如上所述，部分东亚经济体去工业化早产的迹象并不明显。韩国、新加坡、中国香港和中国台湾等国家和地区在进入中上等收入阶段后，全要素生产率保持长期增长，制造业实际占比较为稳定。（World Bank，2016）为了更好地解释东亚经济体的发展，比较政治经济学者围绕"发展型国家"（developmental state）进行了一系列讨论。（黄宗昊，2020）学者对于发展型国家的概念讨论颇多（Wade，1990；Öniş，1991；White，1984；Leftwich，1995），其主要特征是有优秀的官僚体系、国家自主性和产业政策的干预（郑为元，1999；耿曙、陈玮，2017、2020）。面对贸易自由化

① 案例国家为马来西亚、尼日利亚、土耳其、巴西。

资料来源：笔者自绘。数据来自 Groningen Growth and Development Center 与 World Development Indicators。

和技术进步带来的影响东亚地区经济体所具备的"嵌入性自主"（embed-ded autonomy）的特征（Evans，1995），可能成为其延缓去工业化早产趋势的重要原因。该概念是指，在韩国和新加坡等典型的发展型国家，其国家机关相对其他社会力量既具有较强的自主性，又具备较强的嵌入性。具体来说，一方面，因官僚体系通过层层选拔形成、具有决策的相对专业性和独立性。这些东亚国家与掠夺型国家相反，具备不被特殊的利益集团和社会资本俘获的能力，可以避免长期的寻租活动影响产业政策尤其是制造业产业政策的制定和实施；另一方面，这些国家机关可以通过较为紧密的政商关系和行业纽带，相对及时和全面地掌握制造业部门的经济信息，从而制定高效可行的产业政策引导制造业的发展。与其他南部发展中国家相比，东亚经济体的制度安排更能确保制造业的扩张和升级得到持续的政策激励，从而减小去工业化早产的风险。

案例二：巴西

巴西是拉美地区表现较为突出的新兴经济体，其经济发展也深受去工业化早产之累。根据世界银行（2022）的数据，巴西的制造业 GDP 占比下滑明显，从 1984 年的峰值 34.8% 开始下降。21 世纪以来去工业化早产的现象加剧，截至 2020 年巴西制造业占比下降至 9.8%。同时，巴西在全球价值链中的参与度较低，制造业经历了"初级产品化"，工业附加值主要集中在自然资源部门。（周燕，2022）巴西工业部门在过去几十年中表现不佳的主要原因是由于政府无法有效地将短期宏观经济政策与长期的产业政策相结合，这大大阻碍了其工业化的进程。（Nassif et al.，2018）在 90 年代末的金融危机后，巴西推出了以治理通货膨胀为中心的"三位一体"宏观经济政策框架，旨在通过高利率、汇率升值和降低进口关税维持经济稳定。从供给方看，巴西国内的短期经济政策导致利率和汇率长期存在上行压力，阻碍了制造业部门的投资和资本形成；就需求方而言，贸易自由化导致巴西制造业竞争力下降，国内制造业生产萎缩。（王飞，2019；Oreiro et al.，2020）进入21 世纪，尽管巴西政府出台了复杂的政策措施支持制造业的发展，然而无法与宏观经济政策相互配合，制造业发展仍显颓势。其背后的政治逻辑在于巴西政府长期以来实行的"福利民粹主义"（林红，2020），使得左右翼民粹主义政府为维持选举优势都无法对福利政策进行大规模削减，大大增加了政府的财政负担。在拉丁美洲国家中，巴西的社会支出占 GDP 处于最高水平，2014 年社会支出占政府支出的 31.3%，财政赤字占 GDP 的 6%。（OECD，2022）短期来看，社会福利支出一定程度上改善了巴西社会经济不平等的状况，但长期而言，由于巴西国家财政大量的福利性支出，造成政府的投资型支出乏力，进一步导致了配套基础设施的落后和制造业投资的不足。

案例三：尼日利亚

作为非洲最大的经济体，尼日利亚也正在经历去工业化早产的问题。尼日利亚的制造业发展主要经历了三个阶段，1971—1981 年得益于出口促进工业化的政策（Export Promotion Industrialization，EPI），其制造业占GDP 比重从 4% 上升至 12%，20 世纪 80—90 年代尼日利亚的制造业进入衰退期，2003 年制造业的 GDP 占比仅为 6%。（Itaman and Wolf，2019）21世纪以来，尼日利亚政府实施"向后一体化战略"（Backward integration policy），旨在通过关税、征税和减税而非直接补贴等手段促进低端制造业的发展，改善该国高度依赖进口的状况，其制造业发展有所复苏，但就业占比恢复速度较为缓慢。尼日利亚国内石油资源依赖型的政治经济结构加速了其去工业化早产的进程。（Itaman and Awopegba，2021）石油和天然气部门是尼日利亚经济的主要驱动力，在 2011 年占出口收入的 95% 以上，占政府收入的 85% 左右。2011 年，该部门对国内生产总值的贡献率为14.8%。（Chete，2016）对石油资源的依赖使尼日利亚成为典型"地租型国家"（rentier state）①，政治精英通过单一部门的收入建立庇护网络来进行国内分配，维持石油分配网络和国家经济多样化成为相互对立的目标。

---

① "地租型国家"（rentier state），或译为"食利型国家"。这一概念多用于对西亚北非资源依赖型国家的研究，主要指经济依赖外部租金获得国家收入的国家，这些租金主要来自石油、天然气和其他自然资源，详见：Makio Yamada, Steffen Hertog, "Introduction：Revisiting rentierism—with a short note by Giacomo Luciani", *British Journal of Middle Eastern Studies*, Vol. 47, No. 1, 2022, pp. 1 – 5；Sandbakken, Camilla, The limits to democracy posed by oil rentier states：The cases of Algeria, Nigeria and Libya, *Democratisation*, Vol. 13, No. 2, 2016, pp. 135 – 152。

因此，由于国家自主性的缺乏和精英们的寻租行为，短期内对石油行业的保护和补贴措施变成了一个长期有利于少数垄断企业的再分配系统。20 世纪 80 年代的结构调整计划（SAP）开启了尼日利亚去规管的进程，政府对石油产业的补贴措施使得金融业倾向于将贷款大规模地投入能获得垄断租金的油气行业以获取短期回报。尼日利亚国内 60% 的银行信用流向油气行业，是流向制造业的五倍，严重阻碍了制造业的发展（Itaman and Awopegba，2021）。

案例四：马来西亚

20 世纪 90 年代以后马来西亚出现了去工业化早产的现象。马来西亚制造业占 GDP 的比重在 1999 年达到了峰值 30.9%，2020 年下降至 22.3%。（World Bank，2022）根据马来西亚的就业数据，制造业就业占比在 1992 年达到 23%，自 2001 年开始下降至 2009 年的 16%，此后制造业占比在 16%—18% 波动。马来西亚去工业化早产现象一定程度上与该国制造业在全球价值链中的参与下降有关。（Lee，2020）然而，马来西亚政府出台产业升级政策的意愿和能力受到国内更广泛的政治经济环境影响，具体而言，创造、加强和支持马来西亚中产阶级的政治压力大大限制了政府促进制造业升级的能力。（Tan，2014）以马来西亚的电子产业为例，由于该国过度依赖外国投资发展电子行业，同时政府未能对人力资本进行投资培养高级工程师，导致其支柱性的电子产业未能从劳动密集型产业的基础上转型升级。（Raj-Reichert，2020）从 1970 年启动的新经济政策（New Economic Policy）开始，马来西亚政府通过补贴、私有化、独家政府合同、信贷支持和其他优惠政策来满足马来西亚商界精英的利益。这样的政策安排鼓励精英投资高回报的房地产行业，而不是制造业，导致电子行业过度依赖外国投资。此外，补贴马来西亚精英使政府没有资源对人力资本进行长期投资，政府为留住既有的劳动密集型生产，开放低技能劳动力的移民。相似的证据来自马来西亚的汽车行业，由于马来西亚精英群体日渐分裂（陈戎轩、傅聪聪，2021），土著主导的汽车公司愈加成为执政精英维持统治联盟存续的重要一环。马来西亚统治精英与土著社区勾结，无条件地补贴民族领军企业和土著零件生产商，导致国内的汽车企业缺乏严格执行的绩效要求（Natsuda et al.，2013），因此阻碍了其国内汽车行业对全球价值链的进一步参与，加速了去工业化早产的现象。

案例五：土耳其

土耳其是西亚北非地区较为发达的经济体，近20年来同样出现了去工业化早产的趋势。1960—1989年，土耳其制造业占GDP比重从12.78%上升至23.1%，在1989—1998年间经历了小幅的波动下滑。1998—2010年间土耳其的制造业GDP占比大幅度下降至15.1%，2021年上涨至19.2%，但仍低于20世纪80年代的水平。（World Bank，2021）20世纪80年代以来土耳其制造业的增长率放缓到每年5%左右，其在总就业中的份额也停滞不前，而服务业在就业和GDP中的份额持续上升。（Altuğ，Filiztekin and Pamuk，2008）除了自由贸易和金融改革深化等经济因素限制了土耳其出口型工业的发展（Güvercin，2020；邹志强，2016），2000年以来正义发展党执政下所建立的跨阶级联盟（Esen and Gumuscu，2020），缩小了产业调整和升级的政策空间，进一步加剧了土耳其的去工业化早产现象。土耳其的去工业化早产现象具有明显的国家主导的特征，同时伴随大规模的城市建设和建筑业的蓬勃发展。（Schindler et al.，2020）建筑业在正义发展党统治联盟中处于中心地位，成为执政党与商业集团以及广泛选民之间的联系纽带。从21世纪初开始，土耳其政府的公共支出以基础设施和住房项目为目标，促进了建筑业的繁荣，建筑业占GDP的比重从2008年的11.5%增加到2017年的17.0%。（OECD，2018年）正义发展党主要通过建筑业与以伊斯兰保守主义中小企业为主的私营部门建立了一个短期的"增长联盟"（Yargi，2021）。由于建筑业短期回报快以及不需长期技术投资的特点，正发党通过进行公共采购系统改革、建筑合同分配和限制招标等方式（Buğra and Savaşkan，2014）使得亲政府的中小企业从中获益，进而获得商业阶层对其政治改革的支持。同时，为了获取城市贫困人口的选举支持，正发党推动大规模的城市化建设，促进基础设施和社会住房项目的发展，向中低收入家庭提供公共服务和经济适用房。（Ocaklı，2018）埃尔多安执政联盟的政策倾斜以及大量外国资本的进入，降低了政府对制造业发展的投资的意愿和能力，以牺牲制造业来促进大规模的城市建设和建筑业的蓬勃发展，加速了土耳其的去工业化早产的进程。

四　结论：对经济学的反思

丹尼·罗德里克首次在现代主流经济学的框架内提出了去工业化早产的问题，并用计量经济学和经济建模的方式阐释观点。尽管罗德里克的文章在主流经济学刊物上被发表，该现象在主流经济学的研究中并未受到足够的重视，也并未被关心经济发展的学者摆放在核心的位置。在经济学顶级刊物中，并没有很多类似的讨论去工业化早产原因及其影响的文章，有关全球南部经济体结构转型的针对性研究较为有限。此外，现有的讨论经济结构转型及其影响的文章，也更多地集中在西方国家的经济现象。正如Sch ndler等所总结的，"撒哈拉以南非洲和拉丁美洲的去工业化现象比高收入国家更为严重。尽管如此，大多数有关去工业化的研究都集中在北大西洋工业中心地带的……制造业中心。简言之，去工业化研究关注的地区和发生去工业化的地区间并不匹配"（2020：283）。

去工业化的早产可以说是全球南部国家所面临的最重要的挑战之一。无论是对西方国家发展历史，还是对全球南部国家发展现状的研究，都展现出制造业的生产率逐渐提高对经济持续发展的重要意义。去工业化的早产，也导致全球南部国家面临增长乏力、社会不平等、政治不稳定等诸多问题。主流经济学对此重要现象的相对忽略，显示了其对南部国家重要问题的关心相对不足、解释相对缺乏。这也将引发我们对经济学学科发展进程的反思。

主流经济学未能给予去工业化早产现象足够重视，实际上与其研究范式对生产的相对忽视密切相关。首先，当代主流经济学采取新古典经济学的理性人假设、利益最大化原则、市场均衡、数学建模等方法进行研究。这样的方法强调交易中的效率，相对忽略生产活动间的不同。（Amsden，1997）例如制度经济学对交易成本的（而非生产成本）的关注，国际贸易研究对交换价格（而非生产能力）的关注。具体来讲，在新古典经济学中，生产活动间的不同只在于同质的生产要素的配比不同。而没有考虑到不同生产活动之间存在结构异质性（Structural heterogeneity），即所需投入品不同、技术（或生产流程）不同、所需生产组织形式也不同。（Amsden，1991；Lin and Chang，2009）这样也就相对忽略了不同生产活动之间的区别，对制造业与结构转型问题的重要性有所忽略，也自然难以意识到过工业化早产现象本身以及其严重后果。Haverkamp 和 Clara 表示"许多经济学家并不认为去工业化的概念——更不用说去工业化的早产——是决策者应该关注的问题"（2019：2）。Tregenna 认为，"如果增长是部门中性的——从某种意义上说，单位增加值对增长的影响并不取决于该单位增加值所在的部门——那么一个经济体的部门构成的变化就不一定是预计会对增长产生影响"（2016：724）。

值得指出的是，主流经济学内外的学术进展似乎并未改变以上论述的有效性。（Andreoni and Chang，2016）例如，新制度经济学自 20 世纪 80 年代兴起，特别注重交易成本对经济行为的影响。然而，其关注点仍然在分配效率而非生产。此外，在主流经济学对全球南部发展问题的讨论中，以阿马蒂亚·森的可行能力方法（Capability Approach）为代表的人本主义的思潮也占据了重要地位。可行能力方法批评主流经济学中只将个人效用同收入与商品相联系的做法，认为发展是一个全方位拓展个人自由的过程。但是，这种思潮仍然保持了以消费者为中心、交换为主的世界观，仍然并未特别关注生产，也并未强调工业化的重要性。

主流经济学对个人消费的关注，与西方国家自身的现状和文化密切相关，而这种关注未必适用于全球南部国家的经济现实。如第三节所述，北部发达国家已进入制造业成熟发展后的去工业化阶段。在制造业产品相对过剩的环境下，大众消费较为繁荣。（Scott，2014：224—225）在这样的背景下，经济学研究的焦点问题自然会集中在消费者身上。而其经过价格调整后的制造业份额相对稳定，也令对生产本身进行异质性的定义往往不具备特别的研究意义。此外，美国也是当今世界经济学研究的重要中心，而经济学在美国的发展过程深受该国个人主义意识形态的影响。（Ross，1990）相比之下，对全球南部国家来说，大量劳动力仍在从事低生产率的工作。这些国家生产率的提高、经济的持续发展取决于劳动力能不断转向从事生产率更高的活动。因此，与北部发达国家不同，结构转型是全球南部国家的重要议题、生产的异质性也是研究全球南部国家经济增长的重要视角。

经济思想史与经济社会学的研究者曾指出经济学研究具有实践表现性（performativity）①。（MacKenzie and Millo，2003；Hirschman，2014；Brisset，2017）。具体而言，经济学家可以通过塑造大众预期、影响经济行为、参与政策制定等方式，对他们所研究的经济现象产生直接的影响。（Coyle，2021：15—84）对全球南部的发展来说，当代西方主流经济学也存在这样的实践表现性。以西方经济问题、现象为出发点发展出的理论范式，对全球南部发展的目标确立、政策制定、绩效评价等产生了极大影响。

首先，主流经济学范式对生产能力的忽视，表示"生产薯片（potato chips）与生产芯片（micro-chips）没什么不同"（Andreoni and Chang，2017：177）。具体来讲，许多南部国家可能满足于初级产品出口、低附加值的组装行业、低端服务业，或认为只要分配效率得到提升，具体的生产活动并不重要。例如，印度自1991年开启的经济改革，几乎等同于对经济自由化与交换效率提升的追求。政策制定者并没有积极通过政府采购、国内投资政策等手段，为支持国内制造业的发展提供足够的支持（Chaudhuri，2015）。然而，从长远来看，不同的经济活动可能带来完全不同的对增长潜力的长期影响（Lall，1992）。事实上，世界银行、国际货币基金组织等基于"华盛顿共识"在众多全球南部国家所推行的贸易自由化、制度改

---

① 在《牛津文献索引：人类学》中，实践表现性被定义为"语言所具备的可以改变世界的力量"，"语言不只是描述世界，而是可能（或也）作为一种社会行为发挥作用"。对经济学研究来说，与大众对经济学的"科学、客观"的面目不同，经济学家在研究经济现象的同时，也在很大程度上造就了他们所研究的经济现象。例如，诺贝尔经济学奖得主迈伦·斯克尔斯等所创立并推广的布莱克—斯克尔斯期权定价模型直接推动了衍生品市场的发展，加剧了金融系统的脆弱性。详见：Jillian R. Cavanaugh，*Performativity*，Oxford Bibliographies：Anthropology，2013；Donald MacKenzie，Yuval Millo，"Constructing a Market，Performing Theory：The Historical Sociology of a Financial Derivatives Exchange"，*American Journal of Sociology*，Vol. 109，2003，pp. 107－145。

革等对发展中国家带来了一定的负面影响。这样的政策也是基于最大化国家间交换效率的考虑，对生产活动及其对长期增长潜力的影响并没有进行审慎评估。（Wade，2017）贸易自由化等政策改革提升交换效率，却也可能令国内已有的制造业受到损害。（Chaudhuri，2015）与此相反，罗德里克认为，与接受"华盛顿共识"有关政策建议的国家相比，中国大陆和"亚洲四小龙"等经济体采取了积极的产业和贸易政策，推动自身的工业化进程，取得了更为成功的结果。（Rodrik，2015）

此外，在忽视生产的同时，主流经济学与可行能力方法的研究范式都对消费者个人福利最大化具有特别关注。21世纪以来，主流经济学中对发展的研究对结构转型的关注相对较少，而多集中于微观机制，即一些政策干预如何带来不同的结果。近年来又以随机控制实验最为风靡，即运用类似自然科学的实验设计来探究某些微观政策干预的影响。（王悠然，2019）这使发展政策的制定与评估倾向于只关注"草根"减贫问题，即通过小额信贷、教育卫生补贴等政府微观干预来满足基本需求、减少贫困、提升个人的可行能力与福利。（Amsden，2012）例如，联合国千年发展目标（MDG）与可持续发展目标（SDG）的关注点在于减贫和更广泛地满足基本需求，而其中对生产和工业化的讨论处于较为边缘的地位。这样的政策导向，使得与结构转型有关的发展战略与政策选择则相对来讲被忽略。获得教育与医疗补贴的个人可能发现自己并不能找到需要自己能力的工作。可能根本没有企业需要这些学历和健康水平更高的个人——因为生产端（即鼓励具备更高附加值的产业）被政策制定者忽略了。（Andreoni and Chang，2017：177）

实践表现性决定了缺乏南部声音的经济学研究可能对南部国家造成的不利影响。这可以说是阿兹哈尔与廖博闻在本文选中所论及的第三世界学术依赖现象在经济学研究上的体现，更彰显了主流经济学关注全球南部经济体的问题、特征、理论与实践的重要性。具体而言，本文关于去工业化早产学说的讨论可以为经济学研究带来两点有关全球南部的启示。

第一，对今天的南部国家来说结构主义视角的研究仍有较大价值。所谓结构主义视角，来源于在第二次世界大战后到20世纪70年代前较为风行的发展经济学理论。① 这种理论致力于找到全球南部国家追赶发达国家的路径。具体而言，它尤为关注生产，将一国的经济发展几乎等同于工业化进程，也因此将结构转型放到其研究的核心位置。② （Prebisch，1950；Lewis，1954；Hirschman，1958；Ranis and Fei，1961）这派学说认为发展中国家落后的根源在于没有现代化的产业，应该发挥政府配置资源的作用，采取进口替代战略、发展本国产业。然而，这样的视角在 20 世纪 70 年代末逐渐式微。（Gore，2000）如今，非主流经济学界有更多坚持这种视角的学者（如张夏准、罗伯特·韦德、玛丽安娜·马祖卡托等），其研究也给予南方国家的现象和问题更多的关注。如 Tregenna 所说，"非主流经济学家主导了去工业化的分析"（2014：1373）。当然，经济学家不能忽略受结构主义思潮启发的进口替代战略常常伴有腐败与寻租加剧、效率缺失、宏观经济不稳等问题，也一样要警惕"穿着马甲的计划经济"通过产业政策的名义出现。（张维迎、王勇，2019）尽管如此，对主流经济学者来说，从当代一些结构主义经济学家的著作出发，未尝不是一条了解全球南部问题与现状的路径。

第二，经济学家应对研究全球南部的比较政治经济学与区域国别研究保

---

① 罗德里克与其合作者将该视角与新古典增长理论并列为经济学解释经济发展的两大传统。当然，如本文所述，这样的传统已经多少在经济学主流范式中式微。事实上，这样的视角可以追溯到诞生于 16 世纪末 17 世纪初的经济学的"发展主义"传统。这种传统专注于利用积极的国家行为，帮助经济落后国家发展经济，追上更发达的国家。对属于这个传统的经济学家来说，经济发展是要获得更复杂的生产能力。早期发展主义传统可以包括重商主义、幼稚产业理论和德国历史学派等，代表人物有弗里德里希·李斯特与亚历山大·汉密尔顿等。值得注意的是，在北部发达国家工业化进程中所诞生的理论可能对今天的全球南方仍有价值，因为这些传统诞生于发达国家当时的情况与今日的南方国家更为相似。详见：Margaret McMillan，Dani Rodrik，Claudia Sepulveda，*Structural change，fundamentals and growth：A framework and case studies*，New York：International Food Policy Research Institute，2017，pp. 1 – 2。

② 中国学者对结构主义的发展经济学做出了杰出的贡献。张培刚在历史上第一次系统论述"农业国工业化问题"，对农业国的结构转型问题进行深入研究，是发展经济学的奠基者和创始人。费景汉与合作者创立了"费阮模型（拉尼斯—费模式）"（Fei-Ranis Model of Economic Growth），拓展了刘易斯所提出的二元经济模型。老一辈学者从其对中国国情的实践感知出发，其学术成果既有突出的国际影响，也契合全球南部的发展现状，是中国经济学后学的榜样。详见：Pei-Kang Chang，*Agriculture and industrialization*，Cambridge：Harvard University Press，1949；Changsheng Xu，Shaokung Lin，"Contributions of Chang Pei-kang to development economics"，*Journal of Asian Economics*，Vol. 14，No. 2，2003，pp. 189 – 200；Gustav Ranis，John CH Fei，"A theory of economic development"，*The American Economic Review*，Vol. 51，No. 4，1961，pp. 533 – 565。

持敏感。本文第四节的讨论表明,南部国家去工业化早产的程度与国内政治安排及其所造就的政策选择密切相关。Rodrik(2015)也认为,经济学家应该明晰所研究国家或地区的现实条件,借以选择合适的经济学研究工具与模型来开展研究。事实上,将北方经验产生的经济理论应用于南部发展中国家的主要挑战是这两个群体的不同制度基础。(Lin,2010)具体来说,韦伯式的官僚主义、权力制衡、独立的司法等在发达国家被人们视为理所当然的制度特征,在全球南部可能是见不到的。重要的是,这些南部国家的正式制度往往嵌入当地的非正式权力结构中,而这样的结构可能源于殖民时代甚至前殖民时代。鉴于该地区不同的制度环境,为避免过度简化对南部经济的简单理解,人们需要对当地的历史与现实情况保持敏感,包括正式和非正式制度,以及支持的政策文件和权力结构政策制定和实施。(Khan,2015)比较政治经济学探究不同经济政策与经济绩效背后的政策逻辑,致力于在比较中得出理论化的解释。区域国别学则从所研究区域与地区的具体情况出发,致力于从历史与现实两个维度探究当地的政治、经济、社会、文化特性。两者的研究都可以帮助经济学家了解当地实际情况,从而明晰这些情况所带来的激励(incentives)与约束(constraints),更好地运用现代主流经济学的方法来解读全球南部的经济现象。

当然,值得指出的是,对南部的关注不等于完全否定新古典的研究范式与研究结论。当代主流经济学对于微观机制与交换效率的研究仍有其重要价值,也是影响南部国家发展前景的重要变量。然而,正如 Rodrik(2016b:9)所指出的,结构转型仍是快速、持续经济增长的必要条件。因此,在利用新古典方法的研究中,对发展问题感兴趣的学者应该注意到对全球南部极其重要的结构转型问题。事实上,罗德里克本人及其合作者的理论与案例研究(McMillan et al.,2016)也提供了在新古典框架内研究结构转型问题的可能性。[①] 同时,在采取新古典范式的经济学方法的同时,

---

① 又如:Margarida Duarte, Diego Restuccia, "The role of the structural transformation in aggregate productivity", *The Quarterly Journal of Economics*, Vol. 125, No. 1, 2010, pp. 129 – 173; Berthold Herrendorf, Richard Rogerson, Akos Valentinyi, "Growth and structural transformation", *Handbook of economic growth*, Vol. 2, 2014, pp. 855 – 941; Leif Van Neuss, "The drivers of structural change", *Journal of Economic Surveys*, Vol. 33, No. 1, 2019, pp. 309 – 349。

经济学家也应该对主流经济学外的研究抱有宽容的态度，重视非主流经济学、政治学、社会学等研究的方法和结论，特别是那些与全球南部现状相关的部分。毕竟，对经济现象的研究不应局限于一种视角与一类方法，"有很多可以做经济学的方法"（Chang，2013）。

总而言之，作为一门回答"亚当·斯密研究问题"——探究"国民财富的性质和原因"——的学问，经济学的进一步发展不能避开对去工业化问题的解答与关注。本文对去工业化早产学说的讨论，彰显出主流经济学倾听南部声音的重要性。要想增强主流经济学对南部经济现象的解释力，主流经济学家可以从学科外的研究中，汲取有关南方问题、南方特征、南方现象的重要经验，获得反思学科发展的难得机会。

参考文献：

杨崇圣、王勇、Anthony Black、陈美瑛：《第九章：南非经济特区评估：历史、表现与挑战》，载《地区研究：新现实与新构想》，蒂姆·尼布洛克、杨光、周燕主编，中国社会科学出版社 2020 年版。

张维迎、王勇：《企业家精神与中国经济》，中信出版社 2019 年版。

朱天飚：《比较政治经济学》，北京大学出版社 2006 年版。

陈戎轩、傅聪聪：《马来西亚社会转型与马来族群政党分裂——基于社会分裂结构理论视角》《东南亚研究》2021 年第 3 期。

陈玮、耿曙：《发展型国家的兴与衰：国家能力、产业政策与发展阶段》，《经济社会体制比较》2017 年第 2 期。

段九州：《"弱国家"困境和埃及的再工业化前景》，《文化纵横》2020 年第 5 期。

耿曙、陈玮：《发展型国家：理论渊源与研究进展》，《中国政治学》2019 年第 2 期。

黄宗昊：《"发展型国家"理论的起源、演变与展望》，《政治学研究》2019 年第 5 期。

李晨阳：《关于新时代中国特色国别与区域研究范式的思考》，《世界经济与政治》2019 年第 10 期。

林红：《威权、福利与庇护：民粹主义在非西方世界的激荡之旅——基于拉美与东南亚经验的考察》，《世界政治研究》2020 年第 2 期。

任晓：《再论区域国别研究》，《世界经济与政治》2019 年第 1 期。

王飞：《从货币政策看巴西工业化升级的失败》，《文化纵横》2019 年第 3 期。

王勇、朱雨辰：《论开发区经济的平台性和政府的作用边界——基于双边市场理论的视角》，《经济学动态》2013 年第 11 期。

王勇、辛凯璇、余瀚：《论交易方式的演进——基于交易费用理论的新框架》，《经济学家》2019 年第 4 期。

王悠然：《随机控制实验有益减贫但非"金律"》，《中国社会科学报》2019 年第 3 期。

徐沛原：《拉美经济复苏：练好内功是关键》，《世界知识》2021 年第 6 期。

邹志强：《土耳其经济治理的危机与转型》，《阿拉伯世界研究》2018 年第 1 期。

Albert O. Hirschman, *The Strategy of Economic Development*, Yale：Yale University Press，1958.

Andrew Sumner, *Development and Distribution：Structural Change in South East Asia*, Oxford：Oxford University Press, 2018.

Antonio Andreoni, Fiona Tregenna, The middle-income technology trap and premature deindustrialization, in：Andreoni A. , Mondliwa P. , Roberts S. , Tregenna F. , editor, *Structural transformation in South Africa：Sectors, politics and global challenges*, Oxford：Oxford University Press, 2021.

Ayşe Buğra, Osman Savaşkan, *New capitalism in Turkey：The relationship between politics, religion and business*, Cheltenham：Edward Elgar Publishing, 2014.

Barry Eichengreen, Donghyun Park, Kwanho Shin, *Growth slowdowns redux：New evidence on the middle-income trap*, Cambridge：National Bureau of Economic Research, 2013.

Carles Boix, *Democracy and redistribution*, Cambridge: Cambridge University Press, 2003.

Cassey Lee, *GVCs and Premature Deindustrialization in Malaysia*, Hong Kong: Think-Asia, 2020.

Dani Rodrik, *Economics Rules: The Rights and Wrongs of the Dismal Science*, New York: W. W. Norton, 2015.

Dani Rodrik, *New technologies, global value chains, and developing economies*, Bureau: National Bureau of Economic Research, 2018b.

Dani Rodrik, *One Economics, Many Recipes: Globalization, Institutions, and Economic Growth*, Princeton: Princeton University Press, 2008.

Dani Rodrik, *Straight Talk on Trade: Ideas for a Sane World Economy*, Princeton: Princeton University Press, 2017.

Dani Rodrik, *The Globalization Paradox*, New York: W. W. Norton & Company, 2011.

Dani Rodrik, The Past, Present, and Future of Economic Growth, in: Behrman J. , editor, *Towards a Better Global Economy: Policy Implications for Citizens Worldwide in the 21st Century*, Oxford: Oxford University Press, 2013.

Daron Acemoglu, James A. Robinson, *Economic origins of dictatorship and democracy*, Cambridge: Cambridge University Press, 2006.

Diane Coyle, *Cogs and Monsters: What Economics Is, and What It Should Be*, New York: Princeton University Press, 2021.

Donald Mac Kenzie, Is Economics Performative? Option Theory and the Construction of Derivatives Markets, in: MacKenzie D. , Muniesa F. , Siu L. , editor, *Do Economists Make Markets?*, Princeton: Princeton University Press, 2007.

Dorothy Ross, *The Origins of American Social Science (Ideas in Context)*, Cambridge: Cambridge University Press, 1990.

Falol Toyin, *Understanding Modern Nigeria: Ethnicity, Democracy, and Development*, Cambridge: Cambridge University Press, 2021.

Fiona Tregenna, Deindustrialisation and premature deindustrialisation, in: Ghosh J., Kattel R., Reinert E., editor. *Handbook of alternative theories of economic development*, London: Edward Elgar, 2016.

Indermit Singh Gill, Homi J. Kharas, Deepak Bhattasali, *An East Asian renaissance: Ideas for economic growth*, New York: World Bank Publications, 2007.

Jennifer Alexander, *Ethnicity and the Economy: The State, Chinese Business, and Multinationals in Malaysia*, Oxford: Oxford University Press, 1992.

John Scott, Gordon Marshall, *A dictionary of sociology* 4th edition, Oxford: Oxford University Press, 2016.

José Antonio Ocampo, Commodity-led Development in Latin America, in: Carbonnier G., Campodónico H., Vázquez S. T., editor, *Alternative Pathways to Sustainable Development: Lessons from Latin America*, Leiden: Brill, 2017.

José Gabriel Palma, Deindustrialisation, premature deindustrialisation, and the Dutch disease, in: Blume L. E., Durlauf S. N., editor, *The new Palgrave: A dictionary of economics*, London: Palgrave Macmillan, 2022.

José Gabriel Palma, Four Sources of "De-Industrialisation" and a New Concept of the "Dutch Disease", in: Ocampo J. A., editor, *Beyond Reforms: Structural Dynamics and Macroeconomic Vulnerability*, Palo Alto: Stanford University Press and World Bank, 2005.

Kai Fang Chin, Jomo Kwame Sundaram, Financial intermediation and restraint, in: Sundaram J. K., Nagaraj S., editor. *Globalization versus Development*. Basingstoke: Palgrave, 2001.

Kenneth C. Shadlen, *Coalitions and Compliance: The Political Economy of Pharmaceutical Patents in Latin America*, Oxford: Oxford University Press, 2017.

Louis N. Chete, *Manufacturing Transformation: Comparative Studies of Industrial Development in Africa and Emerging Asia*, Oxford: Oxford University Press, 2016.

Lukas Schlogl, Andy Sumner, *Disrupted Development and the Future of Inequality in the Age of Automation*, London: Palgrave Pivot, 2020.

Margaret S. McMillan, Dani Rodrik, *Globalization, structural change and productivity growth*, New York: National Bureau of Economic Research, 2011.

Marina N. Bolotnikava, *The Trilemma: Dani Rodrik's views on trade, development, and democracy enter the mainstream*, Harvard: The Harvard Magazine, 2019.

Mario Castillo, Antonio Martins, *Premature deindustrialization in Latin America*, Santiago: United Nations publication, 2016.

Melton J. Gordon, Bromley David G., *Lessons from the Past, Perspectives for the Future*, Cambridge: Cambridge University Press, 2019.

Peter B. Evans, *Embedded autonomy: States and industrial transformation*, New York: Princeton University Press, 1995.

Peter Evans, Patrick Heller, *State and Development*, New York: United Nations University Working Paper, 2018.

Rajah Rasiah, *Industrial Policy and Industrialization in South East Asia in Arkebe Oqubay*, Oxford: The Oxford Handbook of Industrial Policy, 2020.

Raul Prebisch, *The Economic Development of Latin America and its Principal Problems*, Undesa: Repositorios Latinoamericanos, 1950.

Reinhilde Veugelers, *Manufacturing Europe's future*, Belgium: Bruegel, 2013.

Richard Baldwin, *The Great Convergence: Information Technology and the New Globalization*, Cambridge: The Belknap Press of Harvard University Press, 2016.

Richard F. Doner, *The politics of uneven development: Thailand's economic growth in comparative perspective*, Cambridge: Cambridge University Press, 2009.

Robert H. Wade, *Governing the market: Economic theory and the role of government in East Asian industrialization*, Princeton: Princeton University

Press, 1990.

Sam Van Noort, *Industrialization and Democracy*, New York: APSA Preprints, 2020.

Sebastián Etchemendy, *Models of economic liberalization: Business, workers, and compensation in Latin America, Spain, and Portugal*, Cambridge: Cambridge University Press, 2011.

Seth Schindler, *The New Geography of Deindustrialisation and the Rise of the Right*, New York: Global Development Institute Blog, 2018.

Shubham Chaudhuri, *Premature deindustrialization in India and re-thinking the role of government (FMSH Working Paper No. 91)*, Paris: FMSH, 2015.

Therese F. Azeng, Thierry U. Yogo, *Youth unemployment and political instability in selected developing countries*, Tunis: African Development Bank, 2013.

World Bank, *China 2030: Building a Modern, Harmonious and Creative Society*, New York: World Bank, 2013.

Xinshen Diao, Margaret McMillan, Dani Rodrik, The Recent Growth Boom in Developing Economies: A Structural-Change Perspective, in: Nissanke M., Ocampo J., editor, *The Palgrave Handbook of Development Economics*, London: Palgrave Macmillan, 2019.

Xinshen Diao, Mia Ellis, Margaret S. McMillan, Dani Rodrik, *Africa's Manufacturing Puzzle: Evidence from Tanzanian and Ethiopian Firms*, Cambridge: National Bureau of Economic Research, 2021.

Adam Przeworski, Fernando Limongi, "Modernization: Theories and facts", *World Politics*, Vol. 49, No. 2, 1997.

Alice H. Amsden, "Bringing production back in—Understanding Government's economic role in late industrialization", *World Development*, Vol. 25, No. 4, 1997.

Alice H. Amsden, "Grass roots war on poverty", *World Social and Economic Review*, Vol. 2012, No. 1, 2012.

Alice H. Amsden, Takashi Hikino, "The bark is worse than the bite: New WTO law and late industrialization", *The Annals of the American Academy of Political and Social Science*, Vol. 570, No. 1, 2000.

André Nassif, Luiz Carlos Bresser-Pereira, Carmem Feijo, "The case for reindustrialisation in developing countries: Towards the connection between the macroeconomic regime and the industrial policy in Brazil", *Cambridge Journal of Economics*, Vol. 42, No. 2, 2018.

Anna Lührmann, Staffan I. Lindberg, "A third wave of autocratization is here: What is new about it?", *Democratization*, Vol. 26, No. 7, 2019.

Antonio Andreoni, Fiona Tregenna, *Stuck in the middle: Premature deindustrialisation and industrial policy*, Industrial Development Think Tank (IDTT) Working Paper, 2018.

Berk Esen, Sebnem Gumuscu, "Why Did Turkish Democracy Collapse? A Political Economy Account of AKP'S Authoritarianism", *Party Politics*, Vol. 27, No. 6, 2020.

Charles Gore, "The rise and fall of the Washington Consensus as a paradigm for developing countries", *World Development*, Vol. 28, No. 5, 2000.

Charles Robert Butcher, Isak Svensson, "Manufacturing Dissent: Economic Structure and the Onset of Major Nonviolent Resistance Campaigns", *Journal of Conflict Resolution*, No. 2, 2016.

Chong-Sup Kim, Seungho Lee, "Different paths of deindustrialization: Latin American and Southeast Asian countries from a comparative perspective", *Journal of International and Area Studies*, Vol. 21, No. 2, 2014.

Dani Rodrik, "An African growth miracle?", *Journal of African Economies*, Vol. 27, No. 1, 2018a.

Dani Rodrik, "Is liberal democracy feasible in developing countries?", *Studies in Comparative International Development*, Vol. 51, No. 1, 2016a.

Dani Rodrik, "Populism and the economics of globalization", *Journal of International Business Policy*, Vol. 1, No. 1, 2018c.

Dani Rodrik, "Premature deindustrialization", *Journal of Economic Growth*, Vol. 21, No. 1, 2016b.

Dani Rodrik, "Unconditional Convergence in Manufacturing", *Quarterly Journal of Economics*, Vol. 128, No. 1, 2013.

Dani Rodrik, "Why does globalization fuel populism? Economics, culture, and the rise of right-wing populism", *Annual Review of Economics*, Vol. 13, 2021.

Dani Rodrik, *Industrial Policy for the Twenty-First Century*, CEPR Discussion Paper Series, 2004.

Daniel Hirschman, Elizabeth Popp Berman, "Do economists make policies? On the political effects of economics", *Socio-Economic Review*, Vol. 12, No. 4, 2014.

Daron Acemoglu, Pascual Restrepo, "Automation and new tasks: How technology displaces and reinstates labor", *Journal of Economic Perspectives*, Vol. 33, No. 2, 2019.

Deniz Güvercin, "Boundaries on Turkish export-oriented industrialization", *Journal of Economic Structures*, Vol. 9, No. 1, 2020.

Douglas Gollin, Remi Jedwab, Dietrich Vollrath, "Urbanization with and without industrialization", *Journal of Economic Growth*, Vol. 21, No. 1, 2016.

Enrico Spolaore, Romain Wacziarg, "The diffusion of development", *The Quarterly Journal of Economics*, Vol. 124, No. 2, 2009.

Esteban Pérez Caldentey, Matías Vernengo, Financialization, *Deindustrialization and Instability in Latin America*, The Political Economy Research Institute (PERI) Working Paper, 2021.

Eva Bellin, "Contingent democrats: Industrialists, labor, and democratization in late-developing countries", *World Politics*, Vol. 52, No. 2, 2000.

Eva Paus, "Innovation strategies matter: Latin America's middle-income trap meets China andglobalisation", *The Journal of Development Studies*, Vol. 56, No. 4, 2020.

Feryaz Ocaklı, "Reconfiguring state-business relations in Turkey: Housing and hydroelectric energy sectors in comparative perspective", *Journal of Balkan and Near Eastern Studies*, Vol. 20, No. 4, 2018.

Fikret Adaman, "How to Create More Inclusive Economies: An Interview with Dani Rodrik", *Development and Change*, Vol. 52, No. 4, 2021.

Frederick W. , Mayer, Nicola Phillips, "Outsourcing governance: States and the politics of a 'global value chain world'", *New Political Economy*, Vol. 22, No. 2, 2017.

Gaaitzen De Vries, Marcel Timmer, Klaas De Vries, "Structural transformation in Africa: Static gains, dynamic losses", *The Journal of Development Studies*, Vol. 51, No. 6, 2015.

Gale Raj-Reichert, "Global value chains, contract manufacturers, and the middle-income trap: The electronics industry in Malaysia", *The Journal of Development Studies*, Vol. 56, No. 4, 2020.

Himanshu Burte, Lalitha Kamath, "The violence of worlding", *Economic & Political Weekly*, Vol. 52, No. 7, 2017.

Hwok-Aun Lee, Christopher Choong, "Inequality in Malaysia: Empirical Questions, Structural Changes, Gender Aspects", *Journal of Southeast Asian Economies*, Vol. 36, No. 3, 2019.

Hwok-Aun Lee, Christopher Choong, "Introduction: Inequality and Exclusion in Southeast Asia", *Journal of Southeast Asian Economies*, Vol. 36, No. 3, 2019.

Jeff Tan, "Running out of steam? Manufacturing in Malaysia", *Cambridge Journal of Economics*, Vol. 38, No. 1, 2004.

Jesus Felipe, Aashish Mehta, Changyong Rhee, "Manufacturing matte but it's the jobs that count", *Cambridge Journal of Economics*, Vol. 43, No. 1, 2019.

José Luis Oreiro, Luciano Luiz Manarin, Paulo Gala, "Deindustrialization, economic complexity and exchange rate overvaluation: The case of Brazil

（1998－2017）”，*PSL Quarterly Review*，Vol. 73，No. 295，2020.

Justin Lin，Ha-Joon Chang，“Should Industrial Policy in developing countries conform to comparative advantage or defy it? A debate between Justin Lin and Ha-Joon Chang”，*Development Policy Review*，Vol. 27，No. 5，2009.

Kaoru Natsuda，Noriyuki Segawa，John Thoburn，“Liberalization，industrial nationalism，and the Malaysian automotive industry”，*Global Economic Review*，Vol. 42，No. 2，2013.

Karl Aiginger，Dani Rodrik，“Rebirth of industrial policy and an agenda for the twenty-first century”，*Journal of Industry，Competition and Trade*，Vol. 20，No. 2，2020.

Kenneth C. Shadlen，“Exchanging development for market access? Deep integration and industrial policy under multilateral and regional-bilateral trade agreements”，*Review of International Political Economy*，Vol. 12，No. 5，2005.

Kunal Sen，“Structural Transformation around the World: Patterns and Drivers”，*Asian Development Review*，Vol. 36，No. 2，2019.

Larry Diamond，“Facing up to the democratic recession”，*Journal of Democracy*，Vol. 26，No. 1，2015.

Mateo Hoyos López，“Trade liberalization and premature deindustrialization in Colombia”，*Journal of Economic Structures*，Vol. 6，No. 1，2017.

Mohammad Zulfan Tadjoeddin，“Inequality and exclusion in Indonesia”，*Journal of Southeast Asian Economies*，Vol. 36，No. 3，2019.

Mustafa Kemal Bayirbağ，“Continuity and Change in Public Policy: Redistribution，Exclusion and State Rescaling in Turkey”，*International Journal of Urban and Regional Research*，Vol. 37，No. 43，2013.

Mustafa Yagci，“The Turkish Variety of State-Permeated Capitalism and Mutually Dependent State-Business Relations”，*Journal of Contemporary Asia*，Vol. 51，No. 5，2021.

Nahee Kang，Eva Paus，“The political economy of the middle income trap: The challenges of advancing innovation capabilities in Latin America，Asia and beyond", *The Journal of Development Studies*, Vol. 56, No. 4, 2020.

Naved Hamid, Maha Khan, "Pakistan: A case of premature deindustrialization?", *The Lahore Journal of Economics*, Vol. 20, 2015.

Nicolas Brisset, "On performativity: Option theory and the resistance of financial phenomena", *Journal of the History of Economic Thought*, Vol. 39, No. 4, 2017.

Nobuya Haraguchi, Bruno Martorano, Marco Sanfilippo, "What factors drive successful industrialization? Evidence and implications for developing countries", *Structural Change and Economic Dynamics*, Vol. 49, 2019.

Nobuya Haraguchi, Charles Fang Chin Cheng, Eveline Smeets, "The importance of manufacturing in economic development: Has this changed?", *World Development*, Vol. 93, 2017.

Philip ArnoldTuaño, Jerik Cruz, "Structural Inequality in the Philippines", *Journal of Southeast Asian Economies*, Vol. 36, No. 3, 2019.

Raphael Kaplinsky, "Globalisation and unequalisation: What can be learned from value chain analysis?", *Journal of Development Studies*, Vol. 37, No. 2, 2000.

Richard E. Itaman, Oluwafemi E. Awopegba, "Finance, oil rent and premature deindustrialisation in Nigeria", *Structural Change and Economic Dynamics*, Vol. 59, 2021.

Richard Grabowski, "Premature deindustrialization and inequality", *International Journal of Social Economics*, Vol. 44, No. 2, 2017.

Richard Itaman, Christina Wolf, "Industrial Policy and Monopoly Capitalism in Nigeria: Lessons From The Dangote Business Conglomerate", *Development and Change*, Vol. 52, No. 6, 2021.

Robert H. Wade, "Is Trump wrong on trade? A partial defense based on production and employment", *Real World Economic Review*, No. 79, 2017.

Robert Rowthorn, Ken Coutts, "De-industrialisation and the balance of payments in advanced economies", *Cambridge Journal of Economics*, Vol. 28,

No. 5, 2004.

Rosendorff B. Peter, "Choosing democracy", *Economics & Politics*, Vol. 13, No. 1, 2011.

Sanjaya Lall, "Technological capabilities and industrialization", *World Development*, Vol. 20, No. 2, 1992.

Sergio Clavijo, Alejandro Vera Sandoval, AlejandroFandiño, "Deindustrialization in Colombia: Quantitative analysis of determinants", *SSRN Electronic Journal*, 2013.

Servaas Storm, "Financialization and economic development: A debate on the social efficiency of modern finance", *Development and Change*, Vol. 49, No. 2, 2018.

Seth Schindler, Tom Gillespie, Nicola Banks, Mustafa KemalBayırbağ, Himanshu Burte, Kanai J. Miguel, Neha Sami, "Deindustrialization in cities of the Global South", *Area Development and Policy*, Vol. 5, No. 3, 2020.

Seungho Lee, Chong Sup Kim, "Driving Forces behind Premature Deindustrialization in Latin America", *Korean Social Science Journal*, Vol. 47, No. 1, 2020.

Sharun W. Mukand, Dani Rodrik, "The political economy of liberal democracy", *The Economic Journal*, Vol. 130, No. 627, 2020.

Sirianne Dahlum, Carl Henrik Knutsen, Tore Wig, "Who revolts? Empirically revisiting the social origins of democracy", *The Journal of Politics*, Vol. 81, No. 4, 2019.

Sumru Altuğ, Alpay Filiztekin, Sevket Pamuk, "Sources of Long-Term Economic Growth for Turkey, 1880 – 2005", *European Review of Economic History*, Vol. 12, No. 3, 2008.

Thandika Mkandawire, "The road to crisis, adjustment and de-industrialisation: The African case", *Africa Development/Afrique et Développement*, Vol. 13, No. 1, 1988.

Thandika Mkandawire, "Thinking about developmental states in Africa",

Cambridge Journal of Economics，Vol. 25，No. 3，2001.

William Arthur Lewis，"Economic development with unlimited supplies oflabour"，*Manchester School of Economic and Social Studies*，Vol. 22，1954.

Ziya Önis，"The Logic of the Developmental State"，*Comparative Politics*，Vol. 24，No. 1，1991.

具身苦难与宏大蓝图的食物主权

李蕤伶

（密歇根大学安娜堡分校国际研究中心硕士研究生）

2003 年，墨西哥坎昆，多哈回合谈判部长级会议进行的过程中，韩国农民李耿海在会议栅栏前自杀，其身后是上千名农民和抗议者。在最后的时刻，李耿海留下的信息是："世界贸易组织正在杀死农民"。在这次从 2001 年开始的谈判中，以美国为代表的发达国家试图让发展中国家减少贸易壁垒，推动农业"自由贸易"。在 2008 年，此次谈判最终宣告破裂，代表着南方国家对于北方国家食物倾销的抵抗的一次短期成果。（McMichael，2012）同年，世界食物价格指数在九个月内上升了 45%，大量的贫穷人口陷入饥饿之中，多国爆发了"食物暴动"。奇怪的是，饥饿并不是因为食物的生产短缺。世界的食物总供给约为总需求的 1.5 倍，世界粮食收成和大型食物企业的利润都没有下滑。（Holt-Gimenez and Patel，2012：6—7）

大约同时，在 2007 年，以"农民之路"（La Vía Campesina）为代表的若干组织在马里举办了"食物主权世界论坛"，并发表了《尼埃勒尼（Nyéléni）宣言》，奏起了新一阶段的食物主权运动的战歌。这些世界各地的农民站在一起，希望抵制和瓦解当前企业贸易和食品制度。十余年来，食物主权的概念一直活跃在国际经济与政治话语中，并在联合国取得了关注。通过相关组织和人士的不断努力，2018 年联合国人权理事会发布了《联合国农民和农村地区其他劳动者权利宣言》（UNDROP），2021 年年底联合国大会则召开了世界食物系统峰会（UNFSS）。①

尽管如此，食物主权至今却并没有一个统一的定义，这也是去中心化的、因地制宜的运动理念的反映。学界和组织一般参考的版本是2007年宣言中的说法，即"人民享有通过无害于生态和可持续的方式生产的，健康且文化上适当的食物的权利，以及他们定义自己的粮食和农业系统的权利。它将生产、分配和消费食物的人，而不是市场和公司的要求，置于食物系统和政策的核心"。由此，这一定义的核心是恢复个体对于食物系统的话语权和直接民主的权利，其隐含的敌人是当前的食物体系。

食物主权是拉美国家农民最先发出的草根声音，后续逐渐被相关组织和学者系统化，成为一个真正的，运动与理论紧密结合的体系，并在世界范围内形成了一定的影响力。在国际社会主流话语将食物视为单纯的商品，强调通过现代科技生产保证食物总量以避免饥饿时，食物主权同样紧扣食物，并自然地生发，逐渐形成了一个全然不同的世界蓝图，挑战整个新自由主义世界体系。它一方面呼吁人们关注我们生存所依却熟视无睹的食物及其生产者；另一方面强调食物的多重面向，强调食物及其生产、消费在维系生存以外的丰富意涵，并指出当下对它们的忽略不仅是疏忽，而且从根本上就是错误的，会带来恶果。

本文将首先介绍在其视角下的世界体系及其历史，潜入其问题意识，然后在第二部分中引出运动的发源和核心主张。最后，本文将结合一些世界各地食物主权运动的实例，在与主流视角的质疑对话的同时，就其愿景落实和理论发展进行简要延伸。

一　食物主权的问题意识

食物何以能够承载一个新的世界蓝图？理解这一问题，需要首先理解我们盘中佳肴背后隐藏的庞大体系：企业食物体系（corporate food re-

---

① 《联合国农民和农村地区其他劳动者权利宣言》（UNDROP）全称 United Nations Declaration on the Rights of Peasants and Other People Working in Rural Areas；世界食物系统峰会（UNFSS）全称 UN Food Systems Summit。

gime）。这一发展阶段的核心标志是在新自由主义背景下，发达国家的大食物企业控制了整个食物产业链。食物主权及其支持者认为，正是这一体系在根本上导致了 2008 年食物价格危机。

何谓"食物体系"？该分析视角由哈丽特·弗里德曼（Harriet Friedmann）和菲利普·麦克迈克尔（Philip McMichael）两位学者提出并发展。根据前者（1993，30：1）的定义，食物体系是"一个世界范围内的，以规则治理的食物生产和消费体系"。食物看似日常、美好、中立，而这一视角将其还原为资本主义体系的一部分，直指其政治、经济、历史和生态维度。

（一）食物体系的历史

第一代食物体系诞生在殖民主义的背景下。19 世纪 70 年代至 20 世纪 30 年代，从热带殖民地到欧洲的食物贸易为英国的工业发展和欧洲的资产阶级兴起提供了食物保障。殖民者将自己的主食外包给殖民地进行生产，开始导致当地的过度开发和作物单一化。此时，以工业化、现代化为基调的"发展"观念已经形成，并体现为新建立的农业部门对工业的从属地位。20 世纪 50—70 年代的第二代食物体系中，食物的流动方向转变为从美国向发展中国家和地区流动。这种流动是美国"绿色革命"后粮食生产过剩，并以"援助"的名义向"落后"地区进行"援助"而形成的。食物成为换取忠诚的工具，用以呼吁发展中国家远离共产主义，信任资本主义、帝国主义。"绿色革命"的生产方式被有意地推广到这些地区，全球的食物部门和全球的食物生产分工便逐渐形成。（McMichael，2009：141）

在 20 世纪 80 年代以来的最新一代食物体系中，相较以往，世界各地之间的连接更加紧密，不平等也更加突出。中国和巴西等国被吸纳入全球的动物蛋白产业链条，而"超市革命"则进一步在分发和消费方面，通过标准化、同质化，促进世界向西方靠拢，加强了大食物企业的影响力。同时，随着这一过程和城市化发展，大量的小农户被剥夺了土地，成为流离失所的穷人；但同时，抗争也正在形成。民间的慢食运动（Slow Food）、食物主权等运动兴起形成反击，而国际组织也因为种种原因开始关注食物

生产对生态、人民的更复杂的影响。（McMichael，2009，142）

总的来看，原本自给自足，在小农生产中达到自然平衡的食物生产，开始被全球政治所支配。不论是流动方向、生产方式、消费对象还是作为生产者的农民的命运都被卷入了全球的体系中，并且成为其他目的的工具，甚至武器。看似在绿色革命后蒸蒸日上的食物生产终于在 2008 年爆发了危机。彼时的食物价格波动一方面是由于气候干旱、石油价格波动、期货市场投机等直接影响；而在另一方面，它反映的正是全球食物体系的畸形。

（二）当前食物体系的问题

价格危机最显而易见的驱动者是现代金融：期货交易将食物金融化，成为投机的对象；在此以外，工业生产的垃圾食品和不健康食物大量涌入市场，尤其危害着发达国家和发展中国家贫困人口的健康；发达国家引领的世界饮食结构变化导致畜牧业扩大，与农业燃料的兴起一同消耗了人类的口粮，提高了粮食的价格；食物的种植、加工、包装和运输带来了严重的资源消耗，环境污染和生态破坏。（Edelman，2014）

农业的面貌也彻底地改变了：根据代代相传的经验安排的混合种植的土地被单一作物的单调景观取代；小农庄被兼并为大机械农场，政府也往往倾向于补贴后者。在这里，免费的自然肥料让位于化肥，杂草被熟练地一扫而空。农业与生态保护分离——逐渐开始重视生态的政府建立了保护区，却对辽阔农田上的生态视若无睹。此外，转基因技术和种子专利把种子的控制权从农民转移到了公司的手中，让农民原本自然培育、免费使用的种子变成了需要花费金钱购买的产品，也潜在地造成了不可挽回的基因污染。更致命的是，一些农民甚至被驱赶出了自己的土地：以企业和国家政策主导的土地掠夺，以旅游业、工业化和与农业割裂的生态保护为由，让越来越多的农民缺乏可耕种的土地，乃至于流离失所，无法获得生计——甚至食物。（McMichael，2012）

以上种种都是自 20 世纪 80 年代以来就潜藏在食物体系下的暗流。在高度集中、高度分工的体系中，全球尤其是南方国家的穷人对于经济和环境所带来的震荡的承受力变得异常脆弱。权力和利润都隐形地掌握在若干庞大玩家——跨国粮食交易商与加工厂，种子、化学品与化肥公司、全球连锁超市——的手中。连锁超市的国际扩张不仅深刻地影响了全球消费者的日常选择和口味，而且更重要的是他们威胁着农民的生计。20 世纪 50 年代，美国农民能够得到食物交易最终收入的 40%—50%，但在 2012 年他们只能获得其中的 20%，并且还要减去种子等投入品的产业化等带来的额外成本。在国家层面，50 年前发展中国家的农业贸易顺差被扭转成为巨大的逆差。（Holt-Gimenez and Patel，2012：20—21）

在某种意义上，资本主义的食物体系是有成效的：根据国际粮农组织在 2021 年和 2022 年的数据，从 2000 年到 2019 年，世界主要作物产量增长了 53%，并且在 2019 年达到最高值。但同时，自 2014 年以来，全球中度至重度粮食不安全人口的比重却一直在缓慢上升。在 2020 年疫情的影响下，这一群体的规模达到了 23.7 亿人，约占世界人口的三分之一。

卡尔·波兰尼（Karl Polanyi）在其名作《大转型》中指出，不加管控的资本主义经济在社会和经济上均不可持续，会逐渐摧毁其自身的资源基础。我们面临的危机是广泛的，也是相互关联的。食物体系的危机与能源，气候与金融的危机反映的是"整个经济和社会模式的危机"（Wittman，2009）。全面的社会转型迫在眉睫。

（三）我们目前的应对方式及其问题

面对饥饿，当下国际社会的主流应对方式实际上是在坚持绿色革命的思路的同时，试图对其进行修正。这里，2021 年的联合国食物峰会就是一个代表性的例子。在前期宣传中，这一峰会将自己塑造成一个变革的节点，因而也积攒了包括食物主权运动的大量关注和支持。然而在召开前它就展现出种种问题，包括忽略草根运动的真正支持者和代表，最终自然远未达到这些群体的期望。这次会议提出的五个探讨方向——安全与营养，食物的可及性，可持续性，对自然的影响，公平生计和抵抗脆弱性——本身与食物主权的目标似乎完全相同，然而在手段上，它依赖的工具依然是农业私营部门、金融机构贷款与线上金融、生产资源投入、科技创新、电子商务，而这些工具带有强烈的新自由主义性质。第二波网络征集中出现的食物主权方案可以作为对比：后者主张建立种子网络，支持本土市场和立法保证食物供应。

其实，联合国的应对方案始终围绕"粮食安全"（food security）这一理念。（与中国本土用法不同）在国际语境中，这一概念主要聚焦于在世界范围内消除饥饿这一单一、量化的目标，而生态和可持续性等主张虽然获得了越来越多的重视，但也依然处于外围地位。它显示出的是一种普遍的"技术迷信"（Patel，2009：664），将以现代科学和管理技术保证粮食总量充足放在第一位，仿佛只要这个条件有限满足就有办法对其进行合理分配，最终皆大欢喜。这个命题未必是错误的，但当前粮食产量增长持续快于人口增长，而饥饿水平却不断上升的现实，正呼唤人们反思这一底层逻辑。

事实上，根据 Edelman（2014：960—968）的考证，食物主权与粮食安全从诞生起至 1996 年都存在并列或互换使用的情况。粮食安全的概念在欧洲第一次世界大战之后提出，用于描述主权国家食物自给自足的能力。而在 20 世纪 80 年代食物主权概念开始在拉美的政府文献（如墨西哥的国家粮食计划 PRONAL）和农民运动中零星出现时，表达的正是同一个意义，只是彼时受到 1974 年全球食物匮乏的影响，粮食安全的概念外延已经开始缩小，从以国家为单位的粮食自足变成了世界范围内的消除饥饿，而食物主权的关注点反而不断扩大，逐步包含了生态、人权、文化等多种意涵。

将目标简化、量化，选择改良的温和手段的"粮食安全"主义，看似是"务实"的选择，但最终，其消除饥饿的基本目标都不断受挫，甚至出现倒退。食物主权主张的小规模农业能够达到怎样的产出水平，是否的确能够支持余下的人口？眼下似乎并没有充分的数据明确给出一个肯定的答案。但同样，以国际组织为代表的改良派解决方案，不论是恢复生态还是解决饥饿，也只能摸着石头过河。对于他们，尽管理论上的总量问题或许已被解决，但现实中无法量化的权力网络以及系统本身限制形成的阻碍之庞大，使其前景同样笼罩在疑云中。

二　食物主权的主张

几十年来，科技、金融和管理能力进步没有稳步消除饥饿。20 世纪，绿色革命的确带来了粮食产量的提高，但想要进一步消除饥饿、打破僵局，我们就必须看到，改良的思路已经不能成立。如阿玛蒂亚·森的著名判断指出的，我们面对的早已不是产量问题，而是国内、国际的分配问题。先通过现代生产技术保证产量，再尝试进行再分配的手段不会成功，而生态、营养（而非单纯的热量）、主权方面的问题也同样如此。我们亟须重新评估整个体系及其更深层的假设。

这一假设的一个核心就是食物可以被化约为单纯的商品。基于此，一切围绕食物生产和消费的其他方面：生态、社会关系、文化，都被遮蔽掉了。对于希望解决问题的人，这意味着我们问题定位从一开始就错了。

（一）变革的阻碍

在饥饿数字屡屡反弹的时候，难道没有人怀疑过当前的路线吗？是什么阻碍了变革？这个问题同样需要通过追溯食物体系的发展来回答。如上文所言，20 世纪 50—60 年代绿色革命的兴起逐渐在西方带来了大量的食品剩余。西方的食品公司和政府为维持食品价格，以"援助"的名义对南部国家进行食品倾销。80—90 年代，欧美维持本国农业补贴的同时，在世界银行和国际货币基金组织的结构调整计划（SAPs）（以及后续的区域自贸协定与世贸组织）的支持下，要求南方国家打开自己的市场。通过这些行为，政府补贴的利益流入北方大农工业企业的口袋，而南方农民却陷入困境。有土地的农民的生产自主性逐步丧失，而附属于北方国家的体系，还有一些则丧失了土地，成为雇工或离开农村。在这一过程中，各国被越发深入地整合进一个"全球"的食物生产体系。（Holt-Gimenez and Patel，2012）

随着第三阶段食物体系中，人们逐渐意识到了这一体系的问题，联合国主导的国际社会开始寻求变革。然而，作为官方组织的联合国不可能脱离国际政治和资本权力的影响，因而粮食安全的主张只能是保守的。由于跨国企业的势力以及对资本主义工业生产，以及基于量的"发展"观念的影响，它选择支持（或者回避反对）大食品企业和当前的食物系统，使用科技主义色彩的工具。与之相对的食物主权体现出更多的政府干预和非技术性措施，显得不那么"现代"，而其诉求之全面、方法之多元，难以完全融入国际学术和政治框架，实际上形成了推广的阻碍，但他的烦冗和朴实正是其主张的一部分。

根据安德烈（Andrée）等人 2014 年的著作《全球化与食物主权：新食物政治的全球与本土变化》（Globalization and food sovereignty: Global and local change in the new politics of food），二者的更根本分歧就在于是否对新自由主义的经济框架依然寄予希望；或者说，是否认为不同阶层的利益是可以调和的，且这种调和可以通过某种参与方式实现。"农民之路"的欧洲领导者保罗·尼克森（Paul Nicholson）认为，尽管各地农民面对的具体困难和抵抗方式不同，但他们的敌人都是新自由主义政策。这些农民坚决反对世贸组织和世界银行推动达成的自由贸易协定：在当前的力量和政策下，"自由贸易"绝非"自由""平等"，反而是发达国家"对南方食物系统系统性摧毁"（Holt-Gimenez and Patel，2012：22）的手段。这里体现出两个观念的分歧是利益集团（阶级）的，也是"现代主义"与"非现代主义"的，市场经济与"道德经济"的。（Edelman，2005）

（二）反抗的起源

反抗不是一夜发生的。如上文所言，在国际政治和经济形势影响下，食物体系危机在 20 世纪 80 年代开始显现。这正是食物主权运动在拉美和世界逐渐兴起的时间。这些运动根本上发源于在新的食物体系下，农民切身感受到的苦难；欧美国家官方或民间的影响帮助他们形成了最初的形态，但在后期，他们则独立于这些力量，在内部形成联盟，自我意识迅速增强，从民间的横向互助转变成积极的、向上的政治运动，并逐渐形成国际影响。

此时的拉美农业面临诸多共同的问题：区域政治一体化的浪潮创造了

高于国家的决策中心，基层农业部门面临被国家抛下的风险；外债的压力削减了社会服务，扭转了来之不易的农业改革，而国家也在产量的压力下，减少了对生态农业的财政支持；关税的降低导致农业不得不与外国农民竞争，而美国粮食"援助"更是导致谷物过剩、价格暴跌；此外，市场结构的变动导致农民对中间商和大型农工业企业的依赖性上升，议价能力下降，收入也自然下降。（Edelman，1998：51—52）

这一时期在墨西哥的全国食物计划（PRONAL）中，已经出现了"食物主权"的字样。这时的农民经常加入武装行动运动，但随着 20 世纪 80 年代内战的消退，自由市场政策就开始取代其他问题，成为他们不满的核心。（Edelman，1998：51）这时欧美官方和非政府组织组织了一些拉美的跨国会议和学习活动，而当地一些陆续兴起的农民运动领袖就在这里开始交流，意识到他们面临着相同的问题，并开始联合。

在拉美运动联合的同时，印度、欧洲和北美的农民及家庭农场组织也开始重视跨国斗争来对抗新自由主义。印度各地的 20 万农民在德里举行"种子革命"（Seed Satyagraha）集会，反对跨国公司在关贸总协定下的种子专利；来自欧洲各地的 3 万农民在布鲁塞尔举行了反对关贸总协定部长级会议的游行；而北美的家庭农场组织开始与其他国家的农民团体建立国际联系。（Perreault，2003）

1992 年，当来自中美洲、加勒比海地区以及北美和欧洲的农民及家庭农场主组织在马那瓜参与 UNAG 第二届大会时，产生了国际联合的想法。后续作为这一想法的落实，在 1993 年 5 月，来自世界各地的 70 多位农民和农场领导人在比利时蒙斯举行了会议，正式承诺在贸易自由化的背景下，作为世界粮食的生产者，集体维护他们的权利，"农民之路"这个关键组织就此正式成立，并引领了后续在国际舞台发声的道路。（Desmarais，2002）

（三）食物主权的路径

根据定义，食物主权首先是一种个体层面的权利，这一权利包括两方面：首先是拥有满足特定条件的食物的权利。这些条件包含了食物的生态、健康和文化属性，超越了温饱的考量，不能简单地被量化的供需计算概括。其次，食物主权也是一种政治性的权利。在这一框架下，食物所代表的不仅是个人的盘中餐，而更是其生产、流通和消费的整个"系统"，而人们应有权对这一系统的设计进行干预。

让我们再次梳理食物主权提出的蓝图。首先，他们明确抵抗食品倾销行为，抵制国家和组织将食物政策作为政治武器（Patel，2009），这在最基础的层面上反抗对食物的异化。其次，他们要推翻当前的"企业贸易和食品制度"，反对全球自由食物贸易，主张小规模、非雇佣的农业生产和基于经验而非科技的生态农业生产方式，主张食物首先在本地和本国市场进行交易，让产业链各个环节的参与者都有公正的收入；消费者应当对其盘中的食物有更多的话语权，而农民（peasant）[①] 则持有对于土地、水、种子、牲畜和生物多样性的权利，并通过直接民主实现。最后，运动也强调食物的生产、分配和消费应当具有环境、社会和经济的可持续性，强调性别、民族、种族、社会阶层和代际的平等，尊重生命、土地和传承，呼吁全面的农业改革。（Patel，2009）

性别，民族，传统……这些看似过大的议题在此出现并不只是为了迎合左翼话语。这一主张如此庞大，是因为食物的意蕴本就如此，譬如在性别方面，食物的生产方式正是父权制在传统和现代农业家庭中维系的一大支撑。食物主权运动正是从农民最切肤的生活体验而不是理论层面出发，逐渐发现了所有问题的相关性，并指出了这些问题，描绘了另外一种完全不同的社会图景，并与当下形成对抗。

三 食物主权的落实

作为一个革命性的理念，食物主权发展的过程中不乏质疑和挑战。以

[①] "Peasant"这一概念的辨析是食物主权理论发展的要点之一。根据 UNDROP，它特指以家庭为单位生产，中小规模生产的农民，主要强调他们独立生产，不参与资本主义的雇佣劳动形式，因此又不完全等同于"小农"（small farmers）。根据国内翻译惯例，本文将其译为"农民"。（这段文字来自 UNDROP）

2014 年《农民研究期刊》（*the Journal of Peasant Studies*）的食物主权特刊为中心，关于食物主权最核心的质疑可以大致归纳为：非资本主义的食物体系究竟是否具有理论和现实的可行性？其中，争议较多的三个核心问题是：小农生产和生态农业面对在现代社会的人口结构，是否能够提供充足的食物？政府的角色究竟是什么，应当如何实施？最后，"农民"究竟是谁？

（一）生态农业的生产力问题

当前，农民在总人口中占比持续下滑，然而食物主权的主张却似乎想让我们回到工业化时代以前，否定几十年来农业科技进展的生产方式。小农生产可以支持非农业人口的粮食需求吗？

其实，食物主权并不是向后看的，而是向前看的；它并非要回到工业化以前，而是要超越工业化，在当前现实的基础上继续向前。（McMichael，2015）它反对大规模工业种植，并不是盲目复古，反而是一味推行工业种植，带来的单一种植和化肥实际上并不可持续。而对于生态农业的产量问题，世界上已经出现了一些积极的信号。一个著名的案例是古巴。古巴在冷战后由于苏联解体而面临物资的全面断供，同时面对美国的严厉封锁制裁，"被迫"走上了生态农业之路。在古巴农业和林业技术协会（ACTAF）和"农民对农民"（Campesino a Campesino）运动的培训下，古巴形成了高效的小农生茶加混合生态农业的农业体系。截至 2011 年，"农民对农民"运动中的农民占据了古巴 25% 的耕地。不使用任何合成化学品的小农生产了全国 65% 以上的粮食，最高产量超过吨粮田级别，整体超过了本地工业生产体系的效率（Rosset et al.，2011）。而在中国，蒋高明带领的山东弘毅农场生态农业实践就是生态农业产量的一个证明。经过动植物混合的生态农业方法，不使用农药、化肥、除草剂、人工合成激素或转基因种子，打造秸秆—动物粮食—生态化肥的循环，使用轮作、人工除草、深耕等方法，也已经成功打造出了吨粮田。（蒋高明等，2017）

在对技术和"发展"的迷信发展了上百年的当下，立刻扭转这种怀疑是困难的。然而，这些成功的例子依然能给我们带来反思和希望。进一步，许多小农生产眼下展现出的"低效"实际上未必是这一生产方式的固有缺陷，而恰恰是当前食物系统压迫的结果。在更理想的食物体系中，生态农业、小农生产的潜力将进一步释放。（McMichael，2015）

（二）组织问题与实例

食物主权强调个体权利，并强调贸易的边界。这一主张的实现需要一个权威来贯彻。那么，这种权威应当是怎样的形象，其干预应当维持在何种程度，包含哪些内容？这些要求又是否切合实际？

国际上食物主权思想大多排斥雇佣农业，因而强调小农生产。这里，农民的定义就涉及生产规模的问题。当小规模农民的生意变好，需求增加，当局是否应当允许他们雇佣其他农民来扩大生产？扩大到什么程度？同样，当外地人出现了对某地产品的需求而产生贸易，这样的贸易又是否应当管理，以怎样的形式管理？

根据食物主权，这些问题不需要一个统一的答案。在其运动理念中，"农民之路"强调食物主权运动是自下而上的。不同民族、国家的农民可以自行动员，并在这一运动中相互交流、支持。（Wittman，2009）在学者眼中，这一观念似乎具有一定的理想性，在理论上也面临种种困难（Edelman，2014）。但实际上，这正符合这个自下而上、求同存异的历史，而当前世界上的食物主权也存在多种组织形式：

加拿大是一个幸运的例子。这里，食物主权从60年代开始就存在于国家层面的"供应管理计划"中，并被延续到当下。供应管理的主要目的是保护农民，避免"自由市场"带来的巨大上下游价格波动。在供应管理下，农民生产特定数量的产品，代表他们在市场上的份额；所有农民根据平均生产成本获得相同的公平价格；政府建立贸易壁垒，保护这个受管制的市场不受进口等外界因素干扰。（Mount，2017：152）

虽然这一制度为小农提供了切实的保护，但它也不无问题：比如，供应管理要求申请配额的农民需要达到某一最少产量，否则只能选择进行合作，或只为自家生产而不销售，这其实妨碍了农民和小规模的混合农业耕作方式；此外，在面对新的本地食物运动兴起时，这里配给制度的僵化却形成了阻碍。面对这两个问题，安大略省在2005年和2015年分别推出政策，针对自家饲养规模往往较小的养鸡业，首先豁免家庭饲养每年 300 只以下的肉鸡，后又允许鸡农根据计划申请许可证，与手工供应链的其他成员（孵化厂、加工商、市场等）合作，饲养 600—3000 只鸡，来帮助有需要的农民进行规模生产。这里，我们可以看到天然的、制度化的食物主权如何不断进行自我完善。（Mount，2017：153—154）

然而，并不是所有国家都这样顺利。在经历军事独裁后土地高度集中的巴西，出现了世界上印象最大的农民运动之一——无地工人运动（Motimento dos Trabalhadores Sem Terra，MST）。这些组织起来的失地农民最大的诉求就是"保证所有从事土地工作的人都能获得土地"，而其最重要的斗争方式则是占领那些大庄园中抛荒的土地。根据其官方网站，在 1984 年正式成立后，MST 已经在巴西五个地区的 24 个州建立组织，让 45 万户家庭获得了土地。在土地占领外，MST 的斗争形式还包括游行、扎营、绝食和占领公共建筑等。有 90000 多个无地家庭在黑色防水油布下扎营，组织在大庄园周围并居住数年。这些行动显然不只是局部的生产资料夺取，也同样是通过制造政治事实，要求政府进行回应。通过这种方式，MST 获得了政治影响力，可以和政府达成一定程度的协商。

目前，MST 的运动重心已经逐渐从土地占领转向占领后的治理和进一步斗争，即"土地上的斗争"（a luta na terra），区别于"为了土地的斗争"（a luta pela terra）。（Pahnke，2015）在占有土地后，MST 继续以定居点为单位组织家庭，自下而上地参与全国性的斗争和民主协商。每个定居点和营地中的家庭将自己组织成小组讨论地区需求，并选举一男一女两名协调员进行组织和汇总。各个地区的需要在每两年一次的全国会议和五年一次的全国代表大会中民主投票，进行评估和决策。在斗争动员方面，同样是从地区到国家级别，根据地区要求统一组织。在这一结构基础上，MST 实施替代性教育计划，发展以农民为中心的医疗保健方法，并且进行农业生产技术推广，来补足定居点基础设施缺乏的问题。Pahnke（2015）认为，这种斗争形式是一种区别于改革和革命的"自治式斗争"："改革式运动希望融入国家权力，革命式运动希望占据国家权力，而自治式运动则是对国家权力的分割。"

除此以外，在亚洲，尽管社会运动形式比较罕见，但农民生产同样在默默发展。有学者认为，俄罗斯正在发生一场安静的食物主权运动。农村和城市人口作为小农户，能够在他们居住的地方或附近，以大体上生态友好和健康的方式，生产相当份额的粮食消费。他们还以一种具有社会性的方式进行食物交换，平行于综合农业市场的形式，这与食物主权的愿景相当吻合。（Visser et al.，2015）

在更微观的层面，食物主权也可以得到局部实现。比如在中国，根据严海蓉等人带领的人民食物主权运动的调研，藏北嘎措集体经济实现了基于民主的按劳分配制度，实现了在人民公社制度下的高生产力和高福利。嘎措人民公社通过民主评估，召集群众对牦牛和酥油等产品进行年终的质量评估，进行等级划分，综合考虑天气因素和环境保护，能够完成高效的生态农业合作，并通过在集体分工中照顾人口较少的家庭，以及统一的利润分配和医疗、教育福利照顾老弱病残集体，让我们看到了在中国的根基上，超越一家一户的小农的集体经济的可能性。

（三）遗留问题：农民的界定与利益冲突

在目前食物主权的运动中，一个非常核心但尚未解决的问题是：究竟谁才是"农民"？在利益冲突不可避免地出现的时候，要保护谁的利益？目前，食物主权运动中的"农民"较为公认的面貌是中小规模，以非雇佣形式生产的土地工作者，也有理论将其视为一个政治范畴，指代这一群共享困境和敌人的人[1]，但这都不能完全令人满意地解决现实中可能遇到的

---

[1]　UNDROP 中对农民（peasant）定义的核心关键在于小规模和非雇佣。而这一宣言适用的范围，也就是食物主权同盟中的其他伙伴还包括林业、水产养殖场等地的工人，以及土著人民。详见 United Nations Human Rights Council, 2018, United Nations Declaration on the Rights of Peasants and Other People Working in Rural Areas。此外，《Nyéléni 宣言》对农民的定义中包含了所有"生产，分销和消费事物的人"，见 Nyéléni, 2007, Declaration of Nyéléni, Forum for Food Sovereignty Edelman, Marc, "Synergies and Tensions between Rural Social Movements and Professional Researchers", *The Journal of Peasant Studies*, Vol. 36, No. 1, January 2009。但这一概念显然过于理想化，因为它也包含了生产食物的大企业，无视了二者的利益冲突。最后是 Edelman, Nicholson 的定义，即"农民性"是一个政治范畴而非分析范畴，其重点在于共同的敌人。详见 Nyéléni, 2007, Declaration of Nyéléni, Forum for Food Sovereignty Edelman, Marc, "Synergies and Tensions between Rural Social Movements and Professional Researchers", *The Journal of Peasant Studies*, Vol. 36, No. 1, January 2009。

矛盾。类似地，食物主权的"主权"是谁同样较为模糊。

对这些概念的澄清不仅是后续理论讨论的基础，其本身也蕴含着运动的利益分配的规范性议题，影响着概念的实际推广。比如，在农民内部阶层分化的现实下，贫农、中农、农场主和工人，家庭农业中的父权还是妻子？他们的利益冲突如何协调？（Bernstein，2014）更现实的是，目前在"资本主义制度"框架内谋生的数以千万计的小规模生产者和农场工人如可可、咖啡种植者的利益应如何处理？"食物主权没有解释这些生产者如何过渡到新的生计，也没有解释这是不是（这些）生产者真正想要的过渡。"（Burnett and Murphy，2014：1071）另一个例子是，巴西部分农民对于 MST 的运动产生了反抗。MST 希望农民脱离甘蔗生产，理由是它是一种"剥削性的作物"，但北方的定居者知道这种作物，如何种植它，以及如何进入它的市场，因而他们更愿意回到甘蔗生产，而不是转向农业自给。他们知道甘蔗的相关风险和权力关系，当价格合适时，种植甘蔗和获得可靠的工资是他们的首选，这似乎比在自家菜园面对更大的国内生产更给他们安全感。（Wolford，2010）

又比如，农民和消费者位于食物产业链的两端，即使减少了大型中间商的利益掠夺，依然面对利益分配和话语权分配的问题。怎样的定价和定价机制才能确保兼顾贫穷的农民和消费者双方的利益？消费者口味的问题如何解决？比如，如果充分尊重消费者的喜好，世界对于咖啡的依赖似乎意味着南美的大量农民和农业将依旧停留在单一的、非粮食生产的咖啡种植业中。即使是在当下存在的城乡消费者生产者对接的集体中，消费者依然掌握主要的生产决定权（Narotzky，2016），这是否符合食物主权的本意？

相关学者的讨论尚未停歇，而其中乐观者反击的方式常常也只是指出对方理论的缺陷并举出自己方面的个案。事实上，根据其运动理念，食物主权并不需要一个统一的答案，而是应当相信各地运动因地制宜的探索和自我修正，不论是政府、社会组织还是家庭。比如，在利益分配方面，我们在加拿大的例子中看到了政府如何出面完成配给和定价，充当利益问题的最终裁判者，兼顾各个环节的生产者和消费者的利益。但同时，在推广的过程中面对不可避免的质疑，食物主权的理论体系和案例库的确还需要更多时间进行完善。

Rosset 和 Martínez-Torres（2010）生动地指出："'农民之路'的政治风格是穷人运动的风格：那些被他们国家和世界的主导力量推到灭亡边缘的人，那些通常不被考虑的人，那些被巧舌如簧的政治家和非政府组织'愚弄了太多次'的人，那些从未被邀请坐在桌边，而不得不'挤进'现在占据的位置的人。像大多数社会运动一样，基于痛苦的经历，他们对引导和'平息'异议的方法有着深深的不信任。"这种不信任可能是一种情绪化的误判，但也同样可能是长期浸泡在其影响中的人的先见之明。只有允许运动有一定的发展，我们才能逐渐看清其真实的轮廓。

总　　结

目前，食物主权已经渗透到许多国家的治理框架中。截至 2010 年，厄瓜多尔、玻利维亚、委内瑞拉、马里、尼泊尔、巴西、古巴、塞内加尔的宪法或者政策中都已经纳入了类似的理念。（Wittman et al.，2010）同时，本土食物运动也不断兴起，像"农民对农民"那样的生态农业研究和横向教育运动在欧洲得到了进一步发展（Martínez-Torres and Rosset，2014），墨西哥则有"没有玉米就没有国家"（Sin Maíz No Hay País）。消费者方面，慢食运动（Slow Food Movement）、公平贸易（Fair Trade）等替代性食品网络运动也在国际社会获得了较大的影响力，体现出食客越发追求对食物的掌控，青睐非工业化生产方式的农民和食物。（Wittman，2011）尽管这些运动多局限于收入较高的消费者中，但这些运动带动的对食物的溯源，让食物不再只是面目模糊的商品，而恢复了它的文化和生态内涵。（Mc-Michael，2009：173）人们开始重新意识到食物及其生产对于我们和同胞生存的更全面的意义。

本文描绘了食物主权运动的兴起，并对其所做的理论讨论进行展现，目的是希望对其进行一个全景式的刻画，呈现其特征与动态发展。对食物主权运动的关注应至少有三大启示。

首先，就其主张本身，我们看到了食物及其生产者何以成为切入点，对整个新自由主义世界体系形成批判。

其次，食物主权是一个难得的南部思潮案例：其中草根的声音真正获得了主导地位；同时其运动与理论共同发展、互相促进，并实际获得了全球影响力，影响了多国政策，取得了一定的成果。对这一思潮的思想史考察体现了真正的南部、草根的声音如何通过正式组织、分散实践与学者的有限参与，不断完善并形成思想体系。他们对新自由主义食物体系替代性方案的探索，以及去中心的宗旨启发我们，这条革命的道路未必是统一的。他们的团结在最基本的理念——权利，共同的苦难——周围，其具体方案可以因地制宜。

最后，学者与运动的观点也启示我们对南部理论应当抱有足够的耐心，并重视其启发意义。在种种不确定性下，食物主权运动是否有必要坚持其激进的蓝图？农民的困境是否果真不能在现有制度的基础上解决？正如 McMichael（2009）所说，对食物主权的认识的重点不在于概念的辨析，而在于通过识别食物主权背后的社会运动背景和生态原则，认识到其他社会形式的可能。食物主权的启示是：我们需要超越表象，看到当下方案乐观表象背后潜伏的问题，为什么多线程的努力比单线程更可能成功，为什么我们可能需要放弃对这条道路的幻想，着手全面构建一个更饱满的图景；而许多具体答案将不断在各国探索中自我呈现。

在各地组织不断在社交媒体发声，组织运动并影响联合国体系的同时，《农民研究期刊》在 2022 年初又发起了新一轮专题征稿，显示了这一运动几十年来不衰的活力。食物主权运动的未来发展值得我们持续关注。

参考文献：

蒋高明、郑延海、吴光磊等：《产量与经济效益共赢的高效生态农业模式：以弘毅生态农场为例》，《科学通报》2017 年第 4 期。

Holt-Gimenez Eric，Raj Patel，"Food Rebellions：Crisis and the Hunger for Justice"，Oakland：Food First Books，2012.

Mount，Phil，"Supply Management as Food Sovereignty"，in Knezevic I.，

Blay-Palmer A. , Levkoe C. Z. , et al. , *Nourishing Communities: From Fractured Food Systems to Transformative Pathways*, New York: Springer International Publishing, 2017.

Wittman Hannah, Annette A. Desmarais, and Nettie Wiebe, "Food Sovereignty: Reconnecting Food, Nature and Community", Oakland: Food First Books, 2010.

Wolford Wendy, "This Land Is Ours Now: Social Mobilization and the Meanings of Land in Brazil", in *This Land Is Ours Now*, Durham: Duke University Press, 2010.

Bernstein Henry, "Food sovereignty via the 'peasant way': A sceptical view", *The Journal of Peasant Studies*, Vol. 41, No. 6, 2014.

Burnett Kim, Sophia Murphy, "What place for international trade in food sovereignty?", *The Journal of Peasant Studies*, Vol. 41, No. 6, 2014.

Desmarais Annette A. , "PEASANTS SPEAK—The Vía Campesina: Consolidating an International Peasant and Farm Movement", *The Journal of Peasant Studies*, Vol. 29, No. 2, 2002.

Edelman Marc, "Transnational Peasant Politics in Central America", *Latin American Research Review*, Vol. 33, No. 3, 1998.

Edelman Marc, "Bringing the Moral Economy back in. . . to the Study of 21st-Century Transnational Peasant Movements", *American Anthropologist*, Vol. 107, No. 3, 2005.

Edelman Marc, "Food sovereignty: Forgotten genealogies and future regulatory challenges", *The Journal of Peasant Studies*, Vol. 41, No. 6, 2014.

Friedmann Harriet, "The Political Economy of Food: A Global Crisis", *New Left Review*, I/197, 1994.

Martínez-Torres María E. , and Peter Rosset, "La Vía Campesina: The birth and evolution of a transnational social movement", *The Journal of Peasant Studies*, Vol. 37, No. 1, 2010.

Martínez-Torres María E. , and Peter Rosset, "Diálogo de saberes in La

Vía Campesina: Food sovereignty and agroecology", *The Journal of Peasant Studies*, Vol. 41, No. 6, 2014.

McMichael Philip, "A food regime genealogy", *The Journal of Peasant Studies*, Vol. 36, No. 1, 2009.

McMichael Philip, "The land grab and corporate food regime restructuring", *The Journal of Peasant Studies*, Vol. 39, No. 3 – 4, 2012.

McMichael Philip, "A comment on Henry Bernstein's way with peasants, and food sovereignty", *The Journal of Peasant Studies*, Vol. 42, No. 1, 2015.

Narotzky Susana, "Where Have All the Peasants Gone?", *Annual Review of Anthropology*, Vol. 45, No. 1, 2016.

Pahnke Anthony, "Institutionalizing economies of opposition: Explaining and evaluating the success of the MST's cooperatives and agroecological repeasantization", *The Journal of Peasant Studies*, Vol. 42, No. 6, 2015.

Patel Raj, "Food sovereignty", *The Journal of Peasant Studies*, Vol. 36, No. 3, 2009.

Perreault Thomas, "Making space—Community organization, agrarian change, and the politics of scale in the Ecuadorian Amazon", *Latin American Perspectives*, Vol. 30, No. 1, 2003.

Visser Oane, Natalia Mamonova, Max Spoor, and Alexander Nikulin, "'Quiet Food Sovereignty' as Food Sovereignty without a Movement? Insights from Post-socialist Russia", *Globalizations*, Vol. 12, No. 4, 2015.

Wittman Hannah, "Interview: Paul Nicholson, La Vía Campesina", *The Journal of Peasant Studies*, Vol. 36, No. 3, 2009.

Wittman Hannah, "Food Sovereignty: A New Rights Framework for Food and Nature?", *Environment and Society*, Vol. 2, No. 1, 2011.